21세기 국어형태론

21C Korean Language Study

김승곤

저자 **김승곤**

· 한글학회 회장 및 재단이사
· 건국대학교 문과대학 국어국문학과, 대학원 졸업
· 건국대학교 인문과학대학장, 문과대학장, 총무처장, 부총장 역임
· 문화체육부 국어심의회 한글분과위원 역임
· 주요저서 : 『관형격조사 '의'의 통어적 의미분석』(2007), 『21세기 우리말 때매김 연구』(2008), 『21세기 국어 토씨 연구』(2009), 『국어통어론』(2010), 『문법적으로 쉽게 풀어 쓴 논어』(2010), 『문법적으로 쉽게 풀어 쓴 향가』(2013), 『국어 조사의 어원과 변천 연구』(2014) 등

21세기 국어형태론
21C Korean Language Study

© 김승곤, 2015

1판 1쇄 인쇄__2015년 01월 20일
1판 1쇄 발행__2015년 01월 30일

지은이__김승곤
펴낸이__이종엽
펴낸곳__글로아출판
　　　등록__제324-2005-42호

공급처__(주)글로벌콘텐츠출판그룹
　　　대표__홍정표
　　　편집__노경민 김현열 송은주　**디자인**__김미미 최서윤　**기획·마케팅**__이용기　**경영지원**__안선영
　　　주소__서울특별시 강동구 천중로 196 정일빌딩 401호
　　　전화__02) 488-3280　**팩스**__02) 488-3281
　　　홈페이지__http://www.gcbook.co.kr
　　　이메일__edit@gcbook.co.kr

값 34,000원
ISBN 978-89-94626-27-7 93710

※ 이 도서의 국립중앙도서관 출판예정도서목록(CIP)은 서지정보유통지원시스템 홈페이지(http://seoji.nl.go.kr)와 국가자료공동목록시스템(http://www.nl.go.kr/kolisnet)에서 이용하실 수 있습니다. (CIP제어번호: CIP2014038115)

21세기 국어 형태론

저자 김승곤

글모아출판

Q 일러두기

1. 짜임새는 모두풀이, 낱말만들기, 굴곡법, 연굴곡법의 네 부문으로 되어 있는데, 낱말만들기는 파생법과 합성법으로 이루어져 있고, 굴곡법은 자리매김법과 씨끝바꿈법으로 이루어져 있으며, 영굴곡법은 매김씨, 어찌씨, 이음씨, 느낌씨로 되어 있다.

2. 갈말(학술어)은 모두가 우리말로 되어 있다. 일본 사람들이 만든 한자식 갈말은 우리의 것이 아니므로 일본인들의 학문적 붙살이에서 독립하고자 하였다.

3. 낱말만들기에서 글쓴이가 모은 보기들이 지나치게 많아서 본문에 모두 보이기 어려운 것은 책 뒤에 부록을 만들어 실었다.

4. 셈술단위 매인이름씨도 본문에 싣지 못한 것은 부록에 실었다.

5. 우리가 흔히 쓰는 '그녀'는 일본말의 직역으로서 좋은 말이 아니므로 '그미'를 쓰기로 하였다.

6. 간혹 우리말로 된 갈말과 한자말로 된 갈말이 혼용되어 있는 경우가 있는데 편의를 위해 한 것이니 오해 없기를 바란다(베풂월-서술월…).

7. 부록의 차례도 책 내용의 차례에 따라 바로잡았다.

책머리에

　지은이는 1996년에 『현대 나라 말본』을 저술한 바 있었으나, 시간에 쫓기어 맞춤법을 비롯하여 도표 및 내용에 있어서 잘못된 데가 많이 발견되어, 재판과 삼판에서 바로잡고 기운다고 애썼지만은 역시 잘못된 데가 많음을 알고, 이번에는 완전하게 고쳐서, 새로운 판을 내게 되었다. 이번 판에서는 필요 없는 설명을 대폭 줄였을 뿐 아니라, 갈말의 내용이 잘못되었던 것을 바로잡았고, 잘못된 설명도 바로잡았으며, 변동의 규칙을 추가하였으며, 두루이름씨의 특징 중 가족관계 이름씨의 칭호 문제를 삭제하였고, 뜻에 의한 움직씨의 갈래도 삭제하였으며 돌이킴대이름의 쓰임도 새롭게 설명하였다. 상징어찌씨에서는 전에 빠뜨렸던 짓시늉어찌씨 중 소리시늉어찌씨를 추가하여 설명하였고, 어찌씨의 분류도 전과 다르게 하였다. 그리고 따옴토씨는 특수토씨로 다루었다. 매인이음법도 전에 빠뜨렸던 것은 물론 새로 찾아낸 것도 추가하여 설명하였다. 그리고 느낌씨에도 다소 수정을 가하였다. 위에서 말한 이외의 각 부문에서도 미흡한 데는 일일이 바로잡고 기웠을 뿐 아니라, 내용도 대폭 개선하여 많은 부분을 보충하여 읽을이에게 도움이 되도록 하였다. 한 가지 덧붙일 것은 낱말만들기에서 일련번호에 다른 부문의 경우와는 달리 차이가 있는 점이다. 항목이 너무 많기 때문에 그리되었으니 오해 없기를 바란다.

　끝으로, 출판계가 어려운 이때에 기꺼이 이 책을 출간하여 주신 글모아출판 이종엽 사장님께 고맙다는 말씀을 드린다.

2015년 1월
지은이 씀

차 례

1장 모두풀이

2장 낱말만들기(조어법)

3장 굴곡법

4장 영굴곡법

부 록

학술용어 대조

말본 이 말은 1911년 강습원 규칙 제6조 고등과 과정 명칭에서부터 쓰였는데 '문법'의 순우리말이다.

갈말 '갈'이라는 말은 1910년 주시경 선생의 『국어문법』에서 쓴 술어로 '학'을 뜻한다. 고로 '갈말'은 '학술용어'란 말이다.

가리킴그림씨 : 지시형용사
가리킴대이름씨; 사물대이름씨 : 지시
    대명사; 사물대명사
가리킴매김씨 : 지시관형사
가림법 : 선택법
가지 : 접사
갈래 : 종류
값어치매인그림씨 : 가치의존형용사
값어치매인이음법 : 가치의존연결법
거듭법 : 반복법
건너따옴 : 간접인용
겉구조 : 표면구조
견줌그림씨 : 비교형용사
견줌말 : 비교어
견줌자리토씨 : 비교격조사
겹낱말 : 복합어
겹셈; 겹수 : 복수
겹셈이름씨 : 복수명사
겹토씨 : 복합조사
겹홀소리 : 복모음
고름소리 : 조성모음
공깃길 : 간극; 틈
공깃길닮기 : 간극동화

과학말본 : 과학문법
구속뿌리 : 구속어근
규범말본 : 규범문법
그리여김매인움직씨 : 시인의존동사
그리여김매인이음법 : 시인의존연결법
그림매김씨 : 성상관형사
그림씨 : 형용사
그림씨뿌리 : 형용사어근
그림씨성 이름씨 : 형용사성 명사
꾀임법 : 권유법
끝남 : 완료
끝남매인움직씨 : 완료의존동사
끝남매인이음법 : 완료의존연결법
끝남법 : 완료법; 종료법
끝바꿈 : 활용
끝바꿈가지 : 활용접사
끝소리 : 말음; 종성
나아감때매김법 : 진행시제법
나아감매인움직씨 : 진행의존동사
나아감매인이음법 : 진행의존연결법
남성이름씨 : 남성명사
남움직씨 : 타동사
낮춤움직씨 : 비칭동사

뒷가지 : 접미사
뒷가지파생법 : 접미사 파생법
들을이말대접법 : 청자대우법
따옴월 : 인용문
따옴특수토씨 : 인용특수조사
딸림성분 : 부수성분
때매김법 : 시제법
뜻구실 : 의미기능
뜻함법 : 의도법
ㄹ벗어난끝바꿈 : ㄹ변칙활용
ㄹ벗어난풀이씨 : ㄹ변칙용언
마디 : 절
마디이음법 : 절연결법
마땅매인움직씨 : 당연의존동사
마땅함법 : 당연법
말대접법 : 대우법
말머리 : 어두
말본범주 : 문법범주
말본적 : 문법적
말본적구실 : 문법적 기능
말본형식 : 문법형식
말재어찌씨 : 화식부사
매김법 : 관형법
매김씨 : 관형사
매김자리 : 관형격
매김자리토씨 : 관형격조사
매인그림씨 : 의존형용사
매인움직씨 : 의존동사
매인이름씨 : 의존명사
매인이음법 : 의존연결법
맺음뒷가지 : 종결접미사
모습시늉어찌씨 : 상태의태부사
목숨이름씨 : 생명명사
목숨자질 : 생명자질
못맺음뒷가지 : 미종결접미사
물음법 : 의문법

낮춤이름씨 : 비칭명사
낱내 : 음절
낱말 : 단어
낱말 만들기 : 조어법(word formation)
높임부름자리토씨 : 존칭호격조사
높임움직씨 : 존칭동사
높임이름씨 : 존칭명사
닫힌낱내 : 폐음절
닿소리 : 자음
닿소리이어바뀜 : 자음접변
대등합성그림씨 : 대등합성형용사
대등합성셈씨 : 대등합성수사
대등합성어찌씨 : 대등합성부사
대등합성움직씨 : 대등합성동사
대등합성이름씨 : 대등합성명사
대등합성임자씨 : 대등합성체언
대등합성풀이씨 : 대등합성용언
대상매인이름씨 : 대상의존명사
대용매인이름씨 : 대용의존명사
대이름씨 : 대명사
더보탬법 : 첨가법
도로생각때매김 : 회상시제
도움토씨 : 보조조사
독립말 : 독립어
돌이켜가리킴; 돌이킴 : 재귀칭
돌이킴대이름씨 : 재귀칭대명사
돌이킴사람대이름씨 : 재귀인칭대명사
동안때어찌씨 : 기간부사
동작시늉어찌씨 : 동작의태부사
동족부림말 : 동족목적어
되풀이매인이음법 : 반복의존연결법
된소리 : 경음
두루가리킴 : 통칭
두루이름씨 : 보통명사
두루자질 : 보통자질
둘째가리킴 : 이인칭

물질이름씨 : 물질명사
미룸 : 추측; 추정
미룸매인그림씨 : 추정의존형용사
미룸매인이음법 : 추정의존연결법
바람매인움직씨 : 희망의존동사
바람어찌씨 : 희망부사
바로따옴 : 직접인용
바로때매김 : 직접시제
바탕이름씨 : 실질명사
반홀소리 : 반모음
밝은소리 : 양성모음
방향자리토씨 : 방향격조사
벌임법 : 나열법
벗어난끝바꿈 : 변칙활용
부름자리토씨 : 호격조사
부림말 : 목적어
부림자리토씨 : 목적격조사
비두루자질 : 비보통자질
비사람이름씨 : 비인칭명사
비헤아림자질 : 비가산자질
뿌리 : 어근
ㅅ벗어난끝바꿈 : ㅅ변칙활용
ㅅ벗어난풀이씨 : ㅅ변칙용언
사람대이름씨 : 인칭대명사
사람이름씨 : 인칭명사
사람홀이름씨 : 인칭고유명사
생성말본 : 생성문법
섬김매인움직씨 : 봉사의존동사
섬김매인이음법 : 봉사의존연결법
셈 : 수
셈술단위 : 수량단위
셈술단위매인이름씨 : 수량단위의존
　　명사
셈숱그림씨 : 수량형용사
셈씨 : 수사
셋째가리킴 : 삼인칭

소리마디 : 음절
소리시늉어찌씨 : 의성부사
속구조 : 심층구조
속모양어찌씨 : 상태부사
숱 : 양(量)
시간매인이름씨 : 시간의존명사
시킴법 : 명령형
씨 : 품사
씨가름 : 품사 분류
씨끝 : 어미
씨끝바꿈법 : 굴곡법; 어미변화법
아주낮춤 : 극비칭
아주높임 : 극존칭
안긴월 : 내포문
안높임부름자리토씨 : 비존대호격조사
안맺음씨끝 : 보조어간, 선어말어미
안울림닿소리 : 무성자음
안울림소리 : 무성음
안잡힌셈씨 : 부정수
안잡힘가리킴대이름씨 : 부정칭지시대
　　명사
안잡힘사람대이름씨 : 부정칭인칭대
　　명사
앞가지 : 접두사
앞가지파생법 : 접두사 파생법
앞뒤때어찌씨 : 전후시부사
애씀법 : 노력법
어두운소리 : 음성모음
어찌말 : 부사어
어찌법 : 부사법
어찌씨 : 부사
어찌씨끝 : 부사어미
여성이름씨 : 여성명사
연유자리토씨 : 연유격조사
열린낱내 : 개음절
영뒷가지 : 영접미사

임자자리 : 주격
입음 : 피동(법)
입음풀이말 : 피동서술어
입천장소리 : 구개음
입천장소리되기 : 구개음화
잇소리 : 치음
자리매김 : 곡용
자리매김법 : 곡용법
자리매김가지 : 격접사
자리토씨 : 격조사
자립뿌리 : 자립어근
잡음씨 : 지정사
잡힌셈씨 : 정수
잡힘사람대이름씨 : 정칭인칭대명사
전통말본 : 전통문법
제움직씨 : 자동사
조각 : 성분
종속합성그림씨 : 종속합성형용사
종속합성대이름씨 : 종속합성대명사
종속합성셈씨 : 종속합성수사
종속합성어찌씨 : 종속합성부사
종속합성움직씨 : 종속합성동사
종속합성이름씨 : 종속합성명사
주체높임말 : 주체존대어
주체높임법 : 주체존대법
줄기 : 어간
지난적 : 과거
지난적끝남때 : 과거완료
지움매인움직씨 : 부정의존동사
지움매인이음법 : 부정의존연결법
지움어찌씨 : 부정부사
짐승이름씨 : 동물명사
차례셈씨 : 서수사
첫소리 : 초성
첫째가리킴 : 일인칭
추상매인이름씨 : 추상의존명사

예사낮춤 : 보통비칭
예사높임 : 보통존칭
예사소리 : 평음
예사이름씨 : 보통명사
옹근이름씨 : 완전명사
울림닿소리 : 유성자음
울림소리 : 유성음
움직씨 : 동사
움직씨구 : 동사구
움직씨뿌리 : 동사어근
움직씨성 이름씨 : 동사성 명사
월 : 문장
월조각 : 문장성분
위치말 : 위치어
위치자리토씨 : 위치격조사
융합합성그림씨 : 융합합성형용사
융합합성어찌씨 : 융합합성부사
융합합성움직씨 : 융합합성동사
융합합성이름씨 : 융합합성명사
융합합성풀이씨 : 융합합성용언
으뜸그림씨 : 기본형용사
으뜸셈씨 : 원수사
의문대이름씨 : 의문대명사
이름법 : 명사법
이름씨 : 명사
이름씨구 : 명사구
이름씨성 이름씨 : 명사성 명사
이름씨끝 : 명사어미
이은말 : 구(phrase)
이음법 : 연결법; 접속법
이음토씨 : 접속조사
이적 : 현재
이중임자말 : 이중주어
일몬 : 사물
임자말 : 주어
임자씨 : 체언

터짐닿소리 : 파열자음
토씨 : 조사
통어적합성풀이씨 : 통어적합성용언
특수뿌리 : 특수어근
특수토씨 : 특수조사
파생가지 : 파생접사
파생그림씨 : 파생형용사
파생느낌씨 : 파생감탄사
파생매김씨 : 파생관형사
파생어찌씨 : 파생부사
파생이름씨 : 파생명사
풀이말 : 서술어
풀이씨 : 용언
풀이씨뿌리 : 용언어근
ㅎ벗어난풀이씨 : ㅎ변칙용언
하임 : 사동(법)
하임매인움직씨 : 사동의존동사
하임매인이음법 : 사동의존연결법
학교말본 : 학교문법
함께말 : 공동어
함께자리토씨 : 공동격조사
합성뿌리 : 합성어근

합성어찌씨 : 합성부사
합성움직씨 : 합성동사
합성이름씨 : 합성명사
합성특수뿌리 : 합성특수어근
해냄매인움직씨 : 수행의존동사
해냄매인이음법 : 수행의존연결법
해보기매인움직씨 : 시도의존동사
해보기매인이음법 : 시도의존연결법
헤아림이름씨 : 가산명사
헤아림자질 : 가산자질
혀끝 : 설단
혀끝소리 : 설단음
형식임자씨 : 형식체언
홀로자질 : 고유자질
홑셈 : 단수
홀소리 : 모음
홀이름씨 : 고유명사
홑낱말 : 단일어
힘줌매인움직씨 : 강조의존동사
힘줌매인이음법 : 강조의존연결법
힘줌토씨 : 강조조사; 세조사

1장 모두풀이

1장 **모두풀이**

1. 말본이란?

1.1 말본이란 말의 뜻1)

말본이란 말의 뜻은 본래 희랍말에서 글자를 뜻하던 그라마gramma = letter라는 낱말에서 유래하는데, 희랍말 그라마티케Grammatikē, 라틴말 그라마티카grammatica라는 말은 본래 '글자로 써진'의 뜻에 해당하는 그림씨였다. 이것을 고대 프랑스에서 당시의 낱말 그라매르Gramaire, Grammaire(현대어)의 형태로 받아들였는데, 이것이 영어로 번역될 때 그래머Grammar로 되었기 때문에, 오늘날 말본이라고 하면 그래머Grammar로 통하고 있다.

어떻든 '글자에 의하여 써진 것에 관한'이란 본뜻에서 상상할 수 있듯이 문학, 역사, 제도, 관습 등 문헌으로 된 것에 관한 연구, 즉 문헌학과 같은 뜻이었다. 문헌학이 문헌으로 되어 남아 있는 것을 통하여 그 당시의 국민의 사상, 감정, 문화를 연구하는 학문에서, 그 문헌을 해독하는 전제조건인 그 문헌을 해독하는 학문 또는 그것이 쓰여 있는 언어의 학으로 발전한 것과 꼭 같이, 그래머Grammar도 언어의 학으로

---

1) 『新英文法辭典』, 大塚高信編, 東京 : 三省堂, 1971; 『英語學辭典』, 大塚高信 외 1인 감수, 東京 : 研究社, 1983, "Grammar"조 참조.

한정되었다. 따라서 근대 초기까지도 언어의 학이라고 하면 영국에서는 희랍, 라틴 특히 라틴말이 일반적이었으므로 그래머라고 하면 라틴말본을 뜻하였는데, 특히 영어말본을 뜻하고자 할 때는, '영어'라는 말을 그 앞에 붙여서 'The English Grammar'라고 일컫게 되었는데, 이의 처음 사람은 벤 존슨Ben Johnson이었다.[2] 이러한 뜻의 '말본'이 19세기 중엽 이후에 우리나라에 들어옴으로써 그대로 받아 쓰이어, 오늘에 이르고 있다.

1.2 말본의 정의[3]

옛날은 말본을 바르게 쓰고 바르게 말하는 '기술'이라고 하는 것이 대표적이었다. 이때의 '기술'은 재주術=술를 뜻하는 것이 아니고, 현대말에서의 '학문' 또는 '과학'의 뜻에 가까워서 해당 과학의 실천적 방면을 주로 한 기술을 뜻하였다. 즉, 청소년이나 부녀자와 같이 비교적 배움이 없는 사람에게 바른 모국어의 지식을 제공하여 주거나, 외국인에게 자기 모국어를 가르칠 때의 수단과 같이, 실용적인 목적을 위한 것이었다.

그래서 그 범주나 갈말 및 정의도 라틴말의 그것을 답습하여 말본을 실천상의 규칙으로 생각하고, 그 규칙에 맞는 것을 '바르다' 하고, 그렇지 않은 것은 '아니'라 하여 규범성이 많았다. 따라서 이와 같은 말본을 규범말본 또는 학교에서 가르치므로 학교말본이라고 하였다. 이에 대하여, 언어를 과학적으로 연구하는 언어학이 확립됨과 아울러, 언어사실을 과학적으로 기술하려고 하는 언어학이 발달하였다. 이는 있는 그대로의 언어사실을 포착하여 기술하려고 한 까닭에 소위 과학말본이라고까지 일컫게 되었다. 그러나 학교말본이든 과학말본이든

---

2) 『The English Grammar』는 1600년경에 써지고, 1640년 그가 죽은 후에 출간된 『The English Grammar』가 그것이다.
3) 앞의 두 사전에 의거함.

간에 규칙성에 주목하여 규칙화하지 않을 수 없었다. 그러므로 이 규칙성을 중시한 나머지, 규범말본에서는 규칙에 맞지 않는 것은 다루지 아니하였으나, 과학말본에서는 이것도 다루게 되었다. 예외적 사실은 예외로서 바르게 인식하고 기술하여야 한다는 것이었다. 이와 같이 규칙성에 주목하여 개별적 사실을 정리한다는 점에서는 변함이 없었다. 이런 의미에서 말본은 어떤 범주에 의하여 특정 언어를 조직화하여 기술한 것이라 할 수 있다. 다만, 이때에 조직적으로 기술하는 데 쓰이는 범주는 형태에 의한 형태적 범주인 것이 일반적이다.

1.3 말본의 조직

머레이Murray[4]의 말본책에 의하면, 표준적 규범말본은 글자를 다루는 맞춤법, 낱말의 어형변화를 다루는 어형론, 월 안에서의 낱말 끼리의 관계나 의미 관계를 다루는 통어론, 낱말의 발음이나 운율을 다루는 운율론, 글을 쓸 때에 쓰이는 부호나 기호를 다루는 월점의 다섯 부문으로 되어 있었다. 이 중에서 운율론과 월점은 아주 할애하거나 아니면 부록으로 돌리고, 그 대신에 맞춤법에 발음을 합하여 독일말본식으로 음성론, 어형론, 단어 및 월결합론으로 짜기도 하고 또는 음성론, 어형론, 월론으로 하든가 혹은 맞춤법과 발음에 관한 것은 서론으로 하고, 본론에서는 어형론, 통어론으로 하든가 하여 결국 음성론, 어형론, 통어론의 세 부문으로 짜여지게 하여 연구하게 되었다.

그러나 구조주의 언어학에 이르러서는 말본은 특별한 뜻으로 쓰이기에 이르렀다. 즉, 특정 언어의 구조를 기술할 경우, 음소를 대상으로 하는 부문을 음운론, 형태소를 대상으로 하는 부문을 형태론이라 하는데, 형태소를 다루는데 있어서 낱말을 기준으로 하여 그 내면적 구조

---

4) Lindley Murray(1745~1826) 변호사, 영어 수사학자. 40세 때 영국의 Malgate에 전주하여 그곳에서 1794년 봄에 영어 수사학을 집필하여 1795년 봄에 Malgate에서 출판하였는데, 1850년까지 200판을 거듭하여 총 2천만 부가 팔렸다 한다.

를 다루는 부문과 단어의 결함을 다루는 경우, 앞 것을 형태론이라 하고 뒤엣것을 통어론이라 하여 이 두 부문을 통틀어 말본이라 하였다. 결국, 구조주의에 이르러서는 말본은 형태론과 통어론의 두 부문으로 이루어지는 것으로 보았다.

그런데, 언어가 소리나 글자를 매체로 하는 형식과 의미로 이루어진다는 것을 널리 인정하고 있는 생성말본은 형식과 의미와의 연결이 어떠한 짜임새로 이루어지는가에 대하여 기술하지 않으면 안 된다고 보고 있다. 이 짜임새는 원칙이나 규칙의 체계라는 형식으로 기술되나, 그 체계는 단일한 등질적인 것이 아니고 음운부문, 통어부문, 어휘부문, 의미부문 등의 하위부문으로 나누어진다. 생성말본에서는 보통 이들 모두를 포함하는 넓은 뜻으로 쓰는데, 경우에 따라서는 의미부문을 제외한 부문(이때의 말본을 형식말본이라 함)을 가리키기도 하나, 다시 그 중의 음운부문을 줄인 형태론, 통어론만을 특별히 가리키는 경우도 있다.5) 더구나, 의미나 음성형식이나 통어현상이라도 개개의 어휘항목에 특유한 사항만을 다루는 것이 사전이나 어휘부문의 구실이라면 그것과 대립하여 일정한 규칙 일반론에서 기술되어지는 부분을 말본이라 하기도 한다.6)

어떻든 전통말본의 이론을 기본으로 하고 생성말본의 이론을 원용할 이 책에서는 말본의 구조는 형태론과 통어론의 두 부문으로 이루어지는 것으로 보나 여기서는 형태론 위주로 다룰 것이다. 통어론은 생성말본에서와 같이 새로운 부문으로 다루어야 하기 때문이다.

---

5) Lyons, John., *Semantics* II, Cambridge : Cambridge Univ. Press, 1977, p. 378 참조.
6) Leech, G. N., *Semantics*, Penguin, 1974, p. 179 참조.

2. 형태소와 낱말

2.1 자립형식과 구속형식

우리가 발음할 수 있는 음소의 결합을 음성형식이라 하고 이 음성형식이 어떤 뜻을 가지면 언어형식이라고 한다.[7] 예를 들면, 국어의 'ㄺ, ㄳ, …' 등은 발음할 수 없으나 '가, 나, 라, 마, …' 등은 발음할 수 있으므로 음성형식이요, '사람, 말, 달, 콩, 나라' 등은 어떤 일정한 뜻을 가진 음성형식이므로 이들을 언어형식이라고 한다. 언어형식은 뜻을 가진 것이므로, 월, 마디, 낱말 및 형태소를 다 포괄하는데 언어형식 중에는 완전히 제 홀로 자립하여 쓰일 수 있는 것이 있는가 하면, 어떤 것은 다른 언어형식에 의존하여야만 쓰일 수 있는 것이 있다. 앞엣것을 자립형식이라 하고 뒤엣것을 구속형식이라 한다.

    (1) <u>학생이</u> <u>책을</u> <u>읽는다</u>.
            ①   ②   ③

(1)에서, 월을 이루는 요소는 ①～③인데 이와 같은 요소를 월의 조각이라고 한다. 그런데 이들을 더 쪼개면 '학생-이', '책-을', '읽-는-다'와 같이 된다. 앞의 두 조각은 '자립+구속'의 형식으로 되고 끝의 것은 '구속+구속+구속'의 형식으로 되어 있다. 이와 같은 구조로 되어 있는 형식을 최소자립형식이라고 한다. 이 최소자립형식은 월에서 독립된 조각이 되기 때문에 국어에서는 이 최소자립형식을 낱말로 보아야 한다.[8] 그러나 최소자립형식 중 '학생-이'의 '이', '책-을'의 '을'은 우리말의 성질상 하나의 독립된 낱말로 보아야 한다. (1)에서 분석한 '학생', '-이', '책', '-을', '읽-', '-는', '-다' 등을 보면 '학생', '책'은 완전한 뜻을 가지나 '-이', '-을' 및 '읽-', '-는-', '-다' 등

---

7) Bloomfield, L., *Language*, London : Ruskin House, 1942, p. 138 참조.
8) 허웅, 『언어학개론』, 정음사, 1963, 171~173쪽 참조.

은 완전하지는 않으나 그래도 최소한의 뜻은 가지고 있다. '학생', '책'과 같은 자립형식은 물론 '-이', '-을', 읽-', '-는-', '-다'와 같은 구속형식은 의미의 최소단위가 되므로 달리 형태소라고 한다.

형태소 중에서 자립형식인 '학생', '책'을 비롯하여 최소자립형식인 '읽-는-다'에서 의미를 가진 중심부가 되는 '읽-'을 뿌리라 하고, 자립형식인 '학생', '책' 다음에 와서 그들로 하여금 월에서 어떤 자리를 차지하게 하여 주는 '-이', '-을'을 각각 토씨라 한다. '읽-는-다'와 같은 최소자립형식에서 뿌리인 '-읽'을 제외한 '-는'과 '-다'를 각각 씨끝이라 하여 구분한다. 국어에서는 씨끝은 독립된 낱말로 인정하지 아니하고, 뿌리―여기서는 '읽-'―와 합쳐서 하나의 낱말로 인정하되, 토씨는 그 성질상 하나의 독립된 낱말로 인정한다.

2.2 변동의 규칙[9)]

2.2.1 변이형태

하나의 형태소는 그것이 오는 환경에 따라, 본래의 뜻을 잃지 아니하고 다르게 실현된다. '흙'과 '팥'을 가지고 예를 들어 보면, 다음과 같이 몇 개의 형태로 나타난다.

(2) ㄱ. {흙}
　　㉮ 흙이 → 흘ㄱ - (이)
　　㉯ 흙도 → 흑 - (도)
　　㉰ 흙만 → 흑만 → 흥 - (만)

　　ㄴ. {팥}
　　㉮ 팥이 → 파ㅊ - (이) (토씨 '이' 앞에서)

---

9) 이에 관하여는 허웅, 『국어학』, 샘문화사, 1983, 103~119쪽에 의거함.

④ 팥을 → 파ㅌ - (을) (토씨 '을' 앞에서)

⑮ 팥도 → 파ㄷ - (도) (토씨 '도' 앞에서)

⑯ 팥만 → 파ㅁ - (만) (토씨 '만' 앞에서)

(2ㄱ)의 ㉮~㉰와 (2ㄴ)의 ㉮~㉭의 화살표 오른쪽의 각각을 형태라 하고 특히 (2ㄱ)의 '흙ㄱ, 흑, 흥'과 (2ㄴ)의 '파ㅊ, 파ㅌ, 파ㄷ, 파ㅁ'의 각각을 형태소 '흙'과 '팥'의 변이형태라 한다. 환경에 따라 바뀐 형태라는 뜻이다.

2.2.1.1 변이형태의 조건

(2ㄱ)에서 보인 '흙'과 (2ㄴ)에서 보인 '팥'의 변이의 조건은 모두 음성적이다. 즉 '흙'이 '흑'으로 바뀌는 것은 토씨의 첫소리가 안울림소리이기 때문이며, '흙 → 흑 → 흥'으로 바뀌는 것은 토씨의 첫소리가 울림소리이기 때문이다. 또 '팥'이 '파ㅊ, 파ㅌ, 파ㄷ, 파ㅁ'으로 바뀌는 것도 모두 그 뒤에 오는 토씨의 첫소리가 홀소리이냐, 안울림닿소리이냐, 울림닿소리이냐에 따라 그렇게 되는 것이다.

그런데 다음의 예를 보기로 하자.

(3) ㄱ. 있다 → 있거라 (시킴법이 '-거라'임)

ㄴ. 오다 → 오너라 (시킴법이 '-너라'임)

ㄷ. 하다 → 하여라 (시킴법이 '-여라'임)

ㄹ. 먹다 → 먹어라 (시킴법이 '-어라'임)

ㅁ. 밟다 → 밟아라 (시킴법이 '-아라'임)

본래, 시킴법은 줄기의 홀소리가 밝은소리냐 어두운소리냐에 따라, '-아라/어라'가 쓰임이 일반적인데, (3ㄱ)은 '-거라'가 되었고, (3ㄴ)은 '-너라'가 되었으며, (3ㄷ)은 '-여라'로 되었다. 이와 같은 시킴법은 그 앞 형태소 자체에 따라 바뀐 것이다. 다시 말하면, (2ㄱ~ㄴ)의 변이형태나 (3ㄹ~ㅁ)의 변이형태의 변이조건은 음성적인 것이다. 그러므로 이들 변이형태들을 음성적 변이형태라 하고, (3ㄱ~ㄷ)의 변이형태의 변이조건은 형태적인 것이다. 그러므로 그러한 변이형태를 형태적 변이형태라 한다.

2.2.1.2 대표형태

형태소는 변이형태의 모임이다. 그러므로 한 형태소는 여러 변이형태들의 나열로 표기될 수 있다. 즉 '먹다'의 '먹-'은 '머ㄱ, 머ㅇ, 메ㄱ'으로 표기할 수 있고, '팥'은 '파ㅌ-, 파ㄷ-, 파ㅁ-, 파ㅊ-' 등으로 표기할 수 있다. 그러면, 변이형태들의 대표형태는 어떻게 결정하여야 하나 알아보자. 무엇보다도 대표형태를 가리는 원칙은 그것에서 다른 변이형태의 실현이 되도록 보편적이고도 간편한 규칙으로 이끌어 낼 수 있는 데 있다. '값'을 가지고 예를 들기로 하겠다.

(4) ㄱ. 값-이 → 갑ㅅ (홀소리 토씨 앞에서)

ㄴ. 값-도 → 갑 (안울림 닿소리 앞에서)

ㄷ. 값-만 → 감만 → 감 (울림 닿소리 ㅁ 앞에서)

ㄹ. 값나다 → 갑나다 → 감나다 (울림 닿소리 ㄴ 앞에서)

(4ㄱ~ㄹ)에서 보면 변이형태 '갑ㅅ, 갑, 감' 등은 '값'에서 이끌어 낼 수 있다. 그러나 '갑, 감'에서는 '값'을 이끌어 낼 수가 없다. 그러므로 대표형태는 '값'이 된다. 이제 '값'의 변이형태를 이끌어 낼 수 있는 규칙을 만들어 보면 (5)와 같다.

(5)　　　　 갑ㅅ/ 홀소리

'값' ⇒　갑 /　닿소리

　　　　　　 #

　　　감 /　콧소리

2.2.2 변동의 규칙

형태론에서 변동의 규칙이 필요한 까닭은, 국어의 형태소는 그 놓이는 자리에 따라, 또는 어떤 조건에 따라 변동하는 일이 있다. 이와 같은 현상을 설명하거나 그 까닭을 밝히기 위해서는 변동의 규칙을 알아야 하기 때문이다. 특히 풀이씨의 벗어난끝바꿈이나 둘받침의 경우, 어떤 소리는 줄고 어떤 소리는 발음되는데, 그 까닭을 밝히는 데는 변동의 규칙에 의하지 아니하면 안 되기 때문이다.

변동의 규칙에는 일곱닿소리되기, 닮기(동화), 축약, 줄임(생략), 덧남(첨가), 달라지기(이화) 등이 있다. 이 차례에 따라 풀이하면 아래와 같다.10)

2.2.2.1 일곱닿소리되기

1) ㅅ, ㅆ, ㅌ, ㅈ, ㅊ 등의 혀끝소리가 뿌리의 받침으로 쓰이면 이들은 모두 ㄷ으로 바뀐다.

(6) ㄱ. 옷, 옷과 → 옫, 옫과
     ㄴ. 있다 → 읻다
     ㄷ. 밭, 같다 → 받, 갇다
     ㄹ. 젖, 젖다 → 젇, 젇다
     ㅁ. 꽃, 쫓다 → 꼳, 쫃다

2) ㅍ, ㅄ은 ㅂ으로 바뀐다.

(7) ㄱ. 잎, 높다 → 입, 놉다
     ㄴ. 값 없다 → 갑, 업다

---

10) 이에 관하여서는 허웅 교수의 『국어음운학』, 정음사, 1965, 232쪽 이하에 의지할 것임을 밝혀둔다.

3) ㅋ, ㄲ, ㄳ은 ㄱ으로 소리난다.

(8) ㄱ. 부엌 → 부억

　　ㄴ. 밖, 꺾다 → 박, 꺽다

　　ㄷ. 넋, 삯 → 넉, 삭

4) ㄻ, ㄺ, ㄼ, ㄿ은 ㅁ, ㄱ, ㅂ이 소리난다.

(9) ㄱ. 닮다 → 담다

　　ㄴ. 읽다, 칡 → 익다, 칙

　　ㄷ. 밟다 → 밥다

　　ㄹ. 읊다 → 읖다 → 읍다

5) ㄽ, ㄾ, ㄵ은 ㄹ과 ㄴ이 소리난다.

(10) ㄱ. 곬 → 골

　　ㄴ. 핥다 → 할따(ㄹ은 다음 닿소리를 된소리로 소리나게 한다)

　　ㄷ. 앉다 → 안따(ㄴ은 다음 닿소리를 된소리로 소리나게 한다)

　위 1)~4)에서 보면 둘받침 ㅄ, ㄳ, ㄻ, ㄺ, ㄼ, ㄿ 들은 공깃길이 작은 소리가 발음되고, 공깃길이 큰 것이 주는 것을 알 수 있다.[11]

　그러면 어찌하여, 공깃길이 작은 것이 소리나고 큰 것이 줄어드는가? 첫째는 발음의 편의에 있는 것 같고, 둘째는 낱말의 뜻과도 무슨

---

11) 공깃길의 크기를 Jespersen에 따라 보이면 다음과 같다.
　ㄱ. 1도 : 무성의 파열음, 마찰음 — p, t, k, f, s, ç, x
　ㄴ. 2도 : 유성 파열음 — b, d, g
　ㄷ. 3도 : 유성 마찰음 — v, z, γ
　ㄹ. 4도 : 유음 및 비음 — l, m, n, ŋ
　ㅁ. 5도 : 전동음 — r
　ㅂ. 6도 : 고모음 — y, u, i
　ㅅ. 7도 : 반폐모음 — ø, o, e
　ㅇ. 8도 : 개모음 — ɔ, æ, ɑ

관련이 있는 것이 아닌가 한다. 특히 파생어의 경우는 파생가지의 중
요성 등이 작용하지는 않았나 생각된다.

그러나 5)에 따르면 ㄽ, ㄾ, ㄵ은 공깃길이 큰 것이 소리나고 작은
것이 줄어드는데, 그 까닭은 이러하다. 즉 ㄹ은 혓소리인데, ㅅ, ㅌ은
받침으로 쓰이면 혓소리 ㄷ이 된다. 오늘날의 갈말로 하면 잇소리이
다. 따라서 이들은 조음위치가 같다. 이러한 때는 공깃길이 큰 것이
소리나고 공깃길이 작은 것이 준다. ㄵ도 ㅈ이 받침으로 쓰이면 ㄷ으
로 소리나는데, 그렇게 되면 ㄵ은 ㄴㄷ이 되어 이들도 조음위치가 같
은 잇소리다. 그러므로 공깃길이 큰 ㄴ이 소리나고 공깃길이 작은 ㄷ
(ㅈ)은 줄어드는 것이다.[12] 그러나 다음의 예를 보자.

(11) ㄱ. 돌니까 → 도니까

ㄴ. 여덟 → 여덥, 여덜

(11ㄱ)은 ㄹ벗어난끝바꿈인데, 받침 ㄹ과 씨끝의 첫소리 ㄴ은 다같
이 잇소리로서 조음위치가 같다. 따라서 조음위치가 같은 울림소리가
이어질 때는 공깃길이 큰 소리가 주는 것이 규칙이다. (11ㄴ)은 화살표
오른쪽과 같이 두 가지로 소리나나, 대개는 '여덜'로 소리내는 것이
일반적인데, 그 까닭은 '여든, 열아홉, 여드레, 열여덜, 스물여덜' 등과
같은 말이 있으므로 이들에 유추되어 '여덜'로 발음된다. 이상에서 풀
이한 일곱닿소리되기의 규칙을 요약 정리하면 다음과 같다.

첫째, ㅅ, ㅆ, ㅌ, ㅈ, ㅊ은 ㄷ으로 소리난다.

둘째, ㅍ, ㅄ은 ㅂ으로 소리난다.

셋째, ㅋ, ㄲ, ㄳ은 ㄱ으로 소리난다.

넷째, ㄻ, ㄺ, ㄼ, ㄿ은 공깃길이 작은 ㅁ, ㄱ, ㅂ, ㅍ이 소리난다.

다섯째, ㄽ, ㄾ, ㄵ은 ㄹㄷ, ㄹㄷ, ㄴㄷ으로 되어 조음위치가 같은 소리

---

12) 김승곤, 「겹받침 중 ㄵ, ㄾ에서 ㄴ과 ㄹ이 발음되는 까닭 고찰」, 『말소리』, 1996, 1~2
쪽 참조.

가 되는데, 이때는 공깃길이 큰 ㄹ, ㄴ이 소리난다.

여섯째, (11)에서 보면 ㄹ과 ㄴ이 이어나면 ㄹ과 ㄴ은 조음위치가 같은 울림소리 끼리 어울려 있는데, 이때는 공깃길이 작은 ㄴ이 소리 나고 공깃길이 큰 ㄹ은 준다.

2.2.2.2 닮기(동화)

1) 닿소리 이어 바뀜

받침 ㄱ, ㄷ, ㅂ은 ㄴ, ㅁ, 앞에서는 각각 ㅇ, ㄴ, ㅁ으로 바뀐다.

(12) ㄱ. 먹는, 곡물 → 멍는, 공물
ㄴ. 닫는, 맏며느리 → 단는, 만며느리
ㄷ. 입는, 밥 먹는다 → 임는, 밥 멍는다

(12ㄱ~ㄷ) 이외에 ㄱ, ㄷ, ㅂ으로 귀착된 소리도 (12ㄱ~ㄷ)과 같이 변동한다(보기는 줄인다).

ㄹ 첫소리는 ㅂ, ㄷ, ㄱ, ㅁ, ㅇ 다음에서는 ㄴ으로 소리난다.

(13) ㄱ. 감로 → 감노 삼라(森羅) → 삼나
ㄴ. 종로 → 종노 중력 → 중녁
ㄷ. 백리 → 백니 → 뱅니
ㄹ. 몇량 → 멷냥 → 면냥
ㅁ. 압력 → 압녁 → 암녁

받침 ㄴ이 ㄹ 앞에서는 ㄹ을 닮아 ㄹ로 소리나고, 받침 ㄹ 다음에서 ㄴ이 오면 ㄴ은 ㄹ로 소리난다.

(14) ㄱ. 만리 → 말리   천리 → 철리
ㄴ. 불노 → 불로   칼날 → 칼랄

지금까지 다룬 닮기는 필연적인 것이다. 때로는 임의적인 것도 있다. 몇 개 예를 들면 다음과 같다.

(15) ㄱ. 삿갓 → 삭갓   벗기다 → 벅기다
     ㄴ. 갓방 → 갑방   엿보다 → 엽보다
     ㄷ. 밥그릇 → 박그릇   밥국 → 박국

앞의 소리는 그 뒤의 소리를 완전히 닮기 때문에 이런 현상이 나타나는 것이다.

2) 입천장소리되기

앞 형태소의 끝소리가 ㄷ, ㅌ이고 뒤 형태소의 첫소리가 /i/, /j/일 때는 ㄷ, ㅌ은 /i/, /j/의 조음위치로 끌려가서 ㅈ, ㅊ로 소리난다.

(16) ㄱ. 해돋이 → 해도지
     ㄴ. 꽃닫이 → 꽃다지
     ㄷ. 같이 → 가치
     ㄹ. 밭이 → 바치

3) 움라우트

/i/·/j/와 같은 전설고모음이, 그 앞의 전설고모음이 아닌 모음을 전설 고모음으로 바꾸는 현상을 움라우트라 한다.

'아 → 애'로 바뀜

(17) ㄱ. 잡히다 → 잽히다
     ㄴ. 막히다 → 맥히다
     ㄷ. 낚이다 → 낶이다

'어 → 에'로 바뀜

(18) ㄱ. 먹히다 → 멕히다

ㄴ. 접히다 → 젭히다

ㄷ. 먹이다 → 멕이다.

'오 → 외'로 바뀜

(19) ㄱ. 속이다 → 쇡이다

ㄴ. 옮기다 → 욂기다

'으 → 이'로 바뀜

(20) ㄱ. 뜯기다 → 띧기다

ㄴ. 듣기다 → 딛기다

'우 → 위'로 바뀜

(21) ㄱ. 죽인다 → 쥑인다

ㄴ. 웃기다 → 윗기다

4) 닿소리의 공깃길 닮기

ㅂ은 홀소리 사이에서 오/우로 바뀐다.

(22) ㄱ. 돕으니 → 도브니 → 도우니

ㄴ. 밉으니 → 미브니 → 미우니

ㄷ. 깁으니 → 기브니 → 기우니

(22ㄱ~ㄷ)의 각 받침 ㅂ은 2도인데, 7도인 ㅗ와 6도인 ㅡ 사이에서 공깃길을 닮아서 ㅂ 자신도 6도인 홀소리 ㅜ로 바뀌었다.

ㄷ은 홀소리 사이에서 ㄹ로 바뀐다.

(23) ㄱ. 듣으니 → 들으니

　　　ㄴ. 걷으지 → 걸으니

공깃길이 1도인 ㄷ은 6도인 홀소리 ― 사이에서 5도인 ㄹ로 바뀌었다.

2.2.2.3 축약

앞 형태소의 끝소리와 이어지는 뒤 형태소의 첫소리가 홀소리일 때
는, 이들 두 홀소리가 겹홀소리로 바뀌거나, 사이홑홀소리(간음)로 되어
두 낱내가 한 낱내로 바뀌는 일이 있는데, 이런 현상을 축약이라 한다.

1) ㅣ + ㅓ → ㅕ

(24) ㄱ. 그리어 › 그려

　　　ㄴ. 보이어서 → 보여서

　　　ㄷ. 잡히어서 → 잡혀서

2) ㅗ + ㅏ → ㅘ, ㅜ + ㅓ → ㅝ

(25) ㄱ. 오아서 → 와서

　　　ㄴ. 보아서 → 봐서

　　　ㄷ. 두어서 → 둬서

　　　ㄹ. 미루어서 → 미뤄서

3) ㅡ + ㅣ → ㅢ

(26) ㄱ. 뜨이어 → 띄어

　　　ㄴ. 쓰이다 → 씌다

4) ㅚ + ㅓ → ㅙ, ㅟ + ㅓ → ㅞ

(27) ㄱ. 뵈어 주다 → 봬 주다

ㄴ. 꾀어라 → 꽤라

ㄷ. 쥐어서 → 줴서

ㄹ. 뛰어서 → 뛔서

5) 사이홀소리로 바뀐다.

(28) ㄱ. 보이다 → 뵈다

ㄴ. 자이다 → 재다

6) 앞 형태소의 끝소리가 ㄱ, ㄷ, ㅂ, ㅈ이고, 뒤 형태소의 첫소리가 ㅎ이면 이들은 ㅋ, ㅌ, ㅍ, ㅊ으로 바뀐다.

(29) ㄱ. 먹히다 → 머키다

ㄴ. 닫히다 → 다티다 → 다치다

ㄷ. 업히다 → 어피다

ㄹ. 잦히다 → 자치다

(29ㄱ~ㄹ)과는 반대로, 앞 형태소의 끝소리가 ㅎ이고 뒤 형태소의 첫소리가 ㄱ, ㄷ, ㅂ, ㅈ이면, 이들도 각각 ㅋ, ㅌ, ㅍ, ㅊ으로 바뀐다.

(30) ㄱ. 많고 → 만코

ㄴ. 많다 → 만타

ㄷ. 곯브다 → 골프다 → 고프다

ㄹ. 많지 → 만치

2.2.2.4 줄임(생략)

형태소가 놓이는 자리에 따라, 기본 형태소의 음소가 줄어드는 일이 있다.

1) 앞 형태소의 첫소리와 뒤 형태소의 첫 홀소리가 같을 때, 뒤 형태소의 첫 홀소리가 줄어든다.

(31) ㄱ. 서어서 → 서서   서었다 → 섰다
     ㄴ. 가아서 → 가서   가았다 → 갔다

2) 앞 형태소의 끝 홀소리가 /으/이고 다음 형태소의 첫 홀소리가 /어/일 때는 /으/가 준다.

(32) ㄱ. 끄어서 → 꺼서
     ㄴ. 쓰이어 → 써서
     ㄷ. 뜨어서 → 떠서

3) 앞 형태소의 끝 홀소리가 /애, 에/이고 뒤 형태소의 첫 소리가 /어/일 때는 뒤의 /어/는 준다.

(33) ㄱ. 개어서 → 개서
     ㄴ. 캐어서 → 캐서
     ㄷ. 패어서 → 패서
     ㄹ. 세어서 → 세서
     ㅁ. 메어서 → 메서

4) 끝소리 ㄹ은 ㄴ, ㄷ, ㅈ, ㅅ 위에서는 준다.

(34) ㄱ. 솔나무 → 소나무   날날 → 나날

ㄴ. 밀닫이 → 미닫이   달달이 → 다달이

ㄷ. 물자위 → 무자위   찰조 → 차조

ㄹ벗어난풀이씨의 받침 ㄹ은 ㄴ, ㅂ, 오, ㅅ 앞에서 준다.

(35) ㄱ. 길니 → 기니   갈니 → 가니

ㄴ. 길ㅂ니다 → 깁니다   갈ㅂ니다 → 갑니다

ㄷ. 놀오 → 노오   밀오 → 미오

ㄹ. 알시니 → 아시니   놀시니 → 노시니

(34)와 (35)에서 ㄹ이 ㄴ, ㄷ, ㅂ, ㅈ, ㅅ 앞에서 주는 까닭을 살펴보면 다음과 같다.

ㄹ이 ㄴ, ㄷ, ㅅ 앞에서 주는 까닭은 ㄹ과 ㄴ, ㄷ, ㅅ은 잇소리(잇몸소리)이므로 조음 위치가 같다. 이러한 때는 공깃길이 작은 것이 소리나는데, ㅈ은 입천장소리이나 조음할 때는, 혀끝이 잇소리에 가깝다. 그러므로 이때도 공깃길이 작은 ㅈ이 소리나게 되고, 공깃길이 큰 ㄹ은 주는 것이다. ㄹ이 ㅂ 앞에서 주는 것은 둘받침 ㄼ의 경우와 같이 보면 되는데, 공깃길이 큰 ㄹ이 주는데 기인하기 때문이다.

5) ㅅ벗어난풀이씨의 끝소리 ㅅ은 첫소리가 홀소리인 씨끝 앞에서 줄어든다.

이때 ㅅ은 두 홀소리의 공깃길을 닮아서 자신도 공깃길이 커지니까, ㅅ은 소리날 수가 없기 때문에 줄어드는 것이다.

(36) ㄱ. 잇으니 → 이으니

ㄴ. 낫으니 → 나으니

ㅅ벗어난끝바꿈을 하는 풀이씨는 이것 둘 뿐이다.

6) ㅎ벗어난풀이씨의 끝소리 ㅎ과 ㅎ벗어난 풀이씨가 아니더라도 ㅎ이 홀소리(또는 ㄴ, ㄹ 앞에서) 사이에 오게 되면 준다. 또는 ㄴ, ㄹ 앞에서도 준다(37ㄱ~ㄴ).

(37) ㄱ. 하얗다 → 하야니, 하얀, 하얄
     ㄴ. 커다랗다 → 커다란, 커다라니
     ㄷ. 좋으니 → 조으니
     ㄹ. 넣어서 → 너어서
     ㅁ. 쌓아서 → 싸아서

7) 앞 닿소리가 ㅅ, ㅈ, ㅊ일 때는 다음에 이어 나는 /jə/의 반홀소리는 줄어든다.

(38) ㄱ. 가져라 → 가저라
     ㄴ. 쳐서 → 처서
     ㄷ. 오셔서 → 오서서

8) /으/는 열린낱내 다음에서 준다.

(39) ㄱ. 보으니 → 보니
     ㄴ. 차으니 → 차니

(39ㄱ~ㄴ)의 '-으니'와 '-니' 중 '-으니'가 기본형이다.

9) 뿌리가 길게 소리나는 풀이씨에 홀소리로 시작되는 씨끝이 오면, 긴소리는 짧게 소리난다.

(40) ㄱ. 쉽:다 → 쉬우니
     ㄴ. 멀:다 → 멀어서
     ㄷ. 달:다 → 달아서

한자의 경우, 첫 낱내에서는 길게 소리나는 것이라도 둘째 낱내 이하에 오면 짧게 소리난다.

(41) ㄱ. 세 : 상 → 출세, 말세, 만세
     ㄴ. 고 : 국 → 연고, 사고
     ㄷ. 수 : 학 → 산수, 신수
     ㄹ. 견 : 본 → 발견

10) 말머리의 홀소리 /i, j/ 앞에 오는 ㄴ, ㄹ은 준다.

(42) ㄱ. 녀자 → 여자
     ㄴ. 리치 → 이치

2.2.2.5 덧남(첨가)

두 형태소 사이에, 그 어느 편에도 속하지 않는 음이 덧나는 일이 있다.

1) 아래 형태소의 첫 소리가 /i, j/일 때는 ㄴ이 덧난다.

(43) ㄱ. 대잎 → 댓잎 → 댓닢
     ㄴ. 송곳이 → 송곳니
     ㄷ. 벼갯잇 → 벼갯닛

2) 앞 형태소가 홀소리로 끝나고 뒤 형태소의 첫소리가 ㄴ, ㅁ일 때는 ㄴ, ㅁ은 이중으로 소리난다.

(44) ㄱ. 코+날 → 콘날(콧날)
     ㄴ. 코+노래 → 콘노래(콧노래)
     ㄷ. 이+몸 → 임몸(잇몸)

3) 임자씨가 홀소리로 끝날 때, 그 다음에 오는 토씨 '은, 을'은 ㄴ과 ㄹ이 덧난다.

(45) ㄱ. 개은 → 개는

ㄴ. 개을 → 개를

2.2.2.6 달라지기(이화)

이것은 닮기(동화)와 반대되는 현상으로서, 같은 소리나 비슷한 소리가 이어날 때, 그중의 한 소리를 그와 다른 소리로 바꾸거나, 다른 소리에 동화됨을 막기 위하여, 동화되기 어려운 소리로 바꾸는 현상을 이화라 한다.

1) 닿소리 ㄱ, ㄷ, ㅂ 다음이 예사소리는 두 예사소리의 연결을 피하기 위하여 뒤 예사소리는 된소리로 바뀐다.

(46) ㄱ. 먹고 → 먹꼬   옆길 → 옆낄

ㄴ. 입다 → 입따   입덧 → 입떳

ㄷ. 닫고 → 닫꼬   쫓기다 → 쫓끼다

ㄹ. 잇다 → 잇따   낚기다 → 낚끼다

ㅁ. 국밥 → 국빱   젖줄 → 젖쭐

ㅂ. 젖소 → 젖쏘   꽃밭 → 꽃빹

ㅅ. 밑줄 → 밑쭐

2) ㄱ, ㄷ, ㅂ, ㅈ은 울림소리 사이에서, 울림소리됨을 막기 위하여 된소리로 바뀐다.

(47) ㄱ. 논길 → 논낄   날손 → 날쏜

ㄴ. 손등 → 손뜽   발등 → 발뜽

ㄷ. 김밥 → 김빱   등불 → 등뿔

ㄹ. 길짐승 → 길찜승   등짐 → 등찜

한자의 경우에도 이런 현상이 나타난다.

(48) ㄱ. 이과 → 이꽈   팔자 → 팔짜

ㄴ. 정가 → 정까   결재 → 결째

ㄷ. 발달 → 발딸   결단 → 결딴

ㄹ. 조건 → 조껀

2.2.2.7 벗어난끝바꿈과 변동의 규칙[13]

종래 말본에서 다룬 벗어난끝바꿈이란 변동의 규칙 중 다음 조항들
에 해당된다.

(1) 줄기의 끝 /ㄹ/이 /ㄴ, ㅂ, 오/ 위에서 줄어지는 것. 이것은 변동규칙
줄임의 4)에 해당한다.

(2) 줄기의 끝 /ㅅ/이 홀소리 위에서 줄어지는 것. 이것은 변동규칙 줄임
의 5)에 해당한다.

(3) 줄기의 끝 /ㅎ/이 줄어지는 것. 이것은 변동규칙 줄임의 6)에 해당한다.

(4) 줄기의 끝 /ㄷ/이 홀소리 위에서 줄어지는 것. 이것은 변동규칙 닮기
의 4)에 해당한다.

(5) 줄기의 끝 /ㅂ/이 홀소리 위에서 /ㅗ, ㅜ/로 바뀌는 것. 이것은 변동규
칙 닮기의 4)에 해당한다.

(6) 씨끝의 '-아'나 '-았-'이 '-여', '-였-'으로 바뀌는 것. 이것은 형
태적인 변동으로서 앞의 규칙에서는 다루지 않은 것이다.

(7) (6)의 씨끝이 '-러', '-렀-'으로 바뀌는 것. 이것도 형태적인 변동으

---

13) 이에 대하여는 다음에 의지하였다.

허웅, 『20세기 우리말의 형태론』, 샘문화사, 1995, 194~195쪽.

로서 앞의 규칙 체계에서는 다루지 않은 것이다.

(8) 줄기의 끝 소리마디의 '르'에 씨끝의 '-어', '-었-'이 올 때에 /으/
가 줄고, /ㄹ/이 /ㄹㄹ/이 되는 것. 이것은 앞의 변동규칙 줄임의 2)에
해당된다.

2.3 낱말

2.3.1 형태소와 낱말의 다름

2.1에서 보았듯이, 형태소 중에는 자립적인 것도 있으나 구속적인
것도 있다. '학생', '책' 등은 자립적인 형태소이나 '-이', '-을' 및 '읽
-', '-는-', '-다'들은 구속적인 형태소이다. 이렇게 보면, 형태소
속에 자립형식과 구속형식이 다 포함된다. 그러나 낱말은 원칙적으로
자립적이어야 한다. 형태소는 말본적인 고찰에 의하여 분석되는 것이
지마는, 낱말은 그러한 고찰에 의하지 아니하고, 머릿속에 떠올릴 수
있는 낱덩이다.[14] 따라서 낱말은 낱말만들기에 있어서의 합성법이나
파생법의 중심체가 되나, 형태소는 그렇지 못하다. 더구나, 낱말은 더
분속할 수 없는 말(언어)의 단위로서 완전한 자립형식이어야 하며 월
을 이루는 직접적인 감이 된다. 그러나 형태소는 그렇지 못하고, 낱말
을 이루는 성분소가 될 뿐이다. 따라서 낱말은 독립성을 가지나 형태
소는 그렇지 못하므로, 사전에서는 낱말을 낱덩이로 하여 뜻을 풀이하
고 있다.

2.3.2 낱말의 됨됨이[15]

낱말에는 하나의 형태소가 하나의 낱말로 되는 것이 있는가 하면,

---

14) 허웅, 『국어학』, 샘문화사, 1983, 124쪽에 의거함.
15) 위의 책, 124쪽 참조.

하나의 낱말에 가지나 낱말이 더하여 만들어진 낱말이 있는데, 앞엣것을 홑낱말이라 하고 뒤엣것을 겹낱말이라고 한다. 예를 들면, '사람, 학생, 책, 나무, 다리, …' 등은 홑낱말이요, '향기롭다, 새하얗다, 올벼, 돌다리, 집앞, …' 등은 겹낱말이다. 겹낱말의 됨됨이를 보면 다음과 같이 몇 가지로 구별된다.

첫째, 홑낱말에 앞가지와 뒷가지가 붙어서 이루어진 겹낱말이 있다. '맨-손', '잔-가지', '올-벼' 등의 '맨-', '잔-', '올-'은 뿌리의 앞에 오기 때문에 앞가지라 한다. 이와는 대조적으로, '사람-답-다', '빈둥-거리-다', '넘어-뜨리-다'에서 '-답-', '-거리-', '-뜨리-' 등은 뿌리인 '사람', '빈둥', '넘어-'의 뒤에 오기 때문에 뒷가지라 한다. 홑낱말에 가지가 붙어서 이루어지는 낱말을 파생어라 한다.

둘째, 구속형식이 둘이 모여서, 하나의 낱말이 되는 일이 있다. '읽-', '-다'가 합하여 '읽다'라는 하나의 낱말이 되고, '웃-'과 '-다'가 합하여 '웃다'가 됨과 같다. 즉 이들은 구속형식이 둘이 모여서 하나의 홑낱말을 만들었다.

셋째, 자립형식이 둘 또는 셋이 모여서 겹낱말을 이루는 일이 있다. '돌-다리', '콩-나물', '국-밥', '소-고기-국', '콩-나물-밥' 등은 자립형식이 둘이나 셋이 모여서, 각각 하나씩의 겹낱말을 만들고 있다. 이와 같은 낱말을 합성어라 한다.

2.3.3 낱말에 관한 문제점[16]

2.3.3.1 토씨의 문제

앞에서 글쓴이는 최소자립형식을 하나의 낱말로 보아야 한다고 설명하면서, 토씨는 하나의 낱말로 본다고 하였으니, 여기서는 '이다'와 함께 낱말로 보아야 하는 그 까닭을 말해 보고자 한다.

---

16) 위의 책, 125쪽 이하 참조.

(49) 눈이 온다.

(49)에서 '-이'는 줄일 수 있다. 즉 '눈 온다'라고 해도 잘된 월이 된다. 이와 같은 일은 '-이'를 '눈'과 분리할 수 있다는 말이 된다. 즉, 어느 정도의 독립성이 인정된다는 것을 나타낸다. 이에 반하여, '온다'에서 '-ㄴ다'는 절대로 분리할 수가 없다. '눈 오'라고 말했을 때, 이것은 잘못된 월이 되기 때문이다. 따라서 임자씨에 오는 토씨와 풀이씨에 오는 씨끝은 근본적으로 다르다는 것을 알 수 있다. 토씨는 임자씨에 와서, 그 임자씨로 하여금 여러 가지 자리매김을 하게 하여, 월의 여러 가지 조각이 되게 하는 구실을 하나, 씨끝은 풀이씨의 줄기에 와서 그 풀이씨로 하여금, 여러 가지 끝바꿈을 하게 하는 구실을 한다. 그래서 사전에도 보면 임자씨는 따로 실어서 그 뜻풀이를 하고 있으나, 풀이씨는 '줄기+다'의 꼴로 실어서 그 뜻풀이를 하고 있다. 이와 같은 까닭으로 씨끝은 독립된 하나의 낱말이 될 수 없음을 나타낸다.

토씨는 임자씨에만 오는 것이 아니고 풀이씨, 마디, 어찌씨 등에도 온다.

(50) ㄱ. 그는 빨리도 간다.
　　 ㄴ. 책을 읽고만 사느냐?
　　 ㄷ. 우리는 죽느냐 사느냐가 문제이다.

(50ㄱ)의 '빨리-도'는 어찌씨에 토씨가 온 보기인데, 만일 토씨를 인정하지 않을 경우, '빨리'가 여러 가지 형태로 나타나므로 말본 처리에 있어서 어려움이 일어나게 된다. 또 (50ㄴ)의 '책을 읽고-만'에서, 이은말 '책을 읽고'에 토씨 '-만'이 와 있는데 '읽고-만'의 '-고-만'을 합하여 씨끝으로 보아야 하는데 그렇게 되면 '고-만, 고-도, 고-까지' 등 '-고'의 수가 엄청나게 많아진다. 따라서 「-고」의 말본이 복잡해진다. 특히 '책을 읽고'에서 '읽-고'가 끝바꿈한 꼴인데, 여기에 '-만'이 와서 어떤 뜻을 더해 주고 있을 뿐만 아니라, (50ㄷ)의 '우리는

죽느냐 사느냐'는 하나의 월인데, 여기에 '가'가 와서 월 전체를 임자 말로 만들고 있다. 따라서 토씨는 씨끝과도 다른 구실을 하고 있으며, 그것이 오는 말로 하여금 다 월에서 어떠한 조각이 되게 하여 준다. 이와 같은 토씨를 하나의 낱말로 처리하지 않으면, 올바른 말본의 확립은 기대하기 어려울 것이다.

위에서와 같은 까닭으로 해서, 우리는 토씨를 독립된 낱말로 보지 않으면 안 된다. 따라서 오늘날 실제 표기에서도 (51)의 밑줄 그은 부분과 같이 띄어쓰는데, 이와 같은 일은 우리 국민들의 머리 속에 토씨를 하나의 낱말로 인식하고 있다는 증거로 볼 수 있다.

(51) ㄱ. 그들은 고궁 구경에 있어서 — 특히 창경궁 구경에 있어서 — 만 네
　　　　시간을 보냈다.
　　ㄴ. 그는 입는 것 — 특히 외투 — 에 신경을 만이 쓴다.
　　ㄷ. 그들에게는 살아 갈 수 있느냐 없느냐 — 가 큰 관심거리였다.

위의 예문에서뿐 아니라, 다음과 같은 보기에서도 토박이들은 토씨를 하나의 독립된 낱말로 인식하고 있음을 보여 주는 것이라 할 수 있다.

(52) ㄱ. 그는 '철수가 이미 떠났다'고 말하였다.
　　ㄴ. 철수는 '나는 서울에 가겠다'라고 말하였다.

(52ㄱ)의 '고'와 (52ㄴ)의 '라고'를 괄호 밖에 쓴 것은 글쓰는 이들이 이들 '고'와 '라고'를 씨끝 '-았다'와 '-겠다'의 일부가 아니라, 하나의 독립된 낱말이라고 인식하기 때문인 것으로 보아진다.

이상과 같은 몇 가지 까닭으로, 글쓴이는 국어의 토씨를 독립된 낱말로 인정하기로 한다.

2.3.3.2 '이다'의 문제[17]

종래 일부 학자들 사이에서 '이다'를 하나의 낱말로 인정할 수 없다고 주장한 일이 있었으나, 다음과 같은 까닭에서 글쓴이는 '이다'를 하나의 독립된 씨로 인정하기로 한다.

첫째, '이다'는 움직씨, 그림씨와 같이 끝바꿈을 한다.

(53) 이것은 책이 { 냐?
                 구나
                 로다 }

둘째, '이다'는 끝바꿈을 하기 때문에 '이-' 다음에 안맺음씨끝을 취한다.

(54) 그분은 훌륭한 선생이 { 었   다
                       었겠
                       시
                       시었 }

셋째, 이름씨가 풀이말이 될 때만 '이다'를 이름씨 씨끝이라 하고 임자말, 부림말, 위치말 등이 될 때는 '이다'를 이름씨 씨끝이라 하지 않으니 큰 모순이다.

이름씨가 풀이말일 때, '이다'가 그 씨끝이면 이름씨가 다른 월조각(성분)이 될 때도 '이다'는 반드시 따라다녀야 한다. 따라서 다음과 같이 되어야 한다.

(55) ㄱ. *<u>학생임</u>이 <u>학교임</u>에 간다.

---

17) 위의 책, 129쪽 이하 참조.
    김승곤, 「풀이자리토씨 '이다'에 대한 고찰」, 『한글』 191호, 1986, 39~54쪽 참조.

ㄴ. *나임은 목숨임을 소중히 여긴다.

ㄷ. *그임은 집임으로 갔다.

(55ㄱ~ㄷ)에서 밑줄 부분의 월조각은 반드시 '이다'의 '이'와 그의 이름법 'ㅁ'을 취해야 하나, 이에 대하여는 왜 언급이 없이, '이름씨＋이다'가 풀이말이 될 때만 '이다'가 이름씨의 씨끝이라 하는지 그 모순점을 알 수 없다. 이에 대한 해명이 있어야 할 것이다.

이에 대한 해명이 없다면 '이다'의 이름씨 씨끝설은 아무 소용이 없다.

넷째, 움직씨, 그림씨 뒤에 도움토씨가 오는 일이 있는데, '이다' 뒤에도 같은 도움토씨가 올 수 있다.

(56) ㄱ. 나는 그가 가는지<u>도</u> 몰랐다.

ㄴ. 그는 꽃이 아름다운지<u>도</u> 몰랐다.

ㄷ. 그는 이것이 무엇인지<u>도</u> 몰랐다.

(57) ㄱ. 나는 그가 있는지 없는지<u>조차도</u> 몰랐다.

ㄴ. 그는 아픈지 안 아픈지<u>조차도</u> 몰랐다.

ㄷ. 나는 그가 학생인지<u>조차도</u> 몰랐다.

(58) ㄱ. 우리 조국, 대한민국은 영원한 나라 $\left\{\begin{array}{l}㉮ \text{ *어라!} \\ ㉯ \text{ 이어라!}\end{array}\right\}$

ㄴ. 그대는 영원한 친구 $\left\{\begin{array}{l}㉮ \text{ *어라} \\ ㉯ \text{ 이어라}\end{array}\right\}$

ㄷ. *그분은 훌륭한 어머니었다.

(58ㄱ)의 ㉮는 잘못된월이나 ㉯는 잘된월이며 (58ㄴ)의 ㉮ 또한 잘못된월이나 ㉯는 잘된월이다. (58ㄷ)의 '어머니었다'는 말이 안 된다. 이로써 보면 '이-'는 고룸소리가 아니며 줄기로 보아야 한다. 만일 '이-'를 (58ㄱ, ㄴ)의 ㉮에서와 (58ㄷ)에서 줄이는 것은 마치 다음 월에서

움직씨의 줄기를 줄이는 것과 같다고 보아진다.

(59) 너는 언제 ㅡ느냐?

(59)가 잘못된월이 된 것은 ㅡ부분의 움직씨의 줄기를 줄였기 때문이데, 이것은 마치 (58ㄱ~ㄴ)의 ㉮와 (58ㄷ)에서 이름씨가 홀소리로 끝나 있는데도, '이ㅡ'가 줄어질 수 없다는 것은 어떤 면으로 생각해 보아도, '이ㅡ'는 줄기로 보아야지 고룸소리로 볼 수 없다는 확고한 증거가 된다고 생각된다.

다섯째, '이다'는 풀이씨나, 어찌씨 다음에도 쓰이어, 이들을 다시 풀이말이 되게 한다. 이와 같은 일은 '이ㅡ'가 절대로 고룸소리가 아니라는 증거가 됨과 동시에, 굳이 '이다'를 이름씨씨끝이라 한다면, 이 경우 풀이씨와 어찌씨를 이름씨로 보아야 하는가?

(60) ㄱ. 그가 고달파 하는 것은 많이 걸어서이다.
ㄴ. 내가 그를 좋아하는 것은 그가 착해서이다.
ㄷ. 너는 얼마나 그를 좋아하느냐? 아주이다.

(60ㄱ)의 '걸어서이다'에서 '이다'를 빼면, '걸어서'만으로는 풀이말이 되지 않는다. (60ㄴ)의 '착해서이다' 또한 그러하며, (60ㄷ)의 '아주이다'는 어찌씨 '아주'에 '이다'가 와서, 전체로써 하나의 풀이말을 이루고 있다. 이와 같이, '이다'는 충분한 풀이힘을 가지고 있다. 그러므로 '이ㅡ'는 고룸소리로는 도저히 볼 수 없다. 우리는 아직까지 고룸소리가 풀이힘을 가지고 있다는 사실을 알지 못한다.

여섯째, 말만들기의 면에서 보면, '이다'는 '이ㅡ'에 '다ㅡ'가 와서 된 말이다. '이ㅡ'는 셋째가리킴의 사람·가리킴대이름씨인데, 여기에 풀이말을 만드는 가지 'ㅡ다'가 와서 이루어진 것이다. 만일 '이ㅡ'가 고룸소리라면 어떻게 여기에 'ㅡ다'가 와서 '이다'가 만들어졌겠는가? 그런 말만들기는 아직 본 적이 없다. '가다'나 '희다'를 보면, '가ㅡ'와 '희

－'가 줄기가 아니라면, 어떻게 '－다'가 올 수 있겠는지 의심스럽다. 이와 같은 비교적인 면에서도, '이－'를 줄기로 보지 않을 수 없다. 글쓴이는 『한글』 176호에서 국어에서는 말밑으로 보면 고룸소리는 줄기의 일부이며 존재하지 않았다는 것을 증명한 바 있다.[18] 따라서 말밑으로 보아서도 '이－'는 고룸소리일 수 없다.[19]

일곱째, '이다'는 하임, 입음을 만들 수 있다.

(61) ㄱ. 하느님이시여, 이 나라를 영원히 복된 나라이게 하소서.
ㄴ. 그는 영원히 부자이게 되었다.

이와 같은 현상은 오늘날 두드러지게 나타나고 있다. 만일 '이다'가 낱말이 아니라면, 언중들이 어떻게 이런 말을 할 수 있겠는지 깊이 깨달아야 할 일이라 생각 된다.

여덟째, 어찌씨, '아주, 천생' 등은 월에서 '이다'를 꾸민다.

(62) ㄱ. 그는 천생 그의 아버지<u>이다</u>.
ㄴ. 그는 아주 바보<u>이다</u>.

(62ㄱ)의 '천생'은 '이다'를 꾸미고, (62ㄴ)의 '아주' 또한 '이다'를 꾸민다.

아홉째, 씨끝 뒤에는 안맺음씨끝 '－시－', '－었/았－', '－겠－' 등은 오지 못한다. 그런데 '이다'의 '이' 앞이 아니고 뒤에 이들 안맺음씨끝이 오므로 '이다'의 '이'는 씨끝으로 볼 수 없고 '씨줄기(어간)'으로 보아야 한다.

(63) ㄱ. 그는 학생 때 우등생<u>이었</u>다.
ㄴ. 그는 옛날 부자<u>이었겠</u>다.

---

18) 김승곤, 「한국어 고름소리의 어원연구」, 『한글』 1982, 176호, 41~66쪽 참조.
19) 김승곤, 「가리킴자리토씨 '이'」, 『우리말토씨연구』, 건국대학교 출판부, 1989 참조.

ㄷ. 그 어른은 우리가 자랑하는 스승님<u>이시다</u>.

(63)에서 보아 '이다'는 이름씨의 씨끝이 아님이 확실히 증명되었으므로 '이다'는 잡음씨임에 틀림없다.

3. 씨가름

3.1 씨의 이름

영어에서 씨를 'Part of speech'라 하는데, 이 말은 본래 라틴어 'Partes Ōrātiōnis'를 번역한 말이다. 이 말을 일본에서는 직역하여 화부話部라고 하는 학자도 있으나, 우리나라에서는 '씨'라고 하는 것이 일반적이다. 본래, 'Part of speech'는 '말의 부분'이라는 뜻인데, 이것은 말을 구성하고 있는 요소라는 뜻이다. 그런데 미국의 구조주의 언어학자들은 '씨'를 '낱말의 부류'라는 뜻에서 어류word-class라는 갈말(학술어)을 쓰는 일도 있으나, 이것은 뜻에 의한 것이 아니고 형태와 구실과 같은 말본적 기준에 의하여 말한 것이므로 특수하기는 하나, 역시 '씨'라 하는 것이 좋을 것이다. '씨'라는 갈말은 주시경 선생이 처음으로 쓰고 최현배 박사가 우리말본에서 사용하였는데, 그에 의한 설명을 보면 다음과 같다.

"'씨'는 말의 씨(語의 種)란 뜻이니, 곧 말을 분류하는 선자리에서 '낱말'을 이름이다"라고 하였다.[20] '품사'란 일본인 학자가 만든 말인데 낱말을 성질과 직능에 따라 종류를 나눈 말이라는 뜻이다. 그러나 우리말본에서는 '씨'라는 말을 쓰는 것이 학문의 전통상 좋을 것이다.

---

20) 최현배, 『우리말본』(열 번째 고침 펴냄 판), 정음문화사, 1983, 143쪽.

3.2 씨의 정의

말본을 연구하기 위하여, 우리말이 가지고 있는 낱말을 형태와 구실을 기준으로 하여, 그 성격상 비슷한 낱말들을 모아서, 크게 몇 개의 부류로 나누 하나하나의 낱말의 무리를 씨라고 한다. 씨는 형태를 분류 대상으로 하고, 통어상의 구실, 즉 월안에서 차지하는 지위를 기준으로 하여 설정된 낱말의 부류이므로, 달리 형식부류라 하기도 하는데, 어류라는 말을 쓰는 학자도 있다 함은 앞에서 말하였다. 그런데 생성말본에 있어서, 촘스키는 낱말범주라는 말을 사용하고 있는데, 그의 정의에 따르면 '낱말규칙의 왼쪽에 나타나는 범주를 낱말범주"[21]라 한다고 하고 있으나, 낱말범주를 몇 개 인정할 것인가 또는 어떻게 인정할 것인가에 관해서는 그는 언급하고 있지 않다.

전통말본에 있어서나 생성말본에 있어서나, 모든 사람을 만족시킬 만큼 의문의 여지가 없도록 씨를 나누기란 이루어질 수 없는 일이며, 이는 앞으로의 말본 연구 방향과 관계가 있을 것으로 보인다.

3.3 씨가름의 목적

파머Palmer는 씨를 설정하지 않고서는 어떤 언어의 말본도 쓸 수 없다[22]고 하였는데, 그 나랏말의 말본을 설명하고 기술하는 것을 쉽게 하기 위하여, 언어상의 표준 단위인 수많은 낱말을 몇 개의 부류로 나누는 것이 씨가름이다. 이것은 씨가름 그 자체에 목적이 있는 것이 아니고, 말본적 설명이나 기술을 하기 위한 준비 작업이다. 따라서 가름 그 자체로 볼 때는, 아무리 합리적으로 잘 되어 있다고 하더라도, 그것이 말본을 기술하는 데 있어서 편리하지 않을 때는 아무런 소용

---

21) Chomsky, N., *Aspects of the theory of Syntax*, MIT Press, 1965, p. 74.
   낱말범주란 A→Z의 왼쪽에 나타나는 범주. 바꾸어 말하면, 낱말 형성소를 지배하는 범주로서 예를 들면, N, V, Adj 등을 일컫는다.
22) Palmer, F. R., *Grammar*, Pelican, 1971, p. 62.

이 없다. 이와는 반대로, 가름 그 자체는 만족스럽지 못하더라도, 말본적 기술이란 목적을 달성하는 데 편리하다면, 그 가름에는 어떤 언어학적 가치를 인정하지 않으면 안 된다. 그러므로 씨가름은 각 나라의 말본에 상응하는 것이 아니고서는 되지 않는다. 그런데, 학자에 따라서는 낱말의 성격을 간단하게 기술하기 위하여 씨가름을 한다고도 하는데, 씨가름은 낱말 그 자체의 성격에 의한 가름이지, 통어론적 기술을 위해서만 가름하는 것이 아니라는 것을 분명히 하고 싶다는 학자도 있다.[23]

3.4 씨가름의 기준(품사 분류의 기준)

씨를 가르는데 사용되어 온 기준은 형태, 구실, 뜻의 셋이다.[24] 이 기준은 한꺼번에 적용되어서는 안 되며, 거기에는 차례가 있어야 한다. 제일 먼저 형태에 의하여 씨가름이 이루어져야 하는데, 달리 말하면 낱말이 끝바꿈을 하느냐 하지 않느냐에 따라 나누되, 끝바꿈을 하면 어떤 방법으로 하느냐가 고려되어야 한다. 다음으로는, 구실에 의하여 씨가름이 이루어져야 한다. 구실이란 통어적 구실로서 낱말이 월에서 어떠한 지위를 차지하느냐 하는 것인데, 형태와 구실은 어느 정도 병행하므로 끝바꿈을 하는 말에 있어서는, 형태나 구실을 함께 적용하는 수도 있으나, 끝바꿈이 없는 말에서는 구실만이 범주를 정하는 기반이 된다.[25] 뜻은 형태와 구실과 병행하는 일이 많으나 매우 추상적인데다, 그 내용도 다양하여 씨가름의 기준으로 삼기에는 어려움이 많으므로 참고 정도로 하는 것이 좋을 것이다.

형태와 구실은 끝바꿈이 있고 없음과 월에서 낱말이 차지하는 지위를 문제삼는 기준으로서 형식면의 기준에 해당한다. 따라서 이들을

---

23) 杉浦茂夫, 『品詞分類の歷史と原理』, こびあん書房, 1976, 5~6쪽 참조.
24) 허웅, 『국어학』, 샘문화사, 1983, 188~193쪽; 杉浦茂夫, 위의 책, 6~10쪽.
25) 허웅, 위의 책, 189쪽에서 따옴.

형식적 기준이라 하고 뜻은 낱말의 실질이므로 뜻을 내용적 기준이라 한다.26)

3.5 씨가름(품사 분류)

3.4에서 말한 씨가름의 기준에 따라 형태에 의하여 먼저 씨를 나누게 되는데 끝바꿈의 있고 없음에 따라 크게 두 가지로 나눈다.

끝바꿈이 있는 씨는 풀이씨(용언)로서 이것은 다시 끝바꿈하는 방법에 따라 작은 갈래로 나누는데 거기에는 움직씨, 그림씨, 잡음씨가 있다.

끝바꿈이 없는 낱말은 월 안에서 차지하는 자격에 따라 다시 작은 갈래로 나누게 되는데, 월에서 여러 가지 자격을 가지는 것에는 임자씨가 있다.

임자씨는 단독으로나 토씨의 도움을 받아 여러 가지 기능을 하는데 이를 다시 작은 갈래로 나누면 이름씨 대이름씨 셈씨가 된다.

한 가지 자격을 가지는 낱말은 다시 두 가지로 나눈다. 하나는 월에서 다른 말을 꾸미는 꾸밈씨이고 다른 하나는 월의 짜임새에 간접적으로 기능하는 홀로씨이다.

이 이외에 이음씨가 있다. 꾸밈씨에서 임자씨를 꾸미는 것은 매김씨이고 풀이씨를 꾸미는 것은 어찌씨이다. 홀로씨에는 느낌이나 부름 따위를 나타내는 느낌씨가 있다.

끝으로 이음씨는 월에서 낱말이나 월을 이어 주는 구실을 한다. 이이외에 월에서 임자씨에 붙어서 그 임자씨로 하여금 여러 가지 성분을 만들어 주는 구실을 하는 토씨가 있다.

지금까지 설명한 씨가름을 보기 쉽게 표로 보이면 다음과 같다.

---

26) 杉浦茂夫, 앞의 책, 7~8쪽 참조.

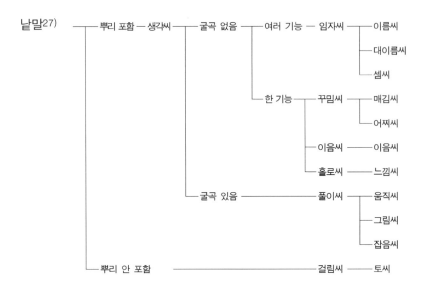

27) 허웅, 앞의 책, 193쪽 참조.

2장 낱말만들기(조어법)

2장 낱말만들기(조어법)

1. 낱말만들기란?[1]

낱말은 하나의 자립형태소로 되는 것도 있으나, 둘 이상의 자립형태소로 되는 것도 있으며, 하나의 자립형태소에 파생의 가지(접사)가 붙어서 되는 것도 있어, 낱말 만드는 방법에는 몇 가지가 있다.

(1) <u>들길</u> <u>에</u> <u>얼굴</u> <u>이</u> <u>새하얀</u> <u>아이</u> <u>가</u> <u>무심하게</u> <u>서</u> <u>있다</u>.
     ① ② ③ ④ ⑤ ⑥ ⑦ ⑧ ⑨ ⑩

(1)의 밑줄 그은 ①, ③, ⑥은 자립형식으로서 뜻이 분명하므로 뿌리라 하고, ②, ④, ⑦은 임자씨에 붙어서 그 임자씨로 하여금 월 안에서 위치말, 임자말이 되게 하므로 자리매김의 가지라 한다. 밑줄 그은 ⑤, ⑧, ⑨, ⑩을 각각 분석하면, '새―하야―ㄴ', '무심―하―게', '서―어', '있―다' 등으로 되는데, '하야, 무심―, 서―, 있―' 등은 이들 말마디의 중심적인 뜻을 지닌 부분이므로 뿌리라 하고, '새―', '―하―'는 뿌리에 붙어서, 뜻을 더해 주는 가지이므로 파생의 가지라 하며, '―ㄴ, ―게, ―어, ―다' 등은 풀이씨의 뿌리에 붙어서 여러 가지 말본적 구실을 나타내므로 끝바꿈의 가지라 한다. 자리매김의 가지는 달리 토씨라

---

1) 허웅, 『국어학』, 샘문화사, 1983, 129~147쪽 참조.

하고, 끝바꿈의 가지는 씨끝이라 하며, 파생의 가지는 '-새'와 같이 뿌리의 앞에 오는 가지를 앞가지, '무심-하-게'의 '-하-'와 같이 뿌리의 뒤에 오는 가지를 뒷가지라 한다. 뒷가지에는 그것이 옴으로써 하나의 완전한 낱말을 파생시키는 것과, 그 뒤에 다시 씨끝 '-다'를 취함으로써 완전한 낱말을 파생시키는 것의 두 가지가 있다. '손-질', '늙-다리' 등에서 '-질'과 '-다리'는 이들이 옴으로써 하나의 완전한 낱말을 만들고 있다. 그러나 '사랑-스럽-'에서 '-스럽-'은 '사랑'을 완전한 풀이씨로 파생시키지 못하고 있다. 이것이 완전한 낱말이 되기 위해서는 씨끝 '-다'를 취하여 '사랑-스럽-다'로 되어야 한다. '-질', '-다리'와 같은 뒷가지를 맺음뒷가지라 하고, '-스럽-'과 같은 뒷가지를 못맺음뒷가지라 하여 구별한다.[2] 맺음뒷가지는 임자씨나 어찌씨를 파생시키는 뒷가지요, 못맺음뒷가지는 풀이씨를 파생시키는 뒷가지이다.

(1)의 ①을 다시 분석하면 '들-길'로 되는데 '들'과 '길'은 각각 하나의 완전한 자립형식으로 뿌리이다. 두 개 이상의 완전한 뿌리가 합하여 낱말을 만들어내는 법을 합성법이라 하고, 합성법에 의하여 만들어진 낱말을 합성어라 한다. (1)에서 ⑤의 '새-하야-ㄴ'과 ⑧의 '무심-하-게'는 앞가지와 뒷가지에 의하여 만들어졌는데, 이와 같은 낱말만들기를 파생법이라 하며, 앞가지에 의한 파생법을 앞가지파생법, 뒷가지에 의한 파생법을 뒷가지파생법이라 하고, 파생법에 의하여 만들어진 낱말을 파생어라 한다. 이렇게 말을 만드는 합성법과 파생법을 합하여 낱말만들기(조어법)이라 한다. 그런데 낱말만들기에는 (1)의 ⑩과 같이 뿌리 '있-'에 끝바꿈의 가지 '-다'가 와서 '있다'가 되는 낱말만들기도 있는데, 이와 같은 낱말만들기는 일반적으로 말하는 낱말만들기(조어법)에는 넣지 않는다. 왜냐하면, '뿌리+다'의 형식으로 만들어진 낱말은 으뜸꼴로 보기 때문이다.

---

2) 박지홍, 『우리 현대말본』, 과학사, 1986, 54쪽 참조.

(2)   고추잠자리가 높푸른 가을 하늘을 날아가고 있다.

(2)에서 '고추잠자리'는 자립할 수 있는 두 낱말, '고추'와 '잠자리'가 합하여 이루어진 낱말로 '고추'는 '잠자리'를 꾸미고 있는데, 이와 같은 합성어를 통어적 합성어라 한다. '높푸르'는 뿌리이기는 하나, 뜻이 완전하지 못한 '높'과 '푸르'가 합하여 이루어진 합성어이므로 비통어적 합성어라 한다. 통어적 합성어는 그 짜임새가 통어적으로 되어 있고, 비통어적 합성어는 그 짜임새가 통어적으로 되어 있지 않다는 뜻에서 붙여진 이름이다.

이상에서 설명한 것을 표로 보이면 다음과 같다.

(3) ㄱ.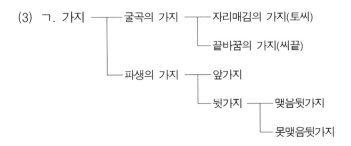

ㄴ. 낱말만들기

위에서 설명한 앞가지는 줄기에 뜻을 더하는 가지로서 이름씨, 움직씨, 그림씨, 어찌씨 앞에 오고, 뒷가지는 이름씨, 움직씨, 그림씨, 어찌씨 뒤에 붙어서, 더러는 그 뜻을 더하며 더러는 감목(자격)을 바꾸기도 한다.[3] 최현배(1983 : 672~673)에 의하면, 뒷가지를 낱말 만드는 가지와

소리를 고르는 가지의 둘로 나누고, 소리 고르는 뒷가지를 다음과 같이 나누고 있다.

(4) **소리 고르는 뒷가지**

　ㄱ. 홀이름씨(사람 이름) 뒤에 오는 것 : '이'

　ㄴ. 토씨에 오는 것 : '으로'의 '으'

　ㄷ. 풀이씨의 닫힌낱내 뒤에 오는 것 : '먹으니'의 '으'

홀이름씨 뒤에 오는 '이' 즉 '금순−이, 정순−이' 등의 '이'는 소리 고르는 가지로도 볼 수 있겠으나 뒷가지로 다루기로 하고, ㄴ이나 ㄷ에서 말하는 소리 고르는 가지는 가지로 보기 어렵기 때문에, 씨끝으로 보기로 한다. 본래는 씨뿌리였기 때문이다.

파생의 가지가 붙는 뿌리 노릇을 하는 언어형식에는 여러 가지가 있다. 즉 자립뿌리, 구속뿌리, 특수뿌리, 합성뿌리, 합성특수뿌리 등이다. 자립뿌리란 '덧−저고리', '헛−고생'과 같은 파생어에서 자립할 수 있는 낱말인 '저고리', '고생'과 같은 뿌리를 말하고, 구속뿌리란 '짓−누르−다', '먹−이−다'에서의 '누르−', '먹−'과 같은 풀이씨의 뿌리를 말한다. 풀이씨의 뿌리는 본래 구속형식이기 때문이다. 특수뿌리는 낱말을 만드는 데만 쓰이는 뿌리로서, 여기에는 토씨는 물론 씨끝도 전혀 붙을 수 없고, 극히 제한된 파생의 가지가 붙을 수 있을 뿐이다. 예를 들면, '깊−'에 파생의 가지 '숙−'이 붙어서 된 '깊숙−'은 한 낱말이 되지도 못할 뿐 아니라 토씨는 물론 씨끝도 붙을 수 없으며, 오직 파생의 가지 '−하−'가 붙어야 비로소 줄기의 구실을 할 수 있다. 이와 같은 뿌리를 특수뿌리라 한다.[4] 합성뿌리란 '여닫−이'에서의 '여닫−' 과 같이 풀이씨의 뿌리인 '열'과 '닫'이 합하여 된 뿌리를 말하는데, 이는 하나의 낱말이 되지 못한다. 즉 '땀받−이', '꺼꽂−이', '붙박−

---

3) 최현배, 『우리말본』, 정음문화사, 1983, 657~685쪽 참조.
4) 허웅, 앞의 책, 132쪽과 143쪽 참조.

이', '미닫-이'에서의 '땀받다', '꺾꽂다', '붙박다', '미닫다'라는 낱말
은 있을 수 없다. 합성특수뿌리란 '앞앞', '뭇뭇'과 같은 합성뿌리가 단
독으로는 절대로 쓰이지 못하고, '-이'를 붙여 어찌씨 만드는 데만
쓰이기 때문에 합성특수뿌리라 한다.

위에서 설명한 여러 가지 뿌리에 가지가 붙어서 이루어지는 파생법
에 대하여 살펴보기로 하겠다.

2. 파생법

가지가 자립뿌리와 구속뿌리에 와서, 새 낱말을 만드는 법을 파생법
이라 하는데, 여기서는 자립뿌리에 가지가 와서 되는 파생법과 구속뿌
리에 가지가 와서 되는 파생법을 구분하지 않고, 그저 앞가지와 뒷가
지에 의한 파생법으로 구분하여 다루기로 한다. 왜냐하면, 자립뿌리와
구속뿌리에 의한 파생법의 구별은 그리 큰 뜻을 가지지 않는 것으로
보아지기 때문이다.

2.1 앞가지에 의한 파생법

앞가지에는 토박이말 앞가지와 한자말 앞가지의 두 가지가 있으나,
여기서는 구분하지 않고 다루기로 하겠다.

2.1.1 파생이름씨

2.1.1.1 이름씨에 앞가지가 와서 파생된 이름씨

- 가-   <假> : 가-건물, 가-문서, 가-분수
- 가-   <그 부근, 일대> : 가-근방
- 가-   <加> : 가-일층, 가-추렴

- 가―   <=過> : 가―똑똑이('똑똑이'는 어찌씨로 볼 수도 있으나 여기서는 이름씨로 보기로 함).
- 가랑―   <아주 작은> : 가랑―눈, 가랑―니, 가랑―비
- 가랑―   <시든, 마른> : 가랑―잎
- 가막―   <검은 빛깔> : 가막―조개
- 각―   <角> : 각―도장
- 갈―   <작은> : 갈―가마귀, 갈―거미
- 갈―   <갈색> : 갈―가자미, 갈―돔, 갈―청광
- 갑―   <갑자기> : 갑―이별
- 강―   <强> : 강―추위, 강―팀, 강―행군, 강―호령
- 강―   <그것만으로 이루어진> : 강―술, 강―바람
- 갖―   <가죽> : 갖―두루마기, 갖―옷
- 개―   <참 것이 아닌, 좋은 것이 아닌> : 개―꽃, 개―머루, 개―떡, 개―꿈
- 건―   <乾> : 건―빵, 건―초
- 건―   <말림> : 건―삶이, 건―어물
- 건―   <겉으로만> : 건―물, 건―살포, 건―깡깡이
- 겉―   <껍질을 벗기지 않은 채> : 겉―보리, 겉―수수
- 견―   <명주> : 견―직물
- 경―   <가벼운> : 경―금속, 경―비행기
- 경―   <홀가분한> : 경―무장, 경―가극
- 경―   <경쾌한> : 경―음악, 경―가극
- 곁―   <갈라져 나옴> : 곁―가지, 곁―가닥
- 고―   <높음> : 고―성능, 고―속도
- 고―   <옛날> : 고―생물, 고―전장
- 고―   <낡은> : 고―서적, 고―철
- 공―   <힘이나 돈을 들이지 않음> : 공―일, 공―술, 공―떡
- 공―   <속이 비어 있음> : 공―가교
- 공―   <헛> : 공―수표

- 과-   <많거나 심함> : 과-보호, 과-인산
- 구-   <묵은, 낡은> : 구-시대, 구-풍습
- 군-   <필요한 범위 밖의> : 군-말, 군-소리, 군-것, 군-더더기
- 귀-   <貴> : 귀-교, 귀-회사, 귀-부인
- 금-   <지금> : 금-세기
- 급-   <빠름> : 급-속도, 급-성장
- 급-   <몹시 심함> : 급-경사, 급-각도
- 급-   <위험하고 급함> : 급-병
- 깃-   <무명베나 광목 따위의 바래지 않은 채> : 깃-광목
- 까막-   <'가막'의 센말> : 까막-관자, 까막-딱따구리
- 꼬마-   <소형의 뜻> : 꼬마-인형
- 꽃-   <맨 처음으로 된> : 꽃-국, 꽃-다지, 꽃-소주, 꽃-물
- 꾀-   <꾀로 거짓 꾸민> : 꾀-병, 꾀-배, 꾀-잠
- 난-   <어려운> : 난-공사
- 내-   <잠차 오는> : 내-달, 내-학기, 내-학년
- 내리-   <아래로 향하여> : 내리-사랑
- 노-   <나이 많은> : 노-처녀, 노-총각
- 누-   <여러의 뜻> : 누-백년, 누-천년
- 누-   <차례로 몰아서 셈함> : 누-계
- 늦-   <때가 늦은> : 늦-가을, 늦-봄
- 늦-   <나이 들어 늘그막에> : 늦-부지런

(부록 1에 계속)

2.1.1.2 파생이름씨에 앞가지가 와서 파생된 이름씨

- 강- : 강-다짐   • 개- : 개-죽음
- 건- : 건-깡깡이, 건-삶이, 건-웃음
- 겉- : 겉-어림   • 까막- : 까막-딱따구리

- 내리- : 내리-쓰기, 내리-닫이
- 늦- : 늦-깎이, 늦-잠, 늦-동이
- 땅- : 땅-딸보
- 되- : 되-풀이
- 맞- : 맞-담배, 맞-보기, 맞-바꾸기
- 맨- : 맨-몸뚱이
- 반- : 반-미치광이
- 불- : 불-깍쟁이
- 선- : 선-웃음
- 애- : 애-송아지, 애-갈이
- 옹- : 옹-자배기
- 전- : 전-까정이
- 졸- : 졸-뱅이, 졸-대기, 졸-되기, 졸-보기
- 쪽- : 쪽-발이
- 치- : 치-받이
- 풋- : 풋-내기
- 휘- : 휘-몰이

- 넛- : 넛-할아버지
- 단- : 단-잠
- 덧- : 덧-셈
- 막- : 막-날이
- 맹- : 맹-추위
- 밭- : 밭-번지기
- 생- : 생-죽음
- 알- : 알-뚝배기
- 얼- : 얼-간이
- 육- : 육-붙이
- 줄- : 줄-죽음
- 찰- : 찰-담장이
- 평- : 평-지붕
- 후- : 후-더침

2.1.1.3 합성이름씨에 앞가지가 와서 파생된 이름씨

- 강- : 강-조밥
- 꽁- : 꽁-보리밥
- 대- : 대-일본 정책
- 둘- : 둘-암소, 둘-암탉
- 막- : 막-고춧가루
- 먼- : 먼-꽃식물, 먼-등뼈동물
- 불- : 불-암소, 불-암콩, 불-상놈
- 소- : 소-회의실

- 군- : 군-글자
- 누- : 누-백년
- 덧- : 덧-니박이
- 들- : 들-뽕나무
- 매- : 매-한가지
- 반- : 반-고수머리
- 생- : 생-눈길, 생-금판
- 수- : 수-은행나무

- 암- : 암-은행나무
- 정- : 정-사각형
- 차- : 차-좁쌀
- 총- : 총-생산량
- 함- : 함-탄산토류천
- 외- : 외-나무다리
- 제- : 제-일차대전
- 참- : 참-대나무
- 한- : 한-밤중
- 희- : 희-염산

2.1.1.4 뒷가지에 의한 파생이름씨에 앞가지가 와서 파생된 이름씨

- 가- : 가-계약금
- 경- : 경-정비소
- 구- : 구-시대풍
- 대- : 대-외교가, 대-예술가, 대-보름경, 대-자본가
- 돌- : 돌-미나리꽝
- 목- : 목-가구점, 목-그릇점
- 실- : 실-생활상
- 알- : 알-몸뚱이
- 줄- : 줄-담배꾼, 줄-도망자
- 건- : 건-어물점
- 공- : 공-술보
- 명- : 명-사교가
- 몰- : 몰-상식자, 몰-지각자
- 암- : 암-은행나무
- 제- : 제-일차전
- 홀- : 홀-껍대기채

위에서 다룬 이름씨도 그 수가 많으나 여기서는 이 정도로 풀이하여 둔다.

2.1.1.5 합성이름씨에 뒷가지가 와서 파생된 이름씨에 다시 앞가지가 와서 파생된 이름씨

- 구- : 구-독립군가
- 괴- : 괴-해외소식통
- 생- : 생-고집통이
- 고- : 고-서적상점
- 늦- : 늦-고추잠자리군
- 헛- : 헛-돌팔매질
- 당- : 당-고모집살이
- 금- : 금-세기말경

- 얼- : 얼-젓국지   • 대- : 대-보름날치
- 옛- : 옛-가면극장, 옛-독일글자체, 옛-종로옷점

합성이름씨에 앞가지가 와서 된 이름씨는 그 수가 상당히 많으나, 다 조사할 수가 없어 이 정도로 하여 둔다.

2.1.2 파생움직씨

2.1.2.1 움직씨에 앞가지가 와서 된 움직씨

- 간-   <奸> : 간-하다
- 갓-   <바로> : 갓-먹다
- 깔-   <몹시 민망하게> : 깔-보다
- 겉-   <건성으로 대강> : 겉-마르다
- 겉-   <속과는 달리 겉으로만 보아> : 겉-늙다, 겉-마르다
- 곰-   <심할 정도> : 곰-삭다
- 곱-   <잦은 횟수> : 곱-씹다
- 공-   <공짜로> : 공-먹다
- 공-   <실속과 소용없음> : 공-뜨다, 공-들다
- 거머-   <휘몰아 들이거나 가짐> : 거머-삼키다, 거머-안다, 거머-당기다
- 검-   <거머-> : 검-잡다, 검-쥐다
- 검-   <몹시 지나치게> : 검-뜯다
- 곁-   <다른 길로> : 곁-가다
- 곁-   <옆에 붙어 담다> : 곁-들이다
- 나-   <밖으로 나감> : 나-서다, 나-오다
- 내-   <밖을 향하여> : 내-걸다, 내-놓다, 내-디디다
- 내리-   <아래로 향하다> : 내리-긋다, 내리-닫다, 내리-밀다, 내리-먹다
- 내리-   <줄곧> : 내리-쓰다, 내리-읽다, 내리-외다

- 내리 – 　　　　<함부로 세차게> : 내리 – 깎다, 내리 – 쬐다
- 늦 – 　　　　<시간상으로 늦음> : 늦 – 되다, 늦 – 잡다
- 덧 – 　　　　<거듭, 덧붙임> : 덧 – 나다, 덧 – 걸치다
- 데 – 　　　　<잘 되지 못함> : 데 – 되다, 데 – 삶다, 데 – 생기다
- 돌 – 　　　　<보살핌> : 돌 – 보다
- 되 – 　　　　<도리어, 반대> : 되 – 받다
- 되 – 　　　　<도로> : 되 – 가지다, 되 – 돌아보다
- 되 – 　　　　<다시> : 되 – 새기다, 되 – 씹다
- 뒤 – 　　　　<마구, 몹시> : 뒤 – 놀다, 뒤 – 몰다, 뒤 – 틀다, 뒤 – 섞다, 뒤 – 흔들다
- 뒤 – 　　　　<반대> : 뒤 – 바꾸다, 뒤 – 엎다
- 뒤 – 　　　　<온통> : 뒤 – 덮다
- 드 – 　　　　<정도가 한층 높다> : 드 – 날리다
- 들 – 　　　　<마구, 몹시> : 들 – 볶다, 들 – 까불다, 들 – 끓다
- 들이 – 　　　　<몹시, 마구> : 들이 – 덤비다, 들이 – 부수다, 들이 – 먹다
- 들이 – 　　　　<갑자기> : 들이 – 닥치나
- 막 – 　　　　<함부로> : 막 – 되다
- 맞 – 　　　　<마주> : 맞 – 닥뜨리다, 맞 – 바꾸다
- 몰 – 　　　　<죄다> : 몰 – 밀다, 몰 – 박다
- 빗 – 　　　　<비뚜르게> : 빗 – 나가다, 빗 – 놓다, 빗 – 맞다
- 빗 – 　　　　<비스듬하게> : 빗 – 꺾다
- 빗 – 　　　　<잘못> : 빗 – 디디다, 빗 – 들다, 빗 – 보다
- 설 – 　　　　<충분하지 못함> : 설 – 되다, 설 – 익다
- 애 – 　　　　<애초부터, 다시> : 애 – 빨다
- 얼 – 　　　　<똑똑하지 못함> : 얼 – 버무리다, 얼 – 비치다, 얼 – 보이다
- 엇 – 　　　　<비뚜로, 어긋나게> : 엇 – 갈리다, 엇 – 나가다
- 에 – 　　　　<빙둘러, 에워> : 에 – 두르다
- 연 – 　　　　<연달아 잇다> : 연 – 잇다, 연 – 하다
- 엿 – 　　　　<몰래> : 엿 – 듣다, 엿 – 보다, 엿 – 살피다

- 옥－<안으로 오그라진> : 옥－갈다
- 올－<시기, 시간적으로 빠르게> : 올－되다, 올－읽다
- 웃－<지나치다> : 웃－자라다
- 일－<일찌기> : 일－심다, 일－깨다, 일－되다
- 졸－<점점 졸이어> : 졸－들다
- 줄－<적게, 줄이어> : 줄－잡다
- 주－<주가 되다> : 주－되다
- 짓－<몹시> : 짓－밟다, 짓－이기다
- 처－<함부로, 한데, 심히, 마구, 많이> : 처－넣다, 처－매다, 처－먹다, 처－지르다
- 치－<위로 향하여> : 치－솟다, 치－밀다, 치－받다
- 통－<온통, 평균> : 통－밀다
- 포－<거듭> : 포－개다, 포－집다
- 헛－<잘못> : 헛－듣다, 헛－디디다
- 헛－<마구> : 헛－놓다, 헛－갈리다
- 훌－<대강 휘몰아> : 훌－닦다, 훌－뿌리다
- 휘－<두르거나 돌아서> : 휘－감다, 휘－돌다
- 휘－<마구, 함부로> : 휘－두르다, 휘－말다, 휘－몰다
- 휘－<세게, 빨리> : 휘－날리다, 휘－달리다, 휘－몰다
- 휘－<큰 모양> : 휘－둥그래지다, 휘－둥그러지다

2.1.2.2 파생움직씨에 앞가지가 와서 된 움직씨

- 강－ : 강－행군하다
- 겉－ : 겉－날리다
- 곁－ : 곁－들리다
- 내－ : 내－걸리다
- 내리－ : 내리－쓰기하다, 내리－밀리다
- 덧－ : 덧－보이다, 덧－붙이다, 덧－덮이다, 덧 걸리다

- 데 - : 데 - 삶기다

- 되 - : 되 - 물리다, 되 - 씌우다

- 뒤 - : 뒤 - 섞이다, 뒤 - 덮이다

- 들 - : 들 - 볶이다, 들 - 두들기다

- 들이 - : 들이 - 덮치다, 들이 - 맞추다, 들이 - 맞히다

- 맞 - : 맞 - 벌이하다, 맞 - 보서다, 맞 - 붙이다

- 벗 - : 벗 - 뚫리다, 벗 - 놓이다, 벗 - 꺾이다

- 설 - : 설 - 익히다

- 엇 - : 엇 - 걸리다, 엇 - 놀리다

- 옥 - : 옥 - 갈리다

- 올 - : 올 - 가꾸기하다

- 짓 - : 짓 - 밟히다, 짓 - 눌리다

- 처 - : 처 - 먹이다, 처 - 박히다

- 치 - : 치 - 달음질하다, 치 - 달리다

- 헛 - : 헛 - 치레하다, 헛 수고히디

- 휘 - : 휘 - 늘어지다

이 움직씨도 그 수가 많으나, 여기서는 이 정도로 하여 둔다.

2.1.2.3 합성움직씨에 앞가지가 와서 된 움직씨

- 군 - : 군 - 살빼다
- 되 - : 되 - 물어뜯다
- 들이 - : 들이 - 덤벼들다
- 얼 - : 얼 - 싸이다
- 칩 - : 칩 - 떠보다
- 헛 - : 헛 - 방놓다

- 내리 - : 내리 - 떠보다
- 된 - : 된 - 시집살다
- 맞 - : 맞 - 장구치다
- 줄 - : 줄 - 똥싸다
- 한 - : 한 - 눈팔다

이 움직씨도 그 수는 많으나, 글쓴이가 찾아낸 이 정도로써 그치기로 한다.

2.1.3 파생그림씨

앞가지가 와서 파생되는 그림씨는 본래 그림씨에 앞가지가 와서 그 그림씨에 어떤 뜻을 더해 주는 데 그친다.

- 검-   <몹시 지나치다> : 검-질기다, 검-세다
- 드-   <몹시, 아주> : 드-넓다, 드-높다
- 별-   <별달리> : 별-나다
- 새-   <빛깔의 짙고 산뜻함> : 새-까맣다, 새-파랗다, 새-하얗다
- 샛-   <'새'의 힘줌말> : 샛-노랗다, 샛-하얗다, 샛-맑다
- 시-   <'새'의 센말> : 시-꺼멓다, 시-누렇다, 시-허옇다
- 싯-   <'샛'의 센말> : 싯-꺼멓다, 싯-누렇다
- 얄-   <아주> : 얄-밉다, 얄-궂다
- 휘-   <큰 모양> : 휘-둥그렇다

2.1.4 파생어찌씨

앞가지에 의한 파생어찌씨는 이름씨나 어찌씨에 앞가지가 와서 이루어진다.

- 가-   <더함> : 가-일층
- 대-   <한, 곧 바른> : 대-번, 대-매, 대-푼, 대-미처
- 댓-   <곧 바로> : 댓-바람
- 매-   <每> : 매-번
- 애-   <맨 처음> : 애-당초, 애-초
- 재-   <빠르다> : 재-빨리

• 짓-　　　<몹시, 함부로> : 짓-궂이

2.2 뒷가지에 의한 파생법

2.2.1 파생이름씨

2.2.1.1 이름씨에 뒷가지가 와서 파생된 이름씨

• -가　　　<성이나 그 성을 가진 이를 낮추어 말함> : 이-가, 송-가

　　　　　　<그 일에 전문적으로 종사하는 이> : 예술-가, 문학-가

　　　　　　<그 일을 뛰어나게 잘 하는 이> : 사교-가, 외교-가

　　　　　　<그것을 많이 가진 사람> : 자본-가, 장서-가

　　　　　　<그런 특성을 지닌 사람> : 낙천-가, 모략-가

• -가　　　<한길을 낀 동리를 몇으로 나눈 한 구역> : 신문로 일-가, 종로삼-가

　　　　　　<도시의 특수한 지역> : 번화-가, 대학-가, 주택-가

• -가　　　<노래> : 농부-가, 애국-가

• -가　　　<값> : 공정-가, 최고-가

• -각　　　<뿔> : 우수-각

• -각　　　<높은 집> : 보신-각

• -간　　　<있는 곳> : 장독-간

• -갈　　　<=學> : 한글-갈, 월-갈, 말본-갈

• -감　　　<놀이 따위 기구> : 장난-감, 놀잇-감

• -감　　　<느낌> : 우월-감, 책임-감

• -개　　　<사람> : 아무-개

• -개　　　<그 성을 가진 사람을 낮추어 말함> : 이-개(이-가), 박-개(박-가)

• -거리　　<어떤 현상이 주기적으로 나타나는 동안> : 하루-거리, 이틀-거리

• -걷이　　<거둬 들이는 일> : 가을-걷이, 밭-걷이

• -걷이　　<걷어 치우는 일> : 골-걷이, 덩굴-걷이, 녁-걷이

- −걷이 <재목의 한 부분을 깎아 내는 일> : 도래−걷이, 반−걷이, 소매−걷이
- −걸이 <물건 걸이> : 옷−걸이, 모자−걸이
- −것 <옷, 이불 따위> : 겹−것, 무명−것, 솜−것
- −게 <살고 있는 곳> : 어디−게
- −견 <견사로 짠 천> : 인조−견
- −결 <물, 바람의 움직이는 상태> : 물−결, 바람−결, 숨−결
- −경 <시간의 전후> : 10시−경, 15일−경
- −경 <거울> : 반사−경, 오면−경

  <과학 기구> : 조준−경, 확대−경

  <안경> : 근시−경, 원시−경
- −계 <계통> : 몽고−계, 태양−계

  <지질 시대의 지층> : 삼척−계, 캠브리아−계

(부록 2에 계속)

2.2.1.2 움직씨 또는 그림씨 뿌리에 뒷가지가 와서 파생된 이름씨

- −개 <간단한 기구> : 덮−개, 쓰−개, 가리−개
- −개 <기관> : 날−개
- −게 <기구, 연장> : 지−게, 집−게
- −기 <이름씨 만듦> : 살−기, 죽−기, 먹−기
- −다리 <속성을 지닌 사람, 물건> : 늙−다리
- −둥이 <어떤 특징을 지닌 사람, 동물> : 이쁘−둥이, 검−둥이
- −막 <그렇게 된 곳> : 내리−막, 오르−막, 가풀−막
- −보 <웃음, 울음 말에 붙어 잔뜩 쌓여 있던 것의 뜻> : 울−보, 먹−보, 째−보
- −쇠 <사내 아이의 이름> : 먹−쇠
- −음 <이름씨를 만듦> : 믿−음, 웃−음, 걸−음, 울−음
- −이 <이름씨를 만들> : 넓−이, 길−이, 높−이

2.2.1.3 매김법에 뒷가지가 와서 파생된 이름씨

- − 둥이(− 동이) <사람, 동물> : 덴 − 둥이, 흰 − 둥이, 센 − 둥이
- − 뱅이 <어떤 사람을 낮게 이름> : 앉은 − 뱅이, 누운 − 뱅이, 장돌 − 뱅이

2.2.1.4 구속뿌리에 뒷가지가 와서 파생된 이름씨

- − 둥이   <어떤 특징을 가진 어린이> : 귀 − 둥이, 귀염 − 둥이
- − 머리   <이름씨가 와서 낮은말이 되게 함> : 버르장 − 머리
- − 바리   <어떤 정도에 있는 사람> : 센 − 바리
- − 뱅이   <그런 사람을 낮게 이름> : 거렁 − 뱅이
- − 보   <어떤 성질, 상태의 사람> : 땅딸 − 보, 뚱뚱 − 보
- − 아지   <새끼> : 송 − 아지, 강 − 아지
- − 자이   <−장이> : 무 − 자이

2.2.1.5 파생이름씨에 뒷가지가 와서 파생된 이름씨

- − 꾸러기   <버릇이 심한 사람> : 잠 − 꾸러기
- − 꾼   <습관적, 직업적인 사람> : 노름 − 꾼, 웃음 − 꾼
- − 네   <사람의 무리> : 갓난이 − 네
- − 노리   <언저리> : 배꼽 − 노리
- − 떼기   <분량의 뜻> : 섬 − 떼기
- − 뚱어리   <(몸의) 덩치> : 몸 − 뚱어리
- − 뱅이   <그런 사람을 낮게 이름> : 게으름 − 뱅이
- − 머리   <됨됨이> : 성질 − 머리, 버르장 − 머리
- − 보   <어떤 성질의 사람> : 웃음 − 보, 울음 − 보
- − 새   <됨됨이, 모양> : 구김 − 새, 꾸밈 − 새, 먹음 − 새
- − 자이   <장이> : 노래 − 자이

- –쟁이   <습관을 가진 사람> : 웃음–쟁이, 울음–쟁이
- –쭝   <냥, 돈, 푼 아래 쓰이어 무게를 나타냄> : 대푼–쭝
- –치   <어떤 물건> : 버림–치

2.2.1.6 사잇소리가 붙은 매김말 다음에 뒷가지가 와서 파생된 이름씨

- –발   <죽죽 내뻗치는 줄, 기운> : 빗–발, 핏–발, 햇–발, 구숫–발

2.2.1.7 매김씨에 뒷가지가 와서 파생된 이름씨

- –내기 : 풋–내기   • –따래기 : 뭇–따래기
- –마적 : 요–마적   • –대 : 그–대
- –맹이 : 외–맹이   • –즈막 : 이–즈막

2.2.1.8 어찌씨에 뒷가지가 와서 파생된 이름씨

- –뎅이 : 더–뎅이   • –발방 : 마구–발방
- –음: 더–음(덤)

2.2.1.9 합성이름씨에 뒷가지가 와서 파생된 이름씨

- –가 : 독립군–가, 돌조각–가
- –감 : 어린이장난–감
- –계 : 우랄알타이–계, 미국인–계
- –계 : 대학교육–계, 육식동물–계
- –곡 : 청춘행진–곡
- –공 : 기능견습–공
- –고 : 외화보유–고, 일일생산–고
- –관 : 진투경찰–관, 수상경찰–관

- −기 : 인기절정−기
- −꾼 : 소싸움−꾼, 장사씨름−꾼
- −단 : 애국청년−단, 소년애향−단
- −도 : 러시아문학−도, 고전문학−도
- −들이 <수량의 단위> : 한말−들이, 열말−들이, 일리터−들이
- −뙈기 : 양지밭−뙈기
- −론 : 고대시가−론
- −료 : 영화관람−료
- −률 : 입시경쟁−률
- −방 <방위> : 동남−방, 서북−방
- −배기 : 열살−배기
- −소 : 한글강습−소, 면사무−소
- −실 : 물리치료−실, 장관비서−실
- −원 : 애완동물−원, 기아보육−원
- −지 : 육체노동 지, 수시담당 지
- −장 : 농구연습−장, 도로공사−장
- −조 <할아버지> : 칠대−조, 십이대−조
- −짜리 <어떤 값의 물건> : 백원−짜리, 십만원−짜리
- −쭝 : 열돈−쭝, 두냥−쭝
- −쯤 : 천만원−쯤, 일주일−쯤
- −착 : 열시−착, 열두시−착
- −학 : 미시경제−학, 거시경제−학, 국제정치−학
- −호 : 새마을−호

위에서 보인 이외에도 많은 예가 있으나 이 정도로 하여 둔다.

2.2.2 파생움직씨

2.2.2.1 움직씨뿌리에 뒷가지가 붙어서 파생된 움직씨

* -구- : 돋-구-다, 솟-구-다
* -기- : 남-기-다, 숨-기-다, 굶-기-다, 볶-기-다, 꺾-기-다
* -까리- : 뇌-까리-다
* -떠리- : 무너-떠리-다, 넘어-떠리-다
* -리- : 울-리-다, 놀-리-다, 들-리-다, 뚫-리-다
* -스르- : 추-스르-다
* -시르- : 추-시르-다
* -우- : 가리-우-다, 메-우-다
* -음- : 먹-음-다(=머금다)
* -이- : 쓰-이-다, 보-이-다, 가리-이-다
* -이우- : 서-이우-다(=세우다)
* -치-   <강조> : 넘-치-다, 닫-치-다, 밀-치-다
            <입음> : 밀-치-다, 돌-치-다
* -으키- <입음> : 들-키-다, 내-키-다, 일-으키-다
* -퀴- : 할-퀴-다
* -트리- : 무너-트리-다, 넘어-트리-다
* -히- <하임> : 앉-히-다, 썩-히-다
* -추- : 들-추-다
* -히- <입음> : 닫-히-다, 입-히-다

2.2.2.2 이름씨에 뒷가지가 와서 파생된 움직씨

* -거리- : 가탈-거리-다
* -되- : 걱정-되-다, 발전-되-다, 형성-되-다

- –뜨– : 어정–뜨–다
- –지– : 밑–지–다
- –치– : 겹–치–다
- –하– : 일–하–다, 공부–하–다

2.2.2.3 그림씨에 뒷가지가 와서 파생된 움직씨

- –애– <사동> : 없–애–다
- –이– : 높–이–다, 깊–이–다
- –추– : 낮–추–다, 곧–추–다

2.2.2.4 그림씨뿌리 + –아/어 + –하–

- 좋아–하–다
- 기뻐–하–다
- 슬퍼–하–다

2.2.2.5 상징적 뿌리에 뒷가지가 와서 파생된 움직씨

- –거리– : 가물–거리–다, 삐걱–거리–다
- –그리– : 가동–그리–다
- –대– : 가닐–대–다, 흥얼–대–다, 까불–대–다, 덜렁–대–다
- –이– : 끄덕–이–다, 망설–이–다
- –크리– : 웅–크리–다
- –츠리– : 움–츠리–다
- –키– : 삼–키–다
- –하– : 어물어물–하–다, 투덜투덜–하–다

2.2.2.6 파생움직씨에 뒷가지가 와서 파생된 움직씨

- –거리– : 굼닐–거리–다
- –뜨리– : 들이–뜨리–다
- –리– : 다질–리–다
- –옵– : 뵈–옵–다

- −치− : 솟구−치−다

2.2.2.7 '앞가지 + 움직씨 + 뒷가지'에 의해 파생된 움직씨

- −이− : 덧−덜이−다
- −리− : 뒤−흔들리−다
- −치− : 치−받치−다
- −우− : 일−깨우−다
- −ㅣ− : 처−대−다

2.2.2.8 합성움직씨에 뒷가지가 와서 파생된 움직씨

- 가라−앉−히−다
- 가위−눌−리−다
- 곤두−세−우−다
- 곧추−세−우−다
- 곧추−앉−히−다
- 곰−삶−기−다
- 깃−들−이−다
- 꽃−피−우−다
- 낮−보−이−다
- 내다−보−이−다
- 내려다−보−이−다
- 눈−뜨−이−다
- 달아−매−이−다
- 둘러−싸−이−다
- 들여다−보−이−다
- 떡심−풀−리−다
- 막−놓−이−다
- 맛−보−이−다
- 매−달−리−다
- 바람−맞−히−다
- 바람−잡−히−다
- 북−받−치−다
- 붙−매−이−다
- 붙−박−이−다
- 붙−안−기−다
- 붙−잡−히−다
- 섞−바−뀌−다
- 앞−세−우−다
- 애−먹−이−다
- 약−오−ㄹ−리−다(=약올리다)
- 어긋−물−리−다
- 얽−매−이−다
- 쳐다−보−이−다
- 흘−날−리−다

위의 예에서 보았듯이, 합성움직씨에 오는 뒷가지는 대개 사동이거나, 피동의 파생 가지나 힘줌의 가지가 오는 경우가 대부분임을 알 수 있다.

2.2.3 파생그림씨

2.2.3.1 이름씨에 뒷가지가 와서 파생된 그림씨

- -나- : 맛-나-다, 별-나-다, 유별-나-다, 특별-나-다
- -다웁- : 정-다웁-다
- -답- : 꽃-답-다, 여자-답-다
- -닮- : 애-닮-다
- -되 : 참-되-다, 진실-되-다
- -롭- : 이-롭-다, 해-롭-다, 향기-롭-다
- -맞- : 궁상-맞-다, 방정-맞-다, 익살-맞-다
- -스럽- : 사랑-스럽-다, 자랑-스럽-다
- -없- : 시름-없-다
- -있- : 맛-있-다, 재미-있-다
- -쩍- : 겸연-쩍-다
- -지- : 그늘-지-다, 얼룩-지-다, 값-지-다
- -하- : 성실-하-다, 정직-하-다

2.2.3.2 그림씨에 뒷가지가 와서 파생된 그림씨

- -갑- : 달-갑-다
- -따랗- : 널-따랗-다
- -다랗- : 길-다랗-다, 크-다랗-다, 가느-다랗-다, 굵-다랗-다
- -스름하- : 누르-스름하-다, 둥그-스름하-다, 푸르-스름하-다

- -앟- : 둥글-앟-다, 말-갛-다
- -엏- : 거-멓-다. 둥글-엏-다
- -직하- : 굵-직하-다, 높-직하-다
- -쭉하- : 걸-쭉하-다, 길-쭉하-다
- -찍하- : 길-찍하-다, 널-찍하-다, 멀-찍하-다

2.2.3.3 매김씨에 뒷가지가 와서 파생된 그림씨

- -되- : 헛-되-다
- -롭- : 새-롭-다, 외-롭-다

2.2.3.4 구속뿌리에 뒷가지가 와서 파생된 그림씨

- -롭- : 괴-롭-다
- -맞- : 쌀쌀-맞-다, 칠칠-맞-다, 능갈-맞-다
- -하- : 쓸쓸-하-다, 쌀쌀-하-다

2.2.3.5 어찌씨에 뒷가지가 와서 파생된 그림씨

- -나- : 잘-나-다, 못-나-다
- -하- : 가득-하-다, 못-하-다
- -스럽- : 안-스럽-다

2.2.3.6 '앞가지+구속뿌리+뒷가지'에 의해 파생된 그림씨

- 새-, -앟- : 새-까맣-다
- 시-, -엏- : 시-꺼멓-다
- 희-, -앟- : 희-동그랗-다

- 휘 -, -엏 - : 휘 - 둥그렇 - 다
- 새 -, -얗 - : 새 - 하얗 - 다

2.2.3.7 파생이름씨에 뒷가지가 와서 파생된 그림씨

- -깔, -스럽 - : 맛 - 깔 - 스럽 - 다
- -짜, -스럽 - : 몽 - 짜 - 스럽 - 다
- -머리, -적 - : 괘달 - 머리 - 적 - 다
- -쭝, -나 : 별 - 쭝 - 나 - 다
- -살, -머리, -스럽 - : 밉 - 살 - 머리 - 스럽 - 다
- -쁘, -장 -스럽 - : 예 - 쁘 - 장 - 스럽 - 다

2.2.4 파생어찌씨

2.2.4.1 어찌씨에 뒷가지가 와서 파생된 어찌씨

- -이나 : 가뜩 - 이나
- -군다나 : 더 - 군다나
- -도 : 아마 - 도
- -장 : 곧 - 장
- -히 : 가득 - 히
- -금 : 다시 - 금
- -내 : 못 - 내
- -욱 : 더 - 욱
- -처럼 : 좀 - 처럼
- -스러, -이 : 새삼 - 스러 - ㅣ (=새삼스레)

2.2.4.2 이름씨(대이름씨)에 뒷가지가 와서 파생된 어찌씨

- -껏 : 마음 - 껏
- -내 : 겨우 - 내
- -은 : 딴 - 은
- -째 : 통 - 째
- -차 : 인사 - 차
- -나 : 얼마 - 나
- -수 : 손 - 수
- -절 : 곱 - 절
- -이 : 나날 - 이
- -히 : 겸손 - 히

- -다이 : 정-다이
- -로이 : 가소-로이
- -스러, -이 : 다정-스러- ㅣ (다정스레), 걱정-스러- ㅣ (=걱정스레)
- -스러이 : 가사-스레(스러이), 새슴-스레(스러이)

2.2.4.3 파생이름씨에 뒷가지가 와서 파생된 어찌씨

- -기, -ㄴ : 하-기-ㄴ (=하긴)
- -기, -는 : 하-기-는
- -기, -야 : 하-기-야
- -깔, -스러, -이 : 맛-깔-스러- ㅣ (=맛깔스레)
- -살, 스러, -이 : 밉-살-스러- ㅣ (=밉살스레)

2.2.4.4 그림씨에 뒷가지가 와서 파생된 어찌씨

- -리 : 빨-리, 달-리, 게을-리
- -사리 : 쉽-사리
- -우 : 자-주
- -이 : 가까-이
- -추 : 곧-추, 낮-추
- -죽 : 넓-죽
- -히 : 밝-히, 작-히

2.2.4.5 움직씨에 뒷가지가 와서 파생된 어찌씨

- -금 : 하여-금
- -우 : 너-무, 마-주, 외-우, 되-우
- -후 : 갖-추
- -히 : 익-히

2.2.4.6 구속뿌리에 뒷가지가 와서 파생된 어찌씨

- -고 : 이윽-고
- -로 : 거꾸-로
- -이 : 박박-이
- -석 : 덥-석
- -코 : 결-코

2.2.4.7 상징적 뿌리에 뒷가지가 와서 파생된 어찌씨

- −악/억 : 곰지−락, 굼지−럭
- −동 : 자끈−동
- −엉/앙 : 달−랑, 덜−렁
- −짝/쩍 : 팔−짝, 펄−쩍

- −에 : 빙그−레, 방그−레
- −어니 : 살그−머니
- −컥 : 덜−컥

2.2.4.8 파생그림씨에 뒷가지가 와서 파생된 어찌씨

- −그러, −이 : 너−그러−이
- −어(업), −이 : 즐−거−이
- −로, −이 : 새−로−이
- −히, −나 : 작−히−나
- −으, −만치 : 자−그−만치
- −하, −니 : 멍−하−니
- −스럼, −히 : 누르−스럼−히

- −아(압), −이 : 반−가−이
- −직, −암치 : 느−지−감치
- −스러, −이 : 갑작−스러−ㅣ (=갑작스레)
- −어, −도 : 적−어−도
- −다라, −니 : 가느−다라−니
- −다, −러이 : 좁−다−레

2.2.4.9 파생어찌씨에 뒷가지가 와서 파생된 어찌씨

- −(이)나 : 작히−나, 가뜩−이나
- −스레 : 빨리−스레

- −시리 : 빨리−시리

2.2.4.10 매김씨에 뒷가지가 와서 파생된 어찌씨

- −만 : 고−만
- −냥 : 그−냥
- −쪼록 : 아무−쪼록
- −히 : 정−히

- −다지 : 이−다지, 그−다지, 저−다지
- −만큼 : 요−만큼
- −혀 : 전−혀
- −토록 : 이−토록, 그−토록, 저−토록

2.2.4.11 파생매김씨에 뒷가지가 와서 파생된 어찌씨

* −ㄹ, −로 : 이−ㄹ−로(=일로)
* −래, −서 : 그−래−서
* −리, −로 : 고−리−로

2.2.5 파생매김씨

2.2.5.1 매김씨에 뒷가지가 와서 파생된 매김씨

* −까짓 : 이−까짓, 그−까짓
* −지난 : 저−지난
* −은/ㄴ : 늦−은, 다르−ㄴ(=다른), 갖−은

2.2.5.2 이름씨, 셈씨에 뒷가지가 와서 파생된 매김씨

* −까짓 : 네−까짓
* −남은 : 여−남은
* −어 : 두−어
* −여 : 십−여
* −상 : 형편−상, 신분−상
* −적 : 사회−적
* −분지 : 십−분지−일('십−분지'까지는 파생매김씨로 본다)

2.2.6 파생느낌씨

2.2.6.1 느낌씨에 뒷가지가 와서 파생된 느낌씨

* −구 : 아이−구
* −나 : 얼씨구−나
* −머니 : 아이구−머니
* −야 : 에헤−야, 데헤−야
* −은 : 가설랑−은
* −좋− : 지화자−좋−다, 얼씨구−좋−다

2.2.6.2 이름씨(대이름씨)에 뒷가지가 와서 파생된 느낌씨

- -아 : 이놈-아
- -이야 : 불-이야
- -이지 : 말-이지

- -이다 : 말-이다
- -이야 : 말-이야
- -렴 : 아무-렴

2.2.6.3 어찌씨에 뒷가지가 와서 파생된 느낌씨

- -(이)야 : 깜짝-이야, 아니-야

2.2.6.4 풀이씨가 그대로 영뒷가지를 취하여 파생된 느낌씨

- 좋-다
- 잘한-다
- 옳-다

2.2.6.5 풀이씨에 뒷가지가 와서 파생된 느낌씨

- -지 : 옳-지
- -아라 : 앗-아라

- -아 : 옳-아
- -어라 : 버티-어라

3. 합성법[5]

뿌리가 둘 이상 모여서 하나의 낱말을 만드는 법을 합성법이라고 하는데, 그 짜임새가 월의 구조와 같은 식으로 되어 있는 낱말을 통어적 합성어라 하고, 그렇지 않은 것을 비통어적 합성어라고 한다. 통어적 합성어는 앞뒤 성분어의 의미관계에 따라 종속합성어, 대등합성어, 융합합성어의 셋으로 나눈다.

---

5) 정동환, 「국어 합성어의 의미관계 연구」(건국대학교 박사논문, 1991)에 의지함을 밝혀 둔다.

3.1 통어적 합성어

3.1.1 통어적 합성임자씨

3.1.1.1 종속합성임자씨

1) 종속합성이름씨

합성이름씨의 앞 성분어가 뒤 성분어에 대하여 뜻으로 보아 종속관계에 있는 합성이름씨를 말한다.

종속합성이름씨는 '옹근이름씨＋옹근이름씨'로 되는 것을 비롯하여 '옹근이름씨＋매인이름씨', '매인이름씨＋옹근이름씨', '옹근이름씨＋셈씨', '셈씨＋매인이름씨', '셈씨＋움직씨의 매김법', '풀이씨의 매김법＋옹근이름씨', '풀이씨의 매김법＋매인이름씨', '움직씨의 시킴법＋옹근이름씨', '매김씨＋옹근이름씨', '매김씨＋매인이름씨', '매김씨＋매인이름씨', 종속합성대이름씨는 '매김씨＋옹근이름씨', '매김씨＋매인이름씨', '매김씨＋대이름씨', 종속합성셈씨는 '셈씨＋매인이름씨', '매김씨＋매인이름씨'로 이루어져 있다.

📂 '옹근이름씨＋옹근이름씨'로 된 통어적 합성어

가. 뒤 성분어가 '＋실체성, ＋자연성'인 종속합성이름씨

㉠ 위치관계 :

들-새	들-쥐	산-돼지	산-토끼
섬-놈	물-벼룩	집-파리	촌-사람
바닷-고기	밭-벼	겉-잎	음-파
속-고쟁이	갈비-뼈	논-물	밭-고랑
고향-땅			

© 모양관계 :

개구리 – 참외	꾀꼬리 – 참외	실 – 고추	실 – 개천
나팔 – 꽃	줄 – 모	고리 – 눈	조개 – 구름
매부리 – 코	이슬 – 비	싸락 – 눈	칡 – 소

© 시간관계 :

철 – 새	봄 – 누에	봄 – 보리	가을 – 보리
가을 – 비	봄 – 비	밤 – 눈	보름 – 달
그믐 – 달	그믐 – 밤	밤 – 소경	서리 – 병아리

② 빛깔관계 :

파랑 – 새	녹두 – 새	바둑 – 말	흑 – 구렁이
먹 – 구름	얼럭 – 말	얼룩 – 말	고추 – 잠자리
무색 – 옷	색 – 소경	청 – 개구리	금빛 – 노을
백 – 발	검정 – 새		

© 성별관계 :

| 암 – 캐 | 수 – 캐 | 암 – 닭 | 수 – 닭 |
| 암 – 돼지 | 수 – 돼지 | 암 – 꽃 | 수 – 꽃 |

ⓗ 목적관계 :

씨 – 암탉	사냥 – 개	모 – 풀	기름 – 꼴
밥 – 쌀	떡 – 쌀	기름 – 콩	쌈 – 닭
군용 – 개			

ⓢ 생산물관계 :

| 과실 – 나무 | 사과 – 나무 | 고무 – 나무 | 꿀 – 벌 |
| 젖 – 소 | 메주 – 콩 | 배 – 나무 | |

◎ 종사관계 :

| 술−집 | 생선−가게 | 쌀−가게 | 쌀−장수 |
| 엿−장수 | 옹기−장수 | 술−장수 | 맥줏−집 |

ⓩ 가족관계 :

조카−딸	누이−동생	안−어버이	막내−며느리
움−딸	움−누이	막내−동생	수양−딸
첩(妾)−며느리			

ⓒ 소유관계 :

철쭉−꽃	장미−꽃	찔레−꽃	삼−씨
아주까리−씨	나무−모	풀−뿌리	칡−넝쿨
호박−씨	박−씨		

㉠ 원인관계 :

| 눈−사태 | 냉−배 | 냉−가슴 | 불−바다 |
| 무−트림 | 술−망나니 | | |

㉡ 근원(출처)관계 :

| 눈−싹 | 순−잎 | 움−벼 | 거미−줄 |
| 무−순 | 바다−말 | 샘−물 | 눈−물 |

㉤ 상태(성질)관계 :

| 도둑−고양이 | 도둑−눈 | 도끼−눈 | 불−별 |
| 비지−땀 | 여우−별 | 용−트림 | |

ⓗ 혼합관계 :

| 가시−덤불 | 간−물 | 곱−똥 | 똥−물 |
| 모래−흙 | 옥(玉)−돌 | 자갈−돌 | |

나. 뒤 성분어가 '+실체성, −자연성'인 종속합성이름씨

㉠ 위치관계 :

구석−방	돌−옷	밑−술	밑−자리
바위−옷	별−자리	산−불	속−셔츠
창−구멍	이웃−집	터−밭	허리−세상

㉡ 모양관계 :

가래−떡	꽃−무늬	넌출−문	별−무늬
달−떡	실−날	독−동이	주먹−밥
물레−방아	쌍−상투	실−개천	

㉢ 시간관계 :

밤−글	밤−음식	봄−부채	봄−장작(長斫)
참−밥			

㉣ 빛깔관계 :

먹−장삼	먹−수건	바둑−무늬	색(色)−떡
흑−돔	붉−돔	붉−살	노랑−나비

㉤ 소유관계 :

갓−끈	그물−코	발−자국	새−집
새끼−집	새−둥주리	칼−날	등−줄기
코−뼈			

㉥ 원인관계 :

나무−지저귀	먹−똥	불−티	불−빛
소금−적	손−때	실−보무라지	

Ⓐ 상태(성질)관계 :

감투―밥	고추―상투	구멍―가게	굴―방(房)
꽃―불	도깨비―불	도둑―글	비탈―길
장작(長斫)―윷			

Ⓞ 단위관계 :

낱―돈	말―술	병―술	잔―술
상(床)―밥	통―김치	통―단	되―술
됫―쌀	낱―개		

Ⓩ 포함관계 :

똥―독	물―병	병―집	성냥―갑
술―병	신―장	밥―통	술―부대
공기―주머니	고생―주머니	병―주머니	음흉―주머니
허영―주머니			

Ⓒ 수단관계 :

눈―짓	다리―씨름	도끼―집	뜸―집
말―수(數)	물―방아	발―장구	배―다리
절구―떡	칼―국수	팔―씨름	어림―수(數)
입―씨름	말―다툼		

Ⓚ 재료관계 :

가죽―신	갈대―밭	기와―집	거적―문
나무―배	녹두(綠豆)―밥	발―장구	배―다리
절구―떡	칼―국수	무우―김치	메밀―국수
모래―사장	사기―그릇	오곡―밥	

다. 뒤 성분어가 '―실체성, +자연성'인 종속합성이름씨

⊙ 위치관계 :

| 손-버릇 | 입-버릇 | 물-귀신(鬼神) | 속-바람 |

속-탈

ⓛ 원인관계 :

가마-멀미	물-멀미	사람-멀미	차-멀미
바람-소리	새-소리	술-병(病)	똥-탈
돈-맛	매-맛		

라. 뒤 성분어가 '-실체성, -자연성'인 종속합성이름씨

⊙ 위치관계 :

| 눈-정신(精神) | 눈-정기(精氣) | 땅-재주 | 속-배포(配布) |
| 속-마음 | 세상-맛 | 세상-일 | |

ⓛ 시간관계 :

| 밤-일 | 밤-소일(消日) | 전(前)-생각 | 달-품 |
| 날-품 | 새벽-동자 | 식전(食前)-바람 | |

ⓒ 원인관계 :

| 말-소리 | 버릇-소리 | 종-소리 | 술-병 |
| 말-실수 | 술-타령 | 돈-지랄 | 이웃-불안 |

ⓔ 상태(성질)관계 :

고비-판	끝-판	겹-말	놀부-심사
밑-바탕	벼락-바람	좀-꾀	쥐-정신
하늘-마음			

ⓜ 수단관계 :

| 겉-짐작 | 속-짐작 | 어림-짐작 | 눈-대중 |

속-대중	손-대중	겉-어림	속-어림
손-어림	속-가량(假量)	말-다툼	말-재주
손-재주	손-장난	발-장단(長短)	입-장단(長短)

마. '옹근이름씨＋옹근이름씨'로 된 종속합성이름씨에서 앞뒤 성분어의 위치가 바뀌어 쓰이는 예가 나타난다.

- 가래-떡 : 떡-가래
- 고기-소 : 소-고기
- 글-줄 : 줄-글
- 꼬리-말 : 말-꼬리
- 길-옆 : 옆-길
- 머리-말 : 말-머리
- 똥-물 : 물-똥
- 벌-꿀 : 꿀-벌
- 방울-눈 : 눈-방울
- 벼락-불 : 불-벼락
- 불-꽃 : 꽃-불
- 신-짚 : 짚-신
- 송이-밤 : 밤-송이
- 어미-젖 : 젖-어미
- 엿-물 : 물-엿
- 젖-소 : 소-젖
- 저울-대 : 대-저울
- 파리-똥 : 똥-파리
- 짝-신 : 신-짝

위의 예와 다른 것이 있다. '똥-오줌', '오줌-똥'이 있다.

📂 '옹근이름씨＋매인이름씨'로 된 통어적 합성어

가. 위치관계 : 행랑-것, 곁-쪽, 벌-치

나. 시간관계

새벽-녘	달-소수	해-소수	날-치
그믐-치	보름-치	조금-치	진사(辰巳)-치

다. 빛깔관계 : 청(靑)-치

라. 성별관계 : 계집-년, 사내-놈

마. 원인관계 : 술-김, 매-치, 발매-치

바. 상태관계 : 겹-것, 좀-것, 분(忿)-김, 북새-통, 들-녘

사. 혼합관계 : 겨-반지기, 뉘-반지기, 돌-반지기, 억새-반지기

아. 단위관계

고리-짝	나무-짝	낱-가락	낱-개	낱-개비	낱-권
낱-그릇	낱-근	낱-꼬치	낱-단	낱-덩이	낱-동
낱-되	낱-마리	낱-말(斗)	낱-뭇	낱-벌	낱-상
낱-섬	낱-자	낱-자루	낱-잔	낱-장	낱-축
낱-켤레	낱-푼	낱-냥(兩)	땅-뙈기	땅-마지기	마-바리
모-춤	밤-톨	밥-술	속-벌	옷-가지	옷-벌
위-층	십-재	짚-가리	짚-뭇		

자. 수단관계 : 질-것, 채-편

차. 방향관계

동(東)-녘(쪽)	서(西)-녘(쪽)	남(南)-녘(쪽)	북(北)-녘(쪽)
안-쪽	뒤-쪽	위-쪽	아래-쪽
옆-쪽	새-쪽	하늬-쪽	

카. 방법관계 : 공-것, 차렵-것

📁 '매인이름씨+옹근이름씨'로 된 통어적 합성어

가. 상태관계 : 짝-귀, 짝-눈, 짝-사위

나. 단위관계

길-눈²	말-곡식	말-밥	양(兩)-돈
죽-갓	짝-돈	치-수(數)	

📁 '옹근이름씨＋셈씨'로 된 통어적 합성어

• 단위관계 : 돈-백(百), 돈-천(千)

📁 '셈씨＋매인이름씨'로 된 통어적 합성어

가. 단위관계

너-이	넉-동	네-다리	네-뚜리	다섯-줄	닷-곱
백(百)-날	삼-거리	석-새	세-이레	한-배	한-칼
한-턱	한-판				

나. 시간관계 : 여섯-때, 사(四)-철, 한-겻, 한-식경(食頃)

📁 '셈씨＋움직씨의 매김법'으로 된 통어적 합성어

• 단위관계 : 여-남은6)

📁 '풀이씨＋이름씨'로 된 통어적 합성어

가. 풀이씨의 매김법＋옹근이름씨

가는-눈	가는-대	가는-베	가르친-사위
가는-허리	가린-나무	가린-주머니	가물-철
갖은-떡	갖은-소리	갖춘-꽃	갖춘-마디
갖춘-마침	갖춘-잎	갓난-아이(기)	거센-소리

---

6) 김계곤(1970: 41)에서는 '여-남은'의 앞 성분어 '여'는 셈씨 '열'의 'ㄹ'이 탈락된 변이 형태, 뒤 성분어, '남은'은 움직씨 '남다'의 매김꼴로 분석하였다.

건널–목	검은–그루	검은–돌비늘	검은–딸기
검은–빛	검은–손	검은–엿	건딜–힘
고른–값	고룬–쌀	곧은–금	곧은–뿌리

(부록 4에 계속)

나. 움직씨의 매김법＋옹근이름씨

건넌–방(房) : 건너는 방(房) ⇒ 건너(편에 있)는 방(房)

㉠ 위치관계 : 앉은–검정

㉡ 시간관계 :

지난–가을	지난–겨울	지난–달	지난–봄
지난–여름	묵은–세배	묵은–쌀	묵은–해
살–날	지난–해		

㉢ 빛낄관계 : 센–개, 센–머리, 센–털

㉣ 상태(성질)관계 :

감는–줄기	걸–상	고인–돌	가는–줄기
길–동무	길–짐승	깔–종	깎은–선비
껄–머리	꾸민–족두리	끌–영창(映窓)	끄는–힘
난–거지	난–부자	난–사람	난–장
난–침모	날–담비	날–발	널–방석
놀–소리	놀란–가슴	누운–단	늘–품
눌은–밥	단–솥	단–추	닮은–꼴
덴–가슴	도린–곁	돋을–양지	돌–대
들–머리	들–장지	뜬–구름	뜬–말
뜬–소문	마른–걸레	마른–고기	마른–고자
마른–기침	마른–눈	마른–반찬	마른–버짐

90

마른-번개	마른-신	마른-안주	마른-옴
마른-입	마른-천둥	마른-편포(片脯)	마른-하늘
마른-행주	문-쥐	미친-개	민-날
밀-굽	밀-물	볼-꼴	볼-일
볼-품	붙은-돈	붙은-문자(文字)	빈-말
빈-속	빈-손	빈-주먹	빈-창자
삭은-니	삭은-코	산-기둥	산-똥
산-벼락	산-부처	산-소리	선-바람
선-발	쉬는-화산(火山)	선-키	설-외(椳)
설-꼭지	식은-땀	썩은-새	썰-물
앉은-자리	앉은-차례(次例)	앉을-자리	얹은-활
엔-담	열-구름	열-창(窓)	울-상
자란-벌레	잔-입	잡을-손	주근-깨
죽는-소리	죽은-화산(火山)	죽을-병(丙)	죽을-상(相)
죽을-죄(罪)	죽을-힘	쥘-부채	쥘-손
지닐-총(聰)	쩰-밭	쪼갠-면(面)	헌-솜
헌-쇠			

ⓜ 방법관계 :

간-니	구운-밤	구운-석고(石膏)	날-물
날-벌레	날-숨	날-짐승	날-벼락
날-파리	놀-구멍	놀란-흙	데릴-사위
돋을-볕	돌-딴죽	돌-물레	들-쇠
들-숨	들은-귀	들은-풍월(風月)	들-창(窓)
들-통(筒)	디딜-방아	뜬-계집	뜬-돈
뜬-숯	뜬-재물(財物)	마른-밥	마른-일
민-도리	밀-장지	선-굿	선-소리[1]
선-일	설-통발	솟을-대문(大門)	솟을-무늬

앉은-소리	앉은-일	앉은-장사	욀-재주
욀-총	잡을-도조(賭租)	잡을-손	준-말
쥘-쌈지	찐-쌀	찰-쌈지	혼-솔
풀-솜	풀-치마		

ⓗ 용도관계 :

걸-쇠	굴-대	깔-유리	끌-채
내릴-톱	누울-외(椳)	든-손	들-돌
들-보	들-손	땔-감	땔-나무
마른-찬합	먹은-금	무를-문서	묻을-무우
밀-낫	빨-대	빨-병	산-값
쌀-깃	열-쇠	익은-소리	자물-쇠

다. 움직씨의 매김법＋매인이름씨

• 상태관계 : 알우-채, 들-것, 탈-것

• 시간관계 : 샐-녘, 지난-적, 지난-번

• 방향관계 : 맞은-쪽, 맞은-편

• 차례관계 : 난-번(番), 든-번(番)

라. 그림씨의 매김법＋옹근이름씨

가는-베 : <u>가느다란</u> 베 ⇒ <u>가는(올을 촘촘하게 짠)</u> 베

ⓐ 시간관계 : 이른-모, 작은-달, 큰-달

ⓑ 빛깔관계 :

감-빛	검은-빛	검은-깨	검은-엿
검은-자위	노란-빛	누른-빛	노른-자위
붉은-말	진-흙	푸른-빛	흰-누룩
흰-떡	흰-밥	흰-빛	흰-신

흰-엿	흰-옷	흰-자위

ⓒ 상태(성질)관계 :

가는-체	갖은-고생	갖은-소리	갖은-양념
검은-그루	고른-술	고른-율	고른-해
고린-내	곧은-길	곧은-줄기	곧은-창자
구린-내	굳은-살	굳은-어깨	궂은-고기
궂은-비	궂은-살	궂은-쌀	궂은-일
긴-대답	긴-등	긴-말	긴-사설
긴-소리	깊은-사랑	낮은-말	너른-바지
노린-내	누린-내	단-감	단-내
단-맛	단-물	단-배	더운-물
더운-약	더운-점심	더운-피	된-바람
된-비알	된-서리	된-서방(書房)	된-장(醬)
둥근-톱	딴-마음	딴-말	딴-맛
딴-머리	딴-생각	딴-소리	딴-전
맑은-술	매운-재	먼-눈	먼-동
모진-바람	몽근-벼	밭은-기침	비린-내
선-떡	선-똥	선-머슴	선-무당
선-샘	선-소리²	선-하품	센-말
센-물	센-박(拍)	쉰-내	신-물
신-소리	신-트림	싼-값	쓴-술
약은-꾀	얕은-꾀	얕은-맛	어린-벌레
어린-뿌리	어린-소견	어린-순	어린-아이
어린-잎	여린-박(拍)	여린-줄기	작은-계집
작은-골	작은-집	작은-말	작은-창자
잔-가지	잔-경위	작은-악절(樂節)	잔-걱정
잔-기침	잔-꾀	잔-돈	잔-말

잔-바늘	잔-방귀	잔-병	잔-뼈
잔-뿌리	잔-소리	잔-손	잔-사설
잔-솔	잔-심부름	잔-일	잔-잎
잔-자갈	잔-재미	잔-주(註)[2]	잔-주접
잔-줄	잔-털	잔-허리	잔-회계
잦은-가락	잦은-마치	잦은-장단	잦은-방귀
지린-내	진-구덕	진-날	진-눈
진-자리	진-발	진-버짐	진-음
진-잎	진-자리	진-펄	진-풀
진-홍두깨	짙은-맛	짙은-천량	짠-물
찬-무대	찬-이슬	찬-감각	큰-가래
큰-골	큰-굿	큰-기침	큰-댁
큰-말	큰-머리	큰-사람	큰-사위[2]
큰-상	큰-선비	큰-사랑	큰-소리
큰-소매	큰-옷	큰-일	큰-악절(樂節)
큰-제사	큰-자귀	큰-절	큰-집
큰-창자	큰-치마	큰-판	한-마루
허튼-계집	허튼-고래	허튼-맹세	허튼-모
허튼-소리	허튼-수작	흰-골무	흰-그루
흰-소리			

ⓔ 방법관계 : 가는-베, 싼-흥정, 잔-누비, 잔-채, 진-과자, 진-일

ⓜ 용도관계 : 먼-물, 작은-칼, 진-신, 큰-칼, 허튼-톱

ⓑ 혈연관계 :

작은-누이	작은-딸	작은-마누라	작은-아씨
작은-매부	작은-사위	작은-아버지	작은-어머니

작은-언니	작은-처남	작은-형수	작은-형
큰-계집	큰-딸	큰-매부	큰-마누라
큰-사위	큰-아기	큰-아버지	큰-아씨
큰-어머니	큰-어미	큰-언니	

마. 그림씨의 매김법+매인이름씨

- 상태관계 : 어린-것, 어린-년, 어린-놈, 낡은-이, 신건-이, 어린-이, 젊은-이, 큰-이
- 시간관계 : 밝을-녘

바. 풀이씨+이름씨

㉠ 풀이씨의 어찌법이 풀이씨에서 파생된 이름씨를 꾸미면서 되는 종속합성이름씨

갈려-가기	갉아-먹기	걸러-내기	뛰어-들기
띄어-쓰기	놀러-가기	밀어-내기	빌어-먹기
받아-쓰기	젖혀-쓰기	저며-썰기	

이것은 아래와 같이 분류된다.

- 방법관계 : 갈려-가기, 갉아-먹기, 띄어-쓰기, 걸러-내기, 밀어-내기, 빌어-먹기, 받아-쓰기
- 목적관계 : 놀러-가기

㉡ 풀이씨뿌리+(파생)이름씨

꺾-꽂이	내리-닫이	높-낮이	늙-바탕	덮-장	덮-밥
돌-되기	돋-보기	돌-팔이	듣-보	미-닫이	받-걷이
받-낳이	발-걸이	바꾸-잡이	붉-돔	붙-박이	벌거-숭이
짜-집기	날-벌레	날-틀	날-새	날-담비	날-밤
날-벌레	날-짐승	들-손	들-쇠	물-것	빨-대

빨-판   살-돈   살-길   둥글-부채   접-칼   접-낫

호비-칼

이들 중 몇몇을 분류하여 보면 다음과 같다.

∘ 상태관계 : 늙-바탕, 덮-장, 덮-밥, 붉-돔, 물-것, 빨-대, 빨-판, 접-칼, 둥글
　　　　　 -부채, 살-길, 날-벌레, 돈-보기

∘ 방법관계 : 꺾-꽂이, 미-닫이, 내리-닫이, 붙-박이, 짜-깁기, 받-낳이

∘ 구실관계 : 호비-칼, 발-걸이

ⓒ 풀이씨뿌리＋사이시옷＋옹근이름씨

후랏-가래질　　　　후랏-고삐　　　　후랏-그물　　　　횟-손

횟-바람

📁 '어찌씨＋이름씨'로 된 통어적 합성어

가. 이때의 어찌씨는 특수뿌리로 된 것들로서 그 뒤에 오는 가지를
줄인 것이다.

거듭-제곱	건들-바람	건들-장마	깩-소리
껄끄렁-베	껄끄렁-벼	껌껌-나라	꼬부랑-글자
꼬부랑-길	낄-소리	너털-웃음	딸깍-발이
달싹-배지기	더벅-머리	더펄-개	똑딱-단추
동당-치기	두루-마기	두루-마리	두루-일컬음

나. 어찌씨＋(파생)이름씨

거푸-뛰기	곧추-뛰기	높이-뛰기	두루-마기
두루-주머니	두루-마리	두루-일컬음	마주-잡이
막-걸리	막-나이	막-매기	막-살이
막-잡이	막-사리	막-벌이	두루-치기
두룽-다리	뚝-바리	뚝-심	파드득-나물

96

달랑-개비

다. 어찌씨＋이름씨

막-담배   막-술   막-일   막-돌   막-벌   막-베

막-불겅이

📁 '매김씨＋이름씨'로 된 통어적 합성어

딴-마음	딴-말	단-돈	단-봇짐	딴-살림	딴-상투
딴-생각	딴-소리	단-손	딴-솥	딴-이	딴-전
딴-판	대-낮	때때-옷	대-머리	허튼-소리	헌-것
헌-계집	헌-신짝	헌-쇠	헛-가게	헛-기침	헛-방귀
헛-삶이	헛-애	헛-일	헛-잠	뭇-바람	뭇-사람
뭇-짐승	뭇-일				

가. 매김씨＋옹근이름씨

㉠ 위치관계 : 오른-손, 왼-발, 왼-손

㉡ 시간관계 :

새-달	새-봄	새-해	온-밤	온-종일	요-다음
이-날	이-다음	요-사이	이-사이	이-달	이듬-달
이듬-해	접-때	첫-새벽	풋-머리		

㉢ 혈연관계 :

새-색시	새-서방(書房)	새-신랑(新郞)	새-아주머니
새-아기	생(生)-아버지	생(生)-어머니	외-딸
외-아들	친(親)-누이	친(親)-딸	친(親)-아버지
친(親)-아우	친(親)-어머니	친(親)-언니	

ㄹ 상태(성질)관계 :

뭇-소리	뭇-입	별-가락	별-말	별-사람	별-소리
별-일	본-뜻	본-맘	본-머리	본-바닥	본-바팅
본-사내	본-집	새-댁	새-사람	새-살	새-임
새-집¹	생-가슴	생-굴	생-나무	생-논	생-니
생-담배	생-딱지	생-땅	생-모	생-모시	생-베
생-벼락	생-사람	생-살	생-소리	생-쌀	생-억지
생-트집	생-풀²	생-핀잔	생-흙	양-글	양-끝
양-손	온-품	외-가닥	외-겹	외-길	외-손
외-어깨	외-올	외-줄	외-코	외-팔	원-뿌리
원-줄기	전-판	전-미련	정(正)-말	중-값	풋-감
풋-고추	풋-나물	풋-내	풋-담배	풋-대추	풋-밤
풋-배	풋-벼	풋-사랑	풋-사위	풋-윷	풋-장기
풋-콩	홀-몸	홀-아비	홀-알	홀-어미	

ㅁ 단위관계 : 온-폭(幅)

ㅂ 방법관계 :

뭇-매	순-물	양-차렵	오른-씨름	생-풀	생-돈
온-공전(工錢)		왼-씨름	왼-새끼	

ㅅ 차례관계 :

첫-눈¹	첫-눈	첫-도	첫-머리	첫-모	첫-배
첫-인상	첫-서리	첫-소리	첫-술	첫-인사	첫-행보
첫-사랑	첫-정	첫-차			

나. 매김씨+매인이름씨

• 상태관계 : 새-것, 생-것, 풋-것, 무슨-짝, 새-물, 별-것
• 지시관계 : 이-승, 저-승

- 시간관계 : 이-즈음, 요-즈음
- 방향관계 : 오른-짝, 왼-짝, 이-짝, 저-짝, 오른-쪽, 왼-쪽, 양(兩)-쪽
- 차례관계 : 첫-돌, 요-번, 이-번, 첫-번, 첫-판, 첫-해
- 단위관계 : 각-벌, 단-동, 단-벌, 온-장, 양-짝, 외-짝, 왼-채, 원-채

📁 '이름씨＋엣/의＋이름씨'로 된 통어적 합성어

귀엣-말	눈엣-가시	앞엣-것	뒤엣-것
홀의-아들	소금엣-밥	옷엣-니	웃음엣-말
웃음엣-소리			

📁 '느낌씨＋이름씨'로 된 통어적 합성어

허허-바다   허허-벌판

2) 종속합성대이름씨

📁 '매김씨＋옹근이름씨'로 된 통어적 합성어

이-애   그-애   저-애

📁 '매김씨＋매인이름씨'로 된 통어적 합성어

- 지시관계 : 이-것, 그-것, 저-것

📁 '매김씨＋대이름씨'로 된 통어적 합성어

- 강조관계 : 어느-누구

3) 종속합성셈씨

📁 '셈씨＋매인이름씨'로 된 통어적 합성어

• 차례관계 : 넷–째, 다섯–째, 둘–째, 만(萬)–째, 셋–째, 스무–째, 아홉–째, 아
흔–째, 여섯–째, 여덟–째, 열–째, 일곱–째, 한–째

📁 '매김씨＋매인이름씨'로 된 통어적 합성어

• 차례관계 : 첫–째, 두–째

3.1.1.2 대등합성임자씨

1) 대등합성이름씨

'무엇과 무엇'의 관계로 이루어져 있는 이름씨인데, 우선 보기를 몇
개 들면 다음과 같다.

갓–두루마기	갓–망건	개–돼지	눈–코
마–소	똥–오줌	술–밥	아들–딸
아래–위	아침–저녁	안–밖	앞–뒤
어제–오늘	옷–갓	피–땀	어비–아들
어비–딸	한–둘	너–댓	일–여덟
더–덜	물–뭍	개–돼지	흉–허물

2) 다음과 같은 짜임새로 된 대등합성이름씨

📁 옹근이름씨＋옹근이름씨

대등합성이름씨의 의미적 짜임새는 [결합] 'A＋B＝A와 B' [선택], 'A
＋B＝A나 B'의 유형으로 나타난다.

결합(A+B=A와 B) : '옹근이름씨+옹근이름씨'로 된 것

가. +실체성, +유정성
- 접촉관계 : 구-조개, 어비-아들, 어이-며느리, 어이-새끼, 푸-나무
- 유사-접촉관계 : 가시-버시, 까막-까치, 아들-딸, 암-수, 어비-딸, 오-누이

나. +실체성, -유정성
- 접촉관계 : 갓-두루마기, 갓-망건, 구름-비, 깃-털, 논-밭, 눈-비, 눈-코, 도
  배-반자, 똥-오줌(오줌-똥), 마-되, 마-소, 밀-보리, 바람-비, 보
  -도리, 수-저, 옷-갓, 옷-밥, 장-김치, 장기-바둑, 주-대, 징-장
  구, 콩-팥, 힘-살
- 유사-접촉관계 : 고의-적삼, 바지-저고리, 손-발

다. -실체성, +상태성
- 유사관계 : 아래-위(위-아래), 안-팎, 앞-뒤

라. -실체성, +시간성
- 접촉관계 : 봄-여름, 올-내년
- 유사-접촉관계 : 가을-봄, 봄-가을

특히, 여기에서 언급하고자 하는 것은 대등합성이름씨에서 앞뒤 성분어의 뜻바탕에 따라, 그 놓이는 자리가 일정한 경우가 있다.[7]

- 성(性)을 뜻하는 낱말이 합성이 될 때는 남성의 뜻바탕을 나타내는 쪽이 앞서나(아들-딸, 오-누이), 낮추어서 쓰일 때는 여성이 앞선다(가시-버시, 암-수).
- 포괄적인 뜻을 나타내는 낱말이 부분적인 뜻을 나타내는 낱말보다 앞선다(도대-반자, 갓-망건).
- 핵심적인 뜻을 나타내는 낱말이 주변적인 뜻을 나타내는 낱말보다 앞선다(깃-털, 수-저, 논-밭).

---

7) 대등합성어의 어순에 대해서는 채완(1986), 김승철(1988)이 자세히 다루었다.

- 시간개념에서 앞선 시간을 나타내는 낱말이 앞선다(올-내년, 봄-가을, 봄-여름).
- 신체부위를 가리킬 때는 위쪽이 앞서고, 의복에 있어서는 아래쪽이 앞선다(눈-코, 손-발, 바지-저고리, 옷-갓).

앞뒤 성분어의 자리를 바꾸어 자유롭게 쓰이는 합성어가 있는데, 대등관계로 이루어졌기 때문에 의미는 차이가 없다.

똥-오줌 : 오줌-똥	아래-위 : 위-아래	가을-봄 : 봄-가을
구름-비 : 비-구름8)	바람-비 : 비-바람	장기-바둑 : 바둑-장기

선택(A+B=A나 B)

가. +실체성, -유정성
- 접촉관계 : 도-캐, 도-컬

나. -실체성, +상태성
- 접촉관계 : 흉-허물

다. -실체성, +시간성
- 접촉관계 : 사-날, 나-달, 엊-그저께, 예-니레

합성어의 놓이는 자리에서, 특이한 점은 없으나 시간 개념에서 앞선 시간을 나타내는 것이 앞 성분어로 온다(예 사-날, 나-달). 앞뒤 성분어의 자리를 바꾸어 쓰인 예는 없다(예 캐-도, 허물-흉, 날-사).

📁 매인이름씨+옹근이름씨

가. +실체성, -유정성
- 접촉관계 : 돈-반(半)

---

8) 민중서림(1986, 수정증보판)이 펴낸 사전에만 실려 있다.

📁 매인이름씨＋매인이름씨

결합(A+B=A와 B)

가. ＋실체성, ＋유정성
- 유사−접촉관계 : 연−놈

덧붙음(A+B=A와 B+a) : 결합되어 문맥적 의미(+a)[9]를 갖는 것

가. ＋실체성, −유정성
- 접촉관계 : 푼−치

📁 어찌씨＋어찌씨

가. −실체성, ＋상태성
- 유사−접촉관계 : 더−덜

3) 대등합성셈씨

📁 셈씨＋셈씨

가. ＋실체성, −유정성
- 접촉관계 : 너−덧, 네−다섯, 두−셋, 서−너, 서−넛, 엳−아홉, 예−닐곱, 일고−
여덟, 일−여덟, 한−두, 한−둘

---

9) 앞 성분어의 A와 뒤 성분어 B가 합성이 될 때, A와 B 이외에 새로운 의미가 덧나는
것을 문맥적 의미로 보았다.

3.1.1.3 융합합성이름씨[10]

1) 옹근이름씨 + 옹근이름씨

가. 형태의 비유에 의한 것

갈고랑 – 쇠	까치 – 눈	노루 – 종아리	두꺼비 – 집
물 – 바다	바늘 – 방석	바지 – 저고리	병어 – 주둥이
서리 – 병아리	오리 – 발	요강 – 대가리	일 – 손
쥐 – 뿔	쥐 – 젖	칼 – 감	

나. 속성의 비유에 의한 것

구리 – 귀신	꽃 – 물	꽃 – 밭	꼴 – 봉오리
눈 – 물	돌 – 부처	두꺼비 – 씨름	똥 – 집
말 – 귀	보리 – 가을	불 – 씨	불 – 장난
불 – 호령	불 – 집	입 – 씨름	정강 – 말
콩 – 밥	품 – 값	풍년 – 거지	피 – 땀

다. 기능(활동)의 비유에 의한 것

개 – 차반	기침(起寢) – 쇠	낮 – 도깨비	낮 – 도둑
똥 – 주머니	몸 – 약	몽둥이 – 맛	밤 – 손님
밥 – 주머니	밥 – 줄	벼락 – 감투	벼락 – 불
벼락 – 대신(大臣)	병아리 – 오줌	병(病) – 집	

라. 위치의 비유에 의한 것

골 – 병(病)	꽃 – 등	몸 – 상(床)	속 – 바람
손 – 바람	손 – 위	오둠지 – 진상	일 – 자리
집 – 사람	집 – 안		

---

10) 융합관계로 되는 합성어는 비유에 의하여 해석되는 것이므로 따로 통계를 내지 아니하고, 정동환의 논문에 의거하기로 한다.

2) 움직씨의 매김법 + 옹근이름씨

가. 형태의 비유에 의한 것 : 뜬-구름('덧없는 세상 일'을 뜻함)

나. 속성의 비유에 의한 것

| 가르친-사위 | 노는-계집 | 놀-금 | 늦은-불 |
| 산-벼락 | 산-부처 | 산-송장 | 산-자전(字典) |

다. 위치의 비유에 의한 것 : 앉은-자리('즉석, 그 당장'을 뜻함)

3) 풀이씨의 매김법 + 매인이름씨

가. 속성의 비유에 의한 것 : 간-이, 지친-것

나. 위치의 비유에 의한 것 : 먼-데('뒷간'을 뜻함)

4) 그림씨의 매김법 + 옹근이름씨

가. 속성의 비유에 의한 것 : 선-불, 잔-불, 큰-불, 왼-소리, 잔-손

나. 위치의 비유에 의한 것 : 먼-가래('객사한 송장을 그곳에 임시로 묻는 일'
   을 뜻함)

5) 매김씨 + 옹근이름씨

생-파리

3.1.2 통어적 합성풀이씨

3.1.2.1 종속합성풀이씨

1) 종속합성움직씨

📁 '임자말＋움직씨'로 된 것

가. 뒤 성분어의 의미가 많이 달라지는 것

㉠ －나다

강시－	곰팡－	구경－	궐(闕)－	금－
녹(錄)－	부정(不淨)－	세－¹	축(縮)－	충(蟲)－
층(層)－	흠축(欠縮)－	갈급령(渴急令)－		갈등－
감질－	개염－	게염－	결－	골－
넌더리－	바람－	성－	수－	신－
신명－	야단－	역정－	정신－	증(症)－
지각－	진저리－	짓－	탐－	화－
화증－	흥－	가하(加下)－	난봉－	동강－
동티－	물고(物故)－	부도－	살인－	생혼(生魂)－
시위－	요절－	욕지기－	위각(違角)－	윤(潤)－
자국－	조각－	창－	탈－	파투－
파(破)－	표－	혼－	쥐－	결딴－
결말－	결판(決判)－	귀정(歸正)－	끝－	메지－
판－	몸－	소수－	열(熱)－	철－
광(光)－	빛－	짬－	트집－	

㉡ －들다

길－	맛－	멋－	정－	풍년－

106

가난 –	가물 –	게걸 –	마 –	망령 –
멍 –	병 –	오가리 –	조독(爪毒) –	조잡 –
주눅 –	하리 –	황(黃) –	흉년 –	물 –
바람 –	힘 –	날 –	밤 –	볕 –

ⓒ – 서다

날 –	모 –	멍울 –	삼 –	아기 –
아이 –	약령(藥令) –	영(令) –	장 –	

나. 뒤 성분어의 의미가 조금 달라지는 것

㉠ – 되다 : 누(累) –, 범벅 –, 악화(惡化) –, 한(恨) –, 희공 –, 말 –, 약(藥) –

㉡ – 먹다 : 귀 –, 너리 –, 비루 –, 태 –, 좀 –

㉢ – 빠지다 : 김 –, 땀 –, 발 –, 얼 –

㉣ – 가다 : 눈 –, 둑 –, 사성(四聖) –, 살(煞) –, 태 –

㉤ – 오르다 : 독 –, 물 –, 약 –, 옻 –, 쥐 –

㉥ – 달다 : 속 – 애 –

㉦ – 트다 : 눈 – 동 – 움 –

㉧ – 내리다 : 살 – 신(神) –

다. 뒤 성분어의 뜻이 달라지지 않는 것

달 – 가시다	손 – 거칠다	눈 – 꺼지다	궁 – 끼다	기미 – 끼다
동 – 닳다	움 – 돋다	혼 – 뜨다	오줌 – 마렵다	목 – 메다
때 – 묻다	물 – 밀다	줌 – 벌다	비위 – 사납다	결 – 삭다
목 – 쉬다	곰팡 – 슬다	동록 – 슬다	물 – 써다	속 – 썩다
녹 – 쓸다	귀 – 울다	노굿 – 일다	바람 – 가다	벼락 – 치다
속 – 타다	애 – 타다	이삭 – 패다		

(부록 5에 계속)

📑 '임자말+그림씨'로 된 것

가. 뒤 성분어의 의미가 조금 달라지는 것

㉠ -맞다 :

눈-	뜻-	발-	배-	볼-
손-	짝-	수지-	이-	

나. 뒤 성분어의 의미가 달라지지 않는 것

-그르다 : 괘(卦)-   -멀다 : 눈-

(부록 6에 계속)

📑 '부림말+움직씨'로 된 것

가. 뒤 성분어의 의미가 많이 달라지는 것

㉠ -보다 :

가늠-	겨냥-	상(相)-1	수(數)-	새-
손-	파수(把守)-	영(令)-	약령(藥令)-	장(場)-
손-1	시앗-	간-	맛-	바닥-
효험(效驗)-	값-	과거-	굿-	뉘-
본-	상-	욕-	일-	흉-

㉡ -치다 :

괘방-	구듭-	그루-	나비-	대봉(代捧)-
도망질-	돈-	도부(到付)-	매대기-	부정-
북새질-	사춤-	야단-	야바위-	엉너리-
인(印)-	진저리-	추경-	팽개-	허탕-
허풍-	환롱-	공-	등-	뺨-

석 –	장단(長短) –	종아리 –	홰 –	족장(足掌) –
도련(刀鍊) –	면 –	배코 –	상사 –	생률(生栗) –
제웅 –	살 –	수묵(水墨) –	줄 –	환 –
독장(獨場) –	소리 –	아우성 –	판 –	가지 –
건목 –	누기(漏氣) –	둔(屯) –	벽(壁) –	정간(井間) –
진(陳) –	채 –³	회(膾) –	값 –	금 –
경 –	볼기 –	광(光) –	부시 –	화투 –
손 –	점(占) –			

ⓒ – 부리다 :

괴망(怪妄) –	교기(驕氣) –	극성 –	기구 –	기승 –
난봉 –	냉갈령 –	넉살 –	넌덕 –	독살 –
멋 –	망령 –	몽니 –	수다 –	수선 –
심사 –	심술 –	아망 –	악지 –	억지 –
악착 –	억척 –	암상 –	앙살 –	양심 –
엄부럭 –	오망 –	요망(妖妄) –	요사(妖邪) –	욕기(慾氣) –
용심 –	점잔 –	찌그렁이 –	찜부럭 –	포달 –
가살 –	간릉 –	게정 –	괘사 –	꾀 –
도섭 –	반덕 –	변덕 –	아양 –	앙탈 –
언구럭 –	응석 –	익살 –	재주 –	흥감 –
권세 –	기세 –	가탈 –		

ⓔ – 주다 :

깃 –	눈 –	닻 –	돈 –	못 –
북 –	빚 –	세(洗) –¹	세 –²	속 –
제독 –	죄 –	침 –	판 –	핀잔 –

ⓜ −쓰다 :

굴레 −	기 −	꾀 −	담타기 −	덤타기 −
떼 −	몸 −	뫼 −	문자 −	벌 −
변 −	색 −	악 −	악지 −	억지 −
애 −	칼 −	탈 −	힘 −	

ⓗ −받다 :

강 −	대(代) −	뜻 −	말미 −	몸 −
벌 −	본 −	볼 −	세(洗) −	응석 −
장군 −	죄 −	창 −	테 −	

ⓢ −잡다 :

경마 −	땡 −	물 −	살 −	새 −¹
손 −	어림 −	언질 −	자리 −	전당 −
채 −	책 −	초(草) −	탈 −	트집 −
패 −	흉 −	흠(欠) −		

ⓞ −떨다 :

가살 −	괘사 −	괴망(怪妄) −	궁상 −	너스레 −
방정 −	수 −	수선 −	아양 −	애교 −
야살 −	오망 −	요망 −	요변 −	요사 −
익살 −	치 −	허풍 −		

ⓩ −놓다 :

너스레 −	값 −	금 −	답채기 −	마음 −
먹 −	발매 −	방(房) −	복새 −	빚 −
산(算) −	세 −	손 −	수(數) −¹	수(繡) −²
엄포 −	원두 −	주마(走馬) −	피새 −	헤살 −

ⓒ -타다 :

가물-	계-	골-	그루-	등-
박-	반-	발-	봄-	부정-
상-	아우-	여름-	옻-	재-

ⓚ -짓다 :

결말-	결박-	결정-	굿-	귀정(歸正)-
농사-	단락-	밥-	아퀴-	죄(罪)-
짝-	척-			

ⓔ -떼다 :

| 가락- | 깍지- | 손- | 시치미- | 젖- |
| 죽지- | | | | |

ⓟ -맞다 :

도둑-	바람-	볼기-	뺨-	살(煞)-
서리-	서방-	소박-	자빠-	족장(足掌)-
종아리-	침-	칼-	퇴박-	

ⓗ -박다 :

| 골- | 그루- | 봉-¹ | 봉-² | 부룩- |
| 살- | 첩- | | | |

ⓖ´ -먹다 :

| 앙심- | 언걸- | 고지- | 마음- | 신혈(新穴)- |
| 욕- | 핀잔- | | | |

ⓝ´ -풀다 : 귀양-, 논-, 몸-, 코-

나. 뒤 성분어의 의미가 조금 달라지는 것

㉠ ―가르다 : 삼―, 편―

㉡ ―갚다 : 원수―, 품―

㉢ ―끼다 : 깍지―, 화리(禾利)―

㉣ ―달다 : 광―, 운(韻)―, 종(腫)―, 줄―

㉤ ―두다 : 능―, 뒤―, 몸―, 보―, 수결(手決)―, 함(銜)―

㉥ ―들다 : 수종―, 수청―, 시중―, 장가―, 중매―, 편―

㉦ ―들다 : 봉화―, 반기― (㉥과 뜻이 조금 다름)

위의 것들 이외에 다음과 같은 말이 있다.

귀―뜨다	눈―뜨다	티―뜯다	흠―뜯다
낯―모르다	영문―모르다	철―모르다	논―매다
기음―매다	목―매다	책―매다	발―벗다
허물―벗다	귀양―살다	벼슬―살다	들러리―서다
번―서다	보증―서다	중매―서다	망신―시키다
안정―시키다	폐―시키다	버럭―입다	언질―입다
얼―입다	힘―입다	등―지다	신세―지다
오라―지다	덜미―짚다	자귀―짚다	통¹―짜다
통―짜다	편―짜다	목―찌르다	옆―찌르다
정신―차리다	판―차리다	기지개―켜다	우려―켜다
만광―트다	사관―트다	천―트다	주리―틀다
탕개―틀다	홍예―틀다		

다. 뒤 성분어의 뜻이 달라지지 않는 것

귀양―가다	장가―가다	굽―갈다	눈―감다
머리―감다	미역―감다	닻―감다	총―겯다
똥―누다	오줌―누다	볼―달다	매암―돌다
물수제비―뜨다	수제비―뜨다	사―뜨다	본―뜨다

끝-막다	판-막다	끝-맺다	체-매다
공-바치다	뒤-밟다	자국-밟다	괴-배다
아이-배다	쉬-슬다	알-슬다	굽-싸다
똥-싸다	오줌-싸다	노총-지르다	혀-차다

(부록 7에 계속)

📁 '위치말＋움직씨'로 된 것

가. 뒤 성분어의 의미가 많이 달라지는 것

㉠ -들다 : 밑-, 번-, 앞-, 옆-, 위-

나. 뒤 성분어의 의미가 조금 달라지는 것

㉠ -닿다 : 값-, 금-, 끝-, 등-

㉡ -가다 : 다음-, 마을-, 버금-

다. 뒤 성분어의 의미가 달라지지 않는 것

못-가지다	뒤-쫓다	방-나다	손대-내리다
앞-두다	겉-묻다	수-빠지다	뒤-서다
앞-서다	수-익다		

📁 '어찌씨＋움직씨'로 된 것

가로-지르다　　막-지르다

📁 '움직씨뿌리＋(-아/어)＋움직씨'로 된 것

가. 뒤 성분어의 의미가 많이 달라지는 것

㉠ -먹다 :

갈겨-	갉아-	놀아-	발라-	배라-	빌어-
벌어-	베어-	얻어-	잡아-	질러-	쪼아-

퍼-	해-	긁어-	떼어-	뜯어-	부려-
우려-	잘라-	집어-	핥아-	훔쳐-	떨어-
팔아-	빨아-	알아-	지어-		

나. 뒤 성분어의 의미가 조금 달라지는 것

㉠ -보다 :

굽어-	노려-	눌러-	몰라-	돌아-	여겨-
우러러-	찾아-	훑어-	흘겨-	돌라-	둘러-
뜯어-	살펴-	스쳐-	알아-	톺아-	달아-
떠-	쳐-	해-			

㉡ -들다 :

| 갈아- | 덤벼- | 돌아- | 뛰어- | 모아- | 잡아- |
| 잦아- | 접어- | 졸아- | 줄어- | 죄어- | 휘어- |

㉢ -서다 :

| 내려- | 넘어- | 늘어- | 다가- | 돌아- | 둘러- |
| 들어- | 올라- | 외어- | 일어- | | |

㉣ -오르다 : 괴어-, 달아-, 떠-, 뛰어-

㉤ -가다 :

가져-	거쳐-	나아-	내려-	넘어-	늘어-
다녀-	데려-	돌라-	돌아-	들어-¹	따라-
뛰어-	몰아-	물러-	올라-	에워-	옮아-
잡아-	질러-	쫓아-	찾아-	휘어-	

㉥ -넣다 :

| 끌어- | 몰아- | 물어- | 앗아- | 오비어- | 우비어- |

틀어-

Ⓢ -매다 : 끌어-, 달아-, 옭아-, 잡아-, 찍어-

Ⓞ -박다 : 구워-, 쮀-, 쥐어-, 틀어-, 휘어-

Ⓣ -받다 : 떠-, 몰아-

Ⓤ -주다 :

그어-	끊어-	놓아-	닦아-	도와-	돌라-
몰아-	물어-	보아-	알아-	일러-	접어-
추어-	똥겨-	퉁겨-			

Ⓚ -지르다 : 걷어-, 쮀-, 쥐어-

ⓔ -치다 :

내려-	떨어-	메어-	몰아-	볶아-	죄어-
좨-	후려-				

ⓟ -버리다 : 베어-, 쓸어-, 잊어-, 잃어-

ⓗ -놓다 :

내려-	널어-	늘어-	다가-	엎어-	제쳐-
터-	풀어-				

다. 뒤 성분어의 의미가 달라지지 않는 것

㉠ -나다 :

깨어-	놀아-	늘어-	달아-	뛰어-	뭉쳐-
배겨-	벗어-	불-	어-	살아-	솟아-
일어-	튀어-	피어-	헤어-		

ⓛ －당기다 :

갉아－　　　긁어－　　　꺼－　　　끄어－　　　끌어－　　　잡아－
찍어－

ⓒ －대다 :

구슬려－　　　닦아－　　　먹어－　　　몰아－　　　볶아－　　　해－
휘어－

ⓔ －두다 :

놓아－　　　던져－　　　덮어－　　　두어－　　　둬－　　　징거－

ⓜ －듣다 :

새겨－　　　새기어－　　　알아－　　　얻어－　　　여겨－　　　주워－

ⓗ －앉다 :

걸어－　　　꿇어－　　　내려－　　　늘어－　　　다가－　　　돌아－
들어－

ⓢ －오다 :

가져－　　　거쳐－　　　내려－　　　넘어－　　　다가－　　　다녀－
데려－　　　돌아－　　　들어－　　　따라－　　　뛰어－　　　몰아－
옮아－　　　쫓아－　　　찾아－

ⓞ －잡다 : 꺼－, 옴켜－, 움켜－, 홈켜－, 훔켜－, 휘어－

ⓩ －쥐다 : 긁어－, 옴켜－, 움켜－, 홈켜－, 훔켜－

위의 것 이외에 다음과 같은 말들이 있다.

끌어－내리다　　　뛰어－내리다　　　홈켜－내리다　　　떠－다니다
껴－들다　　　떠－들다　　　훔쳐－때리다　　　홈쳐－때리다

116

잡아-떼다	물어-뜯다	쥐어-뜯다	끊어-맡다
앉아-맡다	지어-붓다	떠-붓다	눌어-붙다
얼어-붙다	구슬려-삶다	엎어-삶다	껴-안다
끌어-안다	갈아-입다	껴-입다	들어-차다²
걸어-차다³	제겨-차다³	낚아-채다²	알아-채다³
오비어-파다	위비어-파다		

📁 '풀이씨뿌리+움직씨'로 된 것

가-다루다	감-돌다	갖추-쓰다	걷-몰다
곯-마르다	날-뛰다	낮-보다	낮-잡다
낮추-보다	넘나-들다	넘-보다	돋-보다
돋-보이다	돋-뵈다	돌-보다	돌-앉다
뚱기-치다	듣-잡다	들-놓다	들-엎다
들-앉히다	들-오다	매-달다	매-달리다
메-붙이다	몰-박다	받-내다	붙-당기다
붙-동이다	붙-들다	붙-따르다	붙-매이다
붙-박이다	붙-안다	붙-옴키다	붙-쫓다
빌-잡다	빌-붙다	빗-가다	빗-나가다
빗-듣다	빗-디디다	빗-맞다	빗-먹다
빗-보다	빗-서다	뻗-가다	뻗-서다
뻗-지르다	뻗-디디다	섞-갈리다	섞-바꾸다
섞-바뀌다	섞-사귀다	소스라-치다	솟-나다
솟구-치다	솟-보다	쏘-다니다	쏘-지르다
씻-가시다	씻-부시다	어긋-맞다	어긋-마추다
어긋-매끼다	엎-지르다	엿-듣다	엿-보이다
욱-죄이다	욱-죄다	욱-지르다	욱-질리다
앗-따르다	앗-달다	흩-날리다	지르-되다

지르-디디다　　　　지르-신다　　　　지르-잡다

📁 '풀이씨뿌리＋다＋움직씨'로 된 것

건너다-보다　　　　내다-보다　　　　내다-보이다　　　　바라다-보다

📁 '풀이씨뿌리＋(-아/어)＋다＋움직씨'로 된 것

내려다-보다　　　넘겨다-보다　　　들여다-보다　　　울려다-보다
쳐다-보다

📁 기타

얽이-치다　　　　업신-여기다

2) 종속합성그림씨

📁 '임자말＋그림씨'로 된 것

㉠ -마르다 : 목-, 성-

㉡ -차다 : 기장-, 기(氣)-, 길-, 누기(淚氣)-, 담-, 위엄-, 힘-

㉢ -돌다 : 영어-

㉣ -없다 :

경황-	만유루(萬遺漏)-		맛-	멋-	버릇-
보추-	분한(分限)-	상관-	속-	수-	싹-
싹수-	안정-	얼-	여부-	여지-	염치-
위-	일-	지각-	찜-	채신-	치신-
처신-	철-	태-	한-	가량-	대중-

118

분개 –	분수 –	어림 –	종작 –	주착 –	기신(氣身) –
맥 –	시름 –	어이 –	어처구니 –		

ⓜ – 사납다 :

감 –	꼴 –	모양 –	목자 –	몽니 –	수 –
심사 –	심술 –	지덕 –	채신 –	치신 –	처신 –

ⓗ – 세다 :

가시 –	살(煞) –	아귀 –	악지 –	억지 –	울 –
장성 –	터 –	힘 –			

ⓢ – 있다 :

맛 –	몸 –	분한 –	싹 –	싹수 –	재미 –
힘 –					

ⓞ – 싸다 : 손 –, 입 –, 조동이 –, 주둥이 –

ⓙ – 되다 : 볼 –, 불 –

ⓒ – 맞다 : 간 –, 때 –

ⓚ – 바르다 : 면 –, 예 –, 올 –

ⓔ 기타 :

목 – 곧다	올 – 곧다	감 – 궂다	심술 – 궂다
짓 – 궂다	배 – 다르다	색 – 다르다	유 – 다르다
입 – 뜨다	동 – 뜨다	동안 – 뜨다	새 – 뜨다
귀 – 밝다	눈 – 밝다	값 – 좋다	넉살 – 좋다
반죽 – 좋다	비위 – 좋다	주눅 – 좋다	

📁 '연유말＋풀이말'로 된 것

㉠ －겹다: 흥－, 철－
㉡ －약다 : 걸－
㉢ －여물다 : 걸－

📁 '어찌말＋풀이말'로 된 것

까딱－없다   까땍－없다   꼼짝－없다

📁 '움직씨뿌리＋(－아/어)＋움직씨'로 된 것

깎아－지르다   늙어－빠지다   찍어－매다

3.1.2.2 대등합성풀이씨

1) 대등합성움직씨

📁 앞뒤 성분어가 의미면에서 대등한 관계로 된 합성움직씨

감싸고－돌다	발벗고－나서다	들고－파다	돌고－돌다
오－가다	곯－마르다	덮－두들이다	들－보다
굶－주리다	어－녹이다	어－녹다	오르－내리다
울－부짖다	울－부르짖다	헐－뜯다	헛－벗다
여－닫다	뛰－놀다	지－새다	오르－내리다

📁 짜임새가 위와 조금 다르게 된 것

달아－걸다	달아－매다	둘러－싸다	날아－가다
뛰－놀다	드나－들다	들－보다	

2) 대등합성그림씨

📂 앞뒤 성분어가 의미면에서 대등한 관계로 된 합성그림씨

검 - 붉다   검 - 퍼렇다   검 - 푸르다   굳 - 세다

길 - 동그랗다   길 - 동그랗다   길 - 동글다   넓 - 둥글다

높 - 푸르다   나부랑 - 납작하다   약 - 빠르다   짙 - 푸르다

하야 - 말갛다   하야 - 말살하다   희 - 맑다   희 - 묽다

허어 - 멀겋다   허여 - 말쑥하다   재 - 빠르다   맞 - 갖다

감 - 노르다   검 - 누르다   감 - 파르다   희 - 맑다

잘 - 푸르다

3.1.2.3 융합합성풀이씨

1) 앞뒤 성분어의 뜻이 녹아서 제삼의 뜻으로 바뀐 융합합성움직씨

가는귀 - 먹다   김 - 빠지다   김 - 새다   눈꼴 - 시다

눈독 - 들다   때 - 묻다   똥끝 - 타다   똥줄 - 당기다

똥줄 - 빠지다   땀 - 빠지다   등골 - 빠지다   뜸 - 들다

모 - 나다   바람 - 나다   바람 - 들다   부아 - 나다

뽕 - 빠지다   샘 - 나다   셈 - 들다   속 - 끓다

숨 - 죽다   애 - 달다   약 - 오르다   쥐 - 나다

철 - 나다   철 - 들다   물색 - 없다   꽃 - 피우다

꿈 - 꾸다   낯 - 내다   뒤꼭지 - 치다   더럼 - 타다

뒤통수 - 치다   끝 - 붙다   물 - 내리다   배 - 맞다

어복포 - 되다   부레 - 끓다   가새 - 지르다   굿 - 꾸리다

그루 - 박다   급살 - 맞다   눈 - 뜨다   덜미 - 짚다

등곳 - 베다   등 - 지다   등 - 치다   맛 - 보다

몽 - 따다   문 - 잡다   바람 - 맞다   바람 - 잡다

서리 – 맞다	손 – 타다	죽지 – 떼다	코 – 떼다
탈 – 쓰다	툭수리 – 치다	퉁바리 – 맞다	티 – 뜬다
파방 – 치다	패 – 차다	풍경 – 치다	허방 – 짚다
허방 – 치다	쉬 – 구로다	거울 – 삼다	막 – 놓다
손 – 타다	애 – 먹다	애 – 먹이다	주둥이 – 까다
헛물 – 켜다	똥깨나 – 켜다	닭아 – 세우다	뛰어 – 들다
가는귀 – 먹다	김 – 새다	끈 – 붙다	구워 – 박다
굽어 – 보다	놓아 – 두다	찍어 – 매다	피어 – 나다
뒤 – 구르다	거울 – 삼다	핥아 – 세다	해 – 먹다
징거 – 두다	빨아 – 먹다	붙어 – 먹다	

2) 앞뒤 성분어가 녹아 제삼의 뜻을 나타내는 융합합성그림씨

덧 – 없다	물색 – 없다	발 – 길다	발 – 짧다
변모 – 없다	세월 – 없다	아귀 – 새다	열 – 없다
울 – 세다	입 – 되다	입 – 바르다	짝 – 없다
턱 – 없다	코 – 세다	몸 – 있다	성명 – 없다
손끝 – 여물다	어기 – 차다	기 – 차다	안 – 차다
앞 – 차다	줄기 – 차다	진(津) – 나다	몸 – 있다
고래등 – 같다	가납사니 – 같다	깨알 – 같다	굴왕신 – 같다
번개 – 같다	쏜살 – 같다	찰떡 – 같다	철통 – 같다
불티 – 같다	비호 – 같다	성화 – 같다	추상 – 같다
다락 – 같다	번개 – 같다	육지 – 같다	알로 – 까다

3.1.3 통어적 합성어찌씨

3.1.3.1 종속합성어찌씨

1) 꾸밈 - 꾸밈받음 관계로 됨

📁 '매김말＋이름씨'로 된 것

같은 – 값에	같은 – 값이면	그러한 – 즉	내친 – 김에
단 – 둘이	단 – 결에	댓 – 바람(에)	뜻 – 밖에
맺고 – 끊	은 – 듯(이)	보일 – 듯(이)	어느 – 겨를에
어느 – 새	어느 – 세월에	어느 – 해가에	얼떨 – 결에
여봐란 – 듯이	이른 – 바	이를 – 터이면	이를 – 테면
이 – 즈막	이 – 즈음	잘 – 잘못	– 간에
제 – 깐에			

📁 '어찌씨＋풀이씨'로 된 것

가끔 – 가다	가끔 – 가다가	다시 – 없이	더 – 없이
마치 – 몰라	마침 – 몰라	번쩍 – 하면	총총 – 들이
속속 – 들이			

📁 '어찌씨＋어찌씨'로 된 것

곧 – 바로	더 – 더구나	더 – 더군다나	더욱 – 더
더 – 한층	또 – 다시	똑 – 바로	

📁 '풀이씨＋풀이씨'로 된 것

적이나 – 하면	죽자구나 – 하고

2) '임자말 + 풀이씨'로 된 것

가량 – 없이	가차 – 없이	거침 – 없이	경 – 없이
경황 – 없이	관계 – 없이	구성 – 없이	간단 – 없이
기신 – 없이	꼼짝 – 없이	꿈쩍 – 없이	끄떡 – 없이
끄떽 – 없이	난데 – 없이	남 – 부끄러이	낯 – 간지러이
낯 – 두꺼이	낯 – 없이	내남 – 없이	너나 – 없이
하염 – 없이	한 – 없이	허물 – 없이	힘 – 없이
가뭇 – 없이	거추 – 없이	깨땍 – 없이	느닷 – 없이
바이 – 없이	서슴 – 없이	눈꼴 – 사나이	다름 – 아니라
다름 – 없이	대중 – 없이	두말 – 없이	두미 – 없이
뒷손 – 없이	맛 – 없이	망령 – 되이	맥 – 없이
멋 – 없이	면목 – 없이	무람 – 없이	물샐틈 – 없이
변모 – 없이	보잘것 – 없이	보추 – 없이	본데 – 없이
부질 – 없이	분개 – 없이	분결 – 없이	불풍 – 나게
뿐만 – 아니라	사정 – 없이	상관 – 없이	세월 – 없이
속절 – 없이	속 – 없이	손 – 부끄러이	수 – 없이
시름 – 없이	싹수 – 없이	싹 – 없이	쓸데 – 없이
아닌게 – 아니라	얀정머리 – 없이	얀정 – 없이	어이 – 없이
어처구니 – 없이	얼 – 없이	여부 – 없이	여지 – 없이
연득 – 없이	열 – 없이	염치 – 없이	온데간데 – 없이
옴나위 – 없이	인정 – 없이	일 – 없이	자별 – 없이
자발머리 – 없이	종 – 없이	주착 – 없이	지각 – 없이
진배 – 없이	짝 – 없이	쩍말 – 없이	채신 – 없이
철 – 없이	치신 – 없이	태 – 없이	턱 – 없이
틈 – 없이	푸접 – 없이	하릴 – 없이	

3) '견줌말 + 같다(다르다)'로 된 것

감쪽 – 같이   남 – 달리   꿈 – 같이   놋날 – 같이

댕돌 – 같이   등덩산 – 같이   악착 – 같이   옴포동이 – 같이

주옥 – 같이

4) '부림말 + 풀이씨'로 된 것

다직 – 해야   다직 – 하면   말 – 하자면   둘레 – 놓고

5) '풀이씨 + 풀이씨'로 된 것

덮어 – 놓고   듣다 – 못해   못지 – 않이   보다 – 못해

보아 – 하니   생각다 – 못해   아니나 – 다를까

6) '이름씨 + 토씨'로 된 것

각각 – 으로   건 – 으로   건물 – 로   그 – 까지로

딴 – 은   뜻 – 대로   마음 – 대로   맘 – 대로

맛맛 – 으로   생 – 으로   우격 – 으로   연 – 후에

억지 – 로   저절 – 로   저적 – 에   한꺼번 – 에

한껍 – 에   한숨 – 에   그 – 나마

7) '이름씨 + 이름씨 + 토씨'로 된 것

대짜 – 배기로   뜻 – 밖에

8) '이름씨 + 어찌씨'로 된 것

때 – 마침   뒤 – 미처

3.1.3.2 대등합성어찌씨

1) 대등관계로 된 것

재-빨리   약-빨리

2) 택일관계로 된 것

내치락-들치락	내치락-들이치락	가나-오나	높으락-낮으락
드나-나나	보나-마나	붉으락-푸르락	왔다-갔다
요랬다-조랬다	요러나-조러나	요러니-조러니	요렇다-조렇다
요렇든지-조렇든지	이랬다-저랬다	이렇다-저렇다	지나-새나
펴락-쥐락	푸르락-붉으락	그리-저리	그만-저만

3.1.3.3 융합합성어찌씨

불현-듯이	보아란-듯이	어느-천년에	어느-덧
뻔질-나게	콩-튀듯	덧-없이	때-없이
물색-없이	빗발-치듯	성명-없이	세상-없어도
세상-없이	쥐죽은-듯이	개떡-같이	고래등-같이
깨알-같이	번개-같이	불티-같이	살-같이
성화-같이	찰떡-같이	철통-같이	한결-같이
쏜살-같이	콩-부듯		

3.2 비통어적 합성어

비통어적 합성어는 자립성이 없는 풀이씨의 줄기와 이름씨가 합하거나, 풀이씨의 줄기와 줄기가 합하거나 같은 이름씨가 두 개 합하여서 이루어지는 합성어를 말한다.

3.2.1 비통어적 합성이름씨

3.2.1.1 종속합성이름씨

1) '풀이씨뿌리 + 이름씨'로 된 것

꺾-낫	꺽-괄호	꺾-쇠	꺾-자	싫-증	늦-벼
늦-가을	옥-니	벋-니	들-창	들-창코	깎-낫
깔-들	빨-대	갈-판	감-잡이	감-접이	덮-밥
곱-돌	걸-망	곱-꺾이	날-다람쥐	날-짐승	굽-자
돋-보기	붉-살	붉-돔	먹-성	먹-보	울-상
접-칼	들-통	썩-돌	깔-판	꺾-꽂이	붙-박이

2) 같은 이름씨 끼리 합하여 된 것

나-날	다-달	집-집	앞-앞	사람-사람	골-골
층-층	대-대	세-세	몫-몫		

3) '이름씨 + 이름씨'로 된 것

무-논	무-자위	싸-전	소-나무	부-손	소-풀
무-자새	무-좌수	마-샀	마-속	마-수	시-월
유-월					

3.2.1.2 대등합성이름씨

1) 앞 이름씨는 결합형으로 되면서 이루어지는 합성어가 여기에 속한다.

푸-나무   마-소   구-조개

2) 앞뒤 이름씨가 한자말로 거듭된 것이 서로 합하여 된 비통어적 합성
이름씨

가가-호호   방방-곡곡   세세-연연   사시-사철   자자-손손   세세-생생

구구-절절   시시-때때

3.2.1.3 융합합성이름씨

- '어찌씨＋이름씨'로 된 것 : 두루-뭉술이, 두루-춘풍
- '이름씨＋움직씨뿌리'로 된 것 : 안-달

3.2.2 비통어적 합성풀이씨

3.2.2.1 종속합성풀이씨

1) 종속합성움직씨

📂 '움직씨뿌리＋움직씨'로 된 것

낮-보다   얕-보다   잇-달다   무-뜯다   가-다루다   얕-잡다

갈-바래다   갈-앉다   감-돌다   감-빨다   감-싸다   갖추-쓰다

개-오다   건너-뛰다   건너-오다   걷-잡다   걸-앉다   겯-지르다

곧추-세우다   곧추-안다   굶-주리다   내빼-오다   넘-나다   넘나-들다

넘-노닐다   들-부수다   들-오다   묵-새기다   받-들다   붙-당기다

붙-안다   붙-잡다   붙-쫓다   빼-내다   빼-놓다   빼-돌리다

싸-다니다   싸-돌다   싸-지르다   울-부짖다   잡-매다

2) 종속합성그림씨

📂 '그림씨뿌리＋그림씨'로 된 것

차디-차다	푸르디-푸르다	가깝디-가깝다	가늘디-가늘다
가볍디-가볍다	검디-검다	굵디-굵다	깊디-깊다
곱디-곱다	맑디-맑다	무겁디-무겁다	묽디-묽다
넓디-넓다	밝디-밝다	붉디-붉다	희디-희다
짜디-짜다	잘디-잘다	작디-작다	짧디-짧다
되디-되다	굵디-굵다	검디-검다	굵디-굵다
길디-길다	깊디-깊다	너르디-너르다	넓디-넓다
높디-높다	다디-달다	되디-되다	두껍디-두껍다
뜨겁디-뜨겁다	멀디-멀다	무겁디-무겁다	묽디-묽다
밉디-밉다	시디-시다	얇디-얇다	크디-크다
노라-노랗다	노라-빨갛다	푸르-누렇다	

📁 '그림씨뿌리＋나＋그림씨'로 된 것

크나-크다	머나-멀다	기나-길다	좁으나-좁다
넓으나-넓다	깊으나-깊다		

📁 '그림씨의 줄임꼴＋그림씨'로 된 것

군-단지랍다	군-던지럽다

3.2.2.2 대등합성풀이씨

1) 대등합성움직씨

📁 '움직씨뿌리＋움직씨'로 된 것

들-보다	싸-돌다	어-녹다	여-닫다
미-닫다	오-가다	오르-내리다	

2) 대등합성그림씨

📁 '그림씨뿌리＋그림씨'로 된 것

감－노랗다	감－노르다	검－푸르다	검－누르다
길－동그랗다	길－둥그렇다	길－둥글다	약－빠르다
약－바르다	검－누렇다	넓－둥글다	검－붉다
검－퍼렇다	굳－세다	높－푸르다	하야－말갛다
맵－짜다	맵－차다	하야－말쑥하다	희－맑다
희－묽다	허여－멀겋다	역－바르다	검－푸르접접하다
검－푸르죽죽하다	길－둥글다	걸－굳다	검－뿌옇다
검－세다	괴－까다롭다	빨가－빨갛다	

3.2.2.3 융합합성풀이씨

1) 융합합성움직씨

📁 '움직씨뿌리＋움직씨'로 된 것

갈－붙이다	감－궂다	감－내다	굽－질리다	굽－죄이다	굽－잡다
굽－잡히다	넘－놀다	밀－막다	미－대다	솟－보다	싸－데려가다
싸－잡다	싸－잡히다	외－대다	잡－매다		

📁 '이름씨＋움직씨'로 된 것

감－빨다	검－치다	무－터듬다	가리－틀다	붊－달다

2) 융합합성그림씨

맞－갖다

3.2.3 비통어적 합성어찌씨

3.2.3.1 대등합성어찌씨

가끔-가끔	가다-가다	가들막-가들막	가뜬-가뜬-히
가랑-가랑	가르랑-가르랑	가만-가만	가물-가물
가뭇-가뭇	가리산-지리산	가불-가불	가붓-가붓
가뿟-가뿟	간질-간질	갈강-갈강	갈-갈
갈그랑-갈그랑	갉죽-갉죽	갉작-갉작	갈팡-질팡
강장-강장	갸우뚱-갸우뚱	갈쑥-갈쑥	갈쯤-갈쯤
걀찍-걀찍	거꿀-알꼴	거드럭-거드럭	거들먹-거들먹
거듬-거듬	거듭-거듭	거뭇-거뭇	거불-거불
거붓-거붓	거뿐-거뿐	거뿟-거뿟	거슬-거슬
거푸-거푸	건듯-건듯	건뜻-건뜻	건중-건중

(부록 8에 계속)

3장 굴곡법

3장 굴곡법

1. 자리매김법

자리매김법은 임자씨가 토씨에 의하여 월에서 어떤 자리가 매겨지면서 가지가지 말본적 구실을 하는 굴곡법이므로 여기에서 임자씨와 토씨에 대하여 그 갈래를 비롯하여 말본적 특질, 용법 등을 자세히 다루기로 한다.

1.1 이름씨

1.1.1 이름씨의 뜻과 갈래

이름씨란 사물의 개념에 따라 붙여진 이름들을 묶어서 일컫는, 일종의 낱말범주를 나타내는 말본적인 갈말이다. 이름씨는 그 뜻이 완전하냐 않느냐에 따라 옹근이름씨와 매인이름씨의 둘로 나누고, 옹근이름씨는 다시 그 지시대상의 적용 범위에 따라, 두루이름씨와 홀이름씨의 둘로 나눈다. 그리고 두루이름씨는 다시 존대 여하에 따라 예사이름씨와 높임이름씨의 둘로 나눈다.

1.1.1.1 옹근이름씨와 매인이름씨

옹근이름씨란 뜻으로 보아 완전히 독립성을 가지고 있는 이름씨를 말하는데, 대부분의 이름씨는 이에 속한다.

매인이름씨란 뜻으로 보아 완전한 독립성을 가지지 못하고, 반드시 그 앞에 매김말에 매이어 쓰이는 이름씨를 말한다.

(1) ㄱ. 먹을 <u>것</u>을 주시오.

　　 ㄴ. 이 기계를 다룰 <u>줄</u> 아느냐?

　　 ㄷ. 어떻게 할 <u>바</u>를 모르겠다.

(1ㄱ)의 '것'은 '먹을'이 앞에 옴으로써 비로소 '먹거리'임을 뜻하고, (1ㄴ)의 '줄'은 '다룰' 뒤에서 '방법'의 뜻을 나타내며, (1ㄷ)의 '바'는 '할'을 그 앞에 취함으로써 '방법, 수단'의 뜻을 나타낸다. 이와 같은 '것, 줄, 바' 등의 이름씨를 매인이름씨라 한다.

1.1.1.2 두루이름씨와 홀이름씨

위에서 설명한 옹근이름씨는 그 지시 대상에 따라 다시 두루이름씨와 홀이름씨의 둘로 나눈다.

1) 두루이름씨

두루이름씨란 일과 몬(사물)에 대하여 일반적으로 두루 일컫는 이름씨를 말한다. 예를 들면,

(2) ㄱ. 자연물 : 사람, 나무, 닭, 물, 하늘, 땅, 산, …

　　 ㄴ. 인조물 : 기차, 전차, 배, 집, 붓, 열쇠, 낫, 책상, 신, 옷, …

　　 ㄷ. 시간 : 봄, 가을, 밤, 낮, 저녁, 아침, …

ㄹ. 공간 : 동, 서, 남, 북, 상, 중, 하, 앞, 뒤, …

ㅁ. 정신 : 기쁨, 뜻, 마음, 걱정, 생각, …

ㅂ. 행동 : 일, 웃음, 노래, 싸움, 씨름, …1)

⋮

등과 같다. 여기에서 두루이름씨의 특징을 몇 가지 분석하여 보기로 한다.

첫째, 두루이름씨는 계열어를 가질 수 있되 유일무이한 특수적인 것이 아닌 이름씨이다.

(3)　ㄱ. 고기 : 잉어, 붕어, 미꾸라지, 도미, 갈치, 고등어, 청어, 동태, …

　　ㄴ. 집 : 초가, 기와집, 오두막, 대궐, 궁궐, …

둘째, 두루이름씨의 본체는 일반적인 것이다. 따라서 '해'와 '달'은 유일무이하나 그것을 부르는 말은 일반적으로 되었기 때문에 두루이름씨이다.

셋째, 두루이름씨에는 매김말 '어떤, 무슨, 어느' 등이 쓰일 수 있다.

넷째, 두루이름씨에는 '한, 두, 세, 네, 다섯…' 등의 셈씨가 매김말로 쓰일 수 있다.

다섯째, 두루이름씨는 경우에 따라서 복수를 나타내는 '-들, 등'이 쓰일 수 있다.

이상에서와 같이 두루이름씨는 일반성과 셋째, 넷째, 다섯째에서 말한 말본적 특성을 가지고 있는데 이와 같은 말본적 특성은 그 일반성 때문이다.

2) 홀이름씨

홀이름씨란 어떤 특정한 일과 몬을 나타내는 이름씨를 말하는데,

---

1) 최현배, 『우리말본』, 정음문화사, 1983, 212쪽에 의거함.

예를 들면 다음과 같다.

(4)　ㄱ. 사람이름 : 단군, 김유신, 이순신, 주시경, …

　　　ㄴ. 나라이름 : 신라, 고구려, 백제, 대한민국, 프랑스, 영국, 미국, …

　　　ㄷ. 땅이름 : 서울, 워싱턴, 런던, 파리, 로마, 베이징, 종로, 충무로, 퇴계로, …

　　　ㄹ. 산·강이름 : 백두산(가마메), 한라산, 록키산맥, 압록강(알루가람), 한강, 나일강, 아마존강, …

　　　ㅁ. 책이름 : 삼국사기, 삼국유사, 한글, 국어국문학, 국어학, …

　　　ㅂ. 오대양·육대주 : 태평양, 인도양, 아세아주, 오세아니아주, 북아메리카주, …

　　　ㅅ. 단체·건물이름 : 한글학회, 대한음성학회, 국어학회, 창경궁, 경벅궁, 세종회관, 예술의 전당, …

등과 같은데, 그 특성을 살펴보면 다음과 같다.

첫째, 홀이름씨는 계열어를 가질 수 없으며, 두루이름씨 중의 한 계열어로는 될 수가 있다.

(5)　사람 : 젊은이 - 늙은이 - 학자 - 순경 - 이순신 - 뉴턴

둘째, 홀이름씨는 특정적이므로 유일무이한 이름씨에 한하되, 일반성을 가져서는 안 된다.

셋째, 홀이름씨에는 매김말 '무슨, 어떤, 어느' 등을 쓸 수 없다.

(6)　ㄱ. 어느 이순신

　　　ㄴ. 어떤 이순신

　　　ㄷ. 무슨 이순신

넷째, 셈씨 '한, 두, 세, 네, 다섯, …' 등을 매김말로 취할 수 없다.

다섯째, 복수를 나타내는 '-들, 등'은 쓰일 수 없다.

이제 위에서 나눈 이름씨의 갈래를 간단히 표로 보이면 다음과 같다.

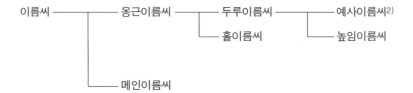

1.1.2 매인이름씨

1.1.2.1 매인이름씨의 갈래

매인이름씨는 그 앞의 매김말에 매여서 나타내는 의미적 구실에 따라, 다음의 다섯으로 나눈다.

대용매인이름씨

대상매인이름씨

시간매인이름씨

추상매인이름씨

셈숱단위매인이름씨

※ 자세한 것은 저자의 "21세기 의존명사 연구"를 참조할 것.

1) 대용매인이름씨

대용매인이름씨란 매인이름씨 앞에 매김말이 오면 어떤 옹근이름씨와 같은 뜻을 나타내므로 그에 대신하는 뜻을 나타내어 줄 수 있다는 뜻에서 일컫는 매인이름씨를 말한다. 따라서 대용매인이름씨는 월에서 여러 가지 자리에 쓰일 수 있다.

---

2) 박지홍, 『우리현대말본』, 과학사, 1981, 65쪽 참조.

이에는 '것, 데, 이, 차, 치' 등 많이 있다.

• 것

(7) ㄱ. 저기에 있는 것이 무엇입니까? (사물, 임자말)

　　 ㄴ. 네가 아는 것이 무엇이냐. (지식, 사물, 임자말)

　　 ㄷ. 이 못난 것아, 어서 가거라. (사람, 홀로말)

　　 ㄹ. 먹을 것을 좀 주시오. (먹거리, 부림말)

　　 ㅁ. 새 것이 헌 것보다 낫다. (물건, 임자말, 견줌말)

• 데

(8) ㄱ. 여기는 쉬는 데입니다. (곳, 풀이말)

　　 ㄴ. 우리가 공부하는 데로 와서 떠들었다. (곳, 위치말)

　　 ㄷ. 여기는 그가 있는 데보다 낫다. (곳, 견줌말)

　　 ㄹ. 그가 있는 데를 말하여라. (위치, 부림말)

　　 ㅁ. 그가 사는 데가 어디야? (곳, 임자말)

'데'는 언제나 매김법 '−는, 은, 을' 다음에 쓰이면서 위에 보인 월조각 이외에 '데의'와 같은 매김말로도 쓰일 수 있다.

• 이

'이'는 본래 사람을 나타내던 셋째가리킴 대이름씨였다. 따라서 '이'는 사람만을 나타내는 매인이름씨이다.

(9) ㄱ. 저기 가는 이가 누구냐? (사람, 임자말)

　　 ㄴ. 저기 있는 이에게 물어 보아라. (사람, 위치말)

　　 ㄷ. 달아나는 이를 잡아라. (사람, 부림말)

　　 ㄹ. 악한 이보다 착한 이가 낫다. (사람, 견줌말, 임자말)

ㅁ. 가는 이의 옷을 잡았다. (사람, 매김말)

ㅂ. 책을 읽는 이에게 이것을 주어라. (사람, 위치말)

'이'는 매김법 '-는, -을' 밑에 쓰이면서 (9ㄱ~ㅂ)에서 보인 월조각 이외에 연유말, 풀이말, 홀로말 등으로도 쓰일 수 있다.

· 차

(10) ㄱ. 심심하던 차에 잘 오셨습니다. (위치말)

ㄴ. 내가 가려던 차에 그가 찾아왔다. (위치말)

이 '차'는 위치말, 매김말에 주로 쓰이는 듯하다.

· 치

(11) ㄱ. 하루 치의 양식도 없다. (매김말)

ㄴ. 이틀 치는 남아 있다. (임자말)

위에 보인 것 이외에도 '바람, 수, 줄, 터' 등등 많이 있다.

2) 대상매인이름씨

이에는 '게(곳), 겸, 국國, 군君, 발發, 부附, 분, 자, 조條, 치, 편編, 편便' 등이 있다.

· 게(곳)

(12) ㄱ. 우리 게는 올해 풍년이다. (임자말)

ㄴ. 자네 게의 농사는 어떠한가? (매김말)

ㄷ. 우리 게로 이사 오시오. (방향말)

ㄹ. 그것은 우리 게에 많이 있다. (위치말)

'게'는 위에 보인 성분 이외에는 잘 쓰이지 않는 듯하다.

◆ 국國

(13) ㄱ. 6개 국 비핵회담 (매김말)

ㄴ. 4개 국 회담 (매김말)

◆ 군君

(14) ㄱ. 이 군은 어디 가느냐? (임자말)

ㄴ. 박 군은 이리 오너라. (임자말)

ㄷ. 김 군의 말을 들어 보자. (매김말)

ㄹ. 신 군을 데려 오너라. (부림말)

ㅁ. 이것을 정 군에게 주자. (위치말)

'군'은 성씨 다음에 쓰이어 사람의 뜻을 나타낸다.

◆ 발發

(15) ㄱ. 총 한 발을 쏘았다. (부림말)

ㄴ. 몇 발의 박격포로 적군은 물러갔다. (매김말)

ㄷ. 4발 비행기로 태평양을 건넜다. (매김말)

ㄹ. 총 한 발로 멧돼지를 잡았다. (연유말)

ㅁ. 총 한 발에 죽을 놈이 아니다. (위치말)

◆ 부附

(16) ㄱ. 8월 15일 부 신문에 크게 보도되었다. (매김말)

ㄴ. 그는 오늘 부로 장관이 되었다. (연유말)

ㄷ. 내일 부로 임지로 떠난다. (연유말)

◆ 분

(17) ㄱ. 이 분이 우리 스승님이시다. (임자말)

ㄴ. 저 분의 말씀에 따르면 우리나라는 훌륭한 나라이다. (매김말)

ㄷ. 이것을 그 분에게 드려라. (위치말)

ㄹ. 손님이 한 분, 두 분 모인다. (헤아리는 단위도 된다.)

◆ 자

(18) ㄱ. 그 자가 욕을 하였다. (임자말)

ㄴ. 저 자의 말은 항상 반항적이다. (매김말)

ㄷ. 이것을 저 자에게 주어라. (위치말)

ㄹ. 저 자로 말미암아 나라가 시끄럽다. (연유말)

◆ 조條

(19) ㄱ. 민법 제 몇 조에 의하여 패소되었다. (위치말)

ㄴ. 집을 계약하는 조로 백만 원을 주었다. (연유말)

ㄷ. 나는 성금 조로 30만 원을 내었다. (연유말)

◆ 치

(20) ㄱ. 그 치는 아주 잘 난 척 한다. (임자말)

ㄴ. 그 치의 말은 항상 믿을 수 없다. (매김말)

ㄷ. 이 돈을 그 치에게 주어라. (위치말)

ㄹ. 그 치로 말미암아 나라가 시끄럽다. (연유말)

◆ 편編

(21) ㄱ. 한글학회 편『우리말 사전』(매김말)

ㄴ. 『우리말 사전』이 한글학회 편으로 나왔다. (연유말)

ㄷ. 교육부 편의 국어 교과서 (매김말)

◆ 편便

(22) ㄱ. 한 시 열차 편으로 가거라. (연유말)

ㄴ. 나는 9시 열차 편에 편지를 부쳤다. (위치말)

ㄷ. 고향 가는 데는 기차 편이 좋다. (임자말)

3) 시간매인이름씨

이에는 '만, 말末, 물, 발發, 분分, 조朝, 적, 차次' 등이 있다.

◆ 만

(23) ㄱ. 오랜 만에 그 일이 끝났다. (위치말)

ㄴ. 철수가 떠난 지 열흘 만에 돌아왔다. (위치말)

ㄷ. 이 일이 얼마 만의 일인가? (매김말)

ㄹ. 이게 얼마 만인가? (풀이말)

'만'은 그 앞에 매김말이나 이름씨 등이 와서 꾸민다.

◆ 말末

(24) ㄱ. 그는 올해 말에 오게 되어 있다. (위치말)

ㄴ. 올해 말을 기한으로 그 일을 시작하였다. (부림말)

ㄷ. 이 달 말이 무슨 요일이지? (임자말)

ㄹ. 그 일은 금주 말로 끝난다. (연유말)

'말'은 그 앞에 시간의 이름씨가 주로 쓰인다.

◆ 물

(25) ㄱ. 몇 물을 빤 옷이지만 새 옷 같다. (부림말)

ㄴ. 그의 인기도 한 물에 갔다. (위치말)

ㄱ. 그 고기는 이번 물로 끝난다. (연유말)

'물'은 그 앞에 매김말이 주로 쓰인다.

◆ 발發

(26) ㄱ. 오후 1시 발 오사카 행 비행기로 떠났다. (매김말)

ㄴ. 10시 30분 발 부산행 열차로 그들은 떠났다. (매김말)

ㄷ. 10일 발 외신에 따르면 세계의 경기가 좋지 않다고 한다. (매김말)

ㄹ. 도쿄 발 일본 통신 (매김말)

'발'은 시간이나 땅 이름을 나타내는 말이 그 앞에 쓰임이 특이하다. 그리고 이 말은 월에서 매김말 구실만 하는 것도 특이하다.

◆ 분分

(27) ㄱ. 나는 5시 30분에 일어난다. (위치말)

ㄴ. 시계를 6시 5분으로 해 놓아라. (연유말)

ㄷ. 고향 가는 데는 5시 30분 차가 제일 좋다. (매김말)

◆ 조朝

(28) ㄱ. 고려 조(가/에)

ㄴ. 세종 조(를)

ㄷ. 영조 조(의)

ㄹ. 성종 조(로)

이 '조'는 "한 계통의 임금이나 한 사람의 임금이 통치하는 동안"을 뜻하는데 그 뒤에 오는 토씨에 따라 임자말, 위치말, 부림말, 매김말, 연유말 등등이 될 수 있다.

• 적

(29) ㄱ. 꽃이 필 적에 우리는 초등학교에 입학하였다. (위치말)

ㄴ. 나는 어렸을 적이 제일 좋았다. (임자말)

ㄷ. 지난 적을 생각하면 뭐 하나? (부림말)

ㄹ. 어렸을 적의 일이 다시 생각난다. (매김말)

ㅁ. 우리, 어렸을 적으로 돌아가자. (연유말)

이 '적'은 본래부터 시간을 나타내는 말이므로 시간매인이름씨이며 그 앞에는 시간이나 계절을 나타내는 말이 온다.

• 차次

(30) ㄱ. 나는 지금 떠나려 하던 차에, 마침 잘 오셨습니다. (풀이말)

ㄴ. 막 점심을 먹으려던 차에 그가 찾아 왔다. (위치말)

ㄷ. 심심하던 차에 잘 왔다. (위치말)

이 '차'는 위치말이나 풀이말 이외에는 잘 쓰이지 않는다. 그리고 그 앞에는 풀이말의 매김법인 '-던'이 오는 것이 특징이다.

시간매인이름씨도 대용매인이름씨로 볼 수도 있겠으나, 엄밀히 따지면 시간을 나타내는 점이 뚜렷하기 때문에 따로 한 항목을 만들었다.

시간매인이름씨는 이외에도 '무렵, 지, 참, 즈음' 등이 더 있다.

4) 추상매인이름씨

그 뜻이 문맥 안에서는 추상적이어서 이렇다 하고 꼬집어 말할 수 없는 매인이름씨를 말한다. 그러나 그 중에는 뜻을 꼬집어 말할 수 있는 것도 있으나 대용성이 없기 때문에 여기에 넣어서 다루기로 한다. 이에는 '나름, 대로, 둥, 따름, 만큼, 뿐, 양, 터, 척, 채, 체' 등등이 있다.

📎 매김법 '-은', '-는', '-을' 등 다음에 쓰이는 것

• 나름

(31) ㄱ. 그것도 사람이 할 나름이다. (됨됨이, 풀이말)

　　 ㄴ. 너는 네 나름대로 일하여라. (형편, 견줌말)

　　 ㄷ. 그것은 사람 나름이 아니다. (됨됨이, 임자말)

　　 ㄹ. 그것은 네 나름의 이야기에 지나지 않는다. (됨됨이, 매김말)

'나름'은 이름씨 밑에도 쓰이면서 위의 네 가지 월조각 이외에는 잘 쓰이지 않는 것 같다. '나름'이 이름씨 다음에 쓰일 때는 '형편, 됨됨이'를 나타낸다.

• 따름

(32) ㄱ. 나는 너를 믿을 따름이다. (뿐의 뜻, 풀이말)

　　 ㄴ. 놀고 먹을 따름이다. (뿐의 뜻, 풀이말)

'따름'은 매김법의 씨끝 '-을' 밑에서만 쓰이되 풀이말을 나타낼 뿐이다.

♦ 바

(33) ㄱ. 네가 아는 바를 말하여라. (지식, 부림말)

ㄴ. 네가 말한 바에는 꼭 시행하여야 한다. (경우, 위치말)

ㄷ. 네가 들은 바에 대하여 설명하라. (점, 부분, 위치말)

ㄹ. 아는 바가 이것뿐이냐? (지식, 임자말)

ㅁ. 그가 양보하는 바의 소이를 아느냐? (일, 매김말)

ㅂ. 네가 아는 바로 나에게는 아무 것도 없지 않느냐? (지식, 내용, 연유말)

'바'는 대개 위에서 예로 든 월조각으로 쓰인다.

♦ 뿐

(34) ㄱ. 그는 언제나 공부할 뿐이다. (유일, 풀이말)

ㄴ. 그는 공부할 뿐으로, 다른 일은 하지 않는다. (한정, 연유말)

ㄷ. 그는 공부할 뿐이 아니고 일도 한다. (한정, 임자말)

'뿐'은 매김법의 씨끝 '-ㄹ' 밑에 쓰이되 위의 세 가지 월조각 이외에 다른 월조각으로 쓰이지 않는 것 같다.

♦ 줄

(35) ㄱ. 네가 할 줄을 아느냐? (방법, 부림말)

ㄴ. 네 마음이 변할 줄이 있겠느냐? (까닭, 임자말)

ㄷ. 그가 그럴 줄을 몰랐다. (행동, 부림말)

'줄'은 매김말, 견줌말, 위치말, 풀이말, 홀로말은 될 수 없다.

・터

(36) ㄱ. 너는 어디로 갈 터이냐? (예정, 풀이말)

　　 ㄴ. 우리가 서로 잘 지내야 할 터에 그래서야 되느냐? (처지, 위치말)

‘터’는 매김법의 씨끝 ‘-ㄹ’ 다음에 쓰이어 풀이말이나 위치말만 된다.

・양, 듯, 둥, 대로, 만큼

(37) ㄱ. ㉮ 그는 그미를 안 양 하였다. (부림말)

　　　　 ㉯ 그는 나를 아는 양, 말을 걸었다. (견줌말)

　　　　 ㉰ 그는 일을 할 양을 하더니, 하지 않았다. (부림말)

　　 ㄴ. ㉮ 그는 공부하는 듯을 하더라.　(부림말)

　　　　 ㉯ 그는 아무 일도 하지 않은 듯 당당하였다. (어찌말)

　　　　 ㉰ 그는 일어날 듯을 하더니 다시 누웠다. (부림말)

　　 ㄷ. ㉮ 갈 둥 말 둥 하여라. (부림말)

　　　　 ㉯ 일을 하는 둥 마는 둥을 한다. (부림말)

　　　　 ㉰ 그는 본 둥 만 둥을 하였다. (부림말)

　　 ㄹ. ㉮ 네가 뜻한 대로 하여라. (부림말)

　　　　 ㉯ 그가 하는 대로 따랐다. (어찌말)

　　　　 ㉰ 할 대로 하여라. (부림말)

　　 ㅁ. ㉮ 먹을 만큼 먹어라. (양)

　　　　 ㉯ 일을 하는 만큼 임금을 받는다. (근거, 양)

　　　　 ㉰ 공부하는 만큼 성과가 있었다. (원인, 양)

위의 다섯 매인이름씨는, 지난적때매김법은 ‘-은/ㄴ’과 이적때매김법 ‘-는’ 및 올적때매김법 ‘-을’ 밑에 두루 쓰이는데, ‘양, 듯, 둥’은 주로 부림말이 되고 ‘대로’, ‘만큼’은 임자말과 부림말과 매김말로 쓰인다. ‘양, 듯’은 ‘처럼’의 뜻을 나타내고 ‘둥’도 ‘듯’의 뜻을 나타내며

'대로'는 '사실대로'의 뜻을 '만큼'은 수량, 원인, 근거 등을 나타낸다.

📂 풀이씨의 매김법 '–는', '–은/ㄴ' 다음에만 쓰이는 것

◆ 지

이것은 '시간의 동안'을 나타낸다.

(38) ㄱ. 그가 떠난 지 일년이 되었다.

ㄴ. 여기로 온 지 십년이 다 되었다.

◆ 채

(39) ㄱ. 불을 켜 둔 채로 잠이 들었다. ('그대로'의 뜻)

ㄴ. 그는 아이를 집에 둔 채 떠났다. ('그대로'의 뜻)

'채'는 이적의 매김법 '는'과 지난적매김법 '은/ㄴ' 다음에 쓰이며, 월조각으로서는 주로 연유말로 쓰인다.

◆ 척

(40) ㄱ. 그는 공부하는 척을 한다. (시늉)

ㄴ. 그는 좋은 일을 한 척 한다. (시늉)

'척'은 지난적의 매김법과 이적매김법 밑에 두루 쓰이면서 주로 부림말로 쓰인다.

◆ 체

(41) ㄱ. 그는 뭐든지 아는 체를 한다.   (시늉)

ㄱ. 그는 약을 먹은 체는 한다.   (시늉)

'체'는 끝남의 매김법과 이적의 매김법 밑에 두루 쓰이면서 주로 부림말이 된다.

추상 매인이름씨는 이 이외에도 '투, 격, 자, 통, 결, 김, 나위, 리, 시, 딴, 나마, 건너, 만치, 만침, 껏, 한, 뻔, 싸, 상/성' 등이 있다.

5) 셈숱단위 매인이름씨

셈숱단위 매인이름씨는 셈숱단위를 나타낼 때는 반드시 그 앞에 매김말이 와야 하고 단독으로 쓰이는 일은 없다. 셈숱단위 매인이름씨라 할지라도 셈숱단위를 나타내지 아니하고 셈숱을 재는 연장이나 사물 그 자체를 나타낼 때는 옹근이름씨로 보아야 한다.

(42) 자(尺), 섬, 말, 되, 홉, 사람, 자루, 층, 그루

(42)의 보기는 셈숱을 재는 연장이나 그 단위의 사물 이름을 나타내므로 이들은 모두 옹근이름씨이나, 그 앞에 셈씨가 오면 셈숱단위의 매인이름씨가 된다.

순수 우리말 셈숱단위의 매인이름씨에는 다음과 같은 것들이 있다.

(43) 길이를 나타내는 매인이름씨 : 치, 뼘, 자, 마, 발, 아름, 길, 바람, 마장, 리, 가웃

(44) 돈을 나타내는 매인이름씨 : 푼, 리, 전, 양(냥), 원

(45) 넓이를 나타내는 매인이름씨 : 결, 평, 갈이, 뙈기, 배미, 목, 되지기, 마지기, 섬지기, 정보, 필지, 간, 칸, 고랑, 자락(논), 폭

(46) 시간, 날짜를 나타내는 매인이름씨 : 초, 분, 각, 시간, 끼니, 날, 주(주일) 달, 삭, 개월, 해(년), 개년, 돐, 돌, 연대, 세기, 광년

(47) 무게를 나타내는 매인이름씨 : 푼, 돈(돈중), 양(양중), 근, 관

(48) 촌수, 종류를 나타내는 매인이름씨 : 촌, 종

(49) 곡식의 양을 나타내는 매인이름씨 : 작, 흡, 줌, 웅큼, 되, 말, 자루,
      가마(니), 섬(석)

위에서 보인 것 이외에도 더 많은 것이 있어 다음에 보이겠다.

(50) 개(介), 거리(춤), 거리(오이 한 거리), 건(件), 경(頃), 계(界), 교
      (絞), 교(校), 구(具), 권(卷), 기(紀), 기(基), 기(騎), 길, 태(台), 두
      (頭), 매(枚), 머리, 명(名), 모(두부 한 모), 묘(敏), 문(文), 문(門),
      바, 발(총알), 배(杯), 보(步), 보, 본(本), 부(일分), 살(나이), 수(首),
      승(升), 승, 새, 심(尋), 작(勺), 장(張), 장(丈), 장, 전(錢), 정(町),
      제(劑), 좌(座), 줄(한줄), 채(집), 척(尺), 척(隻), 첩(반상기), 첩(한
      약), 촉(燭), 축(오징어 한축) 축(軸), 치(한치), 파(把), 줌, 편(篇),
      회(回) 등이 있다.

(부록 9에 계속)

1.1.2.2 매인이름씨의 경칭3)

매인이름씨 중에는 편지봉투에서 사람이나 단체 이름 밑에 쓰이는
것이 있는데, 이들은 그 사람이나 단체를 높이는 뜻에서 쓰인다.
이들은 그 높임의 등분에 따라 다음과 같이 구별·사용된다.

---

3) 박지홍, 『현대우리말본』, 과학사, 1992, 67~68쪽에 의거함.

높임갈래	남 성	여 성	두 루	공 문
아주높임	선생님	여사님	좌 하	
예사높임	선 생	여 사	님	귀하(님)
예사낮춤	군	양		
아주낮춤			앞	

위 표에서 보인 매인이름씨 중에서 '선생님'은 모교의 스승에게 쓰는 것이 예사이고, '양'은 처녀에게 쓰이고 결혼 후에는 '여사'나 '님'을 사용하여 대접한다. 이들 매인이름씨인 '선생님, 여사님, 선생, 여사, 님, 군, 양, 앞' 등은 편지봉투에서 이름 다음에 쓰일 때는 일종의 형식으로 쓰이는데, 위 표에서 설명한 것 이외에 다음과 같이 호칭이나 편지 봉투에 쓰이는 매인이름씨가 있다.

폐하	황제에게 쓰는 경칭	섬돌 아래에서 드린다는 말
전하	왕에게　〃　〃	큰집　〃　〃
합하	정일품에게 〃　〃	협문　〃　〃
각하	귀한 분에게 〃　〃	다락　〃　〃
좌하	손위 분에게 〃　〃	좌석　〃　〃
궤하(机下)	평교간에　〃　〃	책상　〃　〃
안하(案下)	〃　〃　〃	책상　〃　〃
족하(足下)	〃　〃　〃	다리　〃　〃

이들 중 '폐하, 전하'를 제외하고는 우리말로 옮기면 '-께'로 된다. 모두 위치를 나타낼 뿐이다. 그러나 '귀하貴下'는 일본인이 만든 말인데, 공문서나 공적인 경우에만 쓴다. 예를 들면, 발송자가 어떤 단체일 때는 수신자에 대하여 '○○○ 귀하'라 하고 개인이 개인에게 보낼 때는 등급에 따라, '-께' 또는 '-님'으로 해야 한다.

1.1.3 두루이름씨

1.1.3.1 이름씨의 서술적 성질

국어에서는 하나의 월을 줄여서 표현해야 할 경우가 있는데, 그럴 경우에는 풀이말을 이름씨로 바꿈으로써 월 전체를 이은말로 바꾸는 일이 있다. 이와 같은 일이 있을 수 있는 것은 이름씨가 풀이말의 자질을 가지고 있기 때문이다.

(51) ㄱ. ㉮ 그는 슬프게 울었다.

㉯ 그의 슬픈 울음.

ㄴ. ㉮ 사설 야외 음악당을 개관하다.

㉯ 사설 야외 음악당 개관

ㄷ. ㉮ 북한 미사일 시리아에 인도하다.

㉯ 북한 미사일 시리아 인도.

이제 (51ㄱ~ㄷ)의 ㉯와 같이 이름씨가 풀이말로 바뀌는 데 대한 규칙을 세워 보기로 하겠다.

첫째, (51ㄱ)에서 보아 알 수 있듯이 풀이말이 이름씨로 되기 위해서는 풀이말에 대한 이름씨가 있어야 한다. 만일 없을 때는 그 풀이말은 이름법으로 바뀐다.

(52) ㄱ. ㉮ 그는 빨리 읽는다.

⇓ ⇓

㉯ 그의 빨리 읽기

위의 (51ㄱ)에서 보면 ㉮의 임자말은 ㉯에서는 매김말이 되고 ㉮의 어찌말 '슬프게'는 ㉯에서는 매김말 '슬픈'으로 바뀐다. 그리고 ㉮의 풀이말 '울었다'는 ㉯에서는 '울음'으로 바뀌어 전체적으로는 (51ㄱ)의 ㉮가 ㉯로 바뀌었다.

(51ㄴ)의 ㉮를 ㉯와 같이 바꾸려고 하면, ㉮의 부림말을 ㉯에서와 같이 매김말로 하든지 아니면 부림말을 그대로 두기도 한다. 이때의 풀이말은 '이름씨+하다'로 된 것인데 그럴 때는 뒷가지 '-하다'를 떼고 앞의 이름씨만을 쓰게 된다.

(51ㄷ)의 ㉮에서 보면 '부림말+위치말+풀이말'로 된 짜임새에서는 부림말과 위치말은 그대로 두고 풀이말 '이름씨+하다'에서 뒷가지 '하다'만 떼어내면 (51ㄷ)의 ㉯와 같이 된다.

이렇게 살펴보면 우리말의 이름씨는 '+움직씨성'의 자질을 가지는 것이 있고 순수한 '+이름씨성'의 자질을 가지는 것이 있음을 알 수 있다. 이제 이들을 몇몇 예시하면 다음과 같다.

(53) 이름씨성 이름씨 : 여기에는 사물의 이름을 나타내는 것이 속한다.
　　　사람, 집, 책, 연필, 길, 소, 말, 돼지, 학교, 나무, 신발, 책, 공책,
　　　하늘, 바람, 밥, 떡, 고기, 생선, 수박, 참외, 이순신, 종각, …

이름씨성 이름씨가 풀이말의 성질을 가지려면 그 뒤에 '이다'가 생략된 경우에 한하고 '하다'는 올 수 없다. 그러나 움직씨성 이름씨가 풀이말의 성질을 가질 때는 그 자체가 움직씨가 되거나 그 뒤에 '이다'나 '하다'가 와서 풀이말이 될 수 있을 때이다.

(54) 움직씨성 이름씨 : 이에는 추상이름씨 및 한자말로 된 이름씨가 속한다.
　　　웃음, 울음, 기쁨, 슬픔, 믿음, 아름다움, 고마움, 환영, 노력, 연구,
　　　건설, 신용, 정확, 운송, 경영, 정진, …

위에서 살핀 것들 이외에도 그림씨가 풀이말이 되는 경우도 그 월을 이은말로 줄이는 현상이 나타나는데 그것은 풀이말에 대한 이름씨 즉 그림씨성 이름씨도 서술적 자질을 가지기 때문이다.

지금까지 살펴본 바에 따르면 국어의 이름씨에는 움직씨성 이름씨, 그림씨성(상태성) 이름씨, 이름씨성 이름씨 등이 있는데, 이와 같은 이

름씨의 자질 때문에 월을 이은말로 줄일 수 있는 것이다. 다만 풀이말에 대한 이름씨가 없는 경우에는 그 풀이말이 이름법 '-음/ㅁ', '-기'로 바뀌면서 월 전체가 이은말이 된다.

1.1.3.2 이름씨의 내재적 성질

이름씨는 통어적, 의미적 특질의 묶음으로 이루어져 있는데 이 특질은 이름씨의 종류에 따라 다르다. 먼저 두루자질과 홀로자질을 판정하는데 있어서 셈씨와 복수를 나타내는 '들'을 적용해 보면 알 수 있다.

(55) ㄱ. 많은 학생들이 놀고 있다.
　　 ㄴ. 많은 이순신들이 놀고 있다.

(55ㄱ)은 말본적이나 (55ㄴ)은 성립되지 않는다. 이것은 두루자질과 홀로자질은 셈에 의하여 판정되므로 이들은 서로 배타적인 특질이 된다. 따라서 홀로자질은 달리 '-두루자질'로 나타낼 수 있으므로 이 이항적 대립을 '±두루자질'로 나타내면 된다. 여기에서 '+두루자질'은 그냥 '두루자질'이라 읽고 '-두루자질'은 '비두루자질'이라 읽기로 한다. (이하 다른 자질에 관해서도 같은 방법으로 읽는다.)

(56) ㄱ. 아이들은 하나, 둘, 셋…하고 자동차를 헤아렸다.
　　 ㄴ. *아이들은 하나, 둘, 셋…하고 물을 헤아렸다.

(56ㄱ)은 말본스러운데, (56ㄴ)은 그렇지 못하다. 그 까닭은 '자동차'는 헤아릴 수 있는 두루이름씨인 데 반하여 '물'은 헤아릴 수 없는 물질이름씨이기 때문이다. 따라서 '헤아림자질'과 '비헤아림자질'도 이름씨를 나누는데 있어서의 특질로 세워야 한다. 이 특질은 '±헤아림자질'로 나타내기로 한다. 헤아림이름씨는 다시 자세한 특질로 이루어진다. 그 하나는 목숨자질이다.

(57) ㄱ. 사람이 밥을 먹는다.

ㄴ. 개가 밥을 먹는다.

ㄷ. *돌이 밥을 먹는다.

(57ㄱ~ㄴ)은 말본스러운데 (57ㄷ)이 말본스럽지 않은 것은 임자말이 '−목숨자질'인 '돌'이기 때문이다.

목숨자질을 가지는 이름씨는 다시 사람이름씨와 짐승이름씨(또는 비사람이름씨)의 하위류를 가지고 있다. 여기에 관계되는 '+사람자질'과 '−사람자질'의 구별은 셋째가리킴 대이름씨 '이이, 이분, 그이, 그분, 저분 및 이것, 그것, 저것'과도 관련이 있다.

(58) ㄱ. ㉮ 철이는 철수에게 돈을 주었다.

㉯ 철이는 그에게 선물도 주었다.

ㄴ. ㉮ 그는 개에게 밥을 주었다.

㉯ 그는 그것을 키워서 잡아 먹었다.

ㄷ. ㉮ 철수는 거지에게 옷을 주었다.

㉯ *철수는 소에게 옷을 주었다.

(58ㄱ)의 ㉮의 '철수'를 ㉯에서는 '그'로써 받고 있는 데 대하여 (58ㄴ)의 ㉮의 '개'는 ㉯에서 '그것'으로 받고 있다. (58ㄷ)의 ㉮에서의 부림말은 '옷'인데 ㉯에서는 '옷'이 오니까 말이 이상하게 들린다. 이와 같이 '+사람자질'의 이름씨와 '−사람자질'의 이름씨는 통어상 많은 차이를 나타낸다.

목숨이름씨는 사람이름씨와 짐승이름씨로서 이루어진다고 하였는데 또 남성이름씨이냐 여성이름씨이냐에 따라서 통어상 차이를 나타내기도 한다.

(59) ㄱ. 남성이름씨 : 소년, 아들, 남편, 아버지, 신랑, 수캐, 황소, …

ㄴ. 여성이름씨 : 소녀, 딸, 아내, 어머니, 마누라, 암캐, 암소, …

사람이름씨 중 남성이름씨는 '이이, 이분, 그이, 그분, 저이, 저분, 그, …' 등의 대이름씨로 대용되고 여성이름씨는 '이부인, 그부인, 이여자, 그여자, 저여자, 그미(그녀)' 등으로 대용된다. 따라서 이에는 '±높임자질'이 있다. 그러나 짐승이름씨는 이와 같은 대용법이 없고 다만 '그것'으로 대용될 뿐이다. 헤아림이름씨는 '±목숨자질', '±사람자질', '±남성자질', '±높임자질' 등의 특질이 있음을 알았는데, 헤아림이름씨는 '구체자질'과 '추상자질'을 가지기도 한다.

(60) ㄱ. 추상이름씨 : 사랑, 꿈, 믿음, 보람, 속임수, 웃음, 미덕, 아름다움, 슬픔, 지식, 상식, 친절, …

ㄴ. 구체이름씨 : 연필, 칼, 자동차, 수레, 신발, 옷, 책상, 만년필, 그릇, …

지금까지 설명해 온 이름씨의 내재적 특질을 요약하여 보면 다음과 같다.

(61) '±두루자질', '±헤아림자질', '±추상자질', '±목숨자질', '±사람자질', '±남성자질', '±높임자질'로 되어 있다.

1.1.3.3 이름씨의 한정적 성질[4]

국어의 이름씨는 그 앞에 오는 매김말에 따라 그 뜻이 애매하게 해석될 수 있는 경우가 많이 있다. 여기서는 이름씨가 이름씨를 꾸미는 한정성에 대하여 살펴보기로 하겠다.

이름씨의 한정성에는 '이름씨+(이다)'의 꼴로 되는 것과 '이름씨+의'의 꼴로 되는 것 및 '이름씨+이름씨'의 꼴로 되는 것이 있다.

---

4) 이름씨가 통어상에서, 다른 말을 한정하는 성질에 따라 한정적 용법으로 쓰이기도 하고, 비한정적 용법으로 쓰이기도 하는데, 이와 같은 성질을 '이름씨의 한정적 성질'이라 부르기로 한다.

1) '이름씨 + (이다)'의 꼴로 되는 것

(62) ㄱ. 철학적(인) 희랍인들은 서로 이야기하기를 좋아한다.
ㄴ. 희랍사람들은 철학적인데 서로 이야기하기를 좋아한다.

(62ㄱ)의 '희랍인들'은 '철학적인' 희랍인들에 한정되어 있다. 따라서 (62ㄱ)의 전체적인 뜻은 희랍 국민들 중에서 철학적인 국민만이 이야기하기를 좋아한다는 뜻이 된다. 이에 대하여, (62ㄴ)의 밑줄부분을 보면 전체 희랍국민은 철학적이라는 뜻이다. 따라서 (62ㄱ)과 같은 용법을 이름씨의 한정적용법이라 하고 (62ㄴ)과 같은 밑줄 부분의 용법을 비한정적용법이라 한다. 위에서와 같은 한정적용법은 반드시 '[이름씨]+(인)+이름씨'의 구조로 된다.

2) '이름씨 + 의'로 되는 것

(63) ㄱ. 나의 살던 고향은 꽃 피는 산골
ㄴ. 부산의 송도
ㄷ. 솔거의 그림

(63ㄱ)의 밑줄부분의 속구조는 '내가 살았던 나의 고향'으로 보고 이것이 겉구조화하면서 '내가'는 '살았던 나의 고향'에서 '나의 살던 고향'으로 바뀐 것으로 보아야 한다.[5) 외솔 선생은 '의'가 임자자리의 구실을 한다 하였으나 그것은 뜻으로 볼 때 그러한 것이고 실제로 '의'로 바뀐다든가 '이'가 '의'로 바뀌는 경우는 없다. (63ㄴ)의 '부산의'는 '송도'가 있는 지명을 나타내고 (63ㄷ)의 '솔거의'는 '솔거가 그린'의 뜻을 나타내는 것에서도 뒷받침이 될 것이다.

---

5) 최현배, 『우리말본』, 정음문화사, 1991, 763쪽 참조.

3) '이름씨 + 이름씨'로 되는 것

'부림말+풀이말'의 짜임새로 되어 앞 이름씨가 뒤 이름씨를 한정함

(64) ㄱ. 환경 정비   ㄴ. 고향 생각

(64ㄱ)의 풀이말에 해당되는 이름씨는 한자말인 경우이나 ㄴ은 토박이말이다. 본래의 짜임새대로 고쳐 써 보면 '환경을 정비하다', '고향을 생각하다'로 된다. 이와 같은 짜임새가 (64)의 ㄱ과 ㄴ의 짜임새로 바뀌어서 '환경'이 '정비'를 한정하고 '고향'이 '생각'을 한정하고 있는 것이다. 이와 같은 경우, 앞 이름씨가 어떤 뜻으로 뒤 이름씨를 꾸미는지 분석해 보면 다음과 같다.

① 앞 이름씨가 위치를 나타내면서 뒤 이름씨를 꾸민다.

(65) ㄱ. 서울 거리   ㄴ. 남포동 거리
     ㄷ. 포항 제철

② 앞 이름씨가 '-에 대한/관한'의 뜻으로 한정함을 나타낸다.

(66) ㄱ. 부산 브루스   ㄴ. 고향 소식

③ 앞 이름씨가 '-을 하는'의 뜻으로 한정함

(67) ㄱ. 상봉 장소   ㄴ. 씨름 대회

④ 앞 이름씨가 '-를 위한'의 뜻으로 한정할 경우

(68) ㄱ. 독서 주간   ㄴ. 납세 기간
     ㄷ. 어린이 놀이터

⑤ 앞 이름씨가 '-마다 -하는'의 뜻으로 한정함

(69) ㄱ. 일간 신문   ㄴ. 월간 잡지

⑥ 앞 이름씨가 '-으로 되어 있는'의 뜻으로 한정함

(70) ㄱ. 산림 지대   ㄴ. 평야 지대

⑦ 앞 이름씨가 존재의 주체가 되어서 한정함

(71) ㄱ. 광산 지대   ㄴ. 온천 지대

⑧ 앞 이름씨가 '-에서 -하는'의 뜻으로 한정함

(72) ㄱ. 고교 교육   ㄴ. 대학 교육

⑨ 앞 이름씨가 생산지를 나타내면서 한정함

(73) ㄱ. 안성 유기   ㄴ. 개성 인삼
     ㄷ. 여주 도자기

⑩ 앞 이름씨가 '-에 있어서의'의 뜻으로 한정함

(74) ㄱ. 국내 경제   ㄴ. 미국 경제

⑪ 앞 이름씨가 행위주체로서 한정함

(75) ㄱ. 어린이 노래자랑   ㄴ. 고교 야구시합

⑫ 앞 이름씨가 뒤 이름씨의 기준점이 된다.

(76) ㄱ. 대문 앞   ㄴ. 책상 위

⑬ 앞 이름씨가 뒤 이름씨의 성질이나 정신을 나타내면서 한정함

(77) ㄱ. 총알 택시   ㄴ. 번개식 통과

   ㄷ. 새마을 청소   ㄹ. 애국 운동

⑭ 앞 이름씨가 뒤 이름씨의 모양을 나타내면서 한정함.

(78) ㄱ. 개구리 참외   ㄴ. 올챙이 국수

⑮ 앞 이름씨가 뒤 이름씨의 자격, 신분을 나타내면서 한정함

(79) ㄱ. 중학교 교장   ㄴ. 초등학교 학생

⑯ 앞 이름씨가 시간이나 계절을 나타내면서 뒤 이름씨를 한정함

(80) ㄱ. 가을 환경정비   ㄴ. 정월 대보름

⑰ 앞 이름씨가 뒤 이름씨의 재료가 되어 한정함

(81) ㄱ. 소머리 국밥   ㄴ. 메기 매운탕

⑱ 앞 이름씨가 뒤 이름씨의 수단, 방법, 연모를 나타내면서 한정함

(82) ㄱ. 숯불 갈비   ㄴ. 솥뚜껑 불고기

위에서 설명한 이외에도 더 있을 수 있을 것이다.

1.1.3.4 예사이름씨와 높임이름씨

두루이름씨에는 예사이름씨와 높임이름씨가 있는데, 이들을 바르게 구별하여 사용하여야 말법에 맞게 된다.

다음에 몇 개만 예시한다.

높임이름씨	예사이름씨	높임이름씨	예사이름씨
댁	집	산 소	무 덤
말 씀	말	생 신	생 일
병 환	병	성 씨	성
부 인	아 내	성 함	성 명
자 당	남의 어머니	염	수 염
글 월	편 지	두 발	머리(카락)
자 부	며느리	찬	반 찬
존 함	이 름	신 관	얼 굴
수 저	숟가락과 젓가락	메	제삿밥
손 님	손	연 세	나 이
스 님	중	진 지	밥
약 주	술	치 아	이
안 력	시 력	부 군	남 편
자 제	남의 아들	언 성	말소리
자 녀	남의 아들과 딸	조 반	아침(밥)
대소변	똥, 오줌	냉 수	찬 물
수 족	손 발	두 상	머 리

높임이름씨에 대하여 낮춤이름씨가 있는데, 말할이가 남에게 대하여 자기가 하는 '말'을 낮추어 '말씀'이라 하고, 자기 '아내'를 남의 어른들 앞에서 '처'라고 하며, '아들'을 '소생'이라고 하는 것과 같은 따위이다.

1.1.3.5 이름씨와 셈

1) 셈의 말본 범주 문제

영어에서는 셈이 어형변화의 말본형식에 반영되는 말본범주로 되어 있으나 국어에서는 그러한 범주가 성립되지 않는다. 그러나 대이름씨에 있어서는 다음과 같이 홑셈형태에 대하여 겹셈형태가 있으나 이름씨에는 그러한 것이 없다.

(83) ㄱ.

가리킴 \ 셈	홑 셈	겹 셈
첫째가리킴	나, 내, 저, 제	우리, 저희
둘째가리킴	너, 네	너희
셋째가리킴	이, 그, 저	이(그, 저)들

ㄴ. ㉮ 여기에 많은 책들이 있다.

㉯ 여기에 많은 책이 있다.

(83ㄱ)에서 보이는 바와 같이 대이름씨에는 홑셈형태에 대하여 겹
셈형태가 있으나 풀이말의 끝바꿈과는 아무런 말본적 관계를 성립시
키지 않는다. (83ㄴ)의 ㉮와 ㉯는 다 말본스러운데 이와 같은 일은 국
어에서는 셈이 말본범주로 성립되지 않음을 보이는 증거이다. 그런데,
국어에서는 재미나는 현상이 있는데 먼저 보기를 보이고 설명하면 다
음과 같다.

(84) ㄱ. 에라, 잘들 한다.

ㄴ. 모두들 뭣들 하느냐?

(84ㄱ)의 '잘들'은 어찌씨 '잘'에 겹셈을 나타내는 뒷가지 '-들'이
와서 행동하는 사람들이 많음을 나타내고 있으며 (84ㄴ)에서의 '모두
들 뭣들'은 '모두'가 여럿임을 나타내기 위하여 '-들'을 붙였고 '뭣들'
도 여러 사람이 여러 가지 '무엇(일)'을 잘못하고 있기 때문에 이들을
합쳐서 '뭣들'이라고 나타내고 있다. 그런데 (84ㄴ)을 '모두 뭣들 하느
냐?'라고 하여도 말본스러운데 이와 같은 사실은 국어에 있어서는 셈
에 관한 표현은 수의적이라는 것을 뜻한다.

2) 겹셈이름씨의 연결 문제

셈은 말본범주로 보기 어려우나 때로는 겹수로 이름씨를 나타내면서 둘 이상을 이음토씨로써 연결하여 말하는 경우가 있는데, 이럴 때는 어떻게 나나내는가에 대하여 알아보기로 한다.

(85) ㄱ. 많은 { ㉮ 남자들과 ㉯ 남자와 } 여자들이 모여서 흥겹게 구경하고 있었다.

ㄴ. 남학생들과 여학생들이 수학여행을 떠났다.

ㄷ. ㉮ 칼, 연필, 공책 들을 학용품이라 한다.

㉯ 시장에는 쌀, 보리쌀, 수수, 조 등등 곡식이 얼마든지 있었다.

사실 겹셈이름씨의 연결은 (85ㄱ)의 ㉮와 같이 하여야 옳으나 국어의 말본에서는 셈이 수의적이기 때문에 (85ㄱ)의 ㉯와 같이 표현하는 것도 예사이다. 이런 경우에는 '남자'도 겹셈이요, '여자'도 겹셈인데 보기에 따라서는 '남자'에는 '들'이 없기 때문에 '남자'는 홑셈이오, '여자'만 겹셈인 것으로 이해할 수도 있다. 그러므로 정확하게 하기 위해서는 (85ㄴ)과 같이 표현하여야 한다. 그런데 (85ㄷ)의 ㉮는 '칼, 연필, 공책'들은 물론 그 이외에도 여러 가지가 있음을 '등'으로 나타내었다. 이럴 때는 '등(들)'을 띄어써야 한다.

(85ㄷ)의 ㉯에서의 '등등'은 '쌀, 보리쌀, 수수, 조' 이외에 여러 가지 곡식이 있었는데 그들을 다 말할 수 없을 경우에 그들을 줄여서 나타낸 말이다. 이때 '등, 들, 등등'은 띄어써야 한다.

1.1.3.6 이름씨의 대표성

1) 대표성의 정의와 형식

대표성이란 서술의 대상이 어떤 사물의 종류 전체를 가리키는 것을 말한다.

(86) ㄱ. 인삼은 우리 몸에 좋다.
ㄴ. 어머니는 위대한 교육자다.
ㄷ. 고기는 물속에서 산다.

(86ㄱ)의 '인삼'은 '백삼, 홍삼, 미삼, …' 등을 다 합하여 일컫는 말로서 여러 종류의 인삼을 총망라하여 가리키는 말이다. (86ㄴ)의 '어머니'는 이 세상의 모든 어머니를 대표하여 가리키는 말로서 대표성에 해당한다. (86ㄷ)의 '고기'는 이 세상의 모든 고기를 총칭하는 말이다. 왜냐하면, 물속에 사는 고기에는 온갖 고기가 다 있기 때문이다.

또 대표성에는 다음과 같이 습관이나 영원한 진리를 나타내는 일도 있다.

(87) ㄱ. 학생은 매일 학교에 간다.
ㄴ. 비는 여름철에 많이 온다.

(87ㄱ)에서는 학생이 매일 학교에 가는 것은 학생으로서의 한갓 생활이므로 관습에 해당하며 (87ㄴ)은 불변의 진리를 나타낸다.

(86), (87)에서 본 바에 따르면 대표성에는 그 나타내는 일정한 형식이 잇는가 하는 점인데, 아무런 말본적 형식은 없다. 다만 의미적 특질에 그친다는 사실을 알아야 한다. 그러나 대표성에 대하여 좀 분석하면 다음과 같은 형식적 차이를 찾아볼 수 있다.

2) 대표성과 비대표성의 통어적 관련성

이에 대하여 분석 검토하면 다음과 같다.

📑 비대표성을 나타낼 때는 그 앞에 어떤 제한을 두는 매김말이 오는데 대하여 대표성을 나타낼 때는 그렇지 않으면서 모든 사람이 다 함께

인식하고 있는 일을 나타내어야 한다.

(88) ㄱ. 이곳의 공기는 참 맑구나.

ㄴ. 공기가 없으면 사람은 살 수 없다.

📁 우리가 말을 할 때, 임자말이 그 종류에 속하는 이름씨 전체를 다 가리킨다는 인식을 확실히 심어 줄 때 대표성을 나타낸다.

(89) ㄱ. 영웅은 (다) 죽는다.

ㄴ. 나폴레옹도 죽었다.

(89ㄱ)의 '영웅'은 이 세상 모든 영웅을 다 가리키는 말이나 (89ㄴ)의 '나폴레옹'은 특수적, 개별적이다. 따라서 비대표성에 해당된다.

📁 대표성의 이름씨는 홑셈대이름씨의 선행사가 될 수 있다.

(90) ㄱ. 개는 육식성 동물이다. 그러나 그것은 식물성 먹이도 먹는다.

ㄴ. 모든 개는 육식성 동물이다. 그러나 그들은 식물성 먹이도 먹는다.

(90ㄱ)의 '개'와 (90ㄴ)의 '개'는 그 성질이 다르다. 앞엣것은 모든 개의 대표성을 띠고 있으나, (90ㄴ)의 '개'는 그 앞에 '모든'이란 매김말이 옴으로써 '개' 전체를 나타내기 때문에 대표성을 띠지 못한다. 따라서 '그들'은 모든 개를 다 나타낸다.

📁 대표성 표현의 개별적 성질

헤아림이름씨를 월의 주요부로 하여 이름씨의 대표성을 나타내는 개별적 성질에는 다음과 같은 것이 있다.

📁 두 개의 대표성 이름씨는 등위접속이 가능하다.

(91) ㄱ. 해리와 수달피는 댐을 만든다.

　　　ㄴ. ⁇해리와 한 마리의 수달피는 댐을 만든다.

'해리'는 대표성을 나타내나 '수달피'는 비대표성을 나타내므로 등위접속이 되지 않는다. 따라서 (91ㄴ)은 성립하지 않는다.

　📑 대표성의 이름씨는 나아감때와 가려잡을 수 없다.

(92) ㄱ. 해리는 뚝을 쌓고 있다.

　　　ㄴ. 어머니는 아들에게 글을 가르치고 있다.

　📑 이름씨가 '±사람성'일 때, 풀이말이 현재를 나타내는 움직씨일 때는 그 이름씨는 대표성을 상실하게 된다.

(93) ㄱ. 어머니는 밥을 하고 계신다.

　　　ㄴ. 개가 달려간다.

　　　ㄷ. 개는 밥을 먹는다.

(93ㄱ~ㄴ)의 '어머니'와 '개'는 어떤 특정한 움직임을 나타내고 있기 때문에 모든 '어머니'와 '개'를 대표하지 않는다. 그러나 (93ㄷ)의 '개'는 '개'의 성격의 일면을 나타내므로 이때의 '개'는 대표성을 띠게 된다. 따라서 풀이말도 그 움직씨의 바탈에 따라 임자말과의 의미적 관계에 따라서 그 임자말이 되는 이름씨로 하여금 대표성을 띠게 하기도 하고 하지 않게 하기도 한다.

　📑 대표성의 뜻을 띠게 하는 요인

앞에서도 말했지마는 대표성은 일정한 자격을 갖춘 이름씨구나 움직씨구에 부여된 의미적 특징이다. 이 의미적 특징은 속구조에서 결정할 수는 없다. 대표성은 월 전체의 뜻풀이를 할 때 비로소 밝혀지는 의미특질이다.

가. 풀이말이 이적이 되면 대표성을 나타내는 일이 있다.

(94) ㄱ. 어머니는 위대한 교육자이다.

　　ㄴ. 타조는 빨리 달린다.

　　ㄷ. 개는 밥을 먹는다.

(94ㄱ)의 '이다'는 이적이며 (94ㄴ~ㄷ)의 '달린다'와 '먹는다'도 이적이다. 따라서 이들 풀이말에 대한 임자말은 다 그 종류를 대표하고 있다. 그런데 보기에 따라서는 (94ㄴ~ㄷ)의 '달린다', '먹는다'는 어떤 '타조' 또는 '개'가 그런 행동을 하고 있는 것을 보고 그렇게 말했다면 그 '타조'와 '개'는 대표성을 띠지 않는다. 그러므로 풀이말이 이적이라고 하여 반드시 그 임자말로 하여금 대표성을 띠게 한다고는 할 수 없다. 어디까지나, 앞뒤 문맥에 따라서 결정되어야 할 것이다.

나. 대표성의 뜻을 구별하는 데 관여하는 풀이말에는 다음과 같은 것이 있다.

㉠ '이름씨＋이다'로 된 것.

(95) ㄱ. 고래는 젖먹이 짐승이다.

　　ㄴ. 어머니는 위대한 교육자이다.

위와 같은 풀이말은 '정의_{definition}'나 '귀속' 등을 나타내는 일이 많으며 대표성의 뜻을 이끌어낸다.

㉡ 사물의 종류를 나타내는 임자말을 요구하는 풀이말이 오면 그 임자말은 대표성을 나타낸다.

(96) ㄱ. 종려나무는 흔하다.

　　　ㄴ. 한라란은 희귀하다.

이와 같은 풀이말에는 다음과 같은 것이 있다.

귀하다, 맛있다. 향기롭다, 달다, 시다, 쓰다, 좋다, 줄다, …

ⓒ 풀이말이 특질을 나타내는 그림씨가 되면, 그 임자말은 대표성을
가지게 된다.

(97) ㄱ. 기린은 목이 길다.

　　　ㄴ. 여우는 교활하다.

　　　ㄷ. 난초는 향기롭다.

위의 풀이말과 같은 그림씨에는 다음과 같은 것들이 있다.

아름답다, 길다, 영리하다, 미련하다, 사납다, 빠르다, …

위의 그림씨들이 풀이말이 될 때는 그 앞의 임자말은 그 앞뒤 관계
에 따라서 대표성을 가지게 된다. 그러나 다음과 같은, 구체적인 상태
를 나타내는 말은 비대표성의 뜻을 나타낸다.

아프다, 고프다, 피곤하다, 빈틈없다, 취하다, 게으르다, 부지런하다, 둔하다, 행복하
다, 불행하다, 고달프다, …

ⓓ 어찌말이 긴 시간이나 습관성을 나타내는 말이 올 때는 대표성을
나타낼 수 있다.

(98) ㄱ. 학생은 매일 공부한다.

　　　ㄴ. 학자는 일생을 통하여 연구한다.

ㄷ. 선생은 언제나 학생들을 가르친다.

(98ㄱ~ㄷ)에서의 '매일', '일생을 통하여', '언제나' 등은 긴 시간을 나타낸다. 그렇기 때문에 이들 월의 임자말은 대표성을 띠게 된다.

1.1.4 홀이름씨

1.1.4.1 홀이름씨의 특성

1) 세상에서 하나밖에 없는 사람이나 사물의 이름을 나타내는 이름씨를 홀이름씨라 한다. 따라서 이는 겹셈을 나타낼 수 없다.

(99)　ㄱ. 사람이름 : 이순신, 곽망우당, 이퇴계, …

　　　ㄴ. 산이름 : 금강산, 태백산, 지리산, …

　　　ㄷ. 건물이름 : 삼일빌딩, 보신각, 한글회관, …

　　　ㄹ. 기타 : 우리말본, 한강, 하이트(맥주), 살수대전, 잔탁(약), 백구 (옛날담배), 동대문시장, 종로, 태평양, 서울의 찬가, …

(99ㄱ)의 사람 이름 '이순신'은 여러 사람이 있을 수 있으나, 각각의 이순신은 혈통, 성격 등이 다 다르므로 이순신 한 사람 한 사람이 다 홀이름씨가 되며 (99ㄹ)의 '하이트'는 다른 맥주에 대하여 고유하므로 홀이름씨이며 태평양도 하나밖에 없는 바다이므로 홀이름씨이다.

2) 홀이름씨는 두루이름씨처럼 대표성을 가질 수 없다.

(100) ㄱ. 물은 우리 생명의 근원이 된다.

　　　ㄴ. 노래는 우리에게 기쁨을 준다.

　　　ㄷ. 이순신은 위대한 장군이다.

(100ㄱ~ㄴ)의 '물'과 '노래'는 여러 가지 물과 노래를 대표하나 (100

ㄷ)의 '이순신'은 여러 '이순신'을 대표할 수 없다. 개성, 모습, 혈통 등이 다 다르기 때문이다.

3) 홀이름씨는 대표성을 가지는 두루이름씨를 하나하나 분석하여 얻는 특수한 하나하나의 이름을 나타내는 사물의 이름씨이다.

(101) ㄱ. 물 : 낙동강, 대동강, 압록강, 두만강, …

    ㄴ. 노래 : 서울의 찬가, 고향의 봄, …

    ㄷ. 시계 : 로렉스, 엘진, 돌체, …

4) 세상에서 유일무이한 것이라도 '해'와 '달'은 두루이름씨이며 홀이름 씨가 아니다.

그 까닭은 첫째, 이름 그 자체가 두루이름씨 식으로 되어 있으며 둘째, '해'와 '달'은 매일 우리와 대하게 되므로 친밀하며 관습상 두루 이름씨의 성격을 가지기 때문이다. 이와 같이 '동양', '서양'도 두루이름씨로 보아야 한다.

1.1.4.2 홀이름씨의 짜임새

홀이름씨는 낱말이 되기도 하고, 이은말이 되기도 하며, 마디가 되기도 한다.

1) 홀이름씨가 낱말로 된 것

🔖 '홀이름씨＋두루이름씨'로 된 것

(102) ㄱ. 몽고간장 (제품이름)   ㄴ. 세종호텔 (호텔이름)

    ㄷ. 서울대학교 (학교이름)

📁 '두루이름씨＋두루이름씨'로 된 것

(103) ㄱ. 구름재 (호)　　　　　ㄴ. 달빛 (지명)
　　　ㄷ. 나라말본 (책)

📁 '두루이름씨＋홀이름씨'로 된 것

(104) ㄱ. 호텔서울 (호텔이름)　　ㄴ. 주막경상도 (가게이름)
　　　ㄷ. 대도임꺽정 (책이름)　　ㄹ. 의사지바고 (책이름)

(104ㄱ)은 외래말과 우리말이 합하여 된 홀이름씨인데 이런 종류의 것은 많다.

📁 '홀이름씨＋매인이름씨(뒷가지)'로 된 것

(105) ㄱ. 안동댁 (택호)　　　　ㄴ. 부산호 (배이름)

📁 하나의 낱말이 홀이름씨를 이루는 일이 있다.

(106) ㄱ. 겔포스 (약이름)　　　ㄴ. 아시나요 (제품이름)
　　　ㄷ. 돌체 (시계이름)　　　ㄹ. 제네바 (술집이름)
　　　ㅁ. 호랑이 (특정인의 별명)

(106ㄱ~ㅁ)에서 보면 우리말도 있지마는 외래말로 된 것이 많다.

📁 외국말과 외국말로 되거나, 우리말과 외국말로 된 것

(107) ㄱ. 해피랜드 (외국말 그림씨＋외국말)
　　　ㄴ. 아기밀 (두루＋외국말)
　　　ㄷ. 서울랜드 (홀＋외국말)
　　　ㄹ. 서울호텔 (홀＋외국말)

📁 '홀이름씨＋외국말 홀이름씨'로 된 것

(108) ㄱ. 부산뉴욕(홀＋홀)　　　　ㄴ. 서울뉴욕(홀＋홀)

2) 이은말이 홀이름씨가 된 것

(109) ㄱ. 바람과 함께 사라지다.
　　　ㄴ. 메밀꽃 필 무렵.
　　　ㄷ. 샤갈의 마을에 내리는 눈.

3) 하나의 월이 홀이름씨로 된 것

(110) ㄱ. 일본은 있다.　　　　ㄴ. 일본은 없다.

위에서 본 바와 같이 홀이름씨의 짜임새는 다양한데, 위에서 보인
짜임새 이외에도 다른 짜임새로 된 것이 있을 수 있을 것이다.

1.2 대이름씨

사람이나 물건이나 장소 및 방향을 이름으로 나타내지 아니하고 그
에 대응되는 말로 나타내는 말을 대이름씨라 한다. 따라서 대이름씨는
임자씨 가운데의 형식임자씨의 한 가지로서 일정한 일몬을 나타내지
아니하고, 어떤 일몬을 형식적으로 일반적으로 나타내는 씨이다. 이름
씨와 대이름씨의 다름은 표와 같다.6)

---

6) 최현배, 위의 책, 226~243쪽에 의지할 것임.

구분	이름씨	대이름씨
1	① 이름씨는 일몬의 이름을 나타낸다. ② 그 일몬에 대한 사람의 개념 즉 일몬에 대하여 사람이 지은 이름을 나타낸다. ③ 그 이름은 간접적인 성격을 띤다.	① 대이름씨는 일몬과의 사이에 이름이란 개재자를 넣지 아니하고 바로 가리키므로 대이름씨의 일몬에 대한 관계는 직접적이다.
2	① 이름씨는 가리키지 않는다. ② 사람에 의하여 붙여진 이름은 바로 말하면 되는 씨이다.	① 대이름씨는 이름 대신에 가리켜야 비로소 대이름씨가 된다.
3	① 이름씨는 그것이 들어내는 일정한 실체가 있다. ② 따라서 임의적으로 나타낼 수 없다.	① 일정한 실체가 없다. 다만 그 실체를 들어내는 주관적 형식에 지나지 않는다. ② 대이름씨는 주관적 형식이므로 그것이 가리키는 대상은 일정한 것이 아니요 가리키는 사람의 주관에 따라 한 가지 말로써 여러 가지 일몬을 가리킬 수 있으며 또 한 가지 일몬을 여러 가지 말로 가리킬 수가 있다. 예 '이것'으로써, 책, 개, 연필 등을 가리킬 수 있고 연필을 가지고 '이것, 그것, 저것'으로 가리킬 수가 있다.
4	① 이름씨에도 높임말과 낮음말의 두 가지가 있는 것이 있으나 네 가지 높임의 등분은 없다. 예 밥-진지, 술-약주.	① 대이름씨에는 네 가지 높임의 등분이 있다. 예 어르신, 당신, 자네. 너

1.2.1 대이름씨

이는 그 가리키는 대상에 따라 사람대이름씨와 가리킴대이름씨의 두 가지로 가른다. 사람대이름씨란 사람을 가리키는 데만 쓰이는 대이름씨이므로, '나, 너, 그대, 이분, 이이, 그분, 그이, …' 등과 같은 말들이요, 가리킴대이름씨는 사람 이외의 사물은 물론, 곳, 쪽, 때를 나타내는 대이름씨를 말한다.

예를 들면, '이것, 그것, 저것, 여기, 거기, 저기, 이리, 그리, 저리, 이때, 그때, 접때' 등이 그것이다. 그런데 사람대이름씨에 대하여 주의할 것은 영어의 인칭대명사와 다르다는 점이다. 왜냐하면, 첫째 가리킴과 둘째가리킴의 대이름씨는 다같이 사람을 나타내는 점이 같으나 셋째가리킴의 대이름씨, 'he, she, it'는 사람은 물론 사물까지도 나타내기 때문이다.

1.2.2 사람대이름씨의 갈래

이는 그 가리킴을 따라서 첫째가리킴, 둘째가리킴, 셋째가리킴, 돌이켜가리킴의 네 가지로 가른다.

1.2.2.1 첫째가리킴 사람대이름씨

첫째가리킴의 사람대이름씨는 임자자리와 매김자리를 나타내는 형태적 구별이 있고 또 단수, 부수의 구별 및 높임의 등분이 있다.

자리 높임의 등분 셈	임자자리(주격)				매김자리(관형격)			
	아주 낮춤	예사 낮춤	예사 높임	아주 높임	아주 낮춤	예사 낮춤	예사 높임	아주 높임
홀셈(한수)	저, 제	나, 내			제	내		
겹셈(복수)	저희	우리 우리네						

1.2.2.2 둘째가리킴 사람대이름씨

자리 높임의 등분 셈	임자자리(주격)				매김자리(관형격)			
	아주 낮춤	예사 낮춤	예사 높임	아주 높임	아주 낮춤	예사 낮춤	예사 높임	아주 높임
홀셈(한수)	너, 네	자네	그대 당신	어른신 어른	네	자네의	그대의 당신의	어르신의 어른의
겹셈(복수)	너희 너희들	자네들	그대들 당신들	어르신네 어르신들	너희 너희들의	자네들의	그대들의 당신들의	어르신네의 어르신들의

1.2.2.3 셋째가리킴 사람대이름씨

이에는 임자자리와 매김자리의 형태적 차이가 없고 다만 잡힘사람대이름씨와 안잡힘사람대이름씨의 둘로 나누어지는데 잡힘사람대이름씨는 그 가리켜지는 자리의 멀고 가까움을 따라서 가까움, 떨어짐, 멀음의 세 가지로 나누는데 '가까움'은 말할이에 대하여 위치상 가까운 사람을 나타내고 '떨어짐'은 들을이에게 가까운 사람을 나타내며 '멀음'은 양자에서 다 먼 사람을 나타낸다.

구분		셈	홑셈(단수)				겹셈(복수)			
		높임의 등분	아주 낮춤	예사 낮춤	예사 높임	아주 높임	아주 낮춤	예사 낮춤	예사 높임	아주 높임
잡힘	가까움		이애	이 사람	이분 이이	당신	이애들	이 사람들 이들	이분들 이이들	당신들
	떨어짐		그애	그 사람	그분 그이	당신	그애들	그 사람들	그분들 그이들	당신들
	멀음		저애	저 사람	저분 저이	당신	저애들	저 사람들	저분들 저이들	당신들
안 잡힘	모르거나		누구 아무 뉘, 누	어느사람 누구 아무	어느분 아무분 어떤분 어떤이	어느어른 아무어른 어떤어른	누구들 아무들	어느사람들 누구들 아무들	어느분들 아무분들 어떤분들 어떤이들	어느어른들 아무어른들 어떤어른들
	똑똑하지									

※ 앞에서 말하였지만 셋째가리킴 사람대이름씨에는 임자자리와 매김자리의 형태적 구별이 없기 때문에 임자자리로 쓰일 때는 임자자리토씨를 그 뒤에 붙여 쓰면 되고, 매김자리로 쓰일 때는 그 뒤에 '의'를 붙이면 된다.

1.2.2.4 돌이킴(돌이켜가리킴)의 사람대이름씨[7]

돌이킴의 사람대이름씨를 외솔 선생은 두루가리킴이라 하였으나(우리말본, 237쪽), 지은이는 위와 같이 부르기로 한다. 이를 겹셈으로 하려면 그 뒤에 '-들'을 붙이면 된다.

대이름씨 높임의등분	아주낮춤	예사낮춤	예사높임	아주높임
돌이켜가리킴	저, 남, 자기, 자신, 자기자신		자기, 자기자신, 자신	당신

(111) 홑셈 : 저, 남, 자기, 자신, 자기자신, 당신

---

7) 돌이킴사람대이름씨의 용법은 2.2.2.2에서 자세히 설명할 것이다.

1.2.3 가리킴대이름씨(사물대이름씨)

1.2.3.1 가리킴대이름씨의 갈래와 안잡힘가리킴대이름씨의 뜻

가리킴대이름씨는 그 가리키는 대상에 따라 일몬(사물), 곳, 쪽, 때의 네 가지로 가른다. 가리킴대이름씨는 높임의 등분이 없이 셋째가리킴과 두루가리킴의 둘이 있는데, 셋째가리킴에는 잡힘(정칭)과 안잡힘(부정칭)의 두 가지가 있으며 잡힘에는 가까움, 떨어짐, 멀음의 세 가지가 있다. 이것을 표로 나타내면 다음과 같다.

가리킴 \ 갈래			일몬	곳	쪽	때
셋째가리킴	잡힘	가까움	이것(-들), 이	여기	이리	이때
		떨어짐	그것(-들), 그	거기	그리	그때
		멀 음	저것(-들), 저	저기	저리	접때
	안잡힘		무엇(부지) 어느것(불명) 아무것(불택) 어떤것(부정)	어데(어디)(부지) 아무데(불택) 어떤데(부정)	어느쪽(불명) 아무쪽(불택) 어떤쪽(부정)	언제(부지) 어떤때(부정) 아무때(불택) 어느때(불명)
두루가리킴			그것, 다른것	거기, 다른데		다른때

1.2.3.2 가리킴대이름씨의 작은말

가리킴대이름씨 중 일몬의 '이것, 그것, 저것'과 곳의 '여기, 거기, 저기' 쪽의 '이리, 그리, 저리' 때의 '이때, 그때, 접때' 등은 작은말이 있음이 안잡힘 가리킴대이름씨와 다르다. 이들을 표로 보이면 다음과 같다.

가리킴 \ 갈래		일몬		곳		쪽		때	
구분		큰말	작은말	큰말	작은말	큰말	작은말	큰말	작은말
잡힘	가까움	이것	요것	여기	요기	이리	요리	이때	요때
	떨어짐	그것	고것	거기	고기	그리	고리	그때	고때
	멀 음	저것	조것	저기	조기	저리	조리	접때	조때

1.2.3.3 안잡힘가리킴대이름씨의 뜻

위의 안잡힘가리킴대이름씨의 '무슨, 어느, 아무, 어떤'의 뜻에 따라 그 분명한 뜻을 알아보면 다음과 같다.

(112) ㄱ. 무슨 : 모르는 일이나 물건을 나타냄.

ㄴ. 어느 : 여럿 가운데 막연하며 어떤, 확실히 모름을 나타냄.

ㄷ. 아무 : 꼭 지정하지 아니하고, 감추거나 가정하여 일컬음.

ㄹ. 어떤 : 꼭 집어내어 말하기 막연함.

(112)은 '새한글사전'에 의한 것인데, 이에 따르면 안잡힘가리킴대이름씨의 뜻은 다음과 같이 구별된다.

(113) ㄱ. 모름(부지)

㉮ 무엇   ㉯ 어디   ㉰ 언제

ㄴ. 선택이 똑똑하지 아니함

㉮ 어느것   ㉯ 어느쪽   ㉰ 어느때

ㄷ. 가리지 않음(불택)

㉮ 아무것   ㉯ 아무데   ㉰ 아무쪽   ㉱ 아무 때

ㄹ. 정하지 못함(부정)

㉮ 어떤것   ㉯ 어떤데   ㉰ 어떤쪽   ㉱ 어떤때

1.2.3.4 가리킴대이름씨의 셈

가리킴대이름씨는 겹셈을 나타냄은 물론인데 일몬, 곳, 쪽, 때의 가리킴대이름씨는 겹셈을 나타낸다.

(114) ㄱ. ㉮ 이것들을 가지고 가시오.

㉯ ?이들을 가지고 가시오.

ㄴ. ㉮ 그것들을 가지고 가자.

   ㉯ *그들은 좋은 연장이다.

ㄷ. ㉮ 저것들을 여기에 버려 두자.

   ㉯ [?]저들은 이 공사에 쓰이는 연장들이다.

ㄹ. ㉮ 무엇들 하느냐?　　㉯ 언제들 오시오?

ㅁ. ㉮ 여기들 계셔요.　　㉯ 거기들 노세요.

   ㉰ 다 저기들 있다.　　㉱ 어데들 가시오.

ㅂ. ㉮ 이리들 오시오.　　㉯ 그리들 가시오.

   ㉰ 저리들 가시오.

(114ㄱ~ㅂ)에서 보아 알 수 있듯이 잡힘은 다 겹셈이 되지마는 안잡힘은 '무엇', '어데(어디)', '언제'에 한하여 겹셈이 될 수 있음을 알 수 있다.

1.2.2 대이름씨의 쓰임

1.2.2.1 사람대이름씨의 쓰임[8]

지금까지의 말본에서는 사람대이름씨의 쓰이는 경우에 대하여 설명해 놓은 책이 하나도 없었기 때문에 말본을 공부하여도 말을 제대로 할 줄을 몰랐다. 그러므로, 여기서는 사람대이름씨의 용법을 상세히 밝힘으로써 올바른 말법을 구사할 수 있도록 하고자 한다.

---

8) 사람대이름씨의 쓰임에 대하여는 다음에 의지함을 밝혀둔다.
　여증동, 『한국가정언어』, 시사문화사, 1985, 25쪽 이하에 의거함.

1) 첫째가리킴 대이름씨의 쓰임

📁 '나'의 쓰임

'나'는 노소를 가리지 아니하고 친구 사이에 쓸 수 있다.
이때 '나'의 등급은 예사낮춤이다.

(115) ㄱ. 자네가 미국 간 줄 알았네.
　　　ㄴ. 나는 학교에 간다.

'나'는 집안의 어른이 그 아랫사람에 대하여 자기를 말할 때 쓴다.

(116) ㄱ. 나는 오늘 서울 다녀 오마.
　　　ㄴ. 나는 김선생을 만나러 가겠다.

집안의 아랫사람은 '아들, 딸, 며느리, 조카, 질녀, 질부, 종질, 종질녀, 종질부, 손자, 손녀, 손부, 증손, 종손녀, 종손부, …'들을 말한다.

남자의 경우와 부인의 경우
　남자의 경우, 나이가 많더라도, 고종의 며느리와 외사촌의 며느리를 보고 '나'를 쓰되 풀이말은 삼가말로 해야 하고, 부인의 경우, 질서를 보고 '나'를 쓰되 풀이말은 삼가말로 해야 한다.

(117) ㄱ. 나는 서울 다녀왔습니다. 그동안 어른 모시고 잘 계셨습니까?
　　　　(고종의 며느리에게, 외사촌의 며느리에게)
　　　ㄴ. 나는 서울서 어제 왔습니다. 잘 계셨어요? (부인이 질서에게)

　면복친당(9촌 이상)의 부인, 외사촌의 손부. 고종의 손부, 처남의 며느리, 처남의 손부, 처제, 처질녀, 처질녀의 며느리에게는 '나'를 쓰되 풀이말은 삼가말을 써야 한다.

(118) ㄱ. 할아버님, 언제 오셨습니까? (면복친당의 35세 부인)

ㄴ. 예, 나는 어제 왔습니다. (75세의 할아버지)

(119) ㄱ. 고모부님, 언제 오셨습니까?

ㄴ. 나는 오늘 왔습니다. (처질부, 처질녀에게)

시아버지의 외사촌형이 고종아우의 며느리에 대하여 '나'를 쓸 수 있다.

(120) ㄱ. 외아주버님, 몇시 차로 오셨습니까?

ㄴ. 나는 9시 차로 왔습니다.

시아버지의 고종형이 외사촌 아우의 며느리에 대하여 '나'를 쓸 수 있다.

(121) ㄱ. 아주버님, 언제 오셨습니까?

ㄴ. 나는 어제 왔습니다.

시동생이 형수에 대하여 '나'를 쓸 수 있다.

(122) ㄱ. 아주버님, 언제 오셨어요?

ㄴ. 나는 어제 왔습니다.

임자자리의 '내'도 '나'와 그 쓰임은 동일하기 때문에 별도로 그 쓰임을 밝히지 아니하기로 한다.

📎 매김자리 '내'의 쓰임

'내'는 부당 사람말9) 앞에 쓰인다.

---

9) 부당사람은 '아들, 딸, 며느리, 조카, 질녀, 질부, 종질, 종질녀, 종질부, 재종질, 재종질녀, 재종질부, 삼종질, 삼종질녀, 사종질부, 손자, 손녀, 손부, 종손자, 종손녀, 종손부, 재종손, 재종손녀, 재종손부' 등을 말한다.

이는 들을이가 말할이보다 하급사람일 경우에 한한다. 그러나 들을이가 말할이와 동급일 경우에는 '내' 대신 '우리'를 써야 한다.

(123) 내 아들, 내 며느리, 내 질녀, 내 질부, 내 종질, 내 종질녀, 내 종질부, 내 손자, 내 종손, …또는 우리 아들, 우리 질부, 우리 며느리, …

들을이가 말할이보다 하급사람이라 할지라도 친당사람말10) 앞에는 '내'는 쓸 수 없다.

(124) *내 할아버지, *내 아버지, *내 맏아버지, *내 형, *내 제수, *내 오라버니, *내 동생댁, …

또, 척당사람말 앞에도 '내'라는 말을 써서는 아니 된다.

(125) *내 외손자, *내 생질부, *내 사위, …

(124), (125)와 같은 경우에 '내'를 쓰게 되면 불손한 말이 되기 때문에 '내' 대신에 '우리'를 사용하여 '우리 할아버지, 우리 외손자, 우리 아버지, 우리 생질부, 우리 사위, …'식으로 말하여야 한다.

손위 어른이 집안의 아랫사람에게 대하여는 물론 '내'를 쓸 수 있다.

(126) ㄱ. 이것이 내 만년필이다.
    ㄴ. 내 차는 이것이다.

나이 많은 사람이 젊은 사람에 대하여서나 기관장이 부하 직원에 대하여는 물론 선배가 후배에 대하여 '내'를 쓸 수 있다.

---

10) '친당사람'이란 남자형제와 그의 아내, 나와 누이로부터 아버지 계열 사람들과 어머니, 할머니를 모두 포함하여 일컫는다(여증동, 앞의 책, 35~36쪽에 의거함).

(127) ㄱ. 내 책은 아주 좋은 책이네.

   ㄴ. 김 아씨, 내 도장 못 보았어요?

   ㄷ. 내 차를 자네가 좀 이용하게.

처질부, 고종의 며느리, 외사촌의 며느리에게 대하여는 '내'를 쓸 수 있다.

(128) ㄱ. ㉮ 이것이 고모부님 책입니까? (처질부)

     ㉯ 예, 내 책입니다. (고모부)

   ㄴ. ㉮ 이것이 아주버님 책입니까? (외사촌 며느리)

     ㉯ 예, 내 책입니다. (시아버지 고종)

   ㄷ. ㉮ 이것이 아주버님 책입니까? (고종 며느리)

     ㉯ 예, 내 책입니다. (시아버지 외사촌)

처제에 대하여도 '내'를 쓸 수 있다.

(129) ㄱ. 이것이 형부 책입니까? (처제)

   ㄴ. 예, 내 책입니다. (형부)

'내'의 쓰임은 '나'의 경우와 같다. 따라서 '내'에서 제시하지 못했던 것은 '나'의 쓰임을 참고하여 원용하면 될 것이다.

📂 '우리'의 쓰임

'나'의 겹셈을 나타낼 때 쓰인다.

(130) ㄱ. 우리들은 학교에서 기술을 배웠다.

   ㄴ. 우리는 대한민국의 아들딸, 죽음으로써 나라를 지키자.

'우리'는 말할이의 집단을 나타낼 때 쓰임은 (130ㄱ~ㄴ)으로써 알 수 있다.

말할이와 들을이가 동급 사람일 경우에는 본당사람들 앞에 '내'를 쓰지 말고 '우리'를 써야 한다.

(131) 우리 아들, 우리 딸, 우리 며느리, 우리 조카, 우리 질부, 우리 손자, …

들을이가 말할이보다 하급사람일지라도 친당사람말 앞이나, 척당사람 말 앞은 물론 췌객사람말 앞에는 '우리'를 써야 한다.

(132) 우리 아버지, 우리 어머니, 우리 맏아버지, 우리 제수, 우리 외손자, 우리 생질, 우리 사위, …

📁 '저/제'의 쓰임

어른이나 기관장 및 스승에 대하여 말할 때는 '저/제'를 쓴다.

(133) ㄱ. ㉮ 이것이 누구의 책이냐?
       ㉯ 예, 저의(제) 책입니다.
    ㄴ. ㉮ 이것이 너의 것이냐?
       ㉯ 예, 제 것입니다.

들을이가 말할이보다 상급 사람일 경우에는 본당 사람말 앞에는 '제'를 쓴다.

(134) 저의 아들, 저의 딸, 저의 며느리, 저의 조카, 저의 질녀, 저의 손자, …

집안의 어른들에 대하여 자신을 '저/제'라고 한다.

(135) ㄱ. 할아버지, 제가 이것을 처리하겠습니다.

   ㄴ. 아버님, 제가 이 책을 사 가지고 오겠습니다.

   ㄷ. 맏아버님, 이 책을 제가 가져 왔습니다.

손아래 동서가 손위 동서에게 '제'를 쓴다.

(136) ㄱ. 형님, 제가 시장에 갔다 올까요?

   ㄴ. 형님, 제가 장 보러 가면 어떻소?

외숙부모, 고모부, 이모부, 고모, 이모에게는 '제'를 쓴다.

(137) ㄱ. 외아저씨, 제가 이것을 가지고 가겠습니다.

   ㄴ. 고모님, 제가 태워 드리겠습니다.

   ㄷ. 이모님, 제가 이것을 가지고 가겠습니다.

장인, 장모, 처백부, 처숙부, 처백모, 처숙모에 대하여는 '제'를 쓴다.

(138) ㄱ. 장인어른, 제가 모시겠습니다.

   ㄴ. 처삼촌, 제가 이것을 가져 왔습니다.

   ㄷ. 처백모님, 제가 어제 왔습니다.

처남의 댁은 시누남편에게 '제'를 쓴다.

(139) 박 서방 오십니까? 저의 어머님은 서울 가셨습니다.

처외조부와 처외조모에게는 '제'를 쓴다.

(140) ㄱ. 처외조부님, 제가 이것을 가져가도 되겠습니까?

   ㄴ. 처외조모님, 제가 내일 가겠습니다.

사장어른에 대하여는 '제'를 써야 하고 사돈끼리도 '제'를 써야 한다.

(141) ㄱ. 사장어른, 제가 왔습니다.

ㄴ. 사돈 제가 실수하더라도 이해하십시오.

2) 둘째가리킴 대이름씨의 쓰임[11]

📂 '당신'의 쓰임

둘째가리킴의 '당신'

가. 별로 좋지 않은 뜻으로 상대방을 예사 높여서 가리킨다.

(142) ㄱ. 당신이 나에게 주었지 않소?

ㄴ. 당신은 이것을 가지시오.

나. 예사로 높여서 상대를 가리킨다.

(143) ㄱ. 당신은 누구시오?

ㄴ. 당신은 언제 왔어요?

(143ㄱ~ㄴ)의 '당신'은 예사로 높인 말이다. 혹 성경에서는 하나님을 '당신'이라 하여 쓰는 일이 있으나, 이는 특수한 용법으로 우리의 일상 말살이에서는 잘 쓰지 않는다.

그런데 오늘날 부부 사이는 물론, 친한 친구 사이에서도 흔히 쓰는 일이 있으나 부부 사이에는 본래 호칭법이 없으나 지방에 따라 '임자' (아내에게), '자네'(아내에게)를 쓰는 일이 있다.

---

11) 최현배, 『우리말본』, 정음문화사, 1983, 235쪽에 의거할 것임.

📂 '그대'의 쓰임

이 대이름씨는 그리 많이 쓰이지 않는데 예사높여서 말할 때 쓰인다. 예를 몇 들어 보면 다음과 같다.

애인에 대하여 쓰는 일이 있다.

(144) ㄱ. 그대에게 드립니다. 받아 주소서.
　　　ㄴ. 그대 모습 보고 싶어 잠 못 이뤄 합니다.

손위 어른이 아래 사람에게 쓰는 일이 있다. 개화기에는 애인에게 쓰는 일이 있었다.

(145) ㄱ. 그대들이 이 나라를 짊어지고 가야 한다.
　　　ㄴ. 이 나라를 건설하는 것은 그대들의 임무이다.
　　　ㄷ. 그대에게 드립니다. 받아 주소서.

'그대'는 '당신'과 같이 예사높임으로 쓰이기는 하나 '당신'이라고 하기가 좀 어색할 때 쓰는 것 같다.

📂 '자네'의 쓰임12)

'자네'의 쓰임은 그 범위가 넓은데, 거의 모든 경우에 쓰인다.

형이 아우에게, 손위 동서가 손아래 동서에게, 시누나가 손아래 올케에게, 올케가 손아래 시누이에게 '자네'를 쓴다.

(146) ㄱ. ㉮ 형님, 오늘은 무슨 일을 하시겠소.
　　　　 ㉯ 자네는 집에 있게, 나만 밭을 매겠네.

---

12) 이에 대하여는 여증동, 『한국가정언어』(1985)에 의지할 것임을 밝혀둔다.

ㄴ. ㉮ 형님, 시장 갔다 올게요. (손아래 동서가)

㉯ 자네, 시장 가면 빨래비누 몇 장 사다 주게. (손위동서가 손아래 동서에게)

ㄷ. ㉮ 자네, 잘 있었나? (시누나가→손아래 올케에게)

㉯ 자네, 별고 없었는가? (올케가→손아래 시누에게)

장인, 장모, 처삼촌, 처숙모가 사위, 질서에게 '자네'를 쓴다.

(147) ㄱ. 자네, 잘 있었는가? (장인→사위)

ㄴ. 김 서방, 자네 왔는가? (처삼촌→질서)

ㄷ. 자네, 별고 없었는가? (장모→사위)

처남이 매부에 대하여는 물론, 처가 쪽의 남자들은 그 췌객에 대하여 '자네'를 쓴다.

(148) ㄱ. 자네는 그간 별고 없었나? (처남)

ㄴ. 박 서방, 자네 잘 있었나? (처가쪽 남자가)

타성의 어른이 손아래 사람에게 '자네'를 쓴다.

(149) ㄱ. 자네, 어디 갔다 오는가?

ㄴ. 자네 농사는 참 잘 되었네.

남편이 부인에 대하여 '자네'를 쓴다.

(150) 자네는 내일 친정에 다녀 오지.

시삼촌이 질부에 대하여, 외삼촌이 생질부에 대하여 '자네'를 쓴다.

(151) ㄱ. 자네는 어디 갔다 왔나? (시삼촌이)

ㄴ. 자네 잘 있었는가? (시외삼촌이)

종제, 재종제, 삼종제, 족제(10, 12, 14촌, …)에게 '자네'를 쓴다.

고종, 종고종, 외사촌, 외육촌, 이종에게 '자네'를 쓴다.

시사촌댁, 시육촌댁, 시팔촌댁에게 '자네'를 쓴다.

종동서, 재종동서, 삼종동서에게 '자네'를 쓴다.

시고종댁, 시종고종댁, 시외사촌댁, 시외육촌댁, 시이종댁에게 '자네'를 쓴다.

위에 제시한 이외에도 '자네'를 써야 할 경우가 있을 것이나, 조부모, 부모, 숙부모, 처조부모는 자기 자녀, 조카, 질녀, 손서를 보고 '자네'라는 말은 쓰지 아니 한다.

📁 '너'의 쓰임

아이들이 친구끼리 서로 '너'를 쓴다.

(152) ㄱ. 너는 학교 안 가니?

ㄴ. 나는 너와 같이 공부하고 싶어.

집안의 어른들이 손자, 손녀, 아들, 딸, 조카, 질녀, 생질, 기타 집안의 젊은이에게 '너'를 쓴다.

(153) ㄱ. 철수야, 너는 학교 가지 않느냐? (할아버지가)

ㄴ. 길동아, 너는 언제 서울 가지? (둘째아버지가)

선생이 초, 중, 고등학교 학생에게 '너'를 쓴다. 그러나 대학생에 대하여 교수가 '너'를 쓸 수 없고 '자네'를 써야 한다.

(154) ㄱ. 너는 왜 숙제를 하지 아니하였지? (선생이)

ㄴ. 자네 언제 서울 갔다 왔지? (교수가)

타성의 어른이라도 어린이(초, 중, 고등학생 정도)에 대하여는 '너'를 쓸 수 있다.

(155) ㄱ. 너는 어디 갔더냐? (타성 어른이)

ㄴ. 나는 네가 제일 착하다는 말을 들었다. (타성 어른이)

3) 셋째가리킴 대이름씨의 쓰임

📑 '당신'의 쓰임

셋째가리킴에 쓰이는 '당신'은 아주 높임에 쓰인다.

(156) ㄱ. 우리가 가면, 당신들께서도 오시겠지.

ㄴ. 석가모니, 당신께서 크게 깨달으셨다.

📑 '이이/이분, 그이/그분, 저이/저분'의 쓰임

이들은 같은 예사높임이나 '이분, 그분, 저분'이 '이이, 그이, 저이'보다는 더 높여 말하는 셈이 된다.

1.2.2.2 돌이킴(돌이켜가리킴)대이름씨의 대용표현

돌이킴대이름씨는 어느 인칭 할 것 없이 앞에 한 번 말한 사람을 다시 돌이켜 가리키는 대이름씨를 말하는데, '저, 남, 자기, 자신, 자기 자신, 당신' 등이 있다. 그 쓰임은 다음과 같다.

📑 '저'의 쓰임13)

'저'에는 세 가지가 있는데 첫째는, 첫째가리킴의 '저我'이요, 둘째는

---

13) '저'는 짐승에 대하여도 쓰이는 일이 있으나 극히 제한되어 쓰인다.

　예 이 개는 제 주인을 잘 따른다.

셋째가리킴의 '저彼'이며 셋째는 두루가리킴의 '저自己, 自身'이다. 돌이킴 대이름씨의 근본은 셋째가리킴의 '저'인데 말할이가 스스로를 낮추어 말할 적에는 그것으로 첫째가리킴으로 삼아서 돌이킴의 뜻으로 쓰게 된다.14)

(157) ㄱ. 나도 제 허물을 압니다.

ㄴ. 너도 제 이익만 생각지 말라.

ㄷ. 철수도 제 속은 따로 있다.

(157ㄱ)의 '제'는 '나의'를 나타내고 (157ㄴ)의 '제'는 '너의'를 나타내며 (157ㄷ)의 '제'는 '철수의'를 나타낸다. (157ㄱ~ㄷ)에서 보면 '저'는 돌이킴대이름씨로 쓰일 때는 '제'로 쓰인다.

📁 '남'의 쓰임

(158) ㄱ. 네(그)가 왜 남(나)의 것을 가져가느냐?

ㄴ. 그이가 왜 남(너)의 옷을 입느냐?

ㄷ. 내가 왜 남(저 사람)의 것을 가지려고 하겠느냐?

📁 '자기, 자신, 자기자신'의 쓰임

'자기'와 '자신'의 차이점

가. '자신'은 가리킴(인칭)에 관계없이 대이름씨 바로 다음에 쓰일 수 있으나 '자기'는 첫째, 둘째가리킴에는 쓰이지 못한다.

(159) ㄱ. 너(나, 그)도 자신의 일을 잘 알고 있다.

ㄴ. *너(나)는 자기의 일을 잘 알고 있다.

ㄷ. 그는 자기의 일을 잘 알고 있다.

---

14) 최현배, 『우리말본』, 정음문화사, 1983, 235쪽에 의거함.

나. '자신'은 사람홀이름씨 바로 다음에 쓰일 수 있으나 '자기'는 그렇지 못하다. 이때 홀이름씨 뒤에 토씨가 쓰일 수도 있고 그렇지 않을 수도 있다.

(160) ㄱ. 영수는 철수가 {자신, *자기}이/가 일하게 하였다.

　　　ㄴ. 철수는 영미 {자신, *자기}에게 책을 주었지?

(160ㄱ~ㄴ)에서 보듯이 '자신' 앞에 사람홀이름씨가 거듭 쓰일 수 있는데, 앞의 '철수'에는 토씨가 쓰이기도 하고 안 쓰이기도 하며, 뒤의 영미에는 토씨가 쓰이지 아니하였음을 보이고 있다.

'자기', '자신', '자기자신'의 쓰임

이들의 쓰임이 제일 문제가 되는 경우는 안긴월에 쓰일 때이다. 왜냐하면, '그 선행사를 어느 것으로 보아야 하는가?' 하는 문제가 있기 때문이다. 따라서 여기서는 안긴월에서의 이들의 쓰임을 주로 다루기로 하겠다.

가. 안긴월에서 '자기', '자신'이 그 바로 뒤에 토씨 '은/는', '이/가'를 취하면 그 선행사는 '자기/자신' 바로 앞의 사람홀이름씨가 되며 '자기자신'은 그 의미상 그 바로 앞의 사람홀이름씨가 선행사가 된다.

(161) ㄱ. 철수는 영희가 {자기는, 자신은} 잘난 것으로 {알고 있더라고, 알고 뽐내더라고}말하였다.

　　　ㄴ. 철수가 영희는 {자기가, 자신이} 착한 사람으로 알고 있더라고 들었다.

　　　ㄷ. 철수가 영희는 {자기가, 자신이} 능력이 있는 것으로 알더라고 들었다.

　　　ㄹ. 철수가 영희는 자기자신이 착한 사람이라고 알고 있더라고 하였다.

나. 안긴월에서 '자기, 자신, 자기자신' 뒤에 부림자리토씨가 오면 '자기'는 두 가지 뜻으로 이해되어 애매하나, 나머지 둘은 그렇지 아니하다. 그 의미 때문이다.

(162) ㄱ. 철수는 영희가 자기를 사랑한다고 믿고 있다.

　　　 ㄴ. 철수는 영희가 자신을 사랑한다고 믿고 있다.

　　　 ㄷ. 철수는 영희가 자기자신을 사랑하고 있다고 믿는다.

(162ㄱ)의 '자기'는 그 자체를 뜻과 월 전체의 뜻으로 보아 그 선행사가 '철수'로 보아지며, (162ㄴ)은 '자신'의 뜻으로 보아 그 선행사는 '영희'로 보아진다. 그런데 (162ㄷ)의 '자기자신'은 보기에 따라서는 그 선행사를 '영희'로 볼 수 있다. 이럴 때는 '자기, 자기자신' 그 자체의 뜻에 따라 그 선행사를 정해야 한다.

다. 안긴월에서 돌이킴대이름씨 뒤에 도움토씨 '이야말로, 조차, 마저, 까지, 만' 등이 올 때도 그 선행사가 어느 것인지 애매할 때가 있다.

(163) ㄱ. ㉮ 철수는 영희가 자기야말로 {조차, 마저, 까지, 만} 능력이 있는 것으로 믿는다고 말하였다.

　　　　　 ㉯ 철수는 영희가 자기야말로 {조차, 마저, 까지, 만} 잘 났다 하더라고 말하였다.

　　　 ㄴ. 철수는 영희가 자신이야말로 {조차, 마저, 까지, 만} 능력이 있는 것으로 믿더라고 말하였다.

　　　 ㄷ. 철수는 영희가 자기자신이야말로 {조차, 마저, 까지, 만} 능력이 있는 것으로 믿는다고 말하였다.

(163ㄱ)의 ㉮의 선행사는 '철수'로도 볼 수 있고 '영희'로도 볼 수 있어 애매하나 '영희'를 가리키고 ㉯는 선행사가 '영희'임은 안긴월의

풀이말 '잘 났다 하다'로 미루어 알 수 있다. (163ㄴ~ㄷ)에서의 선행사는 돌이킴대이름씨 그 자신의 뜻에 따라 '영희'임이 분명하다.

라. '자기자신'은 셋째가리킴에 쓰이고 '자신'은 첫째, 둘째, 셋째가리킴에 쓰이며 '자기'는 셋째가리킴에만 쓰인다. 그리고 '누구'는 '자기, 자신, 자기자신' 등과 다 같이 쓰일 수 있다.

(164) ㄱ. ㉮* 너도 자기자신의 잘못을 알아라.

　　　 ㉯ 그도 자기자신의 잘못을 안다.

　　ㄴ. ㉮ 나도 나 자신의 장점을 알고 있다.

　　　 ㉯ 너도 너 자신의 일을 알지?

　　　 ㉰ 그는 (그) 자신의 잘못을 모르고 있다.

　　ㄷ. ㉮ 그는 자기도 이 일을 할 수 있다고 한다.

　　　 ㉯ 그도 자기의 일을 해야 한다.

　　ㄹ. 누구든지 자기{자신, 자기자신}의 잘못을 아시오.

마. 돌이킴대이름씨가 안긴월에 쓰이어 어느 것이 그 선행사인지 애매할 때는 문맥에 의하거나 아니면 안긴월의 풀이말이나 또는 안은월의 풀이말에 따라 결정하기도 하나, 대체로 그 바로 앞의 홀이름씨 또는 대이름씨가 선행사가 된다.

(165) 철수는 영희가 자기를(자신을) 너무 잘났다 한다고 <u>흉을 보았다.</u>

위에서 '자기', '자신'의 선행사는 '영희'임이 분명한데 그것은 밑줄 친 안은월의 풀이말에 기인하기도 하기 때문이다.

🗂 '당신'의 쓰임

돌이킴대이름씨 '당신'은 첫째가리킴과 둘째가리킴에는 쓰일 수 없고 셋째가리킴에만 쓰일 수 있는데 아주높임에 쓰인다.

(166) ㄱ. ㉮ *나도 당신 일이나 하면 좋겠다.

　　　㉯ 아버지도 당신 일을 먼저 해 놓으시면 좋겠다.

　　ㄴ. 선생님은 당신 몸은 돌보지 않으신다.

(166ㄱ)의 ㉮가 성립될 수 없는 까닭은 '나'를 '당신'이 받을 수 없기 때문이다. (166ㄱ)의 ㉯와 (166ㄴ)에서 보아 알 수 있듯이 '아버지'와 '당신', '선생님'과 '당신'에서의 '당신'은 아주높임이다. (166ㄱ) ㉯의 경우는 '아버지는 아버지의 일을 먼저 해 놓으시면 좋겠습니다'는 식으로 말함이 예사이다.

1.3 셈씨

1.3.1 셈씨의 뜻[15]

셈씨란 셈을 들어내는 임자씨이다. 셈씨는 실체가 있는 것이 아니고, 다만 실체가 있는 것으로 생각되는 형식이므로 꼴임자씨(형식체언)이며 동시에 실체의 간접적, 객관적 형식을 나타내는 임자씨로서 셈을 들어낸다. 따라서 날수를 나타내는 '하루, 이틀, 사흘, …', 달수를 나타내는 '정월, 이월, 삼월, 사월, 오월, …', 사람 수를 나타내는 '한이, 두이, 서이, 너이, 다섯이, 여섯이, 일곱이, 여덟이, 아홉이, 열이, …' 따위는 셈씨가 아니고 이름씨이다. 셈씨는 셈의 이름으로 쓰일 뿐 아니라, 또 무엇을 세는 일 곧 동적 특질을 가진 말이다.

(167) ㄱ. 하나, 셋, 다섯, 일곱은 홀셈이오, 둘, 넷, 여섯, 여덟, 열은 짝셈이다.

　　ㄴ. 무궁화가 피었다. 하나, 둘, 셋, 넷, 다섯, 여섯, 일곱, 여덟, 아

---

15) 이에 대해서는 최현배, 위의 책, 244~250쪽에 의지할 것임.

홉, 열, 모두 열이 피었다.

(167ㄱ)의 밑줄 부분은 다 셈씨요, (167ㄴ)의 밑줄 부분은 셈을 나타내는 것이 아니고 세는 일을 나타낸다. 셈씨를 독립된 한 갈래의 임자씨로 보아야 할 까닭을 들면 다음과 같다.

첫째, 이름씨는 바탕임자씨이나 셈씨는 꼴임자씨이다.

둘째, 셈씨는 어찌씨처럼 쓰이는 용법이 있음이 그 특색이다.

(168) ㄱ. 나는 사과를 셋 먹었다.

ㄴ. 너는 몇 보았니?

ㄷ. 나도 하나 주셔요.

셋째, 셈씨는 순우리말로 된 것과 한자말로 된 것 등이 있음이 특이하다.

넷째, 셈씨는 꼴이 바뀌는 일이 있다.

(169) ㄱ. 한 사람, 두 사람, 세 사람, 네 사람, 댓 사람, 여덟 사람

ㄴ. 서 말, 비단 석 자

ㄷ. 너 말, 비단 넉 자

ㄹ. 닷 말, 닷 되

ㅁ. 엿 말, 엿 되

ㅂ. 스무 말

(169ㄱ~ㅂ)에서 보면 셈씨는 매김씨처럼 쓰이어 그 다음에 오는 이름씨에 따라서 그 꼴이 여러 가지로 달라지는 일이 있다. 종래는 이러한 셈씨를 매김씨로 다루었으나, 여기서는 셈씨의 일종으로 다루기로 한다. 왜냐하면, 다음과 같은 까닭이 있기 때문이다.

첫째, 꼴은 바뀌어도 셈을 나타낸다.

둘째, 이름씨도 이름씨 앞에 와서 매김씨 구실을 하는데, 셈씨도 이름

씨 앞에 와서 매김씨와 같은 구실을 함은 이름씨와 같다고 보아진다.

셋째, '다섯, 여섯, 일곱, 아홉, 열, …' 같은 셈씨가 이름씨 앞에 와서 그 이름씨를 매긴다고 하여 매김씨로 보는 것은 이치에 맞지 않다. 그렇다면, '집 장수'에서 이름씨인 '집'도 매김씨로 보아야 하나 그렇지 않음과 같다. 따라서 (169ㄱ~ㅂ)의 셈을 나타내는 씨는 어디까지나 셈씨로 보아야 한다.

1.3.2 셈씨의 갈래

셈씨는 으뜸셈씨와 차례셈씨의 두 가지로 가른다.

1.3.2.1 으뜸셈씨

이는 잡힌셈씨와 안잡힌셈씨의 두 가지로 가른다.

1) 잡힌셈씨

📁 우리말로 된 셈씨

하나, 둘, 셋, 넷, 다섯, 여섯, 일곱, 여덟, 아홉, 열, 스물, 서른, 마흔, 쉰, 예순, …
온, 즈믄, 골(萬), 잘(億), 울(兆), …

📁 로마 수, 우리말 수, 한자 수(다음 페이지 표를 참고로 할 것)

2) 안잡힌셈씨

한둘, 두서, 서넛, 너덧 또는 너더댓(四, 五), 댓 또는 대여섯(五, 六), 예닐곱, 일여덟, 엳아홉, 여남은(여람), 스무남은, 일이백, 이삼천, 여럿, 다, 모두, 다수, 소수, 전수, 반수, 얼마, 몇, …

정수

로마 수	우리말 수	한자 수	로마 수	우리말 수	한자 수
10^0	일	一	10^{32}	구	溝
10^1	십	十	10^{36}	간	澗
10^2	백	百	10^{40}	정	正(鄭)
10^3	천	千	10^{44}	재	載
10^4	만	萬	10^{48}	극	極
10^8	억	億			
10^{12}	조	兆	10^{32}	항하사	恒河沙
10^{16}	경	京	10^{56}	아승기	阿僧祇
10^{20}	자	秭	10^{60}	나유타	那由他
10^{24}	해	垓	10^{64}	불가사의	不可思議
10^{28}	양	穰	10^{68}	무량대수	無量大數

분수

로마 수	우리말 수	한자 수	로마 수	우리말 수	한자 수
10^{-1}	푼	分	10^{-13}	모호	模糊
10^{-2}	리	厘	10^{-14}	준순	逡巡
10^{-3}	모	毛	10^{-15}	수유	須臾
10^{-4}	사	絲	10^{-16}	순식	瞬息
10^{-5}	홀	忽	10^{-17}	탄지	彈指
10^{-6}	미	微	10^{-18}	찰나	刹那
10^{-7}	섬	纖	10^{-19}	육덕	六德
10^{-8}	사	沙	10^{-20}	공허(허)	空虛 또는 虛
10^{-9}	진	塵	10^{-21}	청정(공)	淸淨 또는 空
10^{-10}	애	埃	10^{-22}	청	淸
10^{-11}	묘	渺	10^{-23}	정	淨
10^{-12}	막	漠 또는 莫			

외국의 배수 및 분수

배수 및 분수	접두어	기 호
1000 000 000 000 000 000 = 10^{18}	exa(엑사)	E
1000 000 000 000 000 = 10^{15}	peta(페타)	P
1000 000 000 000 = 10^{12}	tera(테라)	T
1000 000 000 = 10^9	giga(기가)	G
1000 000 = 10^6	mega(메가)	M
1000 = 10^3	kilo(킬로)	k
100 = 10^2	hecto(헥토)	h
10 = 10^1	deca(데카)	da
1 = 10^0		
0.1 = 10^{-1}	deci(데시)	d
0.01 = 10^{-2}	centi(센티)	c
0.001 = 10^{-3}	milli(밀리)	m
0.000 001 = 10^{-6}	micro(마이크로)	m
0.000 000 001 = 10^{-9}	nano(나노)	n
0.000 000 000 001 = 10^{-12}	pico(피코)	p
0.000 000 000 000 001 = 10^{-15}	femto(펨토)	f
0.000 000 000 000 000 001 = 10^{-19}	atto(아토)	a

1.3.2.2 차례셈씨

이는 첫째, 둘째, 셋째, … 등과 같이 차례의 셈을 나타내는 셈씨인데
이에도 잡힌셈과 안잡힌셈의 두 가지가 있다.

1) 잡힌셈씨

🗂 우리말 차례셈씨

첫째, 둘째, 셋째, 넷째, 다섯째, 여섯째, 일곱째, 여덟째, 아홉째, 열째, 스무째, …,
쉰째, 예순째, 일흔째, 여든째, 아흔째, 온째, 즈믄째, 골째, 잘째, …

🗂 한자말 차례셈씨

제一, 제十, 제二十, 제百, 제千, …

사실 한자말 차례셈씨는 위와 같이 써야 하나 편의상 다음과 같이 아라비아 숫자로 쓰기도 한다.

제1, 제2, 제3, …, 제10, … 차례셈씨가 임자씨 앞에 쓰이는 경우에는 '제'를 줄이는 일이 있다.

(가) 제일 호(일호), 제이 호(이호), 제삼 호(삼호), …

(나) 제일 등(일등), 제이 등(이등), 제삼 등(삼등), …

(다) 제일 차, 제이 차, 제삼 차, …

본래는 '제'를 써야 하나, 요즈음은 위의 (가)의 경우는 앞가지 '제'를 쓰기도 하고 안 쓰기도 하며 (나)의 경우는 '제'를 쓰지 아니하는 것이 일반적이다. 그러나 (다)에서는 반드시 '제'를 써야 한다. 만일 '제'를 쓰지 아니하고 '1차, 2차, …'라고 하면 이름씨가 된다. 또 '제'를 전혀 쓰지 아니하는 셈씨가 있다. '서기 일천 사백 사십 육년 시월 구일'과 같다.

2) 안잡힌셈씨

🗂 우리말 안잡힌 차례셈씨

한두째, 두셋째, 서너째, 너댓째, 댓째, 여남은째(여람은째), 여러째, 몇째

안잡힌셈씨의 경우 한자말의 차례셈씨는 잘 쓰이지 아니한다. '1~2째, 3~4째' 등과 같이 쓰일 수도 있으나 대체적으로는 이렇게 쓰지 아니한다.

1.3.3 셈씨의 형태음소론

국어의 셈씨 '하나, 둘, 셋, 넷, 다섯, 여섯, 스물'은 그 뒤에 오는 이름씨에 따라 여러 가지 형태로 달라진다.

1.3.3.1 하나

‘하나’는 이름씨 앞에 올 때는, ‘한’으로 바뀐다.

(170) ㄱ. 한 사람 　　　ㄴ. 한 말(되, 섬)
　　　 ㄷ. 한 길 　　　　ㄹ. 한 장
　　　 ㅁ. 한 상(床)

(170ㄱ~ㅁ)에서 보면, ‘하나’는 모든 이름씨 앞에 와서 그 이름씨를 꾸미면서 그것이 줄어들어 ‘한’으로 변한다. 그 까닭은 ‘하나 사람’이라고 하면 말하기가 힘들고 또 말이 이상하기 때문이다. 말이란 하기에 편하도록 하는 것이 사람의 심리이기 때문이다.

1.3.3.2 둘

이 ‘둘’도 이름씨 앞에 와서 그 이름씨를 꾸밀 때 ‘두’로 바뀐다. 이러한 현상 또한 발음의 편의를 위해서이다.

(171) ㄱ. 두 사람 　　　ㄴ. 두 말(되, 홉)
　　　 ㄷ. 두 달 　　　　ㄹ. 두 발(길)
　　　 ㅁ. 두 마리

1.3.3.3 셋

‘셋’은 그 뒤에 오는 이름씨의 종류에 따라 ‘세, 서, 석’ 등으로 바뀐다.

(172) ㄱ. 세 사람(발, 길, 마리, 채, 질, 치(寸), 척, …)
　　　 ㄴ. 서 말(되, 홉, 돈, 근, 마지기, …)
　　　 ㄷ. 석 섬(냥, 달, 장, 단, 동(棟), 자, …)

(172ㄱ~ㄷ)에서 보면 '서' 뒤에 오는 이름씨와 '석' 뒤에 오는 이름씨가 대개 일정해 있다. 이들 이름씨 이외의 이름씨 앞에는 모두 '세'가 온다고 생각하면 된다. '셋'이 (172ㄱ~ㄷ)에서와 같이 세 가지 변이행태를 취하는 것은 그 뒤에 오는 이름씨와의 발음상의 이유에서임은 앞에서 말한 바와 같다.

1.3.3.4 넷

(173) ㄱ. 네 살(사람, 마리, 발, 길, 채, 척, 치, 질, …)
　　　 ㄴ. 너 말(되, 홉, 돈, 마지기, 근, …)
　　　 ㄷ. 넉 섬(냥, 달, 동, 장, 단, 자, …)

(173ㄱ~ㄷ)의 경우도 발음상의 편의에 의한 변이형태인데 '네 살'할 것을 '너 살'이나 '넉 살'로 발음하면 어색하고 또 '너 말'할 것을 '네 말'이나 '넉 말'로 발음하면 어색하다. 그리고 '넉 섬'할 것을 '네 섬'이나 '너 섬'으로 발음하면 또한 이상하다. 따라서 우리 조상들은 발음하기에 알맞게 셈씨를 적절히 변이시켜 사용하였던 것이다.

1.3.3.5 다섯

(174) ㄱ. 다섯 사람(마리, 살, 달, 돌, 자, …)
　　　 ㄴ. 닷 말(되, 냥, 섬, 곱, 마지기, 근, …)

'다섯'도 (174ㄱ~ㄴ)에서 보듯이 그 뒤에 오는 이름씨와의 발음상 '다섯'과 '닷'의 두 꼴로 나타난다. '닷'의 뒤에 오는 이름씨는 (174ㄴ)에서 보인 것에 한정되어 있다.

1.3.3.6 여섯

(175) ㄱ. 여섯 살(사람, 마리, 장, …)
     ㄴ. 엿 말(되, 냥, 섬, 마지기, …)

'여섯'도 '다섯'의 경우와 같다. 지금까지 살펴본 바에 따르면, '한, 두, 서, 석, 너, 넉, 닷, 엿' 등은 주로 곡식이나 쇠붙이의 숱을 나타내는 이름씨 앞에서 쓰인다는 점이다. 이에 반해 '셋, 넷, 다섯, 여섯' 등은 일반 이름씨 앞에 쓰인다. 이와 같은 일은 대체적으로 이들 셈씨와 그 뒤에 오는 이름씨와의 발음상 이유 때문인 것으로 보인다.

1.3.3.7 스물

'스물'은 모두 이름씨 앞에서 쓰일 때 '스무'로 된다.

(176) ㄱ. 스무 사람(마리, 살, 달, 돌, 자, …)
     ㄴ. 스무 말(되, 홉, 섬, 마지기, 장, 냥, 돈, 근, …)

(176ㄱ~ㄴ)에서 보면 '스물 사람, 스물 말, …' 등은 그 발음이 부드럽지 못하다. 따라서 발음이 부드러운 '스무 사람', '스무 말'과 같이 '스물'의 받침 'ㄹ'은 줄이고 발음하게 된 데서 굳어진 하나의 언어현상으로 보아야 할 것이다.

1.3.4 셈씨의 통어적 구실

1.3.4.1 셈씨는 토씨를 취하여 월의 조각이 된다.

이때, 셈씨는 이름씨의 대용으로 쓰이기도 하고 단순히 셈을 들어내기도 한다.

(177) ㄱ. 셋이 어디로 가나? (임자말)

　　　ㄴ. 셋이 모자란다. (임자말)

(177ㄱ)의 '셋'은 분명히 '사람'의 셈을 나타낸다. '세 사람이 어디로
가나?'에서 '세 사람'이 줄어서 '셋'으로 표현되었다. (177ㄴ)의 '셋'은
어떤 물건이나 사람을 나타내었다고 볼 수도 있고, 어떤 셈과 셈을
견주어서 '셋'이 모자란다는 뜻으로 쓰인 것으로 볼 수 있다. (177)에서
의 '셋'은 사람과 사물의 수를 나타낸다.

1.3.4.2 셈씨는 '이름씨+셈씨'의 형태로 나타난다.

셈씨는 '이름씨+셈씨'의 형태로 나타나서, 앞 이름씨의 셈을 나타
낸다. 이때 셈씨는 그 이름씨의 꾸밈을 받는다고 볼 수 있다.

(178) ㄱ. 우산 셋이 나란히 걸어갑니다.

　　　ㄴ. 너희 셋이서 어디로 가나?

　　　ㄷ. 우리 둘이 도망가자.

　　　ㄹ. 인부 셋만 구해 주시오.

　　　ㅁ. 남자 셋에 여자 셋이 놀러 가더라.

1.3.4.3 셈씨는 다음과 같은 구조로도 쓰인다.

(179) ㄱ. 논 서 마지기　　　　　ㄴ. 보리 닷 되

(179ㄱ~ㄴ)은 '이름씨+셈씨+이름씨'의 짜임새로 됨이 셈씨의 통
어적 특성이다. 그것은 앞 이름씨의 숱을 뒤의 '셈씨+이름씨'가 나타
내기 때문이다.

1.3.4.4 매김말 중에서 매김을 받는 이름씨에 가장 가까이 온다.

(180) ㄱ. 이 착한 세 학생이 상을 받았다.

ㄴ. 아름다운 두 송이 꽃이 피어 있다.

(180ㄱ~ㄴ)에서 보면 '세'와 '두'는 이름씨 '학생'과 '송이' 바로 앞에 각각 와 있다. 이와 같은 일은 셈씨와 이름씨의 관계가 아주 밀접한 것임을 보이는 것이다.

1.3.4.5 셈씨가 두루이름씨를 꾸밀 때는 매김자리토씨 '의'를 취할 수 없다. (181ㄴ)의 경우는 일반적으로 쓰이는 형식이다.

(181) ㄱ. ㉮ *셋의 학생이 달려간다.

㉯ 세 학생이 달려간다.

ㄴ. ㉮ 셋의 세 배는 아홉이다.

㉯ 열의 열 사람이 다 찬동하였다.

(181ㄱ)의 ㉮는 '셋'에 '의'가 왔으므로 비문이다. (181ㄴ)의 ㉮에서 '셋의 세 배'는 '셋에 대한 세 배'라는 뜻이고, (181ㄴ)의 ㉯의 '열의 열 사람'은 '열 가운데 열 사람'이란 뜻이므로 가능하다. 일반적으로 '셈씨+의+셈씨'의 형식은 많이 쓰인다.

(182) ㄱ. 둘의 마음을 누가 아느냐?

ㄴ. 우리는 하나의 나라로 통일하였다.

(182ㄱ)의 '둘의'는 '두 사람'의 뜻이요, (182ㄴ)의 '하나의'는 '나라'를 꾸미고 있다.

1.3.4.6 모두, 다, 다수, 여럿, 몇, 얼마

이들 셈씨는 통어상에 있어서 다음과 같은 특성이 있다.

(183) ㄱ. ㉮ *모두 사람이 모여 든다.

   ㉯ 모두가 모여 든다.

   ㄴ. ㉮ *다 사람이 모인다.

   ㉯ 다 모여라.

   ㄷ. ㉮ 다수 의견이 옳다.

   ㉯ 다수가 찬동하였다.

   ㉰ *다수 사람이 모여 들었다.

   ㉱ 다수의 사람이 모여 들었다.

   ㄹ. ㉮ *여럿 학생이 떠든다.

   ㉯ 여럿이 모여 떠들었다.

   ㅁ. ㉮ 몇 사람이 모였나?

   ㉯ 몇이 모였나?

   ㉰ 사람이 모두 몇이냐?

   ㅂ. ㉮ *얼마 사람이 모였나?

   ㉯ 사람이 얼마가 모였나?

   ㉰ 얼마가 적정선이냐?

(183ㄱ)의 ㉮에서 보는 바와 같이 '모두'는 이름씨 앞에 쓰일 수 없음이 다른 셈씨와 다른 점이다. (183ㄱ)의 ㉯와 같이 오직 독자적으로만 쓰일 뿐이다. '다'도 (183ㄴ)의 ㉯에서 보는 바대로 독자적으로만 쓰이고, 이름씨 앞에서는 쓰일 수 없다.

이에 반하여 (183ㄷ)의 ㉮와 ㉯에서 보는 바대로 '다수'는 제한된 범위 안에서 이름씨 앞에 쓰이고 독자적으로도 쓰인다. '다수' 뒤에 올 수 있는 이름씨에는 '의견, 회원, 광원, …' 등의 단체 구성원을 나타내는 이름씨가 올 뿐이다.

따라서 (183ㄷ)의 ㉡는 말본스럽지 않으며 (183ㄷ)의 ㉣에서와 같이 뒤에 토씨 '의'가 오니까 이름씨 앞에 쓰일 수 있다. (183ㄹ)의 ㉮와 같이 '여럿'은 이름씨 앞에서는 절대로 쓰이지 못하나 단독으로만 쓰인다. (183ㅁ)의 ㉮~㉡는 이름씨 앞은 물론 단독으로도 쓰임이 특징이다. (183ㅂ)의 ㉮에서 보면 '얼마'는 이름씨 앞에는 쓰이지 못하나 ㉯~㉡에서와 같이 독자적으로는 쓰일 수 있다.

위에서 본 바와 같이 셈씨 중 어떤 것은 이름씨 앞에 쓰이지 못하는데 이런 점으로 볼 때 이런 것은 셈씨로 보기 어렵고 이름씨로 보아야 할 것 같기도 하다.

1.4 토씨

1.4.1 토씨의 구실

1.4.1.1 토씨의 말본적 구실

첫째, 토씨의 말본적 구실로서 첫째가는 것은 토씨의 분류를 들 수 있고 다음으로 자리토씨가 월에서 가지는 여러 가지 말본적 구실을 들 수 있다.

둘째, 토씨는 월의 조각을 결정하여 준다. 대개, 월의 성분은 자리토씨에 의하여 결정된다.

셋째, 성분의 연결 차례와 성분 서로 사이의 관계를 들 수 있다.

월의 중심이 풀이말이므로 이에 따라서 성분이 대개 결정되는데, 하나의 월 안에서 같이 쓰이지 못하는 조각이 있는가 하면 반드시 같이 쓰이지 않으면 안 되는 조각이 있고 또 같이 쓰이기도 하고 같이 쓰이지 않기도 하는 조각이 있는데 첫 번째 성분을 배타적성분이라 하고 두 번째 성분을 필수적 성분이라고 하며 세 번째 성분을 수의적 성분이라고 한다. 배타적 성분에는 견줌말과 함께말, 부림말과 견줌말이 있고 필수적성분에는 임자말과 풀이말, 부림말과 풀이말, 풀이말과 함께말, 위치말, 풀이말(같다, 다르다 등일 때)과 견줌말 등이 있고 수의적 성분에는 매김말과 어찌말이 있다. 그리고 월의 주축이 되는 성분을 주요성분이라 하고 이에 부수되는 성분을 딸림성분이라 한다.

1.4.1.2 토씨의 뜻구실

1) 토씨의 기본적 뜻구실

토씨의 뜻구실이란, 국어의 토씨가 독자적으로 지니고 있는 사전적 뜻을 가지고 하는 구실을 말하는 것인데, 이 기본적 뜻을 지니고 있는 토씨에는 도움토씨, 특수토씨 등을 비롯하여 자리토씨로는 견줌자리토씨, 위치자리토씨, 함께자리토씨, 방향자리토씨, 연유자리토씨, 부름자리토씨가 있다. 이들이 기본적 뜻을 지니게 된 이유는 대개가 말밑으로 보면 도움토씨의 경우, 임자씨에서 발달하여 왔거나 풀이씨에서 발달하여 왔거나 아니면 임자씨에 풀이씨가 합하여 발달하여 왔기 때문이다. 다음에서 각 토씨의 기본적 뜻을 알아보기로 하자.

토 씨	기본적 뜻	토 씨	기본적 뜻	토 씨	기본적 뜻
(이)가	가리킴, 주체	(에)게	상대, 위치	(은)는	지정
같이	견줌, 동일	께서	'이'의 존대	대로	그대로
(에)게	상대, 위치	그려	감탄	더러	이름
도	역시, 또한	부터	시발	(으)로써	가지고, 방편
(이)라고	특별	뿐	한정	(으)ㄹ랑	지적
을/를	선택, 부림	시피	같이	의	소유
마는	뒤집음, 조건	씩	배당	(이)고	지정, 연결
마다	하나하나, 각자	아/야	느낌, 부름	(이)나	선택
마저	마지막	(에)서	장소	(이)나마	불만
만	유일	한테(서)	상대, 위치	(이)든지	선택, 불택
만큼	정도, 견줌	요	지정, 높임	(이)라서	무관, 까닭
말이야	입버릇	와/과	공동, 연결, 견줌	(이)며	연결, 열거
보다	견줌	(으)로	방향, 방편, 까닭	(이)야	제시, 부름
		(으)로서	자격	(이)여	부름
야말로	특수, 힘줌			하고	함께, 연결
(이)시여	부름(존대)	처럼	비슷함	하며	연결
까지	미침	치고	종류	밖에	한도
조차	더보탬, 추종	커녕	고사		

그러면, 이와 같은 기본적 뜻은 어떠한 구실을 하느냐 하면 첫째로, 토씨의 용법을 정해 준다고 보아진다. 다시 말하면, 뜻을 지니고 있는 범위까지는 토씨가 쓰일 수 있다는 것이다.

둘째로는 토씨를 분류하는 기준이 되어 주기도 한다.

셋째로는 이 기본적 뜻은 더 확대되어 문맥적 뜻과 아울러 정서적 뜻과도 관계를 가진다.

2) 토씨의 문맥적 뜻구실

토씨는 기본적 뜻을 지니고 있는데 이들은 월에 따라서 기본적 뜻이 더 확대되기도 하고, 새로운 뜻이 불어나기도 하여, 여러 가지 뜻을 나타내게 되는데, 이러한 뜻을 토씨의 문맥적 뜻이라 부르기로 한다. 이것을 보이면 다음과 같다.

토 씨	문맥적 뜻	토 씨	문맥적 뜻	토 씨	문맥적 뜻
(이)가	변성, 가리킴, 주체	같이	견줌, 동일	(에)게	상대, 위치
께서	주체	마저	까지, 마지막	아, 야	느낌, 부름
그려	감탄	만	유일	(에)서	정처, 행위처
(은)는	지정, 구별	만큼	정도, 견줌	요	지정, 강조
대로	동일	말이야	입버릇	와/과	공동, 비교, 연결
더러	이름, 상대	보다	견줌	(으)로	방향, 시발, 변성
도	역시, 또한	부터	시발		원인, 상태. 관계
(이)라고	특별	뿐	한정		수단, 방법
을/를	선택, 부림	밖에	한도	(으)로서	자격
				(으)로써	가지고(자료, 기구)
마는	뒤집음, 조건	시피	같이	(으)ㄹ랑	지적
				(은)	지정
마다	하나하나, 각자	씩	배당	의	소유, 소속, 소생
(이)나	과장, 선택	야말로	특수, 힘줌		소작, 대상
(이)나마	불만	(이)시여	부름(존대)	(이)고	연결
(이)든지	불택, 미흡, 선택	까지	미침	커녕	고사
(이)라서	무관	조차	더보탬		
(이)며	연결	처럼	비슷	하고	함께, 연결, 견줌
(이)야	열거	치고	종류	하며	연결
(이)여	제시, 부름, 감탄			한테	상대, 장소, 행위처
				께	상대, 장소, 방향

이 문맥적 뜻구실은 첫째, 토씨의 용법은 기본적 뜻에 의하기도 하지마는, 특히 문맥적 뜻에 의하여 이루어지기도 한다.

둘째, 이 용법에 따라서 토씨의 분류가 이루어지기도 하는데, 이 문맥적 뜻은 어디에서 유래되느냐 하면, 월 안의 이름씨나 움직씨(풀이말)에 의하여 이루어진다. 따라서 이 문맥적 뜻은 상당히 많이 유래되어질 수 있다. 정서적 뜻이 감정의 자세한 면을 나타내어 주는 것이라면, 문맥적 뜻은 월 안에서 이루어지는 것이기 때문에 앞엣것은 말할이가 미리 예감하고 있는데 대하여 뒤엣것은 말할이 자신도 그 뜻 내용을 잘 모르는 경우가 많다. 따라서 월에서 이 문맥적 뜻을 추출해 내기란 여간 어려운 것이 아니다.

셋째, 위와 같은 사실로 미루어 보면 새로운 토씨의 발달은 이 문맥적 뜻구실에서 이루어지는 것이다. 따라서 토씨의 발달은 월에서의 위치가 전도되어서 이루어지는 일은 절대로 없다.

예를 들면

(184) 나보러 바보라 한다.

에서 '보러'는 '나 보고'에서 '보고'가 어조상 '보러'로 바뀐 데 불과하다. 여기에서 '보라'는 토씨가 된 것이다. 오늘날 입말에서 널리 쓰이고 있다. 이처럼 문맥적 뜻은 새로운 토씨가 발달하는 요인이 된다.

3) 토씨의 정서적 뜻구실

토씨의 발달은 문맥적 뜻구실에서 이루어진다. 따라서 토씨의 발달은 그에 의하여 이루어지는 것이 틀림없지마는 이것이 한번 발달되고 나서는 여기에 다시 정서성이 부여되어지고, 거기에서 정서적 뜻구실이 생겨나게 되는데, 특히 이 구실을 잘 나타내어 주는 토씨에는

도움토씨	뜻	토움토씨	뜻	도움토씨	뜻
그려	감탄	도	역시, 또한	마다	각자, 하나하나
(은)는	지정, 구별	마는	뒤집음	만	유일
말이야	입버릇	을랑	지정(적)	조차	더보탬
부터	시발	이나	과장, 선택, 불만	커녕	고사
시피	같이	이나마	불만, 미흡	마저	최종
밖에	불과	(이)든지	선택	요	강세, 지정, 높임
씩	배당, 균일	(이)야말로	특수, 힘줌	까지	미침

도움토씨가 있다. 그러면, 도움토씨와 이에 의한 정서적 구실을 알아보기로 한다.

위 표에서 보인 도움토씨는 다음과 같은 정서적 구실을 나타낸다.

첫째, 도움씨는 여러 가지 자리를 나타내기도 하지마는 어떤 느낌을 나타낸다. 따라서 이 토씨는 자세한 감정을 나타내기 위하여 이름씨 등에 붙기도 하고 어찌씨에 붙기도 하며 씨끝과 월끝에 붙기도 한다.

(185) ㄱ. 그는 가느냐?

ㄴ. 노래를 잘도 부른다.

ㄷ. 눈이 오는지는 몰라도…

ㄹ. 비가 온다마는 나는 가겠다.

위와 같이 밑줄 친 토씨는 어떤 감정(정서)을 나타내기 위하여 쓰여 있다.

다음으로 토씨의 정서적 뜻구실은 겹토씨를 발달하게 한다. 겹토씨를 발달하게 하는 까닭은 많은 말을 줄여서 겹토씨에 함의시킴으로써 미묘한 감정을 나타내고자 하기 때문이다. 아래에 몇몇 겹토씨를 보이겠는데, 겹토씨는 두겹, 세겹, 네겹 토씨가 있다.

에서부터가, 로부터가, 한테서부터, 로부터는, 에설랑은, 에서밖에는, 에서부터는, 로밖에는, 한테밖에는, 에게서밖에는. 와밖에는, 한테서밖에는, 에서와는, 하고밖에는, 에서밖에도, 로부터(까지)도, 으로부터커녕(은), 에서까지라도, 까지에서조차도, 에게서까지도, 한테서부터도, 에게서부터도, 한테서조차도, 에게서조차도, 로밖에라도, 로밖에서(라)도, 하고밖에도, 한테서밖에(라)도, 에서마저도, 한테서부터, 로부터서야, 까지로써야, 에게서의, 로부터의, 께서로부터의, 한테서부터의, 한테서의, 에세(한테)밖에서야, 한테(에게)(서)밖에야, 에게서커녕, 한테서커녕, 한테서(에게서)밖에는, 에게서밖에라도, (으)로밖에야

모든 겹토씨에서 분석하여 보면 먼저 임자자리토씨, 매김자리토씨, 부림자리토씨, 부름자리토씨 넷만은 모든 겹토씨에서 맨 끝에 온다.

다음으로 세 겹 이상의 겹토씨에서 보면 '는, 도, 커녕, 야' 등이 맨 끝으로 온다.

이상에서 보면, 참된 자리토씨는 임자자리토씨, 매김자리토씨, 부림자리토씨, 부름자리토씨의 넷에 그치고, 나머지는 모두 그 결합방식에 따라서 보면 도움토씨에 유사함을 알 수 있다. 이는 그 말밑과 관계가 있는데, 이들은 대개가 풀이씨나 임자씨 또는 임자씨와 움직씨가 합하여 이루어진 것들이다.

그러면, 이러한 겹토씨들은 어떠한 자리를 나타내느냐 하는 것이 문제인데, 대체로 다음과 같이 규정지어질 수 있을 것이다.

① 임자자리토씨 '이/가, 께서, 에서' 등은 그 앞에 어떠한 토씨가 오든지 임자자리가 된다. 따라서 조각도 임자말이 된다.

② 부림자리토씨는 그 앞에 어떠한 토씨가 와도 부림자리가 되며, 그 조각은 부림말이 된다.

③ 매김자리토씨는 그 앞에 어떠한 토씨가 와도 매김자리가 되며, 그 조각도 매김말이 된다.

④ 부름자리토씨는 그 앞에 자리토씨나 도움토씨가 오면 모든 경우에 힘줌토씨의 구실을 한다. 그리고 그것이 나타내는 자리는 그 바로 앞에 오는 토씨의 자리에 의하여 결정된다. 따라서 조각도 그에 의하여 결정된다. 그러므로 이때의 부름자리토씨는 일종의 힘줌토씨로서의 성격을 지니게 되는데, 이런 점으로 볼 때, 이는 도움토씨에 비슷하다.

⑤ 견줌자리토씨 '보다'는 어떤 겹토씨에서든지 견줌자리를 나타내나, '만큼의, 만큼을, 만큼에서'는 끝의 토씨에 의하여 그 자리가 결정되고, 기타의 경우에는 견줌자리를 나타낸다. 따라서 그 조각도 이에 의하여 결정된다.

⑥ 이음토씨의 경우를 보면 '과(와)가, 과(와)의, 하고의, 과(와)를, 하고를, 과(와)에게, 하고에게' 등에서는 앞 토씨를 그 뒤에 오는 자리토씨에 이어 주는 이음토씨가 되고, 기타의 경우에는 '함께'의 뜻을 나타낸다. 따라서 조각도 그에 따라서 결정된다.

⑦ 위치자리토씨 '(에)서' 뒤에 '처럼, 만큼, 같이' 등이 올 때는 이들은 모두 견줌자리가 되고, 기타의 경우에는 모두 위치자리가 된다. 따라서 조각도 견줌말과 위치말의 둘이 된다.

⑧ '에게' 뒤에 '서, 의' 등이 오면 위치자리, 매김자리가 된다.

⑨ 연유자리토씨의 경우를 보면, 그 뒤에 '부터가' 오면 임자말이 되고, '의'가 오면 매김말이 된다. 그 외의 경우는 모두 연유말이 된다.

⑩ '으로서'는 그 뒤에 '가, 는(은), 의'가 오면, 임자자리, 매김자리가 되고, 기타의 경우에는 연유자리를 나타낸다.

⑪ 끝으로, 특수토씨의 발달을 들 수 있다. 이것도 앞의 도움토씨, 겹토씨와 같이 정서의 표현을 위하여 발달된 것으로 보고자 한다.

예를 들면

(186) ㄱ. 너도 알다시피, 그는 착하다.
　　　ㄴ. 너도 아는 바와 같이 그는 착하다.

에서 보면 ㄱ 쪽이 더 부드러움을 알 수 있다. 또 하나 예를 보자.

(187) ㄱ. 비가 오지마는, 집으로 가자.
　　　ㄴ. 비가 온다. 그러나 집으로 가자.

에서 보면 ㄱ 편이 월도 짧으면서, 더 자연스러움을 느끼게 된다.

1.4.2 토씨의 분류

1.4.2.1 토씨분류의 기준

씨를 분류하는데 그 기준이 있듯이 토씨를 분류하는 데도 그 기준이 있는데, 이에는 구실, 형태, 뜻의 세 가지가 있다.

1) 말본적 구실에 의한 토씨의 분류

첫째, 말본적 구실을 가장 두드러지게 하는 토씨에는 자리토씨가 있고 다음으로 이음토씨가 있으며 월에서 어떤 뜻을 나타내면서 다음 월과의 말본적 관계를 나타내기도 하고 월끝에 붙어서 말대접의 구실을 하는 특수토씨가 있다. 단 독자적으로 쓰이어 하나의 독립 성분을 이루는 느낌토씨가 있다.

(188) ㄱ. 내가 누구냐?

ㄴ. 너와 나는 학생이다.

ㄷ. 네가 알다시피 그는 착한 학생이다.

ㄹ. 오늘은 날씨가 춥습니다요.

ㅁ. 철수야, 어서 오너라.

(188ㄱ)의 '가'는 '내'를 임자말이 되게 하는 임자자리토씨요, (188ㄴ)의 '와'는 '너'와 '나'를 이어서 이들이 임자말이 되게 하는 이음토씨이며 '는'은 뜻구실을 주로 하나 여기서는 임자자리토씨의 구실도 하고 있다. (188ㄷ)의 '시피'는 앞마디에 와서 '~와 같이'의 뜻을 나타내면서 다음 마디에 이어서 하나의 완전한 월이 되게 하고 있다. 그리고 (188ㄹ)의 '요'는 월끝에 와서 예사높임의 말대접법을 나타내고 있다. 또 (188ㅁ)의 '−야'는 부름자리토씨로서, 독립말을 만드는 구실을 한다.

2) 뜻구실에 의한 토씨의 분류

(189)에서와 같이 뜻을 나타내어 주는 것을 그 주된 구실로 하는 토씨를 도움토씨라 한다. 본래 의미적으로 돕는다는 뜻에서 붙여진 이름이다.

(189) ㄱ. 나는 아무 것도 없다.
ㄴ. 여기부터 저기까지 네가 가져라.
ㄷ. 너조차 나를 의심하느냐?

(189ㄱ~ㄷ)까지의 토씨 '는, 도, 부터, 까지, 조차' 등은 그 주된 목적이 뜻을 나타내어 주는 데 있다. 따라서 성분을 따지려면 풀이말과의 관계에 따라서 결정하여야 한다. 앞에서 말한 특수토씨도 뜻을 나타내기는 하나, 말본적 구실도 하므로 '말본적 구실에 의한 토씨'에 소속시켰다.

3) 형태에 의한 토씨의 분류

토씨는 형태론적으로 뿌리가 없으며 끝바꿈을 하지 아니하고 임자씨에 붙어서 그것으로 하여금 말본적 구실을 하게 하는, 한 갈래의 씨이다. 그러므로 토씨는 의향법이나 말대접법(대우법) 및 때매김법 등의 말본적 구실을 하지 못한다. 따라서 오늘날 '이다'를 토씨로 처리한 것은 더 연구하여 보아야 할 것이다. 위에서 토씨의 상위단위를 설명하여 온 것을 묶음으로 보이면 다음과 같다.

```
토씨 ─┬─ 낱말에 붙음 ─┬─ 자리를 나타냄 : 자리토씨
      │               └─ 자리를 나타내지 않음 ─┬─ 뜻을 나타냄 : 도움토씨
      │                                        └─ 낱말을 이어 줌 : 이음토씨
      ├─ 월에 붙음 : 특수토씨
      └─ 간접기능 : 부름자리토씨
```

1.4.3 자리토씨

1.4.3.1 자리토씨란?

임자씨에 붙어서 그 임자씨로 하여금 풀이말의 통어자질에 부응하는 자리만을 차지하게 하는 토씨를 자리토씨라 한다.

국어의 '자리'란 월을 이루는 조각이 그 월에서 차지하는 자리인데, 달리 말하면 한 조각의 다른 조각에 대한 관계를 말한다. 따라서 '자리'는 관계개념에 따라 규정되어야 한다.16) 이와 같은 자리를 매겨 주는 토씨가 자리토씨이다. 그러므로 자리토씨의 갈래는 월조각의 갈래와 일치하여야 한다.

1.4.3.2 자리토씨의 분류

자리토씨는 다음과 같은 원리에 따라 분류되어야 한다.

첫째, 임자씨에 와서, 월에서 자리를 나타내는 구실에 따라 분류되어야 한다.

둘째, 의미역 가려잡기(공기제약) 등도 고려하여 분류하여야 한다.

(190) ㄱ. 철수는 이 책으로 공부하여 성공하였다.

ㄴ. 간밤의 눈으로 기온이 많이 내려 갔다.

ㄷ. 영희는 수영이와 함께 서울로 떠났다.

ㄹ. 얼음이 물로 변하였다.

(190ㄱ)의 '으로'는 연모, (190ㄴ)은 때문을 나타내고, (190ㄷ)은 방향, (190ㄹ)은 변성을 나타낸다. 엄밀히 보면, '연모, 방편, 자료, 원인, 수단, 자격' 등은 행위자가 '~을 가지고'로 풀이하여도 의미적으로 조금도 어색하지 아니하나, '방향, 변성'은 '~을 가지고'로 풀이하면, 의

---

16) 허웅, 『20세기 우리말의 형태론』, 샘문화사, 1995, 198~199쪽 참조.

미적으로 도저히 성립되지 않는다. 따라서 (190ㄱ~ㄴ)과 (190ㄷ~ㄹ)은 의미역이 다르다. 따라서 둘은 다른 자리로 보아야 할 가능성이 높다. 그런데 다음 가려잡기의 경우와 함께 살펴보면

(191) ㄱ. *철이는 서울로 떠났고, 영희는 사랑으로 그들을 보살폈다.

ㄴ. *철수는 차로 떠났고, 영희는 서울로 떠났다.

(191ㄱ~ㄴ)에서의 '으로'는 앞마디와 뒷마디가 의미면으로 보면 아무런 관련성이 없다. 그러므로 서로 가려잡을 수 없다. 이는 무엇을 말하느냐 하면, 앞마디와 뒷마디는 자리가 다르다는 것을 말하는 것이다. 따라서 위와 같은 두 가지 원리를 바탕으로 하여 국어의 자리토씨를 나누면 다음과 같다.

1) 임자자리토씨

'이, 가, 께(옵)서, 에서'의 넷이 있는데 이들은 월에서 임자씨에 붙어서 그 임자씨로 하여금 어떤 행위의 주체가 되게 하기도 하고 상태의 주체가 되게 하기도 하므로 임자자리토씨라 한다. '이', '가'는 임자씨가 닫힌낱내냐 아니냐에 따라 구별되어 쓰이므로 한 형태소의 변이형태이다. '께(옵)서'는 말할이보다 손위 어른이 임자말이 될 때 쓰이고 '에서'는 단체의 임자자리토씨이다.

(192) ㄱ. 사람이 간다.

ㄴ. 개가 뛰어간다.

ㄷ. 아버지께서 서울 가신다.

ㄹ. 우리학교에서 이겼다.

(192ㄱ~ㄷ)에서 보면 '이, 가'는 [±유정물]에 두루 쓰이나 '께옵서'는 [+유정물]에만 쓰이고 특히 하늘이나 신 기타 신성하게 일컬어야

할 사물을 의인화하여 말할 때 쓰임이 다르다. '에서'는 (192ㄹ)과 같이 단체에 쓰인다. 따라서 임자자리토씨의 자질을 요약하면 다음과 같다.

(193) 이/가: [+예사, ±목숨성, ±헤아림성]
　　　께(옵)서: [+높임, +목숨성, +사람]
　　　에서: [+예사, +단체]

2) 부림자리토씨

이에는 '을/를'의 둘이 있는데 '를'은 말밑으로 볼 때 '을'의 변이형태이다. 이들은 닿소리-홀소리에 따라 '을'과 '를'이 구별 사용되나 때로 홀소리 밑에서 '를'이 줄어서 'ㄹ'로 쓰이는 일이 있다. 이들 토씨는 (192ㄱ)에서 '무엇을'의 자리에 와서 풀이말 '어찌한다(남움직씨)'에 이끌리면서 풀이말에 대한 '대상'이나 '상대', '선택물' 등을 나타내는 부림말을 만들기 때문에 부림자리토씨라 한다.

(194) ㄱ. 무엇이 무엇을 어찌한다.
　　　ㄴ. 학생이 책을 읽는다.
　　　ㄷ. 나는 너를 보면 기분이 좋다.
　　　ㄹ. 너는 하필이면 죽을 먹느냐?

(194ㄴ~ㄹ)의 '책', '너', '죽'은 (194ㄱ)의 '무엇을'의 자리에 와서 풀이말 '어찌한다'의 대상, 상대, 선택물을 각각 나타내고 있다.

3) 위치자리토씨

이에는 '에, 에서, 에게, 한테(서), 께, 더러, 엘랑' 등이 있다. 이들은 임자씨가 유정물이냐 무정물이냐 또는 '+높임'이냐 '-높임'이냐에 따라 구별, 사용되는데 풀이말에 이끌리면서 풀이말의 자질에 따라 항상 일정한 자리를 차지한다. 그리고서 시간상, 공간상의 위치를 나타내는 위치말을 만들기 때문에 위치자리토씨라 한다.

(195) ㄱ. ㉮ 나는 학교에 간다.   (목적지)

      ㉯ 서울엘랑 가지 마오.   (장소의 선택 또는 제한)

    ㄴ. ㉮ 그는 집에서 놀고 있다.   (행위 장소)

      ㉯ 나는 부산에서 왔다.   (출발점)

    ㄷ. ㉮ 나는 이것을 친구에게 주었다.   (대상)

      ㉯ 그는 친구에게 놀러 갔다.   (존재 장소)

    ㄹ. ㉮ 그는 이것을 친구한테 주었다.   (대상)

      ㉯ 나는 친구한테서 놀다 왔다.   (존재 장소)

    ㅁ. ㉮ 이것을 선생님께 드렸다.   (상대)

      ㉯ 나는 선생님께 놀러 갔다.   (존재 장소)

    ㅂ. ㉮ 그는 나더러 가라고 하였다.   (대화 상대)

      ㉯ 나더러 바보라 한다.   (대화 상대)

(195ㄱ~ㅂ)에서 쓰인 위치자리토씨의 의미적 변별성을 알아보면 다음과 같다.

(196) ㄱ. 에 : 존재의 장소, 목적지, 때문, 공간성

    ㄴ. 에서 : 행위의 장소, 출발지, 시발의 때, 범위, 공간성

    ㄷ. 에게 : 행위, 화제의 상대, 존재하는 곳, 행위 방향, 유정성, 공간성, 예사

    ㄹ. 한테(서) : 행위, 화제의 상대, 행위대상, 존재하는 곳, 출처, 행위방향, 유정성, 공간성, 예사성

    ㅁ. 께 : 유정성, 행위상대, 화제상대, 존재하는 곳, 행위방향, 공간성, 존대성

4) 연유자리토씨

'으로(써)', '으로(서)'는 '연모, 방편, 자료, 원인, 수단, 자격' 따위를 나타내는 연유말을 만들므로 연유자리토씨라 한다.

(197) ㄱ. 그는 칼로 연필을 깎는다.　　　　　　(연모)

　　　ㄴ. 그는 묘한 꾀로 여우를 잡았다.　　　(수)

　　　ㄷ. 간밤의 비로 뚝이 무너졌다.　　　　(때문)

　　　ㄹ. 용한 의술로 사람을 고친다.　　　　(방편)

　　　ㅁ. 학생으로서 술을 마시느냐?　　　　(자격)

　　　ㅂ. 어려운 몸으로서 이 일을 해내었다.　(형편)

5) 방향자리토씨

'으로'는 '방향', '변성'을 나타내는 방향말을 만들므로 방향자리토씨라 한다. 글쓴이가 '으로'를 연유자리토씨에서 따로 떼어내어서 방향자리토씨로 인정한 것은 아무리 생각하여도 '방향'이나 '변성'은 '방편'으로 보기는 어려울 뿐 아니라, 이 토씨는 언제나 '으로'로만 쓰이지 '으로써'로는 쓰이지 않으며 월의 짜임새도 다르기 때문이다. 즉 연유자리토씨는 대개의 경우 연유말과 부림말을 월 안에 같이 취하나 방향말의 경우는 그렇지 아니하고 방향말만을 취한다. 더구나, 의미역, 선택제약, 가려잡기(공기관계) 등에서 볼 때도 연유자리토씨로 볼 수 없다. 따라서 방향자리토씨는 구실에 따라 설정하기로 한 것이다.

(198) ㄱ. 그는 어제 서울로 떠났다. (방향)

　　　ㄴ. 아사녀가 이 못 안의 돌탑으로 변하였다고 한다. (변성)

(198ㄱ~ㄴ)에서 보면 월의 짜임새가 (197ㄱ~ㅂ)과 다르고 또 '방향'이나 '변성'은 어느 쪽으로 향해서 가거나 변하는 것은 그 뜻이 향하는

면에서는 같기 때문에 방행자리토씨로 묶었다.

6) 견줌자리토씨

'과/와', '보다', '처럼', '같이', '만(큼)', '하고', '마따나' 따위는 견줌의 뜻을 나타내는 견줌말을 만들기 때문에 견줌자리토씨라고 한다. 견줌말을 이끄는 풀이말은 '같다, 다르다, 크다, 작다, 많다, 적다, …' 등의 그림씨이나 때로는 움직씨가 쓰일 때도 있다.

(199) ㄱ. 그는 키가 철수와(하고) 같다.　　　　　　(대등)

　　　ㄴ. 그는 철수보다 키가 크다.　　　　　　　(우위)

　　　ㄷ. 그는 그의 아버지처럼 일을 잘 한다.　　(비슷한)

　　　ㄹ. 이것은 저것같이 생겼다.　　　　　　　(동일)

　　　ㅁ. 그도 너만큼은 한다.　　　　　　　　　(대등 양)

　　　ㅂ. 내가 너만 못하겠느냐?　　　('만'은 '만큼'의 준 것)[17]

　　　ㅅ. 네 말마따나, 그는 착하다.　　　　　　(동일)

(199ㄱ~ㅅ)에서 보는 바대로 '와/과, 보다, 처럼, 만(큼)', '마나따' 따위는 풀이말에 이끌리어 여러 가지 견줌의 뜻을 나타내는 견줌말을 만든다. (199ㄱ)의 '그'를 견줌주체, '철수'를 견줌말이라 하고 풀이말 '같다'를 견줌척도, '키'를 견줌보부라 부르기도 한다.[18] 그런데 '만'은 '만큼'의 '-큼'이 줄어든 것으로 보아지는데 풀이말이 '하다, 못하다' 일 때 주로 쓰임이 '만큼'과 다르다.

7) 함께자리토씨

'과/와', '하고'는 풀이말에 이끌리어 '함께'의 뜻을 나타내면서 그

---

17) '만큼'은 그 뒤에 다시 '만'을 더하여 쓰이는 일이 있다.
18) 김승곤, 『국어통어론』, 건국대학교 출판부, 1991, 359~360쪽 참조.

앞의 임자씨를 함께말로 만들므로 함께자리토씨라 한다. 이들 토씨가 함께자리토씨가 되느냐 견줌자리토씨가 되느냐는 풀이말에 의하여 결정되는데 풀이말이 이동움직씨나 동작움직씨일 때는 함께자리토씨가 되고 견줌풀이말이 오면 견줌자리토씨가 된다. 그리고 어찌씨 '함께, 같이' 등이 쓰이는 경우가 많다.

(200) ㄱ. 나와 함께 놀러 가자.
　　　 ㄴ. 그는 그의 어머니와 같이 산다.
　　　 ㄷ. 바둑아, 바둑아, 나하고 놀자.
　　　 ㄹ. ㉠ 그는 나와 함께 왔다.
　　　　　 ㉡ 그는 나하고 같이 왔다.

(200ㄱ)에서 보면 함께자리토씨는 어찌씨 '함께'와 같이 쓰였고 (200ㄴ)은 '같이'와 쓰였으며 (200ㄹ)의 ㉠와 ㉡도 그러하다. (199)와 견주어 보면 견줌자리토씨는 그 풀이말과 '같고, 다름'을 나타내는 그림씨가 오거나 그밖에 견줌의 뜻으로 쓰일 수 있는 움직씨가 올 때에 쓰이나 함께자리토씨는 풀이말이 반드시 움직씨라야 하는데 양자의 차이점이 있다. 그리고 함께자리토씨 '하고'는 중첩, 선택, 제한의 뜻을 나타내고 '과/와'는 '함께'의 뜻을 나타내는 것도 견줌자리토씨와 다르다.

다음에 견줌자리토씨와 함께자리토씨의 차이점을 표로 보이기로 한다.

토씨 항목	견줌자리토씨	함께자리토씨
형태상 차이	과/와, 같이, 처럼, 만큼, 보다	과/와, 하고
어찌씨	어느 토씨나 '함께, 같이' 하고는 안 쓰임	'함께, 같이' 하고 쓰임
풀이말	과/와 : 그림씨 보다 : 그림씨 같이 : 그림씨, 움직씨 처럼 : 그림씨, 움직씨 만큼 : 그림씨, 움직씨 만 : 하다, 못하다	과/와 : 움직씨 하고 : 움직씨

8) 매김자리토씨

'의'는 그 뒤에 오는 임자씨에 이끌리면서 매김말을 만들므로 매김 자리토씨라 한다.

(201) ㄱ. 나의 고향은 산이 아름답다.
     ㄴ. 나의 살던 고향은 꽃피는 산골.
     ㄷ. 나의 아름다운 고향은 꽃피는 산골.

(201ㄱ~ㄷ)의 '의'는 모두 그 다음의 '고향'에 이끌려 있으면서 매김 말을 이루고 있다.

9) 부름자리토씨

부름의 뜻을 나타내는 토씨로서 '아/야', '이여', '이시여' 따위가 있다.

(202) ㄱ. 철수야, 어서 가자
     ㄴ. 복돌아, 이리 오너라
     ㄷ. 주여, 복을 내려 주옵소서
     ㄹ. 하나님이시여, 우리에게 복을 주옵소서

(202ㄱ~ㄴ)의 '이야'와 '아'는 홀소리─닿소리에 의한 변이형태이며 높임이 아닌 경우에 두루 쓰인다. (202ㄷ)의 '여', '이여'는 감탄을 나타 내는 부름토씨로서 '±높임'에 두루 쓰인다. (202ㄹ)의 '이시여'는 높임 에 쓰인다.

지금까지 풀이한 자리토씨를 묶어서 표로 나타내면 다음과 같다.

자리토씨 ┬ 직접기능 ┬ 1. 임자자리토씨　이/가 : 두루, 예사, ±사람
　　　　　(발본기능)　│　　　　　　　　　　께서, 께옵서 : 높임, +사람
　　　　　　　　　　│　　　　　　　　　　에서 : 단체
　　　　　　　　　　│ 2. 부림자리토씨　을 : 닿소리 다음에
　　　　　　　　　　│　　　　　　　　　　를(ㄹ) : 홀소리 다름에
　　　　　　　　　　│ 3. 위치자리토씨　에다(가) : 때, 행위 존재의 장소, 공간
　　　　　　　　　　│　　　　　　　　　　에서 : 행위지, 출발지, 공간
　　　　　　　　　　│　　　　　　　　　　에게(서) : 예사, 행위 대화의 상대, 유정성
　　　　　　　　　　│　　　　　　　　　　한테다(가), 한테서 : 위치, 대상, 출발지
　　　　　　　　　　│　　　　　　　　　　께 : 높임, 행위, 대화의 상대, 유정성, 방향
　　　　　　　　　　│ 4. 연유자리토씨　으로써 : 연모, 방편, 원인, 수단
　　　　　　　　　　│　　　　　　　　　　으로서 : 자격, 형편, 신상
　　　　　　　　　　│ 5. 방향자리토씨　으로 : 방향, 변성
　　　　　　　　　　│ 6. 견줌자리토씨　과/와 : 대등견줌
　　　　　　　　　　│　　　　　　　　　　보다 : 우위견줌
　　　　　　　　　　│　　　　　　　　　　처럼 : 비슷함
　　　　　　　　　　│　　　　　　　　　　같이 : 동일함
　　　　　　　　　　│　　　　　　　　　　만큼 : 대등함
　　　　　　　　　　│　　　　　　　　　　만 : '하다, 못하다' 앞에 쓰임
　　　　　　　　　　│　　　　　　　　　　마따나 : 동일
　　　　　　　　　　│　　　　　　　　　　　┌과/와 : 움직씨 앞에 쓰임
　　　　　　　　　　│ 7. 함께자리토씨 ┤　　　　　(어찌씨 '같이, 함께'와 가려잡음)
　　　　　　　　　　│　　　　　　　　　　└하고 : 움직씨 앞에 쓰임
　　　　　　　　　　│　　　　　　　　　　　　　　(어찌씨 '같이, 함께'와 가려잡음)
　　　　　　　　　　└ 8. 매김자리토씨　의 : 소유, 생산지, 소재지……
　　　　　　└ 간접기능 ── 부름자리토씨　야/아 : 예사, 홀소리-닿소리에 따라 구분됨
　　　　　　　　　　　　　　　　　　　　이시어/이여 : '±높임', 홀소리-닿소리에 따
　　　　　　　　　　　　　　　　　　　　　　　라 구분

1.4.3.3 자리토씨의 쓰임

1) 임자자리토씨

이에는 예사의 '이/가'와 높임에 쓰이는 '께서', '께옵서'가 있고, 단체에 쓰이는 '에서'가 있다.

임자자리토씨 '이/가'의 쓰임

📁 임자말이 의문사 '무엇, 어느것, 누구, …' 등인 물음월에서는 언제나 이자자리토씨 '이/가'가 쓰인다.

(203) ㄱ. 무엇이 여기에 있나?

ㄴ. 누구가 김 선생입니까?

ㄷ. 어느것이 나의 책이냐?

위의 (203ㄱ~ㄷ)의 답월에서는 임자말에는 반드시 '이/가'가 온다.

(204) ㄱ. 연필이 여기 있습니다.

ㄴ. 저 키가 큰 분이 김 선생님이시다.

ㄷ. 이 책이 선생님 것입니다.

📁 임자말이 두 개 있을 때, 그 중에서 하나를 선택시키는 물음월에서는 언제나 임자말에 '이/가'가 온다.

(205) ㄱ. 저 붉은 건물이 공과대학입니까? 저 흰 건물이 공과대학입니까?

ㄴ. 저 붉은 건물이 공과대학입니다.

ㄷ. 이번 발표회에서는 김교수가 합니까? 이교수가 합니까?

ㄹ. 이교수가 합니다.

(205ㄱ, ㄷ)의 물음월에 대한 답월 (205ㄴ, ㄹ)에서는 임자말에도 반드시 토씨 '이/가'가 온다.

📁 '-보다 -쪽이 -니까', '-중에서 -이 제일 -습니까'와 같은 월은 임자말에 대하여 묻는 월인데, 이와 같은 월에서는 언제나 임자말에 토씨 '이/가'가 쓰인다.

(206) ㄱ. 역전까지 가는데 버스보다 **택시가** 빠릅니까?

　　 ㄴ. 아니요, **택시** 쪽이 빠릅니다.

　　 ㄷ. 3시 10분발 기차와 3시 20분발 기차가 다 부산행이네요. 3시 10

　　　　 분 발 **기차가** 더 빨리 갑니까?

　　 ㄹ. 3시 20분발 **기차가** 더 빨리 도착합니다.

(206ㄱ, ㄷ)의 질문에 대하여 (206ㄴ, ㄹ)과 같은 월의 임자말에는
토씨 '이/가'가 온다.

📁 풀이말이 대비하지 않으면서 그림씨일 때는 그 앞의 임자말에는
토씨 '이/가'가 쓰인다.

(207) ㄱ. 여기에는 꽃이 아름답게 피었다.

　　 ㄴ. 돈이 많은 사람이 반드시 행복한 것은 아니다.

　　 ㄷ. 그는 코가 아주 크다.

📁 풀이말에 '누군가', '무엇인가', '어느것인가', '어디인가' 등이 있으
면 임자말에는 임자자리토씨 '이/가'가 온다. 이때는 월이 베풂월일 때
이다.

(208) ㄱ. ㉮ 서울이 **어디인가** 모르겠다.

　　　　 ㉯ **누군가가** 떨어뜨렸음에 틀림없다.

　　 ㄴ. 서울역에서 친구를 기다리고 있는데, 무엇인가 이상한 **것이** 나의

　　　　 앞을 지나갔다.

📁 임자말이 '모르는 사람', '많은 사람', '새로운 유학생 몇 명'과 같
은 이름씨가 임자말이 될 때는 '이/가'가 온다.

209) ㄱ. **모르는 사람이** 나를 찾아 왔다.

ㄴ. <u>많은 사람들</u>이 추석에 고향으로 떠났다.

ㄷ. 새로운 <u>유학생 세 명</u>이 들어왔다.

📁 풀이말에, 앞에 나온 이름씨와 같은 이름씨가 있고, 상대방에게 전하고 싶은 부분이 임자말일 때는 임자말에 '이/가'가 온다.

(210) ㄱ. ㉮ 여기서 <u>삼각산</u>이 보입니까?

　　　　㉯ 예, <u>저것이</u> 삼각산입니다.

ㄴ. ㉮ 누군가가 김군의 전화번호를 압니까?

　　㉯ <u>이군이</u> 김군의 전화번호를 압니다.

📁 풀이말에, 앞에 나온 움직씨와 같은 움직씨가 있고, 전하고 싶은 부분이 임자말일 때는 임자말에 '이/가'를 붙인다.

(211) ㄱ. 누군가가 김군의 전화번호를 <u>아십니까?</u>

ㄴ. 아마 <u>이군이</u> <u>알 것입니다.</u>

📁 임자말이 '사물'이면서 움직씨, 예를 들면 '있다', '보이다', '오다', '받다' 등을 사용하여 사건을 나타내는 월에서는 임자말에 '이/가'를 붙인다. 이때, 임자말은 지금까지의 이야기 속에 나온 적이 없는 이름씨인 경우가 많다.

(212) ㄱ. 아, 서울이다. <u>삼각산</u>이 보인다.

ㄴ. 전화벨이 울리고 있다. <u>누가</u> 나와 받아라.

ㄷ. 어제 오래간만에 철수한테서 <u>편지가</u> 왔다.

ㄹ. 어제 밤에 부산에 <u>해일이</u> 있었다.

📁 임자말이 '오다', '-어 오다' 등. 즉 '들어왔다', '말을 걸어 왔다' 등을 사용하여 남이 자기 앞에 나타난 것을 본 대로 서술하는 월이나 '-있다', '-고 있다' 등 즉 '자고 있다', '서 있다' 등을 사용하여 남이

자기 앞에 있는 것을 본 그대로 서술하는 월에서는 임자말에 '이/가'가 온다.

(213) ㄱ. 서울역에서 손님을 기다리고 있는데 어떤 <u>여자가</u> 말을 걸어 왔다.

　　　ㄴ. 어떤 <u>학생이</u> 내 방에 들어 왔다.

📁 '돌아가다', '입원하다' 등 뜻밖의 사건이나 놀란 사건이 일어난 것을 서술하는 월에서는 임자말에 '이/가'가 온다.

(214) ㄱ. 어제 오후 <u>철수가</u> 입원하였다.

　　　ㄴ. <u>선생이</u> 갑자기 쓰러졌다.

📁 '평소와는 다르나, 지금 －하다'라는 사실을 나타내는 그림씨를 이용하여 놀란 일을 나타내는 월에서는 임자말에 '이/가'를 붙인다. 이것은 본 일을 사건으로서 그대로 나타내는 월이다.

(215) ㄱ. 아, 서쪽 <u>하늘이</u> 빨갛다.

　　　ㄴ. <u>옆방이</u> 아주 시끄럽다.

📁 '급살병이 나다, 불통이다, 위독하다, …' 등을 사용하여 뜻밖의 사건이 일어난 것을 나타내는 월에서는 임자말에 토씨 '이/가'를 붙인다.

(216) ㄱ. 이 <u>전화가</u> 불통이다.

　　　ㄴ. 그의 <u>어른이</u> 위독하시다.

📁 어떤 능력이 있는가 없는가를 나타내는 '－ㄹ 수 있다', '뛰어나다', '잘하다', '서툴다', '알다' 등을 풀이말로 한 월에서는 능력의 소유자에게는 '은/는'을 붙이고 능력의 내용에는 보통 '이/가'를 붙인다.

(217) ㄱ. 김군은 <u>스키가</u> 뛰어나다.

　　　ㄴ. 그의 언니는 <u>계산이</u> 서툴다.

📑 움직씨의 입음법, 즉 '먹어지다, 읊어지다, …' 등이 풀이말이 될 때는 능력의 소유자에게는 '은/는'이 오고, 능력의 내용을 나타내는 부분의 이름씨에는 '이/가'가 온다.

(218) ㄱ. 그는 매운 <u>요리가</u> 먹어지나?

ㄴ. 그는 어려운 <u>시조가</u> 읊어지나?

📑 '재미있다, 좋다, 싫다, 부럽다, 싶다, 그립다, 무섭다, 기쁘다, 부끄럽다, 걱정이다, …' 등이 풀이말이 된 월에서는 감정의 소유자에게는 '은/는'이 오고, 감정의 대상에는 '이/가'를 붙인다.

(219) ㄱ. 나는 외국 소설을 읽는 <u>것이</u> 재미있다.

ㄴ. 나는 어디서나 곧 잠자는 <u>사람이</u> 부럽다.

ㄷ. 그는 노동하는 <u>것이</u> 부끄럽다.

ㄹ. 나는 <u>고향이</u> 그립다.

ㅁ. 나는 <u>김 선생이</u> 무섭다.

📑 어떤 이름씨 N^1의 성질을 나타내기 위하여 'N^1은＋N^2＋그림씨'와 같은 월에서는 N^1과 N^2 사이에는 다음과 같은 관계가 있다.

첫째, N^1이 N^2를 소유하고 있는 듯이 느껴지는 관계
둘째, N^2가 사고방법, 탄생, 영향 등 움직씨적인 이름씨이고, N^1이 그것에 관계하는 이름씨일 때는 N^2에는 '이/가'를 사용한다.

(220) ㄱ. 이 버스는 <u>다루기가</u> 좋다.

ㄴ. 이 카메라는 <u>쓰기가</u> 간단하다.

ㄷ. 이 다리는 <u>길이가</u> 길다.

ㄹ. 이 문제는 <u>풀기가</u> 어렵다.

ㅁ. 이 기계는 <u>다루기가</u> 힘들다.

ㅂ. 그 사람은 <u>사고방식이</u> 고루하다.

ㅅ. 동경은 <u>물가가</u> 비싸다.

📁 어떤 이름씨 N¹의 성질을 나타내기 위하여 'N¹은 +N²+N³이다'와 같은 월에서는 '이다'로 끝나는 월의 임자말에는 '이/가'가 온다.

(221) ㄱ. 나는 의학도이므로 <u>내과가</u> 전공이다.

ㄴ. 이 사전은 새로운 어휘를 많이 실어 놓은 <u>것이</u> 특징이다.

📁 이미 알고 있는 이름씨에는 '은/는'이 오고, 상대방에게 알리고 싶은 사람 이름에는 '이/가'가 온다.

(222) ㄱ. 이것은 아름다운 꽃이다. 이것은 <u>누가</u> 가져 왔나?

ㄴ. 그것은 <u>철수가</u> 가져 왔다.

📁 흥정이나 값이 '싸다, 비싸다'라고 할 때의 '값'에는 '이/가'를 붙인다.

(223) ㄱ. 이 차는 좋으나 <u>값이</u> 비싸다.

ㄴ. 이 집을 사는데 <u>얼마가</u> 듭니까?

ㄷ. 이 책은 <u>값이</u> 싸다.

📁 다음과 같은 지움월에도 '이/가'를 사용한다.

(224) ㄱ. 야, <u>지갑이</u> 없어졌다.

ㄴ. 오늘은 <u>소음이</u> 들리지 않는다.

ㄷ. 이 사과는 사과다운 <u>맛이</u> 없다.

📁 '-때', '-까지', '-고 나서부터' 등과 같은 때를 나타내는 이음마디의 임자말과 맺음마디의 임자말이 다를 때는 맺음마디의 임자말에는 언제나 '이/가'를 붙인다.

(225) ㄱ. 이웃에 큰 건물이 서고 나서부터 <u>햇볕이</u> 쪼이지 않는다.

ㄴ. 철수는 친구로부터 전화가 걸려 왔을 때 <u>일이</u> 있어 집에 없었다.

📑 '-므로', '-아서', '-했기 때문에', '-한 대로' 등과 같이 조건이나 목적, 이유, 정도 등을 나타내는 경우, 으뜸마디와 임자말이 다를 때는 딸림마디의 임자말에는 '이/가'를 붙인다.

(226) ㄱ. <u>버스가</u> 늦어서 학교에 지각하였다.

ㄴ. <u>선생이</u> 말한 대로 그것은 좋은 논문이다.

📑 이름씨를 꾸미는 매김마디의 임자말과 으뜸마디의 임자말이 다를 때 매김마디의 임자말에는 '이/가'를 사용한다.

(227) ㄱ. 이것은 <u>김군이</u> 그린 그림이다.

ㄴ. 나는 어제 모임에서 <u>김 선생이</u> 춤을 잘 추는 것을 보았다.

📑 이동을 나타내는 움직씨의 임자말에는 '이/가'가 쓰인다.

(228) ㄱ. 어떤 <u>여자가</u> 와서 내 책을 가져갔다.

ㄴ. <u>자동차가</u> 잘 달린다.

이때, 딸림마디의 임자말과 으뜸마디의 임자말이 같고 딸림마디와 으뜸마디가 동작을 사건으로 나타내거나, 그림씨로써 놀라운 일을 나타내는 월이어야 한다.

📑 '-이라는 것', '-라는 이야기'와 같이 '-라는' 뒤에 이름씨가 있을 때 '-한다는 것'의 마디 안에서는 임자자리토씨 '이/가'가 쓰인다.

(229) ㄱ. <u>차가</u> 없다는 것은 차를 타고 나갔다는 것이다.

ㄴ. <u>돈이</u> 없다는 것은 낭비했다는 것이다.

📁 '-것 같다', '-는지 모르겠다' 등이 쓰인 맺음마디에서는 임자말에 '이/가'가 온다.

(230) ㄱ. 저 일이 끝나면 많은 <u>보수가</u> 있을 것 같다.

     ㄴ. 구름이 많이 끼었는데, <u>비가</u> 올지 모르겠다.

임자말의 말본범주

글쓴이는 위에서 임자자리토씨의 쓰임을 설명하였거니와 그 결과로써 여기서는 임자말의 말본범주에 관하여 설명하기로 하겠다.

임자말의 말본범주는 첫째, 존칭화 현상을 유발하여야 하고, 둘째는 돌이킴화 현상을 유발하여 임자자리토씨 '이/가', '께서/께웁서'를 수반하여야 한다. 셋째는 기본 어순에 있어서 월머리에 오는 말본적 특징에 의하여 임자말임이 분명해진다. 이제 다음에서 존칭화 현상과 돌이킴화 현상을 유발하는 예를 보이기로 하겠다.

(231) ㄱ. 선생님<u>께서</u> 이리 <u>오신</u>다.

     ㄴ. 선생님<u>께서</u> <u>당신</u>이 직접 책을 <u>읽으신</u>다.

     ㄷ. 선생<u>님이</u> 조용히 말씀<u>하셨</u>다.

(231ㄱ)의 '선생님께서'는 풀이말에 주체존대말 '시'를 취하므로 임자말이며, (231ㄴ)의 '선생님께서'는 그 다음에 돌이킴대이름씨 '당신'이 옴으로써 임자말이다. 그리고 (231ㄱ~ㄷ)의 월머리에 와 있는 이름씨 '선생님'에게 임자자리토씨 '께서'와 '이'가 와 있으므로 (231ㄱ~ㄷ)의 '선생님'은 임자말임이 분명하다. 이와 같이 볼 때, 하나의 월 안에서 이중임자말 운운하는 것은 있을 수 없으며, 있다손 치더라도 그 의미 관계 여하에 따라 견줌, 관계 등의 뜻을 나타내며 구조적으로 볼 때 안긴월이 되든지 한다. 특히 (231ㄴ)에서 이중임자말을 인정하여 주장한다면 '선생님이 자신이 직접 책을 읽으신다'는 말법이 성립되지 않는다. 따라서 이중임자말은 성립되지 않는다.

위의 용법 이외에 더 자세한 것을 보려면 도서출판 경진문화의 『21세기 국어 토씨 연구』에 의지하기 바란다. (이하 모든 토씨도 같다.)

'께서, 께옵서, 에서'의 쓰임

이들 토씨는 높임과 단체에 쓰일 뿐 '이/가'와 같은 복잡한 쓰임은 없다.

(232) ㄱ. 할아버지께(옵)서 서울에 가셨다.

　　　ㄴ. 이번 시합은 우리 학교에서 이겼다.

　　　ㄷ. 이번 단체성은 너희 학교에서 탔더구나.

2) 부림자리토씨

📁 풀이말과 관련하여 남움직씨의 어떤 동작의 대상을 나타낸다.

(233) ㄱ. 나는 그를 믿는다.

　　　ㄴ. 나는 그이를 사랑한다.

　　　ㄷ. 그는 매일같이 하늘을 바라본다.

📁 풀이말의 동작이 직접 미치는 대상을 나타낸다.

(234) ㄱ. 나는 밥을 먹는다.

　　　ㄴ. 그는 나의 손목을 잡았다.

　　　ㄷ. 그는 공을 찼다.

　　　ㄹ. 그는 시간을 맞추었다.

📁 어떤 동작의 결과 생기거나 생긴 대상을 나타낸다.

(235) ㄱ. 나는 한 편의 시를 썼다.

　　　ㄴ. 그는 편지를 써서 부치겠다.

ㄷ. 그는 하나의 책상을 만들었다.

ㄹ. 철이는 새 집을 지었다.

📂 여러 대상물 중에서 어떤 것을 선정함을 나타낸다.

(236) ㄱ. 너는 왜 하필이면 죽을 먹니?

ㄴ. 불고기 백반, 냉면, 갈비탕 중에서 무엇을 먹겠니?

'죽'과 '무엇'은 많은 음식물 중에서 굳이 '죽'을 먹으며, 또 '무엇'을 먹겠는지 먹을 것을 지정하라는 뜻으로 묻고 있다. 그러니까, (236ㄴ)의 선정권은 들을이에게 있으나, 들을이의 선정이 말할이 편에서 보아 미흡할 때는 (236ㄱ)과 같이 말할이가 이야기할 수도 있다.

📂 마디나 이은말을 선정하여야 할 경우에도 '을/를'을 사용한다.

(237) ㄱ. 이기느냐 지느냐를 누가 결정하리오?

ㄴ. 그가 오기를 기다리고 있소.

마디나 이은말이 부림말이 될 때는 간접적 행위의 대상이 되고 직접적인 행위의 대상이 되지는 않는다.

📂 위치말을 굳이 선정할 필요가 있을 때는 '에게' 대신에 '을'을 사용한다.

(238) ㄱ. 그는 나를 돈을 준다.

ㄴ. 아버지께서는 아우를 재산을 맡기셨다.

(238ㄱ)의 '나를'과 (238ㄴ)의 '아우를'은 위치말인데 굳이 이들에게 돈을 맡긴 것은 이들을 믿기 때문이다. 그런데 다음과 같은 경우에서는 어느 것을 굳이 선정하려고 하는 것인지 알아보자.

(239) ㄱ. 그는 굳이 돈을 나를 맡긴다.

　　　ㄴ. 아버지는 돈을 나를 맡기신다.

위의 예에서 보면 부림말이 둘이 있을 때는 뒤엣것을 굳이 선정함을 나타냄을 알 수 있다. 왜냐하면, 위치말이 앞에 올 때는 중점이 위치말에 놓일 뿐 아니라, 더구나 위치말에 '을/를'이 올 때는 거기에 중점이 놓이기 때문이다. 즉 '아버지는 돈을 남에게 맡기지 아니하시고 굳이 나를 선정하여 맡기신다'로 풀이되기 때문이다.

　　📁 제움직씨 앞에도 '을/를' 토씨를 취하는 이름씨가 오는 일이 있다.

(240) ㄱ. 비행기가 하늘을 난다.

　　　ㄴ. 그는 학교를 다닌다.

(240ㄱ)의 예에서 보면 '비행기가 나는 곳은 다른 데가 아닌 하늘임'을 나타내고 있으며, (240ㄴ)의 예에서 보면 '그가 다니는 곳은 다른 데가 아니라 학교임'을 선정하여 나타내고 있다. 이때의 움직씨는 남움직씨로 보아야 한다.

　　📁 부림말을 취하지 아니하여도 될 경우에도 굳이 동족부림말을 취하는 수가 있다.

(241) ㄱ. 그는 꿈을 잘 꾸었다.

　　　ㄴ. 그는 잠을 잔다.

(241ㄱ~ㄴ)에서 굳이 '꿈을'과 '잠을'을 사용할 필요가 없으나 이처럼 사용하는 예가 많은데 이것은 언어습관상의 문제이다.

　　📁 부림의 대상이 되는 것에는 제한이 없다. 즉, 추상물, 구체물, 사물, 시간, 사람, 동물, 물질 등 한이 없다.

(242) ㄱ. 그는 책을 샀다.

　　　 ㄴ. 그는 시간을 맞추었다.

　　　 ㄷ. 그는 식사를 주문했다.

　　　 ㄹ. 그는 신을 샀다.

　　　 ㅁ. 철수는 옷을 사고, 나는 가방을 샀다.

　📁 기점을 나타내기도 한다.

(243) ㄱ. 그는 서울을 아침 8시에 떠났다.

　　　 ㄴ. 우리는 9시를 기하여 떠났다.

　📁 경로를 나타낸다.

(244) ㄱ. 그는 이 길을 통하여 달아났다.

　　　 ㄴ. 철수는 고속도로를 통하여 대구로 왔다.

　　　 ㄷ. 우리는 철로를 지나서 왔다.

　📁 우리말에서는 이중·삼중부림말을 사용하는 일이 있다. 이때 위치말에 '을/를'이 오면 선정의 뜻을 나타낸다.

(245) ㄱ. 그는 나를 돈을 준다.

　　　 ㄴ. 아버지는 돈을 나를 주신다.

　　　 ㄷ. 선생님은 책을 세 권을 나를 주신다.

　　　 ㄹ. 나는 떡을 영희를 먹였다.

　　　 ㅁ. 아버지는 재산을 큰아들을 안 주시고 작은아들을 주셨다.

　　　 ㅂ. 그는 돈을 천원을 아들을 주었다.

　　　 ㅅ. 아버지는 순희를 시집을 서울을 보냈다.

　　　 ㅇ. 아버지는 딸을 옷을 세 벌을 사 주었다.

3) 위치자리토씨

'에'의 쓰임

🗂 동작·작용이 일어나는 공간적, 시간적 장소의 정한 위치를 나타낸다.

(246) ㄱ. 나는 집에 있었다.

ㄴ. 그는 서울에 산다.

ㄷ. 우리는 9시에 일어났다.

ㄹ. 그들은 12월에 올 것이다.

🗂 동작·작용이 일어나는 추상적인 장소(위치)를 나타낸다.

(247) ㄱ. 그 일에 지나친 비용이 들었다.

ㄴ. 나는 꿈에 그를 만났다.

ㄷ. 그이와의 문제에 많은 어려움이 있다.

🗂 어떤 경우나 상태를 나타낸다.

(248) ㄱ. 이런 경우에 어떻게 하지?

ㄴ. 그가 차에서 내리는 순간에 갑자기 쓰러졌다.

ㄷ. 그의 참석 하에 동창회가 성대히 이루어졌다.

🗂 할당·비율을 나타낸다.

(249) ㄱ. 하루에 한번씩만 먹여라.

ㄴ. 이것은 10분에 한번씩 돌아간다.

ㄷ. 우리는 약을 한번에 하나씩 먹는다.

🗂 동작이나 작용의 도달하는 지점이나 상태를 나타낸다.

(250) ㄱ. 우리는 방학에도 학교에 간다.

　　　ㄴ. 우리는 수영복을 입자 곧 풀에 뛰어 들어갔다.

　　　ㄷ. 지금에 와서 무슨 말을 하겠니?

　　　ㄹ. 그는 가요 베스트 텐에 들어가서 좋아했다.

　　　ㅁ. 요즈음은 증권에 인기가 쏠리고 있다.

　📁 지위나 계급을 나타낸다.

(251) ㄱ. 그는 대통령에 당선되었다.

　　　ㄴ. 그는 대장에 승진되었다.

　　　ㄷ. 그는 학장에 취임하였다.

　📁 동작이나 작용이 이루어지는 대상이 사람이나 사물임을 나타낸다.

(252) ㄱ. 그는 신문 기자단에 다음과 같이 말하였다.

　　　ㄴ. 그는 친구에 대하여 욕설을 퍼부었다.

　　　ㄷ. 나는 그이 이외에 많은 사람에게 인사를 하였다.

　　　ㄹ. 곧 작업에 착수하자 그는 쉴 줄을 몰랐다.

　　　ㅁ. 그는 선거대책에 착수하였다.

　📁 동작이나 작용이 이루어지는, 또는 존재하는 목적을 나타낸다.

(253) ㄱ. 우리는 사회의 현실과 이것을 개선하는 데에 필요한 수단과 조건
　　　　에 관하여 논의하였다.

　　　ㄴ. 우리는 세계평화에 최선을 다한다.

　　　ㄷ. 그는 철수의 치료에 성의를 다했다.

　📁 동작이나 작용의 유래를 나타낸다.

(254) ㄱ. 강대국의 협정에 의하여 세계는 움직인다.

ㄴ. 그는 비에 젖으면서 걸어간다.

ㄷ. 그는 약속에 따라 앞으로 나쁜 일은 하지 않기로 했다.

📁 동작이나 상태를 구성하는 내용을 나타낸다.

(255) ㄱ. 혈기에 찬 젊은이들은 공부를 열심히 하여야 한다.

ㄴ. 우리는 생명의 존중과 인생을 즐기는 관념에 너무 인색하다.

📁 '-에 불과함'을 나타낸다.

(256) ㄱ. 그는 빈약한 작가에 불과하다.

ㄴ. 나는 소년에 지나지 않는다.

📁 평가의 기준이 된다.

(257) ㄱ. 이것은 어린이의 발육에 필요한 성분이 부족하다.

ㄴ. 우리의 건강에 유해하지 않은 것을 먹어야 한다.

ㄷ. 대학이란 이름에 손색없는 연구를 하여야 한다.

📁 '-에 있어서', '-에 대하여'의 경우에 쓰인다.

(258) ㄱ. 그에 있어서는 돈이 최고다.

ㄴ. 비평가에 있어서는 폭넓은 지식이 필요하다.

ㄷ. 우리는 그에 대하여 말하지 않는다.

📁 수단, 방법을 나타낸다.

(259) ㄱ. 멧돼지가 총에 맞아 죽었다.

ㄴ. 그는 나의 꾐에 빠져 들었다.

📎 풀이말에 걸리어 연장을 나타낸다.

(260) ㄱ. 도끼에 발이 쪼였다.

    ㄴ. 돌에 걸리어 넘어졌다.

    ㄷ. 흙에 묻히어 죽었다.

    ㄹ. 그는 병에 걸리어 죽었다.

📎 풀이말에 걸리어 이유나 원인을 나타낸다.

(261) ㄱ. 바람에 집이 넘어졌다.

    ㄴ. 홍수에 집이 떠내려갔다.

    ㄷ. 가난에 먹지 못하여 죽었다.

이 '에'는 외부적 연장이나 원인에 의하여 말미암음을 나타냄이 '으로' 및 '으로써'와 다르다. 여기서 하나 덧붙여 둘 것은 '으로(써)'의 으뜸꼴은 '으로' 및 '으로써'이지 '로'나 '로써'가 아니라는 사실이다. 왜냐하면, 글쓴이가 밝혔듯이 우리말에는 고룸소리가 없기 때문이다.19)

📎 대비를 나타낸다.

(262) ㄱ. 이것은 저것에 못지않다.

    ㄴ. 이 책은 그 책에 버금간다.

    ㄷ. 영희를 금이에 비할려고?

'에서'의 쓰임

📎 외부에서 내뷰로 향하여 어떤 행동이 일어남을 나타낸다.

---

19) 김승곤, 「한국어 고룸소리의 어원연구」, 『한글』 176호, 1982, 41쪽 참조.

(263) ㄱ. 그들은 운동장에서 교실로 들어갔다.

ㄴ. 길에서 가게로 뛰어 들어갔다.

📂 어떤 장소에서의 동작이나 행동을 나타낸다.

(264) ㄱ. 그는 집에서 잠만 잔다.

ㄴ. 나는 서울에서 살고 있다.

ㄷ. 그는 방안에서 장난을 한다.

📂 출발점을 나타낸다.

(265) ㄱ. 그는 부산에서 왔다.

ㄴ. 미국에서 일본을 거쳐 귀국했다.

ㄷ. 하늘에서 눈이 내린다.

📂 '어떤 상태나 상황으로부터'의 뜻을 나타낸다.

(266) ㄱ. 그는 병에서 일어났다.

ㄴ. 그는 파산에서 재기하였다.

ㄷ. 그는 이제 고생에서 벗어나게 되었다.

ㄹ. 그는 이제사 잠에서 깨어났다.

📂 '어떤 상태나 상황에 있어서'의 뜻을 나타낸다.

(267) ㄱ. 이런 상황하에서 어떻게 살겠니?

ㄴ. 서모 밑에서 살기 힘든다.

ㄷ. 지나친 조건에서 이 일을 해 낼 수 없다.

📂 '어떤 일을 해서'의 뜻을 나타낸다.

(268) ㄱ. 그는 증권에서 재미를 보았다.

  ㄴ. 그는 이 장사에서 한 밑천을 건졌다.

  ㄷ. 그는 과외수업에서 돈을 벌었다.

📁 어떤 사실의 유래를 나타낸다.

(269) ㄱ. 그 말은 이 고사에서 유래하였다.

  ㄴ. 그 전설에서 이런 풍습이 생겼다.

  ㄷ. 그의 말에서 이 사실을 알았다.

📁 '-을 듣고', '-을 보고'의 뜻을 나타낸다.

(270) ㄱ. 네 말에서 무엇을 믿겠니?

  ㄴ. 이 책에서 얻은 것이 무엇이냐?

📁 '-을 받고'의 뜻으로도 쓰인다.

(271) ㄱ. 그의 가르침에서 무엇을 배우겠니?

  ㄴ. 아버지의 유산에서 덕본 게 뭐냐?

📁 '-에 있으면서'의 뜻을 나타낸다.

(272) ㄱ. 그는 매일 집에서 엄마만 괴롭힌다.

  ㄴ. 그들은 방학중에도 학교에서 놀고 지낸다.

  ㄷ. 그들은 직장에서 일은 하지 않고 빈둥거린다.

📁 대비를 나타낼 때 사용된다.

(273) ㄱ. 이것은 저것에서 백배 낫다.

  ㄴ. 이 땅의 토질은 저 땅의 토질에서 훨씬 뛰어난다.

위에서와 같이 '에'와 '에서'의 차이가 생기는 것은 '에서'의 '서' 때문이다. 따라서 이들 차이를 한말로 말한다면, '에'는 정지성, 목적지 등을 나타낸다면 '에서'는 동작성, 내향성(밖에서 안으로 동작함)을 나타낸다.

'에다가'의 쓰임

📁 확실한 공간적 위치를 나타낸다.

(274) ㄱ. 이것을 집에다가 갖다 놓아라.
　　　ㄴ. 이것은 거거에다(가) 둘까?
　　　ㄷ. 이것은 여기에다(가) 두어라.

(274ㄱ~ㄷ)에서 보는 바와 같이 '에다가'는 경우에 따라서 끝의 '-가'가 줄어드는데 그 정확한 이유는 알 수 없으나, 말버릇에 의하여 그리되는 듯하다(수의적이다).

📁 경우에 따라서는 불분명한 공간적 위치를 나타내기도 한다.

(275) ㄱ. 그 책을 어디에다 갖다 놓았니?
　　　ㄴ. 어디에다 두었는지 잘 모르겠다.

📁 시간적 위치를 나타낸다.

(276) ㄱ. 몇 시에다 맞추었나?
　　　ㄴ. 네 시에다 맞추었다.

📁 표준적인 사물을 위치적으로 나타낸다.

(277) ㄱ. 누구 시계에다 맞추었니?
　　　ㄴ. 철수 시계에다 맞추었다.

🗂 금액·도량형의 단위를 나타낸다.

(278) ㄱ. 이 시계를 얼마에다 샀느냐?

　　　ㄴ. 삼만원에다가 샀다.

　　　ㄷ. 이것은 한 개에 얼마에다 팔았나?

이 위치자리토씨는 정한 위치보다 화폐·도령형의 단위 등에 주로 많이 사용되는 듯하다.

'에게'의 쓰임

🗂 '에게'는 평칭의 사람이나 의인화되거나, 안 된 사물에 쓰여 수여를 나타낸다.

(279) ㄱ. 이것을 너에게 줄까?

　　　ㄴ. 이것은 목신에게 바쳐라.

　　　ㄷ. 모든 일은 우리에게 맡겨라.

🗂 기도의 대상을 나타낸다.

(280) ㄱ. 신에게 빌어라.

　　　ㄴ. 범바위에게 복을 빌어라.

🗂 어떤 일의 원인이나 결과의 귀착점을 나타낸다.

(281) ㄱ. 이 일을 그에게 돌려라.

　　　ㄴ. 이 일의 모든 결과를 그이에게 맡겨라.

🗂 의문이나 답의 상대를 나타낸다.

(282) ㄱ. 이 문제는 그이에게 물어 보아라.

ㄴ. 이 해답을 철수에게 알려 주라.

📁 사물의 있는 곳을 나타낸다.

(283) ㄱ. 돈은 그이에게 많다.

ㄴ. 이 문제의 열쇠는 그에게 있다.

📁 어떤 일의 요구의 대상을 나타낸다.

(284) ㄱ. 아버지에게 돈을 달라 하여라.

ㄴ. 그이에게 이 일의 손해를 배상하라.

📁 어떤 일의 의지를 나타내는 사람을 가리킨다.

(285) ㄱ. 이 일은 그에게 달려 있다.

ㄴ. 이 일의 성패는 철수에게 달려 있다.

ㄷ. 모든 사람이 그에게 의지하여 있다.

📁 '−에 대하여'의 뜻을 나타낸다.

(286) ㄱ. 너는 형에게 편지를 써라.

ㄴ. 철수에게 소개장을 써 주어라.

📁 승부의 적수(상대)를 나타낸다.

(287) ㄱ. 철수는 영수에게 이겼다.

ㄴ. 영수는 철수에게 졌다.

📁 입음풀이말의 행위자를 나타낸다.

(288) ㄱ. 철수는 선생님에게 맞았다.

ㄴ. 그는 형에게 꾸지람을 들었다.

📁 '－로부터'의 뜻으로 쓰인다.

(289) ㄱ. 너는 그이에게 얻어 먹어라.
　　　ㄴ. 철수는 영희에게 돈을 빌렸다.

📁 이야기의 상대를 나타낸다.

(290) ㄱ. 이 말을 그에게 하여라.
　　　ㄴ. 이 말을 그에게 물어 보자.

'께'의 쓰임

📁 존칭의 수여자를 나타낸다.

(291) ㄱ. 아버님께 이것을 드려라.
　　　ㄴ. 할머님께 진지를 올려라.

📁 이야기의 상대를 나타낸다.

(292) ㄱ. 선생님께 여쭐 말씀이 있습니다.
　　　ㄴ. 아버님께 이 사실을 아뢰어라.

📁 기도의 대상을 나타낸다.

(293) ㄱ. 하나님께 기도하옵니다.
　　　ㄴ. 신령님께 비나이다.

📁 어떤 일의 원인이나 결과의 귀착점을 나타낸다.

(294) ㄱ. 나쁜 일을 어른께 돌려서 되느냐?

ㄴ. 모든 원인을 어른께 미루느냐?

📁 사물이 있는 곳을 나타낸다.

(295) ㄱ. 아버님께 있는 것이 무엇이냐?
　　　ㄴ. 모든 것이 아버님께 있다.

📁 어떤 일의 요구의 대상을 나타낸다.

(296) ㄱ. 할머니께 돈을 달라 하여라.
　　　ㄴ. 아버님께 그 일을 돌봐 주십사고 여쭈워라.

📁 어떤 일을 좌우함을 나타낸다.

(297) ㄱ. 이번 일은 아버님께 달려 있습니다.
　　　ㄴ. 모든 식구가 아버님께 의지하고 있습니다.

📁 '—에 대하여'의 뜻을 나타낸다.

(298) ㄱ. 아버님께 글월을 올려라.
　　　ㄴ. 선생님께 연하장을 부쳐라.

📁 승부의 적수(상대)를 나타낸다.

(299) ㄱ. 나는 씨름을 하여 선생님께 이겼다.
　　　ㄴ. 나는 바둑을 두어 아버님께 졌다.

📁 입음움직씨의 행위자를 나타낸다.

(300) ㄱ. 나는 선생님께 꾸중을 들었다.

ㄴ. 그는 아버님께 매를 맞았다.

📁 입음, 하임의 대상을 나타낸다.

(301) ㄱ. 이 옷을 아버님께 입혀 드려라.

ㄴ. 할아버님께 진지를 떠 먹여 드린다.

(301)의 경우는 나이가 높은 어른이 행동을 마음대로 못해서 받들어야 할 때 흔히 쓰는 말이다.

📁 '-로부터'의 뜻을 나타낸다.

(302) ㄱ. 아버님께 들은 이야긴데, 너는 미국으로 간다며?

ㄴ. 저 분께 들으니, 서울은 이 길로 가야 한대.

이와 같은 뜻은 '에게'의 경우도 마찬가지인데 여기에서 보는 바와 같이, 토씨의 문맥적 뜻은 풀이말과의 관계 여하에 따라 다르다는 것을 알 수 있고, 하나 더 흥미로운 것은 '+유정성'의 토씨는 움직씨하고만 쓰이지 그림씨나 '이다' 하고는 쓰이지 아니한다는 사실이다.

'한테'의 쓰임

'한테'는 사람에게는 비칭, 평칭, 존칭에 두루 쓰이는 두루위치자리토씨라서 동물, 사물한테도 두루 쓰이는 토씨이다.

📁 사람이나 동물, 사물에 쓰이어 수여의 뜻을 나타낸다.

(303) ㄱ. 이것을 아버지한테 갖다 드려라.

ㄴ. 뼈다귀는 개한테 주어라.

ㄷ. 범바위한테 갖다 바쳐라.

📑 누가 있는 곳(목적지)을 나타낸다.

(304) ㄱ. 할아버지한테 가자.

　　　 ㄴ. 나는 오늘 선생님한테 가야 한다.

📑 대화, 질문, 답변의 상대를 나타낸다.

(305) ㄱ. 그이한테 이것을 물어 보아라.

　　　 ㄴ. 나는 그이한테 이 사실을 이야기했다.

　　　 ㄷ. 철수한테 물어 보아라.

　　　 ㄹ. 선생님한테 답을 여쭤워라.

📑 '－로부터'의 뜻을 나타낸다.

(306) ㄱ. 나는 그이한테 이 말을 들었다.

　　　 ㄴ. 이것은 그이한테 얻었다.

📑 입음, 하임의 행위자임을 나타낸다.

(307) ㄱ. 철수는 깡패한테 맞았다.

　　　 ㄴ. 그는 친구한테 꼬이었다.

📑 '－에 대하여', '－에 향하여'의 뜻을 나타낸다.

(308) ㄱ. 철수는 친구한테 욕설을 퍼부었다.

　　　 ㄴ. 그는 선생님한테 편지를 썼다.

📑 어떤 일에 대한 결과의 귀착점을 나타낸다.

(309) ㄱ. 이번 일의 실패 책임은 그이한테 있다.

ㄴ. 이 공은 그이한테 돌려라.

📁 사물이나 어떤 권한 등의 소지자를 나타낸다.

(310) ㄱ. 돈은 그이한테 많다.

ㄴ. 이 일의 권한은 장관한테 있다.

ㄷ. 이 일의 결재권은 그한테 있다.

📁 승부의 상대자를 나타낸다.

(311) ㄱ. 나는 그한테 이길 자신이 있다.

ㄴ. 철수는 순희한테 졌다.

'한테다가', '에게다가'의 쓰임

이 토씨는 많이 쓰이지는 아니하나 일부 사람들에 의하여 사용되기도 하는데 그 쓰임은 '한테' 및 '에게'와 같으나 상당히 그 범위가 제한되어 쓰인다.

📁 '-에게 대하여'의 뜻을 나타낸다.

(312) ㄱ. 이것을 누구한테다가 물어 볼까?

ㄴ. 이것을 누구에게다가 물어 볼까?

이 경우는 어떤 일의 해결책을 몰라서 중얼거릴 때에 쓰이는 수도 있다.

📁 어떤 행위의 귀착점을 나타내거나, 혹은 장소를 나타낸다.

(313) ㄱ. 이것은 아버지한테다가 갖다 놓아라.

ㄴ. 이것은 아버님에게다가 갖다 드려라.

📁 수여의 대상을 나타낸다.

(314) ㄱ. 이것을 너한테다가 줄까?

ㄴ. 이것을 그이에게다가 줄까?

📁 수여의 대상이나 '-에 대하여', '-에 향하여'의 뜻으로 쓰일 때는 동물이나 사물에게도 쓰인다.

(315) ㄱ. 개한테다가 물어 보아라.

ㄴ. 소한테다가 주어라.

ㄷ. 개에게다 주고 말아라.

대체적으로 '한테다가'나 '에게다가'는 비칭으로 쓰이는 듯하며 불확실한 상대를 나타낼 때 쓰이기도 한다.

📁 대상이 일정하지 않음을 나타낸다.

(316) ㄱ. 누구한테다가 물어 보아라. 네가 잘했는지 못했는지?

ㄴ. 여러 사람한테다가 알아 보아라.

'더러'의 쓰임

📁 '더불어'의 뜻으로 쓰인다.

(317) ㄱ. 네가 나더러 등산 가자고 했지?

ㄴ. 누가 너더러 물어 보더냐?

📁 '보고'의 뜻으로 쓰인다.

(318) ㄱ. 나더러 바보라 한다.

ㄴ. 나는 너더러 어리석다고 했다.

🗂 입음의 임자말이나 적수의 대상이 될 수 없다.

(319) ㄱ. *철수는 영희더러 졌다.

　　　ㄴ. *철수는 영희더러 맞았다.

　　　ㄷ. *너는 그이더러 이겼다.

　　　ㄹ. *그이는 언니더러 물리었다.

　　　ㅁ. *닭이 개더러 쫓기었다.

🗂 상대자리에만 쓰인다.

(320) ㄱ. 이것을 그이더러 물어 보아라.

　　　ㄴ. 그이더러 이리 오라고 하여라.

　　　ㄷ. 나는 너더러 오라고 했다.

　‘더러’는 상대자리에만 쓰이나, 어찌씨, 움직씨, 그림씨, ‘이다’에는 쓰이지 못함이 ‘뿐’과 같다.

4) 연유자리토씨

‘으로’의 쓰임

🗂 정도나 비율을 나타낸다.

(321) ㄱ. 뜻이 변하지 않을 정도로 다시 잘게 끊어 보면 몇 개의 성분으로 나눌 수 있다.

　　　ㄴ. 온산 공장을 국내용으로 건설하는 것이 공해의 파급을 최소한으로 줄이는 길이 아닌지 다시 한번 검토하여 볼 가치가 있다. (중앙일보 2301호, 사회면)

　　　ㄷ. 어쩌면 손주도 하나쯤 있을 법한 나이로 보였다. (『난파선』, 36쪽)

　　　ㄹ. 우리가 58 : 50으로 이겼다.

ㅁ. 윤화는 마찬가지로 신부를 보던 조오지의 시선과 마주쳤다. (『난파
선』, 12쪽)

📁 한정을 나타낸다.

(322) ㄱ. 그가 살아 있는 것으로 감사하십시오. (『난파선』, 307쪽)

　　　ㄴ. 오늘 오전으로 떠난다고 들었는데 (『난파선』, 22쪽)

　　　ㄷ. 80년을 첫 번째 시한으로 잡은 조선 능력 확충계획이 실현되면
　　　… (중앙일보 3285호, 3면)

위의 예들은 모두 한도나 비율을 나타내는 점에 있어서 공통적이므
로 크게 하나의 범주로 잡아 보았다. 그런데 위의 예들에서 보면 (322)
에서 보면 '으로'의 쓰임은 반드시 풀이말에 의해서만 결정되는 것이
아님을 알 수 있으니, 그것은 다음 예로 미루어 더욱더 분명히 알 수
있을 것이다.

(323) ㄱ. 오늘 안으로 떠나라.

　　　ㄴ. 오늘 안으로 이것을 마치겠다.

　　　ㄷ. 오늘 안으로 그에게 이것을 전달하겠다.

위 예에서 '안으로' 다음에는 어떠한 종류의 움직씨가 와도 한도(한
정)를 나타내는 것은 이 사실을 증명하는 일이 될 것이다. 그런데 이것
으로 미루어 보면 '한정'을 다시 공간적 한정과 시간적 한정의 둘로
하위구분할 수 있다. 이것을 공식으로 묶어 보면,

(324) 공간적 의미의 이름씨 ⎫
　　　 시간적 의미의 이름씨 ⎬ +으로+VP
　　　　　　　　　　　　　 ⎭

📁 국면이나 범위를 나타낸다.

(325) ㄱ. 국어에는 시대적으로 차이가 있었다. (건국대, 『대학국어』, 33쪽)

ㄴ. 의학적으로 창자의 세척과 같은 뜻으로 사용하기도 한다. (건대 신문 408호, 4면)

ㄷ. 그는 사회적으로 학문적으로 이름난 사람이다.

ㄹ. 판에 박은 상투어, 신문쟁이의 과정, 직업적으로 신랄해져야 할 의무가 있을 땐 … (『난파선』, 14쪽)

ㅁ. 경기도 부분적으로 이상과열을 빚고 있고 … (조선일보 16026호, 2면)

국면도 방향의 하나로 볼 수 있을 것 같으나 다만 방향과 조금 다른 점은 국면은 '어떠한 면으로 또는 범위로 볼 때'의 뜻을 나타내고 방향은 '어떤 동작의 나아가는 쪽'을 나타내는 데 있다.

📂 '기준하여'의 뜻으로 쓰인다.

(326) ㄱ. 구어체는 음성언어 곧 구두어를 중심으로 하는 문학언어이다. (건국대, 『대학국어』, 28쪽)

ㄴ. 현행 맞춤법에서는 어절을 중심으로 띄어쓰도록 되어 있다. (건국대, 『대학국어』, 28쪽)

ㄹ. 100점 만점으로 채점한다. (글쓴이)

ㅁ. 그들은 여기를 기점으로 출발하였다.

이 기준점은 임자씨로 하여금 어떤 동작이 일어나는 중심점이 됨을 나타내어 보이는 것을 말한다.

📂 귀결점을 '가지고'의 뜻을 나타낸다.

(327) ㄱ. 새마을 사업이 궁극적으로 농촌 소득의 향상에 있는 것이라면 … (중앙일보 2361호, 사설)

ㄴ. 새마을 사업이 자칫 형식과 외형 위주로 흐리게 될 여지를 철저히 배제하고 … (중앙일보 2361호, 사설)

ㄷ. 그 민족의 언어는 필연적으로 현존 형태를 갖출 것이오. (건국대, 『대학국어』, 16쪽)

ㄹ. 언어는 민족의 전성원을 한 개의 정신 공동사회로 결합하는 유대이다. (건국대, 『대학국어』, 16쪽)

ㅁ. 흐슨하니 하나로 묶은 머리와 프린트 무늬의 목면옷이 왜소하고 어린애 같이 보였다. (『난파선』, 304쪽)

🗂 시간(시기)을 나타낸다.

(328) ㄱ. 빈 바다의 들 위에 때때로 구름을 던져 넣은 커다란 그림자 (푸르스트의 문)

ㄴ. 53년 초에 반공 포로 석방 결심을 최초로 원용덕 헌병 총사령관에게 밝혔다. (중앙일보 2375호, 3면)

ㄷ. 현대로 접어들면서 우리의 국어는 과학적 기반 위에서 정리되었다.

🗂 '-을 타고'의 뜻을 나타낸다.

(329) ㄱ. 같은 배로 왔다는 얘기는 죠오지가 했을 것 같지 않아 슬며시 빼버렸다. (『난파선』, 10쪽)

ㄴ. 택시로 가겠어. (『난파선』, 31쪽)

ㄷ. 가까스로 입수한 지프로 피난대열과는 역행하여 북상하던 도중이었다. (『난파선』, 32쪽)

ㄹ. 그는 비행기로 떠났다.

🗂 조건을 나타낸다.

(330) ㄱ. 급격한 수입 증가를 전제로 수출이 늘고 경기가 과열 기미까지 띠어가며 … (조선일보 16029호, 2면)

ㄴ. 그것을 그에게 주기로 하고 이것을 받아 왔다.

ㄷ. 수필은 플로트나 클라이맥스를 필요로 하지 않는다.

📁 '-을 따라(서)'의 뜻을 나타낸다.

(331) ㄱ. 이 길로 가시오.

ㄴ. 작은 다리가 북으로서 끝없는 길로 통해 있지. (『난파선』, 305쪽)

ㄷ. 이 철도로 가면 된다.

📁 재료, 인정, 연모 등을 나타낸다.

(332) ㄱ. 국어라 하면 일반적으로 국가를 배경으로 하여 성립되는 것으로 서 국가를 배경으로 하지 않을 때는 국어라 할 수 없다. (건국대, 『대학국어』, 26쪽)

ㄴ. 그대로 실행하라는 것은 아니지만 참고로 삼아 준다면 다행으로 생각한다. (대학생활의 회상기)

ㄷ. 음성언어는 입으로 낸 음성을 소재로 하여 표현하면 귀의 청각으 로 이해한다. (건국대, 『대학국어』, 23쪽)

📁 목적을 나타낸다.

(333) ㄱ. 온산 공장을 국내용으로 건설하는 것이 공해의 파급을 최소한으 로 줄이는 길이 아닌지 다시 한번 검토하여 볼 가치가 있다. (중 앙일보 2361호, 사설)

ㄴ. 개인용으로 만든 이 보트는 참 아담하다.

📁 '-을 -으로 삼는다'는 뜻을 나타낸다.

(334) ㄱ. 독서하는 것을 낙으로 세월을 보낸다.

ㄴ. 그를 대장군으로 삼아 진지로 나아갔다.

📁 어떤 동작의 이유나 원인을 나타낸다.

(335) ㄱ. 이는 제군이 최후의 승리자가 될 것이기로이다. (대학생활의 회
상기)

ㄴ. 피난민의 행렬로 차의 속도를 늦추어야 했다. (『난파선』, 32쪽)

ㄷ. 어떤 신비로운 작용으로 그런지 물결에 잠긴 태양의 어떤 화려한
유해로 말미암아 그런지 사람은 그것을 알지 못한다. (푸르스트
의 산문)

ㄹ. 시인은 한편의 시를 씀으로 해서 자신의 억눌린 정서에서 벗어날
수가 있고 (건대신문 408호, 4면)

📁 풀이씨에 걸리어 구분이나 분할을 나타낸다.

(336) ㄱ. 특별활동 등으로 나누었던 교과구조를 이원화… (중앙일보 2375
호, 3면)

ㄴ. 조선 공업을 일으키는 의도는 네 가지로 풀이된다. (중앙일보
2385호, 3면)

ㄷ. 뜻이 변하지 않을 정도로 다시 잘게 끊어 보면, 몇 개의 성분으
로 나눌 수 있다. (건국대, 『대학국어』, 28쪽)

ㄹ. 강물은 두 쪽으로 갈라지고 … (『성서이야기』, 69쪽)

ㅁ. 자음과 모음으로 이루어진 음절, 모음 단독으로 이루어진 음절
등 몇 가지 유형으로 나눌 수 있다. (건국대, 『대학국어』, 31쪽)

📁 지정의 뜻을 나타낸다.

이 경우는 '-이라고' 또는 '-으로 하여' 등으로 풀이된다.

(337) ㄱ. 대학 생활을 취직할 때까지의 과도기로 생각하게 된다. (건국대,
『대학국어』, 12쪽)

ㄴ. 경종을 울려 주는 현상으로 우리는 풀이한다. (조선일보 16029
호, 2면)

ㄷ. 이 기회에 고도 성장과 교육수출 기반을 확실히 다져 놓자는 계산에
서 사태를 관망해 보는 것으로 평가된다. (중앙일보 2363, 사설)

ㄹ. 동양인들은 모두 손금쟁이로 착각하는 것과 비슷하게 들리는군
요. (『난파선』, 12쪽)

📁 표방(제목)을 나타낸다.

(338) ㄱ. 지금까지의 정부는 쌀의 자급자족을 최대문제로 내세워 왔다.
(중앙일보 2363호, 사설)

ㄴ. 소년 범죄의 문제는 최근 더 커지는 사회적 두통거리로 생각되고
있는 것이다. (한국일보 7549호, 사설)

📁 풀이씨의 대상이나 상대가 됨을 나타낸다.

(339) ㄱ. 조정에서는 크게 군사를 동원하여 병부 우시랑 양웅창으로 경략
을 삼고 병부원 외령 유황상과 주사 원황으로 군무를 맡게 하여
요동에 머무르게 하고 … (『징비록』 권지2)

ㄴ. 그로 하여금 반장으로 삼았다.

ㄷ. 전체 농가를 대상으로 한 다수확 농가 시상제도는 그 기준이 비
현실적으로 너무 높아 소기의 성과를 기대하기 어렵다. (중앙일
보 2363호, 사설)

ㄹ. 교육연구원 등 모두 4백 개조를 대상으로 질문지 법에 의한 여론
조사를 거쳐 확정되면 … (중앙일보 2375로, 3면)

📁 풀이씨에 걸리어 상황이나 상태를 나타낸다.

(340) ㄱ. 시상제도는 시상 기준이 비현실적으로 너무 높아 소기의 성과를

기대하기 어렵다. (중앙일보 2363호, 사설)

ㄴ. 이러한 기대와 희망이 대학에서 전적으로 충족된다는 것은 극히 드문 일이다. (대학의 관계)

ㄷ. 전신을 내던져 사는 사람들에겐 의외로 행운이 따른다. (『난파선』, 29쪽)

ㄹ. 시민들은 실질적으로 서울의 포기를 모르고 있었다. (『난파선』, 32쪽)

ㅁ. 그가 왔다는 말인가, 끝내 없더란 말인가, 기계적으로 여자의 등을 두드려 주며 그는 겨우 질문을 삼갔다. (『난파선』, 305쪽)

ㅂ. 여자는 사무적으로 돌아갔다. (『난파선』, 23쪽)

📁 풀이씨에 걸리어 결정이나 결과를 나타낸다.

(341) ㄱ. 문제를 몇 가지 골라 검토하기로 한다. (건대신문 408호, 2면)

ㄴ. 김두한의 조직을 이용하기로 했다고 한다. (중앙일보 2369호, 3면)

ㄷ. 거기서부턴 걷기로 했다. (『난파선』, 302쪽)

ㄹ. 그것은 날 필요로 하지 않았고 … (『난파선』, 18쪽)

ㅁ. 그들 사이의 작별의 인사는 필연적으로 듣기에도 섭섭한 good-night가 아니요, 쾌활하고 신선한 good-morning이 될 것이다. (사랑은 눈오는 밤에)

ㅂ. 윤희는 갈 수 있는 데까지 가보기로 결정했다. (『난파선』, 23쪽)

📁 풀이씨에 걸리어 자격을 나타낸다. 이것은 '으로서'가 준 것이다.

(342) ㄱ. 3종 언어를 국어로 삼고 있으며 영어는 영국과 미국에서 국어로 삼고 있는 것 같다. (건국대, 『대학국어』, 26쪽)

ㄴ. 우리는 그를 스승으로 하여 공부에 정진했다.

📁 순서를 나타낸다.

(343) ㄱ. 여러 개의 음이 일정한 순서로 연결되어 발음되고 있으며 (건국 대, 『대학국어』, 28쪽)

ㄴ. 첫째로 의존 경제성의 심화 문제를 들 수 있다. (건대신문 408 호, 2면)

ㄷ. 처음으로 이 젊은 여자의 머리 속을 의심했다. (『난파선』, 10쪽)

ㄹ. 마지막으로 본 서울은 지난 겨울 유난히도 눈이 많이 덮인 거리 였다. (『난파선』, 39쪽)

ㅁ. 갖가지 방법을 쓰고 최후적으로는 이 대통령의 '만'자 '사인'까지 내 보여 협력을 얻어내는데 성공했다. (중앙일보 2375호, 3면)

위의 예문에서 보는 바와 같이 순서를 나타내는 '으로'는 그 앞에 순서를 나타내는 이름씨나 셈씨가 오면 자연히 차례를 나타낸다. 따라 서 이때의 '으로'는 풀이씨와는 별 관계없이 그 의미를 나타낸다. 그러 므로 국어 토씨의 의미직능을 굳이 풀이씨에 의하여 판단하려 하는 것은 절대적이 아니다.

▱ 간주를 나타낸다.

(344) ㄱ. 학문은 의미상으로 하나의 전체이다. (건국대, 『대학국어』, 11쪽)

ㄴ. 경제적으로 그가 제일 부자이다.

ㄷ. 그가 사회적으로 명성이 가장 높다.

여기서의 '으로는'은 '－으로 보면'의 뜻이 되는데, 이때의 토씨는 대체적으로 '으로는'과 같은 겹토씨의 경우에 이렇게 풀이된다. 그러 나 다음과 같이 '으로' 단독으로도 이런 뜻으로 쓰인다.

ㄹ. 국내 출판물을 가지고 유일한 상대로 생각한다면, 한국의 실정으 로 큰 인물되기 어려운 것이 아니랴? (대학생활의 회상기)

ㅁ. 언어라는 것이 일의적으로 민족과 민족을 명확하게 구별하는 유일한

표준이 아니라는 것을 실증한다. (중앙일보 2361호, 사설)

📁 추정을 나타낸다.

(345) ㄱ. 그는 서울에 갈 것으로 보인다.

　　　ㄴ. 그는 대의원에 출마할 것으로 추정된다.

　　　ㄷ. 그는 꼭 올 것으로 믿어지더니 그만 오지 않았다.

　　　ㄹ. 보고야 떠나겠다는 고집들인 것으로 보아 월이의 얼굴이나 한번
　　　　　보았으면 하는 모양이었다. (중앙일보 임꺽정 74)

이 경우의 '으로'는 '－처럼', '－과 같이' 등으로 풀이되어 추측을
나타낸다. 그런데 이때의 추정은 풀이씨 특히 움직씨에 의하여 그 의
미가 결정되어진다. 다시 말하면, 움직씨가 '으로'로 하여금 추정의 뜻
을 추출해 주는 특성을 가지고 있다는 것이다.

📁 수단을 나타낸다.

(346) ㄱ. 문학에 의한 언어는 어디까지나 음성에 의한 언어를 기반으로 이
　　　　　루어졌음을 잊어서는 안 된다. (건국대, 『대학국어』, 23쪽)

　　　ㄴ. 전화를 매개물로 하여 두 사람은 일을 이루게 되었다.

　　　ㄷ. 작업으로 외에는 세상에 발을 담지 못하고 있다. (『난파선』, 15쪽)

📁 '으로'의 파생직능(대체로 어찌씨를 파생시킨다.)

먼저 예문을 보기로 하자.

(347) ㄱ. 어머니에 대한 그의 신뢰는 참으로 한이 없습니다. (「모송론」)

　　　ㄴ. 그렇게도 긴밀한 사이를 가지고 있는 결합은 실로 어느 곳에서도
　　　　　발견되지 않습니다. (「모송론」)

　　　ㄷ. 새 노래는 공으로 들으려오. (「남으로 창을 내겠소」)

ㄹ. 나는 진실로 그를 싫어한다.

ㅁ. 나는 그것을 사실로 믿었다.

ㅂ. 억지로 집을 떠났다.

이와 같은 예는 참으로 많다. 이들 어찌씨는 본래 '이름씨'와 '으로' 가 합하여 이루어진 것인데, 이들이 이미 어찌씨로 파생되어 고정되어 진 이상, '으로'는 뒷가지로 다루지 않을 수 없는 것이다.[20] 왜냐하면, '으로'는 파생력이 있기 때문이다.

그러나 경우에 따라서는 '으로'가 뒷가지인지 토씨인지 구별하기 어 려운 경우가 더러 있다.

(348) ㄱ. 나는 그것을 사실로 믿었다.

ㄴ. 나는 그것을 진실로 믿었다.

이들 (348ㄱ~ㄴ)에서 '사실로', '진실로'는 '참으로'의 뜻으로도 풀이 되며, 경우에 따라서는 '사실로서', '진실로서'로 풀이될 수 있다. 이들 은 문맥의 전후관계에 의하여 풀이되지 않으면 아니 될 것이다.

'으로써'의 쓰임

이것이 '으로'로 사용되더라도 으뜸꼴이 '으로써'인 것으로 볼 수 있 는 것은 모두 합하여 여기에서 다루기로 한다. 그런데 최현배 박사는 이 토씨를 연장자리토씨라 하여 이를 다시 '기구, 도구, 자료, 방편, 이유' 등을 나타낸다고[21] 하였는데 사실 이 토씨의 직능은 매우 복잡 하다. 이하에서 이를 자세히 알아보기로 한다.

📁 풀이씨에 걸리어 기구를 나타낸다.

---

20) 김계곤, 『현대국어의 조어법(word-formation) 연구 : 뒷가지에 대한 파생법』, 박이정, 1996, 53쪽 참조.
21) 최현배, 『우리말본』, 정음사, 1959, 605쪽 참조.

(349) ㄱ. 금토끼로(써) 찍어 내어 옥도끼로(써) 다듬어서 초가 삼간 집을
지어 … (동요)

ㄴ. 칼로(써) 연필을 깎는다.

ㄷ. 지게로써 짐을 나른다.

📁 풀이씨에 걸리어 방편을 나타낸다.

(350) ㄱ. 그는 비행기로(써) 떠났다.

ㄴ. 그는 자가용으로(써) 떠났다.

ㄷ. 롤러스케이트로(써) 미대륙을 횡단하였다.

📁 풀이씨에 걸리어 수단이나 조건을 나타낸다.

(351) ㄱ. 병은 약으로써 고쳐야 한다.

ㄴ. 민족 공동사회를 개별적 특징으로써 파악하려 함에는 언어의 공
동만 이 시야 중에 들어오기가 가장 쉽다. (민족과 언어)

ㄷ. 한일 합작으로 일산 60만 배럴 규모의 정유공장이 온산에 세워
지게 되었다. (중앙일보 2363호, 사설)

ㄹ. 생산되는 유류 전량을 수출한다는 조건으로써 허가된 정유공장
의 건설이 한국 경제에 어떠한 득과 실을 가져 올 것인지 지금으
로서는 속단하기 어렵다. (중앙일보 2363호, 사설)

📁 풀이씨에 걸리어 이유나 원인을 나타낸다.

(352) ㄱ. 결국 수출용 정유공장의 건설러 얻는 이득은 부산물의 가치에 국
한 된다고 보아서 그리 큰 잘못은 아닐 것이다. (중앙일보 2363
호, 사설)

ㄴ. 공해로 파생되는 손실이 그 부산물 이용으로써 얻는 이득보다 장
기적으로 클 수도 있음을 직시하여야 한다. (중앙일보 2363호,

사설)

ㄷ. 팔레스타인 게릴라들이 포격과 폭탄 투척을 재개하고 이에 대한 보복으로써 레바논 공군기가 팔레스타인 요새를 공격함으로써 재연되었다. (한국일보 7549호, 2면)

ㄹ. 술이는 그의 저축에서 어머니의 약값으로 쓰다 남은 이십여 원을 하룻밤에 술과 도박으로 없애 버리고는, 그날부터 곧 환장한 사람이 되어 버렸다. (바위)

ㅁ. 중풍으로써 반신불수가 되어 거리에 돌아다닌다고 하고 (바위)

📁 풀이씨에 걸리어 재료를 나타낸다.

(353) ㄱ. 콩으로써 메주를 쑨다. (속담)

ㄴ. 문은 문장의 집합으로 이루어진다. (건국대, 『대학국어』, 28쪽)

ㄷ. 쌀로써 술을 빚는다.

ㄹ. 벽돌로써 건물을 짓는다.

자료는 어떤 물건이나 물질을 이루는 감이 되는 것만에 국한시켜야 할 것으로 생각된다.

📁 풀이씨 걸리어 물자나 사실을 나타낸다.

(354) ㄱ. 수통의 물로써는 어림도 없다. (『난파선』, 34쪽)

ㄴ. 비통과 절망으로써 밤을 맞은 때가 한두 번이었던가? (『난파선』, 20쪽)

ㄷ. 폐음절은 자음으로써 끝난다.

ㄹ. 밥만으로써 사람은 살 수 없다.

ㅁ. 해방 후 나라 안은 혼란으로써 뒤덮였었다.

📁 풀이씨에 걸리어 근거를 나타낸다.

(355) ㄱ. 그것이 제 나라라는 이유만으로써 이 배와 운명이 같습니다. (『난
　　　파선』, 19쪽)

　　ㄴ. 허생원은 동이가 왼손잡이라는 사실로써 동이가 누구인지를 알
　　　게 되었다.

　　ㄷ. 체력 향상으로써 국력이 배양되었음이 입증되었다.

🗂 상태를 나타낸다.

(356) ㄱ. 알아 본 듯한 표정도 없는 얼굴로써 소리 질렀다. (『난파선』, 35쪽)

　　ㄴ. 고의를 벗어 띠로 등에 얽어 메고 반 벌거숭이의 우스꽝스런 꼴
　　　로써 물속에 뛰어들었다. (『메밀꽃 필 무렵』)

　　ㄷ. 여인은 귀찮은 빛으로써 더 나무라지 않고 강아지를 안아 들었
　　　다. (『난파선』, 303쪽)

　　ㄹ. 짤막한 속옷바람으로 빠진 것이 없나 어정거리며 다시 죠오지를
　　　불렀다. (『난파선』, 25쪽)

🗂 오관으로 느낌을 나타낸다.

(357) ㄱ. 26일 오후 의정부는 반격 뉴우스로써 한심했으나 (『난파선』, 31쪽)

　　ㄴ. 그것을 봄으로써 만족하였다.

　　ㄷ. 나는 그의 편지로써 그의 안부를 알게 되었다.

　　ㄹ. 맛으로써, 그것이 무엇인지를 알 수 있다.

　위의 예들은 얼핏 방편이나 수단 혹은 이유 등을 나타낸다고도 볼
수 있으나, '뉴우스'는 '뉴우스를 듣고'로 될 것이오, '봄으로써'는 '보
고서'로, '편지로써'는 '편지를 읽고'로, '맛으로써'는 '맛을 보고' 등으
로 풀이됨으로써 이들을 따로 항목을 세워 다룬 것이다.

🗂 '-에 의하여'를 나타낸다.

(358) ㄱ. 온 산이 눈으로써 뒤덮였다.

　　　ㄴ. 개구리들의 모세의 명령으로써 전부 죽어 버리자 (『성서이야기』,
　　　　　67쪽)

　　　ㄷ. 아침 일찍 모세의 명령으로써 강물은 두 쪽으로 갈라지고 (『성서
　　　　　이야기』, 69쪽)

　　　ㄹ. 그의 한 마디 말로써 만사가 무사히 되었다.

위의 예문을 보면, 모든 결과가 어떠한 동작에 의지하여 이루어졌음
을 알 수 있다.

　📁 풀이씨에 걸리어 한도 또는 기한을 나타낸다.

(359) ㄱ. 내일로써 그가 간 지 꼭 한달이 된다.

　　　ㄴ. 사원 모집은 15일로써 마감된다.

　　　ㄷ. 오늘로써 방학은 끝난다.

　📁 풀이씨에 걸리어 시발을 나타낸다.

(360) ㄱ. 기아 사태는 날씨가 가뭄으로(써)부터 시작되었다.

　　　ㄴ. 6·25는 괴뢰군의 선공으로써(부터) 비롯되었다.

　　　ㄷ. 말다툼으로써 시작된 싸움이 드디어는 패싸움으로까지 되었다.

'으로서'의 쓰임
이 토씨는 풀이씨에 걸리어 어떤 자격을 보인다.

　📁 지위(신분)를 나타낸다.

(361) ㄱ. 그는 유명한 대통령으로서 후세에 이름을 남겼다.

　　　ㄴ. 그는 우리나라의 대표선수로서 활약이 매우 크다.

　　　ㄷ. 학생으로서 그래서야 되겠니?

ㄹ. 관리로서 부정을 해서야 되겠나?

ㅁ. 결혼날 신랑으로서 할 수 없는 말을 끄집어 낼 참인가. (『난파선』, 16쪽)

관계를 나타낸다.

(362) ㄱ. 그는 나의 아우로써 매우 착하다.

ㄴ. 나는 여러분의 스승으로서 열심히 가르쳐야 할 책임이 있다.

ㄷ. 요놈의 각서리 요래도 정승·판서 자제로 팔도감사 마다고 …

ㄹ. 나는 그를 나의 사위로 삼았다.

출신(출생)이나 성분을 나타낸다.

(363) ㄱ. 내가 동국인으로 누구를 얻을 수 있었기에 … (『난파선』, 14쪽)

ㄴ. 아마도 그 시대 뼈대 있는 집안 출신으로 예능계에 발을 디딜 때 반대를 받지 않은 사람은 없었을 것이다. (한국일보 7549호, 3면)

ㄷ. 미국인으로는 결코 이해조차 할 수 없이 가난하고 무력한 … (『난파선』, 31쪽)

ㄹ. 그는 선비 출신으로서 지조 있는 애국자였었다.

추대나 자격을 나타낸다.

(364) ㄱ. 우리는 그를 회장 후보로 지명하였다.

ㄴ. 그는 국회위원 입후보로서 출마하였다.

ㄷ. 그는 의사로서 남의 인정을 받고 있다.

ㄹ. 언어는 언제나 국어로서만 그 생명을 보유한 것이요. (건국대, 『대학국어』, 19쪽)

ㅁ. 그는 그 학교의 교장으로서 취임하였다. (『우리말본』, 606쪽)

ㅂ. 시민의 한 사람으로서 공공도덕을 지키지 못하랴.

이것은 '─의 자격을 가지고', '─이 되어서' 그리고 '─에 추대되어서'의 뜻을 나타낸다.

🗂 처지, 형편 등을 나타낸다.

(365) ㄱ. 윤화로선 그런 필요를 느끼지 못하고 있었다. (『난파선』, 26쪽)

　　ㄴ. 나로서는 백만원의 회사금을 낼 수가 없다.

　　ㄷ. 그 일은 S사장으로서도 어쩔 수가 없었다.

　　ㄹ. 정유공장의 건설이 한국경제에 어떠한 득과 실을 가져올 것인지 지금으로서는 속단하기 어렵다. (중앙일보 2363호, 사설)

이 경우의 의미는 대체적으로 '으로서도'와 같은 겹토씨에 의하여도 나타난다.

🗂 수단이나 방법을 나타낸다.

(366) ㄱ. 이에 대한 보복으로서 레바논 공군기가 팔레스타인 요새를 공격함으로써 재연되었다. (한국일보 7549호, 사설)

　　ㄴ. 그를 살리는 길로서는 이것밖에 없다.

　　ㄷ. 술이는 그의 저축에서 어머니의 약값으로서 쓰다 남은 이십여 원을 하룻밤에 술과 도박으로 없애버리고 … (바위)

🗂 지정이나 인정을 나타낸다.

(367) ㄱ. 어머니의 눈에는 언제든지 아들이란 그가 얼마나 나이 먹었어도 결국 어린 아이로서 밖에는 비추이지 않는 까닭으로 어머니는 이때 적지 않은 불안을 느끼기 시작하는 것입니다. (『모송론』)

　　ㄴ. 나는 그를 어른으로서 대접할 수가 없다.

　　ㄷ. 사회주의 이론가 카우츠키도 민족을 언어공동체로서 파악하였

다. (『민족과 언어』)

　ㄹ. 사람으로서 누가 그것을 좋아하랴.

　ㅁ. 무엇보다도 종자개량, 비배관리 등의 미흡이 주된 원인으로 지적
되고 있다. (중앙일보 2363호, 사설)

　ㅂ. 증산 유인책으로서 정부가 지금까지 실시해 온 것은 고미가 정책
이다. (중앙일보 2363호, 사설)

이 '인정'이나 '지정'은 '-로 여기다', '-으로 치다', '-이라고' 또는
'-으로 정하다'의 뜻으로 해석되는 것을 모두 포함한다.

　📁 근거를 나타낸다.

(368) ㄱ. 낮보다 밤이 더 호화스러운 이유로(서)는 언덕배기 판자촌이 촘촘
히 박힌 불빛만으로 위장된다는 이유도 있다. (『난파선』, 310쪽)

　　ㄴ. 그가 성공한 이유로서는 불철주야로 노력한 데 있다.

이 '근거'는 '-가 되는 것'으로 풀이될 것이며, 대체적으로 '으로서
는'의 형태를 취한다.

　📁 어떤 특수한 가치를 가지는 존재를 나타낸다.

(369) ㄱ. 불가분의 정신적 실체로서 하나의 생성하는 전체를 이룰진대 …
(『대학의 과제』)

　　ㄴ. 한국어를 통하여 사고하고 생활하며 인간으로서 성장하여 가는
것이므로 … (건국대, 『대학국어』, 27쪽)

　　ㄷ. 문법은 문법 전체로서 그 하위단위와 유기적 통일체를 이루고 있
는 것과 같이 문학도 그 전체로서 하위단위와 유기적 통일체를
이루고 있다. (건국대, 『대학국어』, 28쪽)

　　ㄹ. 수많은 개별언어의 하나로서 몽고어, 중국어니 하는 여러 언어와

같은 의미에서 말하는 것인데 (건국대, 『대학국어』, 26쪽)

📎 비율이나 정도를 나타낸다.

(370) ㄱ. 백원은 천원의 1할로서 십원의 열배가 된다.

　　　ㄴ. 한달치로서는 부족하다.

　　　ㄷ. 이것의 십분지 일로서는 좀 모자라는 듯하다.

5) 방향자리토씨 : 으로

방향자리토씨에는 '으로'가 있다. 이 토씨는 절대로 '으로써'로는 되지 않으며 이동움직씨나 변성움직씨와 같이 쓰이어 방향, 변성 등을 나타낸다.

📎 풀이말에 걸리어 방향이나 향진을 나타낸다.

(371) ㄱ. 군용 트럭이 남으로 스쳐갔다. (『난파선』, 36쪽)

　　　ㄴ. 염천교로 통하는 뒷전 거리는 음산한 시간도 지나 (『난파선』, 302쪽)

　　　ㄷ. 반대로 그가 너를 혼돈에 빠뜨릴 권리도 없다.

　　　ㄹ. 무대 뒤로 숨어 버렸다. (중앙일보 2363호, 5면)

　　　ㅁ. 메밀밭께로 흘러간다. (『메밀꽃 필 무렵』)

　　　ㅂ. 동경으로 옮기도록 해 주겠소. (『난파선』, 22쪽)

　　　ㅅ. 우리는 앞으로 앞으로 나아갔다.

　　　ㅇ. 홀 안의 떠들썩함은 계속 윤화를 밖으로 몰아 재촉하였다. (『난파선』, 15쪽)

위의 예들에서 보는 바와 같이 방향이나 향진은 그 명칭만 다를 뿐이지 실제 의미는 별로 다를 바가 없음을 알 수 있다. 따라서 방향을 나타내는 '으로'는 동작의 나아가는 행방을 나타내고 있다.

📁 풀이말에 걸리어 변화나 전환을 나타낸다.

(372) ㄱ. 'mal'은 고음으로 발음하면 '馬'란 뜻이 되고 저음으로 발음하면
　　　 '言語'란 뜻으로 되어 고저음의 뜻을 변변하게 되어 … (건국대,
　　　 『대학국어』, 32쪽)

　　 ㄴ. 학문 대신에 오직 교화를 구하고 강단을 제단으로 대치하려 한
　　　 다. (『대학의 관계』)

　　 ㄷ. 점진적으로 바뀌던 것이 결과적으로 다른 모습으로 나타나는 것
　　　 이다. (『난파선』, 27쪽)

　　 ㄹ. 신부의 놀란 표정은 턱없이 헤픈 미소로 번졌다. (『난파선』, 10쪽)

　　 ㅁ. 예전의 서울 모습으로 돌아가지 않을 게다. (『난파선』, 301쪽)

📁 풀이말에 걸리어 목적지를 나타낸다.

(373) ㄱ. 나는 학교로 가고 그는 집으로 갔다.

　　 ㄴ. 우리는 동구릉으로 소풍을 갔다.

📁 풀이말에 걸리어, 통과 경유지를 나타낸다.

(374) ㄱ. 그는 부산으로 해서 서울로 왔다.

　　 ㄴ. 그는 부산으로 대구로 다녀서 왔다.

　　 ㄷ. 음성언어는 입으로 낸 음성을 소재로 하여 표현한다. (건국대, 『대
　　　 학국어』, 23쪽)

📁 어떤 행동이 되풀이되는 장소를 나타낸다.

(375) ㄱ. 그는 매일 아침 공주릉으로 산보를 한다.

　　 ㄴ. 그는 매일 여기로 온다.

6) 견줌자리토씨

'보다'의 쓰임

🗂 동작, 상태에 관한 비교의 표준, 기준을 나타낸다.

(376) ㄱ. 재판관 중 판사보다도 높은 자격을 요구하는 것에 재직한 자는
　　　　판단능력이 뛰어나야 한다.
　　　ㄴ. 너보다 내가 이 방면에는 뛰어났다.

🗂 어떤 사물에 대하여 말할 때 비교, 대조를 나타낸다.

(377) ㄱ. 너는 그이보다 관대한 것 같다.
　　　ㄴ. 너에게는 양복보다 한복이 더 어울린다.
　　　ㄷ. 당신은 시보다 그림을 공부하시오.

🗂 위치, 시간, 정도 등에 관하여 경계를 세워서 그 한쪽의 범위를 총
괄하여 말할 때 경계가 되는 시간, 시기를 나타낸다.

(378) ㄱ. 나는 그이보다 이전에 졸업했다.
　　　ㄴ. 나는 너보다 뒤에 시작했다.

'보다'는 지역에 따라서는 '보담'으로 쓰기도 한다.

'에'의 쓰임

🗂 임자말에 중점을 둘 때 쓰인다.

(379) ㄱ. 나라의 말이 중국에 다르다.
　　　ㄴ. 우리는 그들에 다르다.

272

📝 임자말을 '이름씨＋에'에 견줌을 나타낸다.

(380) ㄱ. 저것이 이것에 같다.

ㄴ. 네가 원숭이에 닮았다.

'처럼'의 쓰임

📝 임자말이 견줌말에 유사함을 나타낸다.

(381) ㄱ. 풍신수길은 원숭이처럼 생겼더란다.

ㄴ. 그 시인은 큰바위 얼굴처럼 생겼었다.

📝 풀이씨 뒤에 쓰이어 유사함을 나타내면서 조각으로서는 견줌말이 된다.

(382) ㄱ. 그는 젊어서처럼 일만 한다.

ㄴ. 일하고 나서처럼 기분 좋은 일은 없다.

'같이'의 쓰임

📝 임자말과 동일함을 나타낸다.

(383) ㄱ. 그는 그의 아버지같이 생겼다.

ㄴ. 너는 나같이 걸어라.

'처럼'과 '같이'의 차이는 '처럼'은 대조적 견줌을 나타내고, '같이'는 동질적인 것의 견줌을 나타낸다.

(384) ㄱ. 그는 중국 사람처럼 중국말을 잘한다.

ㄴ. 그는 중국 사람같이 중국말을 잘한다.

(384ㄱ)에서의 '처럼'은 사실 '그'는 중국 사람이 아닌데 중국 사람인

것처럼 중국말을 잘한다는 뜻이요, (384ㄴ)의 '그가 하는 중국말'과 '중국 사람이 하는 중국말'이 동일할 만큼 유창하다는 뜻이다. 따라서 (384)의 '처럼'은 '한국 사람'과 '중국 사람'의 견줌이요, (384)의 '같이'는 '한국말'과 '중국말'의 견줌이다. 그러므로 '처럼'이 이질적견줌이라면 '같이'는 동질적견줌이라고 할 것이다.

'만큼'의 쓰임

📑 대개의 분량·정도를 나타낸다.

(385) ㄱ. 십 미터만큼 깊이 파라.
　　　ㄴ. 하루에 그이만큼 일할 사람이 있나?

📑 정도를 비교하는 기준을 나타낸다.

(386) ㄱ. 그때만큼 돈이 많이 들지 않는다.
　　　ㄴ. 이것만큼 큰 잉어를 보았느냐?

'만'의 쓰임

📑 '−만 같지 못하다', '−만 하다'의 형식으로 쓰이어 대등함을 나타낸다.

(387) ㄱ. 그는 너만 같지 못하다.
　　　ㄴ. 그는 너만 하다.

'과/와'의 쓰임

📑 임자말이 견줌말과 대동(동일)함을 나타낸다.

(388) ㄱ. 그는 성적이 너와 같다.

ㄴ. 철수는 성격이 그의 아버지와 같다,

📁 '-에서와 같이'의 형식으로 쓰이어 동일함을 나타낸다.

(389) ㄱ. 그는 집에서와 같이 잘 논다.

ㄴ. 철수는 미국에서와 같이 일을 잘한다.

📁 풀이씨에 쓰이어 동일함을 나타낸다.

(390) ㄱ. 그는 살아서와 같이 저승에서도 일만 할 것이다.

ㄴ. 그는 그의 어머니가 죽고서와 같이 이번에도 슬피 운다.

(390)에서 보면 '씨끝+과/와 같이'의 형식으로 되어 있다.

'하고'의 쓰임

📁 임자말과 견줌말이 동일함을 나타낸다.

(391) ㄱ. 그는 그의 아버지하고 같다.

ㄴ. 너는 너의 누나하고 닮았다.

📁 '-에서와 같이'의 형식으로 쓰이어 동일함을 나타낸다.

(392) ㄱ. 그는 집에서하고 꼭 같이 까분다.

ㄴ. 철수는 학교에서하고 같이 집에서도 열심히 공부한다.

📁 '하고'는 '-고' 때문에 중첩적인 견줌의 뜻을 나타낸다.

(393) ㄱ. 너는 너의 어머니하고 꼭 같다.

ㄴ. 철수는 영희하고 꼭 같이 생겼다.

(393)의 '하고'는 임자말이 견줌말과 같은 것이 아니고 임자말과 견줌말이 서로 같다는 뜻이다. 즉 (393ㄱ)에서 보면 '너는 너의 어머니를 닮았고, 너의 어머니는 너를 닮았다'의 뜻으로 이해된다.

📁 풀이씨의 뒤에 와서 동일함을 나타낸다.

(394) ㄱ. 그는 살아서하고 같이 저승에서도 열심히 살 것이다.
　　　ㄴ. 철수는 집에 있어서하고 같이 태연하다.

(394ㄱ~ㄴ)과 같은 예는 혹 사투리에서 쓰이기는 하나 서울에서는 잘 쓰이지 않는다.

'마따나'의 쓰임

📁 '말마따나'의 형식으로만 쓰이어 동일함을 나타낸다.

(395) ㄱ. 그의 말마따나 오늘은 비가 오겠다.
　　　ㄴ. 네 말마따나 과연 오늘은 따뜻하다.

'에', '만', '과/와', '하고'는 본래 견줌자리토씨가 아니나, 풀이말이 견줌을 나타내는 풀이씨가 올 때 쓰이고, '보다, 처럼, 만큼, 같이, 마따나' 등은 이들 토씨의 의미적 자질에 의하여 견줌을 나타낸다. '마따나'는 (395ㄱ~ㄴ)과 같은 경우에 한하여 쓰인다. 사투리에는 '마도'도 있다.

7) 함께자리토씨

어떤 행위를 말할이와 함께 함을 나타내는 토씨를 함께자리토씨라 하는데 이때의 풀이말은 움직씨임이 특이하다.

'과/와'의 쓰임

📁 '과/와'는 '동시에'의 뜻을 나타내는 함께자리토씨이다.

(396) ㄱ. 너는 나와 같이 가자.

ㄴ. 그는 아버지와 함께 산다.

ㄷ. *순희는 철수와 같이 논다.

위 예에서 보면 '과/와'가 함께자리토씨가 되기 위해서는 '동시'의 뜻을 나타내는 어찌씨 '같이, 함께 동시에' 등과 함께 사용되거나 될 수 있는 때이다.

'하고'의 쓰임

📁 중첩적 '함께'의 뜻을 나타낸다.

(397) ㄱ. 여러분 다같이 나하고 삽시다.

ㄴ. 그는 할아버지하고 또 같이 살았다.

📁 제한적 '함께'의 뜻을 나타낸다.

(398) ㄱ. 바둑아 바둑아 나하고 놀자.

ㄴ. 너는 나하고만 살자.

(398ㄱ~ㄴ)의 '하고'는 그 상황적 의미상 제한적 뜻으로 느껴진다.

8) 매김자리토씨 : 의

뒤 임자씨가 앞 임자씨에 딸려 있으면서 여러 가지 뜻이나 관계를 나타낸다.

📁 소유주를 나타낸다.

(399) ㄱ. 그칠 줄 모르고 타는 나의 가슴은 누구의 밤을 지키는 약한 등불입니까?

　　　ㄴ. 나는 아직 나의 봄을 기다리고 있을 테요.

📁 소속을 나타낸다.

(400) ㄱ. 전 세계의 어느 곳을 가도 찾아볼 수 있습니다.

　　　ㄴ. 한글학회의 회원들은 한글을 전용하기로 결의하였다.

(399)와 (400)의 다른 점은 다음과 같다. 즉 (399)의 경우는 분명히 앞 임자씨가 독립성이 있는데 반하여, (400)에서는 뒤 임자씨가 앞 임자씨의 한 부분이 되어 있다는 점이다. (400)의 해석으로는 '-에 있는' 또는 '-에 딸려 있는'으로 될 것이다.

📁 소생을 나타낸다.

(401) ㄱ. 독일의 시인 라이너 마리아 릴케는 이렇게 말했다.

　　　ㄴ. 인도의 시성 타고르는 우리나라를 동방의 등불이라 했다.

이때의 소생은 '출생', '-이 낳은', '-이 생각해 낸' 등으로 풀이가 되는 경우를 말하는 것이다.

📁 생산, 산출을 나타낸다.

(402) ㄱ. 안성의 유기

　　　ㄴ. 제주의 귤

　　　ㄷ. 충무의 상선

이 경우는 임자씨가 생산지일 때이다.

📑 집필자, 저작자, 제작자, 가창자, 주연자, 작성자, 주체자, 발신자 등의 행위를 나타낸다.

(403) ㄱ. 충무공의 난중일기(거북선)
　　　 ㄴ. 최현배의 우리말본
　　　 ㄷ. 신 양의 연주회

이들 예는 한없이 많다. 그 의미는 앞에서 말한 대로 '-가 집필한', '-가 만든', '-가 저술한' 등으로 된다.

📑 존재를 나타낸다.

(404) ㄱ. 부산의 태종대
　　　 ㄴ. 동래의 온천
　　　 ㄷ. 제야의 종소리

이 경우의 풀이는 '-에 있는', '-에서 있었던' 등으로 될 것 같다.

📑 위치와 방향을 나타낸다.

(405) ㄱ. 태백산맥의 서쪽 사면에는 …
　　　 ㄴ. 소백산맥의 중간에 진안 고을을 이루고 있다.
　　　 ㄷ. 서울은 우리나라의 중앙에 있다.

(405ㄱ)은 방향, (405ㄴ~ㄷ)은 위치를 나타낸다.

📑 어떤 관계의 기점을 나타낸다.

(406) ㄱ. 스란스키의 미망인은 당시의 상황을 다음과 같이 말하고 있다.

ㄴ. 우리의 조상들은 합리적인 민족이었다.

ㄷ. 나의 누나는 시집을 갔다.

이때의 관계는 주로 인간 관계를 뜻하고자 한다.

📁 시간·시기를 나타낸다.

(407) ㄱ. 현재의 상황에 만족하고 있다.

ㄴ. 우리가 최초의 기안자라는 것을 잊지 맙시다.

ㄷ. 가을의 꽃이 한창이다.

이때의 임자씨는 시간, 시기, 계절을 나타내는 임자씨이다.

📁 비율을 나타낸다.

(408) ㄱ. 우리의 국민소득은 북한의 다섯 배를 넘는다.

ㄴ. 재산의 일부를 팔아서 빚을 갚는다.

ㄷ. 삼분의 일을 네가 가져라.

📁 선택의 범위를 나타낸다.

(409) ㄱ. 물질과 정신의 세계라고 해도 좋다.

ㄴ. 이것의 범위 안에서 가져가거라.

📁 발생을 나타낸다.

(410) ㄱ. 장래의 위협을 삼제하려 하면

ㄴ. 미소의 전쟁은 있어서는 안 된다.

ㄷ. 남북한의 대화가 시급하다.

📑 사실의 관계를 나타낸다.

(411) ㄱ. 토의의 기술을 습득해야 한다.

ㄴ. 논문의 제목이 좋아야 한다.

ㄷ. 우리 양 진영은 과학의 공포가 아니라 과학의 신비성을 찾아냅시다.

ㄹ. 인간에게는 표현 본능의 욕구가 있다.

(411ㄱ~ㄴ)의 '의'는 '−에 관한'의 뜻이오, (411ㄷ~ㄹ)의 '의'는 '−에 대한'의 뜻으로 해석된다.

앞 임자씨가 뒤 임자씨의 행동의 주체임을 나타낸다.

📑 앞 임자씨에 '하다'를 붙일 수 있는 경우

(412) ㄱ. 남의 충고에 의하여 그것을 뜯어고친다.

ㄴ. 그의 행동은 참으로 위험하다.

ㄷ. 인류사회의 발전에 공헌하게 된다.

위의 세 예문의 경우를 보면 뒤 임자씨에 붙은 '하다'를 생략하면서 앞 임자씨에 '의'를 붙여서 단축시킨 것이다. 대표적으로 (412ㄱ)을 도시하면 ㄹ과 같다.

ㄹ. 남이 <u>하는</u> 충고에 의하여

↓ (마디) ↓

남의 <u>충고O에</u> 의하여

와 같이 된다. 따라서 이때의 '의'는 '−이 하는'으로 풀이될 것이다. 그런데 다음과 같은 경우를 보자.

ㅁ. 너의 편지 잘 받았다.

이때는 '네가 한 편지 잘 받았다'로 해석될 것이나

　　ㅂ. 너로부터의 편지 잘 받았다.

(412ㅂ)에서 '의'는 분명히 '-으로부터 온'으로 해석해야 할 것이다. 그러고 보면 '의'의 뜻을 확실히 알아 보는 법은 겹토씨로 만들어 시험해 보는 일이다. 그런데 (412ㄹ)의 경우 한결같이 '의'를 '하다'로 해석함이 가능한 것은 '하다'가 우리말에서는 대용움직씨이기 때문이다. 그러나 구체적인 뜻은 그 월에 따라 다를 것이나 위와 같이 '하다'로 통일하여 보아도 이해하는 데는 별 무리가 없을 것으로 보아 (412ㄱ)을 (412ㄹ)과 같이 공식화한 것이다.

뒤 임자씨에 일정하게 '하다'를 붙일 수 없고 월에 따라 적당한 풀이를 해야 할 경우

① 수여를 나타낸다.

(413) ㄱ. 우리는 하나님의 축복과 은총을 빕니다.
　　　 ㄴ. 다른 사람의 도움을 받아라.

② '의'가 '이/가'의 뜻으로 보이면서 앞 이름씨의 어떤 성격이나 사실을 나타내는 경우

(414) ㄱ. 민족적 존영의 장애됨이 무릇 기하이며 …
　　　 ㄴ. 아 조선의 독립국임과 아 조선인의 자주민임을 선언하노라.

위의 두 경우를 보면 '임자씨＋의＋풀이말의 이름법'으로 공식화할 수 있는데 (414ㄱ~ㄴ)의 속구조를 보면 다음과 같이 볼 수도 있다.

(415) ㄱ. 민족적 존영이 장애가 됨이 무릇 기하이며 …

ㄴ. 아 조선이 독립국임과 아 조선인이 자주민임을 선언하노라.

(416) ㄱ. <u>우리의 행복됨이</u> 곧 나라의 행복이다.

ㄴ. <u>그의 착함이</u> 그를 훌륭한 사람이 되게 하였다.

③ 뒤 임자씨와 같은 뜻을 나타낸다.

(417) ㄱ. 두브체크의 미소

ㄴ. 금일 오인의 소임은 다만 자기의 건설이 유할 뿐이요.

(417ㄱ)의 뜻은 '두브체크가 웃는 미소'로 풀이되며, (417ㄴ)은 '금일 오인이 맡은 소임'으로 풀이되므로 ③과 같은 제목을 세웠으나, 다음 과 같이 앞뒤 임자씨와의 관계로 보아 다양하게 해석될 수 있는 경우 가 있다.

ㄷ. 우리의 최선을 다하자. (의=가능)

ㄹ. 우리의 고생도 끝났다. (의=경험)

ㅁ. 우리의 처지를 지지하여 (의=당면)

ㅂ. 우리의 집 (의=거주)

ㅅ. 시인의 사명 (의=의무)

앞 임자씨에 붙어서 뒤 임자씨의 속성을 나타낸다.

📁 상태를 나타낸다.

(418) ㄱ. 가능한 최선의 결론을 내려야 한다.

ㄴ. 토론에서 최대의 위험은 토론이 변하기 쉽다는 것이다.

ㄷ. 이천만 각개가 인마다 방촌의 인을 회하고

📁 수량을 나타낸다.

가. 셈이름씨에 붙어서 수량을 나타낸다.

(419) ㄱ. 다른 하나의 위험은 그 고비를 어떻게 넘길까 하는 일이다.

ㄴ. 이것은 하나의 이루어내기 어려운 이상이다.

나. 수적 이름씨에 붙어서 수량을 나타낸다.

(420) ㄱ. 발언이 잦은 소수의 사람에게 토의가 지배되기 쉽다.

ㄴ. 대개의 연구발표회는 진지하다.

다. 도량형의 단위나 어떤 사물의 수를 나타내는 매인이름씨에 붙어 수량을 나타낸다.

(421) ㄱ. 겨우 열 줄의 좋은 시

ㄴ. 백 마지기의 농사를 짓는다.

ㄷ. 보리쌀 한 말의 값

ㄹ. 월 오푼의 사채만 십만원을 넘는다.

🗀 차례수나 임자씨에 붙어 차례를 나타낸다.

(422) ㄱ. 제2의 청춘

ㄴ. 첫 번째의 질문은 토론으로, 두 번째의 질문은 토의로 이끌어 갈 것이다.

ㄷ. 하나님의 다음 가는 창조자

🗀 비교의 뜻을 나타낸다.

(423) ㄱ. 우리의 세 배나 우수하다.

ㄴ. 나의 두 배나 되는 수입

📁 정도를 나타낸다.

(424) ㄱ. 천 미터 이상의 높이를 가진 공원

ㄴ. 고도의 인격 양성을 위한 최소한도의 교양을 말한다.

📁 '-안'의 뜻을 나타낸다.

(425) ㄱ. 의류의 일부를 팔아서

ㄴ. 전세계의 인류

📁 재료를 나타낸다. (이 경우는 '-으로 만든'의 뜻이다.)

(426) ㄱ. 철근 콘크리이트의 건물

ㄴ. 순금의 반지

📁 명칭을 나타낸다.

(427) ㄱ. 예루살렘의 성지

ㄴ. 백두의 별명을 가진 사람

📁 '-에 대하여 지은'의 뜻을 나타낸다.

(428) ㄱ. 가을의 노래

ㄴ. 서울의 찬가

📁 준수의 뜻을 나타낸다.

(429) ㄱ. 토의에 있어서의 질서

ㄴ. 참석자의 임무

📁 비유를 나타낸다.

이에는 두 가지가 있는데, 하나는 비교가 되는 말이 앞에 올 경우요, 다른 하나는 뒤에 오는 경우이다. 전자를 정치비유라 하고, 후자를 도치비유라 한다.

가. 정치비유

(430) ㄱ. 흔히 발표회의 형식을 취한다.
　　　ㄴ. 논설조의 어조를 쓰지 않도록 하여야 한다.

나. 도치비유

(431) 무슨 솜씨가 피 속에서 시의 꽃을 피어나게 하느뇨?

이런 경우는 흔하지 않으나 특수한 수사의 경우에 한한다.

🗂 필요성을 나타낸다.

(432) ㄱ. 언어는 생활의 한 수단이다.
　　　ㄴ. 노력은 성공의 비결이다.

🗂 주효를 나타낸다.

(433) ㄱ. 결핵의 약으로는 이것이 제일이다.
　　　ㄴ. 아스피린은 감기의 약이다.

🗂 동격으로서 꾸민다.

이때는 '-인'으로 해석할 수 있을 것이다.

(434) ㄱ. 올해 우물이 마르지 않은 섬은 여미리와 육동부락 및 소마도의 셋뿐이다.

ㄴ. 영화감독의 홍성기

📁 이름씨의 대상을 나타낸다.

이때는 '-을 하는'의 뜻으로 이해된다.

(435) ㄱ. 전쟁의 기구가 평화의 기구보다도 훨씬 발당한 시대가 되었다.
　　　ㄴ. 그 혁명의 횃불은 금세기에 태어나서, 전쟁을 겪고 …

📁 매김말의 기능을 나타낸다.

(436) ㄱ. 구래의 억울을 선창하려 하면 …
　　　ㄴ. 차별적 불평과 통계 숫자상의 허식 밑에서는 …

이때는 특별한 뜻보다는 그저 꾸미고 있음을 나타내는데 지나지 않는다.

📁 'N+의' 뒤의 매김법 씨끝으로 끝날 때 임자말의 뜻을 나타낸다.

(437) ㄱ. 자가의 말한 바가 모인 사람의 의견에 부합되어야 한다.
　　　ㄴ. 나의 사랑한 조국의 동포여!

위의 두 구조는 다음과 같이 볼 수 있다.

(438) ㄱ. 자기의 (말한) 바가 모인 사람의 …
　　　ㄴ. 나의 (사랑하는) 조국의 동포여!

📁 뒤 임자씨의 부림말이 됨을 나타낸다.

(439) ㄱ. 시간의 낭비가 없어야 한다.
　　　ㄴ. 혁명의 계승자라는 사실을 잊지 맙시다.

(439ㄱ~ㄴ)의 밑줄 친 부분을 그 속구조로 고치면,

(440) ㄱ. 시간을 낭비함.

　　 ㄴ. 혁명을 계승하는 자

등으로 되는데, (440ㄱ~ㄴ) 말을 줄여서 하려니까 (440ㄱ~ㄴ)으로 된 것이다. 이러고 보면 '의'는 말을 줄이는 데 중요한 구실을 하는 토씨임을 알 수 있다.

　📁 '-(을) 하는'의 대용으로 쓰인다.

(441) ㄱ. 토의의 방법을 잘 모른다.

　　 ㄴ. 협동의 거점이 상호불신의 비밀을 제거해 준다.

　　 ㄷ. 연구의 방향이나 방법

　　 ㄹ. 의사전달의 기능이 갖추어져 있기 때문이다.

(440)에서도 말했듯이 '의'는 어떤 말을 줄이기 위해서 쓰인다고 한 바와 같이, (441ㄱ~ㄷ)의 '의'는 '~하는'의 뜻을 대신하고 있으며, (441ㄹ)의 '의'는 '-을 하는'의 뜻을 나타내고 있다. 아무튼 '의'가 대신하는 말은 모두가 매김말의 구실을 하는 말임을 보아도 '의'는 매김자리 토씨임이 분명하나 그 용법이나 뜻이 하도 다양하여 위에서 설명한 것 이외의 용법이나 문맥적 뜻이 더 있을 수 있다.

　📁 '의'의 뜻이 모호한 경우

일반적으로 다음과 같은 경우의 뜻은 두 가지 또는 세 가지 뜻으로 해석된다고 하나, 글쓴이의 생각으로는 다음 (442ㄱ)은 한 가지인 것이 원칙이고, (442ㄴ~ㄷ)의 뜻은 여러 가지로 유추하여 해석하는 방법이다. 왜냐하면, 실제 말살이에서는 (442ㄱ)의 말은 (442ㄱ)의 괄호 안

뜻으로만 쓰고 (442ㄴ~ㄷ)의 뜻으로는 다르게 말하기 때문이다.

(442) ㄱ. 어머니의 사진(어머니를 찍은 사진)

　　　ㄴ. 어머니의 사진(어머니가 찍은 사진)

　　　ㄷ. 어머니의 사진(어머니가 소유한 사진)

　　　ㄹ. 어머니의 편지

(442ㄱ~ㄷ)의 말은 일반적으로 (442ㄱ)의 뜻으로만 쓰고 (442ㄴ~ㄷ)의 '어머니의 사진'은 각각 그 뒤의 괄호 속에 잇는 식으로 말을 하는 것이 보편적이다. 그 이유는 (442ㄷ)과 비교하여 보면 알 것이기 때문이다. 즉, (442ㄹ)의 뜻은 '어머니가 쓰신 편지'라는 뜻이지 '어머니가 소유한 편지'나 '어머니를 쓴 편지'라는 뜻은 아니다.22)

(443) ㄱ. 나의 <u>사랑하는</u> 조국의 동포여!

　　　ㄴ. 나의 <u>살던</u> 고향

(443ㄱ~ㄴ)의 기본구조는 각각 다음과 같기 때문이다. 즉 (443ㄱ~ㄴ)의 밑줄 부분이 준 것이다.

(444) ㄱ. 나의 조국의 동포여!

　　　ㄴ. 나의 고향

(444ㄱ~ㄴ)은 (444ㄱ)의 '나의' 다음과 (444ㄴ)은 '나의' 다음에 각각 매김말 '사랑하는'과 '살던'을 삽입하여 이루어졌다. '의'는 다른 토씨와 달라서 주는 일도 있고 줄 수 없는 일도 있다. 다음의 5), 6)을 참조하기 바란다.

---

22) 김승곤, 「관형격조사고 : 현대어를 중심으로」, 『문호』 제5집, 건국대 국어국문학회, 1969, 67~74쪽까지를 전재한 것임.

'의'가 줄어드는 경우

📑 소속, 소생, 생산, 저작자, 존재, 위치, 시간 등을 나타내는 '의'는 주는 일이 있다.

한글학회의 회원	→	한글학회 회원(소속)
인도의 시인	→	인도 시인(소생)
안성의 유기	→	안성 유기(생산)
최현배의 우리말본	→	최현배 우리말본(저작자)
태백산의 서쪽	→	태백산 서쪽(위치)
현재의 상황	→	현재 상황(시간)

📑 차례 비교, 안內의 뜻일 때, 재료. '-에 대하여 지은', 주효, 동격의 뜻을 나타낼 때도 줄 수 있다.

제2의 청춘	→	제2 청춘(차례)
나의 세배	→	나 세배(비교)
전세계의 인류	→	전세계 인류('~안'의 뜻)
순금의 반지	→	순금 반지(재료)
가을의 노래	→	가을 노래(~에 대하여 자은)
감기의 약	→	감기 약(주효)
영화감독의 홍성기	→	영화감독 홍성기(동격)

위에서 보아 알 수 있듯이 '의'가 줄었을 때의 말을 보면 합성어적 성격을 띠고 있다. 즉 '제2 청춘, 순금반지, 가을노래, 나 세배, 영화감독 홍성기, …' 등과 같이 '의'가 줄어도 앞뒤말이 조금도 어색하지 않게 하나의 낱말처럼 느껴진다. 따라서 '의'는 앞뒤 말이 합성어적 성격을 띨 때 줄어질 수 있다.

'의'가 줄어질 수 없는 경우

📁 소유주, 관계, 비율, 선택의 범위, 발생, 사실의 관계 등의 경우는
줄 수 없다.

누구의 밤(소유주)   →   *누구 밤

그의 누나(관계)   →   *그 누나

삼분의 일(비율)   →   *삼분 일

이것의 범위(선택의 범위)   →   *이것 범위

장래의 위협(발생)   →   *장래 위협

과학의 공포(사실의 관계)   →   *과학 공포

📁 뒤 이름씨에 '하다'를 붙일 수 있는 경우

남의 충고   →   *남 충고

📁 겹토씨의 경우

너로부터의 편지   →   *너로부터 편지

📁 수여

남의 도움   →   *남 도움

📁 '의'가 '이름씨＋됨(임)'과 같은 짜임새로 된 경우

민족적 존영의 장애됨   →   *민족적 존영 장애됨

📁 뒤 임자씨와 같은 뜻을 나타낼 때

두브체크의 미소   →   *두브체크 미소

상태의 경우

최선의 결론	→	*최선 결론

수량을 나타낼 때

하나의 위험	→	*하나 위험
소수의 사람	→	*소수 사람

정도를 나타낼 때

고도의 인격	→	*고도 인격

명칭을 나타낼 때

백두의 별명	→	*백두 별명

준수의 뜻을 나타낼 때

도의에 있어서의 질서	→	*도의에 있어서 질서

비유를 나타낼 때

논설조의 어조	→	*논설조 어조
시의 꽃	→	*시 꽃

이름씨의 대상을 나타낼 때

혁명의 횃불	→	*혁명 횃불

매김씨의 구실을 할 때

| 구래의 억울 | → | *구래 억울 |

📁 '이름씨'+'의'+'매김말'+'이름씨'의 경우

| 자기의 말한 바 | → | *자기 말한 바 |

📁 뒤 이름씨의 부림말이 됨을 나타낼 때

| 혁명의 계승자 | → | *혁명 계승자 |

📁 '하다'의 대용으로 쓰일 때

| 협동의 거점 | → | *협동 거점 |

이상에서 본 바와 같이 크게 보아서 뒤 이름씨의 매김말이 되거나 겹토씨가 되거나, 어떤 말의 대신에 쓰인 '의'는 줄일 수 없다. 즉 합성 어적 성격을 띨 수 없는 경우는 '의'를 줄일 수 없다. '의'에 관하여는 도서출판 경진에서 2007년에 나온 『관형격 조사 '의'의 통어적 의미 분석』을 참고하기 바란다.

9) 부름자리토씨

부름자리토씨의 갈래

이 토씨는 자리토씨로 보기 어려운 일면이 있으나 토씨 분류의 치계 상 자리토씨로 다루었는데, 사실 부름말은 풀이말과 관계가 있기 때문 이기도 하다. 이 토씨는 홀이름씨에 붙어서 부름말이 되게 하는데, 홀 소리 뒤에서는 예사로는 '아', '야'가 쓰이고, '여'는 높임에 쓰이며, 홀 소리 뒤의 높임으로는 '시여'가 쓰이며, 닿소리 뒤에는 예사로는 '아' 가 쓰이고, 높임으로는 '이시여'가 쓰인다.

(445) ㄱ. 정미야, 나하고 놀자. (예사)

　　　ㄴ. 아버지시여, 이 자식을 용서하소서. (높임)

　　　ㄷ. 주여, 어디로 가시나이까? (높임)

　　　ㄹ. 친구여, 굳세어 다오. (예사)

　　　ㅁ. 임이여, 어디로 가셨나요? (높임)

　　　ㅂ. 하나님이시여, 굽어 살피소서. (높임)

부름말의 말본적 특성

🗀 부름말을 여기에서 다룸은 좀 벗어난 듯하나 부름자리토씨와 유관하므로 여기서 다루기로 한다. 부름말을 직접 부름말과 간접부름말의 두 가지로 나눈다.

(446) ㄱ. 임이시여, 어디로 가시나이까?

　　　ㄴ. 정숙아, 내가 도와줄까?

(446ㄱ)의 '임이시여'는 '어디로 가시나이까'의 행위자로서 임자말로 볼 수 있으므로 직접적이나 (446ㄴ)의 '정숙아'는 임자말이 아니므로 '도와줄까?'의 행위자가 될 수 없다. 따라서 풀이말에 대하여는 간접적이다. (446ㄱ)과 같은 부름말을 직접부름말이라 한다면 (446ㄴ)과 같은 부름말을 간접부름말이라 부르기로 한다. 따라서 직접부름말은 임자말이 되나 간접부름말은 임자말이 될 수 없다.

🗀 부름말은 월의 맨 앞에 오는 것이 일반적이나 때에 따라서는, 월의 뒤에 오는 일도 있다. 월 앞에 오는 것을 원칙으로 하고 월 뒤에 오는 것을 변칙으로 보고자 한다.

(447) ㄱ. 달아, 높이 떠서 멀리멀리 비쳐 다오. (원칙)

　　　ㄴ. 아버지께서 부르신다. 정숙아 (변칙)

📎 느낌말과 부름말이 같이 쓰일 때는 느낌말이 부름말 앞에 쓰인다.

(448) ㄱ. 야, 금순아, 오너라.

　　　 ㄴ. 아니, 김순경, 무슨 말을 그리 해?

(448ㄱ~ㄴ)에서 보듯이 느낌말이 부름말 앞에 오는 까닭은 느낌말은 부름말보다도 홀로말로서의 독립성이 강하기 때문이다.

📎 부름자리토씨는 '-님, -씨, -양, 어르신, 여러분, 당신, 너, 자네, …'들 뒤에서는 줄어든다.

(449) ㄱ. 선생님, 어디로 가십니까?

　　　 ㄴ. 어르신, 이리 오십시오.

　　　 ㄷ. 여러분, 나라를 사랑합시다.

　　　 ㄹ. 자네, 이리 오게.

부름자리토씨의 쓰임

📎 부름말을 만든다.

(450) ㄱ. 창수야, 어디 가나?

　　　 ㄴ. 하나님이시여, 복을 주옵소서.

📎 부름자리토씨에 의한 부름말과 의향법과의 제약

가. 높임부름자리토씨가 쓰인 부름말이 오면 들을이높임법이 쓰인다.

(451) ㄱ. 선생님, 비가 옵니다.

　　　 ㄴ. 하나님이시여, 저희를 축복하여 주소서.

　　　 ㄷ. 김씨(여), 이게 어때요?

나. 안높임부름자리토씨가 쓰인 부름말이 오면 들을이 낮춤법이 쓰인다.

(452) ㄱ. 정숙아, 어서 가자
　　　ㄴ. 김군아, 이게 뭐야?

다. 직접부름말은 서술법과는 쓰일 수 없다.

(453) ㄱ. *하나님이시여, 축복하여 주십니다.
　　　ㄴ. *임이시여, 같이 갑니다.
　　　ㄷ. *김군아, 일을 한다.

(453ㄱ~ㄷ)은 성립되지 않는다. 그러나 물음법, 시킴법, 꾀임법과는 쓰일 수 있다.

(454) ㄱ. 하나님이시여, 추복하여 주소서. (시킴법)
　　　ㄴ. 임이여, 어디로 가십니까? (물음법)
　　　ㄷ. 정숙아, 같이 가자. (꾀임법)

간접부름말이 월의 임자말과 다르면 꾀임법, 시킴법과는 가려잡을 수 없다.

(455) ㄱ. *선생님이시여, 철수가 같이 가자. (꾀임법)
　　　ㄴ. *이이여, 철수는 공부하여라. (시킴법)

그러나 간접부름말과 월의 임자말이 같을 때는 월은 성립된다.

(456) ㄱ. 철수야, 너는 어서 가거라. (시킴법)
　　　ㄴ. 철수야, 너도 빨리 가자. (꾀임법)

1.4.4 도움토씨

1.4.4.1 도움토씨의 분류[23]

 이 토씨는 의미토씨라 하여야 옳으나 의미적으로 돕는 토씨라는 뜻에서 도움토씨라 한 것이므로 종래의 이름을 그대로 따르기로 한다. 글쓴이의 가설인 '한국어 조사의 발달원리'에 의하면 도움토씨는 이름씨, 움직씨, 그림씨, 어찌씨에서 발달되므로 어떤 일정한 뜻을 가지고 있다. 따라서 이들 도움토씨의 분류는 그 포괄적인 뜻에 따라 다음과 같이 나누기로 한다.

① 지정도움토씨 : 은/는, 을랑/일랑

② 동일도움토씨 : 도, 대로

③ 선택도움토씨 : 이나, 이든지(가), 이거나

④ 한정도움토씨 : 만, 뿐, 밖에

⑤ 시발과종착도움토씨 : 부터, 까지, 꺼정, 토록

⑥ 미흡도움토씨 : 이나마, 이라도

⑦ 추정도움토씨 : 인가, 인지, 이고, 인들, 이라도, 쯤, 깨나, 이라면

⑧ 확정도움토씨 : 이야, 이야말로, 이라야/이어야, 이사, 인즉(슨), 이면, 이라고, 따라, 이라, '곧', '서'

⑨ 비슷함도움토씨 : 마다, 서껀, 마저, 조차, 씩

⑩ 불구도움토씨 : 커녕

⑪ 만족도움토씨 : 이나

⑫ 범위도움토씨 : 에서 ~까지, 부터 ~까지

⑬ 단정도움토씨 : 치고, 치곤(치고는)

⑭ 정도도움토씨 : 깨나

⑮ 섞임도움토씨 : 서껀

---

23) 도움토씨의 분류는 허웅, 『20세기 우리말의 형태론』(샘문화사, 1995)의 도움토씨의 분류법에 따라 내 나름대로 나누어 보았다.

1.4.4.2 도움토씨의 쓰임

1) 지정도움토씨 '은/는', '을랑/일랑'의 쓰임

📄 은/는

가. 풀이말에 의문사 '누구, 언제, 어디, 어느 곳, 어느 것, …' 등을 위시하여 '얼마, 어떤 책, 어떤 사람, 누구의 시계' 등이 있는 물음월에서는 임자말에 '은/는'이 쓰인다.

(457) ㄱ. ㉮ 저 사람은 누구이냐?
　　　㉯ 저 사람은 세무서원이다.
　　ㄴ. ㉮ 생일은 언제이냐?
　　　㉯ 생일은 3월 3일이다.

(457ㄱ~ㄴ)의 ㉯는 물음에 대한 답월인데, 이때의 임자말에는 언제나, 토씨 '은/는'이 온다.

나. 풀이조각의 일부에 토씨가 붙은 의문사 '무엇을', '누구에게', '누구와', '어디에서', '몇시에', '얼마로', '어떤 책을', '어느 버스에' 등이 있는 물음월에서는 임자말의 토씨는 언제나 '은/는'이 되고, 그 답월의 임자말도 토씨 '은/는'을 취한다.

(458) ㄱ. ㉮ 김선생은 어떤 음악을 잘 듣느냐?
　　　㉯ 그는 클래식을 잘 듣는다.
　　ㄴ. ㉮ 학교는 몇 시에 시작하느냐?
　　　㉯ 학교는 9시에 시작한다.

다. 풀이조각의 일부에 토씨가 붙은 의문사 '어느 것을', '어떤 곳으로', '누구에게', '어디에서' 등이 이는 물음월에서는 임자말에 '은/는'

을 붙이고 그 답월의 임자말에도 '은/는'을 붙인다.

(459) ㄱ. ㉮ 김군은 육류와 생선 중 어느 것을 먹느냐?

ㄴ. ㉯ 그는 육류를 더 좋아한다.

ㄴ. ㉮ 김군은 영어책과 프랑스말책 가운데 어느 책을 더 많이 가지고 있나?

ㄴ. ㉯ 그는 영어책을 더 많이 가지고 있다.

라. 풀이말이 두개일 때, 그 중에서 하나를 선택케 하는 물음월에서는 언제나 임자말에는 토씨 '은/는'이 오고 그 답월에서도 '은/는'이 쓰인다.

(460) ㄱ. ㉮ 그것은 간장이냐, 참기름이냐?

ㄴ. ㉯ 그것은 간장이다.

ㄴ. ㉮ 김군은 산에 가고 싶은가, 바다에 가고 싶은가?

ㄴ. ㉯ 그는 바다에 가고 싶어 한다.

마. 풀이말이 임자말의 내용이 어떤가를 묻는 물음월에서는 임자말에 언제나 '은/는'이 오고 그 답월에도 '은/는'이 온다.

(461) ㄱ. ㉮ 이 사과는 맛이 있느냐?

ㄴ. ㉯ 이 사과는 맛이 있다.

ㄴ. ㉮ 이 택시는 어느 회사제이냐?

ㄴ. ㉯ 이 택시는 현대회사제이다.

바. 풀이말을 선택하여 상대에게 전하는 월에서는 임자말에는 토씨 '은/는'이 온다.

(462) ㄱ. ㉮ 네가 제일 좋아하는 운동은 무엇이냐?

　　　　　㉯ 내가 제일 좋아하는 운동은 야구이다.
　　ㄴ. ㉮ 그의 집은 어떠하냐?
　　　　　㉯ 김군의 집은 넓고 깨끗하다.

　　사. 임자말이 다음의 각 예문 ㉮에서 나온 이름씨와 같은 이름씨이
고, 그 이름씨에 관하여 뭔가를 전하고 싶을 때, 임자말에는 '은/는'을
붙인다. 그리고 임자말이 앞에 나온 이름씨를 가리키는 '그, 그이, 그
미, 이것, 그것, 그~, 저~' 등이고, 그 이름씨에 관하여 뭔가를 전하고
싶을 때는 임자말에 '은/는'이 온다.

　(463) ㄱ. ㉮ 한국에서 제일 긴 강은 낙동강이다.
　　　　　　㉯ 낙동강은 경상남북도를 걸쳐서 흐르고 있다.
　　　　ㄴ. ㉮ 철수는 오늘 쉬느냐?
　　　　　　㉯ 아니요, 그는 오늘 출근합니다.
　　　　ㄷ. ㉮ 철수는 오늘 출근하느냐?
　　　　　　㉯ 아니요, 그는 교통사고로 입원했습니다.

　　아. 임자말이 앞에 나온 이름씨와 관계가 있는 말이고 그 이름씨에
관하여 뭔가를 전하고 싶을 때는 임자말에는 '은/는'을 붙인다.

　(464) ㄱ. ㉮ 이것은 금년에 나온 사전이다. 수록 어휘 수는 30만 개로써
　　　　　　값은 만 원이다.
　　　　　　㉯ 이 사전의 특징은 새로운 말과 외래어를 많이 수록한 것이다.
　　　　ㄴ. 나는 아이가 둘이 있다. 첫째 아이는 계집애인데 결혼하여 지금
　　　　　　서울에서 살고 있다. 둘째는 아들인데 대학교에 다니고 있다.

　　자. '사물'인 임자말과 유관한 풀이말을 사용한 월이라도 어떤 사건
을 전하는 것이 아니고, 그 '사물'에 관하여 뭔가를 나타내는 월에서는
임자말에 '은/는'이 온다.

(465) ㄱ. ㉮ 화장실은 어디 있습니까?

ㅤㅤㅤ㉯ 신사용은 3층에 있습니다.

ㅤㅤㄴ. ㉮ 이 편지는 언제 왔느냐?

ㅤㅤㅤㅤ㉯ 이 편지는 아래 왔다.

ㅤㅤㄷ. ㉮ 어제 어머니의 위 수술이 있었다.

ㅤㅤㅤㅤ㉯ 수술은 아침 10시에 시작하여 두 시간 정도 걸렸다.

차. 어떤 사건이 한번에 그친 것이 아니고 '언제나 ~한다'는 것을 나타내는 월에서는 임자말에 '은/는'을 붙였다.

(466) ㄱ. 서울행 밤열차는 10시에 부산을 떠나 서울에는 다음날 새벽 3시에 도착한다.

ㅤㅤㄴ. 지구는 태양의 주위를 돌고 있다.

카. 어떤 사람의 습관, 즉 '언제나 ~한다'는 것을 나타내는 월에서는 임자말에 '은/는'을 붙인다.

(467) ㄱ. 나의 할아버지는 매일 밤 9시에 주무시고 새벽 5시에 일어나신다.

ㅤㅤㄴ. 한국 사람은 봄에는 꽃놀이를 하고 가을에는 단풍놀이를 한다.

ㅤㅤㄷ. 아버지는 어려서 매일 걸어서 통학하셨대.

타. '생각하고 있다', '-인가 보다', '-할 생각(예정)이다', '사랑하고 있다', '싫어한다', '느끼고 있다', '놀랐다' 등을 사용하여 마음속에서 생각하고 있는 것을 나타내는 월에서는 임자말에 '은/는'을 붙인다.

(468) ㄱ. 철수의 아버지는 도회지보다도 농촌이 살기 좋다고 생각한다.

ㅤㅤㄴ. 영희는 취직하지 아니하고 대학원에 진학할 예정인가 봐.

(468ㄱ~ㄴ)의 월은 다른 사람의 생각을 말할이가 머리 속에서 판단하여 베푸는 월이다.

파. '언제나 −이다', '어느 것이나 −이다'라는 것을 나타내는 그림씨를 사용한 월에서는 임자말에는 '은/는'을 붙인다. 이것은 말할이가 머리 속에서 판단하여 나타내는 월이다.

(469) ㄱ. 소방차는 모두 붉다.

　　　ㄴ. 서울의 명동이나 한남동은 밤중이라도 대단히 붐빈다.

　　　ㄷ. 철수 아버지는 영어 선생님이시다.

하. 능력의 유무를 나타내는 '할 수 있다', '잘 한다', '뛰어나다', '서툴다', '안다' 등을 풀이말로 한 월에서는 능력의 소유자에게는 '은/는'을 붙이고 능력의 내용에는 '이/가'를 붙인다.

(470) ㄱ. 철수는 스키가 뛰어나다.

　　　ㄴ. 철수는 매운 것이 먹어지나?

　　　ㄷ. 그 아이가 자기가 쇼핑하러 갔다.

가. '좋다', '싫다' 등을 풀이말로 한 월에서는 감정의 소유주에게는 '은/는'을 붙인다. 그리고 감정의 대상에는 '이/가'를 붙인다.

(471) ㄱ. 나는 외국 소설을 읽는 것이 좋다.

　　　ㄴ. 나는 어디서나 잠을 잘 자는 사람이 부럽다.

　　　ㄷ. 나는 김교수의 강의가 듣기 좋다.

나. 어떤 이름씨 N¹의 성질을 나타내기 위하여 'N¹은 N²가 그림씨'로 된 월을 사용하는 일이 있다. 이때 N¹과 N²는 첫째, N¹이 N²를 소유하는 관계에 있다. 둘째, N²가 '사용법', '사고방법', '탄생', '영향' 등 움직씨적인 이름씨로서 N¹이 그것에 관계하는 이름씨일 때는 N¹에는 '은/는'을 붙인다.

(472) ㄱ. 이 버스는 창이 크다.

　　　ㄴ. 이 카메라는 쓰기가 간단하다.

다. 어떤 이름씨 N¹의 성질을 나타내기 위하여 'N¹은+N²가+N³'와 같은 월을 사용하는 일이 있다. 이때 N³는 보통 '~의 N³'라는 형식으로 사용되는 이름씨로서 N¹과 N²와 N³은 'N¹의 N³은 N²이다'라는 관계가 있다.

(473) ㄱ. 나는 토목공학이 전공이므로 건축에 관해서는 아무 것도 모른다.

　　　ㄴ. 이 사전은 새 어휘를 많이 실은 것이 특징이다.

라. '-은 -한 일이 있다', '-은 -하는 일이 있다', '-은 -하는 일이 많다'는 월에서는 '-했다', '-한다'라는 동작을 하는 사람에게는 '은/는'을 붙이고 '-는 것'에는 '이/가'를 붙인다.

(474) ㄱ. 그는 학회에서 연구발표를 한 적이 한두 번 있다.

　　　ㄴ. 간장이 나쁜 사람은 술을 마시지 않는 것이 좋다.

마. '한량이다', '멋쟁이다' 등과 같은 관용구의 동작주에는 '은/는'을 붙인다.

(475) ㄱ. 철수는 멋쟁이다.

　　　ㄴ. 그는 돈 잘 쓰는 한량이다.

바. '은/는'을 사용한 월에서는 '은/는' 앞에 있는 부분은 상대에게 묻거나 전하거나 하고 싶은 것이다. 이때 '은/는' 뒤에 있는 이름씨에는 '이/가'를 붙인다.

(476) ㄱ. ㉮ 아주 아름다운 꽃이다. 이것은 누가 가져 왔느냐?

　　　　㉯ 그것은 철수가 가져 왔다.

ㄴ. ㉮ 미안합니다. 국제전화를 하고 싶은데요.

㉯ 국제전화는 당신이 저 쪽의 전화를 이용하십시오.

사. 존재를 나타내는 움직씨나 그림씨를 사용한 월에서는 알고 있는 장소에 관하여 뭔가를 전하고 싶을 때는 '에'에 '은/는'을 붙인다. 그리고 그 장소에 존재하는 것에는 '이/가'를 붙인다.

(477) ㄱ. ㉮ 이 도서관에는 책이 몇 권 있나?

㉯ 이 도서관에는 책이 십만 권 있다.

ㄴ. 이 강에서는 붕어가 잘 낚인다.

ㄷ. 산에는 진달래가 핀다.

아. 대비적인 두 월을 '-하나', '그러나'로써 연결할 때 대비되는 이름씨에는 '은/는'을 붙인다.

(478) ㄱ. 철수는 홍차는 좋아하나, 커피는 싫어한다.

ㄴ. 이 기계는 사용법은 간단하나, 고장은 잘 난다.

자. 딸림마디와 으뜸마디가 서로 상반되는 성질로 대비가 될 때는 임자말에는 '은/는'을 사용한다.

(479) ㄱ. 이 차는 성능은 좋으나 값은 비싸다.

ㄴ. 산은 높고 물은 깊다.

차. '-할 수 없다', '아니다'와 같은 말이 쓰여 부정을 나타내는 월에서는 임자말에 '은/는'을 사용한다.

(480) ㄱ. ㉮ 너는 한문을 읽을 수 있나?

㉯ 아니요, 나는 한문은 전혀 읽을 수 없습니다.

ㄴ. ㉮ 저것이 독도인가요?

④ 저것은 독도가 아닙니다.

(480ㄴ)의 ④와 같은 부정월에서는 언제나 'A는 B가 아닙니다' 식으로 '은/는임자말'+'이/가임자말'의 차례가 됨에 유의할 필요가 있다. 왜냐하면, '무엇이 아니다'라고 부정을 하려고 하면, 부정의 대상이 되는 물건을 정해 놓을 필요가 있기 때문이다.

카'. '—때', '—전에', '—까지', '—고 나서' 등과 같이 때를 나타내는 딸림마디의 임자말과 으뜸마디의 임자말이 같을 때는 임자말에는 '은/는'을 사용한다.

(481) ㄱ. 나는 일본에 있을 때, 논문을 세 편 썼다.
      ㄴ. 입사하기 전에, 나는 조그마한 책방을 경영하였다.

타'. '—면', '—므로', '—위하여', '—대로' 등과 같이 조건, 목적, 까닭, 정도 등을 나타내는 딸림마디의 경우도 딸림마디의 임자말과 으뜸마디의 임자말이 같을 때는 임자말에 '은/는'을 붙인다.

(482) ㄱ. 나는 집을 짓기 위하여 보너스를 거의 저축하였다.
      ㄴ. 한번 약속하였으면, 나는 꼭 그 약속을 지킬 것이다.

파'. 이름씨를 꾸미는 마디의 임자말과 으뜸마디의 임자말이 같을 때 그 임자말에는 '은/는'을 붙인다.

(483) ㄱ. 나는 결혼 축하로 언니한테서 받은 목걸이를 (나는) 분실하였다.
      ㄴ. 나는 수업중에 만화를 그리고 있는데, (나는) 선생님께 들켰다.

하'. '—하고'로 이어지는 앞뒤 두 마디의 임자말에는 '은/는'을 붙인다.

(484) ㄱ. 주인은 고기를 싫어하고, 아이들은 생선을 싫어한다.

ㄴ. 그는 일을 하고, 그는 공부를 한다.

가″. 딸림마디가 '-므로', '-니까', '-그러나'로 이어지면서 임자말이 으뜸마디의 임자말과 같을 때는 그 임자말에는 '은/는'을 붙인다.

(485) ㄱ. 철수는 장남이므로, 그는 부모를 봉양하여야 한다.
　　　ㄴ. 철수는 방학 중 낮에는 잠을 자니까, 그는 밤에 공부를 한다.

나″. '-라고', '-고' 등과 같은 따옴토씨로 이어지는 따옴마디 다음에 오는 풀이말이 '생각하다', '말하다', '자랑하다' 등일 때는 따옴마디 안의 임자말에는 '은/는'을 붙인다.

(486) ㄱ. 철수는 졸업을 연장할 것이라고 선생님이 말하였다.
　　　ㄴ. 그는 독일어를 잘 한다고 자랑한다.

다″. '-였기 때문이다', '-여서이다' 등을 사용한 월에서는 사실을 나타내는 부분 뒤에는 '은/는'을 사용한다. 이유를 나타내는 부분 중의 임자말에는 '이/가'를 붙인다.

(487) ㄱ. 철수가 논문 제목을 바꾼 것은 선생님이 제목이 어렵다고 하신 때문이다.
　　　ㄴ. 그가 늦어진 것은 차가 늦어졌기 때문이다.

라″. 어찌씨, 풀이씨에 쓰이어 그것을 지정, 한정하는 뜻을 나타낸다.

(488) ㄱ. 그는 일을 잘은 한다.
　　　ㄴ. 그가 일을 잘 한다고는 합니다마는 직접 경험하지 못해서…
　　　ㄷ. 영희는 착하다고는 인정하나, 채용할 수 없어요.

마″. 임자말을 자칭하여 어떠하다는 것을 말할 때는 '은/는'이 쓰인다.

(489) ㄱ. 그들은 너무나 시대착오적임을 알아야 한다.

ㄴ. 너는 네 자신이 깨달아야 한다.

📂 을랑/ㄹ랑(은)

(490) ㄱ. 널랑은 집에 가거라 (임자말)

ㄴ. 근심일랑(은) 하지 말아라 (부림말)

ㄷ. 집엘랑(은) 가지 말자 (위치말)

ㄹ. 자줄랑(은) 오지 말게 (어찌씨에 쓰임)

ㅁ. 지금껏 놀다갈랑 어떻게 할래? (풀이말에)

이 토씨는 닫힌낱내 다음에 쓰일 때는 '으/이'가 쓰이나, 열린낱내 다음에 쓰일 때는 '으/이'는 준다. 그리고 용법은 '은/는'과 비슷하니 '은/는'의 쓰임과 대조·참고하기 바란다.

2) ㅌ동일도움토씨 '도', '대로'의 쓰임

📂 도

가. 같은 종류의 것으로서 공존하는 것을 제시한다.

ⅰ) 임자말을 나타낸다.

(491) ㄱ. 피도 눈물도 없는 이야기를 한다.

ㄴ. 이것도 저것도 다 내 것이다.

ⅱ) 부림말을 나타낸다.

(492) ㄱ. 이렇게 추운데 연탄도 쌀도 살 수 없는 형편이다.

ㄴ. 그는 죽도 밥도 못 먹는다.

iii) 사정이 딱한 몇 개의 판단을 공존시켜 표현할 경우 각각의 주제를 서로 같은 것으로 제시한다.

(493) ㄱ. 비도 오고 눈도 온다.

ㄴ. 옷도 없고 신도 없다.

ㄷ. 돈도 없고 쌀도 없다.

iv) 대표적 제시를 나타낸다.

㉠ 한 쌍의 말을 들고 그것을 대표로 하는 다른 모든 경우에도 통하게 한다.

(494) ㄱ. 대도시 한복판에 갖다 놓으면 동쪽도 서쪽도 모르는 것은 당연하다.

ㄴ. 이 안은 너도 나도 찬성할 것임에는 틀림없다.

ㄷ. 이것도 저것도 다 못 쓸 것뿐이다.

㉡ 안잡힘의 지시어에 붙어서 긍정하는 말과 호응하여 전체적으로 긍정을 나타낸다.

(495) ㄱ. 민주주의라면 아무라도 알고 있다. 그러나 참된 민주주의의 뜻을 아는 사람은 몇이나 될까?

ㄴ. 지도적 위치에 있는 사람은 누구도 개인적 이해에 관심을 가져서는 안 된다.

ㄷ. 이 원칙에 대해서는 누구도 이론이 없을 것이다.

㉢ 안잡힘의 지시어, 수, 분량 및 정도를 나타내는 말에 붙어서 부정어와 호응하여 전체를 부정한다.

(496) ㄱ. 나는 그와 아무런 관계도 없다.

ㄴ. 놀라운 일은 한 사람의 정치적 비평가도 존재하지 않는다는 일이다.

ㄷ. 눈을 닦고 보아도 한 마리의 꿩도 보이지 않는다.

나. 사정이 비슷한 다른 사물의 존재를 암시하여 유추시키는 형식으로 하여 어떤 사물을 제시한다.

ⅰ) 당면한 사물이 이미 알고 있는 것은 물론 예상된 것과 같음을 나타낸다.

㉠ 임자말을 나타낸다.

(497) ㄱ. 그는 영어가 유창하여 그것도 크나큰 취미라고 생각된다.

ㄴ. 어떤 사람이 그미와 친해져서 결혼했다는 이야기도 있었다.

ㄷ. 여기에 든 두 품종은 어느 것이나 중생종으로 이삭수가 중간적인 품종이나 시험의 결과도 동일한 경향을 나타낸다.

㉡ 부림말을 나타낸다.

(498) ㄱ. 미국에서는 이 방법에 의하여 레다도 가하여 태풍의 진로를 측정하였다.

ㄴ. 일본에서 1950년도의 예산안은 일반회계에서 적자공채를 배제하고 복금채 발행도 정지하였다.

ㄷ. 이런 점도 생각하여 경찰의 기동성을 발휘하여 중앙경찰과 지방경찰의 연락이 잘 되도록 개혁을 고려하였다.

ⅱ) 어찌씨적 꾸밈말의 구실을 한다. 즉 어떤 사태를 제시한다.

(499) ㄱ. 그것은 사회 전체에 있어서도 다같이 생각되어도 좋은 것이다.

ㄴ. 여기서도 영·미·불이 어려운 문제에 당면할 것은 당연하다.

ㄷ. 이 호수쪽에서도 그쪽을 향하여 오는 두 사람에 대하여 차가운 바람이 불어닥쳤다.

다. 당면한 사물을 어떤 타당한 영역에 포함되는 것으로 보고 함축적으로 제시할 뿐 무엇과 같은가는 분명히 제시하지 않는다.

ⅰ) 임자말을 나타낸다.

(500) ㄱ. 기나긴 중국의 내전도 이제는 급속히 종결에 가까와지고 있다.
ㄴ. 이 신제 대학을 법적으로 뒷받침할 국립대학 설치법도 국회에 제출되었다.
ㄷ. 이게 옳은가 저게 옳은가 당황하는 것도 무리가 아니다.
ㄹ. 영화구경 가는 것이 좋을지도 의문이다.
ㅁ. 억지로 울려고 하였으나 그것도 입언저리가 부자연스럽게 벌어졌을 뿐이다.

ⅱ) 부림말을 나타낸다.

(501) ㄱ. 이렇게 하면 여름철의 더위도 안심할 수 있다.
ㄴ. 이런 사실에서 공전이 발생하는 것도 쉽게 이해할 것이다.
ㄷ. 일을 가을까지 늦추라는 이유도 아시겠지요?

ⅲ) 어찌씨적 꾸밈말이 된다.

(502) ㄱ. 이제 봉쇄 해제에 응한 소련의 의도에 관해서는 서구측에도 여러 가지 관측이 있다.
ㄴ. 판매 방법에도 여러 가지로 익숙해져서 장사도 이제 원활해져 간다.
ㄷ. 민주주의에 대한 열정의 깊이를 입증하고 있다고도 할 수 있다.
ㄹ. 이것은 하나의 속박이며 자유의 제한이라고도 생각할 수 있다.

ㅁ. 그것은 서구측과의 국교 조정을 희망하는 데 이르렀다고도 볼 수
있다.

라. 너무 눈에 띄지 않거나 극단적으로 생각되지 않는 사례를 제시
함에 의하여, 내포되는 영역이 그것에까지 미친다고 하는 과장된 뜻을
나타낸다.

(503) ㄱ. 제 아무리 뭐하다는 남자도 두 사람의 마음에 의하여 완전히 그
기분을 달리 하게 되었다.
ㄴ. 사회적 동물인 인류에 있어서는 서로 돕지 않으면 단순한 생존도
곤란하게 된다.
ㄷ. 필요하다면 그것마저 빌려 주려는 것도 생각하고 있다.

마. 풀이말을 제시하여 부정의 뜻을 가진 말을 수반하여 강한 부정
적 주장을 나타낸다.

(504) ㄱ. 그들은 돌아보지도 아니하고 짐을 쌓고 있더라.
ㄴ. 그들은 고개를 숙인 채 아무리 말하여도 꼼짝하지도 아니하였다.

바. 대체적인 정도를 예시한다.

(505) ㄱ. 15미터도 넘는 높은 나무 위에서 그들은 장난을 하고 있다.
ㄴ. 우리 재산을 다 모으면 아마 천원도 될 것이라는 바보가 있었다.

사. 강조를 나타낸다.

(506) ㄱ. 그는 너무나도 형식에 치우치다 보니 내실을 기하지 못했다.
ㄴ. 그는 조금의 쉴 사이도 없이 공부만 한다.
ㄷ. 중공은 자국선의 부족을 감안하여 현재보다도 더 많은 외국 선박
의 출입을 희망하고 있다.

아. '도'는 때어찌씨 중 '가끔, 비로소, 처음, 드디어' 등에는 바로 쓰일 수 없고, 모양어찌씨 중 '잘, 천천히, 빨리, 가만히' 등에는 물론 정도어찌씨 중 '조금, 약간' 등에 쓰이어 강조를 나타낸다.

(507) ㄱ. 어지간히 천천히도 온다.

ㄴ. 가만히도 있다.

ㄷ. 천천히도 왔다.

ㄹ. 그는 뭐든지 잘도 한다.

ㅁ. 그는 아직도 오지 않았다(오고 있다).

(507ㅁ)에서 '도'가 '아직' 다음에 쓰이면 문맥에 따라 부정이 되기도 하고 긍정이 되기도 한다.

자. '도'는 의미적으로 극단적인 것을 나타내기도 한다.

(508) ㄱ. 그는 나에게 한 푼도 주지 않았다.

ㄴ. 괴뢰군이 어린이도 다 죽였대.

ㄷ. 벌레도 밟으면 꿈틀거린다.

차. 양보, 허용을 나타낸다.

(509) ㄱ. 노처녀도 괜찮다.

ㄴ. 보리밥도 고맙게 먹겠다.

ㄷ. 헌 옷가지도 상관없다.

카. '도'는 자리토씨와 도움토씨에 올 수 있다.

(510) ㄱ. 우리 학교에서도 이겼다.

ㄴ. 아버지께서도 안녕하시다.

ㄷ. 그 소리는 우리 집까지도 들렸다.

위와 같은 자리토씨와 도움토씨를 보면 '에게, 한테, 더러, 께, (에)서, 에게서, 한테서, 으로, 에게로, 한테로, 께로, 로서, 으로써, 와, 과, 하고, 대로, 같이, 만큼, 만, 보다'의 자리토씨와 '만, 부터, 까지, 조차, 마저, 나마' 등의 도움토씨가 있는데 '도'는 위의 모든 토씨의 뒤에 옴이 다른 도움토씨와 다른 점이다.

타. 당연히 할 것을 안 할 때 쓰임

(511) ㄱ. 그는 일도 하지 않는다.
　　　 ㄴ. 월이는 밥도 먹지 않는다.

📂 대로

가. 임자씨 밑에 쓰여 '-와 같이'의 뜻으로 쓰인다.

(512) ㄱ. 너는 네 뜻대로 하여라.
　　　 ㄴ. 네 마음대로 하여라.

나. '-에 따라서'의 뜻으로 쓰인다.

(513) ㄱ. 그는 형편대로 살아간다.
　　　 ㄴ. 철수는 시세대로 땅을 팔았다.

다. 조금도 더하거가 덜하지도 아니하고 그와 꼭 같이 그대로의 뜻을 나타낸다.

(514) ㄱ. 그는 성경대로 모든 일을 행한다.
　　　 ㄴ. 그는 선생님의 지시대로 하였다.
　　　 ㄷ. 나는 너 뜻대로 해 주었다.

라. '대로'는 어찌씨, 움직씨, 그림씨, '이다' 뒤에는 쓰이지 아니한다.

(515) ㄱ. *그는 공부해서대로 시험을 치렀다.

　　　ㄴ. *그는 아주대로 하였다.

　　　ㄷ. *그 꽃은 아름다워서대로 곱다.

　　　ㄹ. *이게 네 것이다대로 가져가거라.

마. '대로'는 임자씨에 와서 견줌말, 부림말, 어찌말을 만든다.

(516) ㄱ. 너는 생각대로 먹어라. (견줌말)

　　　ㄴ. 그는 성경대로 행한다. (부림말)

　　　ㄷ. 그는 뜻대로 행동한다. (어찌말)

3) 선택도움토씨 '이나', '이든지(가)', '이거나'의 쓰임

📁 이나

가. 말할이나 들을이의 선택을 나타낸다.

(517) ㄱ. 밥이나 죽이나 아무거나 먹겠다. (말할이 선택)

　　　ㄴ. 밥이나 죽이나 아무거나 주시오. (들을이 선택)

나. 사물이나 시간을 나타내는 말에 쓰이어 가리지 않음을 나타낸다.

(518) ㄱ. 밤이나 낮이나 일만 한다.

　　　ㄴ. 국어나 영어나 다 잘 한다.

다. 어찌씨나 움직씨 씨끝에 쓰여 강조를 나타낸다.

(519) ㄱ. 제발 빨리나 오너라.

　　　ㄴ. 팔고나 가자.

　　　ㄷ. 먹고나 보자.

라. '이나'는 부정선택 도움토씨이다.

(520) ㄱ. 아무것이나 가져 오너라.

ㄴ. 무엇이나 먹자.

ㄷ. 어디나 가자.

(520ㄱ~ㄷ)에서 보면 안잡힘대이름씨에도 쓰일 수 있다.

마. 어림을 나타낸다.

(521) ㄱ. 이게 십원이나 되나?

ㄴ. 벌써, 열 살이나 되었나?

📂 이든지(가)

가. 의문대이름씨에 쓰이어 말할이나 들을이의 자유 선택을 나타낸다.

(522) ㄱ. 누구든지(든가) 오너라. (말할이 선택)

ㄴ. 무엇이든지 먹어 보자. (말할이 선택)

ㄷ. 무엇이든지(든가) 주세요. (들을이 선택)

나. 양쪽 중 어느 한쪽을 택할 때 쓰인다.

(523) ㄱ. 낮이든지(든가) 밤이든지(든가) 네가 좋아하는 대로 일하라.

ㄴ. 밥이든지 죽이든지 먹고 싶은 대로 먹어라.

(523ㄱ~ㄴ)에 의하여 보면 '이든지(가)'가 안잡힘대이름씨에 쓰일 때는 '누구', '무엇', '어디', '언제' 등에 쓰이고 '이나'는 '누구', '아무 것', '무엇', '어디', '언제', '어느쪽'에 쓰인다. 양자에 어떤 제약은 없다.

📁 이거나

가. 이름씨나 대이름씨에 쓰이어 아무거나 가리지 않고 벌여 놓음을 나타낸다.

(524) ㄱ. 떡이거나 밥이거나 상관없다.

ㄴ. 죽이거나 밥이거나 가리지 않는다.

ㄷ. 무엇이거나 가져오너라.

ㄹ. 언제거나 상관없다.

'-이'는 열린낱내 다음에서는 줄어든다.

나. 말할이나 들을이의 자유 선택을 나타낸다.

(525) ㄱ. 내일이나 모래나 언제든지 오너라.

ㄴ. 밤이거나 낮이거나 관계하지 않는다.

ㄷ. 오전이거나 오후이거나 네 좋은 때에 오너라.

다. 시간이나 속도를 나타내는 어찌씨에 쓰이어 어찌말을 만든다.

(526) ㄱ. 언제거나 상관없다.

ㄴ. 더디거나 빨리거나 어서 오너라.

4) 한정도움토씨 '만', '뿐', '밖에'의 쓰임

📁 만

가. '만'은 임자씨에 붙어서 유일, 한정의 뜻을 나타낸다.[24]

---

24) '만'의 용법 및 의미는 홍사만, 『특수조사의 의미분석』(학문사, 1983)에 의지함이 많음을 밝혀둔다.

(527) ㄱ. 너만 오너라.

　　ㄴ. 하나만 먹어라.

　　ㄷ. 살만 먹자.

(527ㄱ, ㄷ)에서는 '너'와 '살'을 유일하게 한정하고 있는데, (527ㄴ)의 '하나만'의 '하나'는 셈씨이다. 즉 어떤 사물의 수 하나를 유일하게 한정하고 있다.

　　나. '만'은 풀이말에는 물론 자리토씨, 도움토씨에도 쓰일 수 있다.

(528) ㄱ. 그를 나쁘게만 말하지 말아라.

　　ㄴ. 우리는 그저 보아만 주자.

　　ㄷ. 그는 너를 죽도록만 기다렸다.

　　ㄹ. 그는 가면서만 먹는다.

(529) ㄱ. 집으로만 가거라.

　　ㄴ. 집에서만 공부한다.

　　ㄷ. 편지로만 찾아 오너라.

　　ㄹ. 말로만 하지 말아라.

　　ㅁ. 영희하고(와)만 논다.

　　ㅂ. 그게 나에게만 있다.

　　ㅅ. 책만이 나의 재산이다.

　　ㅇ. 이것만으로(는) 만족할 수 없다.

　　ㅈ. 이것만으로도 족하다.

　　ㅊ. 이것만으로써 되겠니?

　　ㅋ. 15일에만 오너라.

(528)은 풀이말의 이음씨끝에 온 보기인데 '만'을 취할 수 있는 이음씨끝에는 '아, 게, 지, 고, 아서, 아야, 면서, 되도록, …' 등이 있다. (529)

는 '만'이 도움토씨, 자리토씨와 어울리는 예를 보인 것인데, '만'과 같이 쓰일 수 있는 자리토씨에는 '이, 께서(께옵서), 에서, 에, 에게, 한테, 더러, 께, 에게서, 서, 한테서, 로, 에게로, 한테로, 께로, 로(써), 로서, 와, 하고, 처럼, 대로, 같이, 만큼, (이)라고' 등이 있고, 도움토씨에는 '은, 씩, 도, 까지' 등이 있다. 그런데 '만'이 이음씨끝에 오면 힘줌의 뜻을 나타내기도 한다.

다. '만'은 다음과 같은 이름씨에 쓰이어 축소, 제한의 뜻을 나타낸다.

(530) ㄱ. 오천 원만 더 쓰세요.

　　　ㄴ. 두 개만 더 주세요.

　　　ㄷ. 한 십 분만 기다려 주세요.

　　　ㄹ. 한 번만 더 보아 주겠다.

　　　ㅁ. 단 둘이만 있자.

(530ㄱ)은 최소한 오천 원만 쓰면 해결이 되는 것이다. 즉 오천 원이 해결되는 최소한의 한도액이다. (530ㄴ) 또한 그러하고 (530ㄷ~ㅁ)이 다 그렇게 해석되는 것이다.

라. 풀이씨의 '-기'이름법에 쓰이어 한정을 나타낸다.

(531) ㄱ. 그는 먹기만 한다.

　　　ㄴ. 오늘밤은 고요하기만 하다.

　　　ㄷ. 그미는 말없이 웃기만 하였다.

(531)의 '-기만'이 지속, 한결같음의 뜻을 나타내는 것은 씨끝 '-기'의 뜻 때문인 것으로 보인다. '-기'가 지속, 진행의 뜻을 나타내기 때문이다.

마. '만'이 어찌씨에 쓰이면 힘줌을 나타낸다.

(532) ㄱ. 빨리만 오너라.

　　　ㄴ. 너는 조용히만 있거라.

　　　ㄷ. 그와 같이만 오너라.

(532ㄱ~ㄷ)에서 어찌씨를 한정하는 데서 힘줌의 뜻이 파생되는 것이다. 그런데 어찌씨 중에서 '만'을 취할 수 있는 것에는 때어찌씨 중 '어제, 그러께, 그저께, 이제, 인제, 방금, 금방, 오늘, 내일, 훗날, 잠시, 잠깐, 오래, 일찍, 같이, 함께, 한꺼번에, 매일, 매번, 자주, …' 등이 있고, 모양어찌씨 중에는 '잘, 천천히, 빨리, 가만히, …' 등이 있으며, 정도어찌씨 중에는 '조금, 약간' 등이 있다. 의혹, 가정어찌씨에는 '만'이 쓰일 수 없다.

바. '만'은 다음과 같이 관용적으로 쓰이기도 한다.

(533) ㄱ. 그는 나를 보기만 하면, 영희의 안부를 묻는다.

　　　ㄴ. 생각만 해도, 소름이 끼친다.

　　　ㄷ. 너만 해도 그렇지, 그럴 수가 있니?

관용구적 쓰임으로 쓰일 때는, (533ㄱ)에서 보면 '-만 하면'의 형식으로 되어 있음에 주의하여야 한다. 그리고 (533ㄴ~ㄷ)을 보면, '이름씨+만+하다'의 형식을 취하고 있다. 이와 같은 예를 몇 개만 더 들어보기로 하겠다.

(534) ㄱ. 상상만 하여도, 가슴이 설레인다.

　　　ㄴ. 믿음만 하여도, 너 못지 않다.

그런데 (534)와 같이 이름씨 뒤에 '-만 하다'가 올 때의 뜻을 보면 다음과 같다. 우선 예를 몇 개 들어보고 설명하기로 하겠다.

(535) ㄱ. 듣기만 하여도, 몸서리가 친다.

　　　 ㄴ. 가기만 하여도, 반색을 한다.

(535ㄱ)에서 '-만 하여도'의 뜻을 풀어 보면, '듣기만 들어도'로 되고, (535ㄴ)은 '가기만 가도'의 뜻이 된다.

📁 뿐

가. '뿐'은 이름씨에 쓰여 이름씨만이 유일한 것을 나타낸다. 따라서 긍정 월만 형성한다. (이것이 '밖에'와 다른 점이다. '밖에'는 대개 부정 월에 쓰인다.)

(536) ㄱ. 돈은 이것뿐이다.

　　　 ㄴ. 네가 좋아하는 것은 돈뿐이다.

나. '뿐'은 잡음씨 앞에만 온다.

(537) ㄱ. *돈뿐 제일이다.

　　　 ㄴ. 나를 도울 사람은 너뿐, 누가 또 있니?

　　　 ㄷ. 성공하는 길은 공부하는 일뿐이다.

이 토씨 '뿐'은 어찌씨, 움직씨, 그림씨 다음에는 쓰이지 못함이 특징이며 긍정에만 쓰임이 부정에만 쓰이는 '밖에'와 대조를 이룬다.

📁 밖에

가. 특정한 사물을 한정하여 그 이외의 것은 모두 부정하는 뜻을 나타낸다.

㉠ 임자자리를 나타내면서 다른 것은 부정할 때 쓰인다.

(538) ㄱ. 너밖에 없다.

ㄴ. 국민당 정규군은 모두 50만밖에 남아 있지 않다.

ⓛ 임자자리 이외에 붙어서는 특정한 것만을 한정한다.

(539) ㄱ. 네 눈에는 이것밖에 보이지 않느냐?

ㄴ. 높은 산에는 누구도 반밖에 올라가지 못한다.

ㄷ. 이 책밖에 읽을 것이 어디 있니?

나. '밖에'는 물음월 및 움직씨 뒤에도 쓰이어, 그것을 한정하는 뜻을 나타내면서 부정의 뜻을 나타낸다. (그때만 쓰인다.)

(540) ㄱ. 일해서밖에 더 갚겠느냐?

ㄴ. 죽어서밖에 사죄할 길이 더 있겠느냐?

5) 시발과 종착도움토씨 '부터', '까지/꺼정', '토록'의 쓰임

🗂 부터

가. 시간적 출발점, 기점 등을 나타낸다.

(541) ㄱ. 아침부터 저녁까지 일만 한다.

ㄴ. 7시부터 작업이 시작된다.

ㄷ. 지금부터 공부를 시작하자.

나. 출발 지점을 나타낸다.

(542) ㄱ. 여기부터 몇 시간이나 걸릴까?

ㄴ. 대구부터 내내 고생을 했다.

다. 추상적 기점, 출처를 나타낸다.

(543) ㄱ. 마음부터 바로 가져라.

　　　 ㄴ. 천리길도 한 걸음부터 시작된다.

　　　 ㄷ. 정신적 자세부터 바로 가지자.

　　　 ㄹ. 결과부터 말하면, 그는 착하다.

라. '으로부터'와 '부터'의 다름

'으로부터'는 지금을 기점으로 하여 과거로 거슬러 올라갈 때에 쓰이고 '부터'는 지금을 기점으로 하여 미래 쪽으로 나아갈 때에 쓰인다.

(544) ㄱ. 지금으로부터 100년 전에 이 절이 세워졌다.

　　　 ㄴ. 지금부터 1992학년도 신입생 입학식을 시작하겠습니다.

(544)에서 보는 바대로 '으로부터'나 '부터' 앞에는 시간의 임자씨가 쓰임이 특이하다.

까지/꺼정

동작, 일들이 이르는 곳, 도달의 종점을 나타낸다.

가. 장소를 나타낸다.

(545) ㄱ. 우리가 미국까지(꺼정) 와서 서로 다투어서 되겠느냐?

　　　 ㄴ. 왜 여기까지 왔습니까?

　　　 ㄷ. 어디까지 갑니까?

나. 시기, 기한을 나타낸다.

(546) ㄱ. 금년 봄까지는(꺼정은) 이 일을 마치자.

　　　 ㄴ. 내일까지 우리는 기다려야 한다.

　　　 ㄷ. 언제까지 이렇게 살겠니?

다. 정도, 한도를 나타낸다.

(547) ㄱ. 이 길의 반까지를 필요로 한다.

ㄴ. 열 근까지 얼마나 합니까.

ㄷ. 이것의 1/3까지 먹어라.

극단적인 경우(심리적 극한)를 들어서 강조하고 기타의 경우는 말 밖으로 암시하는 일이 있다.

(548) ㄱ. 유족의 주소, 성명, 나이까지 자세히 나타내어 기록하라.

ㄴ. 최면술사는 말의 습성까지 자세히 나타내어 시늉을 한다.

ㄷ. 항상 그리던 나의 고향을 꿈에서까지 그릴 때 나의 마음은 미친 것 같았다.

'까지'는 움직씨, 어찌씨에도 쓰인다.

(549) ㄱ. 철이는 일하면서까지(꺼정) 공부하였다.

ㄴ. 그는 걸어가면서까지 책을 읽는다.

ㄷ. 철수는 규칙을 어기면서까지 이기려고 한다.

ㄹ. 그는 아직까지 공부하느냐?

'까지'가 올 수 있는 어찌씨에는 때어찌씨와 곳어찌씨뿐이다.

'까지'는 자리토씨는 물론 도움토씨와 합하여 겹토씨를 만든다. 다음에 몇 가지 예문을 들어 보기로 하겠다.

(550) ㄱ. 여기까지가(꺼정이) 네 것이다.

ㄴ. 이것까지를(꺼정을) 가져 가거라.

ㄷ. 이것까지도(꺼정도) 너에게 주겠다.

이제 겹토씨를 보면 '까지', '꺼정' 앞이나 뒤에 오는 자리 및 도움토씨에는 '가, 의, 에, 에게, 한테, 께, 로(써), 와, 처럼, 만, 야, 를, 은, 도, 만, 조차' 등이 있다.

📁 토록

가. 체언에 붙어 "그 정도가 수량에 다 차기까지"(즉 목표지점까지는 미치지 못함)의 뜻을 나타낸다.

(551) ㄱ. 그의 재산이 그토록 많은가?
　　　ㄴ. 자네는 종일토록 무엇을 하였나?
　　　ㄷ. 그들은 저토록 일을 하였다.
　　　ㄹ. 그는 평생토록 연구만 하였다.
　　　ㅁ. 저이는 십년토록 저기에서만 살았다.

6) 미흡도움토씨 '이나마', '이라도'의 쓰임

📁 이나마

가. 임자씨에 쓰여 미흡의 뜻을 나타낸다.

(552) ㄱ. 죽이나마 많이 잡수시오.
　　　ㄴ. 비록 소이나마 무시해서는 안 된다.
　　　ㄷ. 개고기이나마 많이 드셔요.

'이나마'의 '이'가 고룸소리가 아니라는 근거는 (552ㄴ~ㄷ)의 예가 보이는 바로써 알 수 있다.

나. 손님에게 사양이나 겸손을 나타낼 때 쓴다.

(553) ㄱ. 찬이 소찬이나마 진지 많이 드세요.

　　　ㄴ. 보리밥이나마 많이 드세요.

　　　ㄷ. 박주나마 마음껏 드세요.

이 '이나마'는 항상 임자씨에만 쓰이는 것이 특이하다.

📂 이라도

가. 무엇이라도 가리지 않음을 나타낸다.

(554) ㄱ. 아무거라도 먹자.

　　　ㄴ. 막걸리라도 마시자.

나. 누구라도 할 수 있는 주체를 나타낸다.

(555) ㄱ. 누구라도 갈 수 있다.

　　　ㄴ. 너라도 해 낼 수 있다.

다. 가리지 않는 위치, 장소를 나타낸다.

(556) ㄱ. 잔디밭에서라도 쉬자.

　　　ㄴ. 빈집에서라도 자고 가자.

(556ㄱ~ㄴ)에서 보는 바와 같이 위치나 장소를 가리지 않을 때, '이라도' 앞에 위치자리토씨가 온다.

라. 심심풀이를 나타낸다.

(557) ㄱ. 화투라도 쳐 볼까?

　　　ㄴ. 텔레비전이라도 보아 볼까?

마. 권유할 때도 쓰인다.

(558) ㄱ. 조금이라도 먹어라. (환자에게)

ㄴ. 잠깐이라도 쉬어 가자.

바. 아쉬움을 나타낸다.

(559) ㄱ. 마음이라도 편안히 가져라.

ㄴ. 자식이라도 있었더라면.

ㄷ. 돈이라도 실컷 한번 써 보았으면 좋겠다.

사. 답답함을 나타낸다.

(560) ㄱ. 소리라도 질러 볼까?

ㄴ. 울음이라도 울어 볼까?

ㄷ. 싸움이라도 해 볼까?

ㄹ. 여행이라도 떠나고 싶다.

7) 추정도움토씨 '인가', '인지', '이고', '인들', '이라도', '쯤', '깨나', '이
라면'의 쓰임(즉 추정, 가리지 않음 등을 나타낸다.)

▢ 인가

가. 임자씨에 겹토씨로도 쓰이어 여러 성분을 나타낸다.

(561) ㄱ. 누군가가 나를 찾아 왔다. (임자말)

ㄴ. 그는 무엇인가를 생각하고 있다. (부림말)

ㄷ. 철수는 어디엔가 가고 있다. (위치말)

ㄹ. 그미는 어디론가 가 버렸다. (방향말)

ㅁ. 누군가처럼 그는 말을 많이 한다. (견줌말)

ㅂ. 그는 누군가의 흉내를 내고 있다. (매김말)

나. 어찌씨와 풀이씨에 쓰인다.

(562) ㄱ. 그는 웬가 이런 소리를 늘어놓으면서 뒤를 돌아보았다.
　　 ㄴ. 그는 어제 밤 1시나 되어선가 집에 왔다.
　　 ㄷ. 그는 나쁜 일을 해서인가 얼굴빛이 창백하였다.

📁 인지

이 토씨는 그 용법이 '인가'와 비슷하다

가. 임자씨에 쓰이어 여러 가지 성분을 나타낸다.

(563) ㄱ. 누구인지 그의 주소를 묻길래 모른다고 하였다. (임자말)
　　 ㄴ. 그는 어디에서인지 돈을 잃었다고 한다. (위치말)
　　 ㄷ. 저 개는 어디론지 사라져 버렸다. (방향말)

나. 어찌씨와 풀이말에 쓰인다.

(564) ㄱ. 나는 웬지 그가 보기 싫다.
　　 ㄴ. 날이 어두워서인지 그는 길을 잘 걷지 못하였다.
　　 ㄷ. 그는 술을 많이 마셔서인지 비틀거렸다.

📁 이고

가. 임자씨에 쓰이어 여러 가지 성분을 나타낸다.

(565) ㄱ. 언제고 간에 묻지 말아라. (위치말)
　　 ㄴ. 누구고 간에 네가 상관할 바가 아니다. (위치말)
　　 ㄷ. 그는 무엇이고 잘 따진다. (부림말)

ㄹ. 그는 어디서고 못 찾아가는 데가 없다. (위치말)

나. 어찌씨에 붙어서 어찌말을 만든다.

(566) ㄱ. 빨리고 더디고 간에 어서 가자.
　　　 ㄴ. 잘이고 잘못이고 따지지 말라.

다. 풀이말에 쓰인다.

(567) ㄱ. 술을 마셔서이고 안 마셔서이고 간에 실수가 많았다.
　　　 ㄴ. 그미가 예뻐서이고 안 예뻐서이고 간에 네가 실수를 하였다.

📁 인들

가. 말할이가 가리지 않음을 나타낸다.

(568) ㄱ. 죽인들 못 먹으며 깨떡인들 못 먹으랴!
　　　 ㄴ. 죽을 바에야 무엇인들 못 먹으랴?

나. 소용없음을 나타낸다.

(569) ㄱ. 금인들 무엇하며 옥인들 무엇하랴?
　　　 ㄴ. 네가 장군인들 어디에다 써 먹으리?

다. 마찬가지임을 나타낸다.

(570) ㄱ. 넨들 그놈이나 다를 게 뭐냐?
　　　 ㄴ. 그인들 사람이 아니래?

라. '−이라고'의 뜻을 나타낸다.

(571) ㄱ. 이것인들 뭐라 할까?

ㄴ. 그인들 별것 있나?

위의 예에 의하면 '인들'은 제시하여 가리지 않음 또는 미흡을 나타내는 도움토씨임을 알 수 있다.

📁 이라도

가. 가리지 않음을 나타낸다.

(572) ㄱ. 아무 거라도 먹자.

ㄴ. 막걸리라도 마시자.

나. 누구라도 할 수 있는 주체를 나타낸다.

(573) ㄱ. 누구라도 갈 수 있다.

ㄴ. 너라도 해 낼 수 있다.

다. 심심풀이를 나타낸다.

(574) ㄱ. 화투라도 칠까?

ㄴ. TV라도 볼까?

라. 권유할 때도 쓰인다.

(575) ㄱ. 조금이라도 먹어라.

ㄴ. 잠깐이라도 쉬어가라.

마. 아쉬움을 나타낸다.

(576) ㄱ. 돈이라도 많이 있었으면 좋겠다.

ㄴ. 마음이라도 편안했으면 좋겠다.

바. 답답함을 나타낸다.

(577) ㄱ. 고함이라도 질러 볼까?

ㄴ. 울음이라도 울어 볼까?

사. 양보나 강조를 나타낸다.

(578) ㄱ. 넋이라도 있고 없고 임 향한 일편단심이야 가실 줄이 있으랴?

ㄴ. 밥 대신 떡이라도 좋다.

ㄷ. 돌이라도 먹겠다.

📁 쯤

가. 임자씨에 쓰이어 여러 가지 성분이 된다.

(579) ㄱ. 어저께쯤 그는 미국에 도착하였을 것이다. (위치말)

ㄴ. 너는 언제쯤 오겠느냐? (어찌말)

ㄷ. 그는 농사를 얼마쯤 짓느냐? (부림말)

ㄹ. 한 달포쯤 전인가 싶다. (매김말)

📁 깨나

가. 임자씨에 쓰이어 몇몇 성분을 나타낸다.

(580) ㄱ. 심술깨나 있어 보인다. (임자말)

ㄴ. 그는 돈깨나 있는지 까분다. (임자말)

ㄷ. 저이는 말깨나 하는지 제법 으시댄다. (부림말)

ㄹ. 그는 힘깨나 쓰겠다. (부림말)

📁 이라면

가. 임자씨에 쓰이어 몇몇 성분을 나타낸다.

(581) ㄱ. 네라면 그 일을 해 낼 수 있을 것이다. (임자말)

ㄴ. 그것이 떡이라면 먹겠다. (부림말)

ㄷ. 거기까지라면 나도 가겠다. (위치말)

ㄹ. 낚시라면, 그는 자다가도 일어난다. (홀로말)

나. 풀이말에 쓰인다.

(582) ㄱ. 거기까지 걸어서라면 나는 못 가겠다.

ㄴ. 나라를 위해서라면 목숨까지 바치겠다.

ㄷ. 배워서하면 나도 그것을 할 수 있겠다.

8) 확정도움토씨 '이야', '이야말로', '이라야/이어야', '이사', '인즉(슨)', '이면', '이라고', '따라', '이라', '곧', '서'의 쓰임

📁 이야, 이야말로, 이사

가. '이야'는 임자씨, 어찌씨, 풀이씨에 쓰이나 '이야말로'는 임자씨에 쓰임이 다르다. 그러나 '이야말로'는 '이야'의 눌림꼴이다. '이야말로'는 잡음씨 줄기 '이'에 '-야말로'가 붙어서 지정, 확인, 강조하는 뜻을 나타낸다. '이사'는 '이야'의 변형으로 임자씨에만 쓰이어 몇몇 성분을 나타낸다.

(583) ㄱ. 그는 꼴이야 좋다. (임자말)

ㄴ. 너는 말이야 잘 한다. (부림말)

ㄷ. 너야말로 착하다. (임자말)

ㄹ. 철수야말로 모범생이다. (임자말)

ㅁ. 순이야말로 요조숙녀이다. (임자말)

ㅂ. 내사 그 일을 안 하겠다. (임자말)

ㅅ. 서울에사 가겠지마는 그는 안 찾겠다. (위치말)

ㅇ. 밥이사 먹지마는 죽을 안 먹겠다. (부림말)

나. '야'는 물론 '는야'로 되어 특별히 지적하여 강조를 나타낼 때
쓰인다.

(584) ㄱ. 너야 착한 학생이다.

ㄴ. 너야말로 애국자이다.

ㄷ. 집에 간 후에야 알았다.

ㄹ. 나는야, 열아홉 살 송화강 큰아기.

다. 어찌씨에 쓰이어 불만이나 제한적 강조를 나타낸다.

(585) ㄱ. 그는 잘이야 있다.

ㄴ. 지금이야 좋은 때지.

ㄷ. 저쪽이야 좋지 않다.

라. 풀이씨에 쓰이어 강조를 나타낸다.

(586) ㄱ. 그는 기어이 가고야 말았다.

ㄴ. 나는 이 일을 마치고야 가겠다.

ㄷ. 그 꼴을 보고야 어찌 있겠더냐?

'이야'는 임자말 이외에도 부림말, 위치말, 방편말, 견줌말로도 쓰이는데 부림말을 제외하고는 이럴 때는 겹토씨로 쓰임이 예사이다. 즉 '한테야, 에야, 로야, 으로서야, 보다야, …' 등과 같다.

📁 이라야/이어야

(587) ㄱ. 이 약이라야 병을 고칠 수 있다. (임자말)

ㄴ. 그 일에는 너여야 한다. (임자말)

ㄷ. 아플 때는 미염이어야 먹을 수 있다. (부림말)

ㄹ. 전기톱으로라야 이 큰 나무를 벨 수 있다. (연유말)

ㅁ. 알고서라야 먹어야 되지 않겠나? (풀이씨에)

📁 인즉(슨)

(588) ㄱ. 네 말인즉(슨) 일리가 있다. (임자말)

ㄴ. 꼴인즉(슨) 명물이지 (임자말)

ㄷ. 말인즉(슨) 잘 하여라. (부림말)

위에서 보면 '인즉(슨)'은 주로 임자씨에 쓰이어 '곧'의 뜻을 나타낸다.

📁 이면

(589) ㄱ. 철수라면 그 일을 잘 처리했을 텐데 (임자말)

ㄴ. 돈이면 모든 일이 해결되나? (연유말)

ㄷ. 내일이면 늦으리. (위치말)

📁 이라고

(590) ㄱ. 뉘라고 좋아하지 않겠니? (부림말)

ㄴ. 우등생이라고 다 착한가? (임자말)

ㄷ. 지금이 어느 때라고 잠꼬대 같은 말을 하니?

'이라고'는 '이라＋고(따옴표)'로 된 도움토씨인데 그 뒤에는 부정적인 말이 주로 쓰인다.

📁 따라

시간을 나타내는 이름씨에 붙어 경우에 별나게 특별히 따위의 뜻을 나타낸다.

(591) ㄱ. 오늘따라 비가 온다.

ㄴ. 그 날따라 차가 늦었다.

ㄷ. 날씨따라 경기 일정을 정하자.

📁 이라

이 토씨는 두 가지로 볼 수 있는데 하나는 '이라고'의 준 것, 또 하나는 '이라서'의 준 것이다. '이라고'는 앞에서 다루었는데 '이라서'는 사람 이름씨 뒤에 쓰인다. 문맥에 따라서는 부정, 불능을 나타내기도 한다.

(592) ㄱ. 사람의 죽음을 뉘라 막을쏘냐?

ㄴ. 누구라 알리오 백마강 탄식을.

ㄷ. 그 일을 선생이라 막겠느냐, 학생이라 막겠느냐?

'이라서'는 특별히 가리켜 강조하는 뜻을 나타낸다.

📁 곧

이 토씨는 주로 임자씨에 붙어 그것을 다짐 강조하는 뜻을 나타낸다.

(593) ㄱ. 농부는 날곧 새면 들로 나간다.

ㄴ. 너곧 아니면 이 문제는 풀 수 없다.

ㄷ. 새 잎곧 나면 우리는 회치를 한다.

📁 서

이 토씨는 사람의 수효를 나타내는 말에 붙어 그 뜻을 강조한다.

(594) ㄱ. 혼자서 무엇을 하니?

ㄴ. 몇이서 의논하였다.

ㄷ. 여럿이서 뜻을 같이하였다.

ㄹ. 우리는 셋이서 학교에 갔다.

9) 비슷함도움토씨 '마다', '서껀', '마저', '조차', '씩'의 쓰임

위의 토씨들은 각각 뜻이 조금씩 다르지마는 귀착되는 뜻은 전체를 나타내는 점에서 비슷하다는 생각에서 이름을 비슷함도움토씨로 하였다.

📁 마다

가. '마다'는 임자씨에 쓰이어 여러 가지 성분의 구실을 한다.

(595) ㄱ. 그는 날마다 공부만 한다. (위치말)

ㄴ. 그는 가는 곳마다 사랑을 받는다. (위치말)

ㄷ. 사람마다 태극기를 들었다. (임자말)

ㄹ. 그는 책마다 열심히 읽는다. (부림말)

다음의 예를 보면 '마다'는 '전체'의 뜻을 나타냄을 알 수 있다.

(596) ㄱ. 사람마다 손을 든다. = 사람사람이 손을 든다.

ㄴ. 가는 곳마다 사랑을 받는다. = 가는 곳곳에서 사랑을 받는다.

ㄷ. 그는 날마다 공부한다. = 그는 나날이(매일매일) 공부한다.

(596ㄷ)에서의 '날마다'는 '날'을 반복하다 보니 뒷가지 '이'를 붙여서 어찌씨 '나날이'가 되었는데 '날마다'가 월에서 어찌말의 구실을 하는데 기능면에서 동일하게 된 것이다.

나. '마다'는 임자씨에만 쓰이고, 이름법이나 어찌씨에는 쓰이지 않음이 다른 도움토씨와 다르다.

(597) ㄱ. *공부하기마다 요령이 있다.

ㄴ. *먹음마다 맛이 다르다.

ㄷ. *잘마다 좋다.

다. 풀이말 '같다, 다르다' 앞에 오는 '마다'는 '마다가'의 뜻을 나타낸다.

(598) ㄱ. 얼굴이 사람마다 다르다.

ㄴ. 증언이 사람마다 같다.

라. '마다'는 다음과 같이 쓰이면 비문이 된다.

(599) ㄱ. *사람은 얼굴마다 같다.

ㄴ. *사람은 증언마다 같다.

마. '마다'는 '각각 모두'의 뜻을 나타내므로 다양성을 뜻하기도 한다.

(600) ㄱ. 아이마다 얼굴빛이 다르다.

ㄴ. 꽃마다 향기가 다르다.

(600ㄱ)의 '아이'는 다양한 아이임을 알 수 있고, (600ㄴ)의 꽃도 여러 가지 꽃임을 알 수 있다. 그러므로 '마다'는 이름법이나 어찌씨 및 풀이말 등에는 쓰일 수 없고, 오직 여러 가지 종류를 나타낼 수 있는 임자씨에만 쓰일 수 있다.

바. 임자씨 중에서도 '그, 그미, 그이, 이이, 저이' 등과 같이 홀수 대이름씨에는 '마다'는 쓰일 수 없는데, 그 까닭은 '각각 전체'의 뜻을 나타내기 때문이다.

(601) ㄱ. *그마다 말이 다르다.

ㄴ. *이이마다 착하다.

ㄷ. *저이마다 말씨가 다르다.

ㄹ. 장관 하나마다 호위병이 따른다.

이에 대하여 셈씨에는 '마다'가 붙는데, 이때는 사물의 수를 나타낼 경우임을 유념하여야 한다. 즉 셈대이름씨의 구실을 할 때임을 주의해야 한다.

📁 서껀

이 토씨는 무엇이 여럿 가운데 섞여 있음을 보이는 도움토씨이다.

가. 둘 이상의 임자씨에 쓰이어 여럿이 섞여 있음을 나타낸다.

(602) ㄱ. 아이서껀 어른서껀 막 떠들어 댄다.

ㄴ. 밥에 돌서껀 뉘서껀 섞이어 먹을 수가 없다.

(602ㄱ)의 '아이서껀 어른서껀'은 아이와 어른이 섞이어 있음을 나타내고 (602ㄴ)의 '돌서껀 뉘서껀'은 밥에 돌도 섞이어 있는데 뉘마저 섞이어 있음을 나타낸다.

나. 하나의 임자말에 쓰이어 그것 이외의 것이 섞여 있는데 그것까지 섞이어 있음을 나타낸다.

(603) ㄱ. 떡서껀 먹어 놓으니까 꼼작을 못 하겠다.
　　　ㄴ. 술까지서껀 먹었으니까 실수를 하지.

(603ㄱ)의 '떡서껀'은 다른 먹거리도 많이 먹었는데 그 위에 떡도 먹어 놓으니까 꼼작도 못 한다는 뜻이요 (603ㄴ)의 '술까지서껀'은 다른 먹거리를 먹은 위에 술도 섞어서 마셔 놓으니까 실수를 한다는 뜻이다.

　📂 마저

가. "어떤 것까지도 포함시켜"의 뜻을 나타낸다.

ⅰ) 임자자리를 나타낸다.

(604) ㄱ. 그것이 측후소의 기록과 거의 일치한다는 보고마저 있다.
　　　ㄴ. 너마저 나를 업신여기느냐?
　　　ㄷ. 90세를 먹은 오늘날마저도 조금도 쉬지 않고 책을 읽는다.

ⅱ) 임자자리 이외의 자리를 제시한다.

(605) ㄱ. 그는 어깨를 삐어서 야구마저 그만두지 않으면 안 되게 되었다.
　　　ㄴ. 중학교마저 화학실험실이 있어 공부하기에는 너무도 시설이 좋다.
　　　ㄷ. 어른마저 위장병을 앓는 이가 많으므로 민감한 어린이의 위장은

조금만 하여 탈이 난다.

나. 어떤 하나의 조건이 있을 때 그것으로써 충분한 결과를 발생시킬 것이 기대되면 '마저 −하면'의 형식으로 그 조건을 나타낸다.

(606) ㄱ. 탈곡기마저 밟을 수 있다면 누구든지 이 일을 하여도 좋다.
ㄴ. 기구마저 가지고 있으면 어린이가 있는 가정도 가능하다.

다. 첨가의 뜻을 나타낸다.

(607) ㄱ. 눈이 오면서 비마저 온다.
ㄴ. 그도 애를 먹이는데 너마저 애를 먹이느냐?
ㄷ. 어머니도 도망갔는데 아버지마저 집을 나가셨다.
ㄹ. 너마저 울려 주나요?

라. '최후 마지막', 즉 '하나도 남김없이'의 뜻을 나타낸다.

(608) ㄱ. 마지막 한 권마저 다 가져 갔다.
ㄴ. 성마저 다 팔아 먹었다.
ㄷ. 이것마저 다 가져 가겠니?

마. '마저'는 다음과 같은 겹토씨를 만든다.
겹토씨에는 '마저가, 마저를, 에서마저, 께서마저, 께옵서마저, 마저야, 에게마저, 마저도' 등이 있다.

📁 조차

가. 무엇에 포함됨을 나타낸다.

ⅰ) 임자자리를 제시하면서 강조한다.

(609) ㄱ. 너조차 하는 말의 의미를 모르겠느냐?

ㄴ. 나조차 몰랐는데 다른 이야 알 리가 없지.

ⅱ) 임자자리 이외의 자리를 나타내면서 강조한다.

(610) ㄱ. 그는 밥조차 먹지 않는다. (부림자리)

ㄴ. 그는 학교조차 가지 않는다. (위치자리)

나. 움직씨 씨끝 뒤에 와서 강조의 뜻을 나타낸다.

(611) ㄱ. 유자광은 죽어서조차 소인배란 말을 면하지 못하고 있다.

ㄴ. 그는 굶어 가면서조차 공부만을 일삼는다.

다. '아주 완전히 ~하다'는 뜻을 나타낸다.

(612) ㄱ. 나는 그를 이름조차 모른다.

ㄴ. 그의 성조차 잊어버렸다.

ㄷ. 나무를 뿌리조차 캐어 갔다.

라. '최후 마지막 것까지'의 뜻을 나타낸다.

(613) ㄱ. 왜놈들이 성은 물론 이름조차 빼앗아 갔다.

ㄴ. 달은커녕 별조차 보이지 않는다.

ㄷ. 용돈조차 다 털어 갔다.

마. 확장 또는 축소의 뜻을 나타낸다.

(614) ㄱ. 아름답기(까지)조차 하다.

ㄴ. 빌어 먹기(까지)조차 되었다.

(614)에서 보는 바와 같이 확장이나 축소의 뜻을 나타낼 때는 '까지'와 같이 쓰이기도 하나 그렇지 않을 때도 있다.

📂 씩

가. 수를 나타내는 임자씨 뒤에 쓰이어 낱낱을 나타낸다.

(615) ㄱ. 하나씩 둘씩 나비 춤춘다. (임자말)
　　　 ㄴ. 천천히 하나씩 먹어라. (부림말)

이 토씨는 어찌씨, 움직씨, 그림씨, '이다' 등에는 쓰일 수 없고 셈씨에만 쓰임이 특이하다.

10) 불구도움토씨 '커녕'의 쓰임

가. 어려운 것을 그만두고(고사하고) 그보다 쉬운 것을 들어 말하는 경우

(616) ㄱ. 백 원커녕 십 원도 없다.
　　　 ㄴ. 밥커녕 죽도 못 먹는다.

나. 쉬운 것은 그만 두고 그보다 어려운 것을 들어 말하는 경우

(617) ㄱ. 억 원커녕 일조 원도 받겠다.
　　　 ㄴ. 삼 년커녕 십 년도 지났다.

다. 기대한 것은 얻지 못하고 도리어 반대되는 것을 들어 말하는 경우

(618) ㄱ. 돈커녕 아무 것도 못 받았다.

ㄴ. 칭찬커녕 꾸지람만 들었다.

'가'의 경우는 월이 부정이 되고 '나'의 경우는 궁정월이나 그 내용이 불만을 띠고 있고 '가', '나'의 '커녕' 앞뒤의 임자씨는 같은 종류의 것이 쓰임이 특이하다. '다'의 경우는 '커녕' 앞뒤의 임자씨가 다른데 풀이말은 '커녕' 뒤의 임자씨에 대해서만 걸리는 것이 특이하다.

11) 만족도움토씨 '이나'의 쓰임[25]

이 토씨는 선택, 추량, 강조, 조건·양보, 말할이의 느낌 등 다양한 뜻을 나타내는데 글의 내용을 보면 미흡하나마 만족한다는 뜻이 풍기므로 위와 같이 이름하였다. 선택에 대해서는 앞에서 다루었으므로 여기서는 기타의 뜻만 예시하기로 한다.

(619) ㄱ. 여기 모인 사람이 몇이나 될까? (추량)

ㄴ. 퍽이나 상냥했다. (강조)

ㄷ. 꽃이나 한 송이 주시오. (조건·양보)

ㄹ. 벌써 백 명이나 모였다오. (느낌)

(619ㄱ~ㄹ)의 개별 뜻은 각각 다르나 결국 미흡하나마 만족할 수밖에 없으므로 모두 묶어서 만족도움토씨라 하였다.

---

25) 허웅, 앞의 책, 1455쪽에서 따왔음.

12) 범위도움토씨 '에서(으로)부터 ~까지', '부터 ~까지'의 쓰임

📁 에서(으로)부터 ~까지

가. 시간적·공간적 범위를 나타낸다.

(620) ㄱ. 여기서부터 저기까지가 내 땅이다.

ㄴ. 8시에서부터 밤 10시까지 부지런히 일만 한다.

ㄷ. 여기로부터 서울까지는 몇 시간이 걸립니까?

ㄹ. 밤 11시로부터 새벽 1시까지를 자시라 한다.

나. 인적·수적 범위를 나타낸다.

(621) ㄱ. 너로부터 수희까지 청소당번이다.

ㄴ. 하나에서부터 열까지를 보면 알 수 있다.

ㄷ. 첫째부터 셋째까지를 우등생으로 하자.

다. 도량형의 단위적 범위를 나타낸다.

(622) ㄱ. 10리로부터 100리까지를 단시간에 걸었다.

ㄴ. 1전에서부터 100전까지를 1원이라 한다.

ㄷ. 하나로부터 열까지를 보면 그의 사람됨을 알 수 있다.

라. 추상적 상태의 범위를 나타낸다.

(623) ㄱ. 그는 미숙한 상태로부터 이렇게까지 성장하였다.

ㄴ. 철수는 막연한 생각에서부터 이 지경에까지 이르렀다.

📁 부터 ~까지

가. 공간적·시간적 범위를 나타낸다.

(624) ㄱ. 여기부터 서울까지는 5백리나 된다.

ㄴ. 여기부터 저기까지 청소하여라.

ㄷ. 여기서부터 저기까지가 우리 땅이다.

ㄹ. 너는 이것부터 저것까지를 다 치워라.

ㅁ. 우리는 아침부터 밤까지 일한다.

나. 인적·수적 범위를 나타낸다.

(625) ㄱ. 너부터 철수까지는 이리 오너라.

ㄴ. 하나부터 열까지를 10단위라 한다.

13) 단정도움토씨 '~치고', '~치곤'의 쓰임

이 토씨는 이중부정으로 긍정을 나타낼 때 쓰인다.

(625′) ㄱ. 학생치고 공부 못 하는 학생이 없다.

ㄴ. 사람치곤 나쁜 사람은 없다.

14) 정도도움토씨 '깨나'의 쓰임

(625″) ㄱ. 그는 나이깨나 먹어 보인다.

ㄴ. 그는 돈깨나 있나 보다.

15) 섞임도움토씨 '서껀'의 쓰임

이 토씨는 무엇이 여럿 가운데 들어 섞이어 있음을 나타낸다.

(625‴) ㄱ. 떡서껀 먹어 놓으니까, 밥맛이 없지.

ㄴ. 술서껀 많이 먹었다.

1.4.5 이음토씨

이음토씨에는 '과/와', '하고', '이고', '이며', '이랑', '이냥/이영', '에', '에다', '하며' 등이 있다.

📁 과/와

어원적으로는 '과'가 기본적인 이음토씨이고 '와'는 변이형태로서 홀소리 다음에 쓰인다.

가. 같은 월성분을 이어 준다.

(626) ㄱ. 책과 연필을 사 왔다. (부림말)

ㄴ. 소와 말을 잘 기른다. (부림말)

ㄷ. 선생과 학생은 공부를 한다. (임자말)

ㄹ. 개와 고양이가 싸운다. (임자말)

나. 마디를 이어 준다.

(627) ㄱ. 그가 잘 했다고 말하는 것과 아니라고 말하는 것과를 들으니 판단이 잘 가지 아니한다.

ㄴ. 달이 밝음과 꽃이 향기로움과는 잘 어울린다.

마디를 이어 줄 때도 성분이 같아야 함은 말할 나위가 없다.

다. 무엇을 나열할 때도 이음토씨를 사용한다.

(628) ㄱ. 공책과 지우개와 연필과 칼을 학용품이라 한다.

ㄴ. 보리와 조와 콩과 기장과 피를 오곡이라 한다.

📁 하고

가. 홀소리·닿소리의 구별 없이 이음토씨로 쓰인다.

(629) ㄱ. 밥하고 떡하고 먹었다.
　　　ㄴ. 술하고 아주하고 많이 먹었다.

(629)에서 보듯이 '하고'는 '과/와'와는 달리 두 번째 임자씨 다음에도 쓰임이 특이하다. 그리고 같은 성분끼리 이어 줌은 물론이다.

나. 중첩의 뜻을 나타낸다.

(630) ㄱ. 쌀하고 보리하고 밀하고 그 집에는 없는 게 없다.
　　　ㄴ. 떡하고 술하고 밥하고 많이 먹었다.

다. 나열할 때도 쓰인다.

(631) ㄱ. 칼하고 연필하고 지우개하고 막 사 왔다.
　　　ㄴ. 종이하고 붓하고 먹하고 다 사 왔다.

라. 마디를 이어 줌도 '과/와'와 같다.

(632) ㄱ. 날씨가 좋은 것하고 그가 장가 가는 것하고 무슨 상관이 있나?
　　　ㄴ. 쌀이 몸에 좋은 것하고 보리가 몸에 좋은 것하고 어떻게 다르나?

(632ㄱ~ㄴ)에서 보듯이 '하고'는 그 앞뒤 마디를 서로 견주는 뜻도 아울러 나타내고 있다.

📁 이고

가. '이고'는 닫힌낱내 다음에 쓰이고 '고'는 열린낱내 다음에 쓰인다.

(633) ㄱ. 떡이고 밥이고 다 먹었다.

     ㄴ. 개고 소고 안 치는 짐승이 없다.

나. '이고'는 '-이고+이고…임자씨(어찌씨)+풀이씨'의 형식으로 쓰이어 벌임을 나타낸다.

(634) ㄱ. 술이고 떡이고 고기고 간에 아무 것도 먹기 싫다.

     ㄴ. 술이고 떡이고 많이 먹었다.

     ㄷ. 술이고 고기고 모두 맛있다.

다. 그 뒤에 자리토씨를 취할 수 있다.

(635) ㄱ. 술이고 고기고를 가리지 말라.

     ㄴ. 밥이고 죽이고를 가릴 처지가 아니다.

📁 이며

가. '이며'는 닫힌낱내 다음에 쓰이고 '며'는 열린낱내 다음에 쓰인다.

(636) ㄱ. 책이며 지우개며 없는 것이 없다.

     ㄴ. 집이며 농이며 모두가 다 탔다.

나. 위의 '가'에서 보면 '-이며-이며+풀이말'의 형식으로 쓰이나 '-이며+임자씨'의 형식으로도 쓰인다.

(637) ㄱ. 돈이며 옷을 다 잃어 버렸다.

     ㄴ. 금이며 다이아를 다 도둑 맞았다.

다. '-이며-이며+어찌씨+풀이씨'의 형식으로도 쓰인다.

(638) ㄱ. 금이며 돈이며 많이 가져 갔다.

     ㄴ. 밥이며 술이며 너무 먹었다.

🗂 이랑

가. '이랑'은 닫힌낱내 다음에 쓰이고 '랑'은 열린낱내 다음에 쓰인다.

(639) ㄱ. 떡이랑 밥이랑 많이 먹었다.
ㄴ. 머루랑 다래랑 먹었다.

나. '이랑'도 '이며'와 쓰이는 형식이 같다.

(640) ㄱ. 너랑 나랑 둘이 둥실 놀자.
ㄴ. 떡이랑 술이랑 많이 먹었다.
ㄷ. 밥이랑 떡을 많이 먹었다.

다. '이랑'은 그 다음에 자리토씨를 취할 수 있으나 '이며'는 그것이 되지 않는 점이 그 쓰임상 차이이다.

(641) ㄱ. 떡이랑 밥이랑을 많이 먹었다.
ㄴ. *떡이며 밥이며를 많이 먹었다.

🗂 이냥/이영

가. '이냥/이영'은 다음의 노래말에 한하여 쓰일 뿐이다.

(642) ㄱ. 너영(냥) 나영(냥) 둘이 둥실 놀고요. 낮이 낮이나 밤이 밤이나 참 사랑이로구나.

이 토씨는 제주민요에서 두루 쓰이고 있다.

🗂 에, 에다

'에', '에다'의 쓰임도 '이며'와 같은데 그 뒤에 자리토씨와 도움토씨를 취할 수 없다.

(643) ㄱ. 밥에 떡에 술에 많이 먹었다.

ㄴ. 술에 고기에 없는 것이 없다.

ㄷ. *술에 고기에 밥에를 많이 먹었다.

ㄹ. 술에다 밥에다 많이 먹었다.

ㅁ. *술에다 밥에다를 많이 먹었다.

📁 하며

'하며'는 '이며'와 그 쓰임이 같다. 따라서 그 뒤에 자리토씨를 취할 수 없다.

(644) ㄱ. 술하며 밥하며 없는 게 없다.

ㄴ. 술하며 떡하며 모두가 맛있다.

ㄷ. 술하며 고기하며 많이 먹었다.

ㄹ. *술하며 고기하며를 많이 먹었다.

'하며'도 벌이어 나타내는 데 쓰인다.

📁 이음토씨의 겹토씨

이음토씨 \ 뒤에 오는 토씨	이/가	를/을	은/는	만	도
이 고		○			
이 며					
이 랑		○	○		
에					
하 고	○	○	○	○	○
하 며	○	○			

1.4.6 특수토씨

이에는 월을 끝맺는 맺음특수토씨와 이음마디에 오는 마디이음특수토씨 및 따옴특수토씨의 세 갈래가 있다.

1.4.6.1 맺음특수토씨

1) 감탄특수토씨 '그려'의 쓰임

📎 '그려'는 감탄을 나타내면서 월 끝에 온다.

(645) ㄱ. 비가 옵니다그려.
　　　ㄴ. 값이 아주 쌉니다그려.

2) 존칭특수토씨 '요'의 쓰임

📎 이 토씨는 점잖은 사람들은 쓰지 아니하고 하찮은 사람들이 윗사람에게 공경의 뜻을 더하고자 할 때 쓴다.

(646) ㄱ. 총장님, 비가 옵니다요.
　　　ㄴ. 회장님, 손님이 오셨습니다요.

📎 요즈음은 이 '요' 앞에 '는'이 와서 '는요'의 형식으로 임자자리에 쓰는 일이 있다.

(647) ㄱ. 나는요 떡이 먹고 싶어요.
　　　ㄴ. 나는요, 집에 갈래요.
　　　ㄷ. 떡은요 다음에 먹을게요.

이것은 들을이를 높인다는 뜻이 작용하여 쓰이는 것으로 보이나 '은

/는'을 강조할 때는 '은/는+야'의 형식으로 쓰이는 일이 있다.

(648) ㄱ. 나는야 열아홉 살 송화강 큰아기.

ㄴ. 나는야 너만 할 때, 이보다 더한 일도 하였다.

📂 '요'는 임자씨 및 대개의 이음씨끝과 같이 쓰이어 음조를 올리면 물음월이 되고 낮추면 서술월이 되어 입말에서 많이 쓰이나 점잖은 말법은 아니다.

(649) ㄱ. 나는요? 나는요.

ㄴ. 밥을 먹어서요.

ㄷ. 밥을 잘 먹는데요.

ㄹ. 그는 길을 가면서요

위와 같은 월은 물음에 대한 답으로 자주 쓰인다.

📂 '요'는 '−가요', '−도요', '−만요', '−에서요', '−께요' 등 자리토씨, 도움토씨 뒤에 쓰이어 여러 가지 성분을 나타낸다.

(650) ㄱ. 내가요 어제 받았어요. (임자말)

ㄴ. 그도요 참 착해요. (임자말)

ㄷ. 그는 집에서요 공부해요. (위치말)

1.4.6.2 마디이음특수토씨

1) 견줌특수토씨 '시피'의 쓰임

📂 '견줌'의 뜻을 나타낸다.

(651) ㄱ. 네가 보다시피 곡식이 잘 되었다.

ㄴ. 얼굴이 곱다시피 마음도 곱다.

📁 으뜸마디를 수식한다. 즉, '시피'가 와 있는 마디는 어찌마디의 구실을 한다.

(652) ㄱ. 네가 알다시피 그는 잘못이 없다.

ㄴ. 그가 알다시피 이곳은 살기 좋은 곳이다.

ㄷ. 네가 보다시피 그는 착하다.

ㄹ. 그는 매일이다시피 여기에 놀러 온다.

2) 조건특수토씨 '마는'의 쓰임

📁 풀이말 뒤에 쓰이어 조건을 나타낸다.

(653) ㄱ. 밥을 주겠다마는 돈을 안 주겠다.

ㄴ. 이 일은 하지마는 저 일은 안하겠다.

📁 이음법의 풀이말 뒤에 쓰이어, 어떤 실망, 불만을 나타낸다.

(654) ㄱ. 오늘도 걷는다마는 정처없는 이 발길.

ㄴ. 너는 좋겠다마는, 나는 기분 나쁘다.

1.4.6.3 따옴특수토씨

1) 따옴특수토씨의 쓰임

따옴월에는 바로 따옴월과 건너따옴월의 둘이 있는데, 따옴특수토씨 '−고'는 /ㅏ/낱내 다음과 바로따옴 및 건너따옴에 두루 쓰이고 '−라고'는 /ㅏ/ 이외의 낱내 다음에 쓰이면서 바로따옴에만 쓰인다. 이하에서 설명하기로 한다.

📁 바로따옴월에서의 따옴특수토씨의 쓰임

남이 한 말을 그대로 되풀이하여 전하는 월을 바로따옴월이라 한다.

가. 안은월의 임자말이 첫째가리킴인 경우

(655) ㄱ. 나는 '내가 집에 있겠다'고 말했다.

ㄴ. 우리는 '우리가 잘못했음을 깨달았다'고 친구에게 고백했다.

ㄷ. 내가 '우리는 동의하지 않겠다'고 말했다.

ㄹ. 나는 '이것이 신라시대의 왕관이라'고 설명하였다.

(655ㄱ~ㄹ)에서 따옴표 안에 있는 월을 따옴월이라 하고 따옴월을 안고 있는 월을 안은월이라 하는데, 안은월에는 '은/는' 임자말과 '이/가' 임자말이 와 있으나 '은/는' 임자말이 오는 것이 일반적이다. 그리고 풀이말은 '말했다', '설명했다', '친구에게 고백했다' 등과 같이 담화 움직씨가 옴이 예사이다. (655)에서 보인 것은 안은월과 따옴월의 '은/는' 임자말과 '이/가' 임자말은 모두 첫째가리킴일 때의 것을 보였다.

나. 안은월의 '은/는' 임자말이 둘째가리킴인 경우

(656) ㄱ. 너는 '내가 그에게 무엇을 주었다'고 나에게 말했다.

ㄴ. -4. 여러분은 '우리들이 잘했다'고 그들에게 주장했다.

ㄷ. 너는 '내가 고향에 간다'고 말했다.

ㄹ. 너는 '나의 아버지에게 돈을 드렸다'고 나에게 자랑했다.

안은월의 임자말이 둘째가리킴일 때는 말할이는 따옴월의 '이/가' 임자말로 '너'를 사용하여 대화하는 경우가 일반적이다.

(657) ㄱ. 너는 '네가 이 일을 해 내겠다'고 말하지 않았느냐?

ㄴ. 여러분은 "여러분의 직분을 알고 일해야 한다"고 결심한 바 있습

니까?

    ㄷ. 당신은 "당신이 이 일을 했다"고 자백하였다.

(657ㄱ~ㄷ)은 말할이가 상대방을 대상으로 하여 상대가 한 말을 둘째가리킴으로 하여 대화한 것을 나타낸 것이다.

  다. 안은월의 임자말이 셋째가리킴인 경우
예를 먼저 보기로 하자.

(658) ㄱ. 그는 "내가 서울에 갔다 왔다"고 말하였다.

    ㄴ. 그미는 "이게 뭐냐"고 물었다.

    ㄷ. 그는 "나의 아버님은 훌륭하시다"고 하였다.

    ㄹ. 그는 "'이걸 뭐라'고 하느냐"고 물었다.

    ㅁ. 그들은 "우리가 '이것을 뭐라'고 해야 하느냐"고 되물었다.

(658ㄱ)은 '그'가 한 말을 그대로 따온 것으로 별 설명이 필요 없으나, (658ㄴ)의 따옴월은 '그미'가 말할이인 '나'에게 '이것이 무엇이냐'고 물은 말을 그대로 따온 것이요, (658ㄷ)은 '그'가 '그의 아버지가 훌륭하시다'고 한 것을 그대로 따온 월이다.

그런데 (658ㄹ)과 (658ㅁ)은 따옴월 안에 또 따옴월이 안겨 있다. 한번 분석해 보면 (658ㄹ)의 속구조는 [그는 "그가 나에게 '이것을 뭐라'고 하느냐"고 물었다]로 된다. 이것은 (658ㅁ)과 같이 따옴월이 안겨 있으므로 이런 따옴월을 겹따옴월이라 부르기로 하겠다. 이와 같은 겹따옴월의 안긴월의 임자말은 '이/가' 임자말이 됨을 그 속구조 분석에서 알 수 있다. 안은월의 임자말이 '은/는'임자말이 됨은 (659)에서 알 수 있다.

(659) ㄱ. 나는 『내가 "내가 이것이 무엇이라고 하느냐"고 철수에게 물었다』고 말했다.

ㄴ. 나는 『내가 "내가 '내가 철수가 잘 했다'고 칭찬했다"고 말했다』
고 너에게 말하지 않던?

ㄷ. 너는 『내가 "내가 '내가 이것을 팔아 먹었다'고 철수에게 말했
다"고 순희에게 전했다』고 나에게 말했다.

그리고 바로따옴월의 의향법은 서술법, 물음법, 시킴법, 꾀임법 등
이 다 쓰일 수 있으며, 말대접법도 쓰일 수 있음은 다른 월에서와 마찬
가지이다.

(660) ㄱ. 나는 '내가 가자'고 말했다.

ㄴ. 너는 '내가 이겼다'고 나에게 말했다.

ㄷ. 그는 '내가 이겼느냐?'고 물었다.

ㄹ. 나는 '내가 그에게 가거라'고 말했다.

ㅁ. 그는 '나도 보았소'라고 말하였다

(660ㅁ)의 의향법은 지난적 서술법으로 끝났음을 보임과 아울러 씨
끝이 홀소리 '-아'가 아닌 홀소리로 끝났을 때는 따옴특수토씨가 '라
고'가 옴을 보인 것인데, 이 '라고'는 바로 따옴월에서만 쓰이는 것이
특징이다.

라. 따옴월의 풀이말이 '-아/야'로 끝날 때는 따옴특수토씨는 '-라
고'가 쓰인다.

(661) ㄱ. 철수는 '내가 좋아'라고 물었다.

ㄴ. 그는 '내가 어떻게 할거야'라고 말했다.

마. 따옴월의 풀이말이 '-냐'로 끝날 때는 따옴특수토씨는 '고'가
쓰인다.

(662) ㄱ. 그는 '이게 뭐냐'고 물었다.

ㄴ. 그는 '잘 있느냐'고 물었다.

📁 건너따옴월에서의 따옴특수토씨의 쓰임

남이 한 말을 말할이가 자기와의 관계 여하에 따라 따옴월의 임자말을 바꾸거나 때를 나타내는 말을 달리 바꾸어 나타내는 월을 건너따옴월이라 한다.

가. 안은월의 '은/는' 임자말이 사람의 이름일 경우

(663) ㄱ. 철수는 '그가 서울 갔다 왔다'고 자랑하였다.
　　　ㄴ. 영희는 '그미가 잘 났다'고 까불대더라.
　　　ㄷ. 철이는 '그가 영희와 여행했다'고 거짓말을 했다.

(663ㄱ~ㄷ)에서 보면 따옴말의 '이/가' 임자말은 남자냐 여자냐에 따라 대이름씨 '그'와 '그미'가 됨이 바로따옴월의 임자말과 다르다.

나. 안은월의 '은/는' 임자말이 대이름씨일 경우

(664) ㄱ. 그는 '그가 이 시를 썼다'고 자랑하였다.
　　　ㄴ. 너는 '네가 저 사람을 속였다'고 나에게 말하였다.
　　　ㄷ. 나는 '내가 잘했다'고 주장했다.

(664ㄱ)에서 보면 안은월의 '은/는'임자말이 '그'일 때는 따옴말의 '이/가'임자말도 '그'가 되고, (664ㄴ)에서 안은월의 '은/는'임자말이 '너'일 경우는 따옴월의 '이/가'임자말도 '네'임을 알 수 있다. (664ㄷ)의 건너따옴월에서의 안은월의 '은/는'임자말과 따옴월의 '이/가'임자말이 '나'일 때는 따옴월은 바로따옴월이 되고, 건너 따옴월은 될 수 없음을 알 수 있다.

356

다. 때말에 의한 건너따옴월의 경우

(665) ㄱ. 철수는 어제 '모레 비가 오겠다'고 말했다.

　　　ㄴ. 영희는 어제 '내일 그가 올것이다'라고 말했다.

(665ㄱ)에서 안은월의 때말은 '어제'인데 반해 따옴월의 때말은 '모레가 되었으며', (665ㄴ)의 안은월에서의 때말은 '어제'이나 따옴월의 때말은 '내일'로 되었다. 위의 '나'에 의하여 보면 건너따오기는 바로따오기에서 따옴월의 '이/가'임자말 여하에 따라 결정되므로 건너따옴월은 바로따옴월에서 파생된다고 보아진다. (665ㄴ)의 경우, 따옴월이 '이다'로 끝나니까 따옴특수토씨는 '라고'가 되었다.

라. 추상적건너따옴의 풀이말이 '-까'로 끝나면 따옴토씨는 '-라고'가 쓰인다.

(666) ㄱ. 그들은 '그가 그러지 않았을까'라고 생각했다.

　　　ㄴ. 철수는 '영희가 꽃을 꺾었을까'라고 의심하였다.

2) 따옴월과 안은월의 풀이말

따옴월과 안은월의 풀이말에는 어떠한 자질의 풀이씨가 올 수 있는지 알아 보면 주로 담화움직씨, 즉 '말하다, 묻다, 이야기하다, 명령하다, 자랑하다, 주장하다, 떠들다, 자백하다, 보고하다, 고백하다, 요구하다, 증언하다, 제안하다, 약속하다, 제의하다' 등을 비롯하여 인지움직씨 '믿다, 알다, 생각하다, 후회하다, 보다, 듣다, 손짓한다, 느끼다, 판단하다, …' 등이 있다.

따옴특수토씨는 그 뒤에 도움토씨 '만, 도, 는, 밖에는' 등을 취할 수 있다.

(667) ㄱ. 그는 '나는 가겠다'고만 말했다.

ㄴ. 그는 '나는 가겠다'고도 하다가 '안가겠다'고도 하였다.

ㄷ. 철수는 '그는 있겠소'라고는 하지 않았다.

ㄹ. 나는 '나는 있겠다'고밖에는 말하지 않았다.

3) 따옴특수토씨가 없이도 말을 따올 수 있다.

사람이름, 사물, 흉내말, 홀로말, 상대방과의 대화 등 다양하다.

(668) ㄱ. ㉮ 네 이름이 무엇이냐?

㉯ 네! "바구"입니다.

ㄴ. 철수가 "아이구"하며 넘어졌다.

ㄷ. 팽이가 "빙빙" 잘 돈다.

ㄹ. ㉮ "스님" 혹시 손전등 있습니까?

㉯ "네, 있습니다. 잠깐 기다리세요."

ㅁ. "호텔 예약이 안 돼 있다니, 여행사는 뭘 하는거야!"
내가 불평을 하였다.

ㅂ. "'슈케씨, 치약 하나 살 수 있을까'요."
"'아래층, 초대소 매점에 있을꺼라'요."

1.4.7 겹토씨

1.4.7.1 겹토씨가 이루어지는 이유

토씨가 각각 그 고유의 뜻을 지닌 하나의 독립 낱말이면서 의미적 기능이나 정서적 기능을 지니고 있는데, 이런 기능들에 의하여 미묘한 감정이나 뉘앙스 등을 나타내어야 할 필요성이 있기 때문에 겹토씨가 이루어지는 것이다. 합성이름씨가 새로운 낱말의 필요상 이루어지는 데 비하면, 이와 같은 일은 아주 묘한 인간의 감정의 발로를 나타내기 위하여 일어나는 현상이다.

겹토씨의 일람표

자리토씨	도움토씨	은/는	마다	만	도	뿐	까지	조차	마저	씩
임자자리	이/가		○	○		○	○	○	○	○
부림자리	을/를		○	○			○	○	○	○
위치자리	에	△		△	△		△			
	에서	△		△	△		△	△	△	
	에다가	△		△	△		△			
	한테다가	△		△	△		△			
	에게	△		△	△		△	△	△	
	에	△		△	△		△	△	△	
	한테	△		△	△		△	△	△	
연유자리	으로써	△		△	△					
	에	△		△	△					
	로서	△		△	△					
	으로서	△		△	△					
견줌자리	보다	△		△						
	에	△		△						
	처럼	△		△						
	같이	△		△						
	만큼	△		△						○
	만	△			△					
	과	△		△	△					
	하고	△		△	△					
	마따나									
함께자리	과	△		△	△					
	하고	△		△	△					
방향자리	으로	△		△	△		△			
출발토씨	에게서	△		△	△		△	△	△	
	한테서	△		△	△		△	△	△	
	으로부터	△			△					
	에서부터	△		△	△					
	부터서	△		△	△					
	에서	△		△	△					
매김자리	의		○			○				
부름자리	아									
	야	○	○		○		○			
	이시여									
	이여									
비 고		○표는 도움토씨가 앞에 옴을 표기하고 △표는 도움토씨가 뒤에 오는 것을 나타냄.								

1.4.7.2 자리토씨와 도움토씨 및 특수토씨와의 겹토씨

먼저 다음에서 자리토씨와 도움토씨, 도움토씨와 자리토씨로 되는 겹토씨의 일람표를 보이고 설명하기로 하겠다((658) 참조).

위의 설명에 의하면 다음과 같은 사실을 알 수 있다.

첫째, 임자자리, 부림자리, 매김자리토씨, 부름자리토씨만 도움토씨 뒤에 온다. 따라서 참된 의미에서의 자리토씨는 이들 넷뿐임을 알 수 있다. 더구나, 이 네 자리토씨 앞에 오는 도움토씨는 일정하다.

둘째, 위치자리, 연유자리, 견줌자리, 함께자리, 시발도움토씨는 일정한 뜻이 있어서 자리토씨가 도움토씨 앞에 오는데, 이들은 다시 자리로 따지면 그대로 위치자리, 연유자리 등이 되는데, 이들 토씨의 자리기능은 도움토씨 앞에 오기 때문에, 어떤 면에서 보면, 참된 의미의 자리기능은 약하다고 할 수 있겠다.

셋째, 연유자리, 견줌자리 뒤에 올 수 있는 도움토씨는 일정하여 '은/는, 만, 도'의 셋만이 올 수 있다.

넷째, 도움토씨 '마다'는 임자자리토씨와 매김자리토씨 앞에만 올 수 있을 뿐이고, 다른 토씨와는 겹토씨를 만들 수 없다. 그리고 도움토씨 '뿐'은 임자자리토씨 '이' 앞에만 와서 겹토씨를 만들 뿐, 어떠한 토씨와도 겹토씨를 만들 수 없다.

다섯째, 위치자리토씨 '한테다가', 견줌자리토씨 '마따나', 부름자리토씨는 겹토씨를 만들 수 없으나 '한테다가야', '마따나야'로는 될 수 있다.

여섯째, 자리토씨에 오는 도움토씨는 그 자리토씨에 따라 대체적으로 한정되어 있다. 이와 같은 사실은 오늘날을 살고 있는 사람들의 문체나 감정 여하에 따라서 그리 된 것이다. 따라서 역사적으로 보면, 겹토씨는 시대에 따라 매우 다르게 나타남이 그 특징이다.

다음에는 도움토씨끼리의 겹토씨를 표로 보이기로 하겠다.

도움토씨끼리의 겹토씨 일람표

도움토씨＼도움토씨	마다	만	부터	까지	조차	마저	밖에	대로	에다가	더러	뿐	서	씩	이야	이든지	이라도	인들	이나마	이야말로	을랑
은/는	△	△	△	△	△	△	△	△	△	△		△	△							△
도		△	△	△	△	△	△	△			△	△						△		△
만			△	△		△	△	△			△	△								△

도움토씨＼자리토씨	에게서	한테서	으로부터	에서부터	부터서	에 서
은/는	△	△	△	△	△	△
만	△	△	△	△	△	△
도	△	△	△	△	△	△
까지	△	△	△			
조차	△	△	△			△
마저	△	△	△			
의	○	○	○	○		

이 도움토씨끼리의 겹토씨도 이 시대를 사는 사람들의 감정이나 문체에 따라 형성되는 것이므로 시대에 따라서 달려질 수 있음은 앞 '여섯째'에서 설명했을 때와 마찬가지이다. 그런데 '서'는 '부터' 뒤에 와서 '부터서'가 될 수 있고 '씩'은 '은'과 '도'의 앞에만 온다.

다음에는 도움토씨와 '이다'와의 관계를 보기로 한다.

도움토씨와 '이다'와의 겹토씨

도움토씨＼도움토씨	마다	만	부터	까지	조차	마저	대로	뿐	씩
이 다	○	○	○	○	○	○	○	○	○
비 고	○표는 '도움토씨＋이다'를 뜻한다.								

'이다'는 임자씨와 결합하여 임자씨로 하여금 풀이말이 되게 한다.

특수토씨와 도움토씨와의 겹토씨

특수토씨＼도움토씨	은/는	도	이나	이든지	이라도	마다	만	까지	마저	조차	씩	서	대로	부터	에서부터
요	○	○	○	○	○	○	○	○	○	○	○	○	○	○	○

특수토씨 '요'는 거의 대부분의 도움토씨 뒤에 와서 월을 끝맺되, 이때의 월은 대개 물음월이나 서술월이 된다.

지금까지 보인 겹토씨는 두겹토씨이나 세겹, 네겹토씨도 있음은 앞에서 이미 말하였다.

2. 씨끝바꿈법

풀이씨는 월에서 의향법, 말대접법, 때매김법 등의 말본적 구실을 하기 위하여 그 씨끝이 여러 가지 모양으로 바뀌는데 이런 현상을 씨끝바꿈이라 하고 씨끝바꿈을 하는 법을 씨끝바꿈법이라 한다.

2.1 풀이씨의 갈래와 쓰임

이에는 움직씨, 그림씨, 잡음씨의 셋이 있다.

2.1.1 움직씨

2.1.1.1 움직씨의 갈래와 쓰임

움직씨는 그 자립성 여부에 따라서 으뜸움직씨와 매인움직씨의 두 가지로 가르고, 이 밖에 끝바꿈이 완전하지 못한 안갖은움직씨가 있다.

1) 으뜸움직씨

으뜸움직씨는 말본적 자질에 따라서 남움직씨와 제움직씨로 나눈다.

📁 남움직씨

남움직씨에는 그 자질에 따라서 다음과 같이 통어상으로 차이를 일으키는 두 가지가 있다.

(1) ㄱ. 그는 밭을 간다.
     ㄴ. 그는 철이에게 돈을 준다.

(1ㄱ)의 남움직씨 '간다'는 그 앞에 부림말 '밭'만을 취하고 있는데 대하여 (1ㄴ)의 '준다'는 부림말 앞에 위치말 '철이에게'를 취하고 있다. 이와 같은 남움직씨는 수여의 뜻을 나타내는 움직씨로서 이때의 위치말은 '±목숨성', '±사람'의 자질을 가진다.

(2) ㄱ. 그는 전자에 대하여 연구를 한다.
     ㄴ. 철이는 고대사에 관하여 연구를 한다.

(2ㄱ~ㄴ)의 남움직씨 '하다'는 그 앞에 부림말을 취하고 또 그 앞에 이은말 '전자에 대하여'와 '고대사에 관하여'를 취하고 있다. 이와 같은 이은말을 취하는 남움직씨에는 '하다류'가 있다. 만일 '하다' 앞의 부림말과 '하다'를 합하여 '연구하다'라는 풀이말로 바꾸면 (2ㄱ)과 (2ㄴ)은 다음과 같이 된다.

(3) ㄱ. 그는 전자에 대하여 연구한다.
     ㄴ. 그는 고대사에 관하여 연구한다.

(3ㄱ~ㄴ)에서 보는 바와 같이 (2ㄱ~ㄴ)의 남움직씨 '하다'는 여기서 그 앞에 이은말을 취하면서 남움직씨 '연구하다'로 바뀜에 따라 월의

짜임새도 달라졌다.

(4) ㄱ. 그는 학교에 간다.

　　 ㄴ. 그는 학교를 간다.

'가다'는 본래 제움직씨인데 경우에 따라서는 (4ㄴ)과 같이 남움직씨로도 쓰인다.

이때는 그 뜻에 차이가 생기는데 (4ㄱ)의 '학교에'는 도달점. 또는 목적지의 뜻을 나타낸다면 (4ㄴ)의 '학교를'은 임자말이 직접 부리는 곳 즉 본래의 목적을 이루는 곳임을 나타낸다.

(5) ㄱ. ㉮ 비행기가 하늘에 날아간다.

　　 　㉯ 비행기가 하늘을 날아간다.

　　 ㄴ. ㉮ 철이는 산에 오른다.

　　 　㉯ 철이는 산을 오른다.

우리는 (5ㄱ)의 ㉮로는 말하지 아니하고 ㉯로 말하는 것이 일반적이며 (5ㄴ) ㉮의 '산에'는 오르는 장소를 나타내고 (5ㄴ) ㉯의 '산을'은 오르는 데 대한 직접적인 이용물로 생각하고 하는 말이다. 이와 같이 제움직씨 '가다, 날다, 오르다'는 남움직씨로도 쓰이는데 이와 같은 움직씨를 중립움직씨라 부르기로 한다.[1] 이 중립움직씨에는 다음과 같은 것이 있다.

(6) 놀다, 불다, 가다, 오다, 오르다, 자다, 뛰다, 다하다, 움직이다[2]

(7) ㄱ. ㉮ 아이가 논다.

---

1) Halliday(1976)는 움직씨 중에서 제움직씨 구문이나 남움직씨 구문에 자연히 나타나는 움직씨를 중립움직씨라 하고 다음과 같이 예를 들었다.
   The Stone moved.
   Thou moved the Stone.
2) 최현배, 『우리말본』, 정음문화사, 1983, 253~254쪽 참조.

㉯ 아이들이 윷을 논다.

ㄴ. ㉮ 바람이 분다.

　　　㉯ 아이가 불을 분다.

ㄷ. ㉮ 그는 학교에 간다.

　　　㉯ 그는 학교를 간다.

ㄹ. ㉮ 그는 잘 잔다.

　　　㉯ 그는 12시간을 잤다.

ㅁ. ㉮ 학생들이 뛴다.

　　　㉯ 학생들이 뜀을 뛴다.

ㅂ. ㉮ 그는 힘이 다해서 넘어졌다.

　　　㉯ 그는 힘을 다하였다.

ㅅ. ㉮ 그는 요즈음 살살 움직인다.

　　　㉯ 그는 나라를 움직인다.

　　지금까지 살펴본 바와 같이 남움직씨는 일반남움직씨, '+목숨성'의 위치말을 취하는 남움직씨, 이은말을 취하는 남움직씨, '±남움직씨'의 자질을 가지는 것 등이 있음을 알 수 있다.

　　끝으로, 뜻으로 볼 때, 사동사가 있다. 월의 구조는 타동사와 같으므로 여기서 다룬다. 사동사의 접미사에는 '이, 히, 기, 리, 구, 우, 추, 애, 으기/이기' 등이 있다.

(7′)　　타동사　　　　　　　　사동사
　　　　ㄱ. 먹다　　　→　　　먹이다(밥을 먹이다)
　　　　ㄴ. 읽다　　　→　　　읽히다(책을 읽히다)
　　　　ㄷ. 맡다　　　→　　　맡기다(일을 맡기다)
　　　　ㄹ. 들다　　　→　　　들리다(국기를 들리다)
　　　　ㅁ. 지다　　　→　　　지우다(짐을 지우다)

(7″)　　자동사　　　　　　　　사동사
　　　　ㄱ. 녹다　　　→　　　녹이다(얼음을 녹이다
　　　　ㄴ. 앉다　　　→　　　앉히다(손님을 앉히다)

ㄹ. 살다 → 살리다(아이를 살리다)
ㅁ. 솟다 → 솟구다(매가 몸을 솟구다)
ㅂ. 돋다 → 돋우다(소리를 돋우다)

(7‴) 형용사 사동사
ㄱ. 높다 → 높이다(소리를 높이다)
ㄴ. 밝다 → 밝히다(등불을 밝히다)
ㄷ. 늦다 → 늦추다(시간을 늦추다)

(7‴′) ㄱ. 없다 → 없애다
ㄴ. 일어나다 → 일으키다

위에서 같이 타동사나 자동사, 형용사에 사동의 접미사를 삽입하여 사동사를 만드는 법을 사동법이라 하는데, 이는 조어법에서 다루는 문제이며 서술어가 사동사로 되는 월을 사동문이라 한다.

사동어가 나타내는 뜻은 다음과 같다.

ㄱ. 임자말의 뜻으로 여격어에게 구속하는 뜻을 나타내는 일이 있다.
㉮선생님이 학생에게 글을 읽히었다.
ㄴ. 허용의 뜻을 나타낸다.
㉮학생들에게 영화를 보인다
ㄷ. 불행 운수의 뜻을 나타낸다.
㉮그는 돈을 빼앗기었다.

이 외에 '돌이키다'가 있고 본래 사동움직씨인 '시키다'가 있다.

📁 제움직씨

앞에서도 설명하였듯이 제움직씨란 부림말을 취하지 않는 움직씨를 말하는데 제움직씨도 그 바탕에 따라서 서로 다름이 있음을 알 수 있다.

(8) ㄱ. ㉮ 기차가 달린다.

ㄴ 사람이 달린다.

ㄴ. ㉮ 세월이 잘도 간다.

ㄴ 그는 학교에 간다.

ㄷ. ㉮ 꽃이 핀다.

ㄴ 얼굴이 핀다.

ㄹ. ㉮ 비가 온다.

ㄴ 친구가 온다.

(8ㄱ~ㄹ)에서 각 ㉮의 임자말은 '−목숨성'이고 ㉯의 임자말은 '+목숨성'이다. 이와 같은 현상은 ㉮의 경우는 사람의 하는 행위를 본떠서 표현하기 때문이다.

(9) ㄱ. 벼가 익는다.

ㄴ. 감이 많이 연다.

ㄷ. 해가 돋는다.

ㄹ. 달이 뜬다.

ㅁ. 물이 솟는다.

(9ㄱ~ㅁ)의 임자말은 모두 '−목숨성'으로서 풀이말은 '+목숨성'의 임자말은 취할 수 없다. 따라서 제움직씨는 임자말로서 '±목숨성'의 이름씨를 취한다는 것을 알 수 있다. 그런데 제움직씨의 마지막에서 하나 덧붙여 설명하여 두어야 할 것은 '있다, 없다, 계시다'의 소속 문제이다. '있다, 계시다'는 물음법, 시킴법, 꾀임법이 다 가능하나 '없다'는 그것 중 일부가 불가능하다. 그러므로 '있다', '계시다'는 제움직씨로 '없다'는 그림씨로 보아야 한다.

낱 말	베 풂 법	물 음 법	시 킴 법	꾀 임 법	판 정
있다	있는다	있느냐?	있거라	있자	움직씨
계시다	계신다	계시느냐?	계십시오	계시자	움직씨
없다	없는다	없느냐?	없어라	없자	그림씨

제움직씨의 끝으로 피동움직씨가 있음을 밝히어두기로 한다. 피동
움직씨를 만드는 접미사에는 '이, 히, 기, 리'가 있는데, 이것도 조어법
에서 다루어야 한다.

피동사를 만드는 법을 피동법이라 하고, 피동법을 사동법과는 달리
반드시 타동사에만 접사가 붙어 이루어진다. 피동움직씨도 월의 구조
가 제움직씨와 같으므로 여기에서 다루는 것이다.

(9')　　　타동사　　　　　　　　　　피동사
　　　　ㄱ. 밥을 먹는다　　　→　　먹이 먹힌다
　　　　ㄴ. 달을 보다　　　　→　　달이 보인다
　　　　ㄷ. 국기를 손에 들다　→　　국기가 손에 들린다
　　　　ㄹ. 매가 꿩을 쫓는다　→　　꿩이 매에게 쫓긴다.

위 'ㄱ~ㄴ'에서 보아 알듯이 타동사로 된 월의 목적어는 피동문에
서 주어가 된다는 것과 'ㄹ'에서 보는 바와 같이 타동사분의 주어는
피동문에서는 여격어가 되고 목적어는 피동문에서는 주어가 된다는
것이다.

위에서 본 바와 같이 모든 피동사는 자동사가 되며 피동사로 되는
월을 피동문이라 한다.

높임의 등분에 따라 높임움직씨와 낮춤움직씨로 나눈다.
국어의 으뜸움직씨에는 다른 나라 움직씨와는 달라서 남움직씨와
제움직씨를 막론하고 높임움직씨와 낮춤움직씨가 있다.

📂 높임움직씨

  말씀하시다, 행보하시다, 행차하시다, 주무시다, 잡수시다(아주높임), 돌아가시다
(죽다), 계시다, 자시다(예사높임), 분부하시다, 드리다, 올리다, 거동하시다, 바치다,
납시다, 좌중하시다, 탄생하시다

📂 낮춤움직씨

  아뢰다, 사뢰다, 여쭈다(여쭙다), 모시다, 뵈옵다, 삷다

등과 같다.

뜻구실에 따라 하임움직씨와 입음움직씨로 나눈다.
  국어의 움직씨 중 파생가지 '이, 히, 기, 리, 구, 우, 추'에 의하여 된
움직씨 중에는 하임이나 입음의 뜻을 나타내는 움직씨가 있다.

  하임움직씨 : 먹이다, 입히다, 높이다, 돋구다, 낮추다, 돋우다, 돌리다

  입음움직씨 : 들리다, 보이다, 먹히다, 쫓기다

  파생가지 중 '이, 히, 기, 리, 구, 우, 추'는 하임움직씨를 만들고 '이,
히, 기, 리'는 입음움직씨를 만든다.

2) 매인움직씨

매인움직씨의 갈래
  매인움직씨는 여러 가지 기준(뜻이라든가 으뜸움직씨의 씨끝 여하에 따
른 연결 여부에 의하는 등)에 따라 나누는데 여기서는 매인움직씨 자신
의 뜻이나 문맥적 뜻에 따라 나누고 그 쓰임을 설명하기로 하겠다.[3]

─────────────
3) 여기서는 『우리말본』의 체계를 따르되 그 이름은 물론 다소의 가감이 있을 것이다.

(10) ㄱ. 지움매인움직씨 : 아니하다, 못하다, 말다

　　 ㄴ. 하임매인움직씨 : 하다('~게' 다음에 쓰임), 만들다

　　 ㄷ. 가능매인움직씨 : 지다, 되다

　　 ㄹ. 나아감매인움직씨 : 가다, 오다

　　 ㅁ. 끝남매인움직씨 : 나다, 내다, 버리다

　　 ㅂ. 섬김매인움직씨 : 주다, 드리다, 바치다, 달다

　　 ㅅ. 해보기매인움직씨 : 보다('-어/아' 다음에 쓰임).

　　 ㅇ. 힘줌매인움직씨 : 대다, 쌓다, 재끼다, 재치다, 치우다, 떨어지다,
　　　　　　　　　　　　　 터지다, 빠지다, 죽다, 못살다

　　 ㅈ. 마땅함매인움직씨 : 하다('~야' 다음에 쓰임)

　　 ㅊ. 그리여김매인움직씨 : 하다('~기는' 다음에 쓰임)

　　 ㅋ. 가식매인움직씨 : 체(척)하다, 양하다

　　 ㅌ. 될뻔함매인움직씨 : 뻔하다,

　　 ㅍ. 두기매인움직씨 : 두다, 놓다, 가지다

　　 ㅎ. 바람매인움직씨 : 싶어하다[4]

　　 ㄱ'. 이행매인움직씨 : 먹다[5]

　　 ㄴ'. 양상매인움직씨 : 있다, 계시다

　　 ㄷ'. 해냄매인움직씨 : 말다

　　 ㄹ'. 되풀이매인움직씨 : 하다

　　 ㅁ'. 의도매인움직씨 : 하다

뜻에 따른 매인움직씨는 이상 19가지가 있다. 본래 매인움직씨는 시대에 따라 있던 것이 없어지기도 하고 없던 것이 새로 생겨나기도 하는데 그 까닭은 그 시대를 살아가는 사람들의 의식의 변화에 따르기 때문이다.

---

4) 박지홍, 『우리현대말본』, 과학사, 1986, 119쪽에 의함.
5) 김창주, 「조동사 '먹다'에 대한 연구」(건국대학교 석사논문, 1979)에서는 이름을 '홀대성 매인움직씨'라 하였다.

매인움직씨의 쓰임

📁 지움매인움직씨

이에는 '아니하다. 못하다. 말다'의 셋이 있다.

가. 아니하다 : 이 매인움직씨는 '±사람', '±목숨성'의 자질을 가진 이름씨가 임자말이 될 때, 으뜸풀이말의 지움매인법 '-지' 뒤에 쓰이어, 어떤 행위를 하지 아니함의 뜻을 나타내므로 시킴꼴법이나 꾀임꼴법으로 쓰이지 아니한다.

(11) ㄱ. 나(너, 그)는 공부를 하지 아니한다.

　　　ㄴ. 비가 오지 아니하느냐?

　　　ㄷ. 황소가 잘 먹지 아니한다.

　　　ㄹ. 나무가 잘 자라지 아니하느냐?

　　　ㅁ. *우리 모두 공부를 하지 아니하자(아니하여라).

(11)에서 보면 '아니하다'는 임자말의 가리킴에 관계없이 두루 쓰이며 시킴법, 꾀임법으로는 쓰일 수 없다.

나. 못하다 : 이 매인움직씨는 '±목숨성', '±사람'의 자질을 가진 이름씨가 임자말이 될 때 으뜸풀이말의 지움매인법 '-지' 뒤에 쓰이어 어떤 행위를 할 수 없음을 나타내어 준다. 그러므로 '못하다'는 시킴법이나 꾀임법으로는 쓰이지 못한다.

(12) ㄱ. 나(너, 그)는 거기를 가지 못한다.

　　　ㄴ. 철수는 공부하지 못하여 학교를 그만 두었다.

　　　ㄷ. 차가 빨리 가지 못한다.

　　　ㄹ. 여기서는 나무가 잘 자라지 못한다.

　　　ㅁ. *비가 오지 못한다.

ㅂ. 물이 흐르지 못한다.

ㅅ. *나무야, 자라지 못하여라(못하자).

위의 (12ㅁ)은 성립되지 않는데 그것은 비가 오고 안 오고는 그 속성에 달려 있지 않기 때문이다. 따라서 '비, 눈, 해, 달' 등은 '못하다'의 임자말로 쓰일 수 없다. (12ㅅ)도 같은 이유로 성립되지 않는다.

다. 말다 : 이 매인움직씨의 임자말은 '+사람'의 자질을 가진 이름씨나 대이름씨만이 될 수 있는데, 경우에 따라서는 동식물을 이야기의 대상으로 삼거나 의인화하여 쓸 때는 이들 이름씨도 임자말이 될 수 있다. '말다'는 으뜸풀이말의 지움매인법 '-지' 뒤에 쓰이어, '금지'의 뜻만을 나타내면서 시킴법과 꾀임법으로만 쓰이므로, 그림씨나 '이다' 다음에는 쓰이지 못한다.

(13) ㄱ. 너는 여기에 오지 말아라.

ㄴ. 우리는 내일 학교에 가지 말자.

ㄷ. 멍멍 개야 짖지 말고 꼬꼬 닭아 우지 말아, 우리 아기 잘도 잔다.

(14) ㄱ. 철수는 말고 영희를 오라 하여라.

ㄴ. 부디 게을리 말고 열심히 하여라.

ㄷ. 제발 걱정 마십시오.

(14ㄱ~ㄴ)과 같은 월에서의 '말다'는 제움직씨요, (4ㄷ)의 '말다'는 남움직씨이다. 이와 같이 '말다'는 으뜸움직씨와 매인움직씨 등으로 쓰인다.

🗂 하임매인움직씨

가. 하다 : 으뜸움직씨의 하임매인법 '~게' 뒤에 쓰이어 구속, 허용

의 뜻을 나타낸다. 그러므로 이 매인움직씨가 풀이말이 될 때의 임자
말은 '+사람'의 자질을 가진 이름씨만이 될 수 있다.

(15) ㄱ. 나(너, 그)는 그를 하루에 두 시간씩 공부하게 했다. (구속)

　　 ㄴ. 소금이 그 맛을 잃으면 어찌 다시 짜게 하리오. (구속)

　　 ㄷ. 김 선생님이 그도 가게 하셨다. (허락)

나. 만들다 : 이 매인움직씨도 '하다'와 같이 으뜸움직씨의 하임매인
법 '-게' 뒤에서 쓰이어 구속, 허가의 뜻을 나타내는데 반드시 '±사
람'의 자질을 가지는 이름씨가 임자말이 될 때에 한하여 쓰인다.

(16) ㄱ. 그가 철수를 강제로 일하게 만들어다. (구속)

　　 ㄴ. ㉮ 내가 그를 부자 되게 만들었다. (허락)

　　　　 ㉯ 미국은 일본을 잘 살게 만들었다. (허락)

📁 가능매인움직씨

이에는 '지다', '되다'가 있다. '지다'는 으뜸움직씨, 으뜸그림씨 뒤에
쓰이어 할 수 있음, "절로 됨", "입음"의 뜻으로 쓰이고 '되다'는 으뜸움
직씨 뒤에서만 쓰이어 "할 수 있음", "이해", "절로됨", "성취"의 뜻을
나타낸다.6)

가. 지다 : 으뜸움직씨나 으뜸그림씨의 가능매인법 '-아/어' 뒤에
쓰인다.

(17) ㄱ. 밤중에 글이 잘 쓰여 진다. (할 수 있음)

　　 ㄴ. 이런 덫에도 범이 잡아 진다. (할 수 있음)

　　 ㄷ. 밥이 잘 먹어 진다. (할 수 있음, 입음)7)

---

6) 이들에 대하여는 종래의 입음매인움직씨에서 가능매인움직씨로 그 이름을 바꾸게 되
　었는데, 그것은 허웅 교수의 『국어학』, 샘문화사(1981)에서부터이다.

ㄹ. 날씨가 점점 따뜻하여 진다. (절로 됨)

'지다'가 그 앞에 으뜸풀이말로 취할 수 없는 움직씨나 그림씨가 많은데, 예를 몇몇 들어 보면 다음과 같다.

(18) ㄱ. 움직씨 : 주무시다, 잡수시다, 돌아가시다, 행차하다, 거동하다, 드시다, 미워하다, 슬퍼하다, 공부하다,[8] 달리다, 죽이다, 먹이다, …

ㄴ. 그림씨 : 계시다, 게을러빠지다, 게을러터지다, 가풀막지다, 각별나다, 감짝같다, 감쪽같다, 안녕하다, 무고하다, …

이상에서 보면 높임움직씨나 '하다' 따위 움직씨, 그림씨 등이 '지다'를 취하는데 제약을 가진다.

나. 되다 : 움짐씨의 가능매인법 '-게' 아래에서만 쓰이고 그림씨의 어찌법 '-게' 다음에 쓰이면 으뜸움직씨가 된다.[9]

(19) ㄱ. 나는 이제 미국에 가게 되었다. (할 수 있음)

ㄴ. 너는 성공하게 되었다. (성취)

ㄷ. 그가 장관이 되게 되었다. (이루어짐)

ㄹ. 그들도 이제는 자유를 잃게 되었다. (그리 됨)

ㅁ. 물이 이제는 담지 못하게 되었다. (불가능)

---

7) 허웅, 『국어학』, 샘문화사, 1981, 215쪽 참조.

8) '하다' 따위 움직씨의 많은 것들이 그 뒤에 '지다'를 취하지 못한다. 그것은 '하다'의 의미자질 때문인 것 같다.

9) ㄱ. 그는 자라면서 건강하게 되었다.
ㄴ. 그이가 크게 되었다.
여기에서 '건강하게', '크게'는 '되었다'를 한정하는 것으로 보아야 한다.

📁 나아감매인움직씨

이에는 '가다', '오다'가 있다. 이들의 나아감에는 두 가지가 있는데 '오다'는 지난적부터의 나아감을 나타내는 매인움직씨요. '가다'는 이 적에서 올적에 걸쳐 나아감을 나타내는 매인움직씨이다. 이 매인움직씨는 움직씨 뒤에만 쓰이지 그림씨 뒤에는 쓰이지 못한다.

가. 오다 : 이는 으뜸움직씨의 나아감매인법 '−어/아' 뒤에만 쓰이는데, 지난적부터 지금까지 어떤 움직임이 나아오고 있음을 나타낸다.

(20) ㄱ. 나는 아직껏 이곳에서 살아 온다.

　　 ㄴ. 너는 지금도 우리말을 연구하여 오느냐?

　　 ㄷ. 그는 어려서부터 노력하여 왔다.

　　 ㄹ. 이곳은 해마다 물이 담아 왔다.

　　 ㅁ. 비가 매일같이 쏟아져 온다.

나. 가다 : 으뜸움직씨의 나아감매인법 '−아/어' 뒤에 이어지며 미래를 향하여 나아감의 뜻을 나타낸다.

(21) ㄱ. 너도 점점 늙어 간다.

　　 ㄴ. 일이 아주 잘 되어 간다.

　　 ㄷ. 우리는 서울에 다 와 간다.

　　 ㄹ. 나는 점점 젊어 간다.

(21ㄱ, ㄹ)의 '늙어'와 '젊어'는 '가다' 앞에 쓰이면 움직씨임을 알아야 한다. 움직씨가 아니면 나아감의 움직임을 할 수 없기 때문이다.

📁 끝남매인움직씨

이에는 '나다', '내다', '버리다'의 셋이 있다. 이들은 으뜸움직씨의 끝남매인법 '-아/어' 뒤에 쓰이어 어떤 동작이 끝남을 나타낸다.

가. 나다 : 이 매인움직씨가 매인풀이말이 될 때의 임자말은 대개의 이름씨가 될 수 있다.

(22) ㄱ. 우리는 온갖 어려움을 견뎌 났다.

　　　ㄴ. 그는 이 일 때문에 죽어 났다.

　　　ㄷ. 너는 튼튼히 자라 났다.

　　　ㄹ. 어린이가 튼튼히 자라 난다.

　　　ㅁ. 날씨가 따뜻하니까 곡식이 잘 자라 난다.

(22ㄹ~ㅁ)에서 보면 '나다'가 이적으로 쓰일 때는 나아감의 뜻을 나타낸다.

나. 내다 : 이 매인움직씨는 끝남의 뜻을 나타내는데 임자말은 대개의 이름씨가 될 수 있다.

(23) ㄱ. 우리는 여러 가지 어려움을 이겨 내었다.

　　　ㄴ. 미국은 이차대전에서 일본을 이겨 내었다.

　　　ㄷ. 개가 방에서 닭을 쫓아 내었다.

　　　ㄹ. 우리의 기술이 일본의 기술을 이겨 내었다. {낸다}

　　　ㅁ. 우리 축구팀이 브라질팀을 이겨 낼 것이다.

'내다'는 '나다'보다 그 쓰이는 범위가 넓은 듯하다.

다. 버리다 : 이 매인움직씨는 끝남의 뜻만을 나타내는데 매인풀이말이 된다. 임자말은 '±사람', '±목숨성', '±헤아림'의 자질을 가진다.

(24) ㄱ. 나는 숙제를 순식간에 해 버렸다.

　　　ㄴ. 우리팀이 일본팀을 꺾어 버렸다.

ㄷ. 사냥개가 늑대를 쫓아 버렸다.

ㄹ. 홍수가 이 도시를 휩쓸어 버렸다.

ㅁ. 배가 풍파에 가라앉아 버렸다.

📖 섬김매인움직씨

이에는 '주다', '드리다', '바치다', '달다' 등이 있다. 이들은 으뜸움직씨의 섬김매인법 '-어/아' 뒤에 쓰이면서 매인풀이말이 된다. 임자말의 자질에 차이가 있다.

가. 주다 : 이 매인움직씨는 예사낮춤이나 아주낮춤 등에 두루 쓰이면서 이것이 매인풀이말이 될 때의 임자말은 많은 이름씨가 될 수 있다.

(25) ㄱ. 나는 그를 도와 주었다.

　　　ㄴ. 자네는 철이를 좀 지도해 주게.

　　　ㄷ. 미국이 우리나라를 도와 주었다.

　　　ㄹ. 개가 주인을 도와 집으로 인도해 주었다.

　　　ㅁ. 이 약이 그를 살려 주었다.

나. 드리다 : 이 매인움직씨는 예사높임과 아주높임에 두루 쓰이며 그 앞에 오는 으뜸움직씨는 별 제한이 없는데 이것이 매인풀이말이 될 때의 임자말은 '±사람'의 자질을 가지는 이름씨에 한한다.

(26) ㄱ. 나는 언제나 아버지를 도와 드린다.

　　　ㄴ. 학생이 선생님을 도와 드린다.

　　　ㄷ. 그는 매일 아버지 방에 불을 때어 드린다.

　　　ㄹ. 철수는 항상 맛있는 음식을 부모님께 사 드린다.

※ 여기 '드리다'와는 직접적인 단계는 없으나 '드리다'가 나왔으니 다루기로 한다. 오늘날 존대말을 쓴다고 생각하고 '감사 드립니다', '부탁 드립니다', '약속 드립니다'

등 추상명사에 '드리다'는 말을 붙여서 쓰나 잘못이니 '감사합니다', '부탁합니다', '약속합니다' 등으로 써야한다.

다. 바치다 : 이 매인움직씨는 아주높임에 쓰임이 원칙이다. 이 움직씨가 매인풀이말이 될 때의 으뜸움직씨는 주로 담화움직씨와 '올리다'에 한한다. 그리고 임자말의 자질은 '+사람'이 된다.

(27) ㄱ. 그가 우리들의 비밀을 선생님께 다 외어 바쳤다.

　　　ㄴ. 이 일을 얼른 할아버지께 고해 바치어라.

　　　ㄷ. 이것을 할머니께 올려 바쳐라.

라. 달다 : 으뜸움직씨의 섬김매인법 '-아/어' 뒤에 쓰이어 무엇을 어떻게 하여 주기를 요구하는 매임움직씨이다. 따라서 시킴법으로만 끝난다. 이때의 임자말은 '+사람'의 자질을 가지나 부림말은 '±사람'의 자질을 가진다.

(28) ㄱ. 철수야, 어서 나를 도와 다오.

　　　ㄴ. 언니가 편지를 써 달라.

　📁　해보기매인움직씨

이에는 '보다' 하나가 있는데 으뜸움직씨의 해보기매인법 '-아/어', '-어나/아나' 뒤에서 쓰이는데, 이것이 매인풀이말이 될 때의 임자말은 모든 이름씨가 될 수 있다.

(29) ㄱ. 내가 아무리 애써 보아도 소용이 없다.

　　　ㄴ. 네가 가 보아야 소용이 없을 것이다.

　　　ㄷ. 비가 와 보아도 이제는 모심기를 할 수 없다.

　　　ㄹ. 나무가 자라나 보아야 그 쓸모 여하를 판단할 수 있다.

이에는 '쌓다', '대다', '재끼다', '제치다', '제끼다', '재치다', '치우다', '빠지다', '떨어지다', '터지다', '죽다', '못살다' 등이 있는데, 이들 중 '대다, 제끼다, 제치다, 재치다, 떨어지다, 쌓다'는 으뜸움직씨 뒤에 쓰이고 '터지다', '죽다'는 으뜸그림씨 뒤에, '빠지다', '못살다'는 으뜸움직씨와 으뜸그림씨 뒤에 쓰인다.

가. 쌓다 : 이것은 '수많음', '넉넉함', '정도 높음'의 뜻을 나타낸다.[10] 이것이 풀이말이 될 때의 임자말의 자질에는 별 제약이 없다.

(30) ㄱ. 학생들이 모여 <u>쌓는다.</u> (수많음)

　　　ㄴ. 비가 많이 와 <u>쌓는다.</u> (양많음)

　　　ㄷ. 사람들이 싸워 <u>쌓는다.</u> (정도높음)

　　　ㄹ. 이만하면 남아 <u>쌓겠다.</u> (넉넉함)

나. 대다 : 이것이 풀이말이 될 때의 임자말의 자질에는 별 제약이 없는 듯하다.

(31) ㄱ. 너는 왜 그리도 먹어 대니?

　　　ㄴ. 그는 그리도 웃어 댄다.

　　　ㄷ. 그는 날마다 술만 마셔 댄다.

　　　ㄹ. 바람이 불어 댄다.

'대다' 앞에 오는 으뜸풀이씨는 식음움직씨, 작위움직씨 등이 오면 자연스럽다. 이에는 안맺음씨끝 '-시-'가 쓰이지 않는다.

---

10) 최현배, 『우리말본』, 정음사, 1959, 392쪽에 의거함.

다. 제끼다, 재끼다, 제치다, 재치다,11) 치우다 : 이것은 무엇을 해 버림의 뜻을 나타낸다.

(32) ㄱ. 나는 밥을 먹어 제꼈다.

　　　ㄴ. 불도저가 여기를 밀어 재꼈다.

　　　ㄷ. 우리는 한바탕 웃어 재쳤다{제쳤다}

이는 으뜸움직씨 뒤에만 쓰이는데 '-시-'를 취하지 못한다.

라. 치우다 : 무슨 일을 단번에 해버림의 뜻을 나타내거나 어려운 일의 수행을 뜻한다.

(33) ㄱ. 그들은 한 바탕 싸움을 해 치웠다.

　　　ㄴ. 우리는 순식간에 점심을 먹어 치웠다.

마. 떨어지다 : 심한 상태에 빠짐을 나타내되 '-시-'를 취하지 못한다.

(34) ㄱ. 그는 잠에 곯아 떨어졌다.

　　　ㄴ. 철수는 그의 사기에 녹아 떨어졌다.

바. 빠지다, 터지다 : 이도 심한 상태에 빠짐을 나타내나, '-시-'를 못 취한다.

(35) ㄱ. 이것은 시어 빠졌다.

　　　ㄴ. 그의 정신은 썩어 빠졌다.

　　　ㄷ. 그는 게을러 터졌다.

　　　ㄹ. 이 술은 시어 터졌다.

---

11) 허웅, 『20세기 우리말의 형태론』, 샘문화사, 1995, 379쪽에 의거함.

'빠지다', '터지다'는 으뜸풀이씨가 움직씨, 그림씨일 때 다 쓰인다.

사. 죽다, 못살다 : '죽다'는 '싫어 죽는다', '좋아 죽는다'식으로 그림씨 뒤에서만 쓰이어 견딜 수 없는 상태를 나타낸다. 안맺음씨끝 '-시-'를 취하지 못한다.

(36) ㄱ. 그는 좋아 죽는다.

ㄴ. 그는 고향에 가고 싶어 못산다.

'못살다'는 또 '그는 고향에 가고 싶어 죽고 못산다'식으로 쓰이는 수도 있다. 매인움직씨 '못살다'는 '싶다', '죽다' 뒤에 쓰임이 특이하다.

📁 마땅매인움직씨

이에는 '하다'가 있는데 이는 으뜸움직씨, 으뜸그림씨의 마땅함매인법 '-어야/아야' 뒤에서만 쓰인다.

(37) ㄱ. 너(나)는 공부하여야 한다.

ㄴ. 달아난 개가 돌아와야 하는데 걱정이다.

ㄷ. 비가 와야 한다.

ㄹ. 나무가 잘 자라야 한다.

📁 그리여김매인움직씨

이에는 '하다'가 있는데 이것은 으뜸움직씨의 그리여김매인법 '-기' 뒤에 쓰이는데 '-기'는 도움토씨 '는, 도'를 반드시 취하여야 한다.

(38) ㄱ. 나는 공부하기는 한다.

ㄴ. 소가 먹기는 하나, 병이 난 것 같다.

ㄷ. 꽃이 피기는 하나, 아름답지가 못하다.

ㄹ. 비가 오기도 하나 아직 부족하다.

으뜸움직씨 '-하다'로 끝나는 것은 경우에 따라서는 '-하기는(도)'가 줄고 그 앞의 이름씨만이 쓰이고 그 뒤에 '하다'가 쓰이는 일이 있다. 이럴 때는 '하기'를 끼워 넣어야 올바른 풀이말이 될 수 있다.[12]

(39) ㄱ. 철수가 영희를 사랑(하기)은 한다.
　　　ㄴ. 영희가 공부(하기)는 한다.

(39)와 같은 경우에 '-하기'를 빼면 '사랑'과 '공부'는 그대로 그림말로 보고 풀이하는 것이 합리적일 것이다.

📁 가식매인움직씨

가식의 뜻을 나타내는 매인움직씨인데 '체하다, 척하다', '양하다' 등이 있다. 이들은 으뜸움직씨, 으뜸그림씨 뒤에 쓰인다.

가. 체(척)하다 : 이것은 으뜸풀이씨의 이적의 매김법 '는'과 '은/ㄴ' 및 지난적의 매김법 '은' 뒤에서만 쓰인다.

(40) ㄱ. 나는 자는 척(체)하였다.
　　　ㄴ. 저 개가 밥을 먹는 척하더니 안 먹는다.
　　　ㄷ. 그는 제법 점잖은 체힌다.
　　　ㄹ. 철수는 공부를 많이 한 체한다.

나. 양하다 : 이것도 '체(척)하다'와 같이 으뜸풀이씨의 이적과 지난적 매김법 다음에 쓰이는데 임자말은 '±사람'의 자질을 가진다.

---

12) 최현배, 앞의 책, 394쪽 참조.

(41) ㄱ. 그는 공부하는 양한다.

　　　ㄴ. 철이는 식사를 한 양한다.

　　　ㄷ. 그는 정직한 양한다.

이 '양하다'는 임자말이 다음과 같이 추상이름씨, 가산이름씨 등에도 쓰일 듯하나 요즈음은 그리 잘 쓰이는 것 같지 않다.

(42) ㄱ. 비가 오는 양하다.

　　　ㄴ. 소가 풀을 먹는 양하더니 먹지 않는다.

(42)의 '양하다'는 요즈음은 '듯하다'로 쓰임이 일반적이다.

　🗀　될뻔함매인움직씨

이에는 '뻔하다'가 있는데 이것은 '무엇을 할 듯하다가 그렇게 되지 않음'의 뜻을 나타내므로 위와 같이 이름을 붙여 보았다.

(43) ㄱ. 나는 자칫하면 실수할 뻔하였다.

　　　ㄴ. 개가 차에 칠 뻔하였다.

　　　ㄷ. 비가 너무 와서 홍수가 날 뻔하였다.

　　　ㄹ. 차가 낭떠러지에서 떨어질 뻔하였다.

(43)에서 보듯이 이 매인움직씨는 으뜸움직씨의 될뻔함매인법 '-을' 다음에만 쓰이면서 반드시 지난적꼴로만 쓰인다는 점이 특이하다.

　🗀　두기매인움직씨

이에는 '두다', '놓다', '가지다' 등이 있는데 이는 실제적 결과를 보유함의 뜻을 나타낸다.

가. 두다 : 이것은 으뜸움직씨의 두기매인법 '-어/아' 뒤에 쓰인다.

(44) ㄱ. 나는 그의 책을 받아 두었다. (둔다; 두마; 둘까?)

　　　ㄴ. 너는 이것을 먹어 두어라. (두었구나; 두느냐?)

　　　ㄷ. 그는 이것을 잘 처리하여 둔다. (두었구나; 두느냐?)

(44ㄱ)에서 보면 임자말이 첫째가리킴일 때는 의향법은 베풂법, 약속법, 물음법으로만 되고 (44ㄴ)에서와 같이 임자말이 둘째가리킴일 때는 시킴법과 물음법 베풂법이 쓰이고 (44ㄷ)에서와 같이 임자말이 셋째가리킴일 때는 베풂법과 물음법으로만 각각 쓰임을 알 수 있다.

나. 놓다 : 이것은 으뜸움직씨의 두기매인법 '-어/아' 뒤에만 쓰이는데 가리킴에 제한 없이 쓰인다.

(45) ㄱ. 나는 이 글을 써 놓았다. (놓는다; 놓으마; 놓을까?)

　　　ㄴ. 너는 이 책을 사 놓아라. (놓았구나; 놓았느냐?)

　　　ㄷ. 그는 돈을 많이 벌어 놓았다. (놓았구나; 놓았느냐?)

다. 가지다 : 이 매인움직씨는 이음법으로만 쓰이는데 으뜸움직씨의 두기매인법 '-아/어' 뒤에 쓰인다.

(46) ㄱ. 나는 책을 사 가지고, 집으로 갔다.

　　　ㄴ. 너는 공부해 가지고 무엇 할래?

　　　ㄷ. 그는 일해 가지고 돈을 많이 벌었다.

(46ㄱ~ㄷ)에서 보면 '가지고'와 같이 이음법의 벌임법 '-고'로만 쓰임이 특이하다. 만일 마침법으로 쓰이면 으뜸풀이말이 된다.

📁 바람매인움직씨

이에는 '싶어하다'가 있는데 으뜸움직씨의 바람매인법 '-고' 뒤에
서만 쓰인다.

(47) ㄱ. 나는 미국에 가고 싶어한다.

ㄴ. 너는 떡을 먹고 싶어한다.

ㄷ. 그는 잠을 자고 싶어한다.

ㄹ. 저 개가 달아나고 싶어한다.

ㅁ. 소가 풀을 먹고 싶어한다.

📁 이행매인움직씨

이에는 '먹다'가 있다. 이것은 으뜸움직씨의 이행매인법 '-어/아'
뒤에 쓰인다. 이것은 좋지 않은 뜻으로 쓰인다.

(48) ㄱ. 철수는 유산을 모두 팔아 먹었다.

ㄴ. 나는 숙제할 것을 깜박 잊어 먹었다.

ㄷ. 저 강아지는 에미를 잊어 먹었나 보다.

ㄹ. 이것을 어디에 써 먹겠니?

'먹다'는 '-하다'로 끝나는 움직씨 다음에서는 극히 제한되어 쓰이
며, '팔다, 놀다, 잊다, 망하다, 머슴살다, 일하다, 도둑질하다' 등과 같
이 좋지 못한 뜻으로 움직씨 뒤에 쓰이는 것이 특이하다.

📁 양상매인움직씨

'있다'로서 으뜸풀이말의 양상매인법 '-어/아'에 이어지면 끝난상
태를 나타내고, '-고' 뒤에 쓰이면 보기에 따라서는 끝난상태와 나아
감의 뜻을 나타낸다. 또 '계시다'가 쓰이면 존대를 나타낸다.
이것은 으뜸움직씨와 으뜸그림씨 뒤에 두루 쓰인다.

(49) ㄱ. 삼각산이 우뚝 솟아 있다. (끝난상태)

ㄴ. 시냇물이 흐르고 있다. (나아감)

ㄷ. 그는 새 옷을 입고 있다. (나아감, 끝난상태)

ㄹ. 철수는 원고를 쓰고 있거라. (나아감)

ㅁ. 감이 붉어 있다. (상태)

ㅂ. 탱크가 이쪽을 향하고 있다. (상태)

ㅅ. 아버지가 더 주무시고 계신다. +(나아감)

(49ㄱ)의 '솟다'는 '물이 솟는다' 하면 산출(생산)움직씨이나 '산이 솟다' 하면 이것도 '솟는다'는 점에서는 산출움직씨인데 산출이 되면 그 결과가 남는다. 따라서 '솟아 있다' 하면 끝난 상태의 뜻을 나타내고 '솟고 있다' 하면 나아감의 뜻을 나타낸다.

(49ㄴ)의 '흐르다'는 이동움직씨인데 이런 움직씨가 '~고 있다'의 형식을 취하면 나아감의 뜻 즉 진행 상태의 계속을 나타낸다. 따라서 (49ㅂ)의 '향하고 있다'고 하면 '향한 대로 있다'의 뜻이 된다.

(49ㄴ)의 '입다'는 착용움직씨인데, 이것이 '~고 있다' 형식을 취하면 말할 때의 상황에 따라 끝난 상태와 나아감의 두 가지 뜻 중 어느 하나를 나타낸다. 왜냐하면, 이들 움직씨는 착용하는 행동을 하여야 하고, 그 착용동작을 끝내고 나면, 착용의 결과가 남기 때문이다. (49ㄹ)의 '쓰다'는 기록움직씨로서 계속성을 지니고 있기 때문에, 이것이 '~고＋있다'의 형식을 취하면 언제나 나아감만을 나타낸다.[13] 특히 (49ㅅ)은 존대의 나아감을 나타낸다.

📁 해냄매인움직씨

이에는 '말다'가 있는데, 으뜸움직씨의 해냄매인법 '－고' 뒤에 쓰이어, 무슨 일을 해 나고 마는 뜻을 나타낸다. 그러므로 이것은 모든 의

---

13) '있다' 앞에는 (1)에서 예시한 이외의 움직씨도 얼마든지 올 수 있다.

향법에 따라 쓰이며, 지움매인움직씨 '말다'와는 다르다.

(50) ㄱ. 나는 이것을 해 내고(야) 말겠다.

ㄴ. 그는 서울로 가고 말았다.

ㄷ. 너는 끝을 보고 말겠니?

📁 되풀이매인움직씨

이에는 '하다'가 있는데, 으뜸움직씨의 되풀이매인법 '-락-락' 뒤에 쓰이어, 으뜸움직씨의 동작이 되풀이됨을 나타낸다.

(51) ㄱ. 갈매기만 오락가락 한다.

ㄴ. 잠이 올락말락 한다.

ㄷ. 왜 자꾸 들락날락 하느냐?

📁 의도매인움직씨

의도매인움직씨 '-ㄹ까', '-(고)자' 다음에 오는 '하다'로서 이들은 서로 합하여 무엇을 하고자 하는 뜻을 나타낸다.

(52) ㄱ. 그는 이 일을 할까 하더라.(하더냐?)

ㄴ. 나는 그를 용서할까 한다.

ㄷ. 나는 여기서 머물고자 한다.

ㄹ. 너는 미국으로 가고자 하는구나.(하느냐?)

지금까지 다룬 매인움직씨 중 시킴법과 꾀임법이 될 수 없는 것에는 '아니하다, 못하다, 지다, 되다, 떨어지다, 빠지다, 터지다, 죽다, 못살다, 하다(마땅함), 뻔하다, 싫어하다, 하다(되풀이, 의도)' 등이 있고 '달다'는 서술법, 물음법, 꾀임법이 될 수 없고, '가지다'는 시킴법, 꾀임법, 물음법이 될 수 없다.

다음에 매인움직씨의 일람표를 보기로 하겠다.

매인움직씨의 일람표

매인움직씨의 갈래	으뜸움직씨의 씨끝	매인움직씨	임자말의 자질	매인움직씨의 뜻	비 고
지움 매인움직씨	−지	아니하다, 못하다, 말다	[±목숨성] [±사람]	하지 아니 함, 할 수 없음, 금지	
하임 매인움직씨	−게	하다, 만들다	[±사람]	구속, 허용	
가능 매인움직씨	−어, −게	지다, 되다	모든 자질의 이름씨	절로 됨, 입음, 할 수 있음, 이해	
나아감 매인움직씨	−어, −어	오다, 가다	모든 자질의 이름씨	나아옴, 나아감, 끝난 상태	
끝남 매인움직씨	−어	나다, 내다, 버리다	모든 자질의 이름씨	끝남	
섬김 매인움직씨	−어	주다, 달다, 드리다, 바치다	모든 자질의 이름씨	섬김	
해보기 매인움직씨	−어	보다	모든 자질의 이름씨	해보기	
힘줌 매인움직씨	−어	쌓다, 대다, 제끼다, 빠지다, 제치다, 떨어지다, 터지다, 치우다, 죽다, 못살다	모든 자질의 이름씨	수많음, 힘줌, 넉넉함, 정도 높음	
마땅 매인움직씨	−어야	하다	모든 자질의 이름씨	마땅함	
그리여김 매인움직씨	−기(는, 도)	하다	[±헤아림성] [±목숨성] [±사람]	그리 여김	으뜸움직씨, 으뜸그림씨 뒤에 두루 쓰임
가식 매인움직씨	−는, −은(이적), −은(지난적)	척(체)하다, 양하다	[±목숨성] [±사람]	가식	
될뻔함 매인움직씨	−을	뻔하다	모든 자질의 이름씨	될 뻔함	'뻔하다'는 항상 '−었−'과 같이 쓰인다.
두기 매인움직씨	−어	두다, 놓다, 가지다	[±사람]	두기	
바람 매인움직씨	−고	싶어하다, 지다	[±목숨성] [±사람]	바람	
이행 매인움직씨	−아	먹다	[±사람]	되어감	으뜸움직씨는 좋은 뜻을 안 가짐
양상 매인움직씨	−아, −고	있다, 계시다	[±목숨성] [±사람] [±헤아림성]	존대 진행	움직씨, 그림씨 뒤에 쓰임
해냄 매인움직씨	−고	말다	[±사람] [±목숨] [±헤아림성]	꼭 해냄	움직씨 뒤
되풀이 매인움직씨	−락−락	하다	[±사람] [±목숨] [±헤아림]	되풀이함	움직씨 뒤
의도 매인움직씨	−을까, −고자	하다	[±사람]	생각함	움직씨 뒤

매인움직씨의 거듭 쓰임

국어의 매인움직씨는 두 개, 세 개가 거듭하여 쓰이는 일이 있다.

📁 두 개가 거듭되어 쓰일 수 있는 매인움직씨에는 '아니하다, 못하다, 만들다, 되다, 보다, 체하다, 양하다, 죽다, 못살다' 등이 있다.

가. 아니하다 : 이것은 거의 모든 매인움직씨 뒤에 쓰이어 지움의 뜻을 나타내나 다음과 같은 경우에는 쓰지 못하거나 어떤 제약을 받는다.

(53) ㄱ. 그는 이것을 사 가지지 아니한다.

　　ㄴ. *이것을 먹기는 하여야 아니한다.

　　ㄷ. 너는 이것을 가져야 하지 아니하느냐?

(53ㄱ)에서 보면 두기매인움직씨 '가지다' 뒤에 '아니하다'가 오니까, 월이 이상하게 느껴지고 그리여김매인움직씨 '하다' 뒤에는 쓰일 수 없으며 마땅매인움직씨 뒤에 쓰이면 '아니하다'는 물음꼴이 되어야 한다.

나. 못하다 : 이것도 거의 모든 매인움직씨 뒤에 쓰일 수 있으나 다음과 같은 경우 즉, (54ㄱ~ㅁ)에는 쓰이지 못한다.

(54) ㄱ. *너는 학교에 가지 말지 못한다.

　　ㄴ. *그는 밥이 먹어 가지 못한다.

　　ㄷ. *너는 학교에 가야 하지 못한다.

　　ㄹ. *여기에 있기는(도) 하지 못한다.

　　ㅁ. *그는 일등을 할 뻔하지 못했다.

　　ㅂ. 그는 이것을 사 가지지 못한다.

　　ㅅ. 그는 아주 되어 먹지 못했다.

이상에서 보면 '못하다'는 지움매인움직씨 '말다', 가능매인움직씨 '지다', 마땅매인움직씨 '하다', 그리여김매인움직씨 '하다', 될뻔함매인움직씨 '뻔하다' 등의 뒤에는 쓰이지 못한다. 그러나 (54ㅅ)과 같이 이행매인움직씨 뒤에 와서 지난적이 되니까 성립된다.

다. 만들다 : 이것은 모든 매인움직씨 뒤에 다 쓰이나 두기매인움직씨 '가지다' 뒤에 쓰이면 상당한 제약을 받게 된다.

(55) ㄱ. 그는 그미로 하여금 책을 사 가지게 만들었다.
ㄴ. 철이는 그를 가지 못하게 만들었다.

(55ㄱ)의 경우는 아주 자연스럽고 (55ㄴ)도 자연스럽다. '만들다' 앞에 오는 매인움직씨에는 '지다, 오다, 있다, 가다, 나다, 내다, 버리다, 주다, 드리다, 바치다, 보다, 쌓다, 대다, 치우다, 빠지다, 떨어지다, 하다, 체하다, 양하다, 뻔하다, 두다, 놓다, 먹다' 등이 있다.

라. 되다 : 이것은 하임매인움직씨 '만들다'와 두기매인움직씨 '가지다' 뒤에 쓰이면 상당히 제약되나 다른 모든 매인움직씨 뒤에는 다 쓰일 수 있다.

(56) ㄱ. *선생님은 그를 성공하게 만들게 되었다.
ㄴ. *철수는 그에게 책을 사게 만들게 되었다.
ㄷ. 그는 새 옷을 얻어 가지게 되었다.

(56ㄱ~ㄴ)의 '만들다' 다음에는 '되다'가 쓰일 수 없으나, (56ㄷ)의 경우 '되다'가 쓰이니까 '가지다'는 으뜸움직씨가 되었다.

마. 보다 : 이것은 지움매인움직씨 뒤에 쓰이면 이들 매인움직씨의 씨끝이 '-ㄹ까'로 될 때 쓰이고, 가능매인움직씨, 마땅매인움직씨, 될

뻔함매인움직씨 등이 씨끝이 '−아/어'일 때는 같이 쓰이지 못한다.

(57) ㄱ. 이번에는 가지 아니할까 보다.

　　ㄴ. 그들은 가지 못하는가 보다.

　　ㄷ. 이번에는 가지 말까 보다.

　　ㄹ. *그는 일이 잘 되어 지어 보다.

　　ㅁ. *일이 성공하게 되어 보다.

　　ㅂ. *그 일이 잘 되어야 하여 보다.

　　ㅅ. *일이 잘 될 뻔하여 보다.

　　ㅇ. 이 땅을 팔아 가져 보자.

(57ㄱ~ㄷ)은 가능하나 (57ㄹ~ㅅ)은 불가능한데 매인움직씨의 씨끝을 '−나'로 바꾸면 가능하다. 이것으로 보면 씨끝 여하에 따라 성립 여부가 결정됨을 알 수 있다.

바. 체하다, 양하다 : 이들 가식매인움직씨는 모든매인움직씨의 매김법 뒤에서 다 쓰인다.

(58) ㄱ. 그는 가지 $\begin{Bmatrix} 아니하는 \\ 못하는 \\ 마는 \end{Bmatrix}$ 체하다(양하다).

　　ㄴ. 그 일이 잘 되어 지는 양하다.

　　ㄷ. 온갖 어려움을 견뎌 내는 체한다.

　　ㄹ. 그는 누워 있는 양한다.

사. 죽다, 못살다 : '죽다'는 그림씨 뒤에, '못할다'는 움직씨, 그림씨 뒤에 쓰인다.

(59) ㄱ. 그는 놀고 싶어 죽는다.

　　ㄴ. 그는 밥이 먹고 싶어 못산다.

📂 세 개 또는 네 개가 거듭하여 쓰일 수 있는 매인움직씨

‘아니하지 못하게 되다(만들다)’, ‘만들지 아니하지 못하다’, ‘만들지 아니하지 못하게 되다’, ‘되지 아니하지 못하다’, ‘-게 되지 아니하지 못하다’, ‘-지 못하게 하다’ 등이 있다. 다음에서 그 보기를 들어 보겠다.

(60) ㄱ. 그는 공부하지 아니하지 못하게 되었다.

ㄴ. 그는 철이가 이 일을 하게 만들지 아니하지 못하게 하였다.

ㄷ. 그는 철수를 공부하게 만들지 아니하지 못하게 되었다.

ㄹ. 그는 서울로 가게 되지 아니하지 못한다.

ㅁ. 그는 일을 해 쌓게 되지 아니하지 못한다.

ㅂ. 그는 이 일이 잘 되어 지지 못하게 하였다(만들었다).

ㅅ. 선생님은 그를 공부하지 아니하지 못하게 만들었다.

가. 아니하지 못하다 : 이것은 지움매인움직씨 두 개가 거듭 쓰이어 어떤 일을 하여야 함의 뜻을 나타낸다.

(61) ㄱ. 그는 공부하지 아니하지 못한다.

ㄴ. 철수는 일하지 아니하지 못한다.

또 이를 거꾸로 하여 ‘못하지 아니하다’의 형식으로 쓰이어 ‘무엇을 잘 한다’는 뜻을 나타내기도 한다.

(62) ㄱ. 그는 공부를 잘 하지 못하지 아니한다.

ㄴ. 철수는 철이에게 이기지 못하지 아니한다.

3) 안갖은움직씨 및 그 끝바꿈

안갖은움직씨란?

392

움직씨 중에는 끝바꿈을 함에 있어서 의향법과 이음법의 끝바꿈을 다 하지 못하고 그 중 몇 가지 끝바꿈만을 하는 움직씨를 형태론적으로 안갖은움직씨라 부르기로 한다.

안갖은움직씨 및 그 끝바꿈

🗂 국어의 안갖은움직씨에는 다음 넷이 있다.14)

(63) 달다(與), 다그다(接近), 더불다(與), 가로다(曰)

🗂 끝바꿈

(63)에서 제시한 안갖은움직씨들은 모두 두자격법으로는 끝바꿈을 하지 못하나 의향법과 이음법으로만 한정된 형태로 끝바꿈하는 것이 일반 움직씨(이런 움직씨를 갖은움직씨라 함)와 다르다.

가. 달다 : 이는 아주낮춤의 시킴법 '다오, 달라'로만 끝바꿈한다.

(64) ㄱ. 그것을 나에게 다오.
    ㄴ. 그것을 달라 하나 주지 않는다.

나. 다그다 : 이 움직씨는 (65ㄱ~ㄹ)에서 보이는 시킴법과 (65ㅁ)에서 보이는 이음법으로만 끝바꿈한다.

(65) ㄱ. 이리 좀 다가라. (아주 낮춤)
    ㄴ. 이리 좀 {다그시오. } (예사높임)
              {다그오. } (예사높임)
    ㄷ. 이리 좀 다그십시오. (아주높임)
    ㄹ. 여러분, 이리 다가(서) 앉으시오. (이음법)

---

14) 최현배, 『우리말본』, 정음문화사, 1983, 384쪽에 의거함.

다. 더불다: 이 움직씨는 이음법의 벌임법 '-고'와 제약법 '-어
(서)' 등으로만 끝바꿈한다.

(66) ㄱ. 나는 처술을 더불고, 백제의 옛 서울 부여를 찾았다.

ㄴ. 나는 영희와 더불어, 이 연구를 이루어 내었다.

ㄷ. 그와 더불어서, 이 일을 간신히 해 내었다.

라. 가로다: 이 움직씨는 이음법의 풀이법 '-대', '-되'로만 끝바꿈
한다.

(67) ㄱ. 선생님 가라사대, 이는 공자의 말씀이라 하셨다.

ㄴ. 그가 가로되, 부자유친이라 하더라.

(67ㄱ)의 '가라사대'는 옛말투로서 오늘날 많이 쓰이고 있으며 (67
ㄴ)의 '가로되'는 예나 지금이나 두루 쓰인다. (67ㄱ)은 현대말로 바꾸
어 '가로사대'로 써야 마땅하다.

2.1.2 그림씨

2.1.2.1 그림씨란?

사물이나 일의 바탈, 모양의 어떠함을 나타냄과 함께 말할이의 심적
상태나 감정 등을 나타내는 한 무리의 풀이씨를 그림씨라 한다.

(68) ㄱ. 무궁화가 <u>아름답다</u>.

ㄴ. 풍년이 들어 참으로 <u>기쁘다</u>.

ㄷ. 대한민국의 어린이는 <u>튼튼하다</u>.

ㄹ. 우리나라는 땅이 <u>좁다</u>.

ㅁ. 그의 주장은 <u>이러하다</u>.

(68ㄱ~ㅁ)의 밑줄 그은 풀이말이 모두 그림씨이다.

일과 몬의 바탈, 모양 등을 나타내므로 상태성의 그림씨이다. 그러므로 풀이말이 될 때는 이적의 때 형태소 '-는-'을 취하지 아니한다.

(69) ㄱ. 오늘은 아침부터 날씨가 차차 맑는다.

     ㄴ. 이 소는 아주 잘 큰다.

     ㄷ. 등불을 켜니, 방이 점점 밝는다.

그림씨 중에는 (69ㄱ~ㄷ)에서 보인 것과 같이 움직씨인 것도 있다. (70)에서 보인 그림씨는 동시에 움직씨이기도 하다.

(70) 맑다, 밝다, 묵다, 크다, 검다, 굽다, 곧다, 감궂다, 시다

2.1.2.2 그림씨의 갈래와 쓰임[15]

그림씨는 제 홀로 풀이힘이 있고 없음에 따라 으뜸그림씨와 매인그림씨의 둘로 가른다.

1) 으뜸그림씨

이는 완전한 뜻을 가지고 있으므로 제 홀로 풀이말이 될 수 있는 그림씨이다. 이에는 그 뜻으로 보아 감각그림씨, 정의적그림씨, 평가그림씨, 이지그림씨, 신구그림씨, 견줌그림씨, 셈숱그림씨, 가리킴그림씨의 여덟으로 가른다. 이들 중 감각그림씨, 정의그림씨. 평가그림씨, 이지그림씨, 신구그림씨는 사물의 성상이 어떠한가를 나타내는 데 대하여 견줌그림씨는 일과 몬 서로 사이의 관계를 견주는데 그 본구실이 있으므로 전자를 상태성그림씨라 하고 후자를 비상태성그림씨라 한다. 그리고 셈숱그림씨는 객관성을 띤 그림씨이므로 비주

---

15) 최현배, 『우리말본』, 정음사, 1959, 469~476쪽 참조.

관적그림씨라 하고, 가리킴그림씨는 말할이의 주관에 따라 가리키므로 주관적 그림씨라 한다. 이제 위에서 설명한 바를 표로 보이면 다음과 같다.[16]

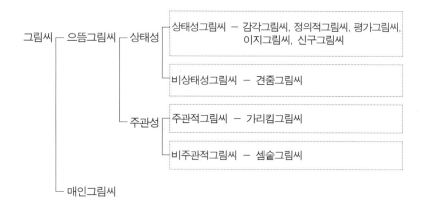

감각그림씨 : 우리들의 오관에 의하여 느껴지는 감각을 나타내는 그림씨

📁 시각그림씨

희다, 검다, 푸르다, 누르다, 붉다, 거무스레하다, 검붉다, 누르스레하다, 불그레하다, 새빨갛다, 파랗다.

📁 미각그림씨

달다, 쓰다, 시다, 고소하다, 떫다, 짜다, 맵다, 덤덤하다, 새곰하다, 달짝지근하다

📁 청각그림씨

시끄럽다, 고요하다, 조용하다, 왁짝지근하다, 소란하다, 떠들썩하다(소리), 높다, 낮다, 길다. 짧다(가락)

---

16) 위의 책, 470쪽에 의거하였음.

📁 후각그림씨

지리다, 비리다, 냅다, 쌔하다, 매캐하다, 구리다

📁 촉각그림씨

누름 : 미끄럽다, 맨지럽다, 까끄럽다, 거칠다, 날카롭다, 둔하다, 무디다, 단단하다,
연하다, 말랑말랑하다, 굳다, 무르다, 무겁다. 딴딴하다
온도 : 따뜻하다, 따스하다, 차다, 덥다, 춥다, 시원하다, 선선하다, 미지근하다, 따끈
따끈하다, 쌀쌀하다, 서늘하다, 싸늘하다

📁 평형감각그림씨

어지럽다, 어지리하다, 어질어질하다

📁 유기감각그림씨

답답하다, 아니꼽다, 뻐근하다, 마렵다, 고프다, 부르다, 식상하다

📁 시공감각그림씨

시간 : 빠르다, 더디다, 지리하다, 급하다, 눅다, 이르다, 늦다
거리 : 멀다, 가깝다
물형 : 크다, 작다, 길다, 짧다, 좁다, 둥글다, 모나다, 바르다, 비뚜름하다, 곧다, 곱다,
상하 : 높다, 낮다, 깊다. 얕다, 뾰족하다, 옴축하다

이제 위에서 예를 보인 감각그림씨로 예문을 들어 이들이 풀이말로
쓰였을 때의 월의 구조적 특질을 알아보기로 하겠다.

(71) ㄱ. 이 사과는 빛이 푸르다.
ㄴ. 너의 얼굴은 거무스레하다.

ㄷ. 날이 매우 어둡다.

ㄹ. 이 약은 맛이 매우 쓰다.

ㅁ. 엿맛은 달고 잣맛은 고소하다.

ㅂ. 거리가 몹시 시끄럽다.

ㅅ. 소리가 너무 높다.

ㅇ. 이 고기는 비리다.

ㅈ. 이 길은 미끄럽다.

ㅊ. 나는 어지럽다.

ㅋ. 나는 아니꼽다.

ㅌ. 서울은 여기서 멀다.

ㅍ. 이 소는 몸집이 크다.

(71ㄱ~ㅍ)까지에서 보면 감각그림씨는 모두가 말할이가 느끼는 것을 나타내는데 임자말은 반드시 말할이가 아니라도 상관없다. 그리고 감각그림씨 중 시킴법으로 끝바꿈할 수 있는 것은 비상태성그림씨라고 하나[17] 상태성그림씨 중에는 '조용하다'와 같이 시킴법으로 끝바꿈할 수 있는 것도 있다. 그것은 자제가능하기 때문이다.

정의적그림씨

기쁘다, 슬프다, 즐겁다, 분하다, 반갑다, 섭섭하다, 사랑스럽다, 다정하다, 정답다, 무정하다, 그립다, 냉정하다, 안타깝다, 시들하다, 시들시들하다, 고맙다, 야속하다, 상냥스럽다, 무뚝뚝하다.

이들 그림씨가 풀이말이 될 때의 월의 구조를 보면, '임자말＋어찌말(견줌말)＋풀이말'로 된다.

(72)　ㄱ. 나는 한없이 기쁘다.

---

17) 安井穗, 「現代の英文法7」, 『形容詞』, 東京：硏究社, 1976, 113쪽 참조.

ㄴ. 이 애기는 참으로 사랑스럽다.

ㄷ. 철수는 참 다정하다.

ㄹ. 돌이는 너무도 야속하다.

ㅁ. 철이는 그 일에 대하여 섭섭해 하였다.

평가그림씨

참되다, 거짓되다, 착하다, 모질다, 악하다, 어질다, 아름답다, 예쁘다, 이롭다, 해롭다, 좋다, 나쁘다, 귀하다, 천하다, 세다, 든든하다, 튼튼하다, 씩씩하다, 여리다, 약하다, 굳다, 굳세다, 삭삭하다, 비싸다, 싸다, 못나다, 헐하다, 눅다, 옳다, 그르다, 험하다, 가파르다, 어렵다, 쉽다, 까다롭다, 강하다, 약하다, 말랑말랑하다, 물렁물렁하다, 땐땐하다, 딴딴하다, 녹진녹진하다, 민첩하다, 느리다, 재다, 재빠르다.

위의 예에서 보면 알 수 있듯이 평가그림씨는 대립되는 말이 다른 그림씨보다 많이 있음이 특이한데 평가를 하려면 서로 대립되는 말이 있어야 하기 때문이다.

(73) ㄱ. 그의 말은 참되다.

ㄴ. 이 짐승은 참으로 모질다.

ㄷ. 그는 머리가 좋다.

ㄹ. 나는 몸이 튼튼하다.

ㅁ. 이 길은 험하고 가파르다.

ㅂ. 한라산은 참으로 높다.

(73ㄱ~ㅂ)에서 보면 평가그림씨가 풀이말이 된 월의 임자말은 정의적그림씨 때와는 달라서 임자말은 '±헤아림성', '±목숨성', '±사람'의 자질을 가지는데 그 까닭은 사람은 이 세상 모든 사물에 대하여 평가할 수 있기 때문이다.

이지그림씨

슬기롭다, 티미하다, 둔하다, 아둔하다, 어리석다, 어리눅다, 이리빳다, 숫덥다, 고지식하다, 약다, 총명하다, 영리하다

이지그림씨도 반대말이 있는데, 이들 그림씨가 월의 풀이말이 될 때, 임자말은 대개 '±사람'의 자질을 가지지마는 '짐승'이 임자말이 될 수도 있다.

(74) ㄱ. 철수는 참으로 슬기롭다.

ㄴ. 그는 언제나 몸이 약하다.

ㄷ. 저 개는 좀 둔하다(어리석다).

ㄹ. 철이는 영수보다 약하다.

신구그림씨

새롭다, 낡다, 헐다, 젊다, 늙다, 싱싱하다, 생생하다, 팔팔하다, 신선하다

이 그림씨가 풀이말이 되면 이자말은 '±헤아림성', '±목숨성', '±사람'의 자질을 가진다.

(75) ㄱ. 그 일은 참으로 새롭다.

ㄴ. 이 건물은 낡았다.

ㄷ. 우리들은 아직 젊었다.

ㄹ. 나뭇잎이 참으로 싱싱하다.

ㅁ. 이것이 저것보다 더 팔팔하다.

ㅂ. 저 개는 너무 늙었다.

견줌그림씨

같다, 다르다, 비슷하다, 유사하다, 판이하다, 낫다, 못하다, 우수하다, 뛰어나다, 우월하다, 수월하다

(76) ㄱ. 이것이 저것과 같다.

　　　 ㄴ. 이 꽃이 저 꽃과 비슷하다.

　　　 ㄷ. 너는 나와 다르다.

　　　 ㄹ. 이 소의 값은 저 소의 값보다 월등하게 낫다.

　　　 ㅁ. 이 개가 저 개보다 뛰어났다.

(76ㄱ~ㅁ)에서 보면 임자말은 '±헤아림성', '±목숨성', '±사람'의 자질을 가지고 있으며 기타 월조각으로서는 견줌말과 어찌말이 쓰인다.

셈숱그림씨

셈 : 많다, 적다, 수많다, 수적다, 막대하다

숱 : 작다, 크다, 많다, 풍부하다, 풍성하다, 광대하다, 방대하다, 두텁다, 얇다

넓이 : 광활하다, 넓다, 좁다, 망망하다, 너르다

(77) ㄱ. 올해는 곡식이 많다.

　　　 ㄴ. 이 사람이 저 사람보다 작다.

　　　 ㄷ. 일이 너무나 방대하여 엄두가 나지 않는다.

　　　 ㄹ. 시베리아 벌판은 너무나 광활하다.

　　　 ㅁ. 이 운동장이 대단히 넓구나.

(77ㄱ~ㅁ)에서 보듯이 임자말은 '±헤아림성', '±목숨성', '±사람' 등의 자질을 가지며 다른 조각으로는 위치말, 어찌말, 견줌말 등이 쓰인다.

가리킴그림씨

가리킴그림씨에는 잡힘과 안잡힘의 두 가지가 있는데 이는 다음과 같다.

📁 잡힘가리킴그림씨

가리키는 거리의 가깝고 멀음을 따라 다음과 같이 구분한다.

가. 가까움 : 말할이가 눈앞에서 직접 가리키며 나타내는 그림씨 : 이러하다

나. 떨어짐 : 들을이에 가까움을 나타내거나 말할이와 들을이가 다 같이 눈 앞에 보이지 않는 것을 상상하며 가리킴 : 그러하다

다. 멀음 : 말할이와 들을이에서 같이 멀리 떨어져 있으면서 보이는 것을 가리킴 : 저러하다

📁 안잡힘가리킴그림씨(모르거나 불확실함을 가리킴)

어떠하다, 아무러하다(아무렇다 <줄말>)

(78) ㄱ. 사람의 하는 일은 언제나 <u>이러하다</u>.

ㄴ. 그는 언제나 <u>그러하니까,</u> 대접을 받지 못한다.

ㄷ. 세상 일이 다 <u>그렇다</u>.

ㄹ. 저 소가 또 <u>어떠한</u> 짓을 하는지 모르겠다.

ㅁ. 저 사람이 또 <u>저렇다</u>.

ㅂ. 소나무는 <u>어떻게</u> 생겼고 잣나무는 <u>어떻게</u> 생겼다.

2) 매인그림씨

바람매인그림씨

으뜸움직씨 다음에 쓰이어 바람의 뜻을 나타내는 매인그림씨로서 '싶다'와 '지다'의 둘이 있다.

🗂 싶다

이것은 바람의 뜻을 나타내는 매인그림씨로서 으뜸풀이말이 남움직씨도 되고 제움직씨도 되는데 으뜸풀이말의 씨끝 '-고', '-을까' 뒤에서만 쓰인다. 임자말은 반드시 '+사람'의 자질을 가진 이름씨만이 될 수 있다.

(79) ㄱ. <u>나는</u> <u>밥이</u> 먹고 싶다.
　　　　①　　②

　　ㄴ. <u>철수는</u> "<u>영희가(를)</u> 보고 싶다"고 하더라.
　　　　①　　　②

　　ㄷ. <u>영희는</u> "<u>하나님(멍멍이)이(를)</u> 보고 싶다"고 하더라.
　　　　①　　　　　②

　　ㄹ. <u>그는</u> "<u>백두산에</u> 오르고 싶다"고 하더라.
　　　　①　　②

　　ㅁ. <u>나는</u> <u>백두산에</u> 오르고 싶다.
　　　　①　　②

(79ㄱ~ㅁ)에서 보면 밑줄 그은 ①은 다 '+사람'의 자질만을 가지되 ②는 모든 자질을 가지는 이름씨가 옴을 알 수 있고 (79ㄹ~ㅁ)에서 보듯이 위치말이 쓰일 수 있음을 알 수 있는데, 연유말도 쓰일 수 있다. '나는 연필로 편지를 쓰고 싶다'에서와 같다. 그런데 (79ㄱ~ㄷ)에서 보면 ②에는 임자말이 오기도 하고 부림말이 오기도 하는데 부림말이 오는 까닭은 으뜸풀이말에 의식되어 말하기 때문이요, 임자말이 오는 까닭은 매인풀이말에 관련되어 말하기 때문이다.

(79ㄱ~ㄷ)을 보면 으뜸풀이말 앞에 임자말이 오니까 더 자연스럽게 느껴진다. 이때의 임자말은 '싶다'와 관계를 갖는다.

(80) ㄱ. 나는 밥이 먹고 싶다.

　　ㄴ. 나는 누나가 보고 싶다.

　　ㄷ. 나는 그의 이야기가 듣고 싶다.

📁 지다

이것은 바람을 나타내면서 으뜸풀이말은 남움직씨이든 제움직씨이
든 다 취할 수 있는데 남움직씨의 씨끝 '-고'와 제움직씨의 씨끝 '-
어', '-고' 뒤에 쓰인다.

(81) ㄱ. (나는) 보고 지고 보고 지고 이도령이 보고 지고.

ㄴ. 제발 집안이 천자 억손으로 벌어 져라.

ㄷ. 나는 억만장자가 되어 져라.

(81ㄱ)의 '이도령이 보고 지고'에서 남움직씨 '보고' 앞에 임자말이
온 것은 '지다'와 관련을 맺기 때문이다.

지움매인그림씨
으뜸그림씨 아래에 쓰이어 그 뜻을 지우는 뜻을 나타내는 매인그림
씨로서 '아니하다', '못하다'가 있다.

📁 아니하다

이것은 으뜸그림씨의 지움매인법 '-지' 뒤에 쓰인다.

(82) ㄱ. 나는 키가 크지 아니하다.

ㄴ. 철이는 너처럼 머리가 좋지 아니하다.

ㄷ. 이곳 시냇물은 옥만큼 더 맑지 아니하다.

ㄹ. 철수는 학생으로서 점잖지 아니하다.

📁 못하다

이것은 지움매인그림씨로서 으뜸풀이말의 지움매인법 '-지'와 상태를
나타내는 씨끝 '-다' 뒤에 쓰이는데 이것이 매인풀이말이 되면 임자말의

자질에는 별 제약이 없으며 다른 조각으로서는 견줌말, 연유말을 가진다.

(83) ㄱ. 그는 정직하지 못하다.

ㄴ. 너는 철수보다 우수하지 못하다.

ㄷ. 하늘이 맑지 못하다.

ㄹ. 그미는 예쁘다 못하여, 밉기까지 하다.

ㅁ. 고요하다 못하여 무섭기까지 하였다

'못하다'는 '그렇지 못하다'(불능)의 뜻을 나타낸다.

그리여김매인그림씨

으뜸그림씨, 잡음씨 다음에 쓰이어 그 뜻을 시인하여 주는 뜻을 나타내는 매인그림씨인데 '하다'가 있다.

📁 하다

이것은 그리여김매인그림씨로서 으뜸그림씨와 잡음씨의 씨끝 '-기는', '-기도', '-기야' 다음에만 쓰인다.

(84) ㄱ. 철수는 영수보다 착하기는 하다.

ㄴ. 사이다 맛은 물 맛보다 좋기야 하나 몸에는 좋지 못하다.

ㄷ. 이것이 훌륭한 보물이기는 하다.

ㄹ. 홍삼은 맛이 좋기도 하고 건강에 좋기도 하다.

'하다'는 다음 ㉮와 같은 월에서 풀이말이 되풀이되는 번거로움을 피하기 위하여 ㉯에서와 같이 '하다'를 쓰기도 한다.

(85) ㄱ. ㉮ 그는 키가 크기는 크다.

㉯ 그는 키가 크기는 하다.

ㄴ. ㉮ 이것이 보석이기는 보석이다.

㉯ 이것이 보석이기는 하다.

(86) ㄱ. ㉮ 어린이가 <u>유순하기는</u> <u>하다</u>.
　　　　　　　　　　① 　　　②

　　　㉯ 어린이가 <u>유순은</u> <u>하다</u>.
　　　　　　　　　① 　　②

　　ㄴ. ㉮ 그것이 <u>약이기는</u> <u>하다</u>.
　　　　　　　　　① 　　　②

　　　㉯ 그것이 <u>약은</u> <u>약이다</u>.
　　　　　　　① 　　②

　(86ㄱ)의 ㉮의 ①을 줄여서 (86ㄱ) ㉯의 ①과 같이 하면 ②의 '하다'는 '유순은 하다'로 되어 버리나 (86ㄴ)의 ㉮의 ①을 ㉯의 ①과 같이 줄이니까 ②는 매인그림씨 '하다'가 쓰일 수 없다. 이런 형식의 (86ㄴ) ㉯는 아주 감탄하여 칭찬할 때 쓰이는 말투이다.

미룸매인그림씨
　이것은 움직씨, 그림씨, 잡음씨, 아래에 쓰이어 추측하는 뜻을 나타내는 매인그림씨로 '싶다', '보다', '듯하다', '듯싶다', '법하다' 등이 있다.

　📁 싶다

　이 매인그림씨는 말할이가 무엇을 추측하는 뜻을 나타낼 때 쓰이는 매인그림씨로서 임자말의 자질에는 별 제약이 없다.

(87) ㄱ. 이것이 저것보다 나은가 싶다.
　　ㄴ. 이것이 보물인가 싶다.
　　ㄱ. 밥이 제일 가는 보약인가 싶다.
　　ㄹ. 그는 내일 떠나는가 싶다.

(87ㄱ~ㄷ)에서 보는 바대로 '싶다'는 미룸매인법 '는가/은가', '-을까' 다음에 쓰임을 알 수 있다.

📁 보다

이 매인그림씨는 말할이의 추측을 나타낸다.

(88) ㄱ. 네가 나보다 일을 잘 하는가 보다.
　　　ㄴ. 이것이 아름다운가 보다.
　　　ㄷ. 그분은 서러워서 우시나 보다.

'보다'도 (88ㄱ~ㄷ)에서 보듯이 미룸매인법 '는가/은가', '-나' 다음에 쓰임을 알 수 있고 임자말의 자질에는 별 제약이 없다.

📁 듯하다

이 매인그림씨도 추측을 나타내는데 임자말은 '±헤아림성', '±목숨성', '±사람'의 자질을 가진다.

(89) ㄱ. 내가 이번에 미국에 갈 듯하다.
　　　ㄴ. 너는 이번 시험에 합격할 듯하다.
　　　ㄷ. 그는 착할 듯하다.
　　　ㄹ. 이 고기는 맛이 있을 듯하다.
　　　ㅁ. 올해는 그의 해인 듯하다.

(89ㄱ~ㅁ)에서 보면 미룸매인이음법 '-을/ㄹ', '은/ㄴ' 다음에 쓰임을 알 수 있다.

📁 듯싶다

이 매인그림씨도 추측을 나타내는데 앞의 '듯하다'와 같은 임자말의 자질을 가진다.

3(90) ㄱ. 나는 이번에 미국에 갈 듯싶다.

ㄴ. 너는 마음이 착할 듯싶다.

ㄷ. 그는 거기에 잘 안 갈 듯싶다.

ㄹ. 그는 밥을 먹은 듯싶더라.

ㅁ. 이것은 돈일 듯싶다.

(90ㄱ~ㅁ)에서 보면 '듯싶다'도 '듯하다'와 같이 미룸매인법의 '올/
ㄹ', '은/ㄴ' 다음에 쓰여 추측을 나타낸다.

📁 법하다

이 매인그림씨도 '-할 만함'의 추측을 나타내는데 임자말의 자질에
는 별 제약이 없다.

(91) ㄱ. 내가 이길 법하다.

ㄴ. 네가 승진할 법하다.

ㄷ. 그가 장관일 법하다.

ㄹ. 홍수가 날 법하다.

ㅁ. 비가 올 법하다.

이 매인그림씨는 으뜸풀이말의 씨끝 '을/ㄹ' 다음에 쓰임을 알 수
있다.

값어치매인그림씨

으뜸풀이말 아래에 쓰이어 그 움직임이나 상태를 나타내기에 값어
치가 있음을 나타내는 매인그림씨인데 '만하다', '직하다'가 있다.

📁 만하다

이 매인그림씨는 가치의 뜻을 나타내는데 임자말의 자질에는 별 제약이 없다.

(92) ㄱ. 우리가 이 일을 할 만하다.
ㄴ. 너는 일을 할 만하겠다.
ㄷ. 사람은 잘날 만하다.
ㄹ. 나라가 아름다울 만하다.
ㅁ. 우리는 훌륭한 존재일 만하다.

(92ㄱ~ㅁ)에서 보듯이 으뜸풀이말의 씨끝이 '-을/ㄹ' 다음에 쓰임을 알 수 있다.

📁 직하다

이 매인그림씨는 값어치매인법 '-음' 다음에 쓰이어 어떤 값어치의 뜻을 나타낸다. 으뜸풀이말이 남움직씨일 때, 그 부림말에 '을/를'을 취하지 않는 경우도 있다.

(93) ㄱ. 대통령이 됨 직하다.
ㄴ. 누구나 벼슬만은 함 직하다.
ㄷ. 이 법은(이) 먹음 직하다.
ㄹ. 사람은 누구든지 삼각산에 오름 직하다.
ㅁ. 이 험한 시대에는 누구나 집에 개를 기름 직하다.

(94) ㄱ. 이 책은(이) 읽음 직하다.
ㄴ. 이 사람은(이) 믿음 직하다.

ㄷ. 저 책은 한번 봄 직하다.

ㄹ. 이 학생은 용서함 직하다.

ㅁ. 가르쳐 보면 철수는 가르침 직하다.

(94ㄱ~ㅁ)까지의 예를 보면 '으뜸움직씨＋직하다'는 제움직씨성 뜻을 가지기 때문에 남움직씨인 으뜸움직씨 앞에도 부림말을 취하지 아니하고 임자말을 취하고 있는 것이다.

매인그림씨의 거듭 쓰임

📁 매인그림씨 뒤에 '아니하다'가 오는 경우

매인그림씨 '싶다, 듯하다, 듯싶다, 법하다, 만하다, 직하다' 뒤에 지움매인그림씨 '아니하다'가 와서 지움의 뜻을 나타낸다. 다만 '못하다'는 으뜸풀이말에 따라 가려잡는다.

(95) ㄱ. 나는 거기에 가고 싶지 아니하다.

ㄴ. 그는 잘 있는가 싶지 아니하다.

ㄷ. 그는 잘 있는 듯하지 아니하다.

ㄹ. 철수는 공부하는 듯싶지 아니하다.

ㅁ. 그는 여기 있을 법하지 아니하다.

ㅂ. 여기서는 공부할 만하지 아니하다.

ㅅ. 이 밥은 먹음직하지 아니하다(못하다).

📁 매인그림씨 뒤에 매인움직씨가 올 수 있는 경우

이 경우에 대하여는 표로써 나타내어 보이기로 한다.

매인그림씨	그 씨끝	매인 움직씨	보기
싶다(바람)	-게	만들다, 되다, 하다	가고 싶게 만들었다.(하였다) 가고 싶게 되었다.
	-은	체하다, 양하다, 척하다	가고 싶은 체한다.(양한다)
하다(그리여김)	-게	만들다, 되다, 하다	아름답기는 하게 하였다.
	-은	체하다, 양하다, 척하다	아름답기는 한 체한다.
싶다, 듯하다, 듯싶다, 법하다(미룸)	-게	하다	아름다운가 싶게 하였다.
	-은	체하다, 양하다, 척하다	아름다운 듯한 체한다. 아름다운 법한 척한다.
만하다, 직하다(값어치)	-게	만들다, 되다, 하다	아름다울 만하게 되었다.
	-은	체하다, 양하다, 척하다	먹음직한 체한다.(척한다) 먹음직한 양한다.

위의 표에서 보인 이외의 매인움직씨는 매인그림씨 다음에 잘 쓰이는 것 같지 아니하다.

2.1.3 잡음씨

2.1.3.1 잡음씨란?

국어의 '이다', '아니다'는 이름씨와 합하여 풀이말이 될 때, '무엇이 무엇이라'고 정해 주는 뜻을 나타내므로 잡음씨라 하는데 '이다'를 긍정잡음씨라 하고 '아니다'를 지움잡음씨라 한다.

2.1.3.2 잡음씨 '이다'의 '이-'는 줄기이다.

앞 '모두풀이'에서 자세히 논하였지마는 여기서는 더 자세히 설명하겠다.

첫째, '이-'는 줄기이므로 그 다음에 안맺음씨끝 '-시-, -었/았-, -겠-, -더-'를 취하는데, '-시-, -었/았-'이 올 때 '이-'가 쓰이지 아니하면 말이 되지 않는다.

(96) ㄱ. 그분이 나의 아버지(이)시다.

　　　ㄴ. ㉮ *내가 기른 개는 진돗개었다.

　　　　 ㉯ 내가 기른 개는 진돗개였다.

(96ㄱ) '아버지(이)시다'는 말을 더 분명히 그리고 존경의 뜻으로 말할 때는 반드시 '이ㅡ'를 넣어서 사용하여야 한다. (96ㄴ)의 ㉮는 성립되지 않는데 ㉯는 성립된다. 그것은 '이ㅡ'가 줄기인 증거이다.

둘째, '이다'가 '이름씨＋이다'로 되어 풀이말이 될 때만 이름씨의 씨끝이라 하고 임자말, 부림말, 위치말, 연유말, 견줌말, 방향말, 함께말이 될 때는 왜, '이다'를 이름씨의 씨끝이라 하지 않는가? '이다'가 이름씨의 씨끝이라면 위의 경우에도 마땅히 '이다'는 붙어 다니며 쓰여야 한다.

(97) ㄱ. *개임(갬)은 충복한 짐승이다.(개는…)

　　　ㄴ. *소임은 꾸준하다.(소는…)

　　　ㄷ. *나임은 개임보다 소임을 더 좋아한다.(개보다 소를…)

　　　ㄹ. *소임은 밭임을 간다.(소로…)

(97ㄱ~ㄹ)의 밑줄 부분에 대한 설명이 되지 아니하면, 이름씨는 어떤 때는 씨끝이 붙기도 하고 어떤 때는 붙지 않는 둔갑하는 씨인지 모를 일이다.

셋째, '이름씨＋이(다)'가 이름법이 될 때는 반드시 '이ㅡ'는 붙어야 한다.

(98) ㄱ. ㉮ *그가 솜을 어찌하랴?

　　　　 ㉯ 그가 소임을 어찌하랴?

　　　ㄴ. ㉮ *저것은 개기가 분명하다.

　　　　 ㉯ 저것은 개이기가 분명하다.

(98ㄱ~ㄴ)의 ㉮는 성립되지 않는데 ㉯는 성립된다. 그런데도 '이-'를 고룸소리라 한다면 풀이씨의 경우도 이름씨와 같이 그 이름법에는 고룸소리가 와야 하는데 오지 않는 까닭은 무엇인가를 설명하여야 한다.

(99) ㄱ. ㉮ *나는 편지를 쓰음을 좋아한다.

　　　㉯ 나는 편자를 씀을 좋아한다.

　　ㄴ. ㉮ *영수는 학교에 가음을 싫어한다.

　　　㉯ 영수는 학교에 감을 싫어한다.

(99ㄱ~ㄴ)의 ㉮는 그 이름법에 고룸소리가 오니까 성립되지 않음을 보이나, ㉯는 고룸소리가 쓰이지 아니하니까 말본적이다. 이에 대한 충분한 설명이 있어야 한다.

넷째, '이다'는 이름씨에만 쓰이는 것이 아니라, 움직씨, 그림씨, 어찌씨와 토씨 등에도 쓰이는데, 그렇다면 이들 씨도 이름씨로 보아야 하나 이는 사실과 다르다.

(100) ㄱ. ㉮ 그는 술이 얼마나 취하였나?

　　　㉯ 아주입니다.

　　ㄴ. ㉮ 그는 왜 결근하였나?

　　　㉯ 어제 술을 많이 마셔서입니다.

　　ㄷ. ㉮ 그는 왜 영희와 헤어졌지?

　　　㉯ 영희가 너무 미워서입니다.

　　ㄹ. 방학은 언제부터이냐?

다섯째, '이다'는 파생되어 토씨가 된다.

(101) ㄱ. 불이야! 불이야!

　　ㄴ. 하나님이시여! 미천한 놈에게 복을 주소서.

ㄷ. 이 개이든지 저 개이든지, 마음대로 가져 가거라.

ㄹ. 떡이며 술이며 많이 먹었다.

풀이씨의 씨끝은 파생능력이 없는데 그것은 분명한 뜻이 없기 때문이다. 토씨는 본래 독립된 낱말에서 파생된다는 그 발달가설로 볼 때 '이다'는 독립된 낱말이요, '이-'는 줄기임이 분명하다.

여섯째, '이다'의 '이-'는 다음과 같은 월에서 줄면 월이 되지 않는다.

(102) ㄱ. ㉮ *조국이여, 영원히 빛나는 나라어라.

　　　 ㉯ 조국이여, 영원히 빛나는 나라이어라.

　　 ㄴ. ㉮ *우리나라는 빛나는 나라도다.

　　　 ㉯ 우리나라는 빛나는 나라이도다.

일곱째, '이다'는 하임, 입음을 만들 수 있다.

(103) ㄱ. 주여, 우리나라를 복된 나라이게 하소서.

　　 ㄴ. 그는 자우 부자이게 되었다.

(103ㄱ~ㄴ)에서 '나라이게', '부자이게'에서 '이-'를 줄이면 월이 되지 않는다.

여덟째, '이다'가 이음법이 될 때, '이-'가 줄면 월이 성립되지 않는다.

(104) ㄱ. ㉮ *그것이 개어서 놓아 주었다.

　　　 ㉯ 그것이 개여서 놓아 주었다.

　　 ㄴ. ㉮ *약으로 하려면 황구어야 한다.

　　　 ㉯ 약으로 하려면 황구이어야 한다.

　　 ㄷ. ㉮ *아브라함의 일을 행할 터어늘…

　　　 ㉯ 아브라함의 일을 행할 터이어늘…

ㄹ. ㉮ *저 괴물은 소다가 개다가 한다.

　　㉯ 저 괴물은 소이다가 개이다가 한다.

ㅁ. ㉮ *그는 나의 아울뿐더러…

　　㉯ 그는 나이 아우일뿐더러…

(104ㄱ~ㅁ)에서 ㉮는 성립되지 않으나 ㉯는 성립된다.

아홉째, 다음과 같은 의향법에는 반드시 '이-'가 쓰여야 말이 된다.

(105) ㄱ. ㉮ *저것은 소오.

　　　　㉯ 저것은 소이오.

ㄴ. ㉮ *저이는 누구오?

　　㉯ 저이는 누구이오?

열째, 다음과 같은 이름씨 뒤에는 반드시 '이-'가 와야 한다.

(106) ㄱ. ㉮ 그이면 일이 되겠느냐?

　　　　㉯ 그이 이면 일이 되겠느냐?

ㄴ. ㉮ *글 것 같으면, 너를 좋아하겠니?

　　㉯ 그일 것 같으면, 너를 좋아하겠니?

ㄷ. ㉮ *그어서, 일을 처리하였다.

　　㉯ 그이어서 일을 처리하였다.

ㄹ. ㉮ *그는 개므로, 나는 상대하지 않는다.

　　㉯ 그는 개이므로, 나는 상대하지 않는다.

ㅁ. ㉮ *이것이 좋은 소어서, 내가 샀다.

　　㉯ 이것이 좋은 소이어서, 내가 샀다.

ㅂ. ㉮ *네가 착한 아이어야 내가 채용하겠다.

　　㉯ 네가 착한 아이이어야 내가 채용하겠다.

ㅅ. ㉮ *뛰어난 그건마는, 일을 처리하지 못했다.

　　㉯ 뛰어난 그이건마는, 일을 처리하지 못했다.

ㅇ. ㉮ *그가 솔지라도 어떻게 하겠니?

㉯ 그가 소일지라도 어떻게 하겠니?

ㅈ. ㉮ *글지언정 이 일을 어찌 하겠니?

㉯ 그일지언정 이 일을 어찌 하겠니?

ㅊ. ㉮ *그런마는 이 일을 하지 못한다.

㉯ 그이런마는 이 일은 하지 못한다.

ㅋ. ㉮ *영수가 학자되, 이것은 모른다.

㉯ 영수가 학자이되, 이것은 모른다.

ㅌ. ㉮ *그는 소자, 곰이다.

㉯ 그는 소이자, 곰이다.

ㅍ. ㉮ *그는 부자다가, 거지가 되었다.

㉯ 그는 부자이다가, 거지가 되었다.

위에서 다룬 첫째에서 열째까지에서 알아 본 바와 같이, '이다'의 '이-'가 고룸소리라면 같은 조건, 같은 환경인데도 어떤 데는 줄기도 하고 어떤 데서는 줄면 말이 안 되므로 반드시 쓰여야 하니 우리말에는 그런 고룸소리는 없다. 그러므로 '이-'는 절대로 고룸소리로 볼 수 없다. 더구나, 다음과 같이 때때로 시킴법으로 쓰이기도 한다.

(107) ㄱ. 동포 여러분, 굳센 국민이어라.

ㄴ. 여러분은 착한 어린이이어라.

(107ㄱ~ㄴ)에서 보는 바와 같이 허사가 어떻게 시킴법으로 될 수 있는지 모를 일이다. 이런 점으로 보아도 '이다'는 하나의 낱말로 보아야 한다.

2.1.3.3 '이다'가 움직씨와 끝바꿈이 다른 점

여기에서는 '이다/아니다'에만 있는 씨끝과 움직씨에만 있고 '이다'

에는 없는 씨끝만을 보기를 들어 보이기로 한다.

	'이다'에만 있는 씨끝	움직씨에는 있고 '이다'에는 없는 씨끝
서술법	-라, -로다, -로구나, -러라, -올시다, -로소이다, ㄹ세	-ㅁ세, -마, -느니라, -노라
물음법	-냐	-느냐, -느뇨
매김법	-을/ㄹ(이적), -ㄴ(이적), -을 (올적)	-는(나아감), -은(지난적)
이음법	-요(개요, 소이다), -라(개가 아니라 소다)	
목적법		-려(뜻한꼴), -러(목적꼴)
풀이법	-ㄴ데	-는데
매는법	-라	-는지라
미침, 되풀이법		-도록, -락-락

위의 표에서 '이다'에만 있는 씨끝을 가지고 보기를 들면 다음과 같다.

(108) ㄱ. 이것이 책이라.

ㄴ. 이것이 돈이로다.

ㄷ. 이것이 금이로구나.

ㄹ. 그는 훌륭한 장군이러라.

ㅁ. 나는 왕이로소이다.

ㅂ. 그는 거지올시다(거지일세).

ㅅ. 이것이 무엇이냐?

ㅇ. 학생일 적에 공부를 많이 하자.

ㅈ. 학생인 그는 공부를 잘 한다.

ㅊ. 장차 위대한 학자일 그가 왜 연구를 하지 않느냐?

ㅋ. 그는 학자인데, 이번에 상을 받는다.

ㅌ. 그는 학자이라, 도무지 사교술이 없다.

2.1.3.4 '이다'의 쓰임

첫째, 임자씨에 와서 그 임자씨와 함께 풀이말이 된다.

(109) ㄱ. 사람은 마음이 최고이다.

ㄴ. 훌륭한 이는 바로 그분이시다.

ㄷ. 둘에 둘을 더하면 넷이다.

둘째, 움직씨, 그림씨의 씨끝이 '-아서/어서' 다음에 와서 그와 함께 풀이말이 된다.

(110) ㄱ. 그가 병이 난 것은 술을 많이 마셔서이다.

ㄴ. 그미와 결혼한 것은 예뻐서이다.

셋째, 도움토씨 다음에 와서 풀이말이나 두자격법이 된다.

(111) ㄱ. 방학은 내일부터이다.

ㄴ. 방학이 내일까지인 줄 아느냐?

ㄷ. 그가 실수한 것은 집에서부터임을 몰랐다.

넷째, 어찌씨에 와서 그와 같이 풀이말이 된다.

(112) ㄱ. ㉮ 그런 일이 자주 있니?

㉯ 아니, 가끔이다.

ㄴ. ㉮ 일이 다 끝났니?

㉯ 아직이다.

2.1.3.5 '아니다'의 쓰임

'아니다'는 언제나 '임자말+아니다'의 꼴로 풀이말에 쓰인다. 이때

418

임자말에는 '이', '가', '은/는' 토씨가 다 쓰인다.

(113) ㄱ. 이것은 상이 아니다.

ㄴ. 내가 그를 좋아하는 것은 예뻐서가 아니다.

ㄷ. 그가 낙방한 것은 잘못해서가 아니다.

ㄹ. 그가 한 것은 잘은 아니나 그래도 괜찮다.

(113ㄴ~ㄹ)에서 보면 '아니다' 앞에 오는 풀이씨에 임자자리토씨가 오면 그 풀이씨의 씨끝은 '-아서'가 되어야 한다. (113ㄹ)에서 보면 '아니다' 앞의 어찌씨에는 반드시 토씨 '은/는' 등이 쓰이어야 월이 성립된다.

2.2 씨끝바꿈법

2.2.1 맺음씨끝의 끝바꿈 범주

우리말 풀이씨의 씨끝은 월에서의 말본적 구실에 따라 몇 가지 범주로 나누어진다.

(114) ㄱ. ㉮ 철수는 학교에 간다.

㉯ 철수는 학교에 가느냐?

㉰ 철수는 학교에 가거라.

㉱ 철수는 학교에 가자.

ㄴ. ㉮ 상을 받음이 쉽지 않다.

㉯ 우리가 먹을 밥을 주시오.

㉰ 그는 날이 새도록 자지 않았다.

ㄷ. ㉮ 밥을 먹고 학교에 간다.

㉯ 비가 오는데 일을 한다..

㉰ 길을 가면서 책을 읽는다.

(114ㄱ)의 밑줄 그은 씨끝들은 월을 끝맺는 한 가지 구실만 하고 (114
ㄴ)의 밑줄 그은 씨끝들은 풀이하는 구실과 함께 이름씨, 매김씨, 어찌
씨처럼 작용하는 두 가지 구실을 하고 있다. (114ㄷ)의 밑줄 그은 씨끝
들은 앞마디를 뒷마디에 이어서 앞뒤마디와 합하여 하나의 월을 이루
는 구실을 하고 있다. (114ㄱ)과 같이 월을 끝맺는 씨끝바꿈법을 마침법
이라 하는데 마침법은 말할이의 들을이에 대한 의향(태도)를 나타내므
로 달리 의향법이라고도 한다.18) (114ㄴ)과 같이 풀이말의 구실을 하면
서 이름씨, 매김씨, 어찌씨의 두 가지 구실을 하는 씨끝바꿈법을 이음
법이라 한다. 마침법, 자격법, 이음법을 이루는 씨끝들은 그 이상 다른
씨끝을 그 뒤에 연결시킬 수 없으므로 맺음씨끝이라 하고 '-시-',
'-었-', '-겠-', '-더-' 등과 같이 뿌리 바로 다음에 와서 그 뒤에
맺음씨끝을 더 연결시킬 수 있는 씨끝을 안맺음씨끝이라 한다.

(115) ㄱ. 아버지께서는 글을 읽으시었다.

　　　ㄴ. 비가 많이 오겠더냐?

(115ㄱ~ㄴ)의 밑줄 그은 부분의 씨끝이 안맺음씨끝이다. 맺음씨끝
중 마침법과 이음법은 월을 끝맺거나 앞마디를 뒷마디에 이어주는 구
실만 수행하기 때문에 한자격법이라 하고 (115ㄴ)과 같이 풀이의 구실
과 아울러 임자씨, 꾸밈씨의 두 가지 구실을 겸해서 가진 씨끝범주를
두자격법이라 한다.

한자격법에서의 마침법과 이음법의 다른 점은, 마침법은 말할이의
들을이에 대한 의향(태도)을 나타낸다. 따라서 마침법은 말이 쓰이는
환경에 관여하는 문제를 제기하게 된다. 그러나 이음법은 다음 말과의
이음관계를 나타내므로 순수히 통어상의 문제에 그친다. 두자격법은
(115ㄴ)의 ㉮ '받음'처럼 임자씨의 자격을 겸해 가지는 것을 이름법이
라 하고 (115ㄴ)의 ㉯ '먹을(는)'과 같이 매김말의 자격을 겸해 가지는

---

18) 허웅, 『국어학』, 샘문화사, 1983, 225쪽 참조.

것을 매김법, (115ㄴ)의 ㉰ '새도록'처럼 어찌말의 자격을 가지는 것을 어찌법이라고 한다. 맺음씨끝의 끝바꿈 범주19)를 표로 보이면 다음과 같다.

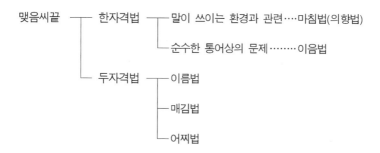

위에서 이음법과 의향법의 차이를 간단히 말하였지마는 이 두 법의 말본적 차이를 더 자세히 밝혀 보면 다음과 같다.

첫째, 의향법(마침법)은 말이 쓰이는 환경과 관련이 있으나 이음법은 순수한 통어상의 문제임은 이미 앞에서 말하였다. 둘째, 의향법은 들을이에 대한 공경의 태도가 나타나나, 이음법에는 그러한 것이 나타나지 않는다. 셋째, 의향법에는 안맺음씨끝 '－시－, －었－, －겠－, －더－' 등이 쓰이어 말대접법과 때마김법이 나타나는데 이음법에는 '－시－'는 비교적 제약 없이 쓰이나 '－었－, －겠－, －더－' 등은 상당한 제약을 받는다.20) 이와 같은 차이가 있으므로 이음법을 마침법의 하위범주인 서술법의 범주에 넣어 동일하게 다루는 것은 옳은 태도가 아니다.

---

19) 위의 책, 224쪽에 의거함.
20) 이에 대하여는 이음법을 다룰 때 자세히 논할 것이다.

2.2.1.1 한자격법

1) 마침법(의향법)

　마침법은 들을이에 대한 말할이의 태도에 따라 크게 두 가지로 나눈다. 하나는 들을이에 대하여 어떠한 요구를 하는 일이 없이 자기의 의견이나 느낌을 나타내거나 또는 약속을 하면서 월을 끝맺는 방법인데 이러한 법을 서술법이라 한다. 다른 하나는 말할이가 들을이에게 무엇을 요구하면서 월을 끝맺는 법인데 이에는 다시 대답을 요구하나, 어떤 행동을 요구하나에 따라 두 가지로 나눈다.

　대답을 요구하는 법을 물음법이라 한다. 어떤 행동을 요구하는 법은 들을이의 행동을 요구하는 법과 말하는 자신과 어떤 행동을 들을이가 함께 하기를 요구하는 법으로 나누어진다. 앞의 것을 시킴법, 뒤의 것을 꾀임법이라 한다.

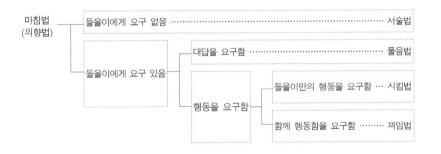

　마침법은 들을이 말대접법에 따라 실현된다.

　마침법은 말할이의 들을이에 대한 태도를 나타내므로 마침법에는 들을이에 대한 공경의 태도가 아울러 나타나는데 이것을 "들을이 말대접법"이라 한다.[21] "들을이 말대접법"에는 들을이를 말대접하는 등분에 따라 아주낮춤, 예사낮춤, 예사높임, 아주높임, 반말[22]의 다섯 가

---

21) 허웅, 앞의 책, 225~225쪽 참조.
22) 반말의 씨끝에 관해서는 꾀임법 다음에 가서 한꺼번에 다룰 것이다.

지 등분이 있다. (이에 대한 자세한 것은 김승곤, 『21세기 국어 의향법 연구』를 참조하기 바란다.)

📁 서술법

서술법의 들을이 말대접법을 보면 다음과 같다.

(116) ㄱ. 아주낮춤 : ─(는)다, ─라, ─네, ─다나, ─다고, ─다니까, ─
　　　　　 단다, ─아라, ─구만(먼), ─느니라, ─거든, ─(는)구나/로구
　　　　　 나, ─도다/로다, ─으마, ─을게, ─는걸/은걸, ─는데/은데, ─
　　　　　 을걸, ─을래
　　　 ㄴ. 예사낮춤 : ─다네, ─네, ─으이, ─ㄹ세, ─음세
　　　 ㄷ. 예사높임 : ─으오, ─소, ─지요, ─어요/아요, ─(는)구려, ─다나
　　　 ㄹ. 아주높임 : ─습(읍)니다, ─나이다, ─올시다, ─로소이다, ─
　　　　　 (사, 사오, 더)이다, ─디다
　　　 ㅁ. 반말

이들 하나하나에 대하여 살펴보기로 한다. 다만, 반말은 서술법, 물음법, 시킴법, 꾀임법에 공통이므로 맨끝에 가서 한꺼번에 다루기로 한다.

　가. 아주낮춤 : 아주낮춤은 다정한 친구나 손아래 사람에 대하여 직접 쓰는 말법으로서 아주낮춤에는 '─(는)다, ─라, ─네, ─다나, ─다고, ─다니까, ─단다, ─구만(먼), ─아라, ─으니라, ─느니라, ─거든, ─(는)구나, ─로구나, ─도다, ─로다, ─은걸, ─은(는)데, ─을걸, ─을라, ─을래, ─으마, ─을게' 등이 있다.

　㉠ ─는다/∅다 : 모든 안맺음씨끝을 그 앞에 취할 수 있으며 '─∅다'는 그림씨, 잡음씨의 줄기에 바로 쓰이고 움직씨에는 특별한 경우

즉 역사적 사실, 강조 등을 나타낼 때에만 쓰인다. 그리고 일반적으로 움직씨가 풀이말이 될 때는 이적때를 나타내는 '-는-'이 반드시 '-다' 앞에 붙어서 쓰인다. 그 까닭은 움직씨가 서술법으로 쓰일 때는 본질적으로 이적의 동작을 나타내기 때문이다.

(117) ㄱ. 꽃이 아름답다.

ㄴ. 이것은 책이다.

ㄷ. 그는 지금 밥을 먹는다.

ㄹ. 그는 공부한다.

ㅁ. 중국대륙을 가다.

(117ㄱ)은 풀이말이 그림씨이고 (117ㄴ)은 잡음씨이므로 씨끝은 '∅ 다'가 쓰였으나 (117ㄷ)은 풀이말이 움직씨이므로 '먹는다'는 이적때를 나타내는 안맺음씨끝 '-는-'이 줄기 다음에 쓰였다. 이 '-는-'은 (117ㄹ)에서 보는 바와 같이 줄기가 열린낱내일 때에는 '-ㄴ-'으로 된다. (117ㅁ)의 '가다'는 줄기 다음에 '-는-'을 취하지 않았는데 '-는-'이 올 때는 이전에 어떤 동작을 진행하고 있음을 나타내고 '-는-'이 안 쓰였을 경우에는 역사적인 사실을 나타낸다. 즉, (117ㅁ)의 '중국대륙을 가다'는 무시제 표현으로 되어 있는데, 이런 경우는 그 뜻을 강조하거나 역사적인 사실 또는 포괄적인 때매김을 나타낸다. 따라서 때매김으로서는 이적도 되고 지난적도 될 수가 있다. 그런데 맺음씨끝 '-다' 앞에는 '-시-, -었-, -겠-, -더-' 등이 쓰이는데 이들 안맺음씨끝 중 '-았/었-, -겠-, -더-'가 올 때, '-는-'은 줄어든다. 그것은 '-는'이 서술씨끝이 아니기 때문이다.

(118) ㄱ. 비가 옵니다.

ㄴ. 할아버지께서 서울에 가신다.

ㄷ. 그들은 이제 부산으로 떠났다.

ㄹ. 나는 내일 이 일을 마치겠다.

ㅁ. 그들은 어제 이맘때 점심을 먹더라.

(118ㄱ)에서는 아주높임의 안맺음씨끝 '-ㅂ(니)-'가 오니까, '-는-'이 줄어들었는데 (118ㄴ)에서 보면 '가시-ㄴ-다'로 분석되는데 '-시-' 다음에는 '-ㄴ-'이 나타나서 이적에 '가심'을 나타내고 있다. (118ㄷ~ㅁ)에서는 '-는-'이 '-았-, -겠-, -더-'와는 같이 쓰일 수 없는데 그것은 때가 서로 맞지 않기 때문이다. 이는 '-는'은 서술법이 될 수 없음을 입증하는 것이다. 더구나, 물음법과를 대비하여 보면 다음과 같다.

(119) ㄱ. - 는가 (이적의 물음)

ㄴ. - 을까 (추적의 물음)

ㄷ. - 았는가 (끝남을 이적에 물음)

ㄹ. - 았느냐 (끝남을 이적에 물음)

ㅁ. - 겠는가 (추정을 이적에 물음)

ㅂ. - 겠느냐 (추정을 이적에 물음)

ㅅ. - 었을까? (끝남을 추정하여 물음)

ㅇ. - *겠을까? ('-겠-'과 '-을-'이 중첩되므로 통합불능)

ㅈ. - *었겠을까? (끝남추정을 다시 추정함은 맞지 않으므로 통합불능)

(119ㄹ, ㅂ)에서 보면 '-느냐'는 물음씨끝이 분명하다. 그렇다면 서술법에서 '-았다', '-겠다'에서는 왜 '-는'이 나타나지 않을까? 그것은 '-는'이 서술씨끝이 아님을 입증하는 것으로밖에 볼 수 없다. 더구나 '-는-'과 '-을-'은 대립이 된다.[23] 그런데 경상도 사투리에서는 서술법에서 이런 현상이 있다.

---

23) 허웅, 앞의 책, 241쪽 참조.

(120) ㄱ. ㉮ 지금 연극을 시작할다. ('-ㄹ-'은 추정)

㉯ 지금 연극을 시작한다. ('-는-'은 이적)

ㄴ. ㉮ 내일은 비가 올다. ('-ㄹ-'은 추정)

㉯ 내일은 틀림없이 비가 온다. ('-ㄴ-'은 가까운 이적)

(120ㄱ)의 ㉮와 ㉯가 대립되고 (120ㄴ)의 ㉮와 ㉯도 대립된다. 이것뿐 아니라 두자격법의 매김법에서 지난적에는 '-은/ㄴ'이 쓰이고 이적에는 '-는/은'이 쓰이며 올적에는 '-을/ㄹ'이 쓰이는 등의 언어사실과 대비할 때 '-는-'은 이적의 동작을 나타내는 형태소로 보아야 한다. 그러면, 왜 의향법의 서술법에서 움직씨가 올 때 반드시 '-는다'로 쓰이는가 하는 점인데, 그것은 움직씨는 언제나 이적의 움직임을 나타내면서 풀이말이 되기 때문이다. 그림씨와 잡음씨가 서술을 나타낼 때는 '∅다'가 쓰이는데 그것은 그림씨와 잡음씨는 비동작성이기 때문이다. 이에 대해, 움직씨가 서술법을 나타낼 때는 반드시 이적의 동작성을 띠어야 풀이말이 될 수 있기 때문이다. 이와 같은 일은 영어의 'He reads book'에서처럼, 의향법으로서는 서술이나 여기에 현재시제의 's'가 움직씨에 나타나고 있음과 조금도 다를 바가 없다. 따라서 '-는'은 이적때를 나타내는 형태소로 보아야 한다. 영어의 'reads'의 's'에 해당된다.

'-는다/다'에 토씨 '요'나 '-야'를 결합할 수 있는데 '-요'가 올 때는 자인, 확인의 뜻을 나타내고 '-야'가 오면 감탄, 놀람을 나타낸다.

(121) ㄱ. 비가 온다요.

ㄴ. 눈이 온다야.

ㄷ. 그는 간다요.

(121ㄱ~ㄷ)의 말법은 지역에 따라 혼자 말할 때 쓰일 수도 있고 들을이에 대하여 말할 때 쓰일 수도 있다.

ⓛ −라 : '−라'는 잡음씨의 줄기 '이−' 다음이나 안맺음씨끝 '−더
−, −리−' 다음에 쓰이어 서술을 나타내기도 하고 움직씨, 그림씨 및
잡음씨의 줄기 다음에 오는 '−을/ㄹ'과 함께 쓰이어 우려를 나타내기
도 한다.

(122) ㄱ. 이것이 책이라.
　　　ㄴ. 그는 일을 하고 있더라.
　　　ㄷ. 너도 훌륭한 사람이 되리라.
　　　ㄹ. 비가 올라.
　　　ㅁ. 길이 험할라.
　　　ㅂ. 이것이 폭발물일라.

(122ㄱ)의 '이−' 다음의 '−라'는 안맺음씨끝 '−시−', '−었−', '−
더−' 다음에만 쓰이고 '−겠−'(보기는 들지 않았으나 여기에 '−잡−'도
포함됨) 다음에는 쓰이지 못한다. '책이다'할 때와의 차이를 알아 보면
'−이다'는 확정하여 잘라 말할 때에 쓰이고 '−이라'는 모르는 것에
대하여 설명하면서 어떤 여운을 남길 때 쓰인다. '−이라, −일라, −을
라'는 들을이 면전에서 쓰인다. '이라'는 다음과 같이 토씨화하여 쓰이
기도 한다.

(123) 서울<u>이라</u> 요술쟁이 찾아갈 곳 못되더라.

(123)의 '이라'는 제시의 뜻은 물론 운율을 맞춤과 동시에 강조의
뜻을 나타내고 있다. 잡음씨 '−이라' 뒤에 토씨 '−요'를 결합하면 성
근말로서 예사높임이 된다.

(124) ㄱ. 이것이 책이라요.
　　　ㄴ. 여기가 포석정이라요.

위에서 보는 바 '(이)라요/다요'는 들을이에게 면전에서 바로 말할 때 쓰인다.

ⓒ −네 : 줄기 바로 뒤에 쓰이어 뜻밖의 일이나 놀라움, 다소의 느낌 등을 들을이에게 바로 베풀어 나타낼 때 쓰이는데, 안맺음씨끝 '−시−', '−았−', '−겠−'만이 그 앞에 올 수 있다. 움직씨, 그림씨, 잡음씨 등에 두루 쓰는데 임자말 제약 없이 쓰인다.

(125) ㄱ. 그가 또 오네.

ㄴ. 이것은 좋은 책이네.

ㄷ. 이 꽃은 향기롭네.

이 '−네'는 예사낮춤의 '−네'와는 그 쓰이는 경우가 다르다.

(126) ㄱ. 네가 그럴 줄은 나는 몰랐네.

ㄴ. 이 꽃은 참 오래 피어 있겠네.

ㄷ. 그것은 한 바탕 꿈이었네.

(126ㄱ)의 '−네'는 '−았−' 뒤에 쓰이어 어떤 허탈감이나 놀라움을 나타내고 (126ㄴ)의 '−네'는 '−겠−' 뒤에 쓰이어 약간의 느낌이나 어떤 사실을 시인하고 있음을 나타내고 (126ㄷ)의 '−네'는 '−었−' 뒤에 쓰이어 서운함을 베풀어 나타내고 있다.

'−네'에 토씨 '요'를 연결하면 성근말로 예사높임이 된다.

(127) ㄱ. 꽃이 참으로 오래 피어 있네요.

ㄴ. 참으로 다행이네요.

이 '−네요'는 들을이에게 직접 말할 때 쓰인다. (말할이 혼자서 말할 때는 쓰일 수 없다.)

ⓔ ‒다나 : 움직씨의 줄기 다음에는 '‒는다나'가 되고 그림씨의 줄기 다음에는 '‒다나', '잡음씨' 줄기 다음에는 '‒라나'가 된다. 안맺음씨끝 '‒시‒', '‒었/았‒', '‒겠‒'과만 말할 그때에 쓰인다.

(128) ㄱ. 그가 모레 온다나.

ㄴ. 철수는 서울에 가겠다나.

ㄷ. 그미가 예쁘다나.

ㄹ. 이게 돈이라나.

ㅁ. 그는 어려서 녹용을 먹었다나 어쩌나.

ㅂ. 철수는 내일 미국으로 가겠다나 어쩌나.

ⓜ ‒다고 : 자기가 생각한 바를 들을이에게 단정적으로 말할 때 쓰인다. '이다'에 쓰일 때는 '이라고'가 된다. 안맺음씨끝 '‒시‒', '‒었/았‒', '‒겠‒'과만 쓰이는데 '‒시‒'와 쓰일 때, 움직씨이면 '‒는다고'가 된다.

(129) ㄱ. 비가 온다고.

ㄴ. 꽃이 아름답다고.

ㄷ. 이것이 그 책이라고.

ㄹ. 아버지께서 서울에 가신다고.

ㅁ. 꽃이 피었다고.

ㅂ. 비가 오겠다고.

이 씨끝은 임자말제약은 없다.

ⓗ ‒다니까 : '‒다니까'는 자기의 뜻이나 생각한 바를 강조하여 말할 때 쓰인다. 안맺음씨끝 '‒시‒', '‒았‒', '‒겠‒'과만 쓰이는데 '‒시‒'와 쓰일 때 움직씨이면 '‒ㄴ다니까'로 되고 '이다' 다음에서는 '‒이라니까'가 된다.

(130) ㄱ. 내가 간다니까.

ㄴ. 꽃이 향기롭다니까.

ㄷ. 이게 보물이라니까.

ㄹ. 선생님이 가셨다니까.

ㅁ. 그가 가 있다니까.

ㅂ. 비가 오겠다니까.

ㅅ. *네(그)가 가겠다니까.

'다니까'가 '-겠-'과 쓰일 때는 말할이의 판단을 미루어 말할 때만 쓰이고 (130ㅅ)과 같은 경우 임자말이 둘째, 셋째가리킴일 때는 성립하지 않는다.

ⓢ -단다 : '-단다'는 말할이가 남에게서 들은 이야기를 상대에게 말할 때 쓰이는데 임자말이 셋째가리킴일 때만 쓰인다. 이것은 말밑으로 보면 '-ㄴ다고 한다'가 준 것이다.

안맺음씨끝 '-시-', '-었-', '-겠-'과만 쓰이고 움직씨와 쓰일 때는 '-ㄴ단다'가 되고 잡음씨에서는 '-이란다'가 된다.

(131) ㄱ. 그가 서울에 간단다.

ㄴ. 꽃이 아름답단다.

ㄷ. 이것이 책이란다.

ㄹ. 아버지께서 가신단다.

ㅁ. 그가 이 일을 하겠단다.

◎ -아라/어라 : 줄기 바로 다음에 쓰이어 말할이가 이적의 심리상태를 베풀어 말할 때 쓰는데, 주로 그림씨와 '있다/없다'에 붙는다. 그러므로 안맺음씨끝과는 결합할 수 없다.

(132) ㄱ. 아이, 기분 좋아라.

ㄴ. 아이, 맛있어라.

ㄷ. 에이, 재미없어라.

ㄹ. *너는 훌륭하여라.

'-아라/어라'는 그림씨 및 '있다'에만 쓰인다. (132ㄹ)에서와 같이 이 씨끝은 둘째가리킴에는 쓰이지 못한다. 시킴이 되기 때문이다.

ⓩ -구만/구먼 : 움직씨, 그림씨, 잡음씨의 줄기에 바로 붙어 쓰이면서 안맺음씨끝 '-시-, -었-, -겠-' 등과만 결합할 수 있다. '-시-'와 쓰일 때, 풀이말이 움직씨일 때는 '-시는구먼'으로 쓰이기도 하고 '-시구먼'으로 쓰이기도 하나 주로 '-시구먼'으로 쓰임이 일반적인 듯하다. 그리고 토씨 '-요'와 결합하면 예사높임이 된다. 어떤 느낌의 뜻을 나타내되 말할이 혼자서도 말할 수 있지마는 대개는 상대방을 면전에서 보고 이야기할 때 쓴다.

(133) ㄱ. 철수는 고시에 합격하겠구만.

ㄴ. 그의 상을 보니, 일이 잘 되었구만요.

ㄷ. 비가 오시구만요.

ㄹ. 비가 오는구만.

ㅁ. 그미는 착하구만.

ㅂ. 이게 다이아몬드이구만.

ⓩ -으니라 : 움직씨, 그림씨, 잡음씨의 줄기에 붙어 쓰이는데 안맺음씨끝 '-시-, -았-, -더-' 등과 결합된다. 움직씨에 오면 습관적인 사실을 베풀어 나타내고 그림씨나 잡음씨에 오면 확정적인 사실을 나타내게 된다. '-으니라'는 토씨 '-요'와는 결합될 수 없으며 들을이의 면전에서 말할 때 주로 쓰는 것이 일반적이다.

(134) ㄱ. 그는 여기 자주 오니라.

ㄴ. 여기가 아름다우니라.

ㄷ. 여기가 바로 포석정이니라.

ㄹ. 저 어른은 여기 자주 오시니라.

ㅁ. 그 어른이 늘 오셨느니라.

ㅂ. 투정을 부리는 것이 그의 습관이었느니라.

ㅅ. 이곳도 옛날은 아름다웠느니라.

ㅇ. 그가 이곳에 도깨비가 나온다고 가끔 이야기하더니라.

㉠ -느니라 : 움직씨의 줄기에만 쓰일 수 있는데 '-니라'는 그저 습관적인 것이나 확정적인 사실을 베풀어 말하는 씨끝이라면 '-느니라'는 다지거나 명령이나 금지조의 뜻이 섞인 느낌으로 베풀어 말할 때에 쓰인다. '-느니라'는 토씨 '-요'와 결합될 수 없다. 그리고 '-느니라'는 들을이 면전에서 말할 때 쓰는 것이 일반적이다. 안맺음씨끝 '-었/았-, -겠-, -시-' 등과만 쓰일 수 있다.

(135) ㄱ. 네가 그래서는 안 되느니라.

ㄴ. 잘 가꾸면 이 풀도 여기서는 살 수 있겠느니라.

ㄷ. 동백꽃은 겨울에 피느니라.

ㄹ. 나는 거기에 갔느니라.

㉢ -거든 : 풀이씨 줄기에 바로 붙어서 그 뒤에 오는 어떤 말을 잘라 버리고 끝맺을 때 쓰이는 반말 씨끝으로 그 앞에 '-시-, -았-' 등을 연결할 수 있다. '-거든'은 움직씨, 그림씨 잡음씨에 두루 쓰이면서 그 뒤에 토씨 '-요'를 연결하여 예사높임을 나타낸다. '-거든'은 들을이 면전에서 말할 때만 쓰인다.

(136) ㄱ. 어제는 비가 많이 왔거든.

ㄴ. 가을의 풍경은 참으로 아름답거든.

ㄷ. 이것은 아주 소중한 보물이거든.

ㄹ. 왜 그를 울리니? 너무 까불거든요.

'-거든'은 서술법에서는 조건, 까닭의 뜻으로 쓰인다.

ⓜ -(는)구나 : '-(는)구나'는 움직씨 줄기에 바로 붙고 '-구나'는 그림씨, 잡음씨 줄기에 바로 붙어 쓰인다. 움직씨의 줄기 다음에 안맺음씨끝 '-시-'를 제외하고 '-았/었-, -겠-, -더-'가 오면 '-(는)구나'의 '-는-'은 줄어든다. '-(는)구나'는 좋은 느낌으로나, 다소 좋지 않거나 평범한 기분으로 느낌을 나타낼 때 쓰인다. 토씨 '-요'와는 연결되지 못한다.

(137) ㄱ. 오늘도 비가 오시는구나.
ㄴ. 겨울날씨에 해는 지고 길은 아직 멀었구나.
ㄷ. 여기가 이름난 그 박달재구나.

ⓗ -로구나 : 잡음씨에 붙어 쓰이는데 그 앞에 안맺음씨끝을 취할 수가 없고 토씨 '-요'와도 연결될 수 없다. '-로구나'는 흥겨움을 나타낼 때 쓰인다. 혼자말로 할 때도 쓰이나 들을이에 대하여 말할 때도 쓰인다.

(138) ㄱ. 봄이로구나, 봄이로구나, 봄이로구나 이팔청춘 빤끗하는 봄이로구나.
ㄴ. 여기가 이름있는 해운대로구나.

ⓐ -도다/로다 : '-도다'는 움직씨, 그림씨, 잡음씨 등의 씨끝에 붙어 쓰이고 '-로다'는 잡음씨에만 쓰이는데 느낌을 나타낸다. '-도다'는 '-시-, -았/었-, -겠-'을 결합시킬 수 있으며 임자말은 첫째가 리킴이 되며 간절한 느낌이나 서술을 나타낸다. 그리고 어떤 토씨와도 연결되지 않는다. '-노라'는 말할이 혼자서 느낌을 나타낼 때 쓰기도

하나 상대에게 대하여 말할 때 쓰이기도 한다.

(139) ㄱ. 가노라 삼각산아 다시 보자 한강수야.

ㄴ. 부디 너희 내외 건강하기를 바라노라.

ㄷ. 나는 네가 잘 되기를 바라노라.

ㄹ. 내일은 비가 오겠노라.

ⓛ′ -으마 : 줄기 바로 뒤에 붙어서 들을이에게 직접 약속을 나타내므로 움직씨에만 쓰이면서 어떠한 안맺음씨끝과도 결합할 수 없고 임자말은 첫째가리킴에 한한다. 그리고 토씨는 연결될 수 없다.

(140) ㄱ. 내가 내일 10시에 가마.

ㄴ. 보내 준 물건 잘 받으마.

ⓒ′ -을게 : '-을 것이어'가 줄어들어 된 것으로 앞으로의 일을 들을이에게 직접 약속하는 뜻을 나타내며 안맺음씨끝은 연결할 수 없고, 특수토씨 '요'가 오면 성근말이 된다.

(141) ㄱ. 이것을 너에게 줄게.

ㄴ. 나는 내일 갈게.

ㄷ. 내일 갈게요.

(141ㄱ~ㄴ)에서 보듯이 '-을게'는 임자말로서는 첫째가리킴이어야 하고 움직씨에만 쓰인다.

ⓡ′ -는걸/은걸 : 이는 '-는/은 것을'이 줄어서 된 것인데 그 뒤에 오는 말을 줄이면서 강조하거나 의지를 나타낼 때 쓰인다. 그 앞에 '-시-, -았/었-, -겠-, -더-'를 취할 수 있다.

(142) ㄱ. 나는 여기 있겠는걸.

ㄴ. 이 꽃이 참 향기로웠던걸.

ㄷ. 그미는 참으로 착하겠는걸.

ㄹ. 너는 학교시절에 우수한 학생이었는걸.

ㅁ. 그는 착한걸.

(142ㄱ)에서 보면 임자말이 첫째가리킴일 때는 '-는걸'은 어떤 의지를 나타내고 (142ㄴ~ㅁ)의 것은 강조나 단정의 뜻을 나타내고 있다. (142ㄷ~ㄹ)에서 보면 그림씨라도 '-았-, -겠-' 다음에는 '-는-'이 쓰임을 알 수 있다. 매김법이기 때문이다.

ⓜ′ -은데/는데 : '-은데'는 그림씨에 '-는데'는 움직씨에 쓰인다. '-시-, -었/았-, -겠-, -더-' 등과 같이 쓰이는데 '-시-'와 쓰일 때는 움직씨냐 그림씨냐에 따라 '-는데', '-은데'가 쓰이고 '-았/었-', '-겠-'과 쓰일 때는 움직씨, 그림씨, 잡음씨를 가리지 않고 '-는데'가 쓰인다.

(143) ㄱ. 아버지는 여기 계시는데,

ㄴ. 너는 어릴 때 착했겠던데.

ㄷ. 이것이 보물이겠는데.

ㄹ. 그분은 참으로 훌륭하신데.

ⓑ′ -을걸 : 이는 '-을 것을'이 줄어서 된 것으로 '-시-, -었/았-'과만 쓰이고 토씨 '-요'를 취할 수 있다. 추정의 뜻을 나타낸다.

(144) ㄱ. 그가 내일 올걸.

ㄴ. 네가 이길걸.

ㄷ. 내가 가게 될걸.

ㄹ. 그가 왔을걸.

ㅁ. 선생님이 오실걸(요).

Ⓐ′ －을래 : 이것은 첫째·둘째가리킴하고만 쓰이는데 의지를 나타
내다. 어떤 안맺음씨끝과도 연결되지 않는다. 토씨 '요'를 취하면 성근
말이 된다.

(145) ㄱ. 나는 여기 있을래.

　　　ㄴ. 나는 공부할래.

　　　ㄷ. 나도 갈래.

(145ㄱ~ㄷ)에서 보듯이 의지를 나타내기 때문에 움직씨에만 쓰인다.

나. 예사낮춤 : 예사낮춤은 장성한 아우나 제자나 종질부, 생질부,
중년기 이상의 친구 사이나 타성의 장성한 후배에게 대하여 쓰는 말법
으로 예사낮춤에는 '－네, (－는)다네, －으이, －ㄹ세, －음세' 등이 있
다.24) 이들 예사낮춤은 들을이의 면전에서 쓰인다.

㉠ －네 : 줄기 바로 다음에 쓰이는데 들을이를 덜 낮추어 말할 때
쓰인다. 안맺음씨끝 '－시－, －았/었－, －겠－'을 그 앞에, '－요'를
뒤에 연결할 수 있다.

(146) ㄱ. 나는 이만 집으로 가네.

　　　ㄴ. 자네가 나보다 낫네(겠네).

　　　ㄷ. 이 사람, 이게 내가 말하던 그 책이네.

　　　ㄹ. 어른께서 가시(셨)네요.

㉡ －(는)다네 : 맺음씨끝 '－(는)다'에 다시 '－네'가 연결된 것으로
그 앞에 '－시－, －었/았－, －겠－'만 연결될 수 있으며 서술 및 느낌
의 뜻을 나타낸다.

---

24) 이에 대하여 자세한 것은 말대접법을 참고하여 주기 바란다.

(147) ㄱ. 나는 어제 왔다네.

ㄴ. 나는 꽃이 핀다네.

ㄷ. 이 꽃은 아름답다네.

ㄹ. 이것은 책이라네.

(147ㄹ)에서 보면 잡음씨에는 '-라네'가 된다.

ⓒ -으이 : 그림씨의 줄기에만 붙어서 쓰이는데 그 앞에 안맺음씨 끝 '-더-'만이 올 수 있다. 이때는 '-더이'로 되어 주로 물음에만 쓰인다. 만일 '-데'로 되면 '-으이' 하고는 관계가 없는 씨끝이 되고 만다.

(148) ㄱ. 날씨가 매우 좋으이.

ㄴ. 날씨가 매우 좋더이?

ㄷ. 건강이 어떠하이?

ㄹ. 오늘은 기분이 상쾌하이?

ㅁ. 나는 건강이 괜찮으이.

경우에 따라서는 '-데'가 아주낮춤으로 쓰이기도 한다. 이때의 월 가락은 아주 낮다.

ⓔ -ㄹ세 : 잡음씨 '이다, 아니다'와 움직씨, 그림씨의 줄기에 쓰이는데 어떠한 안맺음씨끝도 그 앞에 결합시킬 수 없다.

(149) ㄱ. 이건 국보일세.

ㄴ. 여기에는 그는 안 올세.

ㄷ. 우리나라는 전도가 유망할세.

'-ㄹ세'는 '-네'보다 다소 운율적이어서 부드러운 느낌을 주며 추정의 뜻도 함유하고 있다. 만일 움직씨, 그림씨에 와서 월가락을 낮추어 말하면 아주낮춤의 서술법이 된다.

ⓜ -음세 : 현재의 약속을 나타내므로 줄기에 바로 붙어 쓰이는데 그 앞에는 어떠한 안맺음씨끝도 결합될 수 없다. 물론 움직씨에만 쓰인다. 임자말은 첫째가리킴에 한한다.

(150) ㄱ. 그래, 내가 가짐세.

ㄴ. 내일 내가 그곳으로 감세.

ㄷ. 그것을 내가 받음세.

다. 예사높임 : 예사높임은 형, 선배에 쓰는 말법인데 이 예사높임에는 '-으오, -소, -지요, -아요/어요, -데요, -(는)구려, -다오, -로소이다' 등이 있다. 이는 그 뒤에 토씨 '-요'를 연결시킬 수 없다. 왜냐하면, 예사높임이 되기 때문이다. 예사높임을 들을이의 면전에서 쓰는 것이 일반적이다.

ⓖ -으오 : '-오'는 홀소리 줄기 다음에 쓰이고 '-으오'는 닿소리 줄기 다음에 쓰인다. '-으오'는 이적일 때만 쓰이므로 안맺음씨끝은 '-시-'만이 결합될 수 있으며 모든 풀이씨에 다 쓰일 수 있다.

(151) ㄱ. 나는 매일 10시간씩 일을 하오.

ㄴ. 소는 풀만 먹으오.

ㄷ. 아버지는 내일 떠나시오.

ㄹ. 그미는 아주 착하오.

ㅁ. 인생은 뱃길과 같으오.

ㅂ. 나는 왕이오.

ㅅ. 저것은 책이 아니오.

ⓛ -소 : 움직씨, 그림씨가 닿소리로 끝날 때 앞의 '-오' 대신에 그 줄기 다음에 쓰이는데 잡음씨에는 '-오'만이 쓰인다. '-소'가 움직씨의 줄기 바로 다음에 쓰이면 시킴꼴이 된다. '-소' 앞에는 '-았/었/, -겠-'만이 결합될 수 있다.

(152) ㄱ. 나는 편지를 잘 받았소.

　　　ㄴ. 이곳은 참으로 아름답소.

　　　ㄷ. 당신의 웨딩드레스는 정말 아름다웠소.

　　　ㄹ. 그는 장차 훌륭한 사람이겠소.

(152ㄹ)에서 보듯이 잡음씨의 줄기 '-이' 다음에 '-었-, -겠-' 등이 올 때는 맺음씨끝 '-소'가 쓰일 수 있다.

ⓒ -리다 : '-리다'의 '-다'는 추정의 안맺음씨끝 '-리-'와 합하여 말할이의 어떤 의지를 나타낸다. 따라서 '-시-, -았/었-, -겠-, -더-'는 결합될 수 없고 움직씨에만 쓰인다.

(153) ㄱ. 제가 가리다.

　　　ㄴ. 제가 이 일을 처리하리다.

ⓔ -지요 : 모든 풀이씨에 따 쓰이는데 '-지'에 토씨 '-요'가 합하여 된 것으로 그 앞에 '-시-, -았/었-, -겠-'이 결합될 수 있다.

(154) ㄱ. 내가 이것을 찾아내었지요.

　　　ㄴ. 그미는 참으로 착하지요.

　　　ㄷ. 이것이 내가 사고 싶어하던 책이지요.

　　　ㄹ. 언젠가는 그이도 후회하시겠지요.

ⓜ -어요/아요 : 이것은 '-아/어'에 토씨 '-요'가 합하여 된 것으

로 닫힌낱내나 열린낱내 아래에서 두루 쓰인다. '－어요/아요'는 그 앞에 안맺음씨끝 '－시－, －았－, －겠－'을 취할 수 있다.

(155) ㄱ. 그이가 갔어요.

ㄴ. 영희가 아주 부지런해요.

ㄷ. 이것이 책이어요.

ㄹ. 비가 오겠어요.

ㅁ. 선생님이 가시어요.

ⓑ －네요 : '－네'(이것은 예사낮춤의 '네'가 아니고 아주낮춤의 '－네'임)에 '－요'가 합하여 된 것으로 모든 풀이씨에 두루 쓰이며 안맺음씨끝 '－시－, －았/었－, －겠－'을 그 앞에 결합시킬 수 있다.

(156) ㄱ. 날씨가 너무 가무네요.

ㄴ. 그 어른이 가시네요.

ㄷ. 무궁화는 참으로 아름답네요.

ㄹ. 이것이 이조시대의 돈이네요.

ㅁ. 비가 많이 오겠네요.

ㅂ. 사람들이 많이 몰려 왔네요.

ⓐ －데요 : '－더＋이＋요'로 이루어진 것인데 모든 풀이씨에 두루 쓰이며 안맺음씨끝은 '－시－', '－았/었－'만이 결합될 수 있다. 과거의 경험을 베풀어 나타낼 때 이 씨끝이 쓰인다.

(157) ㄱ. 그가 열심히 공부하데요.

ㄴ. 경치가 참 아름답데요.

ㄷ. 그가 참으로 우대한 분이데요.

ㄹ. 많은 분들이 일하고 계시데요.

◎ −(는)구려 : '−는구려'는 움직씨의 이적때에 쓰이고 '−구려'는 그림씨, 잡음씨의 이적때에 쓰인다. 안맺음씨끝 '−시−, −았/었−, −겠−'을 그 앞에 결합할 수 있으며, '−시−'가 움직씨줄기에 오면 '−는구려'가 쓰이나 '−았/었−, −겠−'이 오면 '−는'은 준다.

(158) ㄱ. 이게, 울릉도 호박엿이구려!

　　　ㄴ. 자네도 이 일을 해 내었구려.

　　　ㄷ. 비가 많이 오겠구려.

　　　ㄹ. 영달이 그네들의 소망이구려.

　　　ㅁ. 보고 싶었던 그이가 오시는구려.

㉧ −다오 : 다져 말할 때 쓰이는데 '−시−, −았/었−' 등이 그 앞에 올 수 있다. '−다오'는 첫째, 둘째, 셋째가리킴에 관계없이 쓰인다.

(159) ㄱ. 나는 간다오.

　　　ㄴ. 그는 잘 있다오.

　　　ㄷ. 그분은 벌써 가셨다오.

　　　ㄹ. 당신은 예뻤다오.

라. 아주높임 : 아주높임은 들을이의 면전에서 쓰는 높임법인데 조부모, 부모, 스승, 나이 많은 어른, 외조부모, 외숙들에 대하여 쓴다. 아주높임에는 '−습니다, −나이다, −(사, 사오, 더)이다, −디다, −올시다, −니이다' 등이 있다.

㉠ −습니다 : 이것은 '−습−'을 반드시 취하여야 하므로 지금은 '−습니다'를 아주 높임의 씨끝으로 잡았다. '−습니다' 앞에는 '−시−', '−았/었−', '−겠−'을 취할 수 있다.

(160) ㄱ. 철수는 사법고시에 합격하였습니다.

ㄴ. 아이가 젖을 먹습니다.

ㄷ. 물가가 비쌉니다.

ㄹ. 우리는 훌륭한 대한민국의 국민입니다.

ㅁ. 저는 내일 서울 가겠습니다.

(160)에서 보면 '-습'은 닫힌낱내 다음에 쓰이고 '-ㅂ-'은 열린낱내 다음에 쓰이는데 잡음씨에는 언제나 '-ㅂ-'만이 쓰인다. 경우에 따라서는 (160ㅁ)에서와 같이 '-습니다'에 토씨 '-요'가 와서 '-습니다요'로 쓰이는 일이 있으나 점잖은 말은 아니다.

ⓛ -나이다 : 줄기 바로 다음에 쓰이며 주로 글말에 쓰이어 들을이를 극진히 높이어 대우할 때 쓰인다.

(161) ㄱ. 비나이다, 비나이다, 하느님께 비나이다.

ㄴ. 선생님, 영희는 착하나이다.

이 '-나이다'는 잡음씨에는 쓰이지 않고 '-올시다' 또는 '-올습니다'가 쓰인다. 경우에 따라서는 '-올시다'에 토씨 '-요'가 와서 쓰이는 일이 있으나 아랫사람이 상전에 대하여 말할 때 쓰는 말법이다.

(162) ㄱ. 이것이 저의 소원이올시다.

ㄴ. 이것이 책이올시다요.

ㄷ. 우리의 소원은 통일이올습니다.

'-올시다', '-올습니다' 앞에는 안맺음씨끝은 결합될 수 없다 '-올습니다'는 특히 드물게 사람에 따라 쓰인다.

ⓒ -이다 : 줄기 바로 다음에 연결되지 못하고 앞에 말할이낮춤 안맺음씨끝, '-오-', '-사오-'나 경험안맺음씨끝 '-더-'를 반드시 취

하여야 한다. 모든 풀이씨에 두루 쓰이어 '-사오이다', '-았사오이다', '-겠사오이다' 등과 같이 '-시-, -았/었-, -겠-' 등의 안맺음씨끝을 '-오-', '-사오-' 앞에 결합시킬 수 있다.

(163) ㄱ. 저 건너편 밭에서 어머니가 부르오이다.

ㄴ. 저 어른이 우리들의 올바른 지도자임을 믿사오이다.

ㄷ. 비행기가 원자탄을 떨어뜨리니, 불길이 온천지를 뒤덮더이다.

ㄹ. 금강산은 참으로 아름답더이다.

ㅁ. 백범은 참으로 위대한 애국자이더이다.

'-이다'는 입말에서는 잘 쓰이지 않고 가끔 글말에서나 쓰인다.

ⓛ -디다 : '-더이다'가 글말에서 쓰인다면 '-디다'는 입말에서 쓰인다 '-디다'나 '-더이다'는 말할이가 직접 경험한 것을 들을이에게 말할 때 쓰인다. 그 앞에 '-십-, -습-' 등의 어느 것이 연결되어야 한다. 그리고 '-디다'에 토씨 '-요'가 와서 '-디다요'로 쓰이는 일이 있으나 아랫사람이 자기 윗사람에게 하는 말법이다.

(164) ㄱ. 그가 내일 온다고 합디다.

ㄴ. 금강산은 참으로 아름답습디다.

ㄷ. 그는 착한 사람입디다.

ㄹ. 할아버지는 아까 서울에 가십디다.

ㅁ. 나는 꿈에 그미를 사랑하고 있습디다.

(164ㄹ)에서 보면, '-십-'은 '-시+ㅂ'으로 된 것이요 (164ㄷ)의 '이다'의 '-이'에는 '-ㅂ'이 쓰이며, 움직씨, 그림씨의 닫힌낱내 밑에는 '-습-'이 쓰인다. 첫째가리킴이 임자말이 될 때는 제약되는데 (164ㅁ)에서와 같이 꿈 이야기나 지나간 일을 돌이켜 남의 일처럼 이야기할 때는 가능하다.

※ 오늘날 아주높임말로 착각하고 '-ㄹ게요', '-나요' 등의 말을 쓰나 '-ㄹ게요'는 예사높임으로 볼 수 있으나 쓰지 않는 것이 좋겠고, '-나요'는 선근말로서 어른이 손아래 젊은이를 보고 쓰는 말이니 높임말은 아니다.

📁 물음법

물음법의 들을이 말대접법의 등분은 다음과 같다.

(165) ㄱ. 아주낮춤 : -나, -냐, -느냐/으냐, -니, -을쏘냐, -으랴, -
　　　　　을까, -을래
　　　ㄴ. 예사낮춤 : -는가, -을가, -던가, -는고, -을고, -던고, -
　　　　　을손가
　　　ㄷ. 예사높임 : -오(소), -아요/어요, -지요, -으리오, -나요, -
　　　　　는가요
　　　ㄹ. 아주높임 : -습니까, -나이까, -오이까, -오니까, -디까

이들 물음법의 모든 등분은 들을이의 면전에서 바로 쓰이는 것이 원칙이다.

가. 아주낮춤 : 아주낮춤의 대상은 서술법의 아주낮춤 때와 같은데 아주낮춤에는 '-나, -냐, -느냐/으냐, -니, -을쏘냐, -으랴, -을까, -을래' 등이 있다.

㉠ -나 : 움직씨와 그림씨의 줄기에 바로 붙어 쓰이는데 그 앞에 안맺음씨끝 '-시-, -았/었-, -겠-, -더-' 등을 결합시킬 수 있다. 그리고 또 토씨 '-요'를 연결하면 예사높임의 물음법이 될 수 있는데 성근말법이 된다.

(166) ㄱ. 너도 가나?

ㄴ. 나도 가나?

ㄷ. 그들은 무엇을 하나?

ㄹ. 그것이 적나, 많나?

ㅁ. 그가 갔나?

ㅂ. 그미가 얼굴이 예쁘겠더나?

ㅅ. 선생님께서 가시나요?

ⓛ -냐: 모든 풀이씨의 줄기에 바로 붙어 쓰이는데 그 앞에 안맺음씨끝 '-시-, -았/었-, -더-'를 결합시킬 수 있다. '-나'와의 차이는 '-냐'는 잡음씨에 쓰이나 '-나'는 쓰일 수 없다. 보기에 따라서는 '-냐'는 '느냐'의 준 것이 아니냐는 생각을 할 수 있겠으나 '이다'에 올 때 '이느냐'는 쓰일 수 없기 때문에 '-냐'는 '-느냐'의 준 것으로 볼 수 없다. 점잖은 말법으로 쓰이지 아니한다. '-냐'에 토씨 '-요'를 결합할 수 없다.

(167) ㄱ. 그가 있냐?

ㄴ. 요즈음은 형편이 어떠하냐?

ㄷ. 이것이 무엇이냐?

ㄹ. 선생님이 가시냐?

ㅁ. 형편이 괜찮더냐?

ㅂ. 밥 먹었냐?

ⓒ -느냐/으냐: '-느냐'는 움직씨에 쓰이고 '-으냐'는 그림씨에 쓰이며 잡음씨에는 '-냐'가 쓰인다. 안맺음씨끝 '-시-, -았/었-, -겠-' 등을 결합시킬 수 있다. '-느냐/으냐'는 줄기 바로 다음에 붙어 쓰이나 토씨 '-요'는 연결할 수 없다.

(168) ㄱ. 너도 가느냐?

ㄴ. 그가 갔느냐?

ㄷ. 이 꽃이 좋으냐?

ㄹ. 이것이 무엇이냐?

ㅁ. 비가 오겠느냐?

ㅂ. 나도 가느냐?

ⓐ -니 : 모든 풀이씨의 줄기에 바로 붙어 쓰이며 안맺음씨끝 '-시
-, -았/었-, -겠-'을 결합시킬 수 있다. 그러나 토씨 '-요'는 결합
할 수 없다.

(169) ㄱ. 너도 가니?

ㄴ. 그도 갔었니?

ㄷ. 그미는 착하니?

ㄹ. 이게 뭐니?

ㅁ. 이 나무에 꽃이 피겠니?

ⓜ -을쏘냐 : 모든 풀이씨의 줄기에 바로 붙어 쓰이는데 안맺음씨
끝 '-시'만 쓰일 수 있다. 뜻은 '무엇을 할 수 없음'을 뒤집어 말하여
나타낼 때 쓰인다. 토씨 '-요'는 결합할 수 없다.

(170) ㄱ. 내가 그에게 질쏘냐?

ㄴ. 이 늙은 나이에 어찌 얼굴이 고울쏘냐?

ㄷ. 이 아니 경사일쏘냐?

ㄹ. 선생님이 어찌 오실쏘냐?

ⓗ -으랴 : 뒤집음 말에만 쓰이는데, 모든 풀이씨의 줄기에 바로 붙
어 쓰인다. 안맺음씨끝은 '-시-, -았/었-'만 쓰이고 물론 토씨 '-
요'는 결합할 수 없다.

(171) ㄱ. 어디로 가랴?

ㄴ. 우리가 어찌 애국자가 아니랴?

ㄷ. 그분이 왜 착하지 않으시랴?

ㄹ. 그가 어찌 착하랴?

ㅁ. 이것을 어찌 먹었으랴?

Ⓐ −을까 : 이것은 말할이의 의도를 나타내는데, 자신에게 묻고나 들을이에게 묻기 때문에 임자말은 첫째가리킴이라야 한다.

(172) ㄱ. 술을 한잔 먹을까?

ㄴ. 우리 같이 갈까?

(172ㄱ~ㄴ)에서 보는 바대로 '−을까'는 움직씨에만 쓰인다.

그러나 말할이의 추측, 가능을 물을 때는 움직씨, 그림씨, 잡음씨에 두루 쓰이는데 임자말제약은 없다.

(173) ㄱ. 그도 부자가 되었을까?

ㄴ. 너는 자라면 예쁠까?

ㄷ. 이것이 보물일까?

ㄹ. 선생님께서 가실까?

이 '−을까'에는 안맺음씨끝 '−시−', '−았/었−'이 쓰인다.

◎ −을래 : 의도를 나타낼 때 서술법에도 쓰이는데, 물음법으로 쓰일 때는 월가락이 올라간다. 들을이의 의사를 물을 때 쓰이므로 움직씨에만 쓰이고 임자말은 둘째가리킴이어야 한다.

(174) ㄱ. 이것 먹을래?

ㄴ. 너도 같이 먹을래?

나. 예사낮춤 : 예사낮춤의 대상은 서술법의 예사낮춤 때와 같은데 예사낮춤에는 '−는가/은가, −을까, −던가, −는고, −을고, −던고,

－을손가’ 등이 있다.

㉠ －는가/은가 : ‘－는가’는 움직씨에, ‘－은가’는 그림씨와 잡음씨에 쓰이는데 ‘－은가’는 닫힌낱내, ‘－ㄴ가’는 열린낱내 다음에 쓰인다. 그런데 안맺음씨끝 ‘－시－, －았/었－, －겠－, －던－’이 오면 움직씨, 그림씨, 잡음씨, 할 것 없이 씨끝은 ‘－는가’로 된다. 그리하여 어떤 동작이나 상태를 묻는다. ‘－는가/은가’는 줄기 바로 다음에 쓰이는데 ‘－는가/은가’에 토씨 ‘－요’가 오면 성근말의 물음법이 된다.

(175) ㄱ. 자네는 어디 가시는가?

ㄴ. 어떻게 하면 좋겠는가?

ㄷ. 그곳은 날씨가 좋은가?

ㄹ. 이것은 무엇인가?

ㅁ. 어제는 날씨가 좋았는가?

ㅂ. 그는 옛날에 부자였는가?

ㅅ. 그는 옛날에 부자였던가?

㉡ －을까 : 모든 풀이씨의 줄기에 바로 붙어 쓰이며 안맺음씨끝 ‘－시－’, ‘－았/었－’만을 결합시킬 수 있고 추정의 동작이나 상태에 대하여 물을 때 쓰인다. ‘－을까’는 닫힌낱내 다음에 쓰이고 ‘－ㄹ까’는 열린낱내 다음에 쓰인다. ‘－을까’ 뒤에 토씨 ‘－요’가 오면 예사높임의 물음씨끝이 된다. (‘－요’가 와도 성근말법은 안 된다.)

(176) ㄱ. 나는 일을 할 수 있을까?

ㄴ. 그가 이 일을 할 수 있을까요?

ㄷ. 자네는 부자가 될까?

ㄹ. 이것이 훌륭한 작품일까?

ㅁ. 그분은 무사히 도착하셨을까?

ㅂ. 그들은 모두 기분이 좋았을까?

ㅅ. 그가 바란 것은 무엇이었을까?

© -(던)가 : '-더-+ㄴ가'로 된 것인데 모든 풀이씨의 줄기 바로 뒤에 다 쓰이며 그 앞에 안맺음씨끝 '-시-, -았/었-, -겠-' 등이 올 수 있고, 지난적에 경험한 어떤 동작이나 상태를 물을 때 쓰인다. '-(던)가' 뒤에 토씨 '-요'가 오면 예사 높임의 물음법이 된다.

(177) ㄱ. 그분이 어디 가셨던가?

ㄴ. 내가 어디 가던가?

ㄷ. 그가 정신을 차리겠던가?

ㄹ. 선을 본 아가씨가 예쁘던가요?

ㅁ. 어제 야유회가 재미었었던가?

ㅂ. 그가 어떤 사람이(었)던가?

ㅅ. 그렇게 말한 이가 누구이런가?

(177ㅅ)에서 보면 잡음씨 다음에서 '-던가'는 '-런가'로도 바뀌어 쓰임을 알 수 있다. 그리고 '-는가, -을가, -던가' 이외에 '-는고, -을고, -던고'가 잇는데 이들은 '-는가, -을가, -던가'와 그 쓰임 은 같으나 다만 그 뜻에 있어서 다소의 위엄이 있는 것 같이 느껴지며 주로 글말에서 쓰인다.[25]

② -을손(쏜)가 : 반문을 나타내는데 움직씨와 그림씨, 잡음씨에 쓰 이고 안맺음씨끝은 취할 수 없다. 줄기 바로 뒤에 쓰이며 토씨 '-요' 는 취하지 않는다.

---

[25] 중세국어에서는 의문사물음월에서는 '-는고, -을고, -던고'가 쓰이고, 그렇지 않 을 때는 '-는가, -을가, -던가'가 쓰이는 구별이 있었으나 현대 국어에서는 그런 구별은 없어졌다.

(178) ㄱ. 그에게서 무엇을 얻을손가?

ㄴ. 그가 어찌 착할손가?

(178ㄱ)은 '얻지 못 한다'는 뜻이요, (178ㄴ)은 '착하지 않다'는 뜻이다.

다. 예사높임 : 예사높임의 대상은 서술법의 예사높임 때와 같은데 이에는 '-오/소, -아요/어요, -지요' 등이 있으며 이들 씨끝은 모두 줄기 바로 뒤에 쓰이며 토씨 '-요'는 취할 수 없다.

㉠ -오/소 : '-오'는 열린낱내 다음에 쓰이고 닫힌낱내 다음에서는 '-으오'와 '-소'가 쓰인다. '-오'는 모든 풀이씨에 다 쓰이고 '-소'는 움직씨, 그림씨에만 쓰이는데 '-소'가 열린낱내 다음에 쓰이면 물음법이 안 되고 시킴법이 된다. '-오/소'는 '-시-, -았/었-, -겠-'의 안맺음씨끝을 그 앞에 결합시킬 수 있다.

(179) ㄱ. 어디를 가시오?

ㄴ. 그 학생이 참으로 착하겠소?

ㄷ. 당신은 무슨 책을 읽으오?

ㄹ. 당신은 무슨 책을 읽소?

ㅁ. 왜 이 방이 이렇게 어둡소?

ㅂ. 이것이 무엇이오?

ㅅ. 당신은 어디로 갔소?

특히 (179ㄷ)과 (179ㄹ)을 보면 어떤 경우에 '읽으오?'가 쓰이고 어떤 경우에 '읽소?'가 쓰이느냐가 문제이나 등급에는 차이가 없으나 다만 어김에 차이가 있을 것으로 보인다. '-소'는 직설적인 느낌이 있고 '-으오'는 좀 우회적이면서도 부드러운 느낌을 준다.

㉡ -아요/어요 : 반말씨끝 '-아/어'에 토씨 '-요'가 붙어서 이루어

진 것으로 모든 풀이씨에 다 쓰이며 '-시-, -았/었-, -겠-'을 그 앞에 결합시킬 수 있다. 그런데 '-았/었-, -겠-, -던-' 다음에는 '-아요'는 쓰일 수 없고 '-어요'만이 쓰인다. '-어요/아요'가 오면 성근말이 될 때도 있다. 이 말법은 시킴법의 '-아요/어요'와 다른데 그것은 억양이 있다.

(180) ㄱ. 무엇을 먹겠어요?

　　　ㄴ. 이 방이 왜 어두워요?

　　　ㄷ. 이것이 비디오예요?

　　　ㄹ. 이것이 보이어요?

　　　ㅁ. 식사를 하셨어요?

　　　ㅂ. 병이 나아요?

ⓒ -지요 : 반말씨끝 '-지'에 '-요'가 와서 이루어진 것으로 모든 풀이씨의 줄기 바로 뒤에 쓰이며 '-시-, -았/었-, -겠-'을 결합시킬 수 있다. 이것은 임자말제약은 없으며 뜻은 무엇을 단정하여 묻는 데 있다. '-지요'는 월가락을 낮추어 말하면 서술법이 된다(181ㅂ 참조).

(181) ㄱ. 어디 가(시)지요?

　　　ㄴ. 이 꽃이 향기롭지요?

　　　ㄷ. 이것이 도라지꽃이지요?

　　　ㄹ. 이 책을 다 읽었지요?

　　　ㅁ. 이번에는 합격하겠지요?

　　　ㅂ. 나는 늘 여기 있지요.

ⓓ -으리오 : 안맺음씨끝 '-리-' 다음에 '-어'가 와 있으므로 뒤집음말에만 쓰인다. 따라서 안맺음씨끝은 결합할 수 없으며 모든 풀이씨에 두루 쓰인다.

(182) ㄱ. 그를 그리워한들 무엇하리오?

　　　ㄴ. 이렇게 비가 오는데 어찌 내일 날씨가 좋으리오?

　　　ㄷ. 어찌 내가 행운아이리오?

그리고 다음과 같은 말법은 좋지 않으므로 여기서 덧붙여 설명한다.

(182′) ㄱ. 선생님 계신가요?

　　　ㄴ. 어디 가는가요?

이 말법은 요즈음 사람들이 예사로 쓰는데 아주 좋지 않은 말법이니 쓰지 않는 것이 좋다.

단, 어떤 사람들은 이 말법이 아주높임으로 생각하나 절대로 그렇지 아니하다.

　ⓜ -나요 : 안맺음씨끝 '-시-' 다음에 쓰일 수 있으나, 이 씨끝에 의한 대우법은 '선근말'이 되기 때문에 어른에 대하여는 쓸 수 없고 자기보다 손아래 사람에게 써야 한다(선근 사이에 써야 한다).

(198″) ㄱ. 선생님 계신가요?

　　　ㄴ. 이것은 얼마 하나요?

　　　ㄷ. 무엇을 찾나요?

　라. 아주높임 : 아주높임의 대상은 서술법의 아주높임 때와 같은데 이에는 '-습니까, -나이까, -오이까, -오니까, -더이까' 등이 있다.

　㉠ -습니까 : 여기서 '-습-'은 말할이낮춤의 안맺음씨끝인데 '-니까'는 반드시 이들 안맺음씨끝을 취하여야만 아주높임의 구실을 할 수 있으므로 모두 씨끝으로 다루었다. '-습니까'는 움직씨, 그림씨에만 쓰이고 '이다'에는 '-ㅂ니까'가 쓰이며 그 앞에 '-시-, -았/었-, -겠-'의 안맺음씨끝을 결합할 수 있다. 줄기가 열린낱내냐 닫힌낱내

냐에 따라 '-ㅂ-'과 '-습-'으로 구별·사용된다. '-습-'은 닫힌낱
내냐에 따라 '-ㅂ-'과 '-습-'으로 구별·사용된다. '-습-'은 닫힌
낱내 다음에서만 쓰인다. 또 말할이낮춤 안맺음씨끝 '-사옵-'이 '-
니까'와 결합하여 아주높임으로 쓰일 수 있다. 임자말제약은 없다.

(183) ㄱ. 어디 가십니까?

ㄴ. 무궁화는 얼마나 아름답습니까?

ㄷ. 이것이 소중한 문화재입니까?

ㄹ. 언제 오셨습니까?

ㅁ. 이번 올림픽 대회가 얼마나 훌륭하였습니까?

ㅂ. 저를 믿사옵니까?

'-습니까' 다음에 토씨 '-요'를 붙여서 '-습니까요'로 쓰는 일이
있으나 이 말은 신분이 낮은 사람들이 쓰는 말로서 점잖은 말로는 생
각되지 않는다.

(184) ㄱ. 어디 가십니까요?

ㄴ. 어르신, 오셨습니까요?

ⓛ -나이까, -오이까, -오니까, -더이까 : '-나이까'와 '-오이
까'는 움직씨, 그림씨에 쓰이고 '-오니까'는 잡음씨에 쓰인다. '-오이
까'가 그림씨일 쓰일 때 '-사오이까?' 형식으로 많이 쓰인다. '-더이
까'는 모든 풀이씨에 다 쓰인다. 이들 씨끝은 글말에서 주로 쓰인다.
'-나이까' 앞에는 '-시-, -았/었-, -겠-' 등이 연결될 수 있다.

(185) ㄱ. 여기에서 무엇을 하오이까?

ㄴ. 저도 동행하나이까?

ㄷ. 이 꽃이 얼마나 향기롭사오이까?

ㄹ. 그것이 무엇이오니까?

ㅁ. 언제 오셨나이까?

ㅂ. 그가 무엇을 하더이까?

📁 시킴법

시킴법의 들을이높임법의 등분은 다음과 같은데, 이들은 모두 들을이의 면전에서 직접 사용되는 것이 특징이다. 이 시킴법의 각 등분은 안맺음씨끝과 결합되지 않는다. 그리고 움직씨에만 쓰임이 일반적이다.

(186) ㄱ. 아주낮춤 : −으라, −아라/어라(너라, 거라), −려무나(렴)/려마
    ㄴ. 예사낮춤 : −게, −세
    ㄷ. 예사높임 : −으오/으소, −시오, −아요/어요, −구려
    ㄹ. 아주높임 : −세요, −으소서, −십시오

가. 아주낮춤 : 아주낮춤의 대상은 서술법의 아주낮춤 때와 같은데 아주낮춤에는 '−으라, −아라/어라(너라, 거라), −려무나(렴)/려마' 등이 있는데, 이들 씨끝에는 토씨 '−요'가 결합되지 않으며 안맺음씨끝들도 연결되지 않는다.

㉠ −으라 : 일반적으로 넓은 뜻으로 쓰인다. 즉 누구라고 지정하지 아니하고 여러 대상을 상대로 할 때 쓰인다.

(187) ㄱ. 다음 물음에 답하라.
    ㄴ. 소년들이여, 큰뜻을 가지라.
    ㄷ. 오라, 오라, 이 곳으로.

㉡ −아라/어라 : 이것은 분명히 지정한 상대에 대하여 쓰는 시킴법인데 '하다'에는 '−여라'가 쓰인다. 이 이외에 '가다, 있다, 자다, 나다' 따위움직씨의 시킴법에는 '−거라'가 쓰이고 '오다' 따위에는 '−너라'

가 쓰인다.

(188) ㄱ. 아가, 보아라.

ㄴ. 너는 밥을 많이 먹어라.

ㄷ. 공부를 많이 하여라.

ㄹ. 가거라, 38선아.

ㅁ. 철수야 빨리 밖으로 나오너라.

ⓒ -려무나(렴)/려마 : '-으라'와 '-아라' 따위가 말할이 중심의 시킴법이라면 '-려무나/려마'는 들을이의 의사에 따라 허락하는 마음에서 하는 시킴을 나타낼 때 쓰이기도 하고 말할이의 바람을 나타낼 때 쓰이기도 하고 말할이의 바람을 나타내는 시킴에도 쓰인다. '-렴'은 '-려무나'의 준 형태이다.

(189) ㄱ. 가려마, 어서 가려마.

ㄴ. 부디 좀 오려무나(오렴)

ㄷ. 먹고 싶으면 먹으려무나.

(189ㄱ)에서 보면 '-려마'가 오면 '-거라'는 쓰일 수 없으며 (189ㄴ)에서도 '-려무나'가 오니까 '-너라'는 쓰일 수 없다. 앞에서 말한 바와 같이 시킴법이기 때문에 안맺음씨끝은 연결될 수 없다.

나. 예사낮춤 : 예사낮춤의 대상은 서술법의 경우와 같은데 예사낮춤에는 '-게', '-세'가 있다.

(190) ㄱ. 이 뉴스를 좀 들어 보게.

ㄴ. 부디 이번에는 꼭 합격하세.

다. 예사높임 : 예사높임의 대상은 서술법의 예사높임 때와 같은데 예사높임에는 '-으오/으소, -시오, -아요/어요, -구려' 등이 있다.

이 씨끝들에도 안맺음씨끝과 토씨 '-요'는 연결될 수 없다.

㉠ -으오/으소 : '-오'는 열린낱내 밑에 쓰이고 '-으오'와 '-으소'는 닫힌낱내 밑에 쓰인다.

(191) ㄱ. 잘 가오, 부디 잘 가오.
      ㄴ. 이것을 받으오.
      ㄷ. 잘 가오, 잘 있소.
      ㄹ. 이것 좀 먹으소.

'-소'는('있소'는 예외) 때로는 '먹소'와 같이 쓰이나 표준 말법은 아니다.

㉡ -시오 : 이것은 '-오' 앞에 주체존대어 '-시-'를 더하여 '-오'보다는 조금 높여서 말할 때 사용한다.

(192) ㄱ. 빨리 가시오.
      ㄴ. 이것 좀 받으시오.

㉢ -아요/어요 : 이것 또한 반말씨끝 '-아/어'에 토씨 '-요'를 결합하여 된 것이다.26) 이 씨끝이 오면 성근말이 될 때도 있다.

(193) ㄱ. 잘 부탁해요.
      ㄴ. 맛이 없더라도 좀 많이 들어요.

㉣ -구려 : 들을이의 뜻을 존중하여 내림조로 시킬 때 쓰이는데, 토씨 '-요'는 연결되지 않고, '-시-'는 연결될 수 있다.

---

26) 요즈음 젊은이들이 이 씨끝을 가지고 어른들에게 많이 사용하고 있으나 그것은 잘못이니 삼가야 할 것이다. 즉 '-습니다'로 써야 한다.

(194) ㄱ. 당신도 가(시)구려.

ㄴ. 당신의 뜻이 그러하면, 여기 있구려.

라. 아주높임 : 아주높임의 대상은 서술법의 아주높임의 경우와 같은데, 아주높임에는 '-세요, -으소서, -십시오, -시지오' 등이 있다.

㉠ -세요 : 이 씨끝은 줄기에 바로 붙어 쓰이는데 서울에서 쓰던 사투리던 것을 표준말로 삼은 것으로 대중이나 개인을 대상으로 널리 쓰인다.

(195) ㄱ. 어서 오세요.

ㄴ. 이것을 받아 주세요.

㉡ -으소서 : 이것은 글말투로 쓰이는데, 줄기에 바로 붙어 쓰이나 오늘날 입말에서는 잘 쓰이지 아니한다.

(196) ㄱ. 당신에게 드립니다, 받아 주소서.

ㄴ. 우리에게 자유를 주옵소서. 아니면, 죽음을 내리옵소서.[27]

(196ㄴ)에서 보면 '-으소서'는 그 앞에 말할이 낮춤안맺음씨끝, '-옵-'이 쓰일 수 있음을 보이고 있다.

㉢ -십시오 : 이것은 '-오' 앞에 '-십시-'(-시+ㅂ+시-)를 덧붙여서 이루어진 것인데 들을이를 극히 높여서 말하기 위한 까닭이다. 줄기에 바로 붙어 쓰인다.

(197) ㄱ. 선생님, 어서 오십시오.

ㄴ. 일을 너무 많이 하지 마십시오.

---

27) 최현배, 『우리말본』, 정음사, 1959, 267쪽에서 따옴.

ㄹ. −시지요 : '−시지요'는 경우에 따라서는 꾀임도 되나 정중한 시킴법에서 자주 쓰인다.

(198) ㄱ. 할아버지, 어서 가시지요.

　　　ㄴ. 아버님께서는 그냥 누워 계시지요.

'−시지요'는 '시＋지＋요'로 된 것으로 줄기에 바로 붙어 쓰이는데, 끝의 '−요'는 토씨이다.

끝으로 덧붙여 둘 것은 본래 시킴법은 움직씨에만 가능하나 오늘날은 그림씨나 잡음씨에도 시킴법을 쓰는 일이 있다.

(198′) ㄱ. 정직하여라.

　　　ㄴ. 부지런하여라.

　　　ㄷ. 착한 어린이어라.

(198′ㄱ~ㄴ)의 그림씨는 자제 가능한 그림씨이다. 즉 정직하고자 하거나 부지런하고자 하면 그렇게 할 수 있다. 따라서 자제 가능한 그림씨에는 시킴법을 적용할 수 있다. 그러나 '이어라'는 다소 무리가 없지 않으나, 국민들이 계속 많이 쓰게 되면 잡음씨에도 시킴법이 정착될 수도 있을 것이다. 그림씨 중에서 자제 가능한 것에는 '정직하다, 착하다, 부지런하다, 씩씩하다, 조용하다, 성실하다, 어질다, 알뜰하다, 공손하다, 얌전하다, 꾸준하다, …' 등이 있다.

꾀임법

꾀임법의 들을이 말대접법의 등분에는 다음과 같은 것이 있다. 이들 각 등분은 들을이의 면전에서 직접 쓰이는 것이 특징이다.

(199) ㄱ. 아주낮춤 : −자.

　　　ㄴ. 예사낮춤 : −세/음세.

ㄷ. 예사높임 : ㅡ읍시다/읍세다.

ㄹ. 아주높임 : ㅡ으십시다/으십세다, ㅡ시지요.

가. 아주낮춤 : 아주낮춤의 대상은 서술법의 아주낮춤 때와 같은데, 아주낮춤에는 'ㅡ자' 하나가 있다. 이것은 줄기에 바로 붙어 쓰이며 그 뒤에 토씨를 취하지 않는다.

(200) ㄱ. 비가 올라, 빨리 가자.

ㄴ. 학교 종이 땡땡 친다. 어서 모이자.

나. 예사낮춤 : 예사낮춤에의 대상은 서술법의 예사낮춤의 경우와 같은데 이에는 'ㅡ세/음세'가 있다. 이것은 줄기에 바로 붙어 쓰이며 토씨 'ㅡ요'를 취하지 못한다.

(201) ㄱ. 노세 노세 젊어 노세.

ㄴ. 자네도 같이 가세(감세).

이 'ㅡ세'는 때로는 'ㅡ음세'로 쓰이기도 한다.

(202) ㄱ. 자네도 같이 감세.

ㄴ. 그래, 이것을 받음세.

다. 예사높임 : 예사높임의 대상은 서술법의 예사높임 때와 같은데 예사높임에는 'ㅡ읍세다/읍시다'가 있다. 이들은 줄기에 바로 붙어 쓰이며 그 뒤에 토씨 'ㅡ요'를 붙여서 높임을 더하는 일이 있으나 옳은 말법은 아니다.

(203) ㄱ. ㉮ 우리 학교에 갑세다.

㉯ 우리 학교에 갑시다.

ㄴ. ㉮ 이제 그만 쉽세다요.

㉴ 이제 그만 쉽시다요.

(203ㄱ~ㄴ)의 ㉮는 옛말투고 ㉴는 현대말에서 주로 쓰인다. 그리고 (203ㄴ)의 ㉮~㉴에는 '-요'가 와 있으나 점잖은 말법은 아니다.

라. 아주높임 : 아주높임의 대상은 서술법의 아주높임의 경우와 같은데 아주높임에는 '-으십시다/으십세다, -시지요' 등이 있다. 이들은 줄기에 바로 붙어 쓰이는데 '-으십시다/으십세다'에는 '-요'가 쓰일 수 있어 높임을 더하게 되나 점잖은 말법은 아니다.

㉠ -으십시다/으십세다 : 이는 '으시+ㅂ+시+다/으시+ㅂ+세다'로 된 것이다.

(204) ㄱ. ㉮ 모두 같이 가십시다.
      ㉴ 모두 같이 가십세다.
    ㄴ. ㉮ 같이 가십시다요.
      ㉴ 같이 가십세다요.

(204ㄱ~ㄴ)의 ㉮는 현대말에서 쓰는 말이요, ㉴는 옛말투로서 오늘날 잘 쓰이지 않는다. (204ㄴ)의 ㉮~㉴에는 토씨 '-요'가 와서 높임을 더하고 있으나 좋은 말법은 아니다.

㉡ -시지요 : 이것은 '시+지+요'로 되어 들을이를 아주 높여서 권유하는 뜻으로 쓰인다.

(205) ㄱ. 할아버지, 버스를 타시지요.
    ㄴ. 할아버지, 지금 출발하시지요.

앞에서 시킴법의 경우는 그림씨나 잡음씨도 가끔 시킴의 형식으로 쓰이는 일이 있다 하였는데, 꾀임법은 그림씨만 이와 같이 쓰이는 일이 있다.

(206) ㄱ. 우리 모두 성실하자.

　　　ㄴ. 여러분, 모두 부지런합시다.

(206ㄱ~ㄴ)에서의 '성실하다, 부지런하다'는 모두 자제 가능한 그림씨이다. 이런 그림씨는 꾀임법이 가능하다. 그러나 잡음씨의 경우는 꾀임법을 인정하기는 힘들 것 같다.

📁 반말

이것은 아주낮춤과 예사높임 중간에 오는 말법으로 부부 사이나 친한 친구 사이에서 쓰거나 또는 집안 사람 사이에서 나이는 적고 촌수는 위인 사람이 촌수는 아래이나 나이를 더한 사람에게 대하여 하는 말법이다.

(207) ㄱ. ㉮ (손자벌 되는 나이 많은 사람) : △△할아버지 어디 가십니까?

　　　　㉯ (할아버지벌 되는 나이 적은 사람) : 서울 가.

　　　ㄴ. ㉮ (나이를 더한 조카벌 되는 사람) : 아저씨 뭘 합니까?

　　　　㉯ (나이 적은 아저씨벌 되는 사람) : 콩밭 매고 있어.

반말법 즉 서술법, 물음법, 시킴법, 꾀임법의 것을 한데 모아 보면 다음과 같다.

의향법 \ 씨	움직씨	그림씨	잡음씨
서술법	ㅡ아/어, ㅡ지, ㅡ거든	ㅡ아/어, ㅡ지, ㅡ거든	ㅡ어, ㅡ지, ㅡ거든
물음법	ㅡ아/어, ㅡ지	ㅡ아/어, ㅡ지	ㅡ어, ㅡ지
시킴법	ㅡ아/어	ㅡ아/어	
꾀임법	ㅡ아/어, ㅡ지	ㅡ아/어, ㅡ지	

위의 표에서 보면 세 풀이씨의 반말씨끝은 서술법은 모두 같되 잡음씨는 '-어', '-지'만 쓰이고 '-아'는 쓰이지 않는다. 물음법은 움직씨, 그림씨, 잡음씨('-아'는 안 쓰임)에 공통이고 시킴법, 꾀임법의 반말법은 움직씨에만 쓰이는데 특히 그림씨의 경우는 자제 가능한 것은 시킴법과 꾀임법이 다 가능하다. 이들 말법도 들을이의 면전에서 직접 쓰이는 것이 특징이다.

(208) ㄱ. ㉮ 할아버지께서는 방에 계셔. ↘

　　　　 ㉯ 밖에는 비가 많이 오거든. ↘

　　 ㄴ. ㉮ 꽃이 참 향기로워. ↘

　　　　 ㉯ 그는 참으로 착하지. ↘

　　 ㄷ. ㉮ 이것이 나의 저서야. ↘

　　　　 ㉯ 여기가 포석정이지. ↘

　　 ㄹ. ㉮ 그가 이겼어? ↗

　　　　 ㉯ 그가 이겼지? ↗

　　 ㅁ. ㉮ 이 꽃이 예쁘지? ↗

　　　　 ㉯ 이 꽃이 향기롭지? ↗

　　 ㅂ. ㉮ 여기가 경포대야? ↗

　　　　 ㉯ 저것이 비비초지? ↗

　　 ㅅ. ㉮ 좀 자주 놀러 와. ↘

　　　　 ㉯ 어서 학교에 가지. ↘

　　　　 ㉰ 좀 조용해. ↘

　　 ㅇ. ㉮ 같이 가아 → (시킴보다는 좀 길게)

　　　　 ㉯ 같이 가지 → (시킴보다는 좀 길게)

　　　　 ㉰ 좀 조용하지 → (시킴보다는 좀 길게)

(208ㄱ~ㄷ)은 서술법에 있어서의 움직씨, 그림씨, 잡음씨의 반말법의 보기이며 (208ㄹ~ㅂ)은 물음법에서의 움직씨, 그림씨, 잡음씨의 반

말법의 보기요 (208ㅅ~ㅇ)은 움직씨의 시킴법과 꾀임법 및 그림씨의 반말법을 보인 것이다.

2) 이음법

이것은 앞뒤 말의 관계를 나타내는 순수 통어상의 범주로서 그 통어적 관계는 매우 복잡하므로 이음법은 다양하게 발달하여 있다. 그러므로 각 법들은 뭇뜰을 가지고 있어서 그 쓰임도 다양하다. 그래서 이것들을 몇 가지의 한정된 범주로 나누기는 매우 어려운 일이나 그 구실과 중심뜻에 따라 다음과 같이 나눈다.

(209) **이음법**

㉮ 뒷마디에 이어짐 : 마디이음법

제약법, 불구법, 벌임법, 풀이법, 견줌법, 가림법, 동시법, 전환법, 더보탬법, 비례법, 뜻함법, 의문법, 처지법, 애씀법, 아쉬움법, 추정법, 거듭법

㉯ 매인 풀이말을 잇게 함 : 매인이음법

지움매인법, 하임매인법, 가능매인법, 나아감매인법, 끝남매인법, 섬김매인법, 해보기매인법, 힘줌매인법, 마땅매인법, 그리여김매인법, 가식매인법, 될뻔함매인법, 두기매인법, 바람매인법, 이행매인법, 양상매인법, 해냄매인법, 되풀이매인법, 의도매인법, 미룸매인법, 값어치매인법

(209)에서 마디이음법의 범주에 드는 씨끝을 이음씨끝이라 하고 매인이음법의 범주에 드는 씨끝을 매인이음씨끝이라 부르기로 한다.

이음법 풀이

📁 마디이음법

가. 제약법 : 앞마디 풀이말의 이음법이 뒷마디의 내용이 들어남을 제약하는 조건이 되는 법을 제약법이라 하고 이에는 다음 여섯 갈래가 있다.

㉠ 가정법 : 아직은 들어나지 않았으나 들어나리라고 가상하는 뜻을 나타내는데, 다음과 같은 여러 씨끝으로 된다.

 ⅰ) −으면 : 이제나 장차에 어떤 일이나 상태가 이루어질 것을 가정 하는 뜻을 나타낸다. 임자말제약은 없으며 안맺음씨끝 '−시−, −었/았−, −겠−'을 연결할 수 있다.

(210) ㄱ. 이 꽃이 피었으면, 얼마나 아름다울까?

　　　ㄴ. 네가 아름답다면, 얼마나 기분이 좋을까?

　　　ㄷ. 이것이 돈이(라)면 얼마나 좋을까?

(210ㄷ)에서 보면 잡음씨에 '−면'이 올 때는 '−라면'으로도 된다. 그런데 지난적의 가정을 나타낼 때 '−더'가 오면 움직씨나 그림씨에 도 '−라면'이 쓰인다. 안맺음씨끝과 쓰이면 '−시었더라면'이나 '−었 더라면'으로 되거나 '−겠으면'의 꼴로 되나 '−겠으면'의 경우 맺음마 디 의향법은 '−아라/어라', '−자', '−겠다' 등으로 된다.

(211) ㄱ. 네가 가겠으면, 가거라(가자).

　　　ㄴ. 비가 일찍 왔더라면, 풍년이 들었을텐데.

 ⅱ) −는다면/은다면 : 전혀 불가능한 것을 가정함을 나타낸다. 또 '−았/었−'이 오면 과거의 불가능했던 가정을 나타낸다.

(212) ㄱ. 만약에 천만원이 생긴다면(은), 다이아 목걸이를 사 줄 텐데.

ㄴ. 꿈에라도 그대를 보았다면(은) 한이 없겠는데.

iii) －을 것 같으면 : 앞으로 다가 올 일이나 일반적인 일을 가정하거나 '－었/았－'을 취하여 지나간 일을 가상한다. 안맺음씨끝은 '－았/었－' 이외에 '－시－'가 쓰이며 임자말 제약은 없다.

(213) ㄱ. 기왕에 오실 것 같으면, 빨리 오시오.

ㄴ. 여름에 비가 올 것 같으면, 나는 늘 옛날을 회상하면서 시간을 보냈다.

ㄷ. 그가 왔을것같으면, 부모들이 얼마나 좋아하셨을까?

iv) －기만 －면 : 이것은 '반드시 그렇게 되면'의 뜻으로 가상함을 나타낸다. '－면' 앞에 '－시－, －었/았－'을 취할 수 있고 임자말제약은 없다.

(214) ㄱ. 그분이 가시기만 가셨으면, 큰일 날 뻔하였다.

ㄴ. 예쁘기만 예쁘면, 나는 그미와 결혼하였겠다.

ㄷ. 이것이 돈이기만 하면 얼마나 좋을까?

'－기만 －면'이 잡음씨에 쓰이면 (214ㄷ)에서와 같이 반드시 '－기만 하면'의 형식으로 쓰인다. (214ㄱ~ㄴ)에서 보듯이 '－기만'에 오는 말이 '－면'에도 쓰이나 그것을 줄여서 '－면' 앞에는 대용풀이씨 '－하'를 써서 '가기만 하면'식으로 말하기도 한다.

v) －을라치면 : 이것은 어떤 행위나 상태가 되면 어떤 습관적인 일이나 가상 등을 나타낸다. 그 앞에 안맺음씨끝 '－시－', '－았/었－'은 결합될 수 있다. 임자말제약은 받지 않는다.

(215) ㄱ. 비가 오실라치면, 그는 잠만 잔다.

ㄴ. 날씨가 좋을라치면, 으례히 우리는 그를 찾아갔다.

ㄷ. 그것이 돈일라치면, 얼마나 좋을까?

vi) −거든/거들랑 : 선택적인 일이나 현실적으로 확실성이 있는 일을 조건으로 함을 나타낸다. 그 앞에 '−시−, −았/었−, −겠−' 등을 연결할 수 있다.

(216) ㄱ. 집에 가(시)거든, 어른께 나의 안부를 삶아 주게.

ㄴ. 네가 이겼거든(이겼거들랑), 진 사람을 위로해 주지 그래.

ㄷ. 비가 오겠거든(오겠거들랑), 집에 있자.

ㄹ. 그미가 예쁘거든, 아내로 삼아라.

ㅁ. 내가 가거든 돈을 주겠느냐?

다음에 '−거든'과 '−면'의 차이점을 보이기로 한다.

−거든	−면
확실성이 있는 일을 조건으로 함	일반적, 진리적인 사실을 가정
선택적 조건을 나타냄	그렇지 않은 일을 가정
현실적 사실을 조건으로 함	미래적 사실의 가정
'−았더라−'가 올 수 없음	'−았더라−'가 올 수 있다.
가정법 과거는 안 됨	가정법 과거가 됨
뒷마디가 시킴법이 될 수 있음	뒷마디가 시킴법이 될 수 있음

vii) −다가는 : 부정적인 뜻으로 가정함을 나타내는데 그 앞에 '−시−, −았/었−'를 연결할 수 있다.

(217) ㄱ. 만일 이것을 먹다가는, 너는 혼날 줄 알아라.

ㄴ. 만일 거짓말을 하였다가는 너는 쫓겨날 것이다.

ㄷ. 만일 가시다가는, 큰일납니다.

viii) −을진대 : 이것은 모든 풀이씨에 다 쓰일 수 있는데 앞뒤마디의 임자말이 다르거나 같음에 관계없이 쓰인다. 이것은 앞마디의 내용에 따라 뒷마디도 그와 같이 하지 않을 수 없음을 말할 때 쓰이는데, '−시−', '−았/었−'을 그 앞에 취할 수 있다.

(218) ㄱ. 네가 그리 할진대(댄), 난들 어찌하겠는가?

　　　ㄴ. 폭우가 쏟아졌을진대, 어찌 비 피해를 막았으리오?

　　　ㄷ. 이것이 적을진대, 그것은 말할 것도 없다.

　　　ㄹ. 네가 학생일진대, 이럴 수가 있나?

ix) −(더)ㄴ들 : 이것은 이적의 가상도 나타내나, 그 앞에 완결의 '−았/었−'을 취하면 지난적에 하였더라면 좋았을 것을 하지 않아 후회함을 나타낼 때 쓰인다. 움직씨, 그림씨, 잡음씨에 두루 쓰임은 물론이다.

(219) ㄱ. 나도 있었던들 일이 잘 되었을 걸.

　　　ㄴ. 얼굴이 예뻤던들, 큰일 날 뻔했네.28)

　　　ㄷ. 만약 내였던들, 가만히 있지 않았을 것이다.

ⓛ 까닭법 : 순전히 까닭이나 때문을 나타내는데 '−므로, −매, −기에/길래, −건대' 등이 있다.

ⅰ) −므로 : 이 씨끝은 논리적으로 따져서 순수히 까닭이나 때문을 나타내며 '−시−, −았/었−'을 취할 수 있다.

(220) ㄱ. 비가 오므로, 나는 집에 있었다.

　　　ㄴ. 나라가 부유하므로, 우리는 행복하다.

　　　ㄷ. 한글은 훌륭한 글이므로, 사랑하며 가꾸어야 한다.

---

28) 위의 책, 491쪽에서 따옴.

ㄹ. 비가 알맞게 왔으므로, 풍년이 되었다.

ㅁ. 아버지께서 오시므로, 마중하러 나와야 한다.

ii) -매 : 이것은 어떤 일에 얽매임이 까닭이나 때문 또는 결과를 나타내며 '-시-'를 연결할 수 있다.

(221) ㄱ. 이 월사가 대제학을 천거하시매, 거절하였다.

ㄴ. 그가 얄미우매, 나는 그만 화를 내고 말았다.

ㄷ. 나와 보매, 말 위에 앉은 사람이 바로 김장군이었다.

iii) -기에/길래 : '-기에'와 '-길래'는 변이형태로 보아진다. 모두 같은 문맥에서 사용될 뿐 아니라, '-기에'와 '-길래'를 바꾸어 보아도 말본스런 월이 되기 때문이다. '-시-, -았/었-, -겠 -'을 연결할 수 있다. 입말에서는 '-길래'가 많이 쓰인다.

(222) ㄱ. 산너머 남촌에는 누가 사시길래, 해마다 봄바람이 남으로 올까?

ㄴ. 방안이 하도 조용하기에, 문을 열어 보니 모두 자고 있었다.

ㄷ. 너는 어디를 가겠기에, 그리 야단스러우냐?

ㄹ. 무슨 짓을 하였길래, 그리 야단을 맞았느냐?

(222ㄱ, ㄷ)에서 보면 '-기에/길래'는 의문대이름씨가 올 때에는 반드시 쓰인다는 점이 '-므로'나 '-매'와 다르다.

(223) ㄱ. A와 B가 같고 B와 C가 같으므로 A와 C는 같다.

ㄴ. *A와 B가 같고 B와 C가 같길래 A와 C는 같다.

ㄷ. 그가 하도 까불기에 나는 때려 주었다.

(223ㄱ)에서 보면 '-므로'는 논리적으로 따져서 까닭이나 때문을 유도하며 뒷마디에 가서 그 까닭이나 때문에 알맞게 끝을 맺는 월에서

쓰이나 (223ㄴ)은 그렇지 않으므로 비문이 되었다. (223ㄷ)에서 보는 바와 같이 '-기에/길래'는 행동적, 직설적(서술적)으로 제시하는 까닭이나 때문에 따라 뒷마디가 어떤 대응책을 제시하는 식의 월로 끝맺는다. '-기에/길래'는 '-므로, -매'가 '-겠-'과 쓰이지 못함을 보완하여 '-겠-'과 잘 쓰이는데도 차이가 있다.

　iv) -건대 : 이것은 앞뒤마디가 딴임자말일 때 쓰이는데 '-기에/길래'와 그 쓰임이 같은데 까닭이나 때문을 나타낸다. 잡음씨에는 '-건대'보다는 '-길래'가 쓰이면 자연스럽다. 안맺음씨끝 '-시-, -었/았-, -겠-'이 쓰일 수 있다.

(224) ㄱ. 갈수 있겠건대 나가 보니, 비가 오고 있었다.
　　　ㄴ. 요즈음 무엇 하셨건대, 얼굴을 볼 수가 없습니까?
　　　ㄷ. 이게 소중한 물건이건대, 주워 왔다.

　ⓒ 끝남법 : 이에는 '-아서/어서', '-러서/라서', '-아/어'가 있다. 지금까지 '-아서/어서', '-아/어'를 동일하게 다루어 왔으나 그 쓰임이 다르기 때문에 각각 다르게 다루기로 한다.29) 이글을 끝남으로 보아야 지속이나 방법을 나타내는 것도 다 포괄할 수 있다.30)

　ⅰ) -아서/어서 : 이것은 '-아/어'에 '-서'가 합하여 된 것으로 완성 곧 '다 이루어지고 나서' 즉 '연후'의 뜻을 나타내는데 이 뜻이 번져 까닭이나 때문은 물론 상황, 상태 등을 나타낸다. '-아서'는 밝은 홀소리 다음에 쓰이고 '-어서'는 어두운 홀소리일 때 쓰인다. 안맺음씨끝은 '-시-'만 쓰이며, 임자말제약은 없다.

---

29) 위의 책, 297~299쪽 참조.
30) 남기심, 『국어 연결어미의 쓰임』, 서광학술자료사, 1994, 50쪽 참조.
　　김승곤, 「한국 이음씨끝의 의미 및 통어기능(Ⅰ)」, 『한글』 186호, 1984, 4~24쪽 참조.

(225) ㄱ. 선생님은 출세하셔서 오셨다.

　　　ㄴ. 네가 하도 귀여워서 나는 어쩔 줄을 모르겠다.

　　　ㄷ. 이것이 좋은 책이라서 내가 사왔다.

　　　ㄹ. 산이 푸르러서 강산이 매우 아름답다.

(225ㄱ~ㄹ)에서 보면 '-아서/어서'는 어떤 상태가 되어 버리고 나서의 뜻을 나타내고 있는데 '-아/어' 때문에 '-았/었-'과는 가려잡을 수 없다. '-어서'는 '-러'벗어남과 '-르'벗어난 풀이씨에서는 '-러서/라서'로 됨은 (225ㄹ)을 보아서 알 수 있고 또 잡음씨에서는 '-라서'로 됨은 (225ㄷ)으로 보아 알 수 있다. '-아서/어서'는 토씨 '-도'를 취하여 '또한'의 뜻을 더하는 일이 많다.

(226) ㄱ. 보셔도 안 되고 잡수셔도 안 됩니다.

　　　ㄴ. 여자는 너무 예뻐서도 안 된다.

　ii) -아/어 : 이것은 완료를 나타낸다. 동작의 완료는 그 결과가 어떤 상태로 되는 것이 일반적이다. 그러므로 '-아/어'도 완료, 상태, 결과 등을 나타낸다. '-아'는 줄기가 밝은 홀소리일 때 쓰이고 '-어'는 어두운홀소리일 때 쓰인다. 안맺음씨끝은 쓰이지 않으며 임자말제약은 없다. '이다'에는 쓰이지 않는다.

(227) ㄱ. 이끼 되어 맺혔네.

　　　ㄴ. 강물아 흘러 흘러 어디로 가니?

　　　ㄷ. 까스트렌은 우랄어족과 알타이어족이라고 생각되는 언어만을 집중적으로 연구하여 우랄·알타이어족설을 진전시켰다.

　　　ㄹ. 람스테트는 한국어를 공부하기 시작하여 1928년에는 한편의 논문을 썼다.

　　　ㅁ. 주옥 같은 연구가 쏟아져 나왔다.

　　　ㅂ. 푸른 잔디 푸르러, 봄바람은 불고 …

ㅅ. 나는 글을 몰라 혼이 났다.

(227ㄱ~ㅁ)까지는 '-아'는 '-아서'로 하면 말이 좀 이상하다. 따라서 이런 문맥에서의 '-아'는 '-아서'의 준 것으로 볼 수 없다. 따라서 '-아서/어서'와 '-아/어'는 그 뜻이나 문맥에 따른 쓰임에 차이가 있다.

ㄹ 결과법 : 이에는 '-니까'와 '-니'가 있다.31)

ⅰ) -니까 : 이것의 본뜻은 '결과'인데 그것이 번져서 조건, 상황, 때문, 까닭 등으로 이해된다. 위의 번진뜻을 우리가 문맥에서 잘못 뜻풀이를 하기 때문에 그것이 본뜻처럼 보이나 본뜻은 어디까지나 결과로 풀어야 한다. 그리고 이 앞에는 안맺음씨끝 '-시-', '-았/었-'이 오거나 '-겠-'이 오는 일도 있다.

(228) ㄱ. 내가 먹었으니까, 너도 먹어라.

　　　ㄴ. 내가 판단해 보니까, 네가 잘못하였더라.

　　　ㄷ. 그미가 예쁘니까, 영희는 시기를 하더라.

　　　ㄹ. 이것이 너에게 주는 선물이니까, 가져 가거라.

　　　ㅁ. 비가 오겠으니까, 우산을 가져 가거라.

　　　ㅂ. 선생님께서 가시니까, 아이들이 인사를 한다.

ⅱ) -니 : '-니까'와 쓰이는 경우가 다르므로 글쓴이는 구별하기로 하였다. 그 앞에 안맺음씨끝 '-시-, -았/었-, -겠-, -사오-, -자오-, -오-, -더-' 등이 쓰일 수 있기 때문이다. 임자말제약은 없다.

---

31) 남기심, 위의 책, 101~154쪽 참조.
　　김승곤, 위의 논문, 24~26쪽 참조.

(229) ㄱ. 그가 찾아 왔으니, 낸들 어찌 하랴?

　　　ㄴ. 내가 내일 가겠으니, 그때까지 기다려라.

　　　ㄷ. 그분이 가시더니, 아직 오시지 않는다.

　　　ㄹ. 글월 받자오니, 기쁘기 한이 없나이다.

　　　ㅁ. 저의 허물이오니, 용서하여 주소서.

　　　ㅂ. 이것을 줄 터이니, 내 말을 듣겠느냐?

　　　ㅅ. 살자 하니 고생이요, 죽자하니 청춘이라.

(229ㄱ~ㅅ)까지의 쓰임을 통하여 '-니'의 뜻을 파악하여 보면 결정이 본뜻으로 보이며 번진뜻으로는 결과, 상황(태), 조건, 때문, 까닭 등을 나타낸다. '-니'는 '-니까'와는 달라서 말할이 낮춤안맺음씨끝 '-사오-'계의 말과 '-더-' 등에 쓰일 수도 있는데, (229ㄷ~ㅁ)에서와 같은 문맥에서 '-니'를 '-니까'로 쓰면 말이 이상하다.

　ⓜ 즉시법 : 이에는 '-은즉'이 있는데 이것은 본래 한문의 이음씨 '則'에서 유래한 것으로 지금까지는 때, 까닭을 나타내는 것으로 풀이하여 왔으나, 여기에서는 그 말밑을 따라 '-하니 곧(바로)'의 뜻을 나타내는 것으로 다루기로 한다.[32] '-은즉'은 그 앞에 '-시-', '-았/었-'을 결합시킬 수 있다.

(230) ㄱ. 내가 가 본즉, 그는 아주 위급하더니 완쾌되었다니 다행이다.

　　　ㄴ. 이 풀의 꽃이 아름다운즉, 모든 사람이 다 캐어 갔다.

　　　ㄷ. 이것이 별것이 아닌즉, 신경 쓰지 말아라.

　　　ㄹ. 선생님께서 가신즉, 아무도 없다고 하시더라.

　　　ㅁ. 일이 이렇게 되었은즉, 어떻게 하면 좋겠느냐?

(230ㄱ~ㄷ)에서 '-은즉'을 '-하니 곧(바로)'로 풀이하면 아주 자유

---

32) 국어의 이음씨끝을 보면, 어쩌면 까닭, 때문의 씨끝이 그렇게 많은지 그 까닭을 알 수 없다. 씨끝은 그 본뜻을 따라서 구별, 분류되어야 할 것이다.

스럽고 그 본뜻을 살리는 것이 된다. 그런데 지금까지는 이것을 까닭, 때문으로만 풀이하였으나 이것은 잘못이다.[33]

ㅂ 마땅함법 : 이에는 '―아야/어야, ―라야/러야, ―아야만/어야만, ―어야지/(아)야지' 등이 있는데, '마땅히 하여야 함'의 뜻을 나타낸다. 그 앞에 '―시―', '―았/었―' 등이 올 수 있다. 임자말제약은 없다.

ⅰ) ―아야/어야 : 마땅히 하여야 함을 나타낸다. 그런데 문맥에 따라서는 조건으로 해석될 수 있는 경우도 있다. 물론 번진 뜻으로 보아야 한다.

(231) ㄱ. 그분이 이것을 해 내셨어야, 체면이 선다.

　　　ㄴ. 그미가 예뻐야, 나는 결혼하겠다.

　　　ㄷ. 너는 착한 학생이라야, 선생님에게 사랑을 받는다.

　　　ㄹ. 산이 푸르러야, 봄이 온 줄 안다.

(231ㄴ)의 '―어야'는 보기에 따라서는 조건으로 볼 수도 있겠다.[34] 잡음씨의 경우는 '―라야'가 되고 러·르벗어난 풀이씨의 경우는 '―러야/라야'가 된다.

ⅱ) ―아야만/어야만 : '―만' 때문에 '―아야/어야'보다 더 제한적인 뜻을 나타낸다. 즉 마땅함을 '―만'이 더 제한하고 있다. 이 씨끝은 잡음씨에 오면 '―라야만'이 되고 러·르벗어난풀이씨에 오면

---

33) 이것이 그림씨, 잡음씨에 오면 까닭, 때문으로 볼 수 있어서 '―은즉'은 '므로'와 '―니까'의 둘로 대치할 수 있으나, 움직씨에 오면 그렇게 되지 아니하므로 여기서는 그렇게 보지 아니하기로 한다.

34) 씨끝 '―아야/어야의 '―야'는 '―아서/어서', '―고서', '―면' 등에도 쓰이어서 강조의 뜻을 나타내기도 한다.

　　예 ㄱ. 이것을 먹어서야 병이 나았다.

　　　ㄴ. 그는 밥을 먹고서야, 겨우 떠나갔다.

　　　ㄷ. 이것을 하면야, 대가를 줄래?

'―러야만/라야만'이 된다.

(232) ㄱ. 이 약을 먹었어야만, 너의 병이 나았을 것이다.

ㄴ. 길이 좋아야만, 차가 갈 수 있는 것이 아니다.

ㄷ. 이것이 돈이라야만, 우리가 살 수 있다.

ㄹ. 산이 푸르러야만, 세상이 밝아지는 것 같다.

iii) ―어야지/(아)야지 : 이것은 '―지' 때문에 마땅함을 더 확실히 하는 뜻을 나타낸다. 그리고 잡음씨의 경우는 '―야지'가 되고 르·러벗어난풀이씨는 '―라야지/러야지'로 되며, '―시―, ―았/었―'이 올 수 있고 임자말 제약은 없다.

(233) ㄱ. 공부를 열심히 하였어야지, 입시에 합격하였지.

ㄴ. 인물이 예뻐야지, 미스 코리아 선발대회에 나갈 수 있다.

ㄷ. 이번 일이 성공이야지, 나는 집에 들어갈 수 있다.

ㄹ. 산이 푸르러야지, 풍년이 든다.

나. 불구법 : 이 법은 그 다음에 오는 마디의 내용이나 사건이 들어남에는 아무 상관이 없다는 뜻을 나타내므로 불구법이라 하고, 이에는 다음과 같은 갈래가 있다.

㉠ 가정불구법 : 이에는 '―더라도, ―을지라도, ―은들'들이 있다.[35]

ⅰ) ―더라도 : 이것은 '―도' 때문에 어떤 사실이 그렇게 되더라도 아무 소용이 없음을 나타낸다. 이 앞에는 '―시―, ―았/었―, ―겠―'이 올 수 있다.

(234) ㄱ. 네가 아무리 그를 이기겠더라도, 뜻대로 되지 않을 것이다.

---

35) 최현배, 앞의 책, 293쪽 참조.

ㄴ. 아무리 착하시더라도, 나는 그 어른이 싫다.

ㄷ. 아무리 이게 보석이더라도, 별로 값이 나가지 않을 것이다.

ㄹ. 밥을 먹었더라도, 이 일을 할 수 있을까?

ㅁ. 산이 푸르더라도 풍년이 들지 않을 것이다.

ii) −은들 : '−은들' 앞에는 '−시−'만을 연결시킬 수 있다. '−은들'은 단독으로 쓰이기도 하나 그 앞에 '−는다고'를 취하면 그 뒤에는 '−한들'이 와서 쓰이는 일도 있는데 매이지 않음을 나타낸다. 임자말 제약은 없다.

(235) ㄱ. 네가 간들, 그를 구해 낼 수 있을까?

ㄴ. 아무리 힘이 센들, 이 돌은 못 들 것이다.

ㄷ. 이것이 아무리 값비싼 귀중품인들, 나에게는 소용없다.

ㄹ. 그가 어렵다고 한들, 누가 도와 주겠나?

ㅁ. 아무리 경치가 아름다운들, 사람이 오지 않으면 무엇하랴?

ㅂ. 편작인들, 그의 병을 고칠까?

ㅅ. 그 어른이 가신들, 무슨 소용이 있겠나?

ⓛ 양보불구법 : 이에는 '−을망정, −을지언정' 등이 있는데, 이들 앞에는 '−시−', '−았/었−'을 결합시킬 수 있다. 양보불구법은 어떤 일에 이르러도 다음 월의 내용에는 아무런 효용이 없다는 뜻을 나타낸다. 임자말제약은 없다.

i) −을망정 : 이것은 '−을+망정(매인이름씨)'으로 된 것인데 어려움은 물론 어떠한 상태가 되더라도 개의치 아니하고 뒷마디의 행위를 하지 않음을 나타낸다.

(236) ㄱ. 나는 죽을망정, 그 일은 안 하겠다.

ㄴ. 아무리 날씨가 좋을망정, 놀러 가지는 않겠다.

ㄷ. 그가 대통령일망정, 나는 존경할 수 없다.

ㄹ. 그분이 국회의원이 되셨을망정, 나는 그분을 훌륭하다고 보지 않는다.

ⅱ) -을지언정 : '-을망정'은 '-하는 한이 있어도'의 뜻을 나타내나, '-을지언정'은 어떤 행위나 상태를 인정하는 뜻을 내포하고 있는 점이 다르다. '-을 망정'은 적극성을 강조하여 말할 때 쓰인다.

(237) ㄱ. 내가 장사를 할지언정, 그런 말을 했겠느냐?

ㄴ. 아무리 마음이 넓을지언정, 그런 일에 대하여는 그도 참지 못했을 것이다.

ㄷ. 아무리 학생일지언정, 용공행위는 용서 받을 수 없다.

ㄹ. 우리가 이겼을지언정, 더 훈련을 하여야 한다.

ⓒ 사실불구법 : 이는 참일임을 인정하되 그것이 그 뒷마디의 내용과는 아무 상관이 없음을 보이는 것으로 다음과 같은 것들이 있다.

ⅰ) -지마는/지만 : 이것은 할 수 없이 함을 나타내는, 즉 불만족스럽게 어떤 일이나 상태를 나타내나 경우에 따라서는 '-지오마는'의 형식으로도 쓰인다. 그 앞에는 '-시-, -았/었-, -겠-' 등이 결합될 수 있다. 임자말제약은 없다.

(238) ㄱ. 비가 왔지(오)마는 풍년은 들지 않았다.

ㄴ. 얼굴은 예쁘겠지마는 행실은 좋지 않은 듯하다.

ㄷ. 이것은 그가 쓴 소설이지만, 나는 읽지 않는다.

ㄹ. 할아버지께서는 어제 서울에 가셨지마는 그를 만나지 못할 것이다.

ⅱ) -건마는/건만 : 어떤 사실이나 가능성, 즉 '-는데도 불구하고'

의 뜻을 나타내는데 그 앞에 '-시-, -았/었-, -겠-' 등을 결합할 수 있다. 임자말제약은 없다.

(239) ㄱ. 철수는 공부하러 서울로 갔건마는 잘 될까?

　　　ㄴ. 철수는 부자이건마는 인심을 잃었다.

　　　ㄷ. 그 어른은 훌륭하시건마는, 존경할 수 없다.

　　　ㄹ. 그는 이 시험에 합격하겠건마는 앞일이 잘 풀릴까?

iii) -거니와 : '-하(였)지마는'이나 '-한데도 불구하고', '-하겠는데 또한' 등의 뜻을 나타내는데 그 앞에 '-시-, -았/었-, -겠-'을 결합시킬 수 있다. 임자말 제약은 없다.

(240) ㄱ. 그는 가거니와 일이 잘 될까?

　　　ㄴ. 영희는 착하거니와 성적은 좋지 않다.

　　　ㄷ. 그 어른은 착하시거니와 성실하지는 아니하다.

　　　ㄹ. 이것은 책이거니와 별 내용이 없다.

　　　ㅁ. 나는 밥을 먹었거니와 이 일을 하지 못하겠다.

iv) -아도/어도/라도/러도 : 이들은 '-아/어+도'로 된 것인데 '-라도'는 잡음씨에 쓰이고 '-러도/라도'는 러·르벗어난끝바꿈 풀이씨에 쓰인다. '-아도/어도' 앞에는 '-시-', '-었-'을 결합시킬 수 있고 '-러/라' 뒤에는 '-었/았-'을 결합시킬 수 있다. 이들이 나타내는 뜻은 '-의 완성(결)에도 불구하고'가 된다.

(241) ㄱ. 세월이 아무리 흘렀어도 그는 변치 않았다.

　　　ㄴ. 아무리 그 어른이 좋으셔도, 나는 존경하지 않는다.

　　　ㄷ. 그가 아무리 대학생이어(라)도, 나는 부러워하지 않는다.

ⅴ) -으나 : 불구의 뜻은 물론 반대의 힘줌 등을 나타내는데, 그 앞

에 '-시-, -았/었-, -겠-'을 결합할 수 있다. 다만 힘줌의
경우에는 안맺음씨끝은 결합될 수 없다. 임자말제약은 없다.

(242) ㄱ. 밥을 많이 먹었으나, 배는 부르지 아니한다. (반대)

ㄴ. 술은 잘 먹겠으나, 다른 것은 못 먹을 것 같다. (반대)

ㄷ. 오늘이 장날이나, 장꾼이 별로 없다. (반대)

ㄹ. 괴로우시겠으나, 참고 견딥시다. (불구)

vi) −으나마 : 이것은 불만이나 반대, 아쉬움을 나타내데 그 앞에
안맺음씨끝을 결합할 수 없다. 임자말제약은 없다.

(243) ㄱ. 가기는 갔으나마 그냥 두지 않겠다.

ㄴ. 일은 하시나마 별 진척이 없다.

ㄷ. 적으나마 가지고 가시오.

ㄹ. 개떡이나마 있었으면 좋겠다.

vii) −는데도 : 현실적으로 어떤 행동을 하거나 상태인데도 불구하고
뜻대로 되지 아니하고 사실과 다름을 나타낸다. 그 앞에 안맺음
씨끝 '-았/었-, -겠-'을 결합시킨다. 임자말제약은 없다.

(244) ㄱ. 밥을 먹었는데도 배가 많이 고프다.

ㄴ. 영희는 예쁘겠는데도 좋아하는 남자가 없다.

ㄷ. 그는 학생인데도 담배를 피우고 술을 마신다.

viii) −(는)다마는 : 이것은 어떤 동작이나 상태에도 불구하고 실망
이나 반대의 뜻을 나타내는 마디를 그 뒤에 연결시킨다. 이는
그 앞에 '-시-, -았/었-, -겠-'을 결합시킨다. 임자말제약
은 없다.

(245) ㄱ. 오늘도 걷는다마는 정처 없는 이 발길.

　　ㄴ. 날씨는 좋았다마는 흉년은 들지 않았다.

　　ㄷ. 여기가 역사의 유적지이다마는, 관리가 잘 되어 있지 아니하다.

　㉣ 추정불구법 : 일이 그렇게 될 것을 추정하되 그것이 그 다음 말의 내용이 들어남에는 아무 상관이 없다는 뜻을 나타낸다. 이에는 '-으려니와, -으련마는', '-을지라도', '-자' 등이 있다.

　ⅰ) -으려니와 : 앞뒤마디에 딴임자말이 오는 이음월이나 같은 임자말이 오는 이음월에 쓰이는데 안맺음씨끝 '-시-, -았/었-'을 그 앞에 결합시킬 수 있다. 임자말제약은 없다. 뜻은 '-하지마는 그런데'로 이해된다.

(246) ㄱ. 너는 지금 가려니와 나는 언제 가 볼까?

　　ㄴ. 꽃이 아름다우려니와 잎까지 아름다울까?

　　ㄷ. 이 보따리에 싸인 것은 보물이려니와 저 보따리에 싸인 것은 무엇이냐?

　　ㄹ. 저 어른은 성공하셨으려니와 그 보람이 없는 것 같다.

　ⅱ) -으련마는 : 이것은 '-으련만'으로 줄여 쓰는 때도 있는데 '-하겠지마는'을 나타내는데 그 앞에 '-시-, -았-'을 결합할 수 있다. 임자말제약은 없다.

(247) ㄱ. 서울에 가서서 그를 만나셨으련마는, 아무 소식이 없다.

　　ㄴ. 꽃은 향기로우련마는, 아름답지는 않겠다.

　　ㄷ. 너는 나의 친구이련마는, 나에게는 조금도 도움이 되지 않는다.

　ⅲ) -을지라도 : 이것은 단독으로 쓰이기도 하고 그 앞에 '-는다고'를 취하여 '-는다고 -을지라도'의 형식으로 쓰이기도 하는

데 '추량불구'의 뜻을 나타낸다. '-을지라도' 앞에는 안맺음씨
끝 '-시-', '-았/었-'을 취할 수 있다. 임자말제약은 없다.

(248) ㄱ. 내가 서울에 간다고 할지라도 그 일은 해결하기 어려울 것이다.

　　　ㄴ. 이 약이 아무리 효과가 좋을지라도 그이는 고치지 못할 것이다.

　　　ㄷ. 아무리 그가 박사일지라도 이 일은 해결하지 못할 것이다.

　　　ㄹ. 그분이 미국에 간다고 하셨을지라도, 과연 가셨을까?

iv) -자 : '-었-', '-었댔-' 등을 반드시 그 앞에 결합하여 쓰면
서, '-한다고 한들'의 뜻을 나타낸다. 그리고 뒷마디에는 항상
부정적인 내용의 말이 오게 된다. 임자말제약은 없다.

(249) ㄱ. 네가 가 보았댔자, 그를 만날 수 없다.

　　　ㄴ. 이것을 먹었자, 무슨 효과가 있을까?

　　　ㄷ. 제 아무리 고왔자, 별 볼일 없다.

　　　ㄹ. 그가 아무리 대통령이었댔자 아무도 존경하지 않는다.

다. 볕임법 : 이것은 그 뒤에 다른 말을 잇게 하여 생각의 볕임을 나
타내는 법으로 시간적인 면으로 볼 때 끝남(또는 이적끝남)을 나타내고,
달리 동시성, 이음, 방법 등의 뜻을 나타낸다.[36]

　i) -으면서 : 이적나아감이나 동시성을 나타낸다. 안맺음씨끝은
'-시-'와만 결합될 수 있고 '너는 밥을 먹었으면서, 그렇게 야
단이냐?'와 같이 '-았/었-'이 쓰이는데, 이때는 '-하고 났는
데'의 뜻을 나타낸다. 임자말제약은 없다.

(250) ㄱ. 선생님은 가시면서, 책을 읽으신다. (한 임자)

　　　ㄴ. 비가 오면서, 볕이 난다. (다른 임자)

---

36) 위의 책, 265쪽; 허웅, 『국어학』, 샘문화사, 1983, 233쪽 참조.

ㄷ. 영희는 착했으면서, (영희는) 얼굴도 예뻤다. (한 임자)

ㄹ. 그는 학자이면서, 국회의원이다. (한 임자)

(250ㄱ, ㄷ, ㄹ)은 앞뒤 두 마디가 한 임자말일 때 쓰인 보기요, (250 ㄴ)은 두 임자말할 때 쓰인 것을 보이고 있다.

ii) -으며 : 이것은 '-시-, -았/었-'과 결합될 수 있으며 동시에 두 가지 이상의 행위를 하거나 상태를 갖추어 있음을 나타내기도 하고 연결의 뜻을 나타내기도 한다.

(251) ㄱ. 그는 놀며 먹는다. (한 임자)

　　ㄴ. 하늘을 나는 구름도 가며 오며 한다. (한 임자)

　　ㄷ. 착하며 바르다. (한 임자)

　　ㄹ. 이것은 책이며 저것은 연필이다. (딴 임자)

　　ㅁ. 철수는 책을 읽었으며 영화는 수를 놓았다. (딴 임자)

　　ㅂ. 영희는 착하며 철이는 성실하다. (딴 임자)

　　ㅅ. 아버지는 일을 하시며 공부도 하신다. (한 임자)

iii) -고서 : 움직씨에 오면 '어떤 행동을 하고나서'의 뜻이요, 그림씨 잡음씨의 경우는 '어떤 상태가 되고 난 연후에'의 뜻이므로 이를 하나로 묶어 연후의 뜻을 나타내는 것으로 보고자 한다. 이는 그 앞에 '-았/었-, -겠-, -더-' 등은 결합할 수 없는데, '-고서'가 연후 곧 '완료 후'의 뜻을 나타내기 때문이며 오직 '-시'와만 결합된다.

(252) ㄱ. 그는 수업을 마치고서, 자기 할 일을 한다. (한 임자)

　　ㄴ. 네가 착하고서, 남도 착하기를 바라라. (한 임자)

　　ㄷ. 우리나라가 복지국가이고서야, 약소국가를 도와 줄 수 있다. (한 임자)

ㄹ. 아버지가 식사를 마치시고서, 아들이 밥을 먹는다. (딴 임자)

ㅁ. 비가 오고서야, 곡식이 잘 된다. (딴 임자)

'-고서'는 딴 임자인 경우, 그림씨와 잡음씨에는 쓰이지 못하며 토씨 '-야'를 취하여 '-고서야'로도 쓰임은 (252ㅁ)이 보이는 바와 같다. (252ㄱ~ㅁ)에서 보면 '-고서'는 분명히 연후의 뜻을 나타내고 있으며 (252ㄷ)에서 보면 잡음씨는 '-고서야'로 되어야 자연스러움을 알 수 있다.

iv) -고 : 이것은 움직씨에 오면 완료, 수단, 차례 벌임(이음), 거듭 등의 상황뜻을 나타내며 앞에 '-시-, -았/었-, -겠-'을 결합시킬 수 있다. 그림씨와 잡음씨에 올 때는 차례, 거듭, 벌임을 나타낸다. 그리고 임자말이 다를 때 '-고-'는 이음(동시 벌임)을 나타낸다. 임자말제약은 없다.

(253) ㄱ. 철수는 공부를 마치고 집으로 간다. (한 임자)

ㄴ. 영희는 식사를 하고 학교에 갔다. (한 임자)

ㄷ. 영희는 시험을 잘 치렀고 철수는 잘 치르지 못했다. (딴 임자)

ㄹ. 내일은 비가 오겠고 모레는 날이 개이겠다. (딴 임자)

ㅁ. 이 꽃은 아름답고 향기롭다. (한 임자)

ㅂ. 이것은 연필이고(요) 저것은 공책이다. (딴 임자)

ㅅ. 선생은 가르치시고 학생은 배운다. (딴 임자)

ㅇ. 술도 먹었다. 그리고 고기도 먹었다. (한 임자)

(253ㄱ~ㄷ)까지의 '-고'는 완료를 나타내고 (253ㄹ~ㅅ)까지의 '-고'는 이음(차례 벌임)의 뜻을 나타내는데 '-이고'는 (253ㅂ)에서처럼 '-이요'로 되기도 한다.

'-고'는 움직씨에 쓰일 때 수단, 방법을 나타내기도 한다. '-고'를 취하는 풀이말의 때매김은 뒷마디의 때매김과 다를 수도 있다(254ㄱ).

그러므로 (253ㅇ)과 같이 '-고'를 '-그리고'로 고쳐서 풀이해도 월의 뜻에는 아무 변동이 없다.

(254) ㄱ. 그들은 기차를 타고 간다. (한 임자)

　　　ㄴ. 철수는 매일같이 놀고 지낸다. (한 임자)

　　　ㄷ. 아이가 어머니의 손을 잡고 간다. (한 임자)

(254ㄱ~ㄷ)의 보기에서의 '-고'도 자세히 분석하면 완료로 보아진다. '타고 간다'는 말은, 사람이 먼저 타고 나서 차가 가므로 탄 상태를 유지하면서 차가 가기 때문에 '-고'가 수단이나 방법을 나타내는 것으로 느껴지는 것이지 동작의 차례를 보면 그렇지 아니하다. 오히려, 수단 방법의 '-고'는 이음(차례벌임)으로 풀이하여도 조금도 어색하지 아니하다.[37)

　　ⅴ) -고서도 : 이것은 '-고서+도'로 된 것으로 '-고서 또한'의 뜻을 나타내며 그 앞에 '-시-'를 결합시킬 수 있다. 임자말제약은 없다.

(255) ㄱ. 선생님은 장관이 되시고서도 제 하고 싶은 일을 하지 못하셨다.

　　　ㄴ. 그미는 얼굴이 저렇게 예쁘고서도 일등 미인으로 뽑히지 못하였다.

　　　ㄷ. 대통령이 아니고서도 얼마든지 나라일을 할 수 있다.

앞에서도 말하였지마는 '-고서도' 앞에 '-았/었-, -겠-, -더-'는 '-았겠더(완료+추량+경험)'의 차례로 연결되는 것이 우리말의 때매김법이므로 '-겠고서'는 '추량+완료+서'의 차례가 되니까 말본에 어긋나고 '-더고서'도 '경험+완료+서'로 되어 또한 말본에 어긋나기 때문이다.

---

37) 하나의 씨끝을 가지고 너무 여러 가지 종류로 분류하면 말본이 어지러워지므로 '-고'의 기본뜻을 완료로 보고 그 나머지 뜻은 번진뜻으로 풀이함이 합리적일 것이다.

vi) −고도 : '−고'는 그 앞에 '−시−, −았/었−, −겠−'을 연결할
수 있으나 '−고도'는 그렇지 못함이 서로 다르다. 다만 '−시−'
는 결합할 수 있다. 뜻은 '완료하고 또한 그 위에 더하여'를 나타
내기 때문이다. 임자말제약은 없다.

(256) ㄱ. 그는 밥을 먹고도 배가 고프다고 한다.

ㄴ. 영희는 착하고도 아름답다.

ㄷ. 그는 대통령이 아니고도 나라일을 많이 하였다.

vii) −으면서도 : 이 앞에는 '−시−'를 결합할 수 있고 혹 '−았(었)
으면서도'의 식으로도 쓰이는데 '−을 한데도 또한'의 뜻을 나타
낸다. 임자말제약은 없다.

(257) ㄱ. 그분은 일을 하시면서도 불평이 많다.

ㄴ. 영희는 착하면서도 영리하다.

ㄷ. 그는 경관이 아니면서도 교통정리를 잘 한다.

ㄹ. 그는 좋은 일을 하였으면서도 하지 않은 것처럼 한다.

viii) −다느니 : 두 개 이상의 마디를 벌이는 구실을 하므로 그 앞에
안맺음씨끝 '−시−, −았/었−, −겠−'을 연결할 수 있다. 임자
말제약은 없다.

(258) ㄱ. 그분은 미국에 가셨다느니 안 가셨다느니 야단들이다.

ㄴ. 이 소에는 용이 살겠다느니 지킴이가 살겠다느니 말이 많다.

라. 풀이법 : 이음월의 앞마디에서 한 일을 풀이한 다음, 뒷마디에서
그 상황을 계속 설명함을 나타내는 법으로 이 법에는 '−는데/은데,
−는다고/라고, −는대서야, −는(을)것같은데, −되, −는바, −느라
고'들이 있다.

㉠ -는데/은데 : '-는데'는 움직씨에 쓰이고 '-은데'는 그림씨와 잡음씨에 쓰인다.

(259) ㄱ. 비가 오는데, 아이들이 떠들고 야단이다.

　　　ㄴ. 영숙은 침착한데, 금순이는 털털하다.

　　　ㄷ. 이것은 귀중한 책인데, 값이 너무 비싸다.

(259ㄱ)의 '-는데'는 이적의 사실을 풀이하고 있으며, (259ㄴ)은 반대나 대립을 나타내고, (259ㄷ)은 이적의 사실을 풀이하고 있다.

(260) ㄱ. 나는 밥을 많이 먹었는데, 배가 고프다.

　　　ㄴ. 내일은 비가 오겠는데, 하루 쉬기로 하자.

　　　ㄷ. 영숙은 착했는데, 시집을 잘 갔다.

　　　ㄹ. 남이는 훌륭한 장군이었는데, 모함을 받아 죽었다.

'-는데/은데'는 딴임자말이나 한 임자말에 두루 쓰이는데 '-시-, -았/었-, -겠-' 다음에 쓰이면 움직씨, 그림씨, 잡음씨 구별 없이 '-는데'로 쓰인다.

㉡ -는다고/라고 : '-는다고'는 움직씨에 쓰이고 그림씨에는 '-다고'가 쓰이며 잡음씨에는 '-라고'가 쓰인다. 어떤 일을 단정함을 뜻하며 임자말에 제약 없이 쓰인다.

(261) ㄱ. 그들은 물을 막는다고, 밤낮을 가리지 않는다.

　　　ㄴ. 나는 고시 준비를 한다고, 침식을 잃은 적이 한두 번이 아니었다.

　　　ㄷ. 지도자가 토색질을 한다고 국민들이 시위를 하였다.

　　　ㄹ. 꽃이 아름답다고, 사람들이 모여 들었다.

　　　ㅁ. 그가 도둑이라고, 사람들이 고발하였다.

'-는다고/라고' 앞에 '-시-, -았/었-, -겠-' 등이 올 수 있는데 '-았/었-, -겠-'이 오면 '-는다고/라고'는 모두 '-다고'가 도고 특히 '-리-'가 잡음씨에 오면 '-었으리라고'가 된다.

(262) ㄱ. 영희는 합격하였다고 기뻐하였다.

ㄴ. 영수는 착하겠다고 칭찬이 자자하다.

ㄷ. 이것이 당시로는 유명한 책이었다고 선생님이 말씀하셨다.

ㄹ. 그는 일제 때 경찰서장이었으리라고 우리들은 믿고 있다.

ⓒ -는대서야 : 이것은 '-는다고 하여서야'가 줄어서 된 것으로 어떤 제한적인 뜻(이음씨끝의 뜻은 앞뒤마디에 의한 문맥적 뜻임)을 나타내는데, 그 뒷마디는 부정적인 월로 됨이 예사이며 때로는 반의적인 월이 온다. 임자말제약은 없다.

(263) ㄱ. 그가 이번 일에 빠지겠대서야 말이 되느냐?

ㄴ. 그미가 예쁘대서야 누가 믿겠느냐?

ㄷ. 그들이 이겼대서야, 누가 믿겠니?

ㄹ. 선생이 가신대서야, 말도 안 된다.

ㅁ. 그가 과거에는 큰 부자였대서야 말이 되느냐?

(263)에서 보면 '-는대서야' 앞에는 '-시-', '-았/었-', '-겠-'이 올 수 있는데 잡음씨, 움직씨, 그림씨에 '-았/었-'이 오면 '-는대서야'는 '-대서야'로 쓰인다.

ⓓ -는(을)것같은데 : 이것은 하나의 씨끝으로 보기는 어려우나 '-는것같은데', '-을것같은데'로 쓰이므로 그렇게 잡아 보았다. 이는 추정을 이적에 풀이함을 나타낸다. '-시-, -았/었-' 등이 앞에 올 수 있는데 '-았/었-'이 오면 '-았(었)을것같은데'로 된다. 임자말 제약은 없다.

(264) ㄱ. 거기는 비가 올것같은데, 여기는 안 온다.

ㄴ. 영희는 예쁠것같은데, 영수는 그렇지 않을 것 같다.

ㄷ. 그 일이 잘 되었을것같은데, 아직까지는 잘 모르겠다.

㉤ −되 : 어떤 조건적 풀이를 하며 안맺음씨끝은 '−시−'만이 연결
될 수 있다. 임자말제약은 없다.

(265) ㄱ. 글씨를 쓰시되 여간 잘 쓰는 것이 아니오. (순설적)

ㄴ. 이것을 가져다 드리되, 공손스레 드려야 한다. (순설적)

ㄷ. 철수는 공부하되, 너는 일하여라. (역설적)

ㄹ. 이것은 보화이되, 저것은 아무 것도 안다. (역설적)

ㅁ. 이 김치는 맛이 좋되, 저 김치는 맛이 없다. (역설적)

㉥ −는바 : '−는바'는 움직씨에만 쓰이는데 그 앞에 '−시−, −았/
었−, −더−' 등을 연결할 수 있다. 이것은 '−는−'에 매인이름
씨 '바'가 연결되어 이루어진 것으로 '−하는데, −하였는데'의
뜻을 나타낸다. 임자말제약은 없다.

(266) ㄱ. 선생님이 그를 찾아 가셨던바, 그는 공부하고 있었다. (순설적)

ㄴ. 경찰이 그를 잡으러 갔던바, 그는 도망가고 집에 없었다. (역
설적)

ㄷ. 환경운동을 개최하였던바 의외에도 잘 이루어졌다. (순설적)

㉦ −느라고, −니다 : '−느라고'는 움직씨에만 쓰이는데 안맺음씨
끝은 연결하지 못한다. '−니다'는 '아니다'에 쓰인다.

(267) ㄱ. 그들은 여행 가느라고, 기뻐서 떠들며 야단이다.

ㄴ. 철수는 공부하느라고, 정신이 없다.

ㄷ. 그는 착할 뿐 아니라 공부도 잘한다.

◎ -더니 : 지난 일을 돌이켜 풀이하는 뜻을 나타낸다.

(267′) ㄱ. 그는 누워 있더니, 갑자기 일어났다.

　　　　ㄴ. 그는 그림을 보더니, 좋아하였다.

　마. 견줌법 : 이것은 앞뒤의 일을 견줌을 나타낸다. 이 법에는 '-거든'이 있다.

　• -거든 : 앞말에서 어떤 사실을 제시하고 그와 견주어 뒤의 일은 더 말할 나위도 없음을 나타낸다. 그 앞에 '-시-, -았/었-, -겠-' 등을 연결시킬 수 있다. 임자말제약은 없다.

(268) ㄱ. 선생이 이러하시거든, 학생이야 말해 무엇하겠나?

　　　　ㄴ. 자네도 나를 믿지 아니하였거든, 누간 나를 믿어 주었겠니?

　　　　ㄷ. 나는 그의 소식을 못 듣겠거든, 어찌 만나 볼 수 있으랴?

　바. 가림법 : 이 법에는 '-거나', '-든지', '-으나-으나'의 셋이 있다. '-든지'는 들을이 선택을 나타낸다.[38] 이들 씨끝은 '-시-, -았/었-'을 그 앞에 연결할 수 있다.

　㉠ -거나 : 말할이 자신이 선택함을 뜻하는데 때로는 '-는다거나'로도 쓰인다.

(269) ㄱ. 누르거나 붉은 비단을 사 오너라.

　　　　ㄴ. 그 어른이 가셨거나 안 가셨거나 나는 모른다.

　　　　ㄷ. 있거나 가거나 합시다.

　　　　ㄹ. 그가 국회의원이거나 장관이거나 나와는 아무 상관이 없다.

---

38) 김승곤, 「선택형어미 '거나'와 '든지'의 화용론」, 『연세대 말』 제4집, 1979, 1~28쪽 참조.

(269ㄱ)의 '누르거나 붉은 비단'에서의 선택은 말할이가 직접 한 것이므로 '－든지'는 쓸 수 없다. (269ㄴ)은 말할이가 '가거나 가지 않거나'를 들을이에게 일임한 것이며 (269ㄹ)의 '있거나 가거나'는 말할이가 들을이에게 자신의 마음을 제시하고 어느 것을 택하여도 좋으니 당신도 그렇게 하자고 권유하고 있다. (269ㄹ)의 '－거나'는 말할이의 한 말이고 '그'가 할 수 있는 선택은 아님을 나타낸다.

(270) ㄱ. 일을 한다거나, 하지 않는다거나가 문제가 아니다.

　　　ㄴ. 꽃이 아름답다거나, 아름답지 않다거나를 따질 것이 아니다.

ⓒ －든지 : 들을이의 뜻에 따라 선택됨을 나타낸다. 때로는 '－든지 간에'로 쓰이기도 하나, '－간에'는 특별한 말본적 구실이 없으므로 '－든지'와 함께 다루면서 무시하여도 좋다.

(271) ㄱ. 그가 거기 갔든지 안 갔든지 나는 모른다.

　　　ㄴ. 굶든지 먹든지 같이 삽시다.

　　　ㄷ. 죽을 먹든지 밥을 먹든지 당신 마음대로 하시오.

　　　ㄹ. 그 어른이 착하시든지 악하시든지 나하고는 상관없다.

　　　ㅁ. 이것이 은이든지 금이든지 무엇이든지 나는 모른다.

(271ㄱ~ㄹ)까지의 선택은 들을이 선택임이 분명하다. (271ㄹ)의 '－든지'는 들을이 중심으로 한 말이며 (271ㅁ)의 '－든지'는 '무엇'에 쓰임이 '－거나'와 다른데 이것이 바로 '－거나'가 지정선택이라면 '－든지'는 임의선택임을 나타내는 증거로 볼 수 있다. 이것은 본래 들을이 선택을 나타내었으나 지금은 혼동하여 쓰인다.

ⓒ －으나－으나 : 말할이가 주관적으로 나타내는 선택을 나타낸다.

(272) ㄱ. 나는 자나 깨나, 아들 생각뿐이다.

ㄴ. 앉으나 서나, 당신 생각에 잠긴다.

ㄷ. 괴로우나 즐거우나, 나라 사랑하세.

ㄹ. 가시나 안 가시나, 상관하지 말아라.

이에는 안맺음씨끝 '-시-'만이 쓰일 뿐이다.

사. 동시법[39] : 한 행동이 일어남과 동시에 그에 상응하여 다른 행위가 일어남을 나타내는 법이다. 이에는 '-자'가 있는데, 그 앞에 '-시-'만을 연결할 수 있다. 임자말제약은 없다.

(273) ㄱ. 까마귀 날자 배 떨어지기.

ㄴ. 그미는 착하자 귀엽자.

ㄷ. 그는 국회의원이자 장관이다.

ㄹ. 선생님께서 가시자 그가 찾아왔다.

ㅁ. 내가 가자 말자 그는 떠나셨다.

'-자'는 (273)에서 보면 움직씨, 그림씨, 잡음씨 등에 다 쓰인다.

아. 전환법[40] : 이 법에는 '-다가'가 있는데 하나의 움직임이나 상태에서 다른 움직임이나 상태로의 전환을 나타내되, '-시-', '-았/었-'을 연결할 수 있다. 움직씨와 그림씨에만 쓰인다.

(274) ㄱ. 나는 집에 갔다가, 다시 돌아왔다.

ㄴ. 저분이 일을 하시다가 갑자기 쓰러지셨다.

ㄷ. 그는 예쁘다가 갑자기 보기 싫어졌다.

자. 더보탬법 : 뒷마디에서 앞마디의 뜻에 어떤 뜻을 더하게 하는 법

---

39) 허웅, 앞의 책, 233쪽에 의거함.
40) 위의 책, 232쪽에 의거함.

으로 '-을뿐더러', '-는데다가', '-을뿐아니라' 등이 있고 '-시-, -았/었-'을 연결할 수 있다.

㉠ -는데다가, -을뿐더러 : '-는데다가'에는 '-겠'을 연결할 수 있다.

(275) ㄱ. 그 어른은 고생을 하셨는데다가, 화재마저 당하게 되었다.
ㄴ. 그는 착하겠는데다가, 이런 변을 당했다.
ㄷ. 그는 학생인데다가, 이런 일을 했으니 용서 받을 수 있을까?
ㄹ. 그는 착할뿐더러, 인물도 예뻤다.

㉡ -을뿐(만)아니라 : 이것은 하나의 형태소로 다루기는 어려우나, 첨가의 뜻을 나타낼 때는 항상 이런 형식으로 쓰이므로 하나의 형태소로 다루었다. '-시-, -았/었-'을 그 앞에 연결할 수 있다. 임자말제약은 없다.

(276) ㄱ. 그는 공부를 잘 할뿐아니라, 일도 잘한다.
ㄴ. 영희는 착할뿐아니라, 성실하기도 하다.
ㄷ. 그는 우리학교의 보배일뿐아니라, 나라의 보배이기도 하다.
ㄹ. 그분은 일을 지나치게 하셨을뿐아니라, 술도 너무 많이 드셨다.41)

차. 비례법42) : 이 법에는 '-을수록'이 있는데 앞 일이 되어 가는 정도에 비례하여 뒷일도 그에 상응하여 되어 가는 뜻을 나타낸다. 안맺음씨끝 '-시-'만 연결할 수 있다.

---

41) '-는가하면'도 문맥에 따라서는 첨가의 뜻을 나타낸다.
(예) 그는 술을 마시는가하면 담배도 피운다.
앞으로 이것도 첨가씨끝으로 다루어야 할 날이 곧 올 것으로 보인다.
42) 허웅, 앞의 책, 233쪽에 의거함.
외솔은 이 씨끝을 '더해감꼴'이라 하였다(최현배, 앞의 책, 321쪽 참조).

(277) ㄱ. 날씨가 추울수록 정신이 난다.

　　 ㄴ. 그는 늙을수록 망령이 난다.

　　 ㄷ. 네가 국회의원일수록 행동을 조심하여야 한다.

　　 ㄹ. 할아버지께서는 연세를 잡수실수록 정신이 더 맑아지신다.

카. 뜻함법 : 희망, 의도, 목적 등을 나타낸다. 뜻함법에는 '-으려
(고), -으러, -고자, -자, -건대' 등이 있다. 이들은 움직씨에 쓰이
고 안맺음씨끝은 '-시-'만 연결될 수 있다.

　　 ㉠ -으려(고) : '-으려' 또는 '-으려고'의 두 형태로 쓰이는데 희
망, 의도를 나타낸다. 임자말제약은 없다.

(278) ㄱ. 그분은 공부하시려고 서울로 가셨다.

　　 ㄴ. 영희는 아름다워지려고 단식을 자주 한다.

　　 ㄷ. 그는 공부만 하려 한다.

　　 ㉡ -으러 : 목적을 나타낸다.

(279) ㄱ. 그는 공부하러 매일 학교에 간다.

　　 ㄴ. 무엇 하러 이곳에 왔는가?

　　 ㉢ -고자 : '-고자'는 '-고'에 '-자'가 와서 된 것인데 이 '-자'는
꾀임의 뜻을 지니고 있는 데서 '-고자'는 뜻함의 뜻을 나타내게 된
것이다.

(280) ㄱ. 그는 공부하고자 미국으로 떠났다.

　　 ㄴ. 아들을 낳고자 절에 가서 불공을 드렸다.

(278)과 (280)을 견주어 보면 '-려(고)'는 객관적 의도를 나타내고
'-고자'는 주관적 의도를 나타내는 것으로 보인다. 그것을 뒷받침할

수 있는 것은 오늘날 '이다'에 '-고자'를 가끔 쓰는 경우가 있다는 사실이다.

(281) ㄱ. 나는 너의 사랑이고자 한다.
　　　ㄴ. 나는 아버지의 귀한 아들이고자 열심히 공부한다.

㉣ -자 : 이것은 '-고자'의 '-고'가 준 것이 아닌가 한다.

(282) ㄱ. 살자 하니 고생이요, 죽자 하니 청춘이라.
　　　ㄴ. 그를 보자 하니, 만나 주지 않는다.

(282ㄱ~ㄴ)에서 보아 알듯이 '-자'는 그 뒤에 반드시 '하니'가 오는 것이 특징이므로 '-고자 한다'는 물론 '-자 한다'로 쓰일 때의 '하다'는 매인움직씨로 보아야 할 것이다.

㉤ -건대 : '바라다, 원하다, 빌다' 등 바람움직씨에 쓰임이 특이하다. 첫째가리킴하고만 쓰인다.

(283) ㄱ. 바라건대, 부디 성공하여라.
　　　ㄴ. 원하건대, 너의 무사하기를 빌 뿐이다.

타. 의문법 : 이 법에는 '-는지, -을지(는) -을는지, -을까' 등이 있는데 불확실, 잘 모름, 의아함 등의 뜻을 나타낸다.

㉠ -는지 : 이것은 현실적으로 잘 모름을 나타낸다. 그림씨와 잡음씨에 올 때는 '-은/ㄴ지'로 되며 '-시-, -았/었-, -겠-' 등을 연결시킬 수 있다.

(284) ㄱ. 그분은 집에 계셨는지, 어디 가셨는지 잘 모르겠다.
　　　ㄴ. 영희가 착한지 유리가 착한지 나는 잘 모르겠다.

ㄷ. 이게 금이겠는지 은이겠는지 무엇이겠는지 잘 알 수가 없다.

ⓛ −을지(는) : 모름을 추정하거나 올적의 일로 생각하여 나타내는 데 '−시−, −았/었−'을 연결할 수 있다.

(285) ㄱ.비가 올지 눈이 올지 알 수가 없다.

ㄴ. 이게 좋을지 저게 좋을지 분간하기 어렵다.

ㄷ. 그게 무엇일지 누가 예언할 수 있겠나?

ㄹ. 그곳에는 혹 선생님이 오셨을지 알 수 없지 않느냐?

ⓒ −을는지, −을까 : 모르는 일을 추정하여 의문을 나타낼 때 쓰인다. '−시−, −았/었−'을 연결할 수 있다.

(286) ㄱ. 그분이 오실는지 나는 알 수 없다.

ㄴ. 철이는 미국으로 갔을는지 모른다.

ㄷ. 며느리 감이 착할까 한번 보았으면 좋겠다.

ㄹ. 이게 금은 보화일는지 누가 알겠니?

파. 처지법 : 이 법에는 '−는데있어서'가 있는데 이것을 하나의 형태소로 볼 수 있을까 의심이 가나 뜻으로 보면, 그렇게 보는 것이 좋을 것 같아서 이렇게 다루기로 하였다. 그 앞에는 어떠한 안맺음씨끝도 연결할 수 없다.

(287) ㄱ. 이 일을 다루는데있어서, 우리는 어떻게 하면 좋을까?

ㄴ. 그가 공부하는데있어서, 문제가 되는 것은 건강이다.

'−는데있어서'는 움직씨에만 쓰인다.

하. 애씀법 : 이 법에는 '−다 −다'가 있는데 같은 움직씨가 되풀이 되어 애를 쓰는 뜻을 나타내는 것이 특징이다. 안맺음씨끝과의 연결은

어렵다.

(288) ㄱ. 견디다 견디다 견디지 못하여, 집으로 갔다.

ㄴ. 참다 참다 더 이상 참을 수가 없어서, 나는 고함을 지르고 말
았다.

ㄷ. 어쩌면 좋을지, 가다 오다 집으로 돌아왔다.

가′. 아쉬움법 : 이에는 아쉬움을 뜻하는 법으로 이 법에 쓰이는 씨
끝에는 '−다니'가 있다.

- −다니 : 이것은 움직씨, 그림씨에만 쓰이며 그 앞에 '−시−', '−
었/았−'을 공통으로 연결할 수 있다.

(289) ㄱ. 그가 죽다니, 말도 안 된다.

ㄴ. 철수가 고시에서 떨어졌다니, 믿을 수 없다.

ㄷ. 그분이 착하시다니, 말도 안 된다.

나′. 추정법 : 이에는 '−거니'가 있고 그 앞에 '−시−, −았/었−, −
겠−'을 연결할 수 있는데 추정을 나타낸다. 이것은 '−거니−, −았/었
−는데'의 형식으로 자주 쓰인다.

(290) ㄱ. 나는 그분이 잘 사시겠거니 생각했는데 사실은 그렇지 않았나 보다.

ㄴ. 나는 영희는 잘 살거니 믿었다.

ㄷ. 그가 잘 도착하였겠거니 여기고 있었는데 아마 고생을 많이 한
것 같다.

다′. 거듭법 : 이에는 '−거니 −거니'가 있는데 어떤 행위를 거듭하
여 함을 나타낸다. 이것은 항상 '−거니 −거니'로 쓰인다. 안맺음씨끝
은 안 쓰인다.

(291) ㄱ. 우리는 앞서거니 뒤서거니 하면서 같이 갔다.

　　　ㄴ. 그는 밥을 먹거니 말거니 하다가 잠이 들었다.

이것은 (290)의 '-거니'와 형태는 같으나 쓰이는 경우가 다르고 뜻도 다르다.

📑 매인이음법

이 법은 으뜸풀이말의 이음법에 매인풀이말이 이어지게 하는 구실을 하여, 으뜸풀이말과 매인풀이말이 합하여 하나의 풀이말이 되게 한다. 매인이음법에 따라 다음 두 가지로 가른다.

가. 으뜸움직씨에 붙어 그 뒤에 매인움직씨만을 이어지게 하는 매인이음법

㉠ 두기매인법 : 이에는 '-아/어'가 있는데, 그 뒤에 매인움직씨 '두다, 놓다, 가지다'를 연결시켜 으뜸움직씨와 함께 풀이말이 되게 한다.

(292) ㄱ. 그는 이 책을 받아 두었다.

　　　ㄴ. 나는 그의 선물을 받아 놓았다.

　　　ㄷ. 철수는 상을 받아 가지고 기뻐했다.

㉡ 이행매인법 : 이에는 '-아/어'가 있는데, 그 뒤에 매인움직씨 '먹다'를 연결시켜 으뜸움직씨와 합하여 풀이말이 되게 한다.

(293) ㄱ. 그는 부모의 재산을 다 팔아 먹었다.

　　　ㄴ. 그들은 철수를 속여 먹었다.

㉢ 해냄매인법 : 이에는 '-고', '-고야'가 있는데 그 뒤에 매인움직씨 '말다'를 연결시켜 어떤 일을 기어이 하고 마는 뜻을 나타내게 하면

서 으뜸움직씨와 함께 풀이말이 되게 한다. 해냄매인법에 오는 매인움
직씨에는 의향법의 모든 법이 다 쓰인다.

(294) ㄱ. 그는 기어코 미국에 가고 말았다.

ㄴ. 철이는 드디어 소원을 달성하고 말았다.

ㄷ. 영희는 언제나 일등을 하고야 말겠느냐?

ⓔ 끝남매인법 : 이에는 '-아/어'가 있는데, 그 뒤에 매인움직씨 '나
다, 내다, 버리다'를 연결시켜 어떤 행위가 끝남을 나타내게 하면서,
으뜸움직씨와 합하여 월의 풀이말이 되게 한다.

(295) ㄱ. 그는 어려운 세파를 견디어 냈다.

ㄴ. 그는 온갖 어려움을 이겨 내고 드디어 성공하였다.

ㄷ. 철수는 많은 돈을 다 써 버렸다.

ⓜ 섬김매인법 : 이 법에는 '-아/어'가 있는데, 그 뒤에 섬김매인움
직씨 '주다, 드리다, 바치다, 달다' 등을 연결시켜 섬김의 뜻을 나타내
게 하면서, 으뜸움직씨와 함께 월의 풀이말이 되게 한다.

(296) ㄱ. 그는 나를 도와 주었다.

ㄴ. 철이는 아버지 일을 보아 드린다.

ㄷ. 철수가 이 일을 경찰에 고해 바쳤다.

ㄹ. 너는 나를 밀어 달라.

ⓗ 해보기매인법 : 이 법에는 '-아/어'가 있는데, 그 뒤에 매인움직
씨 '보다'를 연결시켜 '해보기'의 뜻을 나타내게 하면서, 으뜸움직씨와
합하여 풀이말이 되게 한다.

(297) ㄱ. 나는 이번 시험을 한 번 치러 보겠다.

ㄴ. 그는 철수를 믿어 보았다.

나. 으뜸움직씨나 으뜸그림씨, 잡음씨 뒤에 매인움직씨나 매인그림씨를 취하는 매인이음법

㉠ 의도매인법 : 이 법에는 '-고자', '-을까', '-으면', '-고', '-어/아' 등이 있는데, 그 뒤에 '하다', '싶다', '보다'를 연결시켜 의도나 추정의 뜻을 나타내면서, 으뜸움직씨와 함께 월의 풀이말이 되게 한다.

(298) ㄱ. 그는 영국으로 유학 가고자 한다.
　　　ㄴ. 나는 이 일을 그만 둘까 보다.
　　　ㄷ. 나는 갔으면 싶다. 그는 가고 싶어 한다.

㉡ 지움매인법 : 이 법에는 '-지'가 있는데, 그 뒤에 매인움직씨 '아니하다, 못하다, 말다'와 매인그림씨 '아니하다, 못하다'를 연결시켜, 그 앞의 풀이씨의 뜻을 지우면서, 으뜸움직씨나 으뜸그림씨와 합하여 월의 풀이말이 되게 한다.

(299) ㄱ. 그는 공부하지 아니한다.
　　　ㄴ. 철수는 일을 잘 하지 못한다.
　　　ㄷ. 이곳에는 들어오지 마시오.
　　　ㄹ. 이 꽃은 향기가 좋지 아니하다(못하다).

㉢ 나아감매인법 : 이 법에는 '-아/어', '-어서/아서', '-고'가 있는데, 그 뒤에 매인움직씨 '가다, 오다, 있다' 등을 취하여 나아감의 뜻을 나타내게 하면서, 으뜸움직씨나 으뜸그림씨와 함께 풀이말이 되게 한다.

(300) ㄱ. 그 일은 잘되어 간다.
　　　ㄴ. 물이 이쪽으로 밀려서 온다.
　　　ㄷ. 시간은 점점 흐르고 있다.

ㄹ. 물이 솟고 있다.

ㅁ. 그미는 점점 예뻐 가는구나!

ㅂ. 서울이 점점 가까워 온다.

㉣ 힘줌매인법 : 이 법에는 '-아/어'가 있는데 그 뒤에 힘줌매인움직씨 '대다, 쌓다, 재끼다, 재치다, 치우다, 떨어지다, 터지다, 빠지다, 죽다, 못살다' 등을 연결시켜 으뜸풀이씨와 합하여 월의 풀이말이 되게 한다. 힘줌매인움직씨 중 '대다, 쌓다, 재끼다, 재치다, 치우다, 떨어지다, 빠지다'는 으뜸움직씨 뒤에 쓰이고, '터지다, 빠지다, 죽다, 못살다'는 으뜸그림씨나 으뜸움직씨 뒤에 쓰인다.

(301) ㄱ. 아이들이 떠들어 댄다.

ㄴ. 어른들이 노래를 불러 쌓는다.

ㄷ. 그는 생선회를 마구 먹어 재끼었다.

ㄹ. 그는 자꾸 웃어 재친다(제친다).

ㅁ. 이것을 먹어 치우자.

ㅂ. 그는 곯아 떨어졌다.

ㅅ. 그는 정신이 썩어 빠졌다.

ㅇ. 이 음식은 시어 터졌다(빠졌다).

ㅈ. 영희는 시험에 붙어서 좋아 죽는다.

ㅊ. 그는 밥이 먹고 싶어 못산다(죽고 못산다).

㉤ 양상매인법 : 이 법에는 '-아/어'가 있는데 그 뒤에 매인움직씨 '있다, 계시다'를 연결시켜, 으뜸움직씨나 으뜸그림씨와 함께 풀이말이 되게 한다.

(302) ㄱ. 백두산이 하늘 높이 솟아 있다.

ㄴ. 그미는 얼굴이 붉어 있다.

ㄷ. 아버지가 앉아 계신다.

ⓗ 될뻔함매인법 : 이 법에는 '－을'이 있는데, 그 뒤에 될뻔함매인움 직씨 '뻔하다'를 연결시켜, 으뜸움직씨나 으뜸그림씨와 함께 월의 풀 이말이 되게 하다.

(303) ㄱ. 그는 잘 될 뻔하였다.

　　　 ㄴ. 그미는 기분이 좋을 뻔하다가 말았다.

ⓢ 되풀이매인법 : '－락－락'은 움직씨와 그림씨 뿌리에 와서 되풀 이의 뜻을 나타내면서, 그 뒤에 매안움직씨 '하다'를 연결시켜, 으뜸움 직씨, 으뜸그림씨와 함께 풀이말이 되게 한다.

(304) ㄱ. 서양에 갈매기만 오락가락 하더라

　　　 ㄴ. 왜, 들락날락 하느냐?

　　　 ㄷ. 그미는 얼굴이 붉으락푸르락 하더라.

　　　 ㄹ. 손이 닿을락 말락 하다.

ⓞ 하임매인법 : 이 법에는 '－게'가 있는데, 그 뒤에 매인움직씨 '하 다', '만들다'를 연결시켜 하임의 뜻을 나타내게 하면서, 으뜸움직씨나 으뜸그림씨 또는 잡음씨와 합하여 풀이말이 되게 한다.

(305) ㄱ. 우리는 그를 잘 떠나게 하였다(만들었다).

　　　 ㄴ. 그들은 학교를 아름답게 하였다(만들었다).

　　　 ㄷ. 그는 우리가 제일이게 하였다(만들었다).

ⓩ 가능매인법 : 이 법에는 '－어', '－게' 등이 있는데, 그들 뒤에 가 능매인움직씨 '지다, 되다'를 연결시켜 으뜸움직씨나 으뜸그림씨 또는 잡음씨 '이다'와 합하여 풀이말이 되게 한다. '－어'는 '지다'를, '－게' 는 '되다'를 각각 그 뒤에 연결시킨다.

(306) ㄱ. 그미는 점점 예뻐 진다.

　　　ㄴ. 공부가 잘 되어 진다.

　　　ㄷ. 그미의 화장은 예쁘게 되었다.

　　　ㄹ. 그는 잘 살게 되었다.

　　　ㅁ. *그는 천하제일이어 진다.

　　　ㅂ. 그는 천하제일이게 되었다.

가능매인움직씨 '지다' 앞에는 잡음씨 '이다'는 쓰이지 못한다.

　ⓒ 마땅매인법 : 이 법에는 '-아야/어야'가 있는데, 그 뒤에 매인움직씨 '하다'를 연결시켜 어떤 행위를 함이 마땅하다는 뜻을 나타내면서, 으뜸움직씨나 으뜸그림씨 또는 잡음씨 '이다'와 합하여 월의 풀이말이 되게 한다.

(307) ㄱ. 이번 일은 잘 되어야 한다.

　　　ㄴ. 너는 훌륭한 사람이어야 한다.

　　　ㄷ. 너는 착해야 한다.

　ⓚ 그리여김매인법 : 이 법에는 '-기는', '-다가', '-다'가 있는데, 그 뒤에 매인움직씨, 매인그림씨 '하다', '보다'를 연결시켜 '그리여김'의 뜻을 나타내면서 으뜸움직씨나 으뜸그림씨 또는 잡음씨 '이다'와 합하여 월의 풀이말이 되게 한다.

(308) ㄱ. 그는 공부하기는 한다.

　　　ㄴ. 이 꽃은 아름답기는 하다.

　　　ㄷ. 그가 착한 학생이기는 하다.

　　　ㄹ. 첫 길이다(가) 보니까, 조심스럽다.

　　　ㅁ. 공부하다가 보니까, 힘이 든다.

ⓔ 가식매인법 : 이 법에는 '—는/은'이 있는데, 그 뒤에 가식매인움 직씨 '체(척)하다, 양하다'를 연결시켜 '사실과는 달리 그런 척하는 양 을 하는'의 뜻을 나타내게 하면서, 으뜸움직씨나 으뜸그림씨, 잡음씨 '이다', '아니다'와 함께 풀이말이 되게 한다.

(309) ㄱ. 그는 잘 난 체(척)한다.

ㄴ. 철수는 꽤 잘 난 양한다.

ㄷ. 그들은 일을 하는 체(척)한다.

ㄹ. 그미는 공부를 하는 양한다.

ㅁ. 그는 학생인 체(척)한다.

ㅂ. 영희는 학생이 아닌 양한다[체(척)한다].

ⓟ 바람매인법 : 이 법에는 '—고'가 있는데, 그 뒤에 바람매인그림씨 '지다, 싶다' 및 바람매인움직씨 '싶어하다'를 연결시켜 '바람'의 뜻을 나타내게 하면서, 으뜸풀이씨와 합하여 풀이말이 되게 한다. 그런데 바람매인움직씨 '지다'와 '싶어하다'는 그 앞에 으뜸풀이말로서 잡음 씨 '이다, 아니다'는 취하지 못하나, '싶다'는 취할 수 있다.

(310) ㄱ. 그는 서울에 가고 싶다고 하더라.

ㄴ. 보고 지고 보고 지고 서울 낭군 보고 지고

ㄷ. 철수는 미국에 가고 싶어한다.

ㄹ. 나는 일등 국민이고 싶다.

ⓗ 미룸매인법 : 이 법에는 '—은가', '—을까', '—나', '—을', '—은/ 는', '—지' 등이 있는데, 그 뒤에 매인그림씨 '싶다, 보다, 듯하다, 듯싶 다, 법하다' 등을 연결시켜 '미룸'의 뜻을 나타내게 하면서 으뜸풀이씨 와 함께 풀이말이 되게 한다.

(311) ㄱ. 그는 잘 사는가 싶다(보다).

ㄴ. 그미는 아주 착한가 싶다(보다).

ㄷ. 이 밤은 먹을 법하다.

ㄹ. 그는 착한 듯하다(듯싶다)

ㅁ. 나는 고향에 갈까 싶다(보다).

ㅂ. 그미는 착할 듯싶다.

ㅅ. 이것이 금은보환가 싶다(보다).

ㅇ. 이것이 책인 듯싶다(듯하다)

ㅈ. 이것이 책인가 보다.

ㅊ. 그는 집에 있지 싶다.

ㅋ. 그들은 잘 있나 싶다(보다).

ㅌ. 그는 잘 사는 듯하다(듯싶다).

ㅍ. 이것이 책인 듯하다(듯싶다).

ㅎ. 이것이 책일 듯하다(듯싶다).

다만 다음과 같은 경우, 으뜸그림씨의 씨끝 '-나'와 '이다'의 '인', '이나', '일까'에는 쓰이지 못한다.

(312) ㄱ. *이것이 책이나 싶다(보다).

　　　ㄴ. *그가 착하나 싶다(보다).

　　　ㄷ. *사람은 누구나 부자인 법하다.

　　　ㄹ. *사람은 천하 제일인 법하다.

　　　ㅁ. *그는 착할까 싶다(보다).

　　　ㅂ. *이것이 책일까 싶다(보다).

㉠ 값어치매인법 : 이 법에는 '-을, -음' 등이 있는데, 그 뒤에 값어치매인그림씨 '만하다, 직하다'를 연결시켜 '어떤 값어치가 있음'의 뜻을 나타내게 하면서, 으뜸풀이씨와 합하여 풀이말이 되게 한다.

(313) ㄱ. 이 옷은 입을 만하다.

ㄴ. 이 떡은 먹음 직하다.

ㄷ. 강산이 아름다울 만하다.

ㄹ. *강산이 아름다움 직하다.

ㅁ. 그는 과연 일등 학생일 만하다.

ㅂ. *우리는 일등 국민임 직하다.

위의 보기(313ㄹ, ㅂ)에서 보듯이, '그림씨뿌리＋음＋직하다'와 '잡음씨뿌리＋ㅁ＋직하다'의 형식은 쓰이지 못함을 알 수 있다.

2.2.1.2 두자격법

1) 이름법

이름법의 쓰임

📁 '그림씨의 이름법＋그림씨(풀이말)'로 되는 월

(314) ㄱ. ㉮ 부끄럽기가 그지없다.

　　　㉯ 부끄러움이 그지없다.

　　ㄴ. ㉮ 부지런하기가 남다르다.

　　　㉯ 부지런함이 남다르다.

이름법이 임자말이 될 때는 ― 어떤 풀이씨가 이름법이 되어 임자말로 되느냐에 따라 ― 그 풀이말로 쓰일 수 있는 풀이씨가 있고 없는데 (314)와 같이 임자말이 감정·감각그림씨나 평가그림씨의 이름법일 때 그 풀이말이 될 수 있는 그림씨를 몇몇 보기를 들면 다음과 같다.

(315) 그지없다, 남다르다, 한량없다, 뛰어나다, 대단하다, 자랑스럽다, 비슷하다, 같다, 다르다, 이러하다, 그러하다, 저러하다

(315)에서 보면 (314ㄱ~ㄴ)이 같은 월의 풀이말이 될 수 있는 그림씨는 상태성그림씨 중 평가그림씨와 견줌그림씨, 가리킴그림씨들임을 알 수 있다.

📁 '움직씨의 이름법＋그림씨(풀이말)'로 되는 월

(316) ㄱ. ㉮ 공부하기가 좋다.

　　　 ㉯ 공부함이 좋다.

　　 ㄴ. ㉮ 성공하기가 어렵다.

　　　 ㉯ 성공함이 어렵다.

(316ㄱ) ㉮의 '공부하기'는 '공부하는 데 있어서의 조건이나 형편, 환경이 좋다'는 뜻이요, (316ㄱ) ㉯의 '공부함'은 '공부를 하지 않는 것보다는 공부하는 것'이 좋다는 뜻이다. (316ㄴ) ㉮의 '성공하기'는 '성공하는 행위, 성공을 성취하는 것'의 뜻을 나타내고 (316ㄴ) ㉯의 '성공함'은 '성공한다는 것', '성공 그 자체'의 뜻으로 이해된다.

(316)과 같은 월에서의 풀이말이 될 수 있는 그림씨에는 다음과 같은 것들이 있다.

(317) 좋다, 어렵다, 쉽다, 즐겁다, 아깝다, 답답하다, 지루하다, 편안하다, 곤란하다, 고달프다, 억울하다, 민망하다

(317)은 주관적인 심적 상태를 나타내는 그림씨들임을 알 수 있다.

📁 '그림씨의 이름법＋움직씨(풀이말)'로 되는 월

(318) ㄱ. ㉮ 그는 어둡기를 틈타서 집으로 들어갔다.

　　　 ㉯ 그는 어두움을 틈차서 집으로 들어갔다.

　　 ㄴ. ㉮ 환경이 깨끗하기를 바란다.

　　　 ㉯ 그는 깨끗함을 바란다.

ㄷ. ㉮ 몸이 튼튼하기를 원한다.

　　㉯ 몸이 튼튼함을 원한다.

(318ㄱ~ㄹ) ㉮의 '―기'의 뜻은 '어두워지기', '깨끗해지기', '튼튼해지기'의 뜻으로 이해되고 ㉯의 '―음'의 뜻은 '어두운 것', '깨끗한 것', '튼튼한 것'의 뜻을 가진 것으로 이해된다. 즉 이미 굳어진 어떤 상태를 나타낸다. (318)와 같은 월에서의 풀이말이 될 수 있는 움직씨에는 다음과 같은 것들이 있다.

(319) 바라다, 원하다, 좋아하다, 기다리다, 싫어하다, 기대하다

이에 해당하는 움직씨는 바람움직씨, 감정움직씨 등이다.

📂 '움직씨의 이름법＋움직씨(풀이말)'로 되는 월

(320) ㄱ. ㉮ 그는 거울에 가기를 싫어한다.

　　　㉯ 그는 서울에 감을 싫어한다.

　　ㄴ. ㉮ 그는 일하기를 좋아한다.

　　　㉯ 그는 일함을 좋아한다.

(320ㄱ) ㉮의 '가기'는 '가는 동작을 하는 것, 즉 가는 동작' 또는 장차 갈 행위를 뜻한다면, (320ㄱ) ㉯의 '감'은 '가는 것 그 자체'를 뜻한다. (320ㄴ) ㉮의 '일하기'는 '노동'의 뜻으로 이해된다.

위에 보인 예문 (314), (316), (318), (320)까지에서 파악한 '―음'과 '―기'의 뜻을 요약, 정리하여 보면 다음과 같다.

(321) ㄱ. '―음'의 뜻

　　　㉮ 무엇을 안 하는 것보다 하는 것이 좋음을 뜻함(택일적 뜻)

　　　㉯ 이름씨적 성질의 뜻 (실체성)

ⓔ 완결성, 확정성

ㄴ. '-기'의 뜻

㉮ 일을 하는데 있어서의 형편, 조건, 방법

㉯ 동작, 행위, 성취(~게 되기)

㉰ 움직씨적 성질의 뜻(서술성)

㉱ 진행성, 미정성

이름법의 통어적 기능

📁 이름법의 제한적 쓰임

이름법은 앞 (321) ㉮의 '이름법의 뜻'에서 다룬 경우 이외에 이름법으로 된 풀이씨(322ㄱ의 "왔음" 등)의 자질과 풀이말(321ㄱ의 "알았다" 등)의 자질에 따라 또는 월의 짜임새에 따라 이름법이 제한적으로 쓰이는 일이 있다. 앞 (314), (316), (318), (320)과 같은 쓰임을 '이름법의 비제한적 쓰임'이라 한다면 여기에서 다루는 쓰임은 '이름법의 제한적 쓰임'이라고 할 만하다.

가. '-음' 이름법을 취하는 풀이씨

㉠ 움직씨의 '-음' 이름법을 부림말로 취하는 풀이말인 움직씨

(322) ㄱ. 나는 그가 왔음을 알았다.

ㄴ. 그는 일을 쉽게 함을 자랑하였다.

ㄷ. 나는 그가 갔음을 여러 가지 일로 짐작하였다.

(322ㄱ~ㄷ)에서 '-음' 이름법을 취할 수 있는 풀이씨는 주로 감정, 감각, 인지, 찬양 등의 움직씨임을 알 수 있는데 '-음' 이름법은 때매김 형태소 '-었/았-'을 취하면 더 자연스럽다. (323ㄱ~ㄷ)과 같은 경

우를 보자.

(323) ㄱ. 나는 그가 왔음을 알았다.
　　　ㄴ. 그는 일을 쉽게 하였음을 자랑하였다.
　　　ㄷ. 나는 그가 갔음을 여러 가지 일로 짐작하였다.

'-음' 이름법을 취하는 움직씨를 더 보기로 들면 다음과 같다.

(324) 찬양하다, 찬송하다, 기리다, 사랑하다, 자랑하다, 알다, 짐작하다, 여기다, 깨닫다, 이해하다, 양해하다, …

ⓛ 그림씨의 '-음' 이름법을 부림말, 위치말로 취하는 풀이말인 움직씨

(325) ㄱ. 그는 착함을 자랑한다.
　　　ㄴ. 그의 뛰어남을 세상에 알렸다.
　　　ㄷ. 나는 그의 끈질김에 놀랐다.

(325ㄱ~ㄷ)에서 보면 그림씨의 '-음' 이름법을 취하는 움직씨는 감정, 감각, 인지움직씨 등이다. 보기를 더 들어 보면 다음과 같다.

(326) 이해하다, 말하다, 노래하다, 찬양하다, 부러워하다, 미워하다, 시기하다, 감탄하다, …

ⓒ 움직씨의 '-음' 이름법을 임자말로 취하는 풀이말인 그림씨

(327) ㄱ. 우리의 만남이 자랑스럽다.
　　　ㄴ. 그가 꾸준히 공부함이 대견스럽다.
　　　ㄷ. 저렇게 자라 줌이 참으로 놀랍다.

(327ㄱ~ㄷ)에서 보아 알 수 있듯이 이런 경우의 그림씨는 대개 정의 적그림씨임을 알 수 있다. 보기를 더 들면 다음과 같다.

(328) 반갑다, 정답다, 고맙다, 참하다, 어질다, 옳다, 어리석다, 기특하다, 소중하다, 온당하다, 소중하다, …

ㄹ 그림씨의 '-음' 이름법을 임자말로 취하는 풀이말인 그림씨

(329) ㄱ. 그가 약함이 안타깝다.
     ㄴ. 머리가 빼어남이 자랑스럽다.
     ㄷ. 그미의 사랑스러움이 남다르다.

(329ㄱ~ㄷ)의 풀이말인 그림씨는 정의적인 것인데 보기를 더 들면 다음과 같다.

(330) 즐겁다, 기특하다, 기이하다, 창피하다, 부끄럽다, 대견스럽다, 갸륵하다, 미안하다, 밉살스럽다, …

나. '-기' 이름법을 부림말, 위치말, 방편말로 취하는 풀이씨

㉠ 움직씨의 '-기' 이름법을 부림말로 취하는 풀이말인 움직씨

(331) ㄱ. 모두 잘 살기를 바란다.
     ㄴ. 공부하기 위하여 유학을 떠났다.
     ㄷ. 노력하기에 따라서 장래가 좌우된다.
     ㄹ. 공부하기로 결심하였다.
     ㅁ. 공부하게 되기를 바란다.

(331ㄴ~ㄷ)에서 보면 '위하여, 따라서 …' 등은 반드시 '-기'를 취하 며 (331ㄱ, ㄹ)의 '바라다, 결심하다, …' 등도 '-기'만을 취하는 움직씨

이다. (331ㅁ)의 '-게'의 경우는 움직씨 '-기'를 취함이 일반적이다. 이런 움직씨를 더 들면 다음과 같다.

(332) 빌다, 소원하다, 사양하다, 기다리다, 기대하다, …

ⓛ 그림씨의 '-기' 이름법을 부림말로 취하는 풀이말인 움직씨

(333) ㄱ. 부지런하기를 바란다.
　　　 ㄴ. 착하기를 원한다.

이 경우의 움직씨는 바람움직씨인 경우이다.

ⓒ 움직씨의 '-기' 이름법을 임자말로 취하는 풀이말인 그림씨

(334) ㄱ. 나는 공부하기가 싫다.
　　　 ㄴ. 놀고 먹기가 쑥스럽다.
　　　 ㄷ. 놀고 먹기가 창피하다.

(334ㄱ~ㄷ)의 풀이말인 그림씨는 그 앞의 이름법을 취하는 움직씨와의 의미관계에 따라 '-기' 뒤에 쓰였음을 알 수 있다.
이런 그림씨에는 다음과 같은 것들이 있다.

(335) 고달프다, 황송하다, 가련하다, 괴롭다, 귀찮다, 아니꼽다, 무섭다, 답답하다, 적적하다, …

ⓔ 그림씨의 '-기' 이름법을 임자말로 취하는 풀이말인 그림씨

(336) ㄱ. 감미롭기가 한량없다.
　　　 ㄴ. 빠르기가 비행기와 같다.
　　　 ㄷ. 아름답기가 그지 없다.

(336ㄱ~ㄷ)에서 보면 '기-이름법'은 임자말과 풀이말인 그림씨와의 자질에 따라 결정되는데, 이들 그림씨를 더 들면 다음과 같다.

(337) 다르다, 못하다, 낫다, 덜하다, 심하다, …

다. '-는 것'을 부림말로 취하는 풀이씨

㉠ '-는 것'만을 부림말로 취하는 풀이말인 움직씨

(338) ㄱ. 그가 일하는 것을 보았다.
      ㄴ. 그가 도망친 것을 몰랐다.

위와 같은 움직씨를 더 골라 보면 다음과 같다.

(339) 이르다, 느끼다, 감시하다, 고발하다, 대하다, 피하다, 잡다, 붙잡다, 발견하다, 찾아내다, …

㉡ '-기' 이름법과 '-는/을 것'을 부림말로 취하는 풀이말인 움직씨

(340) ㄱ. ㉮ 그는 얻어 먹기를 좋아한다.
          ㉯ 그는 얻어 먹는 것을 좋아한다.
      ㄴ. ㉮ 그는 착하기를 원한다.
          ㉯ 그는 착할 것을 원한다.

(340ㄱ~ㄴ)의 ㉯와 같이 쓰이는 움직씨를 더 들면 다음과 같다.

(341) 싫어하다, 바라다, 권하다, 강요하다, 주장하다, 요구하다, 재촉하다, …

㉢ '-는/ㄴ 것'을 임자말로 취하는 풀이말인 그림씨

(342) ㄱ. 그가 말하는 것이 사랑스럽다.

　　　ㄴ. 노는 것이 귀엽다.

이들 그림씨는 '-스럽다', '-답다' 등으로 되는 것이 많다.
보기를 더 들면 다음과 같다.

(343) 미련스럽다. 밉살스럽다, 얄밉다, 다정하다, 정성스럽다, …

㉣ '-는/ㄴ 것'과 '-기'를 임자말로 취하는 풀이말인 그림씨

(344) ㄱ. ㉮ 혼자 있기가 미안스럽다.

　　　　㉯ 혼자 있는 것이 미안스럽다.

　　　ㄴ. ㉮ 혼자 먹기가 송구스럽다.

　　　　㉯ 혼자 먹는 것이 송구스럽다.

(344)에서와 같은 풀이말이 될 수 있는 그림씨를 더 들면 다음과
같다.

(345) 쉽지 않다, 어렵다, 쉽다, 괴롭다, 외롭다, 어색하다, 자연스럽다, 낫
　　　다, 못하다, 까다롭다, 아쉽다, 애처롭다, 위태롭다, …

여기서도 보면 '-스럽다'로 끝나는 그림씨가 많다.

㉤ '-는/ㄴ 것'과 '-음'을 임자말로 취하는 풀이말인 그림씨

(346) ㄱ. ㉮ 공손함이 남다르다.

　　　　㉯ 공손한 것이 남다르다.

　　　ㄴ. ㉮ 그가 성실함이 자랑스럽다.

　　　　㉯ 그가 성실한 것이 자랑스럽다.

(346)과 같은 월에서의 풀이말이 되는 그림씨를 더 들면 다음과 같다.

(347) 탐스럽다, 욕스럽다, 놀랍다, 뛰어나다, 심하다, …

이들 그림씨는 평가그림씨가 많은 듯하다.

라. '이름씨+이다'의 이름법 다음에 오는 풀이씨

(348) ㄱ. ㉮ 그가 착한 사람이기를 바란다.

　　　㉯ *그가 착한 사람임을 바란다.

　　ㄴ. ㉮ *그가 착한 사람이기를 어찌하랴?

　　　㉯ 그가 착한 사람임을 어찌하랴?

　　ㄷ. ㉮ *저것이 보물이기가 확실하다.

　　　㉯ 저것이 보물임이 확실하다.

(348ㄱ)의 ㉮에서 보면 풀이말 '바라다'는 '-기' 이름법을 취하고 (348ㄴ)의 ㉯에서는 풀이말 '어찌하랴'는 '-음' 이름법을 취하였으며 (348ㄷ)의 ㉯에서도 '-음' 이름법을 취하였다. 이와 같은 일은 풀이말이 움직씨냐 그림씨냐에 따라서 또 그 풀이말들의 자질에 따라서 이름법 '-기'와 '-음'의 어느 하나를 취하여 말본스럽다. 더구나 '-임', '-이기' 대신에 '-인 것'의 꼴을 취하는 경우도 있다.

(349) ㄱ. ㉮ 그가 여우임을 어찌하랴?

　　　㉯ 그가 여우인 것을 어찌하랴?

　　ㄴ. ㉮ 그가 사람이기는 어렵다.

　　　㉯ *그가 사람인 것은 어렵다.

　　ㄷ. ㉮ 그가 우등생임을 자랑한다.

　　　㉯ 그가 우등생인 것을 자랑한다.

　　ㄹ. ㉮ 그가 우등생이기를 바란다.

④ *그가 우등생인 것을 바란다.

(349ㄱ, ㄷ)은 다 가능하나 (349ㄴ, ㄹ)의 ㉮는 가능하고 ㉯는 불가능하다. 이로 보면 '-이기'와 '-인 것'은 '-이기', '-인 것'의 '이' 앞에 오는 이름씨와 풀이말에 따라 서로 반대가 되는 듯하다. 즉 '-기'가 가능하면 '-인 것'은 불가능하고 '-인 것'이 가능하면 '-기'는 불가능한 듯하다.

(350) ㄱ. ㉮ 그가 우등생인 것을 어찌하랴?
　　　　④ *그가 우등생이기를 어찌하랴?
　　　ㄴ. ㉮ 그가 장군이기를 소원한다.
　　　　④ *그가 장군인 것을 소원한다.

(349), (350)에서 보아 알 수 있듯이 '-임', '-이기', '-인 것'의 경우, 말본스런 월을 만들기 위한 풀이말이 어떠하다고 꼬집어 말하기는 어렵다. 앞으로 더 연구하여야 할 것이다.

마. 이름법을 부림말로 전혀 취하지 못하는 풀이말인 움직씨

(351) ㄱ. ㉮ *나는 그가 옴을 보았다.
　　　　④ *나는 그가 오기를 보았다.
　　　ㄴ. ㉮ *나는 그가 말함을 기록하였다.
　　　　④ *나는 그가 말하기를 기록하였다.

(351)과 같은 움직씨에는 다음과 같은 것들이 더 있다.

(352) 생각하다, 묻다, 듣다, 말하다, 상상하다, 구상하다, 입다, 벗다, 끌다, 되다, 가다, 오다, …

이들 움직씨는 지각·착용·이동움직씨 등인데 '-거리다', '-지다',

'ㅡ하다' 등에 의한 파생움직씨의 대부분도 이에 속한다.

바. 반드시 이름법을 취하는 통어형식

(353) ㄱ. 이 법은 만인 평등을 달성하기 위함을 목적으로 함.
ㄴ. 다음과 같은 일을 목적으로 함.
㉮ 일찍 일어나기.
㉯ 열심히 공부하기.

(353ㄱ)은 어떤 규정을 조목조목 벌여 말할 때의 통어형식이요, (353
ㄴ)의 ㉮~㉯는 이럴 때는 반드시 이러한 통어형식을 취한다.

🗀 이름법의 월조각 되기

이름법은 월의 여러 조각이 다 될 수 있다. 그것은 이름법이 된 풀이
씨와 풀이말이 된 풀이씨와의 자질에 따라 결정된다.

(354) ㄱ. ㉮ 공부함이 좋다. (임자)
㉯ 공부하기가 좋다. (임자)
ㄴ. ㉮ 우리의 목적은 잘 살기이다. (풀이)
㉯ *우리의 희망은 선진국 됨이다. (풀이)
ㄷ. ㉮ 수이 감을 자랑마라. (부림)
㉯ 잘 가기를 바란다. (부림)
ㄹ. ㉮ 노래를 부르기로 하였다. (연유)
㉯ 그는 새 옷을 입음으로써 잘나 보인다. (연유)
ㅁ. ㉮ 공부함보다 못하다. (견줌)
㉯ 공부하기보다 낫다. (견줌)

다만 방향말과 함께말은 잘 되는 것 같지 않다.

끝으로 하나 덧붙일 것은 풀이씨의 뿌리에 안맺음씨끝이 오면 이름 법이 더 자연스럽게 월의 조각이 되는 일이 많다.

(355) ㄱ. 그가 왔음이 확인되었다.

ㄴ. [?]그가 옴이 확인된다(되었다).

ㄷ. 그가 나았음이 알려졌다.

ㄹ. [?]그가 나음이 알려졌다.

2) 매김법

풀이씨가 그 앞의 임자말에 대하여 풀이말 노릇을 하면서 그 뒤의 말에 대하여는 매김씨의 구실을 하는 법을 말한다. 이에는 다음과 같은 것들이 있다.

- -는 : 움직씨에 쓰이며 이적을 나타냄

- -은/ㄴ : 그림씨와 잡음씨에 쓰이며 이적을 나타냄

- -을/ㄹ : 움직씨, 그림씨, 잡음씨에 쓰이며 올적에 나타냄

- -은/ㄴ : 움직씨에 쓰이며 지난적을 나타냄

- -던 : 이것은 안맺음씨끝 '-더-'에 '-ㄴ'이 더하여 된 것으로 움직씨, 그림씨와 잡음씨의 지난적(완결)을 도로 생각하며 매기어 나타냄.

가. -는 : 이 씨끝에는 '-시-'만을 연결할 수 있는데, 이것은 움직씨에 쓰이어 이적을 나타내는데, 다음과 같은 문맥적 의미를 나타낸다.

(356) ㄱ. 그는 뇌물을 받는 버릇이 있다. (습관)

ㄴ. 이 문제를 해결하는 자에게 상을 주겠다. (능력)

ㄷ. 자는 사람은 깨우지 말라. (진행)

ㄹ. 빛나는 졸업장 (보람, 값어치)

ㅁ. 손해보는 장사는 말자. (결과)

ㅂ. 더 배워야 하는 기술 (미완)

ㅅ. 잘 되는 일이 없다. (성취)

ㅇ. 이 문제를 해결하는 법이 있니? (수단, 방법)

ㅈ. 네가 알아야 하는 일은 바로 말본 문제이다. (마땅)

ㅊ. 그는 웃는 척한다. (추정)

ㅋ. 네가 그를 좋아하는 까닭을 알았다. (의도, 이유)

ㅍ. 사랑하는 국민 여러분 (매김)

ㅎ. 가는 정 오는 정 (상태, 매김)

ㄱ'. 네가 바라는 바가 무엇이냐? (희망)

ㄴ'. 꿈꾸는 백마강 (상상적 느낌)

나. −은/ㄴ : 그림씨, 잡음씨에 쓰이는 매김씨끝으로 '−은'은 닫힌
낱내 다음에 쓰이고 '−ㄴ'은 열린낱내 다음에 쓰이며 그 앞에 '−시−'
를 연결할 수 있는데, 다음과 같은 문맥적 의미를 나타낸다.

(357) ㄱ. 아름다운 꽃 (상태)

ㄴ. 그는 착한 학생이다. (단정)

ㄷ. 그는 날카로운 눈빛으로 이것을 바라보았다. (두려움)

ㄹ. 비싼 물건을 사지 말자. (정도의 더덜)

ㅁ. 그는 우수한 성적으로 졸업하였다. (판정, 평가)

ㅂ. 잘난 척하지 마라. (추정)

ㅅ. 자세한 상황 (구체성, 매김)

다. −을/ㄹ : 풀이씨의 줄기에 쓰이어 올적, 미룸, 의무, 의도, 가능
성, 확실성, 지난일, 매김 등을 나타내며 그 앞에 '−시−, −았/었−'을
연결할 수 있다.

(358) ㄱ. 서울에 가실 분은 손을 드십시오. (의도 또는 미룸)

ㄴ. 내일은 비가 올 것이다. (올적)

ㄷ. 착할 학생은 한 명 데려 오시오. (가능성)

ㄹ. 우등생일 그에게 이 선물을 주자. (확실성)

ㅁ. 너는 오늘 가야 할 일이 있다. (의무)

ㅂ. 그는 어릴 때 일도 잘 기억한다. (지난일 또는 매김)

ㅅ. 그는 할 일이 많다. (매김)

(358ㄱ~ㅅ)의 예를 보면 매김법의 씨끝 '-을'은 문맥에 따라 다양한 뜻을 나타냄을 알 수 있다.

라. -은/ㄴ : 이 매김씨끝은 그림씨와 잡음씨에 쓰이면 이적의 씨끝과 용법이 같으나 움직씨에 쓰이면 지난적을 나타낸다. '-은'은 닫힌낱내에 쓰이고 '-ㄴ'은 열린낱내에 쓰이어 다음과 같은 문맥적 의미를 나타낸다.

(359) ㄱ. 죽은 자는 말이 없다. (결과)

ㄴ. 도망간 자를 누가 잡을까? (사건)

ㄷ. 흘러간 세월 (매김)

ㄹ. 역경과 투쟁한 사람 (수행)

ㅁ. 일등한 학생 (성과)

ㅂ. 광맥을 찾은 보람 (성취)

ㅅ. 병을 고친 비법을 아느냐? (업적)

ㅇ. 이미 먹은 것을 어떻게 하란 말이냐? (완료)

ㅈ. 히말라야 제일봉에 올라간 개가 (달성)

ㅊ. 눈물 젖은 두만강 (상상적 느낌)

지금까지 다룬 매김말과 그 꾸밈을 받는 말 사이에는 통어·의미적으로 어떤 밀접한 관계에 의하여 통어관계가 이루어지므로 이상과 같이 여러 가지 문맥적의미가 다양하게 나타낼 수 있다.

(360) ㄱ. 그는 내 일을 알은 척 하였다.

ㄴ. 이것을 여기에 걸은 사람이 누구요?

(360ㄱ~ㄴ)의 '알은', '걸은'은 '안', '건'으로 쓰는 것이 올바른 것이다.

마. -던 : 이것은 '-더+ㄴ'으로 되어 있는데 움직씨, 그림씨 잡음씨에 쓰이는데 지난적에 겪었던 사실을 이적에 와서 돌이켜 말할 때 쓰인다. 특히 그림씨, 잡음씨의 지난 사실을 나타낼 때 쓰이는데, 이들 매김법에는 지난적 형태소가 없기 때문이다.

(361) ㄱ. 아름답던 옛 동산은 간 데 없고 이제는 연기를 내뿜고 있는 공장만 빽빽이 들어 서 있다.

ㄴ. 옛날에, 곱던 양자 어디로 갔단 말인가?

ㄷ. 읽던 책을 가져 오너라.

ㄹ. 선생이던 그가 이제는 농부가 되었다.

(361ㄱ~ㄴ)과 (361ㄹ)의 '-던'은 그림씨와 잡음씨의 지난때의 상태가 어떠하였음을 회상하여 말함으로써 다음 말을 매기고 있다.

3) 어찌법

다음과 같은 씨끝은 아무리 보아도 어찌씨와 성격이 같아서 어찌법으로 다루지 아니할 수 없다.[43]

가. -도록 : 이 씨끝은 장차 어떤 상황에 다다르게 되기를 바라는 어찌씨끝으로 그 앞에 '-시-'만을 연결할 수 있다.[44]

---

43) 허웅, 『국어학』, 샘문화사, 1983, 238쪽 참조.

44) 김민수교수화갑기념문집간행위, 「국어학신연구」, 『약천김민수교수화갑기념문집』, 1981, 237~247쪽 참조.

(362) ㄱ. 동해물과 백두산이 마르고 닳도록 하느님이 보우하사 우리나라
　　　　만세.

　　　ㄴ. 우리도 배가 부르도록 많이 먹었다.

　(362ㄱ)의 ‘－도록’은 ‘우리나라 만세’를 꾸미어 ‘마르고 닳을 때까
지’의 뜻을 나타내고 (362ㄴ)의 ‘부르도록’은 ‘부른 정도가 되기까지’의
뜻으로 이미 그 지경에 다다랐음을 나타내고 있다. 따라서 ‘－도록’은
어떤 지경(상황)에 도달하기를 바라는 뜻의 씨끝인데 경우에 따라서는
도달할 수도 있고 도달하지 못할 수도 있을 경우에 쓰이는 어찌씨끝임
을 알 수 있다. 이 ‘－도록’은 잡음씨에는 쓰이지 못한다.

　나. －게 : 이 씨끝은 ‘－도록’과는 달리 이미 어떤 상황(지경)에 이르
러 있어서 도저히 되돌릴 수 없음을 나타내는 어찌씨끝으로 그 앞에
‘－시－’만을 결합시킬 수 있다.[45] ‘－게’는 잡음씨에는 잘 쓰이지 못한
다. (요즈음은 가끔 쓰이는 일이 있기는 하나 무리이다.) ‘－게’에는
말할이의 의도가 내포되어 있다.

(363) ㄱ. 철수는 이미 잘 살게 되어 있다.

　　　ㄴ. 그는 얄밉게 나는 버리고 떠났다.

　　　ㄷ. 선생님께서 서울에 가시게 도와 드렸다.

　　　ㄹ. 이 과일이 잘 익어, 먹게끔 되었다.

　(363ㄹ)의 ‘－게끔’은 ‘－게’의 힘줌꼴이다. 그런데, 경우에 따라서는
‘－게’가 ‘－할 수 있도록’의 뜻으로 쓰이는 일이 있다.

(364) ㄱ. 우리는 철수가 이기게 도와 주었다.

　　　ㄴ. 그가 여기서 놀게 놓아 두어라.

---

45) 위의 논문, 237~247쪽 참조.

다. -듯이 : 이것은 흡사함 즉 비유를 나타내는 어찌씨끝으로 그 앞에 '-시-, -았/었-' 등이 결합할 수 있다.

(365) ㄱ. 구름에 달 가듯이 가는 나그네.

　　　ㄴ. 그는 거짓말을 밥 먹듯이 한다.

　　　ㄷ. 그가 위대한 학자이듯이 너도 훌륭한 사람이 되어야 하지 않겠느냐?

　　　ㅁ. 그미가 착하듯이 너도 착하여라.

　　　ㅂ. 그가 어려운 일을 하였듯이, 너도 그래야 한다.

(365ㄱ~ㅂ)에서의 '-듯이'는 '-한(하는) 것처럼', '-한(하는) 것 같이'의 뜻으로 이해된다. 그런데 '-듯이'는 경우에 따라서는 '-듯'과 같이 '-이'가 줄어지는 수가 있다.

(366) ㄱ. 그는 돈을 물 쓰듯 한다.

　　　ㄴ. 영희는 뭔가 알아차린듯, 아무 말없이 밖으로 나갔다.

라. -이 : '-과 같이', '-와 달리' 등과 같이 되어, 다음 마디나 이은 말이나 풀이말을 꾸민다. 이에는 안맺음씨끝은 연결될 수 없다.

(367) ㄱ. 이것은 보물과 같이 매우 소중하다.

　　　ㄴ. 이것은 저것과 달리 소중하다.

　　　ㄷ. 그는 돈도 없이 여행을 떠났다.

2.2.1.3 풀이말의 자리매김법

서술법, 물음법, 꾀임법, 이음법에는 자리토씨, 도움토씨, 특수토씨가 붙어서 자리를 매기거나 어떤 뜻을 더해 주는 일이 있는데, 이와 같은 일을 풀이말의 자리매김법이라고 한다.

1) 서술법의 자리매김법

이에 오는 토씨는 특수토씨 '요'와 '그려', '야'가 있다. '요', '야'가 아주낮춤에 쓰이면 어떤 느낌을 나타낸다.

(368) ㄱ. 비가 옵니다요.

ㄴ. 비가 오오그려(*요).

ㄷ. 비가 오네요(그려).

ㄹ. 비가 온다요(그려).

ㅁ. 비가 온다야.

ㅂ. 비가 오오(그려).

(368ㄱ~ㅁ)에서 보듯이 서술법의 아주높임에는 '−요', '−그려', '−야'가 쓰이는데 예사높임의 '−오'에는 '−그려'만 쓰이고 '−요'는 쓰이지 못한다. (368ㅂ), 그것은 홑소리부딪침 때문인 것으로 보인다.

2) 물음법의 자리매김법

(369) ㄱ. 비가 옵니까요?

ㄴ. 비가 오오그려?

ㄷ. 비가 오는가그려(오는가요)?

ㄹ. 비가 오나그려(오나요)?

(369ㄱ~ㄹ)에서 보면 물음법에서는 아주높임에는 '−요'만 쓰이고 예사높임, 예사낮춤, 아주낮춤에는 '−그려'와 '−요'가 쓰이는데, '−요'가 오면 성근말이 된다.

3) 꾀임법의 자리매김법

(370) ㄱ. 같이 가십시다요(그려).

ㄴ. 같이 가오그려.

ㄷ. 같이 가세그려.

ㄹ. 같이 가자그려.

꾀임법에는 높임에만 '-요', '-그려'가 쓰이고 나머지에는 '-그려'만 쓰인다. 왜냐하면, '-요'가 쓰이는 말법은 없기 때문이다.

4) 마디이음법의 자리매김법

이에는 다음과 같은 씨끝이 있는데 그 씨끝에 따라 오는 토씨도 다르다.

가정씨끝 : '-을진대' 다음에는 '-는'이 쓰인다.

(371) ㄱ. 비가 올진대는 집에 있자.

ㄴ. 그를 도울진대는 제대로 돕자.

끝남씨끝 : -어서/아서, -어/아, -러서/라서

📁 -어서/아서 : 이에는 '는, 도, 만, 까지' 등이 쓰인다.

(372) ㄱ. 문을 열어서<u>는(도)</u> 안 된다.

ㄴ. 문을 닫아서<u>도(만)</u> 살 수 있었다.

ㄷ. 일을 하여서<u>만</u> 살아갈 수 있다.

ㄹ. 빚을 내어서<u>까지</u>, 갚을 필요는 없다.

📁 -러서/라서 : 이에는 '는, 도'가 쓰인다.

(373) ㄱ. 나는 그가 누구인지 몰라서<u>는</u> 가만히 있었다.

ㄴ. 그 길을 몰라서<u>도</u> 못 찾아 가겠다.

결과씨끝 : '-니까' 다음에는 '-는'이 쓰인다.

(374) ㄱ. 내가 찾아가니까는 그는 집에 있었다.

ㄴ. 물으니까는 모른다고 하더라.

곧바로씨끝 : '-은즉' 다음에는 '-은'이 쓰인다.

(375) ㄱ. 내가 간즉은 그는 없었다.

ㄴ. 비가 온즉은 땅이 굳으리라.

마땅함씨끝 : '-어야/이야' '-라야/러야' 뒤에는 '-만'이 쓰인다.

(376) ㄱ. 너는 그것을 몰라야만 일을 잘 처리할 수 있다.

ㄴ. 물은 흘러야만 깨끗해진다.

추정불구씨끝 : '-으련마는'에는 '-도'가 쓰인다.

(377) ㄱ. 비가 오련마는도 오지 않는다.

ㄴ. 그가 가련마는도 가지 않고 애를 먹인다.

전환씨끝 : '-다가' 뒤에는 '-는, -도'가 쓰인다.

(378) ㄱ. 그는 일을 하다가는 쉬고 하다가는 쉰다.

ㄴ. 나는 그를 생각하다가도 괘씸한 생각이 들어서 다른데로 마음을 돌린다.

의문씨끝 : '-을지, -는지'에는 '-를, -는, -도'가 쓰인다.

(379) ㄱ. 그가 갈지를 나는 모르겠다.

ㄴ. 그가 갈지는 나도 모르겠다.

ㄷ. 그가 갈지도 나는 모르겠다.

(379)에서 보면 씨끝 '-지'는 과연 이음씨끝으로 보아야 할지 아니면, 두자격법의 이름법으로 보아야 할지 의문이나 이음씨끝으로 다루었다.

5) 매인이음법의 자리매김법

지움매인이음씨끝 : '-지' 뒤에는 '-가, -를, 도, 만' 등이 쓰인다.

(380) ㄱ. 그가 가지를(도) 아니한다.
　　　ㄴ. 그는 가만히 있지만은 아니한다.
　　　ㄷ. 그는 마음씨가 아름답지가 못하다.

(380ㄱ, ㄷ)에서 보는 바대로 '-지'는 자리토씨 '-가, -을'을 취함이 특이하다.

상태매인이음씨끝 : '-아/어' 뒤에는 '-는, -도, -만, -를'이 쓰인다.

(381) ㄱ. 밥을 먹어는(도) 보아라.
　　　ㄴ. 밥을 먹어를(만) 보아라.

값어치 매임이음씨끝 : '-음직' 뒤에는 '-은, -도, -만' 등이 쓰인다.

(382) ㄱ. 이 밥이 먹음직은(도) 하다.
　　　ㄴ. 이 밥이 먹음직만 하면, 너에게 주겠는데 그렇지 못하다.

바람매인이음씨끝 : '-고'에는 '-는, -도, -만, -를'이 쓰인다.

(383) ㄱ. 밥이 먹고는(도) 싶다.
　　　ㄴ. 밥이 먹고만(를) 싶다.

어찌씨끝 : '-도록' 뒤에는 '-은, -만, -까지'가 쓰이고, '-게'에는 '-는, -도, -만, -까지'가 쓰인다.

(384) ㄱ. 혀가 닳도록까지 타일렀다.

　　　ㄴ. 그가 죽도록만 노력하면 성공할 것이다.

　　　ㄷ. 그가 잘 했더라면, 이런 처지에 이르도록은 되지 않았을 것이다.

　　　ㄹ. 그는 착하게는(도) 생겼다.

　　　ㅁ. 그는 착하게만 살았다.

　　　ㅂ. 그는 착하게까지 하다.

(384ㅂ)의 경우는 토씨 '까지'가 빠지면 월이 되지 않는다. 토씨는 이와 같이 그 구실이 다양하다.

여기에서 덧붙여 설명하고 싶은 것은 매김법에는 자리매김법이 있을 수 없는 까닭은 매김말과 매김을 받는 말 사이에는 말본적 구조와 의미관계가 너무나 긴밀하기 때문이다. 다음 보기에서 그 분명한 까닭을 찾아볼 수 있다.

(385) ㄱ. 죽은 – 목숨

　　　ㄴ. 큰 – 계집

　　　ㄷ. 단 – 잠

　　　ㄹ. 가는 – 베

　　　ㅁ. 날 – 다람쥐

(385ㄱ~ㅁ)에서 보면 매김말과 매김을 받는 말은 서로 합하여 하나의 합성어를 만들 정도로 그 의미관계가 너무나 밀접하기 때문에 매김말과 매김을 받는 말 사이에는 토씨가 개입할 수 없다. 토씨가 개입한다는 것은(실지로는 그저 할 수 없지만) 두 말 사이의 관계를 분리시켜서 서로 다른 성분으로 만들 수 있다는 것이 되는데, 매김법의 경우는 그러한 관계가 절대로 성립될 수 없기 때문이다.

2.2.3 안맺음씨끝의 끝바꿈 범주

2.2.3.1 말대접법[46]

우리가 집이나 사회에서 어른을 대하여 말을 할 때는 아주 높여서 말하고 형이나 선배에게는 예사 높여서 말을 하며, 후배나 친구끼리는 예사 낮추어서 말하고 아랫사람에게는 아주 낮추어서 말을 하는데, 이런 말법을 말대접법이라 한다. 옛날부터 어른들은 대우법을 우리말로 말대접법이라고 불러 왔기 때문에 여기서도 그렇게 부르기로 한 것이다. 말대접은 집안에서 쓰는 집안말법과 사회에서 남남끼리 하는 남남말법의 두 가지가 있으나,[47] 편의상 이들을 하나의 체계로 세워 다루기로 한다. 집안에서나 사회에서 어른을 높이어 공경스레 하는 말법을 공경말이라 하고 처질부, 처질녀, 고종의 며느리 등에 대하여 삼가 하는 말법을 삼가말이라고 하며, 사회에서 성근 사람끼리 하는 말법을 성근말이라고 한다. 그리고 형제 및 선후배 사이에, 부부사이, 손아래 사람에 대하여 하는 말법은 말대접할 사람에 따라 예사 높여서 하는 말법과 예사 낮추어서 하는 말법과 반말법 및 아주 낮추어서 하는 말법 들이 있는데 이들 말법을 친근말이라 한다. 이를 표로 나타내 보이면 다음과 같다.

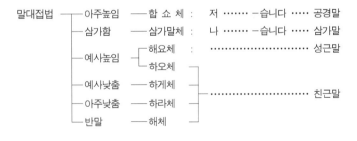

---

46) 말대접법에 대하여는 여증동, 『한국가정언어』, 시사문화사(1985)에 의지하여 다룰 것임을 미리 밝혀둔다. 그 까닭은 여 교수의 체계가 가장 옳은 것으로 판단되었기 때문이다.
47) 여증동, 위의 책, 362~363쪽 참조.

국어의 말대접법은 형태적방법, 통어적방법, 어휘적방법에 의하여 실현되는 세 가지가 있다. (체계상 의향법에 의한 것도 여기서 같이 설명한다.)

1) 형태적 방법에 의한 말대접법(대우법)

씨끝에 의한 말대접법을 형태적 방법에 의한 말대접법이라고 하는데 이에는 다음과 같은 말대접법이 있다. 이 말대접법은 들을이 말대접법이다.

합쇼체(공경말)

아들, 딸, 손자, 손녀가 할아버지, 할머니, 아버지, 어머니, 맏아버지, 맏어머니, 둘째아버지, 둘째어머니, 종숙, 종숙모, … 등에 대하여 말하는 법인데, 며느리도 시가 어른에게 대하여는 공경말을 하여야 한다. 사회에서는 스승이나 상관 및 나이 많은 어른께 대하여 공경말을 해야 한다.

(386) ㄱ. ㉮ 할아버지 여기에 책이 있습니다.
　　　㉯ 아버지 어디에 가십니까?
　　ㄴ. ㉮ 사장님 여기에 차가 있습니다.
　　　㉯ 어르신 서울에 가십니까?
　　ㄷ. ㉮ 사장님 이 차를 타십시오.
　　　㉯ 선생님 이 차를 타시지요.
　　　㉰ 어르신 여기에 앉으십시오.

의향법에서의 공경말의 씨끝바꿈을 보이면 다음과 같다.

의 향 법	씨 끝	등 급
서술법	−습니다, −노이다	
물음법	−습니까, −나이까	아주높임
시킴법	−십시오, −소서, −시지요	
꾀임법	−십시다, −시지요, −십세다	

공경말에서 말할이가 임자말이 될 때는 반드시 '제'가 되어야 한다. 이것이 삼가말과 다른 점이다.

(387) ㄱ. 제가 도와 드리겠습니다.

　　　ㄴ. 제가 그에게 길을 가르쳐 주었습니다.

　　　ㄷ. 제가 도와 드릴까요?

　　　ㄹ. 제가 이것을 가져도 괜찮습니까?

위에서 (387ㄷ)의 '−을까요'는 말할이가 들을이의 의사를 물을 때 쓰이는 씨끝으로서 '−요'가 있다 하여 성근말이 아님에 유의하여야 한다.

삼가말체

말할이가, 처질부, 처질녀, 고종의 며느리, 외사촌의 며느리, 처제, 나이적은 면복친 부인, … 등에게 삼가 말하거나, 부인이 나이적은 시친당 면복친 남자, 질녀 남편, 생질녀 남편들에 대하여 말하는 법인데 이때의 임자말은 반드시 '나'라야 한다. 이것이 공경말과 다르다. 삼가 말법은 사실은 통어적 방법에 의한 말대접법이나 편의상 여기에서 다루기로 한다.

(388) ㄱ. ㉮ (고종의 30세 며느리) : 서울 아주버님 오셨습니까?

　　　　㉯ (시아버지의 70세 먹는 고종) : 나는 아우를 보려고 왔습니다.

　　　ㄴ. ㉮ (30세 처질부) : 고모부님 오셨습니까?

　　　　㉯ (60세 시고모부) : 예, 나는 처남을 만나러 왔습니다.

ㄷ. ㉮ (처제) : 형부 오셨습니까?

㉯ (형부) : 예, 나는 기차로 왔습니다.[48]

ㄹ. ㉮ (질서) : 처숙모님, 안녕하십니까?

㉯ (처숙모) : 예, 나는 잘 있습니다.

(388ㄱ~ㄹ)의 ㉯에서는 손위 어른이 손아래 여자에 대하여서나 처숙모가 질서에게 '나는 －습니다'라고 하는 것은 존대하여 한 말이 아니라 삼가 조심해서 한 말임을 알아야 한다. 요즈음 젊은이들이 처제를 보고 "해라"를 하는 것은 교양 없는 일이다. 이때의 의향법의 씨끝은 공경말의 경우와 같아서 서술법에는 '－습니다'가 쓰이고 물음법에는 '－습니까' 시킴법에는 '－시지요, －세요' 꾀임법에 '－시지요, －세요'가 쓰인다. 옛날 궁중에서 대왕대비가 왕에게 말하는 것은 삼가 말이다.

남남말에 있어서의 삼가말은 스승이 시집간 여제자나 상관이 시집간 아래 여직원에 대하여 하는 말법이다.

(389) ㄱ. 김여사, 시집살이 재미가 어떻습니까?

ㄴ. ㉮ 선생님, 오래간만입니다. 안녕하십니까?

㉯ 예, 나는 잘 있습니다.

ㄷ. ㉮ 과장님 안녕하십니까?

㉯ 예, 나는 잘 있습니다. 부부생활이 재미있습니까?

이때도 임자말은 '나'임은 집안말의 삼가말의 경우와 같다.

해요체(성근말)

성근 사이에 있어서 늙은이는 젊은이에게 삼가말 또는 성근말을 해야 하고 젊은이는 늙은이에게 공경말을 해야 한다.[49]

---

48) 요즈음은 형부가 처제에 대하여는 예사높임으로 말하는 경향이 있다.
49) 여증동, 앞의 책, 362~368쪽 참조.

(390) ㄱ. ㉮ (길가는 60세 늙은이) : 역으로 가자면 어디로 가나요?

　　　㉯ (길가는 20세 젊은이) : 오른쪽으로 돌아서 줄곧 가시면 됩니다.

　　ㄴ. ㉮ (군수) : 김 과장, 어제 그 문제를 빨리 좀 알아 봐요.

　　　㉯ (과장) : 지금 곧 알아 보도록 하겠습니다.

　(390ㄱ~ㄴ) 이외에도 '안녕하세요, 고마와요, 잘 가세요…' 등과 같이 씨끝이 '-요'로 끝나는 말법이 성근말법이다.

　요즈음 교육을 잘못 받은 젊은이들이 자기 부모나 어른들에 대하여 예사로 해요체를 쓰는데 그것은 잘못이다.

　설명하면, 의문대이름씨나 이름씨 및 대부분의 이음씨 끝에 '요'를 붙여서 서술법이나 물음법 또는 시킴법으로 쓰면서 높임말로 착각하나 그것은 잘못이다. 특히 '-ㄹ게요'를 사용하여 서술법의 높임말로 생각하나 잘못이니 아주높임말은 아니니 어른에 대하여 쓰지 말아야 한다.

(391) ㄱ. 누구요?

　　ㄴ. 어디요? 또는 어디로(에)요?

　　ㄷ. 언제요? 언제까지요?

　　ㄹ. 집에요.(또는 물음법으로) 점심은요.(또는 물음법으로)

　　ㅁ. 없다면요? 그가 올 것 같으면요?

　　ㅂ. 부탁할게요.

　　ㅅ. 기분이 나빠서요.

　　ㅇ. 이것을 먹어요.(시킴법)

　　ㅈ. 비가 오더라도요?

　　ㅊ. 그는 놀고서요, 안 가요.

　　ㅋ. 밖에는 비가 오거든요.

　　ㅌ. 그는 일을 하다가요 놀아요.

특수한 이음법을 제외하고는 다 위와 같이 예사로 쓰고 있으나 잘못
이니 바르게 말을 하여야 한다.

하오체

아우가 형에게, 후배가 선배에게 대하여 '제가 ─오'식으로 하는 말
법이다.

(392) ㄱ. 형님, 제가 이 일을 하겠소.

ㄴ. 선배님, 제가 여기 있겠소.

ㄷ. 형님, 어디 가오.

ㄹ. 선배님, 이것을 가지겠소?

ㅁ. 형님, 같이 가오.

하오체의 의향법 씨끝을 보이면 다음과 같다.

의 향 법	씨 끝	등 급
서 술 법	저 …… 오/소	
물 음 법	저 …… 소/오?	예사높임
시 킴 법	…… 오/소	
꾀 임 법	…… 오/소	

하게체

남자 형이 아우에게, 시누나가 동생댁에게, 백남댁(중남댁)이 시누이
에게, 손위 동서가 손아래 동서에게, 장모가 사위에게, 선배가 후배에
게 대하여 하는 말법이다.

(393) ㄱ. 나는 서울 가네. [형(선배)이 동생(후배)에게]

ㄴ. 자네는 어디 가는가? (위와 같음)

ㄷ. 자네, 이것을 가져 가게. (위와 같음)

ㄹ. 자네는 나하고 같이 가세(감세). (위와 같음)

하게체의 의향법 씨끝을 보면 다음과 같다.

의 향 법	씨 끝	등 급
서 술 법	−네	
물 음 법	−는가	예사낮춤
시 킴 법	−게	
꾀 임 법	−세(−ㅁ세)	

하라체

집안의 할아버지, 할머니, 아버지, 어머니, 맏아버지, 맏어머니, … 등이 손자, 손녀, 아들, 딸 조카, … 등에게 대하여 하거나, 나이 많은 어른이 나이 어린 아이나 젊은이에게, 선생이 학생에게 대하여 하는 말법이다.

(394) ㄱ. 나는 서울 간다.

ㄴ. 너는 뭘 하느냐(나, 니)?

ㄷ. 이것을 가져 가거라.

ㄹ. 나하고 같이 일하자.

해체(반말)

부모님 앞에서 남편이 아내에게, 아내가 남편에게, 집안의 나이 적은 손위 사람이 나이 많고 촌수가 아래인 사람에게, 친구 사이에 주고받는 말법이다.

(395) ㄱ. 나는 시장 가아.

ㄴ. 출근해?

ㄷ. 이것 먹어.

ㄹ. 나하고 같이 가아.

반말의 씨끝은 '-아', '-는데', '-지', '-거든' 등이 쓰이는데 '-아'는 의향법 전체에 대하여 쓰이나, '-는데', '-거든'은 서술법에, '-지'는 서술법, 물음법, 시킴법, 꾀임법에 두루 쓰인다. '-은데'는 설명을, '-거든'은 조건의 뜻을 나타낸다.

(396) ㄱ. 이게 좋은데. (서술법)

ㄴ. 이것이 좋지. (서술밥, 물음법)

ㄷ. 같이 가지.(?) (시킴법, 꾀임법, 서술법, 물음법)

ㄹ. 나는 이게 좋거든. (서술법)

2) 통어적 방법에 의한 말대접법(대우법)

통어적 방법에 의한 말대접법에는 주체높임법이 있다.

주체높임법

임자말이 손위 어른이거나 이에 준하는, 의인화한 사물일 때, 임자말을 높이는 형태소 '-시-'를 주체높임말이라 하고, 이 '-시-'가 풀이말의 안맺음씨끝으로 쓰이어 임자말을 높이는 법을 주체높임법이라고 한다.

(397) ㄱ. 할아버지께서 서울에 가신다.

ㄴ. 선생님 어디 가십니까?

ㄷ. 선생님은 술이 좋으십니까?

ㄹ. 할아버지께서는 귀가 밝으시다.

📁 주체높임말의 월에서의 위치

가. 풀이말이 으뜸풀이말일 때

주체높임말 '-시-'는 풀이말의 뿌리 바로 다음에 쓰인다. 즉 안맺음씨끝 중에 제일 앞에 쓰인다.

(398) ㄱ. 아버지께서 서울에 가시었다.

ㄴ. 선생님은 벌써 미국에 도착하시었겠다.

ㄷ. 선생님께서 서울로 가시겠다.

나. 풀이말이 '으뜸풀이말+매인풀이말'일 때

이 경우에는 다음과 같은 경우가 있다.

(399) ㄱ. 임자말에 관계 없이 매인풀이말에 '-시-'가 오지 않는 경우

㉮ 가능매인움직씨 중 '-되다'에는 '-시-'가 안 옴.

㉯ 마땅매인움직씨 '-하다'에는 '-시-'가 안 옴.

ㄴ. 임자말에 따라 '-시-'가 오기도 하고 안 오기도 하는 경우

㉮ 하임매인움직씨 : -하다, 만들다

㉯ 두기매인움직씨 : -가지다

㉰ 지움매인움직씨 : 아니하다, 못하다, 말다

ㄷ. '-시-'가 매인움직씨에 오는 경우

㉮ 나아감매인움직씨 : 가다

㉯ 끝남매인움직씨 : 나다, 내다, 버리다

㉰ 섬김매인움직씨 : 주다, 바치다('드리다'는 그 자체가 높임말

이므로 '-시'가 오지 않음.)

㉱ 해보기매인움직씨 : 보다

㉲ 힘줌매인움직씨 : 쌓다

㉳ 두기매인움직씨 : 놓다, 두다

㉴ 가식매인움직씨 : 체하다, 양하다, 척하다

㉵ 될뻔함매인움직씨 : 뻔하다

위에 대하여 설명하기로 하겠다.

(400) ㄱ. 아버지는 서울에 가시게 되었다.

ㄴ. 선생님은 미국에 가시게 되었다.

ㄷ. ㉮ 선생님은 서울에 가셔야 한다.

　　ㄴ 선생님은 서울에 가셔야 합니다.

(401) ㄱ. ㉮ 선생님은 아버지께 이유서를 쓰시게 하셨다.

　　　ㄴ 나는 선생님을 잘 가시게 하였다.

　　　㉲ 선생님은 내가 잘 되게 하셨다.

ㄴ. ㉮ 선생님은 아버지가 잘 되시게 만드셨다.

　　ㄴ 아버지는 그 일이 잘 되게 만드셨다.

　　㉲ 나는 선생님이 잘 가시게 만들어 드렸다.

ㄷ. ㉮ 아버지께서는 가시지 않는다(못하신다)[옷을 입지 않으신다].

　　ㄴ 아버지께서는 가(시)지 마십시오.

ㄹ. 아버지는 이 일을 잘 처리해 가신다.

ㅁ. ㉮ 아버지는 그 어려움을 견디어 나셨다(내셨다)

　　ㄴ 아버지는 그것을 철이에게 주어 버리셨다.

ㅂ. ㉮ 아버지는 그를 도와 주셨다.

　　ㄴ 아버지는 그 일을 나라에 일러 바치셨다.

ㅅ. 아버지는 이것을 한 번 들어 보셨다.

ㅇ. 아버지는 공연히 아이들을 꾸짖어 쌓으신다. (433~434쪽 참조)

ㅈ. ㉮ 아버지는 이것을 받아 놓으셨다.

　　ㄴ 아버지는 이것을 받아 두셨다.

ㅊ. 할아버지는 눕지도 못하신다.

(401ㄷ~ㅊ)에서 보면, 각 월의 임자말인 '아버지'의 동작이 매인움직씨에 모두 관계하므로 '-시-'는 매인움직씨에 쓰이게 되었다. 물론 '아버지'의 동작이 으뜸움직씨에도 관여하나, 우리의 말버릇이 이런 경우는 '-시-'는 매인움직씨에만 쓰여야 한다.

3) 어휘적 방법에 의한 말대접법(대우법)

어휘적 방법에 의한 말대접법에는 주체높임법과 객체높임법이 있다.

주체높임법
'-시-' 이외의 낱말로써 임자말(주체)을 높이는 법을 어휘적 방법에 의한 주체높임법이라 한다.

(402) ㄱ. 할아버지께서 집에 계신다.

　　　ㄴ. 할아버지께서 지금 주무신다.

　　　ㄷ. 할아버지께서 진지를 잡수신다.

　　　ㄹ. 아버님께서 약주를 자주 드신다.

임자말을 높이는 이름씨, 토씨, 움직씨에는 각각 다음과 같은 말들이 있다.

높임이름씨	높임토씨	높임움직씨
말씀, 병환	께서	계시다
진지, 치아	께옵서	주무시다
약주, 염		잡수시다
안력		잡숫다, 자시다
연세, 춘추		돌아가시다, 분부하시다

위 표의 말들은 월의 짜임새 여하에 따라서는 객체높임법에도 쓰일 수 있다. 다만, 토씨 '께서', '께옵서'에 의한 말대접은 어휘적이라 하기보다 형태론적 처지에서는 자리매김법에 의한 말대접법이라 하여야 한다.

객체높임법[50]
월에서 부림말이나 위치말을 객체라 하고, 높임의 낱말이나 겸사의

---

50) 권재일, 1992, 『한국어통사론』, 민음사, 118~131쪽 참조.

낱말에 의하여 객체를 높이는 법을 객체높임법이라고 한다. 다만, 토씨 '께서', '께옵서'에 의한 것은 자리매김법에 의한 말대접법이다. 이때의 객체도 손위 어른에 한한다.

(403) ㄱ. 아버지께 진지를 드린다.

　　　 ㄴ. 할아버지께 이 말씀을 여쭈어라.

　　　 ㄷ. 나는 선생님을 찾아뵈었다.

　　　 ㄹ. 나는 아버지를 모시고 있다.

위에서 토씨 '께'에 의한 객체높임법은 자리매김법에 의한 말대접법이요, '-님'에 의한 것은 파생법에 의한 말대접법이다.

4) 말할이낮춤법(겸양법)

말할이가 자기자신을 낮추어 말함으로써 들을이를 높여 대접하는 법이다. 따라서 이와 같은 말대접법을 말할이 낮춤법이라 한다. 종래는 겸양법이라 하였다.

이 말대접법은 말할이낮춤 안맺음씨끝 '잡, 자옵, 자오', '삽, 사오', '습', '으옵, 으오' 등에 의하여 이루어진다.

(404) ㄱ. 아버지 제가 가겠사오니, 기다려 주시옵소서.

　　　 ㄴ. 아버님 하서를 받자오니 기쁘기 한량 없사옵니다.

　　　 ㄷ. 말씀 듣자옵고 어쩔 바를 몰랐습니다.

　　　 ㄹ. 아버님 말씀만 믿사옵고 있사옵니다.

　　　 ㅁ. 이제 저는 가오니 안녕히 계시옵소서.

(404ㄱ~ㅁ)에서 보듯이 말할이낮춤 안맺음씨끝의 쓰이는 경우를 보면 다음과 같은데, 이들 안맺음씨끝이 쓰일 때의 임자말은 반드시 '제'가 되어야 한다.

첫째 갈래

📁 -잡/자옵-

뿌리의 받침이 ㄷ, ㅈ, ㅊ이고 터짐닿소리로 시작되는 이음씨끝 앞에 쓰이기도 하고 '-나이다, -니다'와 같은 씨끝 앞에 쓰이기도 한다. 그리고 이에는 안맺음씨끝 '-았/었-', '-겠-' 등은 쓰이지 못한다.

(405) ㄱ. 선생님의 말씀을 쫓잡고자 애쓰고 있사옵니다.

　　　ㄴ. 아버님 하서 받잡고 기쁘기 한량 없나이다.

　　　ㄷ. 고향 소식 자주 듣자옵나이다.

📁 -자오-

뿌리의 받침이 ㄷ, ㅈ, ㅊ이고 이음씨끝 '-니' 앞에 쓰인다. 이에도 '-잡/자옵-'의 경우와 같이 '-았/었-', '-겠-'이 쓰이지 못한다.

(406) ㄱ. 말씀을 듣자오니 저의 잘못인가 하옵니다.

　　　ㄴ. 글월 받자오니 기쁘기 한이 없나이다.

'-자옵'계가 쓰이는 움직씨로는 '듣다, 받다' 등이 많이 쓰인다.

둘째 갈래

📁 -삽/사옵-

뿌리의 받침이 ㄷ, ㅆ, ㅈ, ㅊ이거나 기타 닿소리이고 터짐닿소리로 시작되는 이음씨끝 앞이나 '-니다, -나이다'와 같은 씨끝 앞에 쓰인다.

(407) ㄱ. 아이는 밥을 먹었사옵(삽)고 어른은 죽을 드셨사옵니다.

ㄴ. 하나님 아버지를 믿사옵나이(니)다.

ㄷ. 요즈음은 좋은 일도 잦사옵고, 집안도 차차 정리되어 가옵니다.

 −사오−

뿌리의 받침이 ㄷ, ㅆ, ㅈ, ㅊ이거나 기타 닿소리이고 '−니'로 시작되는 이음씨끝 앞에 쓰인다.[51] 그리고 이에는 '−았/었−', '−겠−'이 쓰인다.

(408) ㄱ. 그들은 잘 지냈사오니 안심하옵소서.

ㄴ. 밥도 잘 먹사오니 안심하옵소서.

ㄷ. 제가 그를 믿겠사오니 그리 아옵소서.

ㄹ. 제가 그를 좇사오니 잘 인도하여 줄 것이옵니다.

ㅁ. 옷이 젖사오니 조심하시기 바라옵니다.

셋째 갈래

−습−

닿소리가 받침인 뿌리 다음에 쓰인다.

(409) ㄱ. 돈을 많이 받습니다.

ㄴ. 저는 잘 있습니다.

ㄷ. 우리는 그를 찾습니다.

넷째 갈래

−으옵−

---

51) 이에 대하여는 예문 (405) 첫째 갈래의 '−잡/자옵−', '−자오−'조를 참조할 것.

홀소리 및 모든 닿소리로 끝나는 뿌리 뒤에 쓰인다.

(410) ㄱ. 가옵니다.

　　　ㄴ. 가옵나이다.

　　　ㄷ. 받으옵나이다.

 －으오－

'가오니, 받으오니' 등과 같이 이음씨끝 '－니' 앞에 쓰인다.

말할이 낮춤법은 글말에서, 특히 상대를 극히 존중하게 말대접해야
할 경우에 쓰이고 입말에서는 별로 쓰이지 않는다.

2.2.3.2 때매김법

1) 우리말의 때매김

우리말의 때매김을 시제tense로 볼 것이냐 사상aspect으로 볼 것이냐
하는 문제는 학자에 따라 그 설이 다르다. 국어의 때매김은 시제와
상, 어느 쪽으로 보는 것이 더 합리적이냐에 대하여 알아보기로 하겠다.

상이란 본래 스라브어의 말본용어 vid를 번역한 말인데, 스라브어에
서는 '동일한 동작을 완료형식과 비완료형식이라는 서로 다른 두 가지
면으로 나타내는 것'을 뜻한다. 그러나 영어에서는 서로 다른 두 가지
동작으로 나타내는 것을 상이라 하여, 다음과 같이 구별하였다.

(411) ㄱ. He sat in a corner of the room.

　　　ㄴ. He sat down in a corner of the room.

(411ㄱ)을 미완료imperfect로 보고 (411ㄴ)을 완료perfect로 보는 것이다.
우리말로 옮겨 보면 (411ㄱ)은 '그는 방의 한 모퉁이에 앉아 있다'(앉은

상태로 있다)요, (411ㄴ)은 '그는 방의 한 모퉁이에 (서 있다가) 앉았다'로 되는데 (411ㄱ)의 'sat'는 그냥 앉은 동작을 지금까지 지속하고 있음을 나타낸다면, (411ㄴ)의 'sat down'은 서 있다가 앉는 동작을 완료하였음으로 상태에 해당되는 것으로 보아진다.

그러면, 시제란 때의 어떠한 말본적 범주를 말하느냐 하는 문제인데 '움직씨에 있어서 시간적 관계(많은 경우 동작의 끝남, 안끝남, 계속 등)'을 나타내는 말본범주를 말한다. 발생적으로 보면 시제는 말할이의 심적 태도를 나타내는 의향법mood과 구별하기 어려우나, 형태와 뜻을 객관적으로 보아 때의 구별을 나타내는 어형상의 범주를 말한다. 그런데 시제의 조직과 종류는 언어에 따라서 다르다.

콤리는 시제를 다음과 같이 말하고 있다. "시제란 일반적으로 사람이 말하는 순간과 관련이 있는 상황의 때와 유관한데, 시제가 있는 언어에서는 ─ 반드시 그런 것은 아니나 ─ 이적, 지난적, 올적의 세 시제를 가진다. '이적'이라는 상황은 시간적으로, 말하는 순간과 동시적인 것을 말한다(John is singing). '지난적'은 말하는 순간보다 먼저 있었던 상황을 말하고(John sang, John was singing), '올적'은 말하는 순간보다 다음에 오는 상황을 말한다(John will sing, John will be singing)."[52] 그러나 상은 동작의 시작, 결과, 되풀이, 습관, 동안 등을 나타내는 말본 범주이므로 국어의 안맺음씨끝 '-았-, -겠-, -더-'는 그러한 뜻이나 시간적 국면을 나타내는데 그 구실이 있는 것이 아니고, 말하는 그때와 관계가 있는 말본적 범주에 속하므로 우리말의 때매김은 "과거·현재·미래"는 시제로 보아야 할 것 같고, 기타 복합 때매김은 시상으로 보아야 하나 여기서는 구분하지 않고 종전대로 다루기로 하겠다.

2) 안맺음씨끝에 의한 때매김법

안맺음씨끝에 의한 때매김법에는 의향법과 매김법에 공통으로 바

---

52) B. Comrie, *Aspect*, Cambridge University Press, 1978, pp. 2~3 참조.

로때매김과 도로생각때매김법의 두 가지가 있는데 이들에는 다시 단순때매김법과 복합때매김법의 두 가지가 있으나 여기서는 나누지 아니하고 설명하기로 한다.

(412) **바로때매김법**

　ㄱ. 의향법의 때매김법53)

　　㉮ 이적때 : −는/ㄴ −54)

　　㉯ 지난적때 : −었/았−

　　㉰ 올적때 : −겠−, −으리−

　　㉱ 지난적끝남때 : −었었/았었−

　　㉲ 지난적미룸때 : −었겠/았겠−, −었으리/았으리−

　ㄴ. 매김법의 때매김법

　　㉮ 이적때 : −는/은/ㄴ

　　㉯ 지난적때 : −은/ㄴ, −던

　　㉰ 올적(미룸)때 : −을/ㄹ

　　㉱ 지난적미룸때 : −았을/었을−

(413) **도로생각때(경험때)매김법**

　ㄱ. 의향법의 때매김법

　　㉮ 도로생각때 : −더−

　　㉯ 지난적도로생각때 : −었더/았더−

　　㉰ 미룸도로생각때 : −겠더−

　　㉱ 지난적미룸도로생각때 : −었겠더/았겠더−

---

53) 우리말의 때매김을 위와 같은 차례로 한 것은 복합때매김에서 '−었겠더−'와 같은 차례로 안맺음씨끝이 연결되기 때문이다.
54) 나진석, 『우리말의 때매김연구』, 과학사, 1911, 9쪽 이하에서는 직설법 이적의 형태소를 '−느−'로 보고 있다.
　　김차균, 『우리말 시제와 상의 연구』, 태학사, 1990, 10쪽 이하에서는 '−느−'로 보고 있다.
　　남기심, 『국어문법의 시제문제에 관한 연구』, 탑출판사, 1978, 15쪽에서는 '−는다'를 하나의 형태소로 보지만 그것이 '현재'라는 데는 동의하지 않는다고 하였다.

ㄴ. 매김법의 때매김법

　　㉮ 도로생각때 : ―던―

　　㉯ 지난적도로생각때 : ―었던/았던

　　㉰ 미룸도로생각때 : ―겠던

　　㉱ 지난적미룸도로생각때 : ―었겠던/았겠던

바로때매김법

📁 의향법의 때매김법

가. 이적때 : ―는/ㄴ―

㉠ '―는/ㄴ―'의 쓰임 : '―는―'은 움직씨의 닫힌낱내 다음에 쓰이고 '―ㄴ―'은 열린낱내 다음에 쓰인다. 그러나 그림씨와 잡음씨에는 ∅로 나타난다.

(414) ㄱ. 철수는 지금 책을 읽는다.

　　ㄴ. 영수는 학교에 다닌다.

　　ㄷ. 무궁화가 아름답다.

　　ㄹ. 세종대왕은 훌륭한 임금이시다.

(414ㄱ~ㄴ)에서 보면 '―는―'은 닫힌낱내 다음에 쓰이고, '―ㄴ―'은 열린낱내 다음에 쓰여 있다. 그러나 (414ㄷ~ㄹ)에서 줄기 다음에 ∅로 나타난다. 그러면, 왜 굳이 '―는/ㄴ―'을 이적의 때매김씨끝으로 보아야 하나, 그 까닭을 말해 보면 다음과 같다.

첫째, 우리의 언어직관으로는 '―는/ㄴ―'이 이적을 나타내는 것으로 보고 있음이 일반적이다.

(415) ㄱ. 철수는 학교에 간다.

ㄴ. 언니는 지금 책을 읽는다.

ㄷ. 영희는 밥을 먹는다.

둘째, '-는/ㄴ-'은 '-았-, -겠-, -더-' 다음에서는 줄어 드는데, '-는다' 전체를 서술법으로 보면 물음법의 맺음씨끝과의 대비상 모순이 된다. 이와 같은 일은 '-는/ㄴ-'이 서술법의 맺음씨끝이 아님을 입증하는 것이라 판단되기 때문이다.

(416) ㄱ. ㉮ 철수는 학교에 갔다.

㉯ 철수는 학교에 갔느냐?

ㄴ. ㉮ 철수는 학교에 갔다.

㉯ 철수는 학교에 갔냐?

(416ㄱ~ㄴ)의 ㉮, ㉯를 견주어 보면 '-다'와 대비되는 것은 '-느냐'와 '-냐'임을 알 수 있다. 따라서 '-다'가 서술법의 맺음씨끝임을 알 수 있다.

셋째, 매김법에서 '-는-'은 이적을 나타내는 형태소로 보면서, 서술법에서 '-는/ㄴ-'을 이적의 때매김씨끝으로 보지 아니하고 맺음씨끝으로 본다면 앞뒤 모순이 아닐 수 없다.

(417) ㄱ. 영희는 학교에 <u>간</u>다.

ㄴ. 학교에 <u>가</u>는 영희.

(417ㄱ)의 밑줄 부분은 (417ㄴ)의 밑줄 부분으로 그 자리를 바꾸었을 따름이다. 다만, 서술법에서는 움직씨 줄기가 닫힌낱내이면 '-는-'이 되고, 열린낱내이면 '-ㄴ-'이 되는데, 매김법에서는 언제나 '-는-'이 오는 것만 다를 뿐이다.

넷째, 앞에서 '-는/ㄴ-'은 그림씨와 잡음씨에는 ∅로 된다 하였으나, 역사적으로 보면 그림씨와 잡음씨에도 쓰이었는데,[55] 그것이 후대

로 오면서 줄어들었으므로, 그림씨와 잡음씨가 풀이말이 되면 이적의
뜻으로 느껴지는 것은 그와 같은 역사적 사실 때문이다. 즉 Ø형태소
를 가지고 있기 때문이다.

(418) ㄱ. 우리나라의 가을하늘은 매우 맑다.

　　　ㄴ. 이것은 철수가 나에게 준 선물이다.

다섯째, 역사적으로 '-ᄂ-'가 '-는/ㄴ-'으로 바뀌어 왔다.

(419) ㄱ. 일후믈 누니 보ᄂ다 홇딘댄(능엄 1 : 101)

　　　ㄴ. 청렴ᄒ며 조심ᄒ다 호모로 사ᄅ미게 일콜이더라(번역소학 9 : 51-2)

　　　ㄷ. 빗지면 거즛말 니ᄅ기 잘ᄒ다 ᄒᄂ니라(박통중, 상 : 32)

　　　ㄹ. 네 아지 못ᄒ다(몽노걸, 3 : 17)

　　　ㅁ. 기싱들을 식인다 ᄒ디(의유, 북산누)[56]

(419ㄱ)은 15세기의 보기요, (419ㄴ)은 16세기, (419ㄷ)은 17세기,
(419ㄹ)은 18세기, (419ㅁ)은 19세기의 보기이다. 여기에서 보면, 'ᄂ
다〉ᄂ다〉는다'로 바뀌어 오늘에 이르고 있음을 알 수 있는데, 이로써
'-는/ㄴ-'은 이적의 때매김씨끝으로 보아야 함을 알 수 있다.

여섯째, '-는/ㄴ-'이 올 때는 반드시 이적의 어찌씨 '지금, 이제,
오늘, 올해, …' 등이 쓰이며 직업, 관습을 나타낼 때는 '늘, 항상, 언제
나, 요즈음, 자주, …' 등이 쓰인다.

이상 여섯 가지 근거로 미루어 글쓴이는 '-는/ㄴ-'은 현대 우리말
에 있어서 이적을 나타내는 때매김씨끝으로 보고자 한다.

　　나. 지난적때 : -었/았-

55) 허웅, 『우리옛말본(형태론)』, 샘문화사, 1975, 881쪽 참조.
56) 위의 책 참조.

㉠ '-었/았-'의 쓰임 : 어떤 동작이 이적에 막 끝났거나(완결) 지난 적에 있었거나 끝난 것은 물론 지난적의 어떤 상태의 결과가 이적에까지 남아 있음을 나타내는 때매김법이다.[57] 따라서 이것이 복합때에 쓰일 때는 주로 끝남의 뜻으로 쓰인다. '-었-'은 줄기가 어두운홀소리이거나 잡음씨의 줄기 다음에 쓰이고, '-았-'은 밝은홀소리 다음에 쓰인다.

(420) ㄱ. 영희는 스티븐슨의 보물섬을 읽었다. (끝남)

ㄴ. 철수는 조금 전에 떠났다. (이적 끝남)

ㄷ. 어제는 비가 많이 왔다. (지난적, 또는 끝남)

ㄹ. 영수는 어려서는 참으로 예뻤다. (지난적)

ㅁ. 너는 학생시절에는 지금보다 더 착했다. (지난적)

ㅂ. 링컨은 훌륭한 정치가였다. (지난적)

ㅅ. 그는 단순한 발명가가 아니었다. (지난적)

(420ㄱ~ㄴ)의 '-었/았-'은 끝남때 즉 이적끝남을 나타내나, (420ㄷ)의 '-았-'은 보기에 따라서는 지난적도 되고 끝남적도 되는데, 동작 그 자체로 보면 끝남을 나타내나, 월 전체의 면으로 보면 지난적이 된다. (420ㄹ~ㅅ)의 '-었-'은 그림씨와 잡음씨에 쓰이어 있는데, 이 경우는 모두 지난적이다. 왜냐하면, (420ㄹ)은 예쁜 모습은 지난적에 끝나 버린 것이 아니라 지금도 그 예쁜 모습이 남아 있는데, 어려서가 더 예뻤다는 뜻이고 (420ㅁ)은 지금도 착하나 '학창 시절이 지금보다 더 착했다'는 뜻이며, (420ㅁ)은 링컨은 지난적에 훌륭한 정치가였으나 지금도 그 훌륭한 정치가라는 평가는 남아 있다. 그는 죽었으나 그 평가마저 끝나 버린 것이 아니다. (420ㅅ) 또한 '그가 발명가인' 것은 지난적에만 발명가였고 지금은 발명가로서 인정을 받지 않는 것이 아니고, 지금도 발명가로서 인정을 받고 있다. 따라서 '-었/았-'은

---

57) 이에 대해서는 주시경, 『국어문법』, 박문서관, 1910, 100쪽 참조.

때매김법으로서는 지난적으로 보아야 하는데 '-었-'이 끝남의 뜻으로 이해되는 것은 지난적은 이미 동작이 끝난 때이기 때문이다.

(421) ㄱ. 내가 바란 것은 그것이 아니었는데, 아마 네가 오해한 듯하다.
　　　ㄴ. 그는 너무나 부지런하였으므로 모든 사람으로부터 사랑을 받았다.
　　　ㄷ. 그는 어제 떠났다.
　　　ㄹ. 그는 10년 전에도 부자였고 지금도 부자이다.

(421ㄱ~ㄹ)의 '-었-'은 끝남으로 보기는 좀 어려울 듯하다. 특히, (421ㄷ)에서 보면 '어제 떠났다'는 것은 어제 떠난 행위가 끝났다는 뜻보다는 떠난 때가 어제였다는 뜻이며, (421ㄹ)에서 보면 '-었-'은 끝남이 아니고 분명히 지난적이다. 국어는 영어처럼 지난적과 과거분사가 구분되어 있지 아니하므로, '-었-' 하나를 가지고, 때매김을 나타낸다는 것을 생각지 아니하고, 그 문맥적 뜻에만 의존하여 '끝남'이라고 하나, 우리의 토박이들은 '-었/았-'은 지난적을 나타내는 것으로 보고 있다. 사실, 영어에서는 과거와 과거분사가 나뉘어져 있으니까 그것으로 구분하나 우리는 그렇지 못한 데 어려움이 있다. 그러나 지난적은 끝남도 되나, 때매김으로는 지난적으로 보아야 한다. 만약 '-었/았-'을 지난적으로 보지 않으면 '-었었/았었-'에서의 때매김법을 어떻게 볼 것인가가 문제된다. 굳이 끝남으로 본다면 '-었었-'은 앞끝남 뒤끝남이라 하여야 할 것이 아닌가? 이해하기 어려운 데가 없지 아니하다.

　다. 올적때 : -겠-, -으리
　올적때의 '-겠-'과 '-으리-'는 크게 의지올적(주관적올적)과 여늬 올적(객관적올적), 미룸 등 몇 가지 뜻을 나타내나 때매김으로는 올적을 나타내는 것으로 보아야 한다. 올적은 미룸의 문맥적 뜻을 나타내는 일도 있다.

　㉠ '-겠-'의 쓰임

(422) ㄱ. 저 영감 저러다가는 생죽음하겠어. (미룸)

ㄴ. 저렇게 뜯어 가지고 못 쓰겠소. 어서 댁으로 가시오. (짐작)

ㄷ. 어느 상급학교엘 다니겠노라고 지금부터 조르고 있고 한데 ….
(의지)

ㄹ. 내일은 비가 오겠다. (올적, 미룸)

ㅁ. 모레까지는 다 되겠습니다. (올적, 가능)

ㅂ. 그가 처음 군산으로 올 때만 해도 집은 내것이겠다, 아이들이래
야 셋이라지만 모두 어리고 또 그런대로 월급도 받거니와 ….
(확인)

ㅅ. 정주사는 지위도 있겠다, 돈도 있겠다, 무슨 걱정이겠수? (나열,
또는 확인)

ㅇ. 고태수를 미워해야 하겠는데, 그러나 어쩐 일인지 그가 미워지질
않고 …. (의지)

ㅈ. 아이, 배고파 죽겠구먼. (형편)

ㅊ. 내 힘껏 노력해 보겠다. (약속)

ㅋ. 어떤 일이 있어도 이 일은 꼭 이루어내겠다. (결심)

(422ㄱ~ㅋ)에서 보면 '-겠-'은 미룸, 짐작, 의지, 올적, 확인, 나열,
마땅함, 형편, 약속, 결심 등을 나타내는데58) 이를 크게 묶으면 미룸과
의지올적(가능, 의지, 확인, 형편, 약속, 짐작, 결심 등은 의지올적으로 크게
묶을 수 있다)으로 될 것이다. 이중 (422ㅂ~ㅅ)의 '-겠-'은 '-것-'이
이렇게 쓰인 것이다.59) 미룸의 뜻은 다른 때매김씨끝 '-었/았-' 등과
같이 쓰이면 나타나고 또 물음월, 서술월에 따라 나타나나, 임자말이 첫
째가리킴이면서 서술월이 되거나 둘째가리킴이 임자말이면서 물음월이
되면 의지올적 및 여늬올적(보통올적)을 나타낸다. 그런데 따지고 보면,

---

58) 김승곤, 「시제보조어간고 : 특히 겠에 대하여」, 『문호』 3집, 건국대학교 국어국문학
과, 1964, 68~78쪽 참조.
59) 이에 대하여는 뒤의 「-것」조를 참조할 것.

미룸도 올적의 일종이므로 때매김 범주로서는 '-겠-'은 올적을 나타내는 것으로 보고 뜻으로는 미룸, 의지도 나타내는 것으로 보는 것이 말본적인 면으로 볼 때 좋으리라 생각된다.[60]

다만 의지를 나타내는 움직씨(서술어) 다음에는 '겠'은 쓰일 수 없다. 왜냐하면 '의지'가 겹치는 표현인 까닭이다

    ㄱ. 바라겠습니다

    ㄴ. 축하하겠습니다

    ㄷ. 받겠습니다(현재에 말할 때)

    ㄹ. 감사하겠습니다(현재 인사할 때)

    ㅁ. 부탁하겠습니다 … 등은 잘못된 월이 된다.

ⓛ '-으리-'의 쓰임 : '-으리-'는 닫힌낱내 다음에 쓰이고 '-리-'는 열린낱내 다음에 쓰인다.

(423) ㄱ. ㉮ 나는 가리라. (의지)

        ㉯ 나는 가리로다. (의지)

        ㉰ 나는 책을 읽으리다. (의지)

   ㄴ. 나라에 좋은 일이 있으리라. (올적, 미룸)

   ㄷ. 너는 장차 훌륭한 사람이 되리라. (올적, 미룸)

   ㄹ. 그는 이번에는 꼭 합격하리라. (올적, 미룸)

(423ㄱ)의 ㉮의 '-리-'는 의도를 나타내면서 맺음씨끝은 '-라'가 되었고, ㉯는 의도를 나타내면서 맺음씨끝은 '-로다'가 되었으며 ㉰는 의도를 나타내면서 맺음씨끝은 '-다'로 되어 예사높임을 나타낸다. 그리고 씨끝이 '-라'나 '-로다'일 경우는 아주낮춤을 나타낸다. (423ㄷ)의 임자말은 둘째가리킴이요, (423ㄴ, ㄹ)은 셋째가리킴인데,

---

60) 영어에서도 will, shall이 올적, 의지, 추정 등의 뜻을 나타내는데 이와 견주어 보면 올적은 본래부터 그런 뜻을 지니고 있는 것으로 보아진다.

이 두 경우의 '-리-'는 올적 또는 미룸 또는 가능을 나타낸다. 이 '-리-'는 그 용법이 '-겠-'과는 달리 상당히 제한된 범위에서만 쓰인다. 특히 노래말 등에서 운율을 살리고 어떤 함축미를 더하기 위해 쓰이는 일이 많다.

(424) ㄱ. 나는 가리로다 정처 없이.

ㄴ. 말 없이 고이 보내 드리오리다.

ㄷ. 아름 따다 가실 길에 뿌리오리다.

(424ㄱ~ㄷ)의 '-리-'는 시의 운율을 살리면서 말할이(첫째가리킴)의 의도를 나타내고 있다. '-겠-'은 입말에 쓰이고 '-으리-'는 옛말투의 말과 글말에 주로 쓰임이 서로 다르다.

ⓒ '-으리-'의 형태 문제 : '-으리-'는 현대국어에서 주로 글말에 쓰일 뿐 아니라, 그 쓰이는 경우도 극히 제한되어 가는 경향에 있음으로써 점점 씨끝화의 길을 걷고 있다.

(425) ㄱ. 나는 집으로 가리로다.

ㄴ. 네가 먹으랴?

ㄷ. 어디로 가리오(료)?

ㄹ. 옛임이여, 언제 오려나?

ㅁ. 나는 언제 가리?

(425ㄱ)에서 보면 '-리-'가 오면 씨끝은 반드시 '-로다'가 쓰인다는 점, (425ㄴ)의 '-으랴', (425ㄷ)의 '-리오', (447ㄹ)의 '-려나', (425ㅁ)의 '-리'가 이미 씨끝화되어 있거나 거의 씨끝화하는 단계에 있음을 알 수 있고, 특히 다음과 같은 씨끝과 유관함을 볼 때 앞으로 씨끝화할 가능성이 많다.

(426) ㄱ. 무엇을 <u>할</u>소냐?

　　　ㄴ. 무엇을 <u>할</u>손가?

　　　ㄷ. 무엇을 <u>먹을</u>까?

(426ㄱ~ㄷ)에서 밑줄 친 부분은 '-리'와 관계가 있을 것으로 볼 때, 이의 씨끝화의 가능성을 짐작할 수 있다.

　라. 지난적끝남때 : -았었/었었-

　㉠ '-았었/었었-'의 쓰임 : 이 때매김법은 우리말에서 아직 확립된 때매김법은 아니나 때때로 쓰이는데, 끝난 상태가 유지되어 있지 않은 일을 나타낼 때는 물론, 이미 끝난 사실이 지난때에 이루어졌음을 나타낼 때 쓰인다.[61] 이때의 두 번째 형태소는 언제나 '-었-'으로 된다.

(427) ㄱ. 그는 아까 왔었는데?

　　　ㄴ. 영희는 몇 년 전에 출국하였었다.

　　　ㄷ. 작년에는 눈이 많이 왔었지.

(427ㄱ)의 '-았었-'은 아까 왔는데, 있어야 할 사람이 없을 때 쓰인 것이고, (427ㄴ)의 '-였었-'은 지난적 끝남이며, (427ㄷ)의 '-았었-'의 '-았'은 지난적을 나타내고 두 번째 '-었-'은 끝남(완료되어 이제는 없어진 것)을 나타낸다.

　그런데 경우에 따라서, '-았었-'이 강조를 나타내거나 말가락을 맞추기 위하여 쓰이는 일이 있으나, 이런 목적으로 쓰는 것은 잘못이므로 그렇게 써서는 안 될 것이다.

(428) ㄱ. *책을 한권 샀더니, 소설책이었었다.

　　　ㄴ. *한동안 뜸했었지. (노래말)

---

61) 허웅, 『국어학』, 샘문화사, 1993, 245쪽 참조.

ㄷ. *그때 나는 기분이 좋았었다.

(428ㄱ~ㄷ)의 '-었었-'은 굳이 그렇게 쓸 이유가 없는데 사용되어 있으나 성립되지 않는다. 그러므로 우리말에서 지난적끝남을 인정하기 어려운 점이 있다.

마. 지난적미룸때 : -었겠/았겠-, -었으리/았으리-[62]

㉠ '-었겠/았겠-', '-었으리/았으리-'의 쓰임

(429) ㄱ. 너는 그때 기분 좋았겠다.

　　　ㄴ. 너는 상을 탔겠도다.

　　　ㄷ. 그는 서울 갔겠다.

　　　ㄹ. 그때 너는 이겼으리라.

　　　ㅁ. 그는 아마 서울에 갔었으리라 믿어진다.

'-았겠/었겠-', '-았으리/었으리-'는 (429ㄱ~ㅁ)에서 보는 바대로 모두 지난적의 미룸을 나타내는데, '-었으리-'는 글말에 주로 쓰이며 말할이의 미룸을 나타내며 맺음씨끝은 '라'로 되고 '-었겠-'은 말할이의 추정을 나타내는데, 맺음씨끝은 '-다'나 '-도다' 등이 쓰인다.

📁 매김법의 때매김법

가. 이적때 : -는/은/ㄴ

'-는'은 열린낱내, 닫힌낱내를 가리지 아니하고 움직씨에 쓰이고 '-은'과 'ㄴ'은 그림씨에 쓰이는데 '-은'은 닫힌낱내 다음에 쓰이고 '-ㄴ'은 열린낱내 다음에 쓰이며 잡음씨에는 '-ㄴ'만이 쓰인다.

---

[62] 글쓴이는 '-었었겠-'과 '-었었으리-'의 때매김법은 우리말에 있는 것으로는 보지 아니하므로 다루지 않을 것이다.

(430) ㄱ. ㉮ 거기 가는 사람이 누구냐?

ㅤ㉯ 걷는 사람은 튼튼하다.

ㅤㄴ. ㉮ 마음이 굳은 청년은 유망하다.

ㅤㅤ㉯ 착한 사람이 복을 받는다.

ㅤㄷ. 위대한 정치가인 링컨은 노예를 해방시켰다.

이적때매김법의 '－는', '－은/ㄴ'은 안맺음씨끝 중 '－시－' 다음에
만 쓰인다.

(431) ㄱ. 저기 가시는 어른이 김 선생님이시다.

ㅤㄴ. 이 일에 관심이 ㅁ낳으신 분은 누구든지 참여하십시오.

나. 지난적때 : －은/ㄴ

이들 중 '－은'은 닫힌낱내 다음에 쓰이고, '－ㄴ'은 열린낱내 다음에
쓰인다.

(432) ㄱ. 꽃이 핀 나무에 나비가 찾아든다.

ㅤㄴ. 그가 받은 선물은 귀금속이었다.

ㅤㄷ. 아름답던 추억에 잠긴다.

여기서 덧붙일 말은 그림씨와 '이다/아니다'의 지난적때매김 형태
소는 없기 때문에 일반적으로 '이던/아니던'이나 '착하던' 또는 '이었
던'식으로 나타낸다. 이런 점으로 보면 잡음씨, 그림씨에 대한 지난적
때매김 형태소를 '－던'으로 하면 어떨까 한다. 이때의 '－던'은 단지
매기는 구실만 하는 듯하기 때문이다.

ㅤ'－ㄴ'은 안맺음씨끝 중 움직씨와 그림씨의 줄기 다음에 쓰이는 '－
시－'에만 연결된다.

(433) ㄱ. 나를 버리고 가신 임은 십리도 못 가서 발병이 날 것이다.

ㄴ. 저 어지신 어른이 이 교수이시다.

다. 올적(미룸)때 : −을/ㄹ
'−을'은 닫힌낱내 다음에 쓰이고 '−ㄹ'은 열린낱내와 잡음씨에 쓰인다.

(434) ㄱ. ㉠ 상을 받을 사람을 선정한다.
　　　　 ㉯ 차를 탈 사람은 어서 오너라.
　　　ㄴ. ㉠ 돈이 많을 사람을 골라 보아라.
　　　　 ㉯ 마음이 착할 학생을 뽑아라.
　　　ㄷ. ㉠ 우등생일 학생은 누구냐?
　　　　 ㉯ 우등생이 아닐 학생은 고르지 말라.

'−을/ㄹ'은 안맺음씨끝 중 '−시−'와 '−었/았−'에만 연결될 수 있다.

(435) ㄱ. 가실 분은 빨리 차를 타십시오
　　　ㄴ. 그가 받았을 상이 무엇일까?

(435ㄱ)의 '−ㄹ'은 올적을 나타내나 (435ㄴ)의 '−았을'의 '−을'은 미룸의 뜻을 상실하고 단지 매김의 뜻만을 나타낸다.

(436) ㄱ. 그는 어렸을 때, 참으로 총명했다.
　　　ㄴ. 너는 어려서도 이 일을 해 내었을 사람이다.
　　　ㄷ. 내가 이겼을 바에는 더 이상 하지 않겠다.

(436ㄱ~ㄷ)에 쓰인 '−을'은 올적인데, 미룸의 뜻은 없으나 편의상 올적(미룸)의 '−을'로 다루기로 한다.

라. 지난적미룸때 : −았을/었을
복합때매김법에는 이것 하나 밖에 없는데, 이 매김때는 매인이름씨 앞에 주로 쓰이나, 이름씨 앞에도 쓰인다.

(437) ㄱ. 그가 갔을 리 없다.

ㄴ. 철수가 그런 말을 했을 턱이 없다.

ㄷ. 그런 일을 했을 사람이 누구겠느냐?

도로생각때(경험때)매김법

📂 의향법의 때매김법

가. 도로생각때 : -더

㉠ '-더'의 쓰임 : 말할이가 지난적의 어느때에 직접 경험하였거나, 판단하였거나, 알았거나, 인식한 사실의 때를 머리 속에 간직하고 있다가, 말할 때에 그때의 사실을 지금에 돌이켜서, 들을이에게 보고하거나(이때는 맺음씨끝 '-라'가 됨), 묻거나(물음씨끝 '-냐/냐'가 됨) 할 때에 쓰이는 때매김법의 하나이다.

(438) ㄱ. 어제는 바람이 많이 불더라.

ㄴ. 영희는 잘 있더라.

ㄷ. 너는 종로에서 영희를 만나 이야기하고 있더라.

(438ㄱ)의 '-더-'는 '어제 바람이 분 그때'에, (438ㄴ)의 '-더-'는 영희가 '잘 있은 그 때'에, (438ㄷ)은 '이야기한 그때'에 각각 경험한 말할이가 이적때에 돌이켜서 이야기할 때 쓰는 형태소이다. 즉 도로생각때 또는 경험때이다. 그런데 '-더-'는 말할 때에 가까운 이적에도 쓰이는 일이 있다.

(439) ㄱ. 그는 방금 가더니, 다시 온다.

ㄴ. 눈이 오더니, 비가 온다.

ⓛ '－더'의 결합제약 : '－더'는 여러 가지 맺음씨끝은 물론 임자말
과의 가려잡기에 있어서 상당한 제약을 받게 된다.

ⅰ) 임자말과의 결합제약[63]

(ㄱ) 첫째가리킴 '나'가 임자말이 되어 자기에게 보고하는 형식의 월
일 경우에는 그 월은 성립되지 않는다.

(440) ㄱ. *나는 어제 책을 읽더라.

　　　ㄴ. *나는 어려서 잘 놀더라.

　　　ㄷ. *나는 어제 잘 자더라.

(440ㄱ~ㄷ)이 성립되지 않는 것은 모두가 자기자신에게 말하는 형
식으로 되어 있기 때문이다.

(441) ㄱ. 나는 꿈에서 그와 싸우더라.

　　　ㄴ. 성적표를 보니까, 나는 초등학교 때 공부를 잘 했더라.

　　　ㄷ. 그때, 나는 불을 밝히더라고 그가 말했다.

　　　ㄹ. 하숙 시절에 나는 밥이 참 잘 먹히더라.

　　　ㅁ. 그때, 나는 던이 잘도 벌리더라.

　　　ㅂ. 나는 그 옷을 입겠더라.

　　　ㅅ. 나는 그 영화를 벌써 보았더라.

　　　ㅇ. 내가 영희와 걸어서 가더란다.

　　　ㅈ. 나는 책을 읽었겠더라.

(441ㄱ~ㄴ, ㄹ, ㅁ~ㅅ)의 '－더－'는 '나 자신'이 지난적에 겪었던 일
을 이적에 와서 깨달아 보니까 그러하더라는 것이므로 월이 성립되며

---

63) 김차균, 『우리말 시제와 상의 연구』, 태학사, 1990, 35쪽 이하 참조.
　　남기심, 『국어문법의 시제문제에 관한 연구』, 탑출판사, 1978, 29쪽 이하 참조.
　　박지홍, 『우리현대말본』, 과학사, 1986, 157~158쪽 참조.

(441ㄷ, ㅇ)은 내가 불을 밝히던 일과 내가 영희와 걸어가던 일을 '그'가 돌이켜 말하고 있기 때문에 말본스럽다. 이와 같이, 임자말이 '나'이더라도 깨달음의 뜻으로 '-더-'가 쓰일 때는 말본적이다.[64] (441ㅈ)은 좀 이상한 것 같으나 성립되는 것은, 그것은 '내'가 지난적에 이미 이행한 것을 추량하여 깨달을 수 있기 때문이다.

(442) ㄱ. *나는 아기를 눕히더라.

ㄴ. *나는 그에게 밥을 먹이더라.

ㄷ. *나는 안경의 도수를 자꾸 높이더라.

(442ㄱ~ㄷ)이 성립되지 않는 것은 자신에게 보고하는 형식이 되어 있기 때문이다. 그러나 실제 대화에서 들을이에게 월가락을 조금 올리면서 (442)를 말한다면 할 수 있는 것은 '나'에 대한 깨달음을 나타내기 때문이다.[65]

(443) ㄱ. 철수야, 나는 어제 책을 읽더라.

ㄴ. 영희야, 나는 그에게 밥을 먹이더라.

(ㄴ) 임자말이 첫째가리킴(나)이더라도 물음월일 때는 성립한다.

(444) ㄱ. 내가 어제 욕을 하더냐?

ㄴ. 내가 어제 술이 취했더냐?

ㄷ. 내가 어제 그리로 자꾸 가더냐?

ㄹ. 내가 방금 뭐라 하더냐?

ㅁ. 내가 자면서 노래하더냐?

---

64) 이와 같은 월은 어떤 경우라도 성립된다.
  나는 집에 있었더라.
  나는 그 일을 하겠더라.
  나는 그 책을 읽었더라.
65) (10)과 같은 식의 월은 요즈음 젊은이들 사이에 간혹 쓰이고 있다.

ㅂ. 내가 정말 장발이더냐?

ㅅ. 내가, 그는 내일 간다고 말하더냐?

(ㄷ) 풀이말이 그림씨일 경우 : 그림씨 중 감각그림씨 즉 온도그림
씨, 평형감각그림씨, 유기감각그림씨를 중심으로 하여 기타감
각그림씨가 풀이말이 될 때는 임자말이 첫째가리킴이더라도
월은 성립한다.

(445) ㄱ. 나는 간밤에 춥더라.

ㄴ. 나는 그때 참 기쁘더라.

ㄷ. 나는 오늘 아침에 몹시 덥더라.

(ㄹ) 감각그림씨가 아닌 그림씨가 풀이말이 되어도 월이 성립되는
경우가 많다.

(446) ㄱ. 거울을 보니까. 나는 아직 예쁘더라(곱더라).

ㄴ. 내가 생각하여도, 나는 놀랍더라.

ㄷ. 그에 비하면, 나는 착하더라.

ㄹ. 남촌서 남풍 불 때, 나는 좋데나.

(445), (446)의 월들은 모두 말할이의 깨달음을 나타내기 때문에 말
본적인 월이 된다.

(ㅁ) 매김법에서의 '-더-'는 '너', '그'는 물론 '나'에게도 쓰인다.

(447) ㄱ. 서울로 가던 나는 다시 돌아왔다.

ㄴ. 책을 읽던 나는 사색에 잠기었다.

ㄷ. 그의 친구이던 나는 참으로 난감하였다.

ㄹ. 착하던 나는 그에게 사기를 당했다.

ㅁ. 그에게 시달리던 나는 하나의 꾀를 내었다.

ⓒ '-더-'의 형태 문제 : 안맺음씨끝인 '-더-'는 오늘날 점점 맺음씨끝화해 가는 경향에 있다.

(ㄱ) 서술법의 경우

(448) ㄱ. 아주낮춤 : -ㄴ데
　　　ㄴ. 예사높임 : -데요
　　　ㄷ. 아주높임 : -(더)이다, -디다

(ㄴ) 물음법의 경우

(449) ㄱ. 예사낮춤 : -던가, -던고
　　　ㄴ. 아주높임 : -디까

(448), (449) 이외에도 매김법의 경우, 그림씨의 이적 매김법 '-은/ㄴ'은 지난적을 나타내는 형태소가 없기 때문에 '-던'으로 쓰인다.

(450) ㄱ. 아름다운 나의 고향
　　　ㄴ. 아름답던 나의 고향

(450ㄱ)은 이적을 나타내고 (450ㄴ)은 '-던'은 지난적에 경험한 것을 이적에 나타내고 있다. 그런데 언중들은 이것으로 그림씨, 잡음씨의 지난적 매김을 나타내는 것으로 여기고 쓰고 있다.

　나. 지난적도로생각때 : -았더/었더-[66]

---

[66] 우리말의 때매김에 '-었었더-'와 같은 것은 있지 아니한다고 보므로 다루지 않을 것이다.

ⓐ '-았더/었더-'의 쓰임 : 지난적의 어느 때보다 먼저 끝난 것을 경험한 말할이가 그것을 깨닫거나 판단하거나 하여 도로생각하고, 이 적에 말할 때 쓰이는 때매김법이다.

(451) ㄱ. 나도 학생시절에는 예뻤더라.

　　　ㄴ. 생각해 보니 나는 책을 많이 읽었더라.

　　　ㄷ. 너는 자고 있었더라.

　　　ㄹ. 너는 공부를 참으로 잘 하였더라.

　　　ㅁ. 그는 어제 서울에 갔더라.

다. **미룸도로생각때** : -겠더-('-리더-'는 쓰이지 아니한다.)

ⓐ '-겠더-'의 쓰임 : 말할이가 경험을 통하여 장차 그렇게 되리라는 것을 말하거나 들을이에게 장차 어떤 경험을 할 수 있을 가능성 여부를 말할 때 쓰인다.

(452) ㄱ. 너는 이 일을 해 내겠더라.

　　　ㄴ. 그는 바둑에서 이기겠더냐?

　　　ㄷ. 나는 도저히 모르겠더라.

　　　ㄹ. 비가 오겠더라.

ⓑ '-겠더-'의 결합제약 : '-겠더-'는 '-더'의 경우와 그 제약관계가 같으므로 일일이 다루지 않겠거니와, 다만 다음 두 가지만 여기서 다루려 한다.

　ⅰ) 의향법에서의 특수한 용법 : '-더'는 '-습디다', '-ㅂ디다' 등으로 쓰일 수 있는데 '-겠더-'도 이와 같이 '-겠습디다'의 형태로 쓰일 수 있다.

(453) ㄱ. 비가 오겠습디다. (미룸, 올적)

ㄴ. 제가 할 수 있겠습디까? (가능)

ㄷ. 선생님은 가실 수 있겠습디다. (가능)

ⅱ) 임자말과의 결합제약 : '-더-'는 가리킴에 따라 어떤 제약이 있
었으나 여기서도 그런 제약이 있다.

(ㄱ) 첫째가리킴과의 결합제약 : 임자말이 첫째가리킴이고 움직씨가
풀이말이 되어 '-겠더-'가 오면 별 제약이 없다. 왜냐하면, 이
때의 '-겠더-'의 '-겠-'은 가능을 나타내기 때문이다.

(454) ㄱ. 나는 이기겠더라.

ㄴ. 나는 밥을 얼마든지 먹겠더라.

ㄷ. 나는 거기서 얼마든지 공부하겠더라.

이때의 '-겠-'은 분명히 "할 수 있음"을 나타낸다. 그러므로 '-겠
더-'는 별 제약 없이 쓰인다.

첫째가리킴의 '나'가 임자말이 되고 그림씨가 풀이말이 될 때는, 그
림씨에 따라 가려잡을 수 있는 것이 있고 없는 것이 있다.

(455) ㄱ. 나도 예쁘겠더라.

ㄴ. *나는 착하겠더라.

ㄷ. 나는 성실하겠더라.

ㄹ. 나는 좋겠더라.

ㅁ. *나는 부지런하겠더라.

(455ㄴ, ㄷ, ㅁ)은 가려잡을 수 없고 (455ㄱ, ㄹ)만 가능한데 평가그림
씨 중 '좋다'와 견줌그림씨와 셈숱그림씨의 일부와만 가려잡을 수 있
고 그 이외의 그림씨와는 가려잡을 수 없다.

(456) ㄱ. 나는 그와 같겠더라.

ㄴ. 나는 그보다 낫겠더라.

ㄷ. 나는 일하기가 수월하겠더라.

ㄹ. 나는 무리 중에서 뛰어나겠더라.

ㅁ. 나는 그와 비슷하겠더라.

ㅂ. 나는 너보다 돈이 좀 적겠더라.

(456ㄱ~ㅂ)에서 보면, 가능의 뜻인 '-겠-'과 의미적으로 연결 가능한 그림씨들이다.

(ㄴ) 둘째가리킴과의 결합제약 : 둘째가리킴에도 그림씨가 풀이말이 될 때 어떤 제약이 있다. 즉 시각그림씨, 미각그림씨, 청각그림씨, 후각그림씨, 촉각그림씨, 평형감각그림씨, 시공감각그림씨, 정의적그림씨의 일부, 평가그림씨의 일부, 이지적그림씨의 일부, 신구그림씨, 셈숱그림씨의 일부와는 연결되지 않는다.

(457) ㄱ. 너는 즐겁겠더라. (정의적그림씨)

ㄴ. 너는 기쁘겠더라. (정의적그림씨)

ㄷ. 너는 너무 억울하겠더라. (정의적그림씨)

ㄹ. 너는 기분 나쁘겠더라. (평가그림씨)

(457ㄱ~ㄹ)에서 보면 정의적그림씨가 제일 많고 평가그림씨도 하나 있다. 이들 그림씨는 둘째가리킴에 대하여 객관적으로 평가할 수 있는 것들이기 때문에 가능한 것이나 그렇지 못한 것은 연결되지 않는다.

(458) ㄱ. *너는 밉겠더라. (평가그림씨)

ㄴ. *너는 다정하겠더라. (정의적그림씨)

ㄷ. *너는 고맙겠더라. (정의적그림씨)

'밉다, 다정하다'에 '-겠더-'가 올 때 셋째가리킴에 대하여는 말할 수 있으나 말할이의 상대자에 대하여는 쓸 수 없으며 '고맙다'는 둘째 가리킴에 대하여 미루어 말할 수 없는 그림씨이다. 이로써, 평가·정의적 그림씨와의 관계에 있어서 '-겠더-'가 와도 의미자질상 서로 맞아야 쓰일 수 있다는 사실을 알게 된다. 셋째가리킴과는 임자말과 풀이말과의 의미관계에 따라 제약 없이 쓰일 수 있으므로 설명을 줄이기로 한다.

　라. 지난적미룸도로생각때 : -었겠더/았겠더-

　㉠ '-었겠더/았겠더-'의 쓰임 : 지난적에 끝났을 것을 미루어 하여 짐작한 것을 이적에 와서 도로생각하여 말할 때 쓰는 때매김의 한 가지이다. '-더' 뒤에 맺음씨끝 '-다'가 오지 못하는 것은 '-더다'로 되면 동음충돌이 되기 때문이다.

　(459) ㄱ. 그는 식사를 하였겠더라.
　　　 ㄴ. 그때는 날이 벌써 밝았겠더라.
　　　 ㄷ. *나는 돈이 많이 벌리었겠더라.

(459ㄷ)에서 보면 임자말이 첫째가리킴일 때는 전혀 쓰일 수 없음을 알 수 있는데 둘째가리킴과 셋째가리킴과는 별 제약이 있는 것 같지 않다.

　㉡ '-었겠더/았겠더-'의 제약 : '-었겠더-'의 의향법 제약, 이음법 제약, 매인이음법 제약, 매김법 제약 등은 '-더-'와 같으므로 그에 대한 것은 제외하고 여기는 임자말 제약에 관하여만 다루기로 한다.

　ⅰ) 임자말과의 결합제약

(ㄱ) 첫째가리킴과의 결합제약 : 이 경우에는, 풀이말이 움직씨와 잡음씨일 때는 자기의 지난적 행위의 경험을 미루어 도로생각한다는 것은 좀 이상하기 때문에, 많은 제약을 받는 것 같으나, 그림씨일 때는 가능할 수도 있고 안 할 수도 있다. 그것은 지난적에 '내'가 경험하지 못했거나 확실히 알지 못한 상태를 이적에 미루어 도로 생각할 수도 있고 없을 수도 있기 때문이다.

(460) ㄱ. *나는 그때 기분이 참 좋았겠더라. (평가그림씨)

　　 ㄴ. *나는 그때 돈이 많이 벌리었겠더라.

　　 ㄷ. 나는 영희보다 키가 컸겠더라. (견줌월)

　　 ㄹ. *나는 그때 우등생이었겠더라.

(ㄴ) 둘째가리킴, 셋째가리킴과의 결합제약

(461) ㄱ. 너는 매우 슬펐겠더라.

　　 ㄴ. 너는 그때 몰랐겠더라.

　　 ㄷ. 선생님은 잘 모르셨겠습디다.

　　 ㄹ. 너는 어려서 착했겠더라.

　　 ㅁ. 그는 좀 아리송했겠더라.

(461ㄱ~ㅁ)에서 보면 둘째가리킴과 셋째가리킴이 임자말이 될 때는 별 제약은 있는 것 같지 않다.

🗂 매김법의 때매김법

가. 도로생각때 : ―던
이는 말할이가 지난적에 경험한 것을 이야기때에 도로생각하여 그 다음 말을 꾸밀 때 쓰인다. 이는 가리킴에 아무 제약이 없다.

(462) ㄱ. 자고 있던 나는 그의 고함소리에 놀라 깨었다.

ㄴ. 점잖던 너는 왜 화가 났느냐?

ㄷ. 여기서 살던 그는 서울로 떠났다.

나. 지난적도로생각때67) : ﹣었던/았던

이는 지난적의 어느 때에 이미 끝난 것을 경험하고 이야기 때에 도로생각하여 다음 말을 매길 때 쓰인다. '﹣었던'은 어두운홀소리 다음에 쓰이고 '﹣았던'은 밝은홀소리 다음에 쓰인다.

(463) ㄱ. 우리가 공부했던 시절은 참으로 어려운 시기였다.

ㄴ. 네가 다녔던 학교는 고향에 있었다.

ㄷ. 그분이 선생님이었던 시절에 우리는 공부하였다.

ㄹ. 꽃 피고 아름다웠던 봄날에 영희는 시집을 갔다.

다. 미룸도로생각때 : ﹣겠던

이는 미룸도로생각때를 나타내면서 그 다음 말을 꾸민다.

(464) ㄱ. 그가 해 내겠던 연구를 그만 다른이에게 맡기고 말았다.

ㄴ. 참으로 착하겠던 신부감을 놓치고 말았다.

ㄷ. 훌륭한 선물이겠던 토속품이 품절이 되어 사지 못했다.

(464ㄴ~ㄷ)을 통하여 '﹣겠던﹣'의 뜻을 분석하여 보면, '경험으로 미루어 보니까, 어떠 어떠하겠다'의 뜻이다.

라. 지난적미룸도로생각때 : ﹣었겠던/았겠던

이는 지난적에 이미 끝난 일이나 끝난 상태를 미루어 도로 생각하며 다음 말을 꾸민다.

---

67) '﹣었으리던', '﹣았으리던'과 같은 매김법의 복합때매김법은 없다.

(465) ㄱ. 전에는 부자였겠던 사람이 지금은 어렵게 살고 있다.

ㄴ. 공부를 많이 하였겠던 것으로 보이는 사람이 이상한 말만 한다.

'-었겠던/았겠던'은 첫째가리킴은 꾸밀 수 없다. 만일 꾸미면 월이 성립되지 않는다.

3) 통어적 방법에 의한 때매김법

통어적 방법에 의한 때매김법에는 나아감때매김법이 있다.

(466) ㄱ. 나아감때매김법 : -고+있-

㉮ 의향법의 나아감때매김법

㉯ 매김법의 나아감때매김법

의향법의 나아감때매김법

이에는 다음과 같은 때매김법이 있는데, 이 때매김법은 움직씨에만 있는 때매김법이다. 왜냐하면, 나아감은 움직씨에만 있을 수 있기 때문이다.

(467) ㄱ. 이적나아감때매김법

㉮ 이적나아감때 : -고+있-

㉯ 이적나아감미룸때 : -고+있겠-

㉰ 이적나아감도로생각때 : -고+있겠-

㉱ 이적나아감미룸도로생각때 : -고+있겠더-

ㄴ. 지난적나아감때매김법

㉮ 지난적나아감때 : -고+있었-

㉯ 지난적나아감미룸때 : -고+있었겠-

㉰ 지난적나아감도로생각때 : -고+있었더-

㉱ 지난적나아감미룸도로생각때 : -고+있었겠더-

가. 이적나아감때 : −고＋있−

㉠ '−고＋있−'의 쓰임 : 이 때매김법은 어떤 동작이 이적에 막 나아가고 있음을 나타낸다.

(511) ㄱ. 나는 공부하고 있다.

　　　ㄴ. 너는 지금 일하고 있다.

　　　ㄷ. 그는 글을 읽고 있다.

이적나아감은 (468)과 같이 표현하면 되는데 다음과 같이 나타내는 수도 있다.

(469) ㄱ. 나는 물건을 팔고 있는 중이다.

　　　ㄴ. 나는 물건을 파는 중이다.

(469)와 같은 표현법은 이름씨에 의한 것이므로 굴곡의 범주에서 다룰 성질의 것이 아니나 통어적 방법에 의한 한 나아감때매김으로 볼 수도 있지 않을까?

나. 이적나아감미룸때 : −고＋있겠−

㉠ '−고＋있겠−'의 쓰임 : 이 때매김법은 이적에 어떤 동작이 나아가고 있음을 추정하여 말할 때 쓰인다.

(470) ㄱ. 서울에는 지금 비가 오고 있겠다.

　　　ㄴ. 나는 그때 쯤 미국에서 살고 있겠다.

　　　ㄷ. 너는 내일 이맘때는 서울로 가고 있겠다.

다. 이적나아감도로생각때 : -고+있더-

㉠ '-고+있더-'의 쓰임 : 말할이가 어떤 동작이 나아가고 있음을 미리 경험하고 그것을 도로생각하여 말하는 때매김법을 말한다.

(471) ㄱ. 그는 책을 읽고 있더라.
　　　ㄴ. 너는 어제 공부하고 있더라.
　　　ㄷ. *나는 놀고 있더라.

(471ㄴ)은 성립되나 (471ㄷ)은 성립되지 않는다.

라. 이적나아감미룸도로생각때 : 고+있겠더-

㉠ '고+있겠더-'의 쓰임 : 어떤 행위가 나아가고 있을 것으로 추정한 말할이가 이적에 도로생각하여 말하는 때매김법이다.

(472) ㄱ. *나도 그때쯤은 잘 살고 있겠더라.
　　　ㄴ. *너는 그때쯤 잘 살고 있겠더라.
　　　ㄷ. 그는 잘 살고 있겠더라.
　　　ㄹ. 거기는 비가 오고 있겠더라.

(472ㄱ~ㄴ)은 성립되지 않는다.

㉡ '고+있겠더-'의 결합제약

(ㄱ) 임자말과의 결합제약 : 의향법, 이음법, 매인이음법, 두자격법과의 제약은 '-더-'의 경우와 같으므로 여기서는 줄이고 임자말 제약에 대하여만 살피기로 한다.

(473) ㄱ. *나는 내년쯤 잘 살고 있겠더라.

ㄴ. *나는 책을 읽고 있겠더냐?

ㄷ. *너는 내년쯤 잘 살고 있겠더라.

ㄹ. *너는 아직 공부하고 있겠더냐?

(473ㄱ~ㄹ)에서 보면 임자말이 첫째가리킴과 둘째가리킴이면 월이 성립되지 않는데, 그것은 말할이 자신의 의지(임자말이 '나'일 때에 오는 '겠'은 의지이므로)를 추정하여 다시 생각하여 말하는 것은 있을 수 없기 때문이다.

(474) ㄱ. 풍문에 따르면 영희는 미국서 잘 살고 있겠더라.

ㄴ. 철수는 지금 뭘하고 있겠더냐?

ㄷ. 지금까지 그들은 거기서 놀고 있겠더라.

(474ㄱ~ㄷ)에서 보는 바와 같이 셋째가리킴이 임자말이 되면 그 쓰임이 비교적 자연스러움을 알 수 있다.

📁 지난적나아감때매김법

가. 지난적나아감때 : ㅡ고＋있었ㅡ

㉠ 'ㅡ고＋있었ㅡ'의 쓰임 : 어떤 동작이 지난적에 나아가고 있었음을 나타내는 때매김법이다.

(475) ㄱ. 나는 책을 읽고 있었다.

ㄴ. 너는 그때 일을 하고 있었다.

ㄷ. 그는 그때 공부하고 있었다.

나. 지난적나아감미룸때 : ㅡ고＋있었겠ㅡ

㉠ 'ㅡ고＋있었겠ㅡ'의 쓰임 : 지난적에 나아가고 있었음을 추정하

는 때매김법이다.

(476) ㄱ. 나는 아마 그때 일하고 있었겠다.

ㄴ. 나는 그때 뭘 하고 있었겠니?

ㄷ. 너는 그때 공부하고 있었겠다.

ㄹ. 그는 열심히 공부하고 있었겠다.

다. 지난적나아감도로생각때 : ㅡ고+있었더ㅡ

㉠ 'ㅡ고+있었더ㅡ'의 쓰임 : 지난적의 어느 시점(ㅡ고+있더ㅡ)보다 앞선 때에 어떤 동작이 나아가고 있었음을 경험한 말할이가 이야기때에 도로생각하여 말하여 나타내는 때매김법이다.

(477) ㄱ. 나는 그때 잠을 자고 있었더라.

ㄴ. 너는 학교시절에 자주 놀고 있었더라.

ㄷ. 그는 언제나 일하고 있었더라.

ㄹ. 그때는 비가 오고 있었더라.

㉡ 'ㅡ고+있었더ㅡ'의 결합제약

(ㄱ) 임자말과의 결합제약 : 지난적나아감 도로생각 때의 의향법, 이음법, 매인이음법, 두자격법 등과의 제약은 'ㅡ더ㅡ'의 경우와 같으므로 거기를 참고하기를 바라면서, 여기서는 임자말 제약에 관하여서만 설명하기로 한다.

(478) ㄱ. 나는 그때 일하고 있었더라?68)

ㄴ. 나는 그때 뭘하고 있었더라?

ㄷ. 나는 어제 놀고 있었더라.

---

68) 서부경남의 고장말에서는 '나는 그때 일하고 있었더라'와 같이 일상 말살이에서 많이 쓰고 있다.

ㄹ. 너는 어제 놀고 있었더냐?

ㅁ. 그는 그때까지 놀고 있었더라.

ㅂ. 서울은 그날까지 눈이 오고 있었더라.

ㅅ. 서울은 그날까지 눈이 오고 있었더냐?

'-고+있었더-'는 '-고+있더-'보다 더 지난적에 나아가고 있었던 동작을 이제에 와서 도로생각함을 나타내기 때문에 우리의 말살이에서는 (478ㄴ~ㅅ)과 같이 쓰이고 있다. 첫째가리킴이 임자말이라도 깨달음을 나타낼 때는 (478ㄱ)과 같이 쓰일 수 있다.

라. 지난적나아감미룸도로생각때 : -고+있었겠더-

㉠ '-고+있었겠더-'의 쓰임 : 어떤 행위가 지난적에 나아가고 있었음을 추정한 것을 이야기 때에 다시 회상하여 나타내는 때매김법이다.

(479) ㄱ. 그는 미국에서 잘 살고 있었겠더라.

　　　ㄴ. 너는 그때 공부하고 있었겠더라.

　　　ㄷ. 거기는 그때 눈이 오고 있었겠더라.

　　　ㄹ. 생각해 보니, 나는 그때 놀고 있었겠더라.

㉡ '-고+있었겠더-'의 결합제약 : 여기서는 의향법, 두자격법, 이음법, 매인이음법 등과의 결합제약은 '-더-'의 경우와 같으므로 거기를 참조하여 주기를 바라면서 여기서는 임자말 제약에 대하여 설명하기로 한다.

ⅰ) 임자말과의 결합제약

(ㄱ) 첫째가리킴과의 결합제약

ⓐ 서술월일 때[69]

(480) ㄱ. *나는 아마 잘 살고 있었겠더라.
　　　ㄴ. *나는 그때 놀고 있었겠더라.
　　　ㄷ. 나는 네가 오기 전에 뭔가를 하고 있었겠더라.

(480)에서 보는 바와 같이 임자말이 첫째가리킴이고 서술월일 때는 성립되지 않으나, (480ㄷ)과 같이 지난적의 어느 때보다 앞서서 무슨 일을 하였을 것을 추정하여 도로 생각함을 나타낼 때는 가능하다.(움 직씨에 따라서는 그 가능성이 더 분명해진다.)

ⓑ 물음월일 때

(481) ㄱ. *내가 책을 읽고 있었겠더냐?
　　　ㄴ. *내가 그때 놀고 있었겠더냐?

물음월의 경우, (481ㄱ~ㄴ)에서 보이는 바와 같이 성립되지 않는다.

(ㄴ) 둘째가리킴과의 결합제약

ⓐ 서술월일 때

(482) ㄱ. 너는 그때 공부하고 있었겠더라.
　　　ㄴ. 당신은 어제 오전에 일하고 있었겠습디다.

(482)과 같이 둘째가리킴이 임자말이고 서술월일 때는 성립한다.

ⓑ 물음월일 때

---

69) 시킴월, 꾀임월은 아예 성립되지 않음은 「-더-」조에서 이미 설명하였다.

(483) ㄱ. *너는 어제 공부하고 있었겠더냐?

　　　ㄴ. *당신은 무엇을 하고 계셨겠습디까?

(483)에서 보는 바와 같이 물음월은 성립되지 않는다.

(ㄷ) 셋째가리킴과의 결합제약

ⓐ 서술월일 때

(484) ㄱ. 그는 어제 일하고 있었겠더라.

　　　ㄴ. 서울에는 눈이 오고 있었겠더라.

(484)에서 보는 바대로 서술월일 때는 성립한다.

ⓑ 물음월일 때

(485) ㄱ. 그는 어제 일하고 있었겠더냐?

　　　ㄴ. 설악산에는 눈이 오고 있었겠더냐(디)?

(485)에서 보는 바와 같이 물음월도 성립한다.

매김법의 나아감때매김법
이에는 다음과 같은 때매김법이 있다.

(486) ㄱ. 매김법의 이적나아감때매김법

　　　　　㉮ 이적나아감때 : -고＋있는

　　　　　㉯ 이적나아감도로생각때 : -고＋있던

　　　　　㉰ 이적나아감미룸때 : -고＋있을

　　　ㄴ. 매김법의 지난적나아감때매김법

　　　　　㉮ 지난적나아감도로생각때 : -고＋있었던

ⓐ 지난적나아감미룸때 : ㅡ고＋있었을

📁 매김법의 이적나아감때매김법

가. 이적나아감때 : ㅡ고＋있는

(487) ㄱ. 나는 읽고 있는 책을 그에게 빌려 주었다.

ㄴ. 너는 공부하고 있는 방을 청소하여라.

ㄷ. 그는 알고 있는 사람을 친절히 대접하였다.

ㄹ. 저 책을 읽고 계시는 분이 너의 아버님이시다.

(487ㄹ)에서 보면 'ㅡ고 있는'의 높임말은 'ㅡ고 계시는'임은 이미 앞에서 설명한 바와 같다.

나. 이적나아감도로생각때 : ㅡ고＋있던

(488) ㄱ. 공부하고 있던 나는 졸리어 잠을 잤다. (*지금 잠을 잔다)

ㄴ. 밭을 갈고 있던 너는 쟁기를 풀고 쉬었다. (*쉬는구나)

ㄷ. 그때까지 놀고 있던 나는 이제 직장에 다니고 있다.

ㄹ. 일을 하고 있던 그는 지금 쉬고 있다.

ㅁ. 주무시고 계시던 아버지는 이제 일어나신다.

(488ㄱ~ㄹ)에서 보는 바와 같이 'ㅡ고＋있던'이 매김말이 되고 그 꾸밈을 받는 임자말이 첫째, 둘째, 셋째가리킴일 때 그 월의 때매김은 지난적이 되기도 하고 문맥에 따라서는 이적인 때매김이 되기도 한다. (488ㄹ~ㅁ)에서 보면 월의 때매김은 이적이다.

다. 이적나아감미룸때 : ㅡ고＋있을

이것은 'ㅡ고＋있겠을ㅡ'이 쓰이지 못하니까 그 대신에 쓰이는 형식이다. 그런데 이것은 꾸밈을 받는 말에 따라 미룸의 뜻을 상실하고 그저 매김의 구실만 하게 되기도 한다.

(489) ㄱ. 나는 공부하고 있을 그를 찾았다. (미룸)

ㄴ. 너는 그 일이 잘 되어 가고 있을 것으로 믿었지? (미룸)

ㄷ. 그는 영희가 잘 살고 있을 때, 그미를 찾았다. (매김)

(489ㄱ~ㄴ)은 미룸의 뜻을 나타내나 (487ㄷ)은 미룸보다는 그냥 꾸밈의 구실만 나타낸다.

(490) ㄱ. *일하고 있을 나를 찾아 왔다.

ㄴ. 공부하고 있을 너를 그들이 찾아 갔다.

ㄷ. 잠자고 있을 그를 영희가 찾아 갔다.

(490ㄱ)과 같이 '-고+있을-'은 첫째가리킴의 '나'와 '우리'는 꾸밀 수 없다. '나/우리'의 일은 '나/우리'가 미루어 말할 수 없기 때문이다.

📁 매김법의 지난적나아감때매김법

가. 지난적나아감도로생각때 : -고+있었던

(491) ㄱ. ㉮ 지금까지 놀고 있었던 나는 요즈음 직장에 다니고 있다.

㉯ 작년까지 놀고 있었던 나는 이제는 직장에 다닌다.

㉰ 책을 읽고 있었던 나는 무엇을 깨달았을까요?

ㄴ. ㉮ 말을 하고 있었던 너는 어디에 갔다 왔나?

㉯ 지금까지 놀고 있었던 너는 이제는 직장에 다니는구나.

㉰ 미국에서 공부하고 있었던 너는 언제 귀국하였나?

ㄷ. ㉮ 잠을 자고 있었던 철수가 이제 깬 모양이다.

㉯ 쉬고 있었던 그는 이제 일을 한다(어딘가에 다니고 있다).

㉰ 공부하고 있었던 그는 어제 미국에 갔다(내일 미국에 간다).

(491ㄱ)에서 보면 '-고+있었던-'의 꾸밈을 받는 '나'가 임자말이 되고, 그 월의 때매김이 이적이든 지난적이든 문맥에 따라 가능하고 '-고+있었던-'의 꾸밈을 받는 '너'(둘째가리킴)가 임자말이 되면, 그 월의 때매김이 이적이든 지난적이든 문맥에 따라 가능하며, 셋째가리 킴이 임자말이 되고 '-고+있었던'의 꾸밈을 받을 때는 그 월의 때매 김은 문맥에 관계없이 별 제약을 받는 것 같지 않다. (492ㄱ~ㄷ)과 같 은 월에서와 같이 그림씨가 이적이면서 월의 풀이말이 되면 제약을 받는 것 같다.

(492) ㄱ. *부모님을 돕고 있었던 나는 인내심이 강하다.

　　　ㄴ. *세월만 보내고 있었던 너는 마음이 너그럽다(너그러웠다).

　　　ㄷ. 공부만 하고 있었던 그는 키가 컸다(*크다).

나. 지난적나아감미룸때 : -고+있었을

(493) ㄱ. 그는 밤중에도 공부하고 있었을 것으로 생각하였다.

　　　ㄴ. 그때까지 공부하고 있었을 사람이 몇이나 되나(되겠느냐?)

'-고+있었을'은 '-고+있었겠는'이 쓰이지 못하므로 그 대신에 쓰 이는 형식이다. (493ㄱ~ㄴ)에서 보듯이 '-고+있었을'이 쓰인 월 전체 의 때매김은 이적이나 지난적, 미룸 등이 쓰인다.

(494) ㄱ. *공부하고 있었을 나를 그가 찾아 왔다(*찾아 온다).

　　　ㄴ. 공부하고 있었을 너를 그가 찾아 갔다(*찾아 간다).

　　　ㄷ. 공부하고 있었을 그를 영희가 찾아 갔다(*찾아 간다).

(494ㄱ)은 '-고+있었을'이 '나'를 꾸미니까 비문이 되었고 (494ㄴ~ ㄷ)에서 월의 때매김은 지난적이어야 함을 보이고 있다.[70]

---

70) '-고 있겠던', '-고+있었겠던'의 때매김은 현실적으로 쓰이는 것 같지 않으므로 여기

3.2.3.3 다짐법[71]

다짐법에는 때매김법은 아니나 그 범주가 적고 또 '-겠-'과 가끔 혼동하여 쓰이기도 하기 때문에 여기서 다루기로 한다.

1) 다짐법이란?

어떤 움직임을 함을 다져서 말하는 뜻을 보이는 법인데, 그것을 실현하는 안맺음씨끝에는 '-것-'이 있다. 이 '-것-'은 아울러 버릇의 뜻으로도 쓰이는데 이때의 '-것-'은 '-겠-'으로 잘못 쓰이는 일이 많다. 그런데 오늘날은 '-것-'이 점점 자취를 감추어 가고 있으며 '-겠-'이 이를 대신한 경향에 있다.

(495) ㄱ. 너는 다시는 이런 일을 하지 않겠다고 하였것다.

ㄴ. 그가 자주 여기 왔것다.

ㄷ. 그와 이야기도 많아 하였것다, 이제 나는 가겠다.

(496) ㄱ. 너는 돈도 벌었겠다. 아들이 좋은 대학에 합격도 하였겠다 무슨 걱정이냐?

ㄴ. 나는 시키는 대로 일도 하였겠다 심부름도 하였겠다, 다 했다.

이 '-었것'은 임자말제약이 별 있는 것 같지 않다. 그리고 서술법, 물음법에만 쓰임이 특징이다.

서는 다루지 아니한다.
71) 최현배, 『우리말본』, 정음문화사, 1983, 361쪽; 허웅, 『국어학』, 샘문화사, 1983, 246 ~247 쪽 참조

4장 영굴곡법

4장 영굴곡법

영굴곡법이란 본래부터 씨끝바꿈을 하지 않는 형태론적 범주를 말한다. 이에는 매김씨, 어찌씨, 이음씨, 느낌씨 등이 있다. 어찌씨에는 가끔 토씨가 와서 자리매김을 하기도 하나, 그것이 본래의 말본적 구실이 아니므로 이 범주에 드는 것으로 하여 다루기로 하겠다.

1. 매김씨

1.1 매김씨의 특질

매김씨란 임자씨 앞에 와서 그 임자씨를 매기는 구실을 하는 한 동아리의 씨를 말한다. 매김씨는 끝바꿈을 하지 않으면서 오로지 임자씨만을 매기는 것이 그 특징이다.

(1)　ㄱ. 이 책이 역사 책이다.

　　　ㄴ. 저 사람이 기술자이다.

(1ㄱ~ㄴ)에서 '이, 저'가 매김씨로서 이름씨 '책'과 '사람' 앞에 와서 그들을 매기고 있다. 그러면서 씨끝바꿈을 전혀 하지 않았다. 풀이씨가 임자씨를 매기기 위해서는 씨끝바꿈을 하여 매김법이 되어야 하나

매김씨는 그렇지 아니하다. 그런데 가리킴매김씨 '이', '그', '저'는 '요', '고', '조'의 작은말이 있음이 특징이다.

1.2 매김씨의 구실

첫째, 매김씨는 이름씨, 대이름씨, 셈씨를 모두 매기는 구실을 한다.

(2)　ㄱ. <u>새</u> 옷을 입어라.

　　　ㄴ. <u>이</u> 셋을 나에게 주시오

　　　ㄷ. <u>어느</u> 누구도 놀라지 않을 수 없었다.

(2ㄱ~ㄷ)의 밑줄 그은 매김씨는 각각 이름씨 '옷', 셈씨 '셋', 대이름씨 '누구'를 매기고 있다.

둘째, 가리킴매김씨는 임자씨를 매기는 여러 매김씨 중에서 제일 앞에 와서 임자씨를 매긴다.

(3)　ㄱ. <u>이</u> 세 송이를 주시오.

　　　ㄴ. <u>저</u> 새 옷을 좋아한다.

셋째, 가리킴매김씨는 그림매김씨를 꾸민다.

(4)　ㄱ. 이 새 옷은 누구의 것이냐?

　　　ㄴ. 저 헌 책은 소중한 것이다.

　　　ㄷ. 그 모든 잡지를 한데 모아라.

1.3 매김씨의 갈래

매김씨는 토박이말로 된 것과 한자말로 된 것으로 가를 수 있다. 그러나 그 뜻에 따라 그림매김씨와 가리킴매김씨의 두 가지로 가르는

것이 일반적이다.[1]

1.3.1 그림매김씨

이는 그 뒤 임자씨의 바탈(성질), 모양 등 그 임자씨의 속성이 어떠함을 실질적으로 나타내는 매김씨이다.

(5) 새, 헌, 첫, 헛, 옛, 여러, 기나긴, 외, 온, 각, 왼, 오른, 뭇, 딴, 단(簞), 외딴, 온갖, 진(眞), 가(假), 공(公), 사(私), 순(純), 잡(雜), 만(滿), 별의별, 일대, 전(全), 현(現) 등이 있다.[2]

(6) ㄱ. 옛 어른의 말씀은 모두 옳다.
ㄴ. 너의 첫 사랑에 대하여 듣고 싶다.
ㄷ. 순 생맥주를 한잔 주시오,
ㄹ. 옥수수밭은 일대 장관이었다.
ㅁ. 우리의 힘을 전 세계에 드높이자.

1.3.2 가리킴매김씨

말할이가 어떤 대상을 직접 가리켜서 말할 때 쓰이는 매김씨인데 그 가리킴의 확실함과 확실하지 않음에 따라 잡힘과 안잡힘의 두 가지로 나눈다.

(7) ㄱ. 잡힘
㉮ 토박이말 : 이, 이까짓, 그, 그까짓, 저, 저까짓, 요, 요까짓, 고, 고까짓, 조, 조까짓, 여느
㉯ 한자말 : 해(該), 귀(貴), 본(本), 타(他), 동(同), 현(現), 내

---

1) 최현배, 『우리말본』(열 번째 고침판), 정음문화사, 1983, 578~579쪽.
2) 정인승, 『표준고등말본』, 신구문화사, 1956, 144~145쪽 참조.

(來), 전(前), 후(後)

ㄴ. 안잡힘

㉮ 토박이말 : 아무, 어느, 무슨, 웬

㉯ 한자말 : 모(某)3)

위의 가리킴매김씨는 가리킴 구실은 물론 말받기 구실과 강조 구실을 한다.

(8) ㄱ. 여기에 많은 책이 있다. <u>이</u> 중에서 좋은 것을 하나 골라 가거라.

ㄴ. <u>저</u> 일을 어떡하노? 큰일 났구나.

ㄷ. <u>조</u> 못된 사람이 어디 있나.

(8ㄱ)의 밑줄 친 '이'는 '많은 책'을 받으므로 앞말받기(앞조응)이요, (8ㄴ)의 밑줄 친 '저'는 글 밖의 말받기이므로 밭말받기(밭조응)이다. (8ㄷ)의 '조'는 강조하기 위해서 쓰인 것이다.

여기서 하나 덧붙일 것은 종래 셈숱매김씨는 품사 분류에서 셈씨로 처리하였기 때문에 여기서는 다루지 아니한다.

2. 어찌씨

2.1 어찌씨의 특질

2.1.1 어찌씨란?

어찌씨를 영어에서 adverb라고 하는데 라틴어의 앞가지 ad-는 '-에 부가되어 있는', '-을 수식하는'의 뜻을 가지고 있었다. 따라서 adverb는 '움직씨를 꾸미는 씨' 또는 '움직씨에 부가되어 있는 씨'의

---

3) 최현배, 앞의 책, 584~585쪽 참조.

뜻으로 풀이된다. 그런데 국어의 어찌씨는 움직씨만을 꾸미는 것이 아니고 그림씨, 잡음씨, 어찌씨, 매김씨, 임자씨, 월, 마디 등을 꾸미는 한 갈래의 씨이다.

(9) ㄱ. 그는 일을 잘 한다.

ㄴ. 그미는 매우 아름답다.

ㄷ. 그는 일을 아주 잘 한다.

ㄹ. 우리 아니 사나이이랴?

ㅁ. 겨우 한 푼을 벌었다.

ㅂ. 겨우 이틀을 쉬었다.

ㅅ. 조금 앞으로 오시오.

ㅇ. 그는 아주 속이 단단한 사람이다.

ㅈ. 너는 절대로 오지 말아라.

ㅊ. 다행히, 그는 무사하였다.

2.1.2 어찌씨의 형태

어찌씨는 형태상으로 보면 뒷가지에 의하여 파생된 어찌씨가 있는가 하면, 본래부터 어찌씨(즉 뒷가지가 없는 어찌씨)인 것의 두 가지가 있다.

(10) ㄱ. 조용히, 부지런히, 가까이, 깨끗이, 옳이, 온데간데없이, 옴포동 이같이.

ㄴ. 꼭, 잘, 썩, 아주, 거의.

어찌씨는 본래 씨끝바꿈을 하지 않으나 간혹 어떤 뜻을 더하거나 강조하기 위하여 토씨를 취하는 일이 있다.

(11) ㄱ. 그는 열심히는 일한다.

ㄴ. 그는 밥을 잘도 먹는다.

ㄷ. 철수는 열심히도 일한다.

ㄹ. 그는 밥을 잘만 먹는다.

(11ㄱ~ㄹ)에서는 '는, 도, 만'을 보였으나 일반적으로 어찌씨에 오는 토씨에는 도움토씨 중 '은, 만, 이야, 인들, 고, 이나마, 도, 이나, 이든지' 등이 있고, 자리토씨 '에'특수토씨 '요' 등이 있다.

어찌씨 중 토씨를 잘 취할 수 없는 어찌씨를 보면 다음과 같다.

(12)　ㄱ. 속모양어찌씨 : 가뜩한데

ㄴ. 정도어찌씨 : 고작, 하도

ㄷ. 지움어찌씨 : 못

ㄹ. 단정어찌씨 : 과시, 과연, 딴은, 물론, 무론, 똑, 마치, 천성, 천연, 절대로

ㅁ. 의혹가설어찌씨 : 하물며, 가사, 가령, 설령, 설혹, 설사, 암만, 비록

ㅂ. 바람어찌씨 : 부디, 제발

2.1.3 어찌씨의 월에서의 위치 및 줄임

2.1.3.1 어찌씨의 위치

어찌씨는 꾸밈을 받는 말 바로 앞에 오는 것이 원칙이다.

(13)　ㄱ. 그는 공부를 잘 한다.

ㄴ. 영희는 아주 착하다.

ㄷ. 바로 앞에 차가 있다.

ㄹ. 다행히, 그는 무사하였다.

그러나 (13)과 같지 않은 경우가 있다.

(14) ㄱ. 그는 자주 여기에 온다.

　　ㄴ. 철이는 어제 서울에 갔다.

　　ㄷ. 그는 요즈음 일을 잘 한다.

　　ㄹ. 그는 매일 아주 열심히 일한다.

　　ㅁ. 만일, 그가 서울에 간다면, 일이 잘 해결될까?

　　ㅂ. 그는 아주 그 아버지이다.

대체적으로 어찌씨의 월에서 오는 위치를 공식으로 보이면 다음과 같다.

(15) ㄱ. 때어찌씨 + 위치말(부림말) + 모양어찌씨 + 풀이말

　　ㄴ. 때어찌씨 + 가리킴어찌씨 + 정도어찌씨 + 모양어찌씨 + 부림말(위치말) + 풀이말

　　ㄷ. 때어찌씨 + 부림말 + 정도어찌씨 + 모양어찌씨 + 지움어찌씨 + 풀이말

　　ㄹ. 단정어찌씨 + 부림말 + 풀이말

　　　 부림말 + 단정어찌씨 + 풀이말

　　ㅁ. 의혹·가설어찌씨 + 풀이말

　　ㅂ. 정도어찌씨(견줌어찌씨) + 이름씨 + 이다.

(15ㄱ～ㅂ)에서 보인 것이 어찌씨가 월에서 올 수 있는 대체적인 위치이다. 더 자세하고 정확한 것은 어찌씨 하나하나에 대한 검토가 있어야 할 것이다.

2.1.3.2 어찌씨의 생략

어찌씨는 본래 월에서 딸림조각인 까닭에 쓰이지 아니하여도 상관없다. 그러나 말할이의 생각을 가늘고 구체적으로 나타내기 위하여 쓰인다. 여기서는 위의 (15ㄱ～ㅂ)에서 설명한 어찌씨의 차례 중 어떠

한 어찌씨가 먼저 줄어지고 어떤 어찌씨가 나중 줄어지는가를 알아보기로 한다.

첫째, '때어찌씨 + 위치말(부림말) + 모양어찌씨 + 풀이말'의 짜임새에서는 때어찌씨가 줄어진다.

(16) ㄱ. 그는 <u>요즈음</u> <u>자주</u> 여기에 온다.
　　　　　　 ①　　 ②

　　 ㄴ. 그는 <u>요즈음</u> <u>자주</u> 술을 마신다.
　　　　　　 ①　　 ②

(16ㄱ~ㄴ)에서는 ①이 먼저 줄어지고 다음에 ②가 줄어진다. 만일 (16ㄱ~ㄴ)에서, ①만이 쓰이거나 ②만이 쓰일 때는 그 쓰인 것이 줄어도 기본적인 뜻에는 다름이 없다.

둘째, '때어찌씨 + 가리킴어찌씨 + 정도어찌씨 + 모양어찌씨 + 부림말(위치말) + 풀이말'의 짜임새에서는 때어찌씨가 먼저 줄고 다음에 가리킴어찌씨, 정도어찌씨, 모양어찌씨의 차례로 줄어진다. 다시 말하면, 풀이말에서 멀리 있는 것의 차례로 차차 줄어진다.

(17) ㄱ. 그는 <u>요즈음</u> <u>이리</u> <u>아주</u> 잘 공부하는 학생을 좋아한다.
　　　　　　 ①　　 ②　 ③

　　 ㄴ. 철이는 <u>자주</u> <u>저리</u> <u>매우</u> <u>조용히</u> 사는 집에서 글을 쓴다.
　　　　　　 ①　　 ②　 ③　　④

(17ㄱ~ㄴ)에서도 ①②③④의 차례로 줄어질 수 있다.

셋째, '①때어찌씨 + 부림말 + ②정도어찌씨 + ③모양어찌씨 + ④지움어찌씨 + 풀이말'의 경우도 ①②③④의 차례로 지워진다.

(18) ㄱ. 그는 <u>어제</u> 일을 <u>아주</u> <u>많이</u> 아니 하였다.
　　　　　　 ①　　　 ②　 ③

　　 ㄴ. 그는 <u>어제</u> 일을 <u>아주</u> <u>많이</u> 하였다.
　　　　　　 ①　　　 ②　 ③

(18ㄱ)에서 보면 어찌씨는 ①②③의 차례로 지울 수 있으나 (18ㄴ)에
서는 만일 (18ㄱ)의 ③의 지움어찌씨를 지우면, 지움월의 기본 목적이
었던 말할이의 뜻에 어긋나기 때문에 지움월에서는 지움어찌씨는 지
울 수 없음이 다른 어찌씨와 다른 점이다. (만일 지우면 긍정월이 되기
때문이다.)

넷째, '단정어찌씨＋부림말＋풀이말'의 짜임새와 '부림말＋단정어
찌씨＋풀이말'의 짜임새에서는 단정어찌씨를 지울 수 있다.

(19) ㄱ. 그는 <u>결코</u> 일을 하지 않는다.
　　　　　①

　　ㄴ. 그는 일을 <u>단연코</u> 하지 않는다.
　　　　　　　　①

(19ㄱ~ㄴ)에서 ①을 지워도 월의 뜻에는 변함이 없다.

다섯째, '정도어찌씨(견줌어찌씨)＋이름씨＋이다'와 같은 짜임에서
는 어찌씨를 줄여도 본래의 뜻에는 변함이 없다.

(20) ㄱ. 그는 <u>아주 부자이다</u>.
　　　　　①

　　ㄴ. 그는 <u>천생 여우이다</u>.
　　　　　①

2.2 어찌씨의 갈래

어찌씨는 크게 두 가지로 나누는데, 하나는 주로 월 전체의 말본뜻
에 관여하는 것이고 다른 하나는 낱말의 뜻을 꾸미는 것이다. 전자를
말재어찌씨라 하는데 월의 끝에 놓인 풀이말의 말재와 서로 호응한다
는 뜻이다. 후자는 낱말수식어찌씨라 한다.

2.2.1 말재어찌씨

단정어찌씨, 의혹어찌씨, 바람어찌씨의 셋이 있다.

2.2.1.1 단정어찌씨

이는 다시 다음 네 가지로 하위분류된다.

① 강조적 단정어찌씨 : 과시, 과연, 마땅히, 모름지기, 물론, 무론, 실로,
　　정말, 참말, 응당
② 단정적 단정어찌씨 : 기어이, 기필코, 꼭, 단연코, 반드시
③ 견줌단정어찌씨 : 똑, 마치, 천성(天成), 천연
④ 지움단정어찌씨 : 결코, 도모지, 조금도, 좀처럼, 털끝만큼도, 졸대로

2.2.1.2 의혹·가설어찌씨

이는 다음의 세 가지로 하위분류된다.

① 의혹어찌씨 : 설마, 왜, 어찌, 하물며
② 추측어찌씨 : 아마, 글쎄
③ 가설어찌씨 : 만약, 만일, 가사, 가령, 설령, 설혹, 설사, 아무리, 암만, 비록

2.2.1.3 바람어찌씨

부디, 아무쪼록, 제발, 좀

2.2.2 낱말수식어찌씨

이에는 때어찌씨, 공간어찌씨, 정도어찌씨, 방편어찌씨, 지움어찌
씨, 가리킴어찌씨, 상징어찌씨 등이 있다.

2.2.2.1 때어찌씨

오로지 때에 관하여 나타내는 어찌씨로 다음과 같은 것이 있다.4)

1) 시점어찌씨

① 지난적때어찌씨 : 그러께, 그저께, 그제, 벌써, 아까, 어제, 이미, 일찍, 진작, 접때, 하마
② 이적때어찌씨 : 금방, 방금, 오늘, 이제, 인제, 지금, 시방
③ 올적때어찌씨 : 글피, 내일, 다음, 뒷날, 모레, 차차, 훗날

2) 동안때어찌씨

곧, 늘, 언제나, 얼핏, 영구히, 영영, 오래, 잠깐, 잠시, 항시, 항상, 오래오래, 길이, 영원히, 길이길이, 단숨에, 단박, 한참, 한때

3) 앞뒤때어찌씨

① 앞선때 : 먼저, 앞서, 일찍
② 같은때 : 같이, 더불어, 함께, 한꺼번에
③ 뒤선때 : 나중

4) 빈도때어찌씨

가끔, 가끔가다가, 드디어, 드문드문, 매일, 매번, 매양, 비로소, 번번이, 아직, 자주, 종종, 처음

---

4) 위의 책, 594~640쪽에 의거하여 설명하여 갈 것임.
   정인승, 『표준고등말본』, 신구문화사, 1956, 150~153쪽 참조.

2.2.2.2 공간어찌씨

곳과 쪽을 나타낸다.

곳곳이, 집집이, 여기저기, 요기조기, 이리, 그리, 저리, 멀리, 가까이

2.2.2.3 정도어찌씨

① 정도가 더한 것 : 훨썩, 가장, 제일, 굉장히, 훨씬, 워낙, 너무, 대단히, 상당히, 몹시, 꽤, 퍽, 제법, 더욱, 무척, 매우, 아주(주로 그림씨를 꾸미나 때로는 이름씨를 꾸미는 것도 있다.)
② 정도가 덜한 것 : 조금, 약간, 덜, 겨우, 고작(이것은 움직씨를 꾸민다.)
③ 정도가 아주 낮은 것 : 쬐끔(움직씨를 꾸민다.)

2.2.2.4 방편어찌씨

빨리, 천천히, 깊이, 높이, 가만히, 잘, 조용히, 슬그머니, 부지런히, 가벼이, 풍부히, 게을리, 스스로, 저절로

여기에는 우리말본의 속모양어찌씨가 이에 해당한다.

2.2.2.5 지움어찌씨

아니(안) : 못

2.2.2.6 가리킴어찌씨

이리, 그리, 저리, 어찌, 아무리, 요리, 고리, 조리

2.2.2.7 상징어찌씨

이에는 동작시늉어찌씨와 모습시늉어찌씨, 소리시늉어찌씨 셋이 있다.

1) 동작시늉어찌씨

<밑말>	<작은말>	<밑말>	<작은말>
껑충껑충	깡총깡총	덜렁덜렁	달랑달랑
썰썰	쌀쌀	어정어정	아장아장
펄펄	팔팔	출렁출렁	촐랑촐랑
털털	탈탈		

2) 모습시늉어찌씨

<밑말>	<작은말>	<밑말>	<작은말>
번들번들	반들반들	울퉁불퉁	올통볼통
꺼칠꺼칠	까칠까칠	미끌미끌	매끌매끌
푸름푸름	포름포름		

3) 소리시늉어찌씨

① 사물의 소리시늉어찌씨 : 덜거덕, 털거덕, 떨거덕, 댕댕, 탱탱, 땡땡, 칙칙폭폭, 쿵덕쿵덕, 쿵덕쿵, 펑, 펑펑, 빵빵, 쿵쿵, 졸졸, 딸랑딸랑

이에는 예사말, 거센말, 센말의 세 가지가 있다.

② 짐승·벌레의 소리시늉말 : 꼬끼오, 꿀꿀, 개굴개굴, 음매, 멍멍, 쭉쭉, 캥캥, 까옥까옥, 깍깍, 구구, 맴맴, 짹짹, 귀뚤귀뚤, 야옹

2.3 어찌씨의 쓰임

1) 어찌씨는 움직씨나 그림씨를 꾸민다.

(21) ㄱ. 기차가 빨리 달린다.

ㄴ. 그는 밥을 많이 먹는다.

ㄷ. 그미는 매우 예쁘다.

2) 어찌씨는 매김씨를 꾸민다.

(22) ㄱ. 아주 새 차를 누가 샀느냐?

ㄴ. 이 옷이 가장 새 옷이다.

ㄷ. 내가 말한 것은 바로 이 책이다.

3) 어찌씨는 이름씨, 대이름씨를 꾸민다.

(23) ㄱ. 그는 바로 이웃에 산다.

ㄴ. 그는 아주 바보야.

ㄷ. 그건 너, 아주 너, 바로 너.

4) 어찌씨는 어찌씨를 꾸민다.

(24) ㄱ. 그미는 매우 부지런히 일한다.

ㄴ. 그는 일을 상당히 잘 한다.

ㄷ. 철수는 아주 빨리 달린다.

어찌씨를 꾸미는 어찌씨는 견줌어찌씨이다. 즉 견줌어찌씨가 견줌
어찌씨를 꾸미기도 하고 방편어찌를 꾸미기도 한다.

5) 어찌씨는 '이름씨 + 잡음씨'로 된 풀이말을 꾸민다.

(25) ㄱ. 철수는 아주 바보이다.

ㄴ. 네가 바로 우등생이다.

ㄷ. 저 사람은 매우 바보이다.

끝으로 어찌씨를 말재어찌씨와 낱말수식어찌씨로 크게 나누었으나 사실 따지고 보면 낱말수식어찌씨도 풀이말과 관계하게 되나 말재어찌씨처럼 그렇게 긴밀하게는 호응하지 않음에 유의하여야 한다.

3. 이음씨

월에서 낱말과 낱말을 이어 주거나, 월과 월을 이어 주는 구실을 하는 한 동아리의 낱말을 이음씨라고 한다.

3.1 이음씨의 갈래

3.1.1 낱말이음씨

이에는 '및, 또는, 곧'이 있다.

(26) ㄱ. 책 및 연필을 가져 가거라.

ㄴ. 교과서 또는 공책을 가져 와야 한다.

ㄷ. 국어 선생 곧 김 선생을 찾아갔다.

3.1.2 월이음씨

이에는 다음과 같은 여섯 가지가 있다.

3.1.2.1 벌임(나열)이음씨

그 앞에 말한 것에다가 다른 것을 달아 벌이는 뜻을 나타내는 것.

① 더보탬이음씨 : 게다가, 거기다가, 거기에다, 또, 아울러, 그뿐 아니라,
   더구나, 하물며, 그 위에
② 추종이음씨 : 그리하여, 그래서, 따라서, 그래야, 그래야만, 그러자
③ 차례이음씨 : 그리고, 그러고서

3.1.2.2 매임(구속)이음씨

그 앞에 말한 바에 매임의 뜻을 나타내는 이음씨.

① 까닭이음씨 : 그런고로, 그러니까, 그런즉, 그러므로, 그러하매, 그러니
② 조건이음씨 : 그렇거든, 그러거든, 그러면

3.1.2.3 안매인(불구속)이음씨

그 앞에 말한 바에 매이지 아니하고 딴판의 결과가 생기는 것을 나
타내는 이음씨.

① 반대이음씨 : 하나, 그러나 그렇지마는, 하지마는, 그럴지라도, 그러더라
   도, 그렇더라도, 그럴건만, 그래도, 그렇다고
② 선택이음씨 : 아니면, 오히려, 혹(은), 또는, 그렇다, 어떻든, 아니
③ 한도이음씨 : 적어도, 특히, 다만
④ 대립이음씨 : 반면(에), 한편

3.1.2.4 보충이음씨

앞의 말에 대하여 증명하거나 해명함으로써, 말을 보충하게 하는
이음씨.

① 예시이음씨 : 예를 들면, 보기를 들면
② 해명이음씨 : 왜냐하면

3.1.2.5 되풀이이음씨

앞의 말을 되풀이하여 설명하게 하여 주는 이음씨.

① 환언이음씨 : 즉, 다시 말하면, 곧
② 요약이음씨 : 결국, 요컨대

3.1.2.6 말바꿈이음씨

말을 바꾸어 함을 나타내는 이음씨 : 그건 그렇고, 각설하고

4. 느낌씨

4.1 느낌씨란?

월 앞에서 독립성을 가지면서 말할이의 느낌을 나타내는 말로서 토
씨의 도움을 받지 않는 씨를 말한다. 느낌씨는 본래 월앞에 오는 것이
원칙이나 경우에 따라서는 월의 중간이나 끝에도 쓰인다.

(27) ㄱ. 아! 달도 밝다.
　　　ㄴ. 너도 가자, 응.

ㄷ. 내가 말이야 어제 서울에 갔다.

4.2 느낌씨의 갈래

느낌씨는 그 나타내는 뜻에 따라 감정적느낌씨, 의지적느낌씨, 말버릇느낌씨, 말더듬느낌씨의 넷으로 나눈다.

4.2.1 감정적 느낌씨

놀람, 기쁨 같은 순수한 감정만을 나타내는 느낌씨로 다음과 같은 것이 있다.[5]

① 기쁨 : 하, 하하, 허허
② 성냄 : 에, 엣, 에이, 엑기, 원
③ 슬픔 : 아이고, 에구(어이구), 어이
④ 걱정 : 하, 허
⑤ 한숨 : 허, 허허, 하, 하하, 후, 후유
⑥ 놀램 : 아, 아아, 아이고, 에구머니, 익기, 이크, 야아, 에따, 아이, 저런, 불이야, 도둑이야, 와, 사람 살려, 앗차
⑦ 두려움 : 이이, 우우, 에비, 에비야
⑧ 인정 : 참, 정말, 아무렴, 그렇지, 암
⑨ 지움 : 웬걸, 어디, 천만에
⑩ 낙망 : 어, 엉, 어뿔싸, 아뿔싸, 아차
⑪ 뜻같음 : 이키, 이쿠, 애캐, 옳다, 옳지, 옳아, 얼싸, 얼씨구, 얼씨구나, 절씨구, 절씨구나
⑫ 즐거움 : 만세, 좋다
⑬ 시원함 : 에라, 야아

---

5) 느낌씨에 대하여는 최현배, 『우리말본』, 정음문화사, 1983, 608~610쪽에 의거함이 많음.

⑭ 놀림 : 에뚜에, 아주, 얼싸, 어렵시오, 용용, 알랑총

⑮ 코웃음 : 피, 푸, 후

⑯ 슬픔·감탄 : 허, 허허, 에따

⑰ 깔봄 : 애개, 애개개, 애따, 어릴

⑱ 불평 : 에

⑲ 비방 : 아따

⑳ 가엾음 : 아이차, 아이구, 저런, 하하, 아이야, 애개, 에그

㉑ 기림 : 좋다, 잘 한다

㉒ 반김 : 아아, 야아

㉓ 물리침 : 에라

㉔ 아양 : 아이이

㉕ 앓음 : 아야, 아이구

㉖ 욕설 : 이 새끼, 개새끼, 제기랄

㉗ 의아 : 글쎄, 글쎄다, 그래

㉘ 승인 : 그래, 그럼

㉙ 흥겨움 : 닐리리야, 니나노, 니나노 날실로, 에헤이요, 에헤이야 데헤이
야, 에라났다, 지화자자 좋다, 에이요, 에에이야, 에어라차, …

㉚ 불만 : 아아, 아뿔싸, 에라 놓아라

㉛ 느낌 : 야(는야), 으라차챠

㉜ 혼남 : 에뜨거라

4.2.2 의지적 느낌씨

꾀임, 부름과 같은 의지의 앞머리를 들어내는 느낌씨로서 다음과
같은 것이 있다.

① 단념 : 에따, 앗아라, 그만둬
② 주의 : 쉬, 수쉬, 쉿

③ 독려 : 자, 위여, 버텨라

④ 꾀임 : 자

⑤ 재촉 : 응, 그래, 어서

⑥ 어름 : 이놈, 요놈, 저놈, 그놈

⑦ 힘씀 : 이여차, 어기여차, 이여싸, 영차, 어화어화 어화영차 어화, 어기
여라 궁굴레, …

⑧ 부름 : 여보십시오, 여보시오, 여보, 여보게, 이봐, 얘, 임마
오래오래, 똘똘(돼지 부르는 소리)
구구(닭 부르는 소리)
워리(개 부르는 소리)

⑨ 대답(높임의 차례에 따라)
예, 응, 그래, 오냐,
아니올시다, 아닙니다, 아니요, 아니, 아니야
왜요, 왜, 뭐
글쎄올시다, 글쎄요, 글쎄

⑩ 시킴 : 열중 쉬어, 차렷, 경례, 쉬엇, …
왕(말에 대하여)
워(소에 대하여)

⑪ 인사 : 안녕

⑫ 축배 : 건배, 지화자

⑬ 기침 : 에헴, 어험, 애햄

⑭ 약 올림 : 용용

4.2.3 말버릇느낌씨

아무 느낌이나 생각 없이 단순히 입버릇으로 말에 섞어 내는 것이
있다.

머, 멀, 말이지, 말이야

4.2.4 말더듬 느낌씨

말이 빨리 나오지 아니할 때 말을 더듬는 모양으로 아무 뜻없는 소리로 내는 것으로 다음과 같은 말이 있다.6)

이, 에, 저, 음, 거시기

4.3 느낌씨의 통어적 기능

1) 느낌씨는 월의 성분으로서 독립된 자격을 가진다.

(28) ㄱ. 앗차, 그걸 잊었군.

ㄴ. 아, 달이 밝구나.

ㄷ. 여보, 어디에 가시오.

(28ㄱ~ㄷ)의 '앗차', '앗', '여보' 등은 각각 그 뒤에 오는 월에 어느 정도의 꾸밈 구실을 하고 있다. 느낌씨는 월의 앞에서 그것을 꾸미는 구실을 하나, 그 꾸미는 작용이 그저 긴밀하지 아니하며 월의 짜임에는 그리 큰 관계가 없다. 그러면서 독립된 월의 자격을 가진다.

(29) ㄱ. ㉮ 너는 학교에 가느냐?

㉯ 예. (= 그렇습니다. 저는 학교 갑니다)

ㄴ. ㉮ 그가 고시에 떨어졌다.

㉯ 아뿔사. (= 참, 애석하구나)

(29ㄱ~ㄴ)의 ㉯는 홀로 월의 자격을 가지고 있다. 즉, 괄호 속의 월

---

6) 정인승, 『표준고등말본』, 신구문화사, 1956, 159~160쪽 참조.

구실을 하고 있다.

2) 느낌씨는 경우에 따라서 그 자질상 월의 중간이나 끝에 올 수도 있다.

(30) ㄱ. 그가 갔다. 아이구.

ㄴ. 그가 야아, 오는구나.

ㄷ. 어디 가시오. 여보.

(30ㄱ~ㄷ)에서 보는 바와 같이 이런 것이 느낌씨의 통어적 특질이기도 하다.

3) 느낌씨로서 서로 의사소통을 하는 일이 있다.

(31) ㄱ. 갑 : 아이구, 아야.

을 : 왜 그래.

ㄴ. 갑 : 여보.

을 : 왜.

갑 : 어서요, 어서.

4) 아이고, 어이

슬픔을 나타내는 '아이고'는 조부모, 부모가 돌아갔을 때 곡하면서 내는 소리요, '어이'는 백숙부모, 종조부모 기타 사람이 돌아갔을 때 곡하며 내는 소리이다.

(32) ㄱ. 아이고, 아이고.

ㄴ. 어이, 어이.

여기 참고문헌은 매김씨, 어찌씨, 이음씨, 느낌씨의 것을 통털어 보이기로 한다.

김경훈, 「국어의 부사수식연구」, 『국어연구』 제37호, 1977

김봉모, 『국어매김말연구』, 태학사, 1992

박병수, 「양태부사에 대하여」, 『언어』 1-1, 한국언어학회, 1976.

박선자, 「우리말어찌말연구」, 부산대학교 박사논문, 1983.

박지홍, 『우리현대말본』, 과학사, 1986.

서정수, 「양상부사의 통어적 특성에 대한 의미론적 접근」, 『어학교육』 7, 전남대
　　학교 어학연구소, 1975.

양인석, 「한국어 부사의 의미」(1), 『어학교육』 7, 전남대학교 어학연구소, 1975.

이석규, 「현대국어 정도어찌씨의 의미연구」, 건국대학교 박사논문, 1987.

이환묵, 「양상부사의 통어적 특성에 대한 의미론적 접근」, 『어학교육』 7, 전남대
　　학교 어학연구소, 1975.

정인승, 『표준고등말본』, 신구문화사, 1956.

최현배, 『우리말본』, 정음문화사, 1983.

허　웅, 『20세기 우리말형태론』, 샘문화사, 1995.

홍사만, 「국어정도부사와 상태부사의 비교연구」, 『동양문화연구』 제4집, 경북대
　　학교 동양문화연구소, 1977.

岡田仲夫, 『副詞と挿入文』, 大修館, 1985.

부록

부 록

1. 이름씨에 앞가지가 와서 파생되는 이름씨

(58쪽 '2.1.1.1 이름씨에 앞가지가 와서 파생되는 이름씨'의 계속)

- 단- 〈달콤한〉 : 단-술, 단-감
- 단- 〈하나뿐〉 : 단-벌, 단-권
- 담- 〈빛이 엷음〉 : 담-녹색, 담-황색, 담-홍색
- 당- 〈堂〉 : 당-숙질, 당-고모, 당-질녀, 당-형제
- 대- 〈큰〉 : 대-보물, 대-문호, 대-성현
- 대- 〈-에 대하여〉 : 대-일정책, 대-미정책
- 덧- 〈거듭, 덧붙임〉 : 덧-니, 덧-버선, 덧-문
- 도- 〈우두머리〉 : 도-목수, 도-원수
- 돌- 〈산, 들에서 저절로 나옴〉 : 돌-감, 돌-미나리
- 된- 〈물기 적은〉 : 된-밥, 된-죽
- 된- 〈힘이 더 드는〉 : 된-소리, 된-시옷
- 뒤- 〈마구, 몹시〉 : 뒤-범벅
- 들- 〈들에서 자라는〉 : 들-깨, 들-장미
- 땅- 〈정도가 아주 심한〉 : 땅-고집, 땅-꼬마
- 막- 〈마지막〉 : 막-딸, 막-차, 막-술
- 막- 〈질이 좋지 않은〉 : 막-담배
- 맏- 〈같은 항렬에서 맨 먼저〉 : 맏-아들, 맏-손자
- 맏- 〈첫째〉 : 맏-간, 맏-물
- 말- 〈큰〉 : 말-매매, 말-벌, 말-박
- 맞- 〈마주〉 : 맞선

- 맞- 〈어금버금함〉: 맞-바둑, 맞-적수
- 매(메)- 〈차지지 않고 매진〉: 매(메)-기장, 매(메)-조, 매(메)-떡
- 매- 〈결국은 같은〉: 매-일반
- 매- 〈그때마다의 뜻〉: 매-일, 매-년, 매-주일
- 맨- 〈오직 그것뿐〉: 맨-손, 맨-머리, 맨-밥, 맨-발
- 맹- 〈매우 심함〉: 맹-훈련, 맹-공격
- 먹- 〈검은〉: 먹-구름, 먹-붕장어
- 명- 〈뛰어남〉: 명-문장, 명-선수, 명-연설
- 목- 〈나무로 된〉: 목-그릇, 목-발
- 목- 〈무명으로 된〉: 목-양말, 목-내의
- 몰- 〈전혀 없음〉: 몰-인정, 몰-상식
- 무- 〈없음〉: 무-혐의, 무-시험, 무-소식, 무-의미
- 미- 〈아직 다 이루어지지 못한〉 미-등록, 미-개척, 미-성년
- 민- 〈바탕 그대로 들어남〉: 민-날, 민-대가리
- 민- 〈꾸밈이나 딸린 게 없음〉: 민-가락지, 민-낯, 민-비녀, 민-저고리
- 민- 〈가지지 않거나 없음〉: 민-꼬리
- 민- 〈격식을 갖추지 않음〉: 민-며느리
- 민- 〈벼슬하지 못한〉: 민-머리
- 반- 〈거의 비슷함〉: 반-풍수
- 반- 〈반대〉: 반-국가, 반-독재
- 밭- 〈바깥〉: 밭-사돈, 밭-상제, 밭-어버이, 밭-쪽
- 배내- 〈배 안에 있을 때부터의〉: 배내-똥, 배내-옷, 배내-털
- 별- 〈보통과 다름〉: 별-짓
- 복- 〈사물의 겹됨을 뜻함〉: 복-분해, 복-식, 복-선
- 본- 〈근본이 되는〉: 본-집, 본-줄기, 본-바탕
- 본- 〈본디〉: 본-남편, 본-고장, 본-이름, 본-임자
- 본- 〈지금 말하고 있는 이〉: 본-인
- 부- 〈버금〉: 부-사장, 부-총장, 부-시장
- 부- 〈이차적〉: 부-수입, 부-산물, 부-식
- 부- 〈어울리지 않거나 어긋남〉: 부-조화, 부-도덕
- 불- 〈동·식물의 빛이 붉음〉: 불-개미
- 불- 〈몹시 심함〉: 불-가물, 불-호령, 불-여우
- 불- 〈부정〉: 불-규칙, 불-찬성, 불-명예, 불-만족
- 비- 〈잘못, 아님, 그릇됨〉: 비-무장, 비-인간, 비-민주적
- 빗- 〈비스듬하게〉: 빗-반자, 빗-변

- 생-〈익히지 아니함〉: 생-과일, 생-오이, 생-김치
- 생-〈마르지 아니함〉: 생-고추, 생-나무, 생-장작
- 생-〈가공하지 않음〉: 생-맥주, 생-모시, 생-베, 생-가죽
- 생-〈본디 그대로 임, 다치지 아니함〉: 생-자리, 생-땅, 생-흙, 생-눈, 생-니, 생-살
- 생-〈길들이지 아니함〉: 생-매
- 생-〈서투른〉: 생-낮, 생-문자
- 생-〈살아 있는〉: 생-과부, 생-이별
- 생-〈실지로 낳음〉: 생-부모, 생-아버지
- 생-〈공연한, 엉뚱한〉: 생-고집, 생-고생, 생-돈, 생-사람, 생-소리
- 생-〈까닭 없이 하는, 억지스러운〉: 생-난리, 생-핀잔, 생-호령, 생-떼
- 생-〈지독함〉: 생-급살, 생-지옥
- 생-〈잘못하여 죽음〉: 생-귀신, 생-초상
- 생-〈뜻밖에 당하는〉: 생-벼락
- 서-〈본처가 아닌 몸에서 난〉: 서-아달, 서-삼촌, 서-동생
- 선-〈빛깔이 선뜻함〉: 선-녹색, 선-홍색
- 선-〈서투르고 덜 됨〉: 선-무당, 선-잠, 손-하품
- 선-〈처음, 먼저의 뜻〉: 선-보름, 선-머리
- 선-〈돌아간〉: 선-대인, 손-대왕
- 소-〈작음〉: 소-규모, 소-강당
- 쇠-〈동물, 식물이 작음〉: 쇠-고래, 쇠-기러기, 쇠-돌피
- 쇠-〈몹시 질기거나 고질이 됨〉: 쇠-기침
- 수-〈새끼를 낳지 못하거나 열매를 맺지 못함〉: 수-놈, 수-말, 수-꽃
- 수-〈몇, 여러의〉: 수-십명, 수-천, 수-차
- 숫-〈본디의, 깨끗한, 순수한〉: 숫-색시, 숫-총각, 숫-백성, 숫-음식
- 시-〈시집〉: 시-아버지, 시-어머니, 시-동생, 시-누이
- 실-〈가느다란〉: 실-구름, 실-버들
- 실-〈실제의, 착실한, 옹골찬〉: 실-농군, 실-머슴, 실-생활
- 아-〈다음 가는〉: 아-열대, 아-관목
- 아-〈산화 물질에 포함된 산소 비율이 비교적 적음〉: 아-질산, 아-황산
- 알-〈알처럼 둥근〉: 알-사탕, 알-약
- 알-〈껍질을 털어 버린 것〉: 알-곡식, 알-몸
- 알-〈알짜〉: 알-거지, 알-건달, 알-부자
- 알-〈작은〉: 알-항아리
- 암-〈새끼를 배거나, 열매를 맺음〉: 암-놈, 암-말, 암-꽃

- 애- 〈맨 처음〉: 애-벌, 애-순
- 애- 〈어린, 앳된〉: 애-호박, 애-송이
- 양- 〈서양의〉: 양-딸기, 양-배추, 앵-담배
- 양- 〈두, 두 쪽의〉: 양-국가, 양-손, 양-안
- 양- 〈養〉: 양-아들, 양-딸, 양-아버지
- 어- 〈임금에 관한 말 앞에 붙여 공경의 뜻을 나타냄〉: 어-갑주, 어-군막, 어-승마
- 얼- 〈되다가 덜 된〉: 얼-요기, 얼-개화
- 엇- 〈서로 걸쳐서〉: 엇-셈
- 여- 〈여자의〉: 여-선생, 여-학생
- 역- 〈거꾸로, 반대의〉: 역-효과, 역-이용
- 연- 〈처음부터 끝까지〉: 연-인원, 연-일수, 연-건평
- 연- 〈빛깔이 얕고 산뜻한〉: 연-보라, 연-분홍, 연-갈색
- 열- 〈여리다〉: 열-무
- 영- 〈남의 일가를 높이는 말〉: 영-붕니, 영-손
- 옛- 〈옛부터〉: 옛-날, 옛-길, 옛-고향
- 오- 〈올되다〉: 오-조, 오-사리
- 옥- 〈안으로 오그라진〉: 옥-니, 옥-장사
- 올- 〈올되는〉: 올-벼, 올-콩
- 옹- 〈물건, 사람이 작고 옹졸하게 생김〉: 옹-생원, 옹-솥
- 옹달- 〈작고 오목하다〉: 옹달-샘, 옹달-솥, 옹달-시루
- 왕- 〈물건이 큼〉: 왕-만두, 왕-밤, 왕-개미, 왕-파리
- 왕- 〈항렬이 할아버지 뻘되는 이에 대한 높임〉: 왕-고모, 왕-대인
- 왜- 〈일본식〉: 왜-간장, 왜-호박
- 외- 〈오직 하나뿐인〉: 외-딸, 외-아들
- 외- 〈외가〉: 외-할아버지, 외-할머니
- 요- 〈요함〉: 요-주의, 요-시찰인
- 요- 〈오목함〉: 요-다각형, 요-렌즈, 요-면경
- 우- 〈오른쪽의〉: 우-수영, 우-의정
- 웃- 〈위〉: 웃-어른
- 웃- 〈겉〉: 웃-옷
- 웃- 〈더함〉: 웃-돈
- 원- 〈본디, 처음〉: 원-주소, 원-주인
- 위- 〈거짓〉: 위-선자, 위-증자, 위-폐
- 유- 〈있음〉: 유-자격, 유-의의

- 육- 〈짐승 고기〉 : 육-회
- 이- 〈멥쌀, 메벼〉 : 이-밥, 입-쌀, 잇-짚
- 익- 〈다음의〉 : 익-년, 익-월, 익-일
- 인- 〈사람〉 : 인-가난, 인-두겁, 인-줄, 인-쥐
- 일- 〈한〉 : 일-평생
- 잡- 〈여러 가지가 뒤섞이어 순수하지 못함〉 : 잡-수입, 잡-상인, 잡-일
- 장- 〈긴〉 : 장-거리, 장-의자
- 장- 〈오랜〉 : 장-기간
- 장- 〈수놈〉 : 장-닭
- 재- 〈다시〉 : 재-교육, 재-작일, 재-투자
- 재- 〈在〉 : 재-경 동창회, 재-일교포, 재-미동포
- 저- 〈낮음〉 : 저-기압, 저-물가, 저-소득
- 전- 〈아주 심한 정도〉 : 전-무식, 전-미련
- 정- 〈정식의〉 : 정-사원, 정-회원
- 정- 〈정상적이거나 똑바름〉 : 정-동방, 정-비례
- 정- 〈순수한〉 : 정-색
- 정- 〈벼슬의 윗자리〉 : 정-일품, 종-구품
- 제- 〈차례의 몇째〉 : 제-삼자
- 졸- 〈보잘것없음〉 : 졸-대기, 졸-밥
- 좀- 〈규모가 작음〉 : 좀-나무, 좀-복숭아
- 좀- 〈행동 됨됨이가 잘다〉 좀-노릇, 좀-도둑, 좀-생원
- 종- 〈조그만〉 : 종-가래, 종-구라기, 종-다래끼
- 종- 〈사촌이나 오촌의 겨레 관계〉 : 종-형제, 종-숙질, 종-조부
- 종- 〈벼슬 품계에서 버금가는〉 : 종-일품, 종-구품
- 좌- 〈왼쪽의〉 : 좌-수영, 좌-의정
- 주- 〈주가 됨〉 : 주-성분, 주-목적
- 준- 〈어떤 정도나 자격에 못 미침〉 : 준-결승, 준-우승, 준-교사
- 줄- 〈일이 잇달아 일어남〉 : 줄-초상
- 중- 〈겹침〉 : 중-모음, 중-자음
- 중- 〈무거움〉 : 중-금속, 중-노동
- 진- 〈참된〉 : 진-의, 진-가
- 짓- 〈심함〉 : 짓-고생, 짓-망신
- 짝- 〈짝짝이〉 : 짝-귀, 짝-눈, 짝-신
- 쪽- 〈작은〉 : 쪽-문, 쪽-박, 쪽-지
- 쪽- 〈조각조각 맞춘〉 : 쪽-걸상, 쪽-다리, 쪽-마루

608

- 쪽- 〈한 부분으로 된〉: 쪽-소매, 쪽-자
- 차- 〈버금〉: 차-종가, 차-종손
- 찰- 〈찰진〉: 차-조
- 참- 〈기본적 우수함〉: 참-개구리, 참-기름, 참-깨, 참-나리
- 철- 〈불룩한〉: 철-렌즈, 철-면경, 철-판
- 첫- 〈처음〉: 첫-사랑, 첫-눈
- 청- 〈아주 높음〉: 청-태주, 청-대려, 청-협종
- 초- 〈첫〉: 초-하루, 초-저녁, 초-다짐
- 초- 〈훨씬 뛰어남〉: 초-능력, 초-인간, 초-음속
- 총- 〈온통〉: 총-인원, 총-수
- 최- 〈가장〉: 최-고급, 최-일류, 최-다수
- 친- 〈직계의〉: 친-형제, 친-부모, 친-동생
- 친- 〈친함〉: 친-구, 친-우
- 친- 〈몸소〉: 친-필, 친-솔
- 토- 〈흙의 뜻〉: 토-마루, 토-벽돌, 토-담
- 통- 〈통째〉: 통-가죽, 통-고추, 통-기둥
- 통- 〈온통, 평균〉: 통-거리
- 평- 〈평평한〉: 평-지대, 평-야
- 평- 〈특별하지 아니함〉: 평-교사, 평-미사, 평-민
- 폐- 〈낮추어 말할 때 씀〉: 폐-사, 폐-교
- 풋- 〈채 덜 익은〉: 풋-과일, 풋-나물, 풋-고추
- 풋- 〈덜 익숙한〉: 풋-바둑
- 풋- 〈깊지 않음〉: 풋-사랑, 풋-잠
- 풋- 〈새로운, 처음〉: 풋-눈, 푸-것
- 피- 〈암컷〉: 피-마, 피-물
- 피- 〈입음〉: 피-교육, 피-지배
- 한- 〈큰〉: 한-길, 한-물
- 한- 〈한창〉: 한-여름, 한-더위, 한-겨울
- 한- 〈바깥〉: 한-데, 한-뎃잠
- 한- 〈끼니, 때, 밖〉: 한-밥, 한-저녁, 한-음식, 한-동작
- 핫- 〈솜을 놓은〉: 핫-옷, 핫-이불
- 핫- 〈짝 있는〉: 핫-아비, 핫-어미
- 항- 〈저항〉: 항-균, 항-명, 항-일, 항-결핵제
- 해- 〈그 해에 새로 난〉: 해-콩, 해-닭, 해-쑥, 해-팥
- 해- 〈이, 그의 뜻〉: 해-사건, 해-지역

- 햇- 〈그 해에 새로 난〉: 햇-감자, 햇-곡식, 햇-쌀, 햇-밤
- 헛- 〈잘못〉: 헛-발, 헛-방
- 호- 〈좋음〉: 호-시절, 호-경기, 호-인
- 홀- 〈짝이 없이 하나뿐임〉: 홀-아비, 홀-어미
- 홑- 〈한 겹, 단 하나, 외톨〉: 홑-옷, 홑-이불, 홑-바지, 홑-껍데기
- 후- 〈나중, 뒤〉: 후-보름, 후-백제, 훗-서방
- 희- 〈묽음, 드문〉: 희-세

2. 이름씨에 뒷가지가 와서 파생되는 이름씨

(67쪽 '2.2.1.1 이름씨에 뒷가지가 와서 파생되는 이름씨'의 계속)

- -계 〈기구〉: 온도-계, 압력-계, 혈압-계
- -계 〈어떤 사회의 범위〉: 교육-계, 실업-계, 동물-계
    〈지역의 경계〉: 군-계, 도-계
    〈지질 시대의 지층〉: 고생-계, 중생-계
- -고 〈고약, 약〉: 반창-고, 경옥-고
- -고 〈량〉: 생산-고
- -곡 〈노래의 가락〉: 행진-곡, 협주-곡, 미사-곡
- -공 〈직공〉: 견습-공, 기능-공
- -공 〈성, 시호, 아호, 관직 뒤에 붙여 높임〉: 충무-공, 참판-공
- -과 〈과실이나 과실 나무〉: 무화-과
- -관 〈관리〉: 이사-관, 경찰-관
    〈기관, 집〉: 대사-관, 영사-관
    〈관점〉: 인생-관, 세계-관
- -광 〈미치다시피 정신을 쓰는 사람〉: 독서-광, 축구-광
- -광 〈광석〉: 금-광, 석탄-광, 흑연-광
- -교 〈다리〉: 오작-교, 구포-교
- -구 〈가구, 용구〉: 구명-구, 문방-구
- -구 〈어귀, 구명(口名)〉: 개찰-구, 출입-구, 접수-구
- -군 〈무리, 떼〉: 식물-군, 동물-군
- -권 〈둘레, 테두리 안〉: 당선-권, 남극-권
- -권 〈권리〉: 투표-권, 선거-권, 우선-권
- -금 〈돈〉: 장학-금, 보증-금, 전세-금

- -기 〈기구〉: 변압-기, 주사-기, 측우-기
- -기 〈기계, 기계 장치〉: 녹음-기, 세탁-기, 여객-기, 전투-기
- -기 〈기간〉: 전성-기, 성숙-기
- -기 〈기록〉: 옥중-기, 여행-기
- -기 〈기운, 느낌〉: 기름-기, 물-기, 시장-기
- -깔 〈성질, 기세, 색택〉: 색-깔, 성-깔
- -께 〈아무 때, 무렵〉: 보름-께, 그믐-께
- -꼴 〈단가〉: 십원-꼴, 백원-꼴
- -꽂이 〈꽂아 두는 기구〉: 편지-꽂이, 책-꽂이
- -꾸러기 〈버릇이 심한 사람〉: 장난-꾸러기, 심술-꾸러기
- -꾼 〈일을 습관적, 직업적으로 하는 사람〉: 나무-꾼, 거간-꾼
- -낳이 〈피륙〉: 강진-낳이, 고양-낳이, 안동-낳이, 한산-낳이
- -내 〈처음부터 끝까지 내쳐〉: 봄-내, 겨우-내, 여름-내
- -내기 〈그 지역 사람〉: 시골-내기, 서울-내기
  〈그런 사람을 얕잡아 이르는 말〉: 여간-내기, 풋-내기
- -내기 〈많이 만들어 내 놓은 물건〉: 전-내기, 장-내기
- -네 〈사람의 무리〉: 남정-네, 우리-네, 자네-네
  〈집안, 가족 전체〉: 아저씨-네
  〈편, 동아리〉: 철수-네, 영희-네
- -년 〈어떤 해〉: 기미-년, 회기-년
- -년대 〈10년 단위의 그때〉: 1980-년대, 2000-년대
- -년도 〈한해 동안〉: 1980-년도
- -노 〈못된 일을 하는 놈〉: 매국-노, 수전-노
- -님 〈사람을 나타내는 말에 붙어 높임〉: 주시경-님, 선생-님, 달-님
- -다리 〈속성을 지닌 사람, 물건〉: 귀양-다리, 키-다리
  〈모양〉: 모양-다리(속된 말)
- -단 〈단체, 집단〉: 소년-단, 청년-단
- -달 〈곳, 땅〉: 난-달, 산-달, 양-달
- -담 〈이야기〉: 경험-담, 여행-담
- -당 〈가재, 아호의 씀〉: 고려-당, 사명-당
- -대 〈대금〉: 신문-대, 물건-대
- -대 〈대, 지대〉: 무풍-대, 화산-대, 화석-대
- -대 〈-째〉: 첫-대(=첫-째)
- -대가리 〈맛/멋 등에 붙어 그 뜻을 홀하게 나타냄〉: 멋-대가리, 맛-대가리
- -덩어리 〈성질을 가진 대상〉: 걱정-덩어리, 담-덩어리, 골칫-덩어리, 사고

                    −덩어리
* −덩이 〈위와 같음〉: 골칫−덩이
* −데기 〈그 일을 하는 여자〉: 부엌−데기, 새침−데기, 소박−데기
* −도 〈섬〉: 거제−도, 제주−도
* −도 〈사람, 무리〉: 문학−도, 과학−도
* −도 〈그림〉: 산수−도, 조감−도, 풍속−도
* −도 〈연도〉: 금년−도, 내년−도, 1900년−도
* −도 〈나루〉: 한강−도, 벽란−도
* −동 〈동굴, 굴〉: 석화−동, 종유−동
* −둥이 〈사람, 동물〉: 바람−둥이
* −때기 〈그 이름씨를 낮은 말로 만듦〉: 배−때기, 뺨−때기, 등−때기
* −떼기 〈논밭 구획의 단위〉: 밭−떼기
* −란 〈알, 난자〉: 수정−란, 무정−란
* −란 〈구분된 지면〉: 독자−란, 광고−란
* −량 〈분량, 수량〉: 계획−량, 생산−량
* −령 〈영토〉: 한국−령, 영국−령
* −령 〈재, 산마루〉: 대관−령, 추풍−령
* −령 〈명령, 법령〉: 대통령−령, 시행−령, 금지−령
* −로 〈길〉: 교통−로, 항공−로, 활주−로
        〈도회지의 큰 길〉: 종−로, 세종−로
* −록 〈기록〉: 비망−록, 속기−록, 회의−록
* −론 〈논술〉: 시가−론, 형태−론
* −론 〈이론〉: 감각−론, 유물−론
* −료 〈요금〉: 관람−료, 보험−료
* −류 〈방식, 경향〉: 귀족−류, 자기−류의 생활
* −률 〈律〉: 도덕−률, 음−률
* −률 〈비율〉: 경쟁−률, 성장−률
* −리 〈속, 안〉: 비밀−리, 성황−리, 암암−리
* −림 〈숲〉: 국유−림, 보호−림, 원시−림
* −마 〈악귀〉: 살인−마, 병−마, 색−마
* −마님 〈나리, 대감 등에 붙여 높여 이르는 말〉: 대감−마님, 나리−마님, 영감
        −마님
* −막 〈그렇게 된 곳〉: 내리−막, 오르−막, 가풀−막
* −만 〈바다가 육지 속으로 파고들어 있는 곳〉: 영일−만, 아산−만
* −매 〈생김새, 맵시〉: 몸−매, 눈−매, 입−매

612

- −머리 〈이름씨에 붙어서 낮은 말이 되게 함〉: 인정−머리
- −민 〈사람〉: 피란−민, 이재−민
- −모 〈모자〉: 운동−모, 등산−모, 농림−모
- −물 〈물품〉: 공용−물, 첨가−물
- −미 〈아름다움〉: 육체−미, 고전−미
- −바가지 〈그 일을 자주하는 이를 낮잡거나 조롱하는 뜻〉: 주책−바가지, 고생
  −바가지
- −바리 〈말이 뜻하는 성질이 두드러지게 있거나 그러한 정도에 있는 사람,
  물건〉: 꾀−바리, 악−바리
- −바치 〈물건을 만드는 것을 업으로 삼는 사람〉: 갖−바치, 성냥−바치
- −발 〈죽죽 내 뻗치는 기운〉: 끗−발
- −배 〈행위의 무리〉: 간상−배, 간신−배, 폭력−배
- −배기 〈나이가 들어 있음〉: 나이−배기
  〈무엇이 차 있음〉: 알−배기
  〈특정한 물건, 곳〉: 언덕−배기, 가짜−배기, 공짜−배기
- −뱅이 〈그런 사람을 낮게 이름〉: 가난−뱅이, 주정−뱅이
- −범 〈범죄, 죄인〉: 절도−범, 정치−범
- −보 〈그런 성질, 상태의 사람을 뜻함〉: 털−보
- −보 〈웃음, 물음, 말 등에 붙어 잔뜩 쌓여 있던 것을 뜻함〉: 말−보
- −보 〈관직에 붙어 보좌관의 뜻〉: 차관−보
- −복 〈옷〉: 학생−복, 군−복, 등산−복, 작업−복
- −부리 〈거짓말 등의 말에 붙어 그것을 나타냄〉: 거짓−부리
- −붙이 〈사람의 같은 겨레〉: 겨레−붙이, 일가−붙이, 살−붙이
  〈물건에 딸린 같은 종류〉: 가족−붙이, 고기−붙이, 쇠−붙이, 금−붙이
- −비 〈비용〉: 교통−비, 도서−비, 회의−비
- −뽑이 〈뽑는 연장〉: 못−뽑이
- −사 〈절〉: 불국−사, 해인−사
- −사 〈집〉: 객−사, 기숙−사
- −사 〈스승, 고급의 전문가〉: 강−사, 사진−사, 약−사, 전도−사
- −사 〈실, 줄의 뜻〉: 인견−사, 철−사, 면−사
- −사 〈품사〉: 감탄−사, 수−사, 형용−사
- −사 〈행사 때의 말〉: 기념−사, 축−사, 추념−사
- −사 〈전문 분야의 자격을 갖춘 사람〉: 변호−사, 회계−사, 기능−사
- −사 〈역사〉: 문화−사, 미술−사, 세계−사
- −사 〈사업 기관, 단체〉: 신문−사, 잡지−사, 통신−사

- -사 〈일〉: 중대-사, 가내-사

  〈고려, 조선 때 벼슬 다음에 붙임〉: 영흥 문관-사, 감춘추관-사, 동지 춘추관-사
- -산 〈생산품〉: 외국-산, 국-산
- -살이 〈무엇에 종사하며 살아가는 일〉: 타향-살이, 머슴-살이, 벼슬-살이
- -상 〈장사〉: 잡화-상, 포목-상
- -상 〈벼슬〉: 국방-상, 외-상
- -상 〈꼴, 상태〉: 액-상, 연쇄-상
- -새 〈됨됨이, 모양〉 금-새, 먹-새
- -생 〈간지나 햇수 뒤에 쓰임〉 경자-생, 1925년-생
- -서 〈관서〉: 경찰-서, 세무-서
- -석 〈자리〉: 관람-석, 내빈-석, 부인-석
- -선 〈仙〉: 신-선, 주-선
- -선 〈배〉: 외국-선, 병원-선
- -선 〈철도〉: 경부-선, 호남-선
- -선 〈선출〉: 삼-선 의원, 시조-선
- -성 〈성질, 성향, 성과〉: 적극-성, 인간-성, 생산-성
- -소 〈일을 보는 곳〉: 강습-소, 연구-소
- -쇠 〈사내 아이의 이름〉: 돌-쇠, 마당-쇠
- -수 〈기술자〉: 운전-수, 목-수
- -수 〈죄수〉: 기결-수, 미결-수
- -순 〈차례〉: 선착-순, 도착-순, 가나다-순
- -술 〈기술, 재주〉: 최면-술, 사교-술
- -시 〈관아〉: 전교-시, 사복-시, 내자-시, 군기-시
- -시 〈그리 여김〉: 등한-시, 사갈-시, 영웅-시
- -식 〈법식, 양식〉: 서양-식, 동양-식
- -심 〈마음〉: 공포-심, 동정-심
- -실 〈지명〉: 버드-실, 다라-실, 사기-실
- -실 〈방〉: 장관-실, 비서-실, 관리-실
- -아치 〈그 일에 종사하는 사람〉: 벼슬-아치, 구실-아치, 동냥-아치, 장사-아치
- -안 〈바다, 강의 육지에 접한 곳〉: 동해-안, 서해-안
- -앓이 〈병의 뜻〉: 배-앓이
- -암 〈바위〉: 낙화-암, 화강-암
- -애 〈사랑함〉: 인간-애, 모성-애, 인류-애

- -액 〈사물의 정한 수〉: 생산-액, 결산-액, 수출-액
- -양 〈큰 바다〉: 태평-양, 대서-양
- -어 〈말〉: 한국-어, 미국-어
- -어치 〈값에 해당하는 분량〉: 천 원-어치, 십 원-어치
- -염 〈염증〉: 간-염, 위장-염, 폐-염
- -옥 〈술집, 음식점 이름〉: 서울-옥, 장성-옥
- -옹 〈노인의 이름이나 호 밑에 붙여 높임의 뜻〉: 육방-옹, 노-옹
- -욕 〈욕심〉: 출세-욕, 명예-욕
- -용 〈용도〉: 비상-용, 연습-용
- -원 〈대수 방정식의 미지수를 세는 단위〉: 일-원 일차 방정식
- -원 〈일을 맡아 보는 사람〉: 보조-원, 수행-원
- -원 〈관청, 기관, 학교, 병원의 뜻〉: 고아-원, 대학-원, 학술-원
- -원 〈원서〉: 휴가-원, 결강-원
- -원 〈집〉: 동물-원, 보육-원
- -월 〈어떤 달〉: 정-월, 삼-월, 십이-월
- -이 〈이름씨 뒤에 쓰임〉: 갑돌-이, 을순-이
- -인 〈사람〉: 문화-인, 사회-인, 자연-인, 시-인
- -일 〈=실〉: 쇠-일
- -일 〈날짜〉: 탄생-일, 공휴-일
- -자 〈사람〉: 근로-자, 담당-자
- -자 〈작은 이름에 붙임〉: 원-자, 중성-자, 분-자
- -자이 〈장이〉: 활-자이
- -작 〈만듦〉: 처녀-작
    〈농사〉: 반-작, 풍년-작
- -장 〈어른〉: 노인-장, 춘부-장, 백씨-장
- -장 〈글을 쓴 종이〉: 초청-장, 임명-장
- -장 〈부서의 우두머리〉: 계-장, 과-장, 국-장
- -장 〈어떤 특수한 글을 쓰는책〉: 일기-장, 학습-장
- -장 〈장소, 일터〉: 공사-장, 작업-장
- -장 〈장례식〉: 사회-장, 국민-장, 회사-장
- -장이 〈무슨 직업을 지닌 사람〉: 가구-장이
- -저 〈저택〉: 관-저, 사-저
- -적 〈的〉: 문화-적, 예술-적 가치, 국제-적 문제
- -전 〈전람회, 전시회〉: 개인-전, 미술-전
- -전 〈전기(傳記), 전기 작품의 이름〉: 춘향-전, 심청-전, 홍길동-전

- −전 〈전투〉: 기마−전, 육박−전, 백병−전

  〈경기〉: 대학 농구−전, 정기−전
- −절 〈명절, 절기〉: 단오−절, 광복−절, 입춘−절, 동지−절
- −점 〈가게〉: 가구−점, 음식−점
- −정 〈정자〉: 팔각−정, 세검−정
- −정 〈군함〉: 어뢰−정, 경비−정, 초계−정
- −정 〈약의 정제〉: 당의−정
- −정 〈금액의 한정〉: 만원−정, 천원−정
- −제 〈약제〉: 강심−제, 건위−제, 소화−제
- −제 〈제도, 방법, 형태〉: 도급−제, 민주−제, 양당−제, 추첨−제
- −제 〈제사, 제전, 의식〉: 기우−제, 위령−제
- −제 〈만들어진 것〉: 금속−제, 가죽−제

  〈그곳에서 만든 물건〉: 한국−제, 미국−제
- −조 〈할아버지〉: 육대−조, 칠대−조
- −족 〈족속〉: 여진−족, 몽고−족
- −종 〈종류〉: 개량−종, 재래−종
- −종 〈종교〉: 천태−종, 태고−종
- −좌 〈별자리〉: 대웅−좌, 수미−좌, 연화−좌
- −주 〈주인〉: 경영−주, 세대−주
- −주 〈바다에 둘러싸인 큰 육지〉: 아세아−주, 대양−주
- −주 〈술〉: 인삼−주, 매실−주, 포도−주
- −증 〈증서〉: 자격−증, 신분−증
- −증 〈증상〉: 궁금−증, 권태−증, 답답−증
- −지 〈김치〉: 오이−지, 젓국−지, 짠−지
- −지 〈종이〉: 원고−지, 포장−지
- −지 〈종이, 피륙의 가로로 넓은 조각〉: 가로−지, 세로−지
- −지거리 〈점잖지 않거나 실답지 않게 여김〉: 농−지거리, 욕−지거리
- −지기 〈논밭의 면적〉: 열 섬−지기, 한 마−지기

  〈놈〉: 천둥−지기
- −지기 〈지키는 사람〉: 문−지기, 신−지기, 묘−지기
- −질 〈동작〉: 톱−질, 바느−질, 딸국−질

  〈행위를 낮추어 나타내는 말〉: 도둑−질, 선생−질, 서방−질
- −집 〈글을 모은 책〉: 시−집, 단편−집, 논문−집
- −집 〈부피〉: 몸−집, 살−집
- −집 〈기관〉: 똥−집, 아기−집

- -집 〈탈난 자리, 원인〉 : 물-집, 병-집, 흠-집
- -짓 〈동작〉 : 눈-짓, 손-짓, 발-짓
- -짜리 〈무슨 옷을 입은 것으로 그 사람을 가리키어 이르는 흘한 말〉 : 양복-짜리, 장옷-짜리, 창의-짜리
- -짝 〈속된 뜻〉 : 낯-짝, 볼기-짝, 얼굴-짝
- -째 〈차례, 등급의 뜻〉 : 첫-째, 둘-째
  〈동안의 뜻〉 : 열흘-째, 한 달-째
- -쯤 〈정도의 뜻〉 : 얼마-쯤, 이틀-쯤, 백원-쯤
- -착 〈도착, 착신〉 : 열 시-착, 서울-착
- -창 〈물이 흐르거나 고여 있는 곳〉 : 개골-창, 도량-창, 시궁-창
- -창 〈큰 부스럼〉 : 등-창, 아구-창, 연주-창
- -창 〈군수품을 수리하거나 생산하는 곳〉 : 기지-창, 병기-창, 피복-창
- -채 〈집채〉 : 안-채, 사랑-채
- -채 〈야채를 잘게 써는 것〉 : 무-채, 오이-채
- -책 〈책임자〉 : 조직-책, 소집-책
- -책 〈계책, 대책〉 : 수습-책, 계-책
- -처 〈일을 행하는 곳〉 : 근무-처, 접수-처
- -천 〈큰 시내〉 : 남대-천, 계룡-천
- -첩 〈사진, 그림을 모은 책〉 : 사진-첩, 서화-첩
- -청 〈행정 관서〉 : 산림-청, 도-청
- -체 〈조직체〉 : 기업-체
- -체 〈글씨의 형식〉 : 명조-체, 흘림-체
- -체 〈글의 형식이나 체제〉 : 가사-체, 내간-체, 입말-체
- -초 〈초소, 보초〉 : 감시-초, 청음-초
- -촌 〈마을〉 : 문화-촌, 신-촌, 역-촌, 빈-촌
- -치 〈날씨를 가리켜 그 무렵에 궂어지는 날씨〉 : 그믐-치, 납평-치, 보름-치, 조금-치, 진사-치
- -치 〈물고기, 물고기 이름〉 : 뺨-치, 수-치, 암-치, 갈-치, 멸-치, 버들-치
- -치 〈어떤 물건〉 : 날림-치, 마상-치, 막-치
- -치 〈수, 값〉 : 기대-치, 최소-치, 평균-치
- -침 〈바늘, 바늘처럼 생긴 물건〉 : 독-침, 주사-침, 피뢰-침
- -칸 〈건조물의 공간〉 : 화물-칸, 짐-칸
- -탕 〈달여 먹는 약〉 : 사물-탕, 쌍화-탕
  〈국〉 : 대구-탕, 삼계-탕

- -터 〈곳, 자리〉: 빨래-터, 나루-터
- -토 〈흙〉: 부식-토, 사질-토
- -통 〈어떤 방면에 정통함〉: 경제-통, 외교-통
- -통 〈큰 거리〉: 종로-통, 중앙-통
- -투성이 〈온 몸에 묻히어 더럽게 됨〉: 죄-투성이, 상처-투성이
- -파 〈결〉: 음-파, 수-파
- -포 〈시간의 동안〉: 해-포, 달-포, 날-포
- -풀이 〈오해, 원한, 살을 풀어 버림〉: 살-풀이, 원수-풀이
- -풍 〈풍속, 풍채〉: 고전-풍, 호걸-풍
- -필 〈어떤 일을 마침〉: 검열-필, 검정-필
- -학 〈학문〉: 경제-학, 언어-학
- -항 〈겨레 붙이의 관계〉: 숙-항, 질-항
- -항 〈항구〉: 부산-항, 마산-항
- -해 〈바다〉: 서-해, 동-해, 지중-해
- -행 〈향하여 감〉: 서울-행, 워싱턴-행
- -형 〈본보기〉: 기본-형
- -호 〈기차, 비행기, 배 등의 이름〉: 제공-호
- -화 〈꽃〉: 무궁-화, 모란-화
- -화 〈변하여 닮음〉: 기계-화, 도시-화
- -화 〈그림〉: 수채-화, 나체-화

3. '하 - '파생그림씨

(75쪽 '2.2.3.2 그림씨에 뒷가지가 와서 파생된 그림씨'의 계속)

건둥-하다	궁금-하다	깐질깐질-하다	껄껄-하다
걸쭉-하다	구수-하다	깔끔-하다	껌껌-하다
검실검실-하다	굳건-하다	깜짝-하다	껑뚱-하다
겅성드뭇-하다	굴터분-하다	깡똥-하다	께끔-하다
게저분-하다	굽슬굽슬-하다	깨끗-하다	꼬부스름-하다
겨워-하다	그럴싸-하다	꺼림-하다	꼭-하다
고리타분-하다	근근-하다	꺼무데데-하다	꼰질꼰질-하다
골싹-하다	긴가민가-하다	꺽꺽-하다	꼼꼼-하다
곰바지런-하다	까마말쑥-하다	껀둥-하다	꼿꼿-하다

꽁-하다	늙수그레-하다	매끈-하다	바끈-하다
꾀죄-하다	늡늡-하다	맥맥-하다	빠끔-하다
꾸부스름-하다	니끼-하다	말쑥-하다	빡빡-하다
꼿꼿-하다	다붓다붓-하다	먹먹-하다	빤-하다
꿍-하다	단단-하다	멀끔-하다	빨긋-하다
끄느름-하다	달금-하다	멋-하다	빼주룩-하다
끈질끈질-하다	담담-하다	멍-하다	뻐젓-하다
끌끌-하다	대견-하다	모도록-하다	뻔지레-하다
끔-하다	더부룩-하다	몰씬-하다	뻘그레-하다
끔찍끔찍-하다	덤덤-하다	무던-하다	뻣뻣-하다
나긋나긋-하다	덩실-하다	물렁물렁-하다	뻥뻥-하다
낙낙-하다	데꾼-하다	뭉긋-하다	뽀로통-하다
난질난질-하다	덴적지근-하다	미끈-하다	뿔긋-하다
날쌍-하다	도담-하다	민숭민숭-하다	쀠죽-하다
납대대-하다	달싹-하다	반들반들-하다	쀼주룩-하다
낫낫-하다	담낙-하다	발그레-하다	사늘-하다
너더분-하다	도도-하다	방긋-하다	산듯-하다
넉넉-하다	돌돌-하다	배스듬-하다	살굿-하다
넌주룩-하다	돌돌-하다	뱐뱐-하다	삼삼-하다
널찍-하다	동그스름-하다	버근-하다	새근-하다
넓적-하다	됨직-하다	버드름-하다	서분서분-하다
넙데데-하다	두둑-하다	번지레-하다	선선-하다
네모반듯-하다	둘-하다	벌그름-하다	설렁-하다
노릇-하다	둥글넓적-하다	벙-하다	섬뜩-하다
녹신-하다	뒤숭숭-하다	보드레-하다	섭섭-하다
놀놀-하다	든든-하다	변변-하다	소굿-하다
높직-하다	들썩-하다	볼그레-하다	솔깃-하다
뇌-하다	듬뿍-하다	봉긋-하다	수꿀-하다
누긋-하다	따끈-하다	부숭부숭-하다	숙수그레-하다
눅신-하다	떨떨-하다	복신-하다	숭숭-하다
느긋-하다	똑똑-하다	불그데데-하다	시근시근-하다
는질는질-하다	뜨끈-하다	붕숭-하다	실기죽-하다
늘비-하다	뜸-하다	비금비금-하다	심심-하다
늘썽-하다	마땅-하다	빈미주룩-하다	싱둥-하다
늘씬-하다	말끔-하다	빗밋-하다	쌀쌀-하다

쌉쌀−하다	자긋자긋−하다	카랑카랑−하다	허술−하다
쌩쌩−하다	작달막−하다	칼칼−하다	헌칠−하다
썰렁−하다	잔잔−하다	큼직−하다	헙헙−하다
쏠쏠−하다	잘쑥−하다	타박타박−하다	헛헛−하다
아긋−하다	재긋재긋−하다	털털−하다	헤멀쑥−하다
악작악작−하다	저뭇−하다	텁텁−하다	호젓−하다
알뜰−하다	정갈−하다	파근−하다	홀가분−하다
앍둑앍둑−하다	좀−하다	파르대대−하다	홋홋−하다
암상−하다	짜르르−하다	팍삭−하다	후즐근−하다
앙가바틈−하다	짤뚝−하다	팽팽−하다	훌렁훌렁−하다
애동애동−하다	쩌릿−하다	퍼르죽죽−하다	훤칠−하다
애틋−하다	지긋−하다	퍽신−하다	흐늑−하다
어리숙−하다	질깃−하다	펄펄−하다	호뭇−하다
얼근−하다	짜긋−하다	포근−하다	혼−하다
엄벙−하다	찌부드드−하다	푸르숙숙−하다	흘끔−하다
엉큼−하다	찐−하다	푼푼−하다	희끄스름−하다
에지간−하다	차분−하다	핑핑−하다	희멀쑥−하다
오곳−하다	철렁−하다	하늘하늘−하다	휭−하다
올망졸망−하다	초라−하다	할쭉−하다	
이윽−하다	철렁−하다	해끄스름−하다	

4. '풀이씨의 매김법+이름씨'로 된 종속합성이름씨

(90쪽 '가. 풀이씨의 매김법+옹근이름씨'의 계속)

곧은−줄기	긴긴−밤	난든−집	낮은−말
굳은−살	긴긴−해	난−사람	내릴−톱
굳은−힘	긴−등	날−도	너른−바지
굵은−베	긴−말	날뜰−판	노는−계집
굽은−금	긴−뼈	날−밤	노둣−돌
궂은−고기	긴−파람	날−숨	노른−자위
궂은−소리	길−짐승	날−파람	노린−내
궂은−살	꼬인−결	날−피리	노란−가슴
궂은−일	난든−벌	낡은−이	놀−소리

높은-기둥
높은-밥
높은-체
누린-내
눈뜬-장님
누른-밥
늘-푸른-나무
늙은-이
늦은-불
늦은-봄
단-잠
단-잠자
단-맛
단-무지
단-배
단-비
단-솔
단-술
단-잠
달인-젖
닮은-꼴
당길-심
땔-감
땔-거리
땔-나무
더운-무대
더운-물
드난-살이
드문-솔방울
뜬-것
뜬-계집
뜬-구름
든난-별
뜬-눈
뜬-돈

둔-벌
뜬-벌이
든-손
뜬-숯
뜬-저울
들은-말
들은-귀
디딜-방아
디딜-풀무
마른-갈이
먼-데
먼-물
먼-발치
먼-오금
먼-일
먼-장질
미친-개
미친-것
볼-일
볼-품
붉은-거북
붉은-말
붉은-발
붉은-차돌
붉은-토끼풀
붉은-팔
빈-속
빈-손
빈-자리
빈-주먹
빈-집
빈-창자
빈-탈타리
빈-틈
빈-탕

재물은-떡
적은-집
뺄-셈
죽은-깨
죽는-소리
쥘-때
쥘-쌈지
쥘-손
지난-가을
지난-겨울
지난-날
지난-달
지난-밤
지난-해
지지난-달
지지난-밤
지지난-해
진-걸레
진-눈
진-똥
진-눈깨비
진-밥
찐-쌀
진-신
진-펄
짙은-맛
짙은-천량
찬-물
찬-바람
찬-밥
찬-비
작은-계집
작은-골
작은-꾸리
작은-놈

작은-딸
작은-며느리
작은-칼
잔-가락
잔-가랑니
잔-가시
잔-가지
잔-걱정
잔-걸음
잔-결
잔-구멍
잔-글씨
잔-금
잔-돈
잔-돌
짠-물
잔-바느질
잔-바늘
잔-발
잔-뼈
잔-부끄럼
짠-밥
잔-방귀
잔-소리
잔-손
잔-심부름
잔-재미
잔-주름
잔-줄
잔-털
짧은-치마
잦은-가락
잦은-걸음
잦은-방위
재묻은-떡

더운-밥	된-소리	큰-말	해질-무렵
데릴-사위	된-시옷	큰-머리	혼-솔
덴-가슴	된-풀	큰-물	훈들-비쭉이
도리-결	둥굴-대	큰-불	흰-무리
돈들-막	둥근-이질풀	큰-사람	흰-밥
동떨어진-소리	둥근-톱	큰-소리	흰-빛
돛단-배	코묻은-돈	큰-아버지	흰-쌀
된-똥	큰-가래	큰-아이	흰-소리
된-마	큰-갓	큰-일	흰-신
된-마파람	큰-글씨	찬-이슬	흰-엿
된-바람	큰-기침	큰-집	흰-옷
된-밥	큰-누나	큰-칼	흰-죽
된-비알	큰-딸	큰-톱	흰-쥐
된-새바람	큰-독	큰-할머니	
된-서리	큰-마누라	해질-녁	

5. '임자말+움직씨'의 짜임새로 된 종속합성움직씨

(107쪽 "임자말+움직씨'로 된 것>다.'의 계속)

개암-들다	메-떨어지다	발-빠지다	불똥이-나다
골-저리다	모-서다	발목-잡히다	붉은발-서다
곰-되다	목-마르다	발쇠-서다	붓-날다
냄새-나다	목-막히다	밤-들다	비위-상하다
넌더리-나다	몸-달다	밤불-지다	빗방울-듣다
노긋-일다	몸서리-나다	방-나다	빗방울-듣다
달창-나다	못-박이다	방-나다	빛-나다
덩-달다	물-밀다	배탈-나다	뻥-나다
동-끊기다	물결-치다	버금-가다	산-지피다
뒤-딸리다	바닥-나다	별-나다	살-세다
뒤-터지다	바람-끼다	별쭝-나다	살-오르다
등-달다	바람-나가다	북통-지다	살-잡히다
말-못되다	바람-지다	분병-나다	살-찌다
멋-들다	바오달-티다	불-나다	살-차다

살판-나다	약-되다	조각-나다	짬-나다
샘-터지다	약비-나다	조명-나다	짬-나다
생각-나다	언걸-들다	조잡-들다	찌그렁이-붙다
생혼-나다	언덕-지다	종짓굽-떨어지다	창-나다
선-나다	얼-빠지다	주눅-들다	첫물-지다
선-들다	여물-들다	주눅-들다	큰일-나다
셈-펴이다	연-들다	주름-들다	턱-지다
셈평-펴이다	오금-뜨다	주름-잡히다	통-터지다
속-뽑히다	오금-밀리다	주름살-잡히다	트집-나다
속-상하다	옻-오르다	주접-들다	틈-나다
손-맞다	요절-나다	줄-걸리다	티격-나다
손-잠기다	요정-나다	줄-나다	피-맺히다
손독-오르다	욕지기-나다	줄-풀리다	핏발-삭다
손톱독-오르다	이름-나다	즙-나다	핏발-서다
수묵-지다	입-씻기다	중매-들다	핏줄-쓰이다
숨-업어가다	자국-나다	중뿔-들다	한물-지다
숨-지다	자리-잡히다	쥐-오르다	한살-되다
숨-차다	잠-들다	쥐-오르다	한풀-꺾이다
시위-나다	장마-지다	즙-나다	한풀-죽다
싸개-나다	저자-서다	진딧물-내리다	해-묵다
싹-트다	절내-나다	진땀-나다	해-지다
아귀-트다	절음-나다	진절머리-나다	헌걸-차다
안-차다	젓-떨어지다	짜증-나다	회공-되다
암팡-지다	젓내-나다	짜증-나다	힘-들다
애-서다.	젓-떨어지다	짝-맞다	

6. '임자말＋그림씨'의 짜임새로 된 종속합성그림씨

(108쪽 "임자말＋그림씨'로 된 것＞나.'의 계속)

가량-없다	경황들-없다	꺾짓손-세다	남상-지르다
가뭇-없다	고리-삭다	난데-없다	낯-간지럽다
가차-없다	기운-차다	남-부끄럽다	낯-두껍다
간단-없다	깔축-없다	남-부럽잖다	낯-부끄럽다

낯-설다	맛-있다	싹-없다	재장-바르다
낯-없다	맛-적다	싹-있다	주눅-좋다
낯-익다	맛-지다	싹수-없다	주살-나다
너울-지다	맥-없다	싹수-있다	지멸-있다
눈-거칠다	맥-적다	쓸데-없다	진-나다
눈-높다	멋-없다	아귀-차다	짐병-지다
눈-부시다	면목-없다	아귀세다	짝-없다
눈-설다	목자-사납다	악지-세다	쪽-고르다
눈-어리다	몽니-궂다	안-서럽다	찜-없다
눈-익다	무관-없다	안-슬프다	철-없다
눈꼴-사납다	밤눈-어둡다	암상궂다	청승-궂다
대살-지다	버릇-없다	애-바르다	코-높다
대중-없다	별미-적다	얀정-없다	태-없다
댕가리-지다	보잘것-없다	얀정머리-없다	터-세다
더넘-차다	본데-없다	얄망-궂다	터무니-없다
데설-궂다	부질-없다	어김-없다	턱-없다
도-뜨다	분개-없다	어처구니-없다	툭박-지다
돈-바르다	분한-없다	얼-없다	퉁버리-지다
동-뜨다	상-없다	얼척-없다	틀림-없다
동안-뜨다	상관-없다	엉터리-없다	판-다르다
될성-부르다	새퉁-빠지다	여부-없다	푸접-없다
두수-없다	샘-바르다	여지-없다	풀-죽다
둘-되다	성-바르다	연득-없다	하릴-없다
뒷손-없다	소증-사납다	열통-없다	하염-없다
딴기-적다	속-없다	염치-빠지다	하잘것-없다
때-맞다	손-부끄럽다	염치-없다	한량-없다
똥-마렵다	손-서투르다	영이-들다	헛-되다
뚝별-나다	손끝-맵다	오줌-마렵다	헛배-부르다
말-못되다	숫기-좋다	옴나위-없다	흥허물-없다
말-아니다	스스럼-없다	옹성-깊다	힘-부치다
말-없다	시름-없다	입맛-쓰다	힘-세다
맛-갖다	심사-사납다	잠귀-밝다	힘-없다
맛-나다	심술-궂다	잠귀-어둡다	힘-있다
맛-없다	심술-사납다	재미-있다	힘-차다

7. '부림말＋움직씨'의 짜임새로 된 종속합성움직씨

(113쪽 "부림말＋움직씨'로 된 것＞다.'의 계속)

날강목－치다	늑줄－주다	동당이－치다	뒷－방이다
날바람－잡다	능－두다	동－떨어지다	뒷배－보다
날밤－세우다	능－주다	똥－싸다	뒷북－치다
낯－가리다	딱장－받다	동살－잡히다	뒷소리－치다
낯－붉히다	딱정－놓다	동－자르다	뒤손－벌리다
낯－알다	딱지－맞다	동티－내다	뒷손－보다
낯－익히다	딴죽－걸다	돛－달다	뒷전－보다
넉살－부리다	달－가시다	되술래－잡다	딴전－보다
넋－잃다	땀－내다	두남－두다	뒷짐－지다
넌덕－부리다	담－쌓다	두레－먹다	드난－살다
널－뛰다	담이－씌우다	두말－말다	들피－지다
네발－타다	담타기－쓰다	둑－가다	뜸－뜨다
노총－지르다	담타기－씌우다	뒤－꽂다	뜸－들이다
녹쌀－내다	답치기－놓다	뒤－내다	뜻－받다
논－매다	땅내－맞다	뒤었기－치다	등걸음－치다
논－풀다	닻－감다	뒤－넘다	등골－뽑다
눈－감다	닻－주다	뒤－놓다	등－대다
눈－기이다	대중－삼다	뒤－따르다	등쌀－대다
눈독－들이다	대중－잡다	뒤－두다	등－지다
눈－뜨다	땡－잡다	뒤－밟다	등－치다
눈－맞추다	더미－씌우다	뒤－보다	등－타다
눈물－짓다	덜미－깊다	뒤－방이다	마수－걸다
눈살－찌푸리다	덤터기－쓰다	뒤뿔－치다	마음－놓다
눈－속이다	떼－쓰다	뒤재주－치다	마음－먹다
눈웃음－치다	떼－짓다	뒤－조지다	마음－쓰다
눈－주다	도숙－붙다	뒤턱－놓다	마음－조이다
눈총－맞다	돌리－방－치다	뒤－틀다	마음－졸이다
눈치－보다	동강－내다	뜀－뛰다	말미－받다
눈치－채다	동강－치다	뒷걸음질－치다	말버둥질－치다
뉘－보다	동－대다	뒷걸음－치다	말－달리다
늑장－부리다	동댕이－치다	뒷다리－잡히다	말－일키다

맘-조이다 　 몽-때리다 　 밥-짓다 　 본보기-내다
맘-졸이다 　 몽-부리다 　 방귀-뀌다 　 볼-맞추다
맘-죄이다 　 몽짜-치다 　 방-놓다 　 볼-달다
맛-들이다 　 몽태-치다 　 방-따다 　 볼모-잡다
맛-보다 　 몽-피우다 　 방망이-들다 　 볼모-잡히다
맛-부리다 　 문-잡다 　 방보라-치다 　 볼-받다
망령-부리다 　 물구나무-서다 　 방부-들이다 　 볼-타다
망신-시키다 　 물-내리다 　 방부-받다 　 부레-끊다
맞선-보다 　 물-들이다 　 방소-꺼리다 　 부룩-박다
맞장구-치다 　 물똥-튀기다 　 밭-치다 　 부르-걷다
매장이-치다 　 물수제비-뜨다 　 밭-팔다 　 부아-내다
맴-돌다 　 뭘-하다 　 배-불리다 　 부접-못하다
맴-돌리다 　 밑-지다 　 배창-내다 　 북-돋다
머리-감다 　 바가지-긁다 　 배탈-내다 　 북-돋우다
머리악-쓰다 　 바끄럼-타다 　 반덕-부리다 　 북새질-치다
머리-앉다 　 바닥-내다 　 반등질-치다 　 북새-치다
머리-얹히다 　 바닥-누르다 　 버력-입다 　 북-메다
먹실-넣다 　 바닥-보다 　 번-둘다 　 북-메우다
멋거리-지다 　 바둑-두다 　 벌이줄-잡다 　 북새-놓다
메지-내다 　 바람-내다 　 벗-삼다 　 북통-지우다
모-내다 　 바람-켜다 　 벼락-맞다 　 분대질-치다
모드레-짚다 　 발개-찌트리다 　 벼슬-살다 　 분-바르다
모-뜨다 　 발개-치다 　 변사-부리다 　 불공-드리다
모-붓다 　 발거리-놓다 　 변죽-올리다 　 불-노다
모종-내다 　 발등-디디다 　 변죽-치다 　 불-끄다
모자리-지다 　 발매-넣다 　 별쭝-맞다 　 불똥이-내다
목말-타다 　 발매-놀다 　 보리-타다 　 불-바르다
목말-태우다 　 발매-놓다 　 보리풀-꺾다 　 불-받다
몸-두다 　 발-벗다 　 보람-뵈다 　 불-사르다
몸-받다 　 발-보이다 　 복-벗다 　 불-잡다
몸부림-치다 　 발-뵈다 　 복-입다 　 불-지르다
몸서리-치다 　 밤-새다 　 복정-안기다 　 불-치다
몸-쓰다 　 밤-새우다 　 복정-안다 　 불-피우다
몸-풀다 　 밤얽이-치다 　 복할-잡다 　 부방아-찧다
몽니-부리다 　 밥-내다 　 본-뜨다 　 붓-날리다

626

붓-박이다	새치-부리다	손-잡다	암상-부리다
붗-달다	서방-맞다	손-주다	암상-피우다
붏-대다	석다-치다	손-치다	암괭이-그리다
비나리-치다	선-내다	손-치르다	앙당-그리다
비라리-치다	선-들이다	수묵-치다	앙살-부리다
비비대기-치다	세간-나다	수선-떨다	앙살-피우다
비양-주다	세간-내다	수선-부리다	앞-못보다
비위-맞추다	셈-놓다	수청-들다	앞장-서다
비접-나가다	셈-치다	숨-고다	앞장-세우다
빙충-맞다	속-끓이다	숨-쉬다	앞-지르다
빛-내다	속-내다	시앗-보다	애-끊다
빗-놓다	속모-가다	신혈-먹다	애-끓다
빗-주다	속모-보내다	심사-부리다	애-끓다
빚-지다	속-바치다	심술-내다	애벌-찌다
빚-접다	속-빼다	심술-놓다	애-쓰다
빨래-놓다	속-뽑다	심술-떨다	야기-부리다
빨대-대다	속-상우다	심술-부리다	야비다리-치다
뺑소니-치다	손-꺾다	심통-내다	야살-까다
뺑줄-맞다	손길-잡다	싯발-달다	야살-피우다
뺑줄-치다	손끝-맺다	아구-맞추다	야자-버리다
뺨-맞다	손-넘기다	아귀-맞추다	야지랑-떨다
뺨-치다	손-놓다	아귀-새기다	약령-보다
뻥-놓다	손대-내리다	아귀-트다	약-올리다
뽕-놓다	손-대다	악-쓰다	양자-가다
살손-붙이다	손도-맞다	악지-세우다	어리광-부리다
살-잡다	손독-올리다	악지-쓰다	어리광-피우다
살줄-치다	손-떼다	악착-부리다	어림-잡다
살-찌우다	손-맺다	안간힘-쓰다	어림-치다
상칭-놓다	손발-걷다	안잠-자다	억지-부리다
샅바-지르다	손-보다	안절부절-못하다	억지-세우다
샅바-채우다	손-붙이다	안정-시키다	억지-쓰다
새끼-치다	손-비비다	안쫑-잡다	억척-부리다
새살-까다	손-빌다	안내-내다	언걸-먹다
새살-떨다	손뼉-치다	암-띠다	언걸-입다
새수-못하다	손사래-치다	암상-내다	언그럭-부리다

얼레발-치다　　원주-놓다　　주름-잡다　　짬-매다

얼바람-맞다　　이름-짓다　　주리-틀다　　참살-부리다

얼뺨-붙이다　　입내-내다　　주접-떨다　　짜증-내다

얼음-지치다　　입맛-다시다　　죽살이-치다　　추격-붙이다

얼-입다　　　입-맞추다　　줄-치다　　　창-갈다

어부럭-부리다　　입-씻기다　　줄-타다　　　창-받다

엄살-떨다　　자경마-돌다　　줄통-뽑다　　철-모르다

엄수-놓다　　자국-밟다　　쥐구멍-찾다　　철-찾다

업심-받다　　자귀-짚다　　쥐-빚다　　　청승-떨다

여름-타다　　자위-뜨다　　즙-내다　　　체머리-흔들다

여통귀-잡히다　　짜증-내다　　지걸-입다　　춤-추다

여림-켜다　　잠-자다　　　찌그렁이-부리다　　침-흘리다

역성-들다　　잠-재우다　　진대-붙이다　　침-삼키다

옆-들다　　　장가-가다　　찜부럭-내다　　칼-맞다

옆-찌르다　　장가-들다　　찜부덕-부리다　　칼-메기다

오금-박다　　장가-들이다　　자리-잡다　　칼-씌우다

오망-부리다　　장난-치다　　자빡-맞다　　칼-쓰다

오망-떨다　　재갈-먹이다　　잔손-부리다　　코-골다

오줌-싸다　　재바닥-질다　　재-올리다　　코-떼다

옥-죄다　　　재주-업다　　젖-빌다　　　코방아-찧다

옥-죄이다　　재주-부리다　　종주먹-대다　　코-보다

옴-파다　　　저자-보다　　죽-치다　　　코-싸쥐다

옴-패다　　　점잔-부리다　　줄가리-치다　　코-풀다

옴-피우다　　점잔-빼다　　줄-걷다　　　큰상-받다

옻-올리다　　점잔-피우다　　줄-긋다　　　큰춤-보다

옻-타다　　　정강말-타다　　줄-대다　　　탈-쓰다

요사-부리다　　젖-떼다　　　줄-달다　　　탈-잡다

욕-먹다　　　젖배-곯다　　줄달음-치다　　태질-치다

욕-보다　　　제웅-치다　　줄-드리다　　터-다지다

욕-보이다　　조리-돌리다　　줄-띄우다　　터-닦다

용솟음-치다　　조리-치다　　줄-잡다　　　터-닻다

욕심-부리다　　쪽-지다　　　줄통-뽑다　　터-잡다

용춤-추다　　종아리-맞다　　중매-서다　　털-갈다

용춤-추이다　　종아리-치다　　짝-맞추다　　털-뜯다

우데-켜다　　종종걸음-치다　　짝-짓다　　테-메우다

628

테−받다	품−팔다	한숨−쉬다	구경−가다
통−돌다	품−앗다	한숨−짓다	구새−먹다
통−밀다	핀둥이−쏘이다	한턱−먹다	굴타리−먹다
통−짜다	핀둥이−주다	활−메우다	꾀−피우다
티−뜯다	핀잔−먹다	황−그리다	넌더리−내다
퉁바리−맞다	핀잔−주다	홰−치다	녹쌀−내다
튀김−주다	핏대−올리다	횡−듣다	눈−기이다
틈−타다	향불−피우다	횡−보다	땀−내다
판돈−떼다	허발−치다	홀렁이−치다	똥깨나−끼다
판−둘다	허방−치다	홈−파리	동곳−빼다
판−막다	허방−짚다	홈−패다	칙살−부리다
판−주다	허탕−짚다	흉−보다	홀−맺다
판−치다	허탕−치다	흉−잡다	굽이−감다
팔짱−기다	혀−굴리다	홈−빨다	굽이−돌다
패−잡다	혀−차다	흥글방망이−놀다	굽−죄이다
편역−들다	호들갑−떨다	힘−빼물다	꾀−부리다
평머리−치다	홀랑이−치다	힘−쓰다	매듭−짓다
폐−시키다	하청−치다	힘−입다	주체−못하다
포달−부리다	학치−패다	힘−주다	트집−잡다
포항−주다	한동−넘기다	헛다리−짚다	들러리−서다
풀−개다	한동−먹다	헛물−켜다	모질음−쓰다
풀−꺾다	한등−누르다	헛방−놓다	
풀−쑤다	한손−놓다	헛코−골다	
풀−치다	한손−접다	골−내다	

8. 비통어적 대등합성어찌씨

(131쪽 '3.2.3.1 대등합성어찌씨'의 계속)

가나−오나	게두덜−게두덜	고슬−고슬	곱이−곱이
걸음−걸음−이	겹−겹−이	골골−살살−이	구기적−구기적
검불−덤불	고깃−고깃	곰상−곰상	구깃−구깃
검실−검실	고들−고들	곰질−곰질	구무럭−구무럭
게걸−게걸	고물−고물	곱실−곱실	구부정−구부정

구붓-구붓	깡똥-깡똥	꼴짝-꼴짝	끼리-끼리
구석-구석	깡쫑-깡쫑	꼴찌락-꼴찌락	끼무룩-끼무룩
군실-군실	깡충-깡충	꼼작-꼼작	끼우뚱-끼우뚱
굽이-굽이	깨작-까작	꼼짝-달싹	끼웃-끼웃
그날-그날	깨지락-깨지락	꼼틀-꼼틀	끽-끽
그닐-그닐	깨질-깨질	꽁-꽁	나-날-이
그득-그득	꺼덕-꺼덕	꽝-꽝	나달-나달
그럭-저럭	꺼들-꺼들	꽥-꽥	나붓-나붓
글그렁-글그렁	꺼들먹-꺼들먹	꽹매-꽹꽹	난질-난질
글썽-글썽	꺼물-꺼물	꾀음-꾀음	날름-날름
긁적-긁적	꺼뭇-꺼뭇	꾸기적-꾸기적	날짱-날짱
긁죽-굵죽	꺼불-꺼불	꾸깃-꾸깃	날캉-날캉
길-길-이	꺼치적-꺼치적	꾸르륵-꾸르륵	날큼-날큰
길이-길이	꺾임-꺾임	꾸무럭-꾸무럭	납죽-납죽
길쭉-길쭉	껀둥-껀둥	꾸물-꾸물	너덜-너덜
길쯤-길쯤	껄껄-껄껄	꾸붓-꾸붓	너붓-너붓
길찍-길찍	껄덕-껄덕	꾸뻑-꾸뻑	너울-너울
까르륵-까르륵	껄렁-껄렁	꿀-꿀	너절-너절
까물-까물	껄쭉-껄쭉	꿀덕-꿀덕	널름-널름
까뭇-까뭇	껍신-껍신	꿀렁-꿀렁	넓죽-넓죽
까불-까불	껍죽-껍죽	꿀찌럭-꿀찌럭	높직-높직
까치작-까치작	껑뚱-껑뚱	꿍꽝-꿍꽝	눈-눈-이
까칫-까칫	껑쩡-껑쩡	꿜-꿜	뉘엿-뉘엿
깍둑-깍둑	껑청-껑청	끄덕-끄덕	뉠리리-쿵덕쿵
간동-간동	꼬기작-꼬기작	끄떡-끄떡	닁큼-닁큼
간딱-간딱	꼬깃-꼬깃	끈떡-끈떡	는실-난실
간작-간작	꼬들-꼬들	끈적-끈적	늘름-늘름
깔끔-깔끔	꼬르륵-꼬르륵	끌-끌	늘썽-늘썽
깔쭉-깔쭉	꼬무락-꼬무락	끌쩍-끌쩍	늘씬-늘씬
깔찍-깔찍	꼬부랑-꼬부랑	끔뻑-끔뻑	늘쩡-늘쩡
깔축-없이	꼬불-꼬불	끔적-끔적	늘컹-늘컹
깜냥-깜냥	꼬빡-꼽빡	끔쩍-끔쩍	늘큰-늘큰
깜작-깜작	꼴깍-꼴깍	꿍-꿍	다-달-이
깝작-깝작	꼴딱-꼴딱	끼깅-끼깅	다달-다달
깝죽-깝죽	꼴랑-꼴랑	끼룩-끼룩	다붓-다붓

다붓-다붓	되록-되록	또렷-또렷	문치적-문치적
다팔-다팔	되롱-되롱	또박-또박	문칫-문칫
달-달-이	두고-두고	똑딱-똑딱	물-물-이
달가닥-달가닥	두릿-도릿	똴-똴	물끄럼-물끄럼
달가당-달가당	둥덩-둥덩	뚜글-뚜글	뭉게-뭉게
달그락-달그락	들까불-들까불	뚜덜-뚜덜	뭉그적-뭉그적
달그랑-달그랑	들음-들음	뚜드럭-뚜드럭	뭉뚝-뭉뚝
달랑-달랑	들큰-들큰	뚜렷-뚜렷	뭉뜽-뭉뜽
달막-달막	듬성-듬성	뚜벅-뚜벅	뭉특-뭉특
달싹-달싹	듬쑥-듬쑥	뚱땅-뚱땅	미끈-미끈
달카닥-달카닥	따끈-따끈	뜨끈-뜨끈	미루적-미루적
달카당-달카당	따로-따로	뜨끔-뜨끔	바닥-바닥
달칵-달칵	딱다글-딱다글	뜨문-뜨문	바드득-바드득
담방-담방	딴직-따직	뜯적-뜯적	바득-바득
담뿍-담뿍	딸각-딸각	뜰먹-뜰먹	바들-바들
담상-담상	딸그랑-딸그랑	뜸직-뜸직	바람만-바람만
담쑥-담쑥	딸막-딸막	띠엄-띠엄	바삭-바삭
담작-담작	땀-땀-이	띠엄-띠엄	바스락-바스락
답삭-답삭	때그락-때그락	만지작-만지작	바작-바작
당실-당실	때깍-때깍	말똥-말똥	박작-박작
대롱-대롱	때-때-로	망설-망설	반동-반동
대충-대충	땍대굴-땍대굴	매끈-매끈	반뜻-반뜻
더더귀-더더귀	땡그랑-땡그랑	매지-매지	반질-반질
더덜-더덜	땡그렁-땡그렁	머무적-머무적	반짝-반짝
더듬-더듬	떠듬적-떠듬적	머뭇-머뭇	발깍-발깍
더욱-더욱	떨거덕-떨거덕	멀찍-멀찍	발끈-발끈
덩삿-덩삿	떨그럭-떨그럭	멍털-멍털	발딱-발딱
덩실-덩실	떨그렁-떨그렁	몰칵-몰칵	발랑-발랑
데그럭-데그럭	떨렁-떨렁	몽그작-몽그작	발록-발록
데꺽-데꺽	떼그럭-떼그럭	몽땅-몽땅	발름-발름
뎅그렁-뎅그렁	떽-데구루루	몽탕-몽탕	발짝-발짝
도근-도근	떽데굴-떽데굴	무더기-무더기	발칵-발칵
동강-동강	또글-또글	무덕-무덕	방글-방글
동글-넓적-이	또깡-또깡	무뜩-무뜩	방긋-방긋
동실-동실	또드락-또드락	문뜩-문뜩	배각-배각

배빗-배빗　병글-병글　불룩-불룩　빤들-빤들
배슥-배슥　병긋-병긋　불쑥-불쑥　빤질-빤질
배슬-배슬　베슥-베슥　불임-불임　빤작-빤작
배쏙-배쏙　베슬-베슬　불쩍-불쩍　빨긋-빨긋
배주룩-배주룩　보각-보각　불컥-불컥　빨따-빨따
배죽-배죽　보글-보글　불퉁-불퉁　빨랑-빨랑
배쭉-배쭉　보도득-보도득　붕긋-붕긋　빨쭉-빨쭉
배착-배착　보독-보독　비근-비근　빵글-빵글
배치작-배치작　보드득-보드득　비긋-비긋　빵실-빵실
배트작-배트작　보속-보속　비딱-비딱　뻬-뻬
배틀-배틀　보스락-보스락　비뚝-비뚝　뻬긋-뻬긋
뱅글-뱅글　복슬-복슬　비뚤-비뚤　뻬뚝-뻬뚝
뱅긋-뱅긋　볼록-볼록　비릿-비릿　뻬뚤-뻬뚤
뱌비작-뱌비작　볼쏙-볼쏙　비주룩-비주룩　뻬주룩-뻬주룩
버걱-버걱　볼통-볼통　비죽-비죽　뻬죽-뻬죽
버글-버글　부글-부글　비지적-비지적　뻬쪽뻬쪽
버덕-버덕　부두둑-부두둑　비쭉-비쭉　뻬쭉-뻬쭉
버럭-버럭　부둥-부둥　비척-비척　뻬트작-뻬트작
버르적-버르적　부드득-부드득　비치적-비치적　뻬틀-뻬틀
버석-버석　부들-부들　비트적-비트적　뻭-뻭
번들-번들　부석-부석　비틀-비틀　뺀둥-뺀둥
번듯-번듯　부스럭-부스럭　빈둥-빈둥　뺀들-뺀들
번뜻-번뜻　부슬-부슬　빈들-빈들　뺑글-뺑글
번쩍-번쩍　부시-부시　빈정-빈정　뺑실-뺑실
벌꺽-벌꺽　부시럭-부시럭　빙글-빙글　뺘드득-뺘드득
벌끈-벌끈　북슬-북슬　빙긋-빙긋　뻐글-뻐글
벌떡-벌떡　북적-북적　빙실-빙실　뻐드득-뻐드득
벌럭-벌럭　불강-불강　빠글-빠글　뻐르적-뻐르적
벌렁-벌렁　불겅-불겅　빠끔-빠끔　뻐적-뻐적
벌룩-벌룩　불근-불근　빠드득-빠드득　뻔둥-뻔둥
벌름-벌름　불긋-불긋　빠득-빠득　뻔들-뻔들
벌름-벌름　불끈-불끈　빠르작-빠르작　뻔적-뻔적
벌쩍-벌쩍　불똥-불똥　빠지직-빠지직　뻔질-뻔질
벌쭉-벌쭉　불뚝-불뚝　빤둥-빤둥　뻔쩍-뻔쩍
벌컥-벌컥　　　　빤득-빤득　뻘긋-뻘긋

632

뻘끈－뻘끈	산득－산득	서뻣－서뻣	시드럭－시드럭
뻘떡－뻘떡	산들－산들	서슴－서슴	시득－부득
뻘렁－뻘렁	산뜩－산뜩	석－석	시득－시득
뻘쭉－뻘쭉	살강－살강	석둑－석둑	시들－부들
뺑글－뺑글	살금－살금	선득－선득	시들－시들
뺑긋－뺑긋	살랑－살랑	선들－선들	시큰－시큰
뽀글－뽀글	살래－살래	선뜩－선뜩	실긋－샐긋
뽀도독－뽀도독	살몃－살몃	설렁－설렁	실긋－실긋
뽀드득－뽀드득	살조－살조	설레－설레	실기죽－샐기죽
뽀롱－뽀롱	살짝－살짝	설멍－설멍	실기죽－실기죽
뾰족－뾰족	살캉－살캉	설컹－설컹	실떡－실떡
뾰쪽－뾰쪽	삼박－삼박	섬벅－섬벅	실룩－샐룩
뿌글－뿌글	삼빡－삼빡	섬뻑－섬뻑	실룩－실룩
뿌두둑－뿌두둑	상글－방글	성글－벙글	실쭉－샐쭉
뿌둑－뿌둑	상글－상글	성글－성글	실쭉－실쭉
뿌드득－부드득	상긋－상긋	성긋－벙긋	싱긋－빙긋
뿌득－뿌득	상큼－상큼	성긋－성긋	싱긋－싱긋
뿔긋－뿔긋	새득－새득	속삭－속삭	싱숭－생숭
�죽－�죽	새들－새들	속살－속살	싸드락－싸드락
7쪽－7쪽	새록－새록	솔－솔	싸부랑－싸부랑
삐덕－삐덕	새롱－새롱	송알－송알	싹둑－싹독
삐딱－삐딱	새살－새살	수군－수군	쌀강－쌀강
삐뚝－삐뚝	새실－새실	수득－수득	쌀래－쌀래
삐뜰－삐뜰	새큰－새큰	수들－수들	쌈박－쌈박
삐주룩－삐주룩	샐긋－샐긋	수럭－수럭	쌈빡－쌈빡
삐죽－삐죽	샐기죽－샐기죽	수북－수북	쌍글－빵글
삐쪽－삐쪽	샐쭉－샐쭉	수선－수선	쌍글－쌍글
삔둥－삔둥	생글－뱅글	수슬－수슬	쌍긋－빵긋
삔들－삔들	생글－생글	숙석－숙석	쌍긋－쌍긋
삥실－삥실	생긋－뱅긋	술렁－술렁	쌔근－쌔근
사물－사물	생긋－생긋	쉬엄－쉬엄	쌔근발딱－쌔근발딱
사박－사박	서벅－서벅	슬근－슬근	쌜긋－쌜긋
사부광－사부광	서부렁－서부렁	슬금－슬금	쌜기죽－쌜기죽
사뿐－사뿐	서부렁－섭적	시글－시글	쌜룩－쌜룩
사푼－사푼	서뿐－서뿐	시드럭－부드럭	쌩글－빵글

쌩글-쌩글	씰기죽-씰기죽	알씬-알씬	어정-어정
쌩긋-뺑긋	씰룩-쌜룩	알질-앙질	어지렁-버지렁
쌩긋-뺑긋	씰룩-쌜룩	알짱-알짱	어지렁-버지렁
써걱-써걱	씰룩-씰룩	알쫑-알쫑	어쩍-어쩍
썩-썩	씰룩-씰룩	알찐-알찐	어치렁-버치렁
썩둑-썩둑	씽글-뺑글	알탕-갈탕	어치렁-어치렁
썰겅-썰겅	씽글-뺑글	앍둑-앍둑	언뜻-언뜻
썰렁-썰렁	씽글-씽글	앍박-앍박	얼금-숨숨
썰레-썰레	씽글-씽글	앍작-앍작	얼금-얼금
썸벅-썸벅	씽긋-뺑긋	앍족-앍족	얼기-설기
쎙글-뺑글	씽긋-씽긋	앙글-방글	엄벙-덤벙
쎙글-쎙글	아귀-아귀	앙금-쌀쌀	엄벙-뚱땅
쎙긋-뺑긋	야긋-야긋	앙금-앙금	엉두덜-엉두덜
쎙긋-쎙긋	야기족-야기족	앙알-앙알	엉절-엉절
쏘곤-쏘곤	아드득-아드득	앙큼-앙큼	엉정-벙정
쏘삭-쏘삭	아드등-아드등	야죽-야죽	엉큼-엉큼
쏙닥-쏙닥	아르렁-아르렁	얄기죽-얄기죽	엎치락-뒤치락
쏙달-쏙달	아른-아른	얄랑-얄랑	여젓-여젓
쏭당-쏭당	아름-아름	얄쭉-얄쭉	오그랑-오그랑
쑤석-쑤석	아름작-아름작	어귀-어귀	오글-보글
쑥달-쑥달	아릿-아릿	어근-버근	오글-오글
쑥덕-쑥덕	아삭-아삭	어기뚱-어기뚱	오글-쪼글
쑥설-쑥설	아슬-아슬	어기죽-어기죽	오도독-오도독
쑹덩-쑹덩	아슬랑-아슬랑	어뚝-비뚝	오독-오독
쓰르람-쓰르람	아작-아작	얼렁-뚱땅	오드득-오드득
쓱싹-쓱싹	아짝-아짝	어름적-어름적	오들-오들
쓸-쓸	아창-아창	어릿-어릿	오똑-오똑
씀벅-씀벅	아치랑-아치랑	어물-어물	오래-오래
씨근벌떡-씨근벌떡	아치장-아치장	어물쩍-어물쩍	오비작-오비작
씨부렁-씨부렁	알금-삼삼	어빡-자빡	오시글-오시글
씨우적-씨우적	알금-솜솜	어빽-저빽	오지끈-똑딱
씩둑-씩둑	알금-알금	어석-어석	오지끈-오지끈
씰기죽-쌜기죽	알라리-깔라리	어우렁-어우렁	오지직-오지직
씰기죽-씰기죽	알랑-뚱땅	어적-어적	옥신-옥신
씰기죽-씰기죽	알랑-알랑	어정-버정	옥실-옥실

634

옥작-옥작	왈각-달각	울근-울근	월걱-덜걱
올강-볼강	왈각-왈각	울꺼-울꺼	월걱-월걱
올강-올강	왈칵-왈칵	울뚝-불뚝	월그덕-덜그덕
올공-올공	왕배-덕배	울뚝-울뚝	월컥-월컥
올랑-촐랑	왕배야-덕배야	울렁-울렁	웽겅-뎅겅
올록-볼록	왜틀-비틀	울렁-출렁	웽그렁-뎅그렁
올막-졸막	왱강-댕강	울룩-불룩	으드득-으드득
올망-졸망	요러쿵-조러쿵	울먹-울먹	으드등-으드응
올목-졸목	요리-요리	울먹-줄먹	으르렁-으르렁
올몽-졸몽	요모-조모	울멍-줄멍	으슬-으슬
올톡-볼톡	우글-부글	울묵-줄묵	으쓱-으쓱
올통-볼통	우글-우글	울뭉-줄뭉	으지적-으지적
옴니-암니	우긋-우긋	울쑥-불쑥	을근-을근
옴실-옴실	우당탕-우당탕	움긋-쭝긋	응얼-응얼
옴싹-달싹	우당탕-퉁탕	움실-움실	이래-저래
옴쏙-옴쏙	우두렁-우두렁	움쑥-움쑥	이러나-저러나
옴질-옴질	우들-우들	움죽-움죽	이러니-저러니
옴짝-달싹	우뚝-우뚝	움직-움직	이러쿵-저러쿵
옴쭉-달싹	우렁-우렁	움질-움질	이렁성-저렁성
와각-와각	우묵-우묵	움쭉-움쭉	이리-이리
와글-와글	우물-우물	움찍-움찍	이리-저리
와당탕-와당탕	우물쩍-우물쩍	움찔-움찔	이주걱-이주걱
와당탕-퉁탕	우비적-우비적	움푹-움푹	이죽-이죽
와드등-와드등	우지끈-우지끈	웅기-웅기	일긋-일긋
와들-와들	우지직-우지직	웅기-중기	일기죽-얄기죽
와락-와락	우쩍-우쩍	웅성-웅성	일기죽-일기죽
와삭-와삭	우쭉-우쭉	웅절-웅절	일렁-얄랑
와지끈-뚝딱	욱시글-득시글	워그적-워그적	일렁-일렁
와지끈-와지끈	욱신-욱신	워글-워글	일쭉-얄쭉
왁다글-닥다글	욱실-득실	워더글-덕더글	일쭉-일쭉
왁다글-왁다글	욱실-욱실	워더글-워더글	자그덕-자그덕
왁시글-덕시글	욱적-욱적	워석-워석	자그락-자그락
왁실-덕실	울겅-불겅	워썩-워썩	자근-자근
왁실-왁실	울겅-울겅	월거덕-덜거덕	자글-자글
왁작-왁작	울근-불근	월거덕-월거덕	자굿-자굿

자끈-자끈	절꺼덕-절꺼덕	중절-중절	짤광-짤광
자끔-자끔	절꺼덩-절꺼덩	쥐엄-쥐엄	짤그랑-짤그랑
자드락-자드락	절꺽-절꺽	지그럭-지그럭	짤까닥-짤까닥
자락-자락	절뚝-절뚝	지근-지근	짤까당-짤까당
자질-자질	절렁-절렁	지근덕-지근덕	짤깍-짤깍
자춤-자춤	절레-절레	지글-지글	짤끔-짤끔
잔득-잔득	절룩-절룩	지긋-지긋	짤똑-짤떡
잘가닥-잘가닥	절름-절름	지껄-지껄	짤래-짤래
잘그랑-잘그랑	절버덕-절버덕	지끈-지끈	짤록-짤록
잘까당-잘까당	절벅-절벅	지끔-지끔	짤름-짤름
잘똑-잘똑	절벙-절벙	지벅-지벅	짤막-짤막
잘랑-잘랑	절써덕-절써덕	지부럭-지부럭	짤쑥-짤쑥
잘래-잘래	절썩-절썩	지지-콜콜이	짱알-짱알
잘록-잘록	절쑥-절쑥	지질-지질	째깍-째깍
잘름-잘름	절커덕-절커덕	지척-지척	쨍그랑-쨍그랑
잘바닥-잘바닥	절커덩-절커덩	직신-직신	쨍알-쨍알
잘바당-잘바당	절컥-절컥	질겅-질겅	쩌금-쩌금
잘박-잘박	점방-점방	질근-질근	쩌렁-쩌렁
잘방-잘방	조금-조금	질금-질금	쩌르렁-쩌르렁
잘싸닥-잘싸닥	조롱-조롱	질룩-질룩	쩍-쩍
잘싹-잘싹	조작-조작	질름-질름	쩔-쩔
잘쑥-잘쑥	조잔-조잔	질쑥-질쑥	쩔그렁-쩔그렁
잘착-잘착	조잘-조잘	질커덕-질커덕	쩔꺼덕-쩔꺼덕
잘카닥-잘카닥	졸딱-졸딱	질퍼덕-질퍼덕	쩔꺼덩-쩔꺼덩
잘카당-잘카당	졸래-졸래	짜그락-짜그락	쩔꺽-쩔꺽
재깔-재깔	졸망-졸망	짜근-짜근	쩔뚝-쩔뚝
쟁강-쟁강	종달-종달	짜근덕-짜근덕	쩔렁-쩔렁
쟁그랑-쟁그랑	종알-종알	짜글-짜글	쩔레-쩔레
저렁-저렁	종잘-종잘	짜금-짜금	쩔룩-쩔룩
저르렁-저르렁	주르륵-주르륵	짜긋-짜긋	쩔름-쩔름
저축-저축	주적-주적	짜드락-짜드락	쩔쑥-쩔쑥
저춤-저춤	죽을뻔-살뻔	짜들름-짜들름	쩨꺽-쩨꺽
절거덕-절거덕	준득-준득	짜르륵-짜르륵	쩽겅-쩽겅
절거덩-절거덩	줄먹-줄먹	짜르랑-짜르랑	쩽그렁-쩽그렁
절그렁-절그렁	줄멍-줄멍	짠득-짠득	쪼르륵-쪼르륵

쪼뼛-쪼뼛	찍-찍	철썩-철썩	털썩-털썩
쫀득-쫀득	찐득-찐득	철커덩-철커덩	텅-텅
쫄래-쫄래	찔끔-찔끔	초싹-초싹	텡-텡
쫄잘-쪽잘	찔뚝-찔뚝	출랑-출랑	토닥-토닥
쫑긋-쫑긋	차닥-차닥	추석-추석	토막-토막
쫑달-쫑달	차란-차란	칠떡-칠떡	토실-토실
쫑잘-쫑잘	차랑-차랑	칠렁-칠렁	톰방-톰방
쫙-쫙	차르랑-차르랑	칼락-칼락	통-통
쭈글-쭈글	찰-찰	컬럭-컬럭	투덜-투덜
쭈룩-쭈룩	찰그랑-찰그랑	콜랑-콜랑	툼벙-툼벙
쭈르륵-쭈르륵	찰딱-찰딱	콩-콩	퉁-탕
쭈뼛-쭈뼛	찰락-찰락	꽉-꽉	퉁탕-퉁탕
쭈절-쭈절	찰바당-찰바당	콸-콸	티격-태격
쭌득-쭌득	찰박-찰박	쿠렁-쿠렁	티적-티적
쭐-쭐	찰싸다-찰싸다	쿨-쿨	파닥-파닥
쭐레-쭐레	찰싹-찰싹	쿨렁-쿨렁	파드닥-파드닥
쭐룩-쭐룩	찰카닥-찰카닥	쿨룩-쿨룩	파드득-파드득
쭐룩-쭐룩	찰카당-찰카당	쿵덕-쿵덕	파딱-파딱
쭝긋-쭝긋	찰칵-찰칵	크렁-크렁	파뜩-파뜩
쭝덜-쭝덜	처덕-처덕	타박-타박	파삭-파삭
쭝얼-쭝얼	처렁-처렁	타올-타올	파슬-파슬
쭝절-쭝절	처르렁-처르렁	탁-탁	팍-팍
찌걱-찌걱	천덩-천덩	탈락-탈락	판-판
찌그덕-찌그덕	철거덕-철거덕	탈방-탈방	판들-판들
찌그락-찌그락	철그렁-철그렁	탈싹-탈싹	팔딱-팔딱
찌그럭-찌그럭	철꺽-철꺽	탐방-탐방	팔락-팔락
찌근-찌근	철떡-철떡	탑삭-탑삭	팔랑-팔랑
찌글-찌글	철럭-철럭	탕-탕	팔짝-팔짝
찌긋-찌긋	철렁-철렁	터드렁-터드렁	팬들-팬들
찌꺽-찌꺽	철방-철방	터럭-터럭	팽글-팽글
찌드럭-찌드럭	철버덕-철버덕	터벅-터벅	퍼릇-퍼릇
찌뜰름-찌뜰름	철버덩-철버덩	터울-터울	퍽석-퍽석
찌르럭-찌르럭	철벅-철벅	털버덕-털버덕	퍽신-퍽신
찌르륵-찌르륵	철벙-철벙	털벅-털벅	펀들-펀들
찌뻑-찌뻑	철써덕-철써덕	털벙-털벙	펄떡-펄떡

펄럭－펄럭	한들－한들	호비작－호비작	흘긋－흘긋
펄렁－펄렁	할근－할근	홀－홀	흘기－죽죽
포도동－포도동	할금－할금	홀랑－홀랑	흘깃－흘깃
포드득－포드득	할긋－할긋	홈착－홈착	흘끔－흘끔
포삭－포삭	할기－족족	화끈－화끈	흘끗－흘끗
폭삭－폭삭	할깃－할깃	화닥닥－화닥닥	흘낏－흘낏
폴－폴	할끔－할끔	화드득－화드득	흘럼－흘럼
폴딱－폴딱	할끗－할끗	홰－홰	흘림－흘림
폴락－폴락	할낏－할낏	회창－회창	흘미－주근
폴랑－폴랑	할딱－할딱	후들－후들	흘미－죽죽
폴짝－폴짝	할래발딱－할래발딱	후딱－후딱	흘쩍－흘쩍
퐁－퐁	할짝－할짝	훌－훌	흘쭉－흘쭉
퐁당－퐁당	할쭉－할쭉	훌근－번쩍	훙글－훙글
푸두둥－푸두둥	해끗－해끗	훌떡－훌떡	훙뚱－망뚱
푸드덕－푸드덕	해작－해작	훌렁－훌렁	훙뚱－항뚱
푸드득－푸드득	해죽－해죽	훌쩍－훌쩍	훙승－생승
푸둥－푸둥	해쭉－해쭉	훔치적－훔치적	훙얼－훙얼
푸뜩－푸뜩	핼끔－헬끔	휘－휘	훙이야－항이야
푸릇－푸릇	허덕－지덕	흐느적－흐느적	훙청－망청
푹－푹	허덕－허덕	흐늘－흐늘	훙청－훙청
풀떡－풀떡	허둥－지둥	흐룽－흐룽	훙충－벙청
풀럭－풀럭	허든－허든	흐릉－흐릉	희끈－희끈
풀렁－풀렁	허부적－허부적	흐물－흐물	희끗－희끗
풀썩－풀썩	허위－허위	흐슬－흐슬	희뜩－희뜩
풍덩－풍덩	허위적－허위적	흔덕－흔덕	희롱－해롱
핀들－핀들	허적－허적	흔드렁－흔드렁	희롱－희롱
핀둥－핀둥	헐레벌떡－헐레벌떡	흔드적－흔드적	희번덕－희번덕
핑－핑	헤드득－헤드득	흔들－흔들	히죽－히죽
핑글－핑글	헤실－헤실	혼전－만전	히쭉－히쭉
하느작－하느작	헤적－헤적	혼전－혼전	힐금－힐금
하마－하마	호록－호록	흘근－번쩍	힐끔－힐끔
한드랑－한드랑	호르록－호르록	흘금－흘금	

9. 셈숱단위 매인이름씨

(151쪽 '5) 셈숱단위 매인이름씨'의 계속)

[1] 기타 양의 셈숱단위 매인이름씨

기타 섬(석) 양의 셈숱단위 매인이름씨 :

- 가다리 : 여러 가닥으로 갈라져 나간 갈래
- 가락 : 엿 한 가락
- 가래 : 떡 두 가래
- 가리 : 벼 두 가리
- 가치 : 담배(성냥) 한 가치
- 갑 : 담배 한 갑
- 갓 : 비웃 한 갓, 고사리 두 갓
- 개비(개피) : 성냥 두 개비
- 거리 : 가지 한 거리, 춤 한 거리
- 고리 : 소주 10사발을 한 단위로 하여 세는 단위 매인이름씨, 소주 한 고리
- 고패 : 고개길을 한 고패 오르다, 밧줄 두 고패
- 공기 : 밥 두 공기
- 꼬지(꼬치) : 곶감 10개
- 꾸투리 : 콩 한 꼬투리
- 꼭지 : 미역 한 꼭지
- 구기 : 기름 두 구기
- 꾸리 : 실 한 꾸리
- 꾸러미 : 짐 한 꾸러미
- 꾸러미(꿰미) : 버섯 두 꾸러미(꿰미)
- 끄람 : 약 한 끄람
- 그루 : 한 그루
- 나무 : 미역 한 나무
- 낟가리 : 벼 한 낟가리
- 넙디기 : 떡 한 넙디기
- 다래끼 : 고기 한 다래끼
- 다발 : 꽃 한 다래끼
- 단 : 푸성귀, 벼, 보리, 땔나무, 짚, 출판물의 지면 등의 묶음을 나타내는 단위 매인이름씨
- 단지 : 간장 한 단지

- 땀(뜸) : 한땀 한땀 깁다.
- 덩어리 : 배, 사과, 참외, 수박, 눈덩이, 흙, 돌 등의 단위매인이름씨
- 떨기 : 한 떨기 국화
- 도리 : 장독에 소금을 한 도리 쳤다.
- 도막(토막) : 생선 한 도막
- 동강 : 한 동강
- 두레 : 떡 한 두레
- 두름(두루미) : 청어 한 두름
- 마당 : 판소리 열두 마당
- 마름 : 이엉 세 마름
- 마리 : 소, 돼지, 개, 생선의 단위매인이름씨
- 망태기 : 외 한 망태기
- 메 : 수저 한 메, 신발 두 메, 사발 두 메, 세타 세 메
- 모 : 두부, 묵 및 젓가락 한 모
- 모금 : 물 한 모금
- 모라기 : 한 모라기 바람이 분다.
- 모숨 : 벼모, 담뱃잎, 나무껍질이 줄 안에 들 만한 수량
- 모타리 : 고기 한 모타리
- 모태 : 떡 한 모태
- 무더기 : 한 무더기에 천 원
- 무지 : 석탄 두 무지
- 묶음 : 꽃 한 묶음
- 물 : 한 물에 두 톤씩 가져 간다.
      오이를 두 물째 딴다.
      이 옷은 겨우 한 물 입었다.
- 뭇 : 도기 한 뭇, 나무 한 뭇, 논 한 뭇
- 바람 : 실, 새끼 등의 한 발 되는 길이
- 바리 : 짐 한 바리
- 바퀴 : 운동장 두 바퀴
- 발 : 새끼 한 발, 총알 한 발
- 방 : 총 한 방
- 방울 : 물 한 방울, 눈물 한 방울
- 벌 : 옷 한 벌
- 보지락 : 비가 한 보지락 잘 내렸다.
- 부대 : 가루 한 부대

- 뿌리 : 무 10뿌리 샀다.
- 사리 : 냉면 사리, 윷 한 사리
- 사발 : 술 한 사발
- 살 : 10살 소녀
- 쌈 : 바늘 한 쌈
- 삽 : 석탄 세 삽
- 쌍 : 부부 한 쌍
- 새 : 일곱 새 무영배
- 손 : 생선 한 손(두 마리가 한 손)
- 송이 : 꽃 두 송이, 밤 한 송이, 눈 한 송이
- 순배 : 술 두 순배
- 술(숟가락) : 밥 한 술(숟가락)
- 숭어리 : 포도 한 숭어리
- 시루 : 떡 한 시루
- 심지 : 향 한 심지
- 알 : 설탕 한 알
- 오리(올) : 실 세 오리
- 우리 : 기와 두 우리(기와 2,000장이 한 우리)
- 자루 : 연필 한자루, 허미 한 자루
- 잔 : 술 한 잔
- 잠 : 누에가 한 잠 잔다.
- 짝 : 양말, 신발 짝
- 접 : 감 한 접
- 조끼 : 생맥주 한 조끼
- 종지 : 간장 두 종지
- 조각 : 유리 한 조각, 과일 한 조각
- 쪽 : 사과 한 쪽.
- 죽 : 저고리 한 죽, 접시 10죽
- 줄 : 새끼 두 줄, 잎담배 10줄
- 짐 : 나무 한 짐
- 집 : 바둑 10집 이겼다.
- 참 : 한 참 먹자.
- 채 : 집 한 채, 이불 두 채, 수려 한 채
- 채통 : 집 한 채통
- 초통 : 석유 한 초통

- 축 : 종이 한 축
- 춤 : 벼모 한 춤
- 켜 : 시루떡 두 켜
- 켤레 : 양말, 신발의 켤레
- 코 : 동태 한 코(20마리), 이 그물은 50코이다.
- 쾌 : 북어 다섯 쾌
- 타래 : 실 한 타래
- 테 : 실 다섯 테
- 토리 : 실 한 토리
- 톨 : 밤 열 톨
- 톳 : 김 열 톳
- 통 : 박 세 통, 물 한 통
- 판 : 장기 두 판, 책의 제3판, 두 판 이겼다.
- 포기 : 풀 한 포기
- 포대 : 밀가루 한 포대
- 필 : 말 한 필, 광목 두 필, 밭 한 필
- 항아리 : 물 한 항아리
- 홰 : 닭이 세 홰를 울어야 날이 샌다.

10. 참고문헌

<국내 논저>

강규선, 1988, 「20세기 초기 국어의 경어법연구」, 『인문과학논총』 7집, 청주대학교.

강기진, 1988, 「국어접속어미 "(으)나"의 분석」, 『국어학연총』.

강길운, 1958, 「지정사는 설정되어야 하나?」 2, 『한글』 123호.

_____, 1959, 「조어론을 알자 : '계집'을 중심으로」, 『현대문학』 55호.

강신항, 1980, 「안동지방의 경어법」, 『난정 남광우박사화갑기념논문집』, 일조각.

고영근, 1968, 「주격조사의 한 종류에 대하여」, 『이숭녕 박사 송수기념논총』.

_____, 1973, 「현대 국어의 접미사에 대한 구조적 연구」(3), 『어학연구』 9-1.

_____, 1974, 『국어 접미사의 연구』, 백합출판사.

_____, 1974, 『현대 국어의 접미사에 대한 구조적 연구』, 광문사.

_____, 1974, 「현대 국어의 존비법에 대한 연구」, 『어학연구』 10-ㅈ.

_____, 1975, 「현대 국어의 어말어미에 대한 구조적 연구 : 비종결 어미의 것을 중심으로」, 『응용언어학』 6호.

_____, 1976, 「특수조사의 의미 분석」, 『문법연구』 3호.

고창운, 1994, 「현대국어 서술씨끝연구」, 건국대학교 박사논문.

권재일, 1985, 『국어 복합문구성 연구』, 집문당.

_____, 1992, 『한국어 통사론』, 민음사.

김계곤, 1968, 「현대 국어의 조어법(word-formation) 연구 : 앞가지에 의한 파생법」, 『인천교육대학 논문집』 4집.

_____, 1968, 「현대 국의의 앞가지 처리에 대한 관견」, 『요산 김정한선생 송수기념논총』.

_____, 1969, 「현대 국어의 뒷가지(접미사, suffix)처리에 대한 관견」, 『한글』 144호.

_____, 1969, 「현대 국어의 조어법(word-formation) 연구 : 뒷가지에 의한 파생법」, 『인천교육대학 논문집』 4집.

_____, 1970, 「현대 국어의 꾸밈씨의 합성법」, 『한글』 146호.

_____, 1979, 「현대 국어의 조어법 연구」, 『인천교육대학 논문집』 13집.

_____, 1996, 『현대국어의 조어법(word-formation)연구 : 뒷가지에 대한 파생법』, 박이정.

김광해, 1982, 「복합명사의 신생과 어휘화 과정에 대하여」, 『국어국문학』 88호.

_____, 1988, 「"선택과 양보"(1): "라도"와 "나"를 중심으로」, 『인문학보』 2집.

강원대학교.

김민수, 1970, 「국어의 격에 대하여」, 『국어국문학』 49~50합병호.

김방한, 1965, 「국어주격어미 '이'고 재론」, 『학술원논문집』 5집.

김석득, 1971, 「국어의 피사동」, 『언어』 4-2.

_____, 1974, 「우리말의 시상」, 『한불연구』 1호.

_____, 1981, 「우리말의 시상」, 『애산학보』 1집.

_____, 1984, 「도움움직씨와 시상의 부담성 : 도움움직씨 체계 재설립을 위하여」, 『말』(연세대) 11호.

김선규, 1981, 「국어의 복합어에 대한 연구」, 『어문학』 23호.

김선호, 1989, 「한국어의 행위요구월」, 건국대학교 박사논문.

김성화, 1989, 「"-{지/다가/고}말-"가 명사구보문소인 몇가지 증거」, 『주시경학보』 5호.

_____, 1992, 『국어의 상연구』, 한신문화사.

김승곤, 1966, 「15세기 조사 연구」, 『문호』 4집, 건국대학교.

_____, 1969, 「관형격 조사고 : 현대어를 중심으로」, 『문호』 5집, 건국대학교.

_____, 1969, 「중세어 '이' 비유격 조사고」, 『국어국문학』 42~43호, 국어국문학회.

_____, 1970, 「'이' 주격조사의 어원고」, 『학술지』 12집, 건국대학교.

_____, 1971, 「토씨 '이/의'의 발달을 살핌 : 특히 그 계보의 모색을 위하여」, 『한글학회 50돌 기념논문집』, 한글학회.

_____, 1972, 「조사의 직능고」, 『국어국문학』 58~60집, 국어국문학회.

_____, 1974, 「16세기 조사 연구」, 『학술지』 18집, 건국대학교.

_____, 1977, 「중세국어 대비격 조사고」, 『연민 이가원 박사 육질 송수기념논총』.

_____, 1978, 『한국어 조사의 통시적 연구』, 대제각.

_____, 1980, 「한국어의 격이론」, 『인문과학』 13집, 건국대학교 인문과학연구소.

_____, 1982, 「한국에 고룸소리의 어원연구」, 『한글』 176호.

_____, 1982, 「한국어 조사의 어원 연구 I」, 『교육논총』 1집, 건국대학교 교육대학원.

_____, 1982, 「한국어 조사의 어원 연구 II」, 『학술지』 26집, 건국대학교.

_____, 1984, 「국어 조사 '으로'류의 구문적 직능고 : 특히 그 의미직능을 중심으로」, 『문리논총』 3집, 건국대학교 문리과대학.

_____, 1984, 「한국어 이두의 처소격 조사 '良中'의 어원 연구」, 『두메 박지홍 교수 회갑기념논문집』.

_____, 1984, 「한국어 이두의 처소격 조사 '良中'의 어원 연구」, 『조선학보』 110집, 조선학회.

_____, 1984, 「한국어이음씨끝의 의미 및 통어기능연구 I」, 『한글』 186호.

_____, 1985, 「이두의 여격조사 '亦中'에 대한 고찰」, 『멱남 김일근 박사 회갑기념 어문학논총』.

_____, 1985, 「중주어론에 대한 한 고찰」, 『우운 박병채 박사 환력 기념논총』.

_____, 1986, 「중세국어의 위치자리토씨 '의'와 매김자리토씨 '의'에 대한 한 고찰」, 『백민 전재호 박사 회갑기념 국어학논총』.

_____, 1986, 「중세국어의 형태소 '똔'과 '쏜녀'의 통어 기능 연구」, 『조선학보』 119~120집(천리교 교도 100년제 기념호), 조선학회.

김영욱, 1989, 「중세국어의 존대법에 관한 연구」, 『국어연구』 89호.

김영희, 1973, 「한국어의 격문법 연구」, 연세대학교 대학원.

_____, 1978, 「겹주어론」, 『한글』 162호.

김완진, 1970, 「문접속의 구접속의 '와'」, 『어학연구』 6-2.

김용석, 1979, 「목적어 조사 '을/를'에 관하여」, 『말』 4호.

김응모, 1989, 『국어 평행 이동 자동사 낱말밭』, 한신문화사.

김일웅, 1978, 「타동 사역 형태소 '이'에 대하여」, 『한글』 161호.

_____, 1985, 「우리말 대용어 연구」, 부산대학교 박사논문.

_____, 1990, 「의향법에 의한 월 분류 문제점」, 『주시경학보』 5호.

김정래, 1990, 「'아, 게, 지, 고'가 명사구보문소인 몇 가지 증거」, 『주시경학보』 5호.

김정수, 1980, 「18세기 초기 국어의 높임 인칭법, 주체대상법을 나타내는 안맺음 씨끝에 대한 연구」, 『한글』 167호.

_____, 1985, 「17세기 한국말의 높임법과 그 15세기로부터의 변천」, 서울대학교 박사논문.

김종록, 1984, 「접속어미 '−러, −려고, −고자, −도록'에 관한 연구」, 경북대학교 석사논문.

김종택, 1981, 「국어대우법 체계를 재론함 : 청자대우를 중심으로」, 『한글』 172호.

_____, 1982, 『국어화용론』, 형설출판사.

김차균, 1980, 「"아 있다"와 "고 있다"의 의미」, 『언어』 1, 충남대학교.

_____, 1990, 『우리말시제와 상의 연구』, 태학사.

김창섭, 1981, 「현대 국어의 복합동사 연구」, 『국어연구』 47호.

김창주, 1979, 「조동사 "먹다"에 대한 연구」, 건국대 석사논문.

김한곤, 1983, 「이른바 '−이'사역 피동의 화용론적 조건」, 『한글』 180호.

김형규, 1947, 「겸양사의 연구」, 『한글』 102호.

_____, 1948, 「겸양사의 연구」(속), 『한글』 103호.

_____, 1954, 「주격 '가'에 대하여 : 주석의 입장에서」, 『문경』 4집.

_____, 1962, 「겸양사문제의 재론」, 『한글』 129호.

_____, 1974, 「국어 조어법 연구」, 『학술원 논문집』.

김흥수, 1982, 「원인의 '에'와 '로'에 대하여」, 『국어국문학』 22호, 탑출판사.

_____, 1983, 「"싶다"의 통사 : 의미특성」, 『관악어문연구』 8호.

김희숙, 1992, 「주체존대와 공손」, 김인수 외 편, 『국어학연구 백년사』, 일조각.

나진석, 1971, 『우리말의 때매김연구』, 과학사.

남광우, 1959, 「주격조사 '가'에 대하여 : 주석의 입장에서」, 『문경』 4집.

남기심, 1978, 『국어문법의 시제문제에 관한 연구』, 탑출판사.

_____, 1994, 『국어연결어미의 쓰임』, 서광학술자료사.

남기심·고영근, 1985, 『표준국어문법론』, 탑출판사.

노대규, 1981, 「국어의 복합어 구성법칙」, 『인문논총』 4호.

리의도, 1990, 『우리말 이음씨끝의 통시적 연구』, 어문각.

박병채, 1967, 「고대국어의 격형연구」, 『인문논집』 8집, 고려대학교.

박순함, 1970, 「격문법에 입각한 국어의 겹주어에 관한 고찰」, 『어학연구』 4-2.

_____, 1970, 「격문법에 입각한 국어의 겹주어에 관한 고찰」, 『어학연구』 6-2.

박영순, 1976, 「국어경어법의 사회언어학적 연구」, 『국어국문학』 72~73호.

박지홍, 1981, 『우리 현대말본 부산』, 문성출판사.

_____, 1982, 「한국말의 높임말」, 『어문학교육』 5집, 부산국어교육학회.

_____, 1986, 『우리현대말본』, 과학사.

_____, 1992, 『우리현대말본』, 과학사.

박홍길, 1984, 「하입·입음말의 변천에 관한 일고찰」, 『계명논총』 6호.

배해수, 1977, 「격의 연구」, 『고려대학교 논문집』 18집.

_____, 1978, 「국어 격조사에 대한 자질 검토」, 『관동어문학』 1호.

_____, 1990, 『느낌그림씨에 대한 고찰, 한국어 신연구』, 한신문화사.

백문자, 1981, 「연결어미 "느라고, 느라니까, 느라면"의 의미와 기능」, 『말』 5호.

서병국, 1975, 『국어 조어론』, 경북대학교 출판부

서재극, 1970, 「조어법의 변동에 관한 일고찰」, 『계명논총』 6호.

_____, 1971, 「현대 국어의 풀이씨의 합성법」, 『인천교육대학 논문집』 5집.

_____, 1972, 「현대 국어의 임자씨의 비통사적 합성법」, 『국어국문학』 55·57호.

_____, 1973, 「옹근이름씨 끼리의 종속적 합성법」, 『인천교육대학 논문집』 8호.

서정목, 1990, 「의문법」, 서울대학교 국어연구회 편, 『국어연구 어디까지 왔나』, 동아출판사.

_____, 1990, 「한국어 청자대우 등급의 형태론적 해석(2) : 오오체에 대한 기술과 설명」, 『강신항교수 회갑기념 국어학논문집』.

서정수, 1971, 「국어 중주어 문제」, 『국어국문학』 52호.

_____, 1975, 『동사 '－하'의 문법』, 형설출판사.

_____, 1976, 「'불완전 명사＋{하(다), 이(다)}'에 대한 고찰 : 생성론적 분석」, 『어문논집』 17집, 고려대학교.

_____, 1991, 「'－하'와 '－되'에 대하여」, 『어학연구』 27-3.

_____, 1991, 「기능동사 '－하'에 대한 재료」, 『말』 15호.

서종학, 1987, 「고대국어의 경어법에 대하여」, 『인문연구』 9-1, 고려대학교.

서태룡, 1988, 『국어활용어미의 형태와 의미』, 탑출판사.

성갑환, 1974, 「부사화 접미사 '－이/히' 논고」, 『국어국문학』 65호.

성광수, 1972, 「국어관형격구성」, 『국어국문학』 58~60호.

_____, 1974, 「국어 주어 및 목적어의 중출현상에 대하여」, 『문법연구』 1호.

_____, 1974, 「국어격문법시론 I」, 『어문논집』 19집, 고려대학교.

_____, 1979, 『국어 조사의 연구』, 형설출판사.

_____, 1981, 「국어재귀대명사에 대한 재고 : '자기'와 '자신'을 중심으로」, 『한글』 172호, 한글학회.

_____, 1985, 「국어격형과 의미자질」, 『어문논집』 24~25합병호, 고려대학교.

성기철, 1972, 「어미 '고'와 '어'의 비교연구」, 『국어교육』 18~20호.

_____, 『현대국어대우법 연구』, 개문사.

손세모돌, 1993, 「국어보조용언에 대한 연구」, 한양대학교 박사논문.

송병학, 1984, 『현대국어의 분석』, 한신문화사.

송석중, 1982, 「조사 '과·를·에'의 의미분석」, 『말』 7호.

신성옥, 1984, 「'었'과 '있었'의 기능」, 『새결 박태권 선생 회갑기념논문집』.

신창순, 1964, 「존대어론」, 『한글』 133호.

_____, 1975, 「국어의 주어문제 연구」, 『문법연구』 2호.

신현숙, 1980, 「'－더라'의 쓰임과 의미」, 『건국대학교 논문집』 11집, 건국대학교.

_____, 1980, 「'－았－'의 의미연구」, 『건국대학교 논문집』 12집, 건국대학교.

_____, 1982, 「목적격 표지 '－를'의 의미 분석」, 『언어』 7-1.

안동한, 1981, 「우리말관형절에서의 '－었－'과 '－∅'의 시제 표시기능」, 『한글』 171호.

안명철, 1990, 「보조동사」, 서울대학교 국어연구회편, 『국어연구 어디까지 왔나』, 동아출판사.

안병희, 1961, 「주체겸양법의 접미사 '습'에 대하여」, 『진단학보』 22호.

_____, 1966, 「부정격의 정립을 위하여」, 남기심 외 편(1975).

_____, 1977, 『중세국어 구결의 연구』, 일지사.

양동휘, 1979, 「국어의 피·사동」, 『한글』 166호.

양주동, 1956, 『여요전주』, 을유문화사.

_____, 1960, 『고가연구』, 일조각.

_____, 1965, 『고가연구』, 일조각.

_____, 1975, 『고가연구』, 일조각.

양태식, 1977, 「맺음씨끝 '−게'의 통어적 기능에 대한 고찰」, 『국어국문학』 13~14호, 부산대학교.

여증동, 1985, 『한국 가정 언어』, 시사영어사.

_____, 1985, 『한국가정언어』, 시사문화사.

유동석, 1984, 「'로'의 이질성 극복을 위하여」, 『국어학』 17호, 탑출판사.

유목상, 1985, 『서술연결형 어미 연구』, 집문당.

유창돈, 1964, 『이조국어사 연구』, 선명문화사.

윤평현, 1988, 「'−게'와 '−도록'의 의미」, 『국어국문학』 100호.

이강로, 1967, 「파생접사(derivational affix) '−지'의 형태론적 연구」, 『인천교대 논문집』 2집.

이경우, 1981, 「파생어 합성에 있어서의 의미변화」, 『국어교육』 39~40호.

이광호, 1972, 「중세국어의 대격연구」, 『국어연구』 29호.

_____, 1980, 「접속어미 '−면'의 의미기능과 그 상관성」, 『언어』 5-2.

_____, 1985, 「격조사 '로'의 기능통합을 위한 시론」, 『국어학논총(선오당 기형 기선생 팔질기념논총)』.

_____, 1988, 『국어 격조사 '을/를'의 연구』, 탑출판사.

이근용, 1982, 「국어특수조사연구」, 『연구논총』 6집, 국민대학교

이기동, 1976, 「한국어 피동형 분석의 검토」, 『인문과학논총』 9호, 건국대학교.

_____, 1979, 「연결어미 '−는데'의 환용상의 기능」, 『인문과학』 40~41호, 연세 대학교.

이기백, 1975, 「국어조사의 사적연구」, 『어문논총』 9~10합집.

이기용, 1969, 「'가'와 '는'의 통사관계」, 『전북대 논문집』 11집.

이길록, 1974, 『국어문법연구』, 일신사.

_____, 1975, 『국어문법연구』, 일신사.

이남순, 1883, 「선어말어미 '−ㄴ−'의 서법적 기능에 대하여」, 『덕성어문학』 1집.

_____, 1981, 「현대국어의 시제와 상의 연구」, 『국어연구』 46호.

_____, 1983, 「'에'와 '로'의 통사와 의미」, 『언어』 8-2.

_____, 1983, 「약식의 '에'와 소재의 '에서'」, 『관악어문연구』 8호, 서울대학교.

_____, 1986, 「'에게'의 대응형태 '한테, 더러, 보고'의 문법」, 『진단학보』 61호.

_____, 1988, 『국어의 부정격과 격표지 생략』, 국어학회.

이병선, 1976, 「주격조사 연구 : 고대국어 주격조사와 '가'의 발달을 중심으로」, 『국어국문학』 72~73집.

이상규, 1991, 「경북방언의 경어법」, 『새국어생활』 13호, 국립국어연구원.

이상억, 1980, 「국어의 사역과 수동의 의미」, 『한글』 168호.

이상태, 1977, 「"-면"무리 이음월에 대하여」, 『배달말』 2호.

_____, 1977, 「이은말 '-야'와 그 월의 구조」, 『한글』 160호.

이석린, 1965, 「'-이다'가 임자씨의 풀이자리 씨끝이 아니다」, 『한글』 134호.

_____, 1987, 「잡음씨의 연구」, 『한글』 197호.

_____, 1988, 「잡음씨의 연구」, 『한글』 200호.

이숭녕, 1958, 「주격 '가'의 발달과 그 해석」, 『국어국문학』 19집.

_____, 1962, 「겸양법연구」, 『아세아연구』 5-2.

_____, 1966, 「15세기 국어에서의 '는'계 조사의 기능에 대하여」, 『서울대 논문집』 12집.

_____, 1966, 「조사 설정의 재검토」, 『동양문화』 5호, 대구대학교.

_____, 1972, 「17세기 초기 국어의 형태론적 고찰」, 『동양학』 2집.

_____, 1974, 『중세국어문법』, 을유문화사.

_____, 1981, 『중세국어문법』, 일조각.

_____, 1985, 「'쁜'과 '쁜녀'고」, 『선오당 김형기 선생 팔질 기념국어학논총』.

_____, 1289, 『고등국어문법』, 을유문화사.

이승욱, 1969, 「주어의 통사에 관한 연구」, 남기심·고영근·이익섭 편, 『현대국어 문법』, 계명대학교 출판부.

_____, 1970, 「과거시제에 대하여 : 15세기의 '더'를 중심으로」, 『국어국문학』 49~50합병호.

_____, 1973, 「국어문법연구의 사적연구」, 일조각.

_____, 1977, 「국어경어법의 체계와 변천」, 『국어문법체계의 사적 연구』, 일조각.

이용주, 1972, 「한국어 명사의 구조」, 『교육연구논총』 2집.

이익섭, 1968, 「한자어 조어법의 유형」, 『이숭녕박사 송수기념논총』.

_____, 1974, 「국어경어법의 체계화문제」, 『국어학』 2호.

_____, 1978, 「상대시제에 대하여」, 『관악어문연구』 3호.

이재덕, 1966, 「잡음씨의 연구」, 『명지어문학』 3호.

이정민, 1980, 「한국어 조건, 원인 구문의 통사론과 의미론」, 『한국학국제학술대회 논문집』 1호, 한국정신문화연구원.

이정민·배영남, 1982, 『언어학사전』, 한신문화사.

이현구, 1995, 「명사형 어미 '-(으)며, -기'의 사적 고찰」, 『한양대학교 논문집』 5집, 한양대학교.

이현희, 1982, 「국어종결어미의 발달에 대한 관건」, 『국어학』 Ⅱ.

이홍배 역, 1989, 『확대표준 통사론』, 한신문화사.

이희승, 1957, 『새고등문법』, 일조각.

_____, 1959, 『새고등문법』, 일조각.

임칠성, 1991, 「현대국어의 시제어미연구」, 『충북대학교 논문집』, 충북대학교.

임홍빈, 1972, 「국어의 주제화 연구」, 『국어연구』 28호.

_____, 1974, 「'-로'의 선택의 양태화」, 『어학연구』 10-2.

_____, 1979, 「'을/를' 조사의 통사와 의미」, 『한국학논총』.

장경희, 1978, 「현대국어의 양태범주에 관한연구」, 서울대 박사논문.

장지영·장세경, 1976, 『이두사전』, 정음사.

전수태, 1987, 『국어 이동동사 의미연구』, 한신문화사.

전재호, 1971, 「경어연구」, 『장암 지헌영선생화갑논문집』.

_____, 1971, 「현대어 조사의 실태 분석」 1, 『어문학』 3호.

정경희, 1993, 「'-니까'의 의미와 그 해석」, 『선청어문』 21호.

정동환, 1993, 『국어 복합어의 의미연구』, 서광학술자료사.

정문수, 1983, 「'더'의 의미기능에 관한 연구」, 『대전대학교 논문집』 2집, 대전대
　　　　학교.

정열모, 1957, 『신편고등문법』, 한글문화사.

정인승, 1950, 『표준고등말본』, 신구문화사.

_____, 1956, 『표준고등말본』, 신구문화사.

_____, 1956, 『표준고등말본』, 일조각.

_____, 1957, 『표준고등말본』, 신구문화사.

_____, 1959, 『표준고등말본』, 신구문화사.

정재윤, 1992, 『우리말 감각어 연구』, 한신문화사.

조항근, 1970, 「국어동사의 시제연구」, 『충북대학교 논문집』, 충북대학교

주시경, 1910, 『국어문법』, 박문서관.

지준모, 1969, 「국어명사의 굴절설을 부정한다 : 조사와 지정사의 설정은 필요하
　　　　다」, 『어문학』 17호.

채　완, 1976, 「조사 '는'에 대하여」, 『국어학』 5호.

천기석, 1984, 『국어의 동작동사와 상태동사의 체계 연구』, 형설출판사.

최남희, 1988, 「고대국어의 때매김법에 대하여」, 『동의어문논집』 4집, 동의대학교.

_____, 1988, 「고려의 차자표기법 연구」, 건국대학교 대학원.

최범훈, 1964, 「국어의 태(voice)에 관한 사적 고찰」, 『국어국문학 논문집』 5집,
　　　　동국대학교.

최식범, 1988, 「우리말형태소 '-었었-'의 의미기능연구」, 『한글문화』, 한글학
　　　　회 전북지회.

최재희, 1985, 「국어연결어미의 화용론적 고찰 : '-아서'와 '-니까'를 중심으로」,

『인문과학연구』 6-7, 조선대학교.

_____, 1989, 「국어접속문의 구성에 관한 연구」, 성균관대 박사논문.

최현배, 1956, 「잡음씨의 세움 : 이론적, 사실적 및 비교언어학적 논증」, 『한글』
    120호.

_____, 1959, 『우리말본』, 정음사.

_____, 1959, 「조선의 말밑」, 『연세대학교 인문과학』 4집.

_____, 1963, 「잡음씨에 대하여」, 『연세논총』 2집.

_____, 1972, 『우리말본』, 정음문화사.

_____, 1983, 『우리말본』(열 번째 고쳐 펴냄판), 정음문화사.

한 길, 1991, 『국어종결어미연구』, 강원대학교 출판부.

한동완, 1989, 「'-으니' 접속구성의 의미에 대한 한 고찰」, 『국어국문학 논총』,
    탑출판사.

허 웅, 1964 「서기 1세기 국어의 사역, 피동의 접사」, 『동아문화』 2호.

_____, 1972, 「15세기 국어의 토씨연구」, 『한글』 150호.

_____, 1975, 『우리옛말본』, 샘문화사.

_____, 1976, 『우리옛말본』, 샘문화사.

_____, 1983, 『국어학』, 샘문화사.

_____, 1989, 『16세기 우리 옛말본』, 샘문화사.

_____, 1995, 『20세기 우리말의 형태론』, 샘문화사,

허원욱, 1995, 「현대 국어의 인용마디 연구」, 『건국어문학』 19~20집.

홍사만, 1983, 『국어특수조사론』, 학문사.

홍재성, 1982, 「"러" 연결어미문과 이동동사」, 『어학연구』 18-2.

_____, 1992, 『현대 한국어 동사구조의 연구』, 탑출판사.

홍종성, 1983, 「명사화어미 '-음'과 '-기'」, 『언어』 8-2.

황병순, 1983, 「"라는"에 이끌리는 접속문에 대하여」, 『배달말』 8호.

<국외 논저>

Bloomfield, L., 1992, *Language*, Ruskin House, London.

Chomsky, N., 1965, *Aspects of the Theory of Syntax*, MIT Press.

Leech, G. N., 1974, *Semantics*, Penguin.

Lyons, John., 1977, *Semantics II*, Cambridge : Cambridge Univ. Press.

Palmer, F. R., 1971, *Grammar*, Pelican.

大塚高信 編, 1971, 『新英文法辭典』, 三省堂.

大塚高信·中島文雄 監修, 1983, 『新英文法辭典』, 硏究社.

渡邊昇一, 1981, 『英文法史』, 大修館.

杉浦茂夫, 1976, 『品詞分類の歴史と原理』, こびあん書房.

安井穗 외 2인, 1976, 『形容詞』, 研究社.

安井穗 외 1인, 1984, 『代用表現』, 研究社.

安井稔 외 1인 1984, 『現代の英文法』'No.10. 代用表現', 研究社.

池内正章, 1985, 『名詞句の限定表現』, 大修館.

井上和子 외 3인, 1985, 『現代の英文法』'No.6. 名詞', 研究社.